Franz Neubauer
Marx – Engels
Bibliographie

FRANZ NEUBAUER

MARX – ENGELS BIBLIOGRAPHIE

HARALD BOLDT VERLAG · BOPPARD AM RHEIN

CIP-Kurztitelaufnahme der Deutschen Bibliothek
Neubauer, Franz:
Marx-Engels. Bibliographie / Franz Neubauer.
Boppard am Rhein : Boldt, 1979.
ISBN 3-7646-1751-9

Gedruckt mit Unterstützung
des Förderungs- und Beihilfefonds Wissenschaft
der VG Wort GmbH,
Goethestraße 49,
8000 München 2

ISBN: 3 7646 1751 9

1979

© Harald Boldt Verlag · Boppard am Rhein
Alle Rechte vorbehalten · Printed in Germany
Nachdruck und Fotokopien nicht gestattet
Herstellung: Hildegard Smets, Mainz

DEN HILFREICHEN BIBLIOTHEKAREN
UND BUCHHÄNDLERN GEWIDMET

INHALTSVERZEICHNIS

Vorwort	IX
Verzeichnis der Abkürzungen, Siglen und Zeichen	XIII
Bibliographie	1
Literaturverzeichnis	377
Personenregister	402
Berichtigungen	417

VORWORT

Die vorliegende *Bibliographie* verzeichnet alle schriftlichen und schriftlich festgehaltenen mündlichen Äußerungen von Karl Marx, Friedrich Engels und Frau Jenny Marx, soweit sie bisher veröffentlicht worden und dem Herausgeber zugänglich gewesen sind. Bei nicht deutschen Originaltexten wird nach Möglichkeit auch die deutsche Übersetzung berücksichtigt. Anderssprachige Übertragungen werden nur ersatzweise angeführt.

Mit diesem dem gegenwärtigen Publikationsstand entsprechend vollständigen Quellenverzeichnis wird eine Lücke geschlossen, auf die auch noch Gertrud Hertel im Inhaltsvergleichsregister der Marx-Engels-Gesamtausgaben und die Herausgeber des Marx-Engels-Verzeichnisses hingewiesen haben. Die einheitliche, chronologische Zusammenfassung aller Textarten ohne Trennung auch nach Verfassern erleichtert eine Gesamtbetrachtung, die allein eine richtige Beurteilung des Einzeltextes erst ermöglicht und wissenschaftlich vertretbar macht. Schon die rechte Zu- und Einordnung eines Textes hätte in der Vergangenheit einigen sonst noch so guten Interpreten manche Fehldeutung erspart. Jeder Streit um den Marxismus gleich welcher Prägung führt zu einer Auslegung der Texte von Marx und Engels. Wer hierbei nicht nur auf einen Ausschnitt, einen Teilaspekt des Werkes zurückgeht und den Rest auszusparen gezwungen ist, wer also allen Äußerungen der beiden Denker gerecht zu werden vermag, kann den Anspruch auf eine adäquate Interpretation am ehesten erheben. Dazu ist die Kenntnis der vorhandenen Texte nötig, welche durch das hier vorliegende Verzeichnis gefördert werden soll. Wenn die Verflechtung der einzelnen Äußerungen ebenso sichtbar wird wie die Verzahnung der Arbeiten von Marx und Engels, dann darf diese Bibliographie auch als gültiges Dokument im Streit um das Verhältnis beider Denker zueinander wie um die Entwicklung im Denken beider Philosophen gewertet werden. Die gegenseitige Beratung und kritische Unterstützung, die sich beide ständig zukommen ließen und in ihren Schriften berücksichtigten, kann nicht im einzelnen vermerkt werden. Gekennzeichnet wird nur die unmittelbare Mitautorschaft – allerdings auch dort, wo sie des geringen Umfanges und der Publikationsumstände wegen bisher übergangen worden ist.

Durch die streng chronologische Anordnung wird das Textverzeichnis zugleich zu einer *Biographie*, zu einem Spiegel des Lebens von Marx und Engels in deren unterschiedlichen Äußerungen. Daher erschien es angebracht, Marx' Frau Jenny in diese Bibliographie einzubeziehen. Aus den Themen der einzelnen Arbeiten, den Adressaten der Briefe wie den Gesprächspartnern wird zudem ein Beziehungsgeflecht sichtbar, das auf seine Art einen geistesgeschichtlichen Aspekt des 19. Jahrhunderts darstellt. Ein Schlüssel hierzu mag das angefügte Personenregister sein.

Die chronologische Anordnung fußt auf der Entstehungszeit der einzelnen Texte. Ist diese unbekannt, wird das Erscheinungsdatum gleichwertig herangezogen. Die dadurch mögliche Verschiebung innerhalb der chronologischen Folge wird in Kauf genommen, um die Einordnung der Texte eindeutig zu halten und das Auffinden derselben zu erleichtern. Für Arbeiten mit einer längeren Entstehungszeit ist in der Regel das Enddatum maßgebend. Ist eine Schrift zu Lebzeiten des Verfassers nicht veröffentlicht worden und hat sie nicht zu einem bestimmten Zeitpunkt eine abschließende Form erhalten, werden die Manuskriptteile jeweils zum Zeitpunkt ihrer Abfassung eingeordnet. Dieses Auseinanderreißen eines heute geschlossen vorliegenden Werkes kann außerdem die parallele Entwicklung unterschiedlicher Texte verdeutlichen. – Allgemein gehaltene Daten (in der Beschränkung etwa auf Monats- oder Jahresangabe) lassen in der Regel den Text in der Mitte, am Ende oder am Anfang des betreffenden Zeitraumes einordnen, soweit nicht die Zuordnung zu einem anderen Text eine entsprechende Einordnung nahelegt. Römische Zahlen kennzeichnen den entsprechenden Monat. Das *Erscheinungsdatum* bezieht sich auf die hinter dem Titel oder der Textbezeichnung vermerkte Publikation. Fehlt ein derartiger Vermerk, handelt es sich jeweils um einen Separatdruck. In Fußnoten wird fallweise auf eine Veröffentlichung hingewiesen, die auf einer anderen als der zitierten Fassung fußt. Veröffentlichungen aus der Zeit nach dem Tode von Marx und Engels werden nicht erwähnt. Die Angaben über den *Verfasser* berücksichtigen in erster Linie die tatsächliche Urheberschaft. Näheres wird wo nötig in Fußnoten erläutert. Texte, die ursprünglich ohne Nennung des Verfassers erschienen sind, werden nicht eigens gekennzeichnet. Bei der Wiedergabe einer mündlichen Äußerung wird wo möglich der Name dessen festgehalten, der sie überliefert hat.

In der *Textbezeichnung* erscheint nach Möglichkeit der Originaltitel. Die Schreibweise von Titel und Namen kann (möglicherweise sogar innerhalb einer Textangabe) variieren, sofern sich die Angaben auf unterschiedliche Quellenausgaben und Verzeichnisse stützen. Die Uneinheitlichkeit im Textbild ist dem Herausgeber eher vertretbar erschienen als die Willkür, mit der nach Mutmaßungen der Text hätte geglättet werden können.[1] Titel oder Textbezeichnung sind in der Regel in der Sprache des Textes wiedergegeben. Wo dies nicht der Fall ist oder sonst die Sprache des Originals nicht aus der Textbezeichnung hervorgeht, wird die Originalsprache eigens vermerkt. Wo ein entsprechender Vermerk fehlt, sind Text oder Übersetzung in deutscher Sprache verfaßt. In Klammern gesetzte Titel gehen zumindest in der vorliegenden Form nicht auf den Verfasser zurück. Originaltitel der in periodischen Schriften erschienenen Arbeiten konnten nicht im einzelnen auf ihre Herkunft geprüft werden und sind den von den Verfassern selbst geprägten Titeln gleichgeordnet. Die indirekte Wiedergabe eines Textes (z. B. eines Vortrages) wird berücksichtigt, wenn sie protokollarischer Natur oder öffentlich erfolgt ist. Exzerpte werden auch ohne Widergabe des exzerpierten Textes erwähnt, sofern eine nähere Beschreibung

---

[1] Wo in der zitierten Ausgabe der Titel gegenüber dem Original nur im Schriftbild, nicht aber in der Bedeutung geändert worden ist, ist keine Korrektur vorgenommen worden.

vorliegt. Fragmentarische Texte werden in der Regel nur wiedergegeben, wenn sie mindestens den Umfang eines Satzes haben. Der Fragmentvermerk (FR) in der Titelspalte verweist darauf, daß der Text nur fragmentarisch erhalten ist; der entsprechende Vermerk beim Quellennachweis zeigt an, daß der überlieferte Text an der angegebenen Stelle nur teilweise wiedergegeben ist.

Im *Quellennachweis* wird in der Regel nur ein Beleg angeführt. Abgesehen von der III. Abteilung der ersten Historisch-kritischen Gesamtausgabe (MEGA) werden stets, eventuell zusätzlich, die Texte der historisch-kritischen Ausgaben angegeben. Aus praktischen Erwägungen wird in gleicher Weise mit mehreren Werk- beziehungsweise Briefausgaben verfahren[2], ebenso in Einzelfällen mit einer leichter zugänglicheren als der ihrer Qualität wegen in erster Linie vermerkten Edition. Damit wird die konkrete Arbeit derer berücksichtigt, die nicht zuletzt aus didaktischen Gründen auf handlichere Ausgaben angewiesen sind. Die Textstellen (und im Literaturverzeichnis entsprechend die Titel), die keine sachliche Bereicherung der Quellen bedeuten, sind in Klammern gesetzt. Es sei darauf hingewiesen, daß einige Textausgaben dem nicht deutschen Originaltext stets eine (im Umfang dem Originaltext entsprechende) deutsche Übersetzung anfügen[3]. Bei Textänderungen und -zusätzen wird jeweils die Ausgabe zitiert, bei der die betreffende Textstelle kenntlich gemacht ist. Buchstaben bei den Seitenangaben verweisen (nach der Zählfolge des Alphabets) auf die der angegebenen Seite folgende entsprechende nichtpaginierte Seite. Der Zusatz A hinter der Quellenangabe verweist auf den Anhang-Band der betreffenden Ausgabe.

Im *Literaturverzeichnis* verdeutlicht der Nachweis der Quellenzitierung die Bedeutung einer Ausgabe. Der Bibliotheksnachweis soll die Besorgung der entsprechenden Quellen erleichtern. Die Nennung der Bibliotheken bedient sich der derzeit geltenden deutschen Siglen und der Einfachheit halber der früher geltenden Siglen der österreichischen Bibliotheken. Eine Vollständigkeit der Bibliotheksangaben ist nicht beabsichtigt.

Kursiv gedruckte und in spitze Klammern gesetzte Angaben sind nur ausnahmsweise in die Bibliographie aufgenommen worden. Entweder bezieht sich das Datum nur auf eine nicht im Druck veröffentlichte Äußerung beziehungsweise auf eine andere als die zitierte Textfassung; oder der Titel ist der

---

[2] Zu nennen sind: Marx, K. und F. Engels: Werke. – Marx, K.: Werke, Schriften, Briefe. – Marx, K.: Texte zu Methode und Praxis. – Marx, K. u. F. Engels: Briefwechsel. – Marx, K. u. F. Engels: Studienausgabe. – Engels, F.: Studienausgabe

[3] Dies gilt für folgende Ausgaben: Marx, K. u. F. Engels: Über Kunst und Literatur. Berlin 1953. – Marx, K. u. F. Engels: Kleine ökonomische Schriften. – Marx, K. u. F. Engels: Ausgewählte Briefe. – Marx, K. u. F. Engels: Briefe über „Das Kapital". – Briefe und Auszüge aus Briefen von J. Ph. Becker, J. Dietzgen, F. Engels, K. Marx u. A. an F. A. Sorge u. A. – Marx, K. u. F. Engels: Über Kunst und Literatur. Berlin 1967f

Orientierung halber aufgenommen worden, da er bislang Marx oder Engels zugeschrieben worden ist, ohne daß einer der beiden der Verfasser ist.

Einige wenige nach dem Ausdruck festgestellte Detailfehler haben einen Berichtigungsvermerk auf Seite 417 notwendig gemacht. Für weitere Verbesserungshinweise bin ich dankbar.

Danken möchte ich für wertvolle Hilfe Frau Dr. Luise Dornemann, Herrn Professor Dr. Hans-Peter Harstick, dem Hauptstaatsarchiv in Düsseldorf, dem Internationalen Institut für Sozialgeschichte in Amsterdam, den Instituten für Marxismus-Leninismus in Berlin und Moskau und Herrn Dr. Dr. Heinz Monz, außerdem Herrn Dr. Peter Nehmiz, der mich bei der Bearbeitung russischer Quellen unterstützt hat. Für ihren hilfreichen Rat bei der Druckvorbereitung schulde ich besonderen Dank Herrn Theo Smets und dem Verleger, Herrn Harald Boldt, der diese Publikation überhaupt erst ermöglicht hat.

Mainz, im August 1979   Franz Neubauer

ABKÜRZUNGEN, SIGLEN UND ZEICHEN

Nicht aufgenommen sind Abkürzungen, die im Deutschen allgemein üblich sind, und Quellenabkürzungen, die aufgrund des angegebenen Verfassernamens oder Stichwortes eindeutig auf einen bestimmten Titel des Quellenverzeichnisses verweisen. Die Abkürzungen werden auch kombiniert verwendet.

A	Anhangband
AB	Marx, K. und F. Engels: Ausgewählte Briefe
АКМ	Архив К. Маркса и Ф. Энгельса
АМ	Архив Маркса и Энгельса
Anf	Anfang
Anh	Anhang
BebelBr	Marx, K. und F. Engels: Briefe an A. Bebel, W. Liebknecht, K. Kautsky und Andere.
Beibl	Beiblatt
Beil	Beilage
BrKap	Marx, K. und F. Engels: Briefe über „Das Kapital"
BW	Marx, K. und F. Engels: Briefwechsel
BZG	Beiträge zur Geschichte der [deutschen] Arbeiterbewegung
Colon	Marx, K. und F. Engels: On colonialism
Corr	Marx e Engels: La corrispondenza con italiani 1848–1895
dän	dänisch
DBrZ	Deutsche Brüsseler Zeitung
Doc	Documents of the First International
dt	deutsch
engl	englisch
EQ	Marx, K.: The Eastern Question
Faks	Faksimile
FE	Friedrich Engels
FE1820	Friedrich Engels 1820–1970
FeSt	Engels, F.: Studienausgabe
fr	frühestens
FR	Fragment
frz	französisch
Grundrisse	Marx, K.: Grundrisse der Kritik der Politischen Ökonomie
IndianWar	Marx, K. und F. Engels: The First Indian War of Independence 1857–1859
IRofSH	International Review of Social History
ital	italienisch
JM	Jenny Marx bzw. [bis 1843] v. Westphalen
K	Marx, K.: Das Kapital. Berlin 1955ff
Kapital 67	Marx, K.: Das Kapital. Hamburg 1867
KautskyBr	Engels, F.: Briefwechsel mit Karl Kautsky
KM	Karl Marx
KMA	Marx, K.: Werke, Schriften, Briefe
KÖS	Marx, K. und F. Engels: Kleine ökonomische Schriften
Kunst	Marx, K. und F. Engels: Über Kunst und Literatur. Berlin 1953

Kunst 67	Marx, K. und F. Engels: Über Kunst und Literatur. Berlin 1967f
LafargueBr	Engels, F., P. et L. Lafargue: Correspondance
McR	Marx, K.: Marx contra Rußland
M/E	Karl Marx und Friedrich Engels
MEA	Marx-Engels-Archiv
MEGA	Marx, K. und F. Engels: Historisch-kritische Gesamtausgabe
$MEGA_2$	Marx, K. und F. Engels: Gesamtausgabe [MEGA]
MEJ	Marx-Engels-Jahrbuch
MEL	Marx, Engels, Lenin: Anarchism and Anarcho-Syndicalism
MELSt	Marx/Engels/Lenin/Stalin: Zur deutschen Geschichte
Menace	Marx, K. und F. Engels: The Russian Menace to Europe
MESt	Marx, K. und F. Engels: Studienausgabe
MEW[1–39,I,II]	Marx, K. und F. Engels: Werke [Bde. 1–39, I. und II. Ergänzungsband]
Military	Engels, F.: Engels as military critic
MvR	Marx, K.: Marx vs. Russia
NAC	The New American Cyclopaedia
ND	Neues Deutschland
niederl	niederländisch
NOZ	Neue Oder-Zeitung
NRhZ	Neue Rheinische Zeitung
NYDT	New York Daily Tribune
NZ	Neue Zeit
OnChina	Marx, K.: Marx on China 1853–1860
Orig	Original
PMG	The Pall Mall Gazette
poln	polnisch
PP	The People's Paper
RevSpain	Marx, K. und F. Engels: Revolution in Spain
REVUE	Neue Rheinische Zeitung. Politisch-ökonomische Revue
RhZ	Rheinische Zeitung
Rukopisi	Маркс, К.: Математические Рукописи
rumän	rumänisch
russ	russisch
Schwerbrock	Marx, K.: Karl Marx privat
Soč	Маркс, К. и Ф. Энгельс: Сочинения
$Soč_2$	Маркс, К. и Ф. Энгельс: Сочинения. Изд. второе
SorgeBr	Briefe und Auszüge aus Briefen von Joh. Phil. Becker, Jos. Dietzgen, Friedrich Engels, Karl Marx u. A. an F. A. Sorge und Andere
sp	spätestens
span	spanisch
Taf	Tafel
Texte	Marx, K.: Texte zu Methode und Praxis
TfD	Telegraph für Deutschland
Übers	Übersetzung
ungar	ungarisch
–	[bei Zeitangaben:] bis

| zwischen ... und
[?] | Entstehungszeit Verfasserschaft bzw. Adressat nicht sicher
⟨ ⟩ | Entstehungszeit bezieht sich auf eine nicht im Druck veröffentlichte Äußerung; Erscheinungsdatum bezieht sich auf eine andere als die hier nachgewiesene Fassung; Text stammt – trotz anders lautender Angaben – nicht von Marx oder Engels

BIBLIOGRAPHIE

Ent-stehungs-zeit	Erschei-nungs-datum	Ver-fasser	Titel oder Textbezeichnung	Quellen-nachweis
			1833	
1833		KM	Menschenleben	MEGA₂I1: 759f
1833		KM	Auf Karl den Großen	MEGA₂I1: 760–763
20.12.		FE	An meinen Großvater	MEGA2: 462; [MEW II: 507]
			1835	
1833/35		KM[?]	„O Schwester hold"	MEGA₂I1: 763–766
10.8.		KM	Aus Sophocl. Trachin. V. 140–176. Deianira [Abiturarbeit: Übersetzung aus dem Griechischen]	MEGA₂I1: 453+A: 1194; [MEGA 1,2: 175f]
10.8. [?]		KM	Die Vereinigung der Gläubigen mit Christo nach Joh. 15,1–14, in ihrem Grund und Wesen, in ihrer unbedingten Noth-wendigkeit und in ihren Wirkungen dar-gestellt [Abiturarbeit: Religionsaufsatz]	MEGA₂I1: 449–452; [MEGA1,2: 171–174; MEW I: 598–601; Texte I: 11–15]
12.8.		KM	Betrachtung eines Jünglings bei der Wahl eines Berufes [Abiturarbeit: Deutscher Aufsatz]	MEGA₂I1: 454–457 +A: 1198, 1200; [MEGA1,2: 164–167; MEW I: 591–594; KM A I: 1–5; Texte I: 7–11]
13.8.		KM	Exemples, qui servent à prouver, que l'homme peut motiver les influences du climat, qu'il habite. [Abiturarbeit: Übersetzung ins Französische]	MEGA₂I1: 458f+A: 1202; [MEGA1,2: 176f]
14.8.		KM	[Abiturarbeit: Mathematische Arbeit]	MEGA₂I1: 460–464 +A: 1205f; [MEGA 1,2: 178–182]
15.8.		KM	An principatus Augusti merito inter feliciores rei publicae Romanae[1] aetates numeretur? [Abiturarbeit: Lateinischer Aufsatz]	MEGA₂I1: 465–469 +A: 1209f; [MEGA1,2: 168ff]
			– Deutsche Übersetzung	MEGA₂I1A: 1212–1215; [MEW I: 595ff]
			1836	
1835–36		KM	Gedichte	MEGA₂I1: 711–755 +A: 1252ff
Spätherbst 1835–Früh-jahr 1836		FE	Geschichtsheft I. Alte Geschichte	MEGA₂IV1: 439–510 +A: 921–924; [FR: MEGA2: Taf. X; FR: MEW II: 518a]

[1] „Romanae": Einfügung des Lehrers.

1836-1837

Ent-stehungs-zeit	Erschei-nungs-datum	Ver-fasser	Titel oder Textbezeichnung	Quellennachweis
1836		FE	„Mir dämmert in der Ferne"	MEGA2: 464; [MEW II: 507f]
			– Faksimile mit Zeichnung	MEGA2: Taf. VIII; [MEW II: 508a]
Mitte X–XI		KM	Buch der Liebe · Erster Teil	MEGA₂I1: 479–521 +A: 1226–1230; [FR: MEW I: 613ff
XI		KM	Buch der Liebe · Zweiter Teil	MEGA₂I1: 525–553 +A: 1231f
XI–XII [?]		KM	Buch der Lieder	MEGA₂I1: 557–613 +A: 1233ff

1837

Anf. 1837 [?]		FE	„Herr Jesu Christe, Gottes Sohn"	MEGA2: 465; [MEW II: 508f]
II [?]–sp. Anf. IV		KM	Gedichte [einschließlich „Szenen aus: Oulanem. Trauerspiel" und „Einige Kapitel aus: Scorpion und Felix. Humoristischer Roman"]	MEGA₂I1: 617–703 +A: 1242; [MEGA1,2: 3–89; FR: MEW I: 602f, 606–613; FR: Texte I: 16–41]
II [?]–sp. Anf. IV	23.1.41	KM	Wilde Lieder [in „Athenäum"]	MEGA₂I1: 768ff; [MEGA1,1: 147f; MEW I: 604f; Texte I: 41ff]
1837		FE	Eine Seeräubergeschichte	MEGA2: 465–477; [MEW II: 510–521]
X 1834–IX 1837		FE	Notizen in Philipp Buttmann: Griechische Grammatik	MEGA₂IV1: 536–545 +A: 962
X 1834–IX 1837		FE	Vermerke in „Sammlung ausgewählter Stücke aus den Werken deutscher Prosaiker und Dichter, zum Erklären und mündlichen Vortragen für die unteren und mittleren Klassen von Gymnasien".	FR: MEGA₂IV1: 545
17.10.36/ 15.9.37		FE	Präparation und Bemerkungen zu Homers Ilias	FR: MEGA₂IV1: 511–532 +A: 939
IX		FE	Ἐτεοκλοῦς καὶ Πολυνείκους μονομαχία	MEGA₂IV1: 533ff +A: 954f; [MEGA2: 478f]
			– Deutsche Übersetzung	MEGA₂IV1A: 955ff
10.–11.11.		KM	Brief an Heinrich Marx	MEGA₂III1: 9–18 +A: 561; [MEGA1,2: 213–221; MEW I: 3–12; KMA I: 7–17; Texte I: 44–53]

Ent-stehungs-zeit	Erschei-nungs-datum	Ver-fasser	Titel oder Textbezeichnung	Quellen-nachweis
			1838	
III–Anf.V		KM	Korrekturen und Zusatz zum Entwurf einer Broschüre über den Kölner Kirchenstreit zur Verteidigung der Haltung des Königs von Preußen von Heinrich Marx	MEGA$_2$IV1: 379f + A: 868; [MEGA1,2: 231ff]
nach 10.5.		JM	Brief an Karl Marx [FR]	MEGA$_2$III1: 331
24.6.		JM	Brief an Karl Marx [FR]	MEGA$_2$III1: 332f
2.7.		JM	Brief an Caroline von Westphalen	FR: Dornemann 40f
28.–29.8.		FE	Brief an Marie Engels	MEGA$_2$III1: 71ff; [MEGA2: 567ff; MEW II: 325ff]
1.9.		FE	Brief an Friedrich und Wilhelm Graeber	MEGA$_2$III1: 74f + A: 612; [MEGA2: 485f]; MEW II: 328f
11.9.		FE	Brief an Marie Engels	MEGA$_2$III1: 76f; [MEGA2: 569ff; MEW II: 330ff]
1.Hälfte IX	16.9.	FE	Die Beduinen [in „Bremisches Conversationsblatt"]	MEGA2: 7f
17.–18.9.		FE	Brief an Friedrich und Wilhelm Graeber	MEGA$_2$III1: 78–84 +A: 614; [MEGA2: 486–492]; MEW II: 333–339
9.10.		FE	Brief an Marie Engels	MEGA$_2$III1: 85ff; [MEGA2: 571–574; MEW II: 340–343]
13.11.		FE	Brief an Marie Engels	MEGA$_2$III1: 88f; [MEGA2: 574f; MEW II: 344f]
Ende XII		FE	Brief an Marie Engels	MEGA$_2$III1: 90f; [MEGA2: 576; MEW II: 346f]
			1839	
Anf. 1839		KM	Erstes Heft zur epikureischen Philosophie [Exzerpte aus Diogenes Laertius]	MEGA$_2$VI1: 7–22+A: 576, 591f; [MEGA1,1: 84–88; MEW I: 16–42[1]; Texte I: 54–58]
			– Übersetzung der griechischen und lateinischen Textteile	MEGA$_2$IV1A: 596–609; [MEW I: 17–43[2]]
7.1.		FE	Brief an Marie Engels	MEGA$_2$III1: 92f + A: 621; [MEGA2: 577f]; MEW II: 348f

[1] Auf den Seiten mit einer geraden Seitenzahl.
[2] Auf den Seiten mit einer ungeraden Seitenzahl.

1839

Ent-stehungs-zeit	Erschei-nungs-datum	Ver-fasser	Titel oder Textbezeichnung	Quellen-nachweis
20.1.		FE	Brief an Friedrich Graeber	MEGA₂III1: 94–100; [MEGA2: 493–498; MEW II: 350–356]
19.2.		FE	Brief an Friedrich Graeber	MEGA₂III1: 101–104; [MEGA2: 499ff]; MEW II: 361–364
II	24.2.	FE	An die Feinde [in „Der Stadtbote"]	MEGA2: 9; [MEW II: 7]
11.–12.3.		FE	Brief an Hermann Engels	MEGA₂III1: 105f + A: 627; [MEGA₂: 579; MEW II: 357f]
12.3.		FE	Brief an Marie Engels	MEGA₂III1: 107f; [MEGA2: 580; MEW II: 359f]
III	III	FE[1]	Briefe aus dem Wuppertal I [in TfD]	MEGA2: 23–33; [MEW1: 413–425]
III	IV	FE[1]	Briefe aus dem Wuppertal II [in TfD]	MEGA2: 34–41; [MEW1: 425–432]
8.–9.4.		FE	Brief an Friedrich Graeber	MEGA₂III1: 109ff; [MEGA2: 502ff]; MEW II: 365–368
10.4.		FE	Brief an Marie Engels	MEGA₂III1: 112f; [MEGA2: 581f]; MEW II: 369f
IV	27.4.	FE[2]	An den Stadtboten [in „Bremisches Unterhaltungsblatt"]	MEGA2: 10
28.4.		FE	Brief an Marie Engels	MEGA₂III1: 127; [MEGA2: 582f; MEW II: 384]
nach 28.4.		FE	Brief an Marie Engels	MEGA₂III1: 128–131 + A: 635; [MEGA2: 583–586; MEW II 384–388
vor 29.4.–30.4.		FE	Brief an Wilhelm Graeber	MEGA₂III1: 132–135; [MEGA2: 516–519]; MEW II: 389–393
23.4.[?]–1.5.		FE	Brief an Friedrich Graeber	MEGA₂III1: 114–126; [MEGA2: 505–515]; MEW II: 371–383
6.5.	9.5.	FE	Offener Brief an Dr. Runkel [in „Elberfelder Zeitung"]	MEGA2: 42f; MEW II: 8f
	V	FE[1]	[F. W. Krummachers Predigt über Josua] [in TFD]	MEGA2: 44; [MEW II: 10]

[1] Vermutlich korrigiert von Karl Gutzkow.
[2] Unter dem Pseudonym Theodor Hildebrand.

Entstehungszeit	Erscheinungsdatum	Verfasser	Titel oder Textbezeichnung	Quellennachweis
23.5.		FE	Brief an Marie Engels	MEGA$_2$III1: 136; [MEGA2: 586f; MEW II: 394]
24.5.–15.6.		FE	Brief an Wilhelm Graeber	MEGA$_2$III1: 137–140+A: 640; [MEGA2: 519–523]; MEW II: 395–398
15.6.		FE	Brief an Friedrich Graeber	MEGA$_2$III1: 141–144+A: 642; [MEGA2: 523–526; MEW II: 399–402]
1839		KM	Volksliedersammlung mit Widmungszeilen für Jenny von Westphalen	MEGA$_2$I1: 775–858 +A: 1264–1273; [FR: MEGA1,2: 93–96]
12.–27.7.		FE	Brief an Friedrich Graeber	MEGA$_2$III1: 145–150; [MEGA2: 526–532]; MEW II: 403–409
nach 27.7.		FE	Brief an Friedrich Graeber	MEGA$_2$III1: 151f; [MEGA2: 533f]; MEW II: 410f
30.7.		FE	Brief an Wilhelm Graeber	MEGA$_2$III1: 153–157; [MEGA2: 534–538; MEW II: 412–416]
Mitte IV– Mitte VIII		KM	Zweites bis Viertes Heft zur epikureischen Philosophie [Exzerpte aus Diogenes Laertius, Sextus Empirikus, Plutarchus, Lucretius]	MEGA$_2$IV1: 23–92 +A: 576–585, 592f; [MEGA1,1: 90–127; MEW I: 46–182[1]; FR: KMA I: 77–102; Texte I: 59–104]
			– Übersetzung der griechischen und lateinischen Textteile	MEGA$_2$IV1A: 609–666; [MEW I: 47–183[2]; FR: KMA I: 967–970]
28.9.		FE	Brief an Marie Engels	MEGA$_2$III1: 158f; [MEGA2: 588f]; MEW II: 417f
ca. VIII/ ca. X		KM	Fünftes Heft zur epikureischen Philosophie [FR] [Exzerpte aus Lucretius]	MEGA$_2$IV1: 93–117 +A: 585–589, 593; [MEGA1,1: 131–140; 1,2: 99–103; FR: MEW I: 208–234[1]; FR: KMA I: 102–105; Texte I: 106–123]

[1] Auf den Seiten mit einer geraden Seitenzahl.
[2] Auf den Seiten mit einer ungeraden Seitenzahl.

1839–1840

Entstehungszeit	Erscheinungsdatum	Verfasser	Titel oder Textbezeichnung	Quellennachweis
			– Übersetzung der griechischen und lateinischen Textteile	MEGA₂IV1A: 667–678; [FR: MEW I: 209–235¹]
8.10.		FE	Brief an Wilhelm Graeber	MEGA₂III1: 160ff; [MEGA2: 538–541; MEW II: 419–422]
20.–21.10.		FE	Brief an Wilhelm Graeber	MEGA₂III1: 163f; [MEGA2: 541f; MEW II: 423f]
29.10.		FE	Brief an Friedrich Graeber	MEGA₂III1: 165–170+A: 652; [MEGA2: 542–547²; MEW II: 425–430²]
	XI	FE³	Aus Elberfeld [in TfD]	MEGA2: 45f; [MEW II: 11f]
	XI	FE⁴	Die deutschen Volksbücher [in TfD]	MEGA2: 49–56; MEW II: 13–21
13.–20.11.		FE	Brief an Wilhelm Graeber	MEGA₂III1: 171–176+A: 654; [MEGA2: 548–553; MEW II: 431–436]
	XII	FE⁴	Karl Beck [in TfD]	MEGA2: 57–61; [MEW II: 22–26]

1840

Entstehungszeit	Erscheinungsdatum	Verfasser	Titel oder Textbezeichnung	Quellennachweis
Jahreswende 1839/40		JM	Brief an Karl Marx – mit Nachtrag für Edgar von Westphalen	MEGA₂III1: 337ff MEGA₂III1A: 744
	1840	FE	[Die Erfindung der Buchdruckerkunst] [Übersetzung aus dem Spanischen: Manuel José de Quintana: A la invención de la imprenta] [in „Gutenbergs-Album"]	MEGA2: 11–16; [MEW II: 110–115]
1. Hälfte 1840[?]		KM	Fragment eines Entwurfs nach dem dritten Heft zur epikureischen Philosophie	MEGA₂IV1: 151f; [MEGA1,1: 53–56; MEW I: 306ff; Texte I: 177ff]
			– Übersetzung des griechischen Textteils	MEGA₂IV1A: 727f; [MEW I: 306f]
1. Hälfte 1840[?]		KM	Exzerpte aus Aristoteles: De anima	MEGA₂IV1: 155–182+A: 736ff; [FR: MEGA1,2: 107f]
9.12.39–5.2.40		FE	Brief an Friedrich Graeber	MEGA₂III1: 177–182; [MEGA2: 553–559]; MEW II: 437–443

¹ Auf den Seiten mit einer ungeraden Seitenzahl.   ² Ohne Namenszeichen.
³ Unter dem Pseudonym S. Oswald.   ⁴ Unter dem Pseudonym Friedrich Oswald.

1840

Ent-stehungs-zeit	Erschei-nungs-datum	Ver-fasser	Titel oder Textbezeichnung	Quellen-nachweis
ca. Mitte X 1839– Mitte II 1840		KM	Sechstes und Siebtes Heft zur epikureischen Philosophie [Exzerpte aus L. Annaeus Seneca, Joh. Stobaeus, Clemens Alexandrinus, Cicero]	MEGA$_2$IV1: 119–141+A: 589f, 593; [MEGA1,1: 128ff, 141–144[1]; MEW I: 184–206, 236–254; FR: KMA I: 105f; Texte I: 105f, 122–126]
			– Übersetzung der griechischen und lateinischen Textteile	MEGA$_2$IV1A: 678–699; [MEW I: 185–207, 237–255[2]]
	II	FE[3]	Retrograde Zeichen der Zeit [in TfD]	MEGA2: 62–66; [MEW II: 27–32]
	II	FE[3]	Platen [in TfD]	MEGA2: 67f; [MEW II: 33f]
	26.–31.3.	FE[3]	Modernes Literaturleben. I. Karl Gutzkow als Dramatiker [in „Mitternachtszeitung für gebildete Leser"]	MEW II: 35–45
	IV	FE[3]	Joel Jacoby [in TfD]	MEGA2: 69ff; [MEW II: 59ff]
	IV	FE[3]	Requiem für die deutsche Adelszeitung [in TfD]	MEGA2: 72–75; MEW II: 62–66
	IV	FE[3]	[Über Anastasius Grün] [in TfD]	MEGA2: 71; [MEW II: 67]
	21.–28.5.	FE[3]	Modernes Literaturleben. II. Moderne Polemik [in „Mitternachtszeitung für gebildete Leser"]	MEW II: 45–58
18.6.		FE	Brief an Levin Schücking	MEGA$_2$III1: 183f; MEW II: 444ff
Mitte 1839– Mitte 1840		KM	Fragmente aus dem Ersten, Zweiten und Vierten Heft zur epikureischen Philosophie	MEGA$_2$IV1: 147f +A: 724; [MEGA1,1: 89, 106, 127; MEW I: 42, 44, 90, 182; Texte I: 58f, 79, 104]
			– Übersetzung des lateinischen Textteils	MEGA$_2$IV1A: 724f; [MEW I: 43]
2.7.		FE	Brief an Levin Schücking	MEGA$_2$III1: 185f +A: 659; [MEW II: 447f]
7.–9.7.		FE	Brief an Marie Engels	MEGA$_2$III1: 187ff; [MEGA2: 589ff; MEW II: 449ff]
VII	30.7.	FE[3]	Bremen. Theater, Buchdruckerfest [in „Morgenblatt für gebildete Leser"]	MEGA2: 121ff; [MEW II: 75ff]

[1] Auf den Seiten mit einer geraden Seitenzahl.
[2] Auf den Seiten mit einer ungeraden Seitenzahl.
[3] Unter dem Pseudonym Friedrich Oswald bzw. F.O.

1840

Ent-stehungs-zeit	Erschei-nungs-datum	Ver-fasser	Titel oder Textbezeichnung	Quellen-nachweis
VII	31.7.	FE[1]	Bremen. Literatur [in „Morgenblatt für gebildete Leser"]	MEGA2: 123ff; [MEW II: 77ff]
VII	17.–21.8.41	FE	Eine Fahrt nach Bremerhafen (in „Morgenblatt für gebildete Leser"]	MEGA2: 147–154; [MEW II: 80–88]
	VII–VIII	FE[1]	Landschaften [in TfD]	MEGA2: 76–82; [MEW II: 68–74]
4.8.		FE	Brief an Marie Engels	MEGA$_2$III1: 190f; [MEGA2: 591ff; MEW II: 452f]
	VIII	FE[1]	Ein Abend [in TfD]	MEGA2: 83–87; [MEW II: 89–93]
20.–25.8.		FE	Brief an Marie Engels	MEGA$_2$III1: 192–195+A: 663; [MEGA2: 593–597]; MEW II: 454–457
	IX	FE	[Zwei Predigten von F. W. Krummacher] [in TfD]	MEGA2: 88f; [MEW II: 94f]
18.–19.9.		FE	Brief an Marie Engels	MEGA$_2$III1: 196ff; [MEGA2: 597ff; MEW II: 458–461]
IX	17.10.	FE[1]	Bremen. Rationalismus und Pietismus [in „Morgenblatt für gebildete Leser"]	MEGA2: 128ff; [MEW II: 99ff]
IX	19.10.	FE[1]	Bremen. Schiffahrtsprojekt. Theater. Manöver [in „Morgenblatt für gebildete Leser"]	MEGA2: 130f; [MEW II: 101ff]
	10.10.	FE[1]	Bei Immermanns Tod [in „Morgenblatt für gebildete Leser"]	MEGA2: 126f; [MEW II: 96ff]
29.10.		FE	Brief an Marie Engels	MEGA$_2$III1: 199ff; [MEGA2: 600ff; MEW II: 462ff]
	XI	FE[1]	Sanct Helena [in TfD]	MEGA2: 90; [MEW II: 104]
20.11.		FE	Brief an Wilhelm Graeber	MEGA$_2$III1: 202ff; [MEGA2: 559ff]; MEW II: 465ff
	XII	FE[1]	Siegfrieds Heimat [in TfD]	MEGA2: 91–95; [MEW II: 105–109]
6.–9.12.		FE	Brief an Marie Engels	MEGA$_2$III1: 205ff; [MEGA2: 603ff; MEW II: 468–471]
			⟨Der Ratsherr von Bremen⟩[2]	
21.–28.12.		FE	Brief an Marie Engels [dt-spanOrig]	MEGA$_2$III1: 208ff; [FR: MEGA2: 606ff; FR: MEW II: 472ff]

[1] Unter dem Pseudonym Friedrich Oswald bzw. F.O.
[2] Der Artikel [in „Morgenblatt für gebildete Leser" vom 23.–26.12.1840], MEGA 2, S. 132–140, ist von Frhr. A. von Ungern-Sternberg verfaßt [s. MEW I, S. XXIII].

Entstehungs- zeit	Erscheinungs- datum	Verfasser	Titel oder Textbezeichnung	Quellennachweis
			1841	
1840 od. 1841		FE	Cola di Rienzi	FE: Cola di Rienzi: 1–54
	3.1.	FE[1]	Nachtfahrt [in „Deutscher Courier"]	MEGA2: 17f; [MEW II: 116f]
I		FE[1]	Ernst Moritz Arndt [in TfD]	MEGA2: 96–108; MEW II: 118–131
I	15.–16.1.	FE	Bremen. Kirchlicher Streit. [in „Morgenblatt für gebildete Leser"]	MEGA2: 141–144; [MEW II: 132–135]
I	18.1.	FE	Bremen. Verhältnis zur Literatur. Musik [in „Morgenblatt für gebildete Leser"]	MEGA2: 144f; [MEW II: 135f]
I	19.1.	FE	Bremen. Plattdeutsch [in „Morgenblatt für gebildete Leser"]	MEGA2: 145f; [MEW II: 137f]
	II	FE[1]	Der Kaiserzug [in TfD]	MEGA2: 109f; [MEW II: 139f]
18.2.		FE	Brief an Marie Engels	MEGA$_2$III1: 211ff +A: 669; [MEGA2: 608ff]; MEW II: 475ff
22.2.		FE	Brief an Friedrich Graeber	MEGA$_2$III1: 214ff +A: 670; [MEGA2: 562ff]; MEW II: 478ff
I/III		KM	Exzerpte aus Leibniz' Werken	MEGA$_2$IV1: 183–212+A: 752, 754ff; [MEGA1, 2: 110ff[2]];
			– Übersetzung der lateinischen Textteile	MEGA$_2$IV1A: 756–767
I/III		KM	Exzerpte aus David Hume: Über die menschliche Natur	MEGA$_2$IV1: 213–232 +A: 771f; [MEGA 1,2: 112f[2]]
8.–11.3.		FE	Brief an Marie Engels	MEGA$_2$III1: 217ff; [MEGA2: 611ff]; MEW II: 481ff
Anf. 1839– Ende III 1840		KM	Differenz der demokritischen und epikureischen Naturphilosophie nebst einem Anhange [Dissertation]	MEGA$_2$I1: 7–91+A: 887–894, 897–901; [MEGA1,1: 1–52, 57–81; MEW I: 257–305, 310–372; KMA I: 18–74, 929–957; Texte I: 127–176, 180–188]
			– Übersetzung der fremdsprachigen Zitate	MEGA$_2$I1A: 904–929; [MEW I: 311–373; FR: KMA I: 965ff]

[1] Unter dem Pseudonym Friedrich Oswald bzw. F. Oswald bzw. Friedrich O.
[2] Beschreibung der Zitate.

1841-1842

Entstehungszeit	Erscheinungsdatum	Verfasser	Titel oder Textbezeichnung	Quellennachweis
III–IV		KM	Exzerpte aus Benedictus de Spinoza: Opera ed. Paulus	MEGA$_2$IV1: 233–276+A: 776f; [MEGA1,2: 108ff[1]]
			– Übersetzung der lateinischen Textteile	MEGA$_2$IV1A: 777–816
III–IV		KM	Exzerpte aus Karl Rosenkranz: Geschichte der Kantschen Philosophie	MEGA$_2$IV1: 277–288+A: 821
5.4.		FE	Brief an Marie Engels	MEGA$_2$III1: 220; [MEGA2: 613; MEW II: 484]
6.4.		KM	Anhaltungsschreiben an Prof. Carl Friedrich Bachmann, Dekan der phil. Fakultät, Jena	MEGA$_2$III1: 19; [MEGA1,2: 250f; MEW I: 374]
7.4.		KM	Brief an Prof. Oskar Ludwig Bernhard Wolff	MEGA$_2$III1:20; [MEGA1,2: 251; MEW I: 375]
	IV	FE[2]	Immermanns Memorabilien [in TfD]	MEGA2: 111–118; MEW II: 141–149
ca. Anf. V		FE	Brief an Marie Engels	MEGA$_2$III1: 221f; [MEGA2: 614; MEW II: 485f]
ca. 10.8.		JM	Brief an Karl Marx	MEGA$_2$III1: 364f; [MEW I: 641ff]
Ende VIII		FE	Brief an Marie Engels	MEGA$_2$III1: 223; [MEGA2: 615; MEW II: 487]
ca.VIII/IX	1841	B.Bauer u. KM[?][3]	Die Posaune des jüngsten Gerichts über Hegel den Atheisten und Antichristen	D.Hegelsche Linke: 123–225
9.9.		FE	Brief an Marie Engels	MEGA$_2$III1: 224f; [MEGA2: 615f, 621f]; MEW II: 488f, 497
13.9.		JM	Brief an Karl Marx	MEGA$_2$III1: 366ff
2. Hälfte XI	Mitte XII	FE[2]	Schelling über Hegel [in TfD]	MEGA2: 173–180; [MEW II: 163–170]
	4.u. 11.12.	FE[2]	Lombardische Streifzüge [in „Athenäum"]	MEGA2: 159–168; [MEW II: 150–160]

1842

Jahreswende 1841/42	III	FE	Schelling und die Offenbarung	MEGA2: 181–227; MEW II: 171–221
Anf. 1842	Anf. V	FE	Schelling, der Philosoph in Christo, oder die Verklärung der Weltweisheit zur Gottesweisheit	MEGA2: 229–249; [MEW II: 223–245]

[1] Beschreibung der Zitate. [2] Unter dem Pseudonym Friedrich Oswald.
[3] s. Kadenbach: Das Religionsverständnis von Karl Marx, S. XXIV, 297–301, und Kliem: Marx, S. 552; dagegen neuerdings noch die Herausgeber der MEGA$_2$, s. MEJ, S. 214f, 416f.

Ent-stehungs-zeit	Erschei-nungs-datum	Ver-fasser	Titel oder Textbezeichnung	Quellen-nachweis
5.–6.1.		FE	Brief an Marie Engels	MEGA₂III1: 226ff; [MEGA2: 616–619; MEW II: 490–493]
15.1./ 10.2.	13.2. 43	KM	⟨Luther als Schiedsrichter zwischen Strauß und Feuerbach⟩[1] Bemerkungen über die neueste preußische Zensurinstruktion [in „Anekdota zur neuesten deutschen Philosophie und Publicistik"]	MEGA₂I1: 97–118 +A: 986; [MEGA 1, 1: 151–173; MEW 1: 3–25]
10.2.		KM	Brief an Arnold Ruge	MEGA₂III1: 21; [MEGA1,2: 266f; MEW 27: 395f]
VII 1841/ 2.3.1842		KM	Fragment einer neuen Vorrede zur Dissertation	MEGA₂I1: 92+A: 894–897; [MEGA 1, 2: 327; MEW I: 309; Texte I: 189]
–sp.5.3.	1842	B.Bauer u. KM[?][2]	Hegel's Lehre von der Religion und Kunst von dem Standpuncte des Glaubens aus beurtheilt	Bauer: 5–227[3]
5.3.		KM	Brief an Arnold Ruge	MEGA₂III1: 22; [MEGA1,2: 268f]; MEW 27: 397f
20.3.		KM	Brief an Arnold Ruge	MEGA₂III1: 23ff; [MEGA1,2: 270–273; MEW 27: 399ff]
III	12.4.	FE	Nord- und süddeutscher Liberalismus [in RhZ]	MEGA2: 287ff; [MEW II: 246ff]
14.–16.4.		FE	Brief an Marie Engels	MEGA₂III1: 229ff +A: 679; [MEGA2: 619ff; MEW II: 494ff]
26.3./ 26.4.	5.– 19.5.	KM	Die Verhandlungen des 6. rheinischen Landtags. Erster Artikel: Debatten über Preßfreiheit und Publikationen der Landständischen Verhandlungen [in RhZ]	MEGA₂I1: 121–169 +A: 992; [MEGA1, 1: 179–229; MEW 1: 28–77; KMA I: 110–173]
27.4.		KM	Brief an Arnold Ruge	MEGA₂III1: 26f; [MEGA1, 2: 273ff; MEW 27: 402f]
6.5.	14.5.	FE	Rheinische Feste [in RhZ]	MEGA2: 293ff; [MEW II: 255ff]

[1] Der Artikel [in „Anekdota zur neuesten deutschen Philosophie und Publicistik" vom 13.2.1843], MEGA 1,1: 174f [MEW 1: 26f; KMA I: 107ff], ist von Feuerbach verfaßt.
[2] Einander widersprechende und z.T. in sich widersprüchliche Angaben bei Cornu: Karl Marx und Friedrich Engels. Erster Bd., S. 252, und Inge Taubert in MEJ, S. 215.
[3] Unklar erscheint, ob die mögliche Mitautorschaft von Marx den zweiten Abschnitt [„Hegel's Haß gegen die heilige Geschichte und die göttliche Kunst der heiligen Geschichtsschreibung"], S. 67–227, oder den ersten, S. 5–66, betrifft.

1842

Ent-stehungs-zeit	Erscheinungs-datum	Ver-fasser	Titel oder Textbezeichnung	Quellennachweis
	10.5.	FE[1]	Tagebuch eines Hospitanten I. [in RhZ]	MEGA2: 290ff; [MEW II: 249–252]
nach 17.5.		KM	Die Zentralisationsfrage in bezug auf sich selbst und in bezug auf das Beiblatt der „Rheinischen Zeitung" zu Nr. 137, Dienstag 17. Mai 1842	MEGA$_2$I1: 170f+A: 1007f; MEGA1,1: 230f; MEW I: 379f]
	24.5.	FE[1]	Tagebuch eines Hospitanten. II. [in RhZ]	MEGA2: 296ff; [MEW II: 252ff]
	25.5.	FE[1]	Glossen und Randzeichnungen zu Texten aus unserer Zeit [in RhZ]	MEGA2: 299–302; [MEW II: 258–262]
V	10.6.	FE	[Polemik gegen Leo] [in RhZ]	MEGA2: 303ff; [MEW II: 263–266]
ca.Anf.IV –ca.EndeV		KM	Exzerpte aus Karl Friedrich von Rumohr: Italienische Forschungen	MEGA$_2$IV1: 293–299 +A: 830; [MEGA1, 2: 118[2]]
ca.Anf.IV –ca.EndeV		KM	Exzerpte aus Johann Jakob Grund: Die Malerey der Griechen	MEGA$_2$IV1: 300–319 +A: 833; [MEGA1, 2: 116f[2]]
ca.Anf.IV –ca.EndeV		KM	Exzerpte aus Charles De Brosses: Ueber den Dienst der Fetischengötter, und aus Karl August Böttiger: Ideen zur Kunst-Mythologie	MEGA$_2$IV1: 320–334 +A: 839f; [MEGA 1,2: 115f[2]]
ca.Anf.IV –ca.EndeV		KM	Exzerpte aus Christoph Meiners: Allgemeine kritische Geschichte der Religionen	MEGA$_2$IV1: 335–338 +A: 844; [MEGA1, 2: 114[2]]
ca.Anf.IV –ca.EndeV		KM	Verzeichnis römischer Autoren	MEGA$_2$IV1: 341
ca.Anf.IV –ca.EndeV		KM	Exzerpte aus Benjamin Constant: De la religion	MEGA$_2$IV1: 342–367 +A: 848
ca.Anf.IV –ca.EndeV		KM	Exzerpte aus Jean Barbeyrac: Traité de la morale des peres de l'église	MEGA$_2$IV1: 369–376 +A: 853
15.6.		FE	Brief an Arnold Ruge	MEGA$_2$III1: 232; [MEGA2: 631; MEW27: 404]
ca.15.6.	7.–9.7.	FE[1]	Alexander Jung. Vorlesungen über die moderne Literatur der Deutschen [in „Deutsche Jahrbücher für Wissenschaft und Kunst"]	MEGA2: 323–335; MEW1: 433–445
21.6.	25.6.	FE[?]	Theilnahme an den Verhandlungen der badischen Kammer [in RhZ]	RhZ176: 2
22.6.	26.6.	FE	Die Freisinnigkeit der Spenerschen Zeitung [in RhZ]	MEGA2: 306f; [MEW II: 267f]
25.6.	30.6.	FE	Das Aufhören der „Kriminalistischen Zeitung" [in RhZ]	MEGA2: 308f; [MEW II: 269f]

[1] Unter dem Pseudonym F.O. bzw. Friedrich Oswald.
[2] Beschreibung der Zitate.

Ent-stehungs-zeit	Erschei-nungs-datum	Ver-fasser	Titel oder Textbezeichnung	Quellen-nachweis
VI	14.7.	FE	Zur Kritik der Preußischen Preßgesetze [in RhZ]	MEGA2: 310–317[1]; [MEW II: 271–278[1]]
VI/VII	1842	FE	Die frech bedräute, jedoch wunderbar befreite Bibel, oder: Der Triumph des Glaubens	MEGA2: 253–281; [MEW II: 283–316]
2.7.		FE	Brief an Marie Engels	MEGA$_2$III1: 233f; [MEGA2: 622f; MEW II: 498f]
28.6./ 3.7.	10.– 14.7.	KM	Der leitende Artikel in Nr. 179 der Kölnischen Zeitung [in RhZ]	MEGA$_2$I1: 172–190 +A: 1010; [MEGA1, 1: 232–250; MEW 1: 86–104; KMA I: 174–197, 970]
9.7.		KM	Brief an Arnold Ruge	MEGA$_2$III1: 28ff; [MEGA1, 2: 277ff; MEW 27: 405ff]
26.7.		FE	Brief an Arnold Ruge	MEGA$_2$III1: 235; [MEGA2: 631f; MEW 27: 408]
Ende VII –ca.6.8.	⟨9.8.⟩[2]	KM	Das philosophische Manifest der historischen Rechtsschule	MEGA$_2$I1: 191–198 +A: 1017f; [MEGA1, 1: 251–259]; MEW 1: 78–85
2.–8.8.		FE	Brief an Marie Engels	MEGA$_2$III1: 236–240 +A: 683; [MEGA2: 623–627]; MEW II: 500–504
30.4./ 13.8.		FE	Mitschrift einer Vorlesung von Ferdinand Benary über die Johannes-Apokalypse	MEGA$_2$IV1: 415–433 +A: 895–898
19.8.	29.8.	FE	[Allerlei aus Berlin] [in RhZ]	MEGA2: 318; [MEW II: 279]
1.Hälfte IX	18.9.	FE[?]	Centralisation und Freiheit [in RhZ]	RhZ 261, Beibl.: 1f
ca.Mitte VIII–2. Hälfte IX		KM	Brief an Dagobert Oppenheim	MEGA$_2$III1: 31f; [MEGA1, 2: 279f; MEW 27: 409f]
Ende IX/ Anf.X		FE	Exzerpte aus Bruno Bauer: Kritik der evangelischen Geschichte der Synoptiker	MEGA$_2$IV1: 387–403 +A: 879f
Ende IX/ Anf.X		FE	Exzerpte aus E.C.J. Lützelberger: Über den Apostel Johannes und seine Schriften	MEGA$_2$IV1: 404–414 +A: 886f
ca.X	1843	FE	Friedrich Wilhelm IV., König von Preußen [in „Einundzwanzig Bogen aus der Schweiz"]	MEGA2: 339–346; [MEW 1: 446–453]
15.10.	16.10.	KM	Der Kommunismus und die Augsburger „Allgemeine Zeitung" [in RhZ]	MEGA$_2$I1: 237–240 +A: 1033; [MEGA1, 1: 260–264; MEW 1: 105–108]

[1] Mit den Abweichungen des Artikels von dem diesem zugrundeliegenden Manuskript.
[2] In verkürzter Form veröffentlicht in RhZ.

1842

Ent-stehungs-zeit	Erschei-nungs-datum	Ver-fasser	Titel oder Textbezeichnung	Quellen-nachweis
	20.10.	KM[?]	Redaktionelle Mitteilung [in RhZ]	MEGA$_2$I1: 414
	20.10.	KM[?]	Redaktionelle Mitteilung [in RhZ]	MEGA$_2$I1: 414 [MEGA 1, 2: 139[1]]
21.od. 22.10.	23.10.	KM[?]	Redaktionelle Fußnote [in RhZ]	MEGA$_2$I1: 381; [MEGA1, 2: 139[1]]
22.10.	23.10.	KM	[Zur Polemik über den Kommunismus] [in RhZ]	MEGA$_2$I1: 241f; [MEGA1, 1: 264f; MEW I: 385f]
	30.10.	KM[?]	Redaktionelle Mitteilung [in RhZ]	MEGA$_2$I1: 414
X	25.10. –3.11.	KM	Verhandlungen des 6. rheinischen Land-tags. Dritter Artikel. Debatten über das Holzdiebstahlsgesetz [in RhZ]	MEGA$_2$I1: 199–236 +A: 1023; [MEGA1, 1: 266–304]; MEW 1: 109–147; [KMA I: 208–257, 971]
Ende X/ Anf. XI	16.11.	KM	Noch ein Wort über: „Bruno Bauer und die akademische Lehrfreiheit von Dr. O. F. Gruppe. Berlin 1842" [in „Deutsche Jahrbücher für Wissenschaft und Kunst"]	MEGA$_2$I1: 245–248; [MEGA1,1: 397–400]; MEW I: 381–384
	5.11.	KM[?]	Redaktionelle Mitteilung [in RhZ]	MEGA$_2$I1: 415; [MEGA 1, 2: 139[1]]
15.10./ 7.11.	8.11.	KM	[Die „liberale Opposition" in Hannover] [in RhZ]	MEGA$_2$I1: 249f; [MEGA1, 1: 305f; MEW I: 387f]
7.11.	8.11.	KM	Die Kommunalreform und die „Kölnische Zeitung" [in RhZ]	MEGA$_2$I1: 251–255 +A: 1046
9.11.	10.11.	KM[?]	Redaktionelle Fußnote [in RhZ]	MEGA$_2$I1: 382f
11.11.	12.11.	KM	Die Kommunalreform und die „Kölnische Zeitung" [in RhZ]	MEGA$_2$I1: 255f +A: 1046
12.11.	13.11.	KM	Die Kommunalreform und die „Kölnische Zeitung" [in RhZ]	MEGA$_2$I1: 257ff +A: 1046
6./14.11.	15.11.	KM	[Der Ehescheidungsgesetzentwurf. Kritik der Kritik] [in RhZ]	MEGA$_2$I1: 260–263 +A: 1052; [MEGA 1, 1: 315ff; MEW I: 389ff]
Mitte XI		FE	Karikatur: Ruge bei den Berliner „Freien"	MEGA2: Taf. VI; [MEW 27: 400a]
15.11.	16.11.	KM	Kabinettsordre in bezug auf die Tages-presse [in RhZ]	MEGA$_2$I1: 264f+A: 1054; [MEGA1, 1: 307f; MEW I: 392f]
12./16.11.	17.11.	KM[?]	Redaktionelle Fußnote [in RhZ]	MEGA$_2$I1: 384; [FR: MEGA1, 2: 139]
12./17.11.		KM[2]	Brief an Oberpräsident von Schaper	MEGA$_2$III1: 33–36 +A: 580, 587; [MEGA 1, 2: 281–285; MEW I: 394–397]

[1] Hinweis.
[2] Unterzeichnet von J.E. Renard.

1842

Ent-stehungs-zeit	Erschei-nungs-datum	Ver-fasser	Titel oder Textbezeichnung	Quellen-nachweis
	18.11.	KM[?]	Redaktionelle Mitteilung [in RhZ]	MEGA₂I1: 415; [MEGA1, 2: 139¹]
	21.11.	KM[?]	Redaktionelle Mitteilung [in RhZ]	MEGA₂I1: 415; [MEGA1, 2: 139¹]
vor 22.11.	22.11.	KM[?]	Redaktionelle Fußnote [in RhZ]	MEGA₂I1: 385; [MEGA1, 1: 308f; MEW I: 398]
7./23.11.	24.11.	KM[?]	Redaktionelle Fußnote [in RhZ]	MEGA₂I1: 386; [MEGA1, 2: 140¹]
	24.11.	KM[?]	Redaktionelle Mitteilung [in RhZ]	MEGA₂I1: 415; [MEGA1, 2: 140¹]
23./26.11.	27.11.	KM[?]	Redaktionelle Fußnote [in RhZ]	MEGA₂I1: 387; [MEGA1, 2: 140¹]
27.11.	28.11.	KM[?]	Berichtigung des Frankfurter Journals [in RhZ]	RhZ 332: 1
23./28.11.	29.11.	KM²	Herweghs und Ruges Verhältnis zu den Freien [in RhZ]	MEGA₂I1: 371f; [MEGA1, 1: 309]
29.11.	30.11.	KM	Die polemische Taktik der Augsburger Zeitung [in RhZ]	MEGA₂I1: 268–271; [MEGA1, 1: 310–313]; MEW I: 399–402
30.11.		KM	Brief an Arnold Ruge	MEGA₂III1: 37ff; [MEGA1, 2: 285ff]; MEW 27: 411ff
30.11.	9.u. 10.12.	FE	Die innern Krisen [in RhZ]	MEGA2: 351–355; [MEW1: 456–460]
1.12.	1.12.	KM[?]	Redaktionelle Mitteilung [in RhZ]	MEGA₂I1: 416
1.12.	1.12.	KM[?]	Redaktiorelle Fußnote [in RhZ]	MEGA₂I1: 388f
3.12.	8.12.	FE	Englische Ansicht über die innern Krisen [in RhZ]	MEGA2: 356f; [MEW 1: 454f]
	8.12.	KM[?]	Redaktionelle Mitteilung [in RhZ]	MEGA₂I1: 416; [MEGA1, 2: 140¹]
10.12.	11.12.	KM	Die Beilage in Nr. 335 der A.A.Z. über die ständischen Ausschüsse in Preußen [in RhZ]	MEGA₂I1: 272–277 +A: 1062; [MEGA1, 1: 321–326; MEW I: 405–410]
vor 15.12.	18.12.	KM	Redaktionelle Fußnote [in RhZ]	MEGA₂I1: 286
14.od. 15.12.	16.12.	KM[?]	Redaktionelle Fußnote [in RhZ]	MEGA₂I1: 390; [FR: MEGA1, 2: 140¹]
18.12.	19.12.	KM	Der Ehescheidungsgesetzentwurf [in RhZ]	MEGA₂I1: 287–290; [MEGA1, 1: 317–320; MEW1: 148–151]
19.12.	20.12.	KM	Der Artikel in Nr. 336 der A.A.Z. über die Ausschüsse [Fortsetzung] [in RhZ]	MEGA₂I1: 277–280 +A: 1062; [MEGA1, 1: 326–329; MEW I: 410–413]

¹ Hinweis.
² Von Marx redigierter Brief Herweghs an die Redaktion der RhZ vom 22.11.1842.

1842–1843

Ent-stehungs-zeit	Erschei-nungs-datum	Ver-fasser	Titel oder Textbezeichnung	Quellen-nachweis
19.12.	24.12.	FE	Stellung der politischen Partei [in RhZ]	MEGA2: 358ff; [MEW 1: 461ff]
20.12.	25.12.	FE	Lage der arbeitenden Klasse in England [in RhZ]	MEGA2: 361f; [MEW 1: 464f]
22.12.	27.12.	FE	Die Korngesetze [in RhZ]	MEGA2: 363f; [MEW 1: 466f]
	23.12.	KM[?]	Redaktionelle Mitteilung [in RhZ]	[MEGA1, 2: 140[1]]; RhZ357, Beil.: 1
	27.12.	KM[?]	Redaktionelle Mitteilung [in RhZ]	MEGA$_2$I1: 416; [MEGA1, 2: 140[1]]
30.12.	31.12.	KM	Der Artikel in Nr. 336 und 37 der A.A.Z. über die Ausschüsse [Schluß] [in RhZ]	MEGA$_2$I1: 280–285 +A: 1062; [MEGA1, 1: 329–335; MEW I: 413–419]
31.12.	1.1.43	KM	Das Verbot der „Leipziger Allgemeinen Zeitung" für den preußischen Staat [in RhZ]	MEGA$_2$I1: 291ff; [MEGA1, 1: 336ff; MEW1: 152ff]
1842/43		KM[2]	Gespräch mit dem Zensor	Mohr u. General: 352

1843

Ent-stehungs-zeit	Erschei-nungs-datum	Ver-fasser	Titel oder Textbezeichnung	Quellen-nachweis
26.12.42/ 2.1.43	3.1.	KM	Zur Polemik der Augsburger „Allgemeinen Zeitung" [in RhZ]	MEGA$_2$I1: 294; [MEGA1, 1: 313; MEW I: 402f]
2.1.	3.1.	KM	Ankündigung der „Rechtfertigung des ++-Korrespondenten von der Mosel" [in RhZ]	MEGA$_2$I1: 295
3.1.	4.1.	KM	Die „Kölnische Zeitung" und das Verbot der „Leipziger Allgemeinen Zeitung" [in RhZ]	MEGA$_2$I1: 328f; [MEGA1, 1: 338f; MEW1: 154f]
	4.1.	KM[?]	Redaktionelle Mitteilung [in RhZ]	MEGA$_2$I1: 416; [MEGA1, 2: 141[1]]
2./5.1.	6.1.	KM[?]	Redaktionelle Fußnote [in RhZ]	MEGA$_2$I1: 391; [MEGA1, 2: 141]
5.1.	6.1.	.KM	Die gute und die schlechte Presse [in RhZ]	MEGA$_2$I1: 330+A: 1093; [MEGA1, 1: 339f; MEW1: 155f]
	7.1.	KM[?]	Redaktionelle Mitteilung [in RhZ]	MEGA$_2$I1: 417; [MEGA1, 2: 141f]
7.1.		KM[3]	Die inquisitorische Behandlung eines Gefangenen in Hannover	MEGA$_2$I1: 373–377; [MEGA1, 2: 144–147]
7.1.	8.1.	KM	Replik auf den Angriff eines „gemäßigten" Blattes [in RhZ]	MEGA$_2$I1: 331ff; [MEGA1, 340–343; MEW1: 156–159]

[1] Hinweis.
[2] Wiedergegeben von W. Blos.
[3] Von Marx redigierte Korrespondenz v. L. Hörner vom 30.12.1842.

1843

Ent-stehungs-zeit	Erschei-nungs-datum	Ver-fasser	Titel oder Textbezeichnung	Quellen-nachweis
9.1.	10.1.	KM	Replik auf die Denunziation eines „benachbarten" Blattes [in RhZ]	MEGA$_2$I1: 334–337 +A: 1097; [MEGA1, 1: 343–346]; MEW1: 159–162
9./11.1.	12.1.	KM	Erwiderung auf ein Nachwort der Augsburger „Allgemeinen Zeitung" [in RhZ]	MEGA$_2$I1: 338f +A: 1100; [MEGA1,1: 313f]; MEWI: 403f
11.1.	13.1.	KM	Die Denunziation der „Kölnischen" und die Polemik der „Rhein- und Mosel-Zeitung" [in RhZ]	MEGA$_2$I1: 340–346 +A: 1103; [MEGA 1, 1: 346–353]; MEW1: 162–169
15.1.	16.1.	KM	Die „Rhein- und Mosel-Zeitung" [in RhZ]	MEGA$_2$I1: 347f; [MEGA1, 1: 353f]; MEW1: 169ff
EndeXII 1842–Mitte I 1843	15.–20.1.	KM	Rechtfertigung des ++-Korrespondenten von der Mosel. Abschnitt A und B [in RhZ]	MEGA$_2$I1: 296–323 +A: 1080; [MEGA 1, 1: 355–383]; MEW1: 172–199
nach 21.1.[?]		KM[1]	Äußerungen im Gespräch mit Karl Heinzen	GesprächeI: 12ff
25.1.		KM	Brief an Arnold Ruge	MEGA$_2$III1: 40–43 +A: 591; [MEGA1, 2: 293f; MEW27: 414f]
EndeXII 1842/26.1.43	Ende 1844	KM	Rechtfertigung des ++-Korrespondenten von der Mosel. Fragment des Abschnitts C.	MEGA$_2$I1: 324–327 +A: 1090
	28.1.	KM[?]	Redaktionelle Mitteilung [in RhZ]	MEGA$_2$I1: 417; [MEGA1, 2: 142[2]]
25./30.1.[3]		KM u.a.[4]	Petition Kölner Bürger um das Fortbestehen der „Rheinischen Zeitung"	MEGA$_2$I1: 421f
4./7.2.		KM	Randglossen zu den Anklagen des Ministerialrescripts	MEGA$_2$I1: 349–353 +A: 1110ff; [MEGA1, 2: 297–302; MEWI: 420–425]
4./7.2.		KM[?]	Denkschrift betreffend die Unterdrückung der „Rheinischen Zeitung"	MEGA$_2$I1: 392–403
9./12.2.		KM u.a.[5]	Bittschrift der Aktionäre der Rheinischen Zeitungsgesellschaft um das Fortbestehen der „Rheinischen Zeitung" nebst Denkschrift	MEGA$_2$I1: 423–433
12.2.		KM	Äußerung auf der außerordentlichen Generalversammlung der Rheinischen Zeitungsgesellschaft [Protokollierte Wiedergabe]	MEGA$_2$I1: 436
ca.II		KM	Brief an Wilhelm von Saint-Paul	MEJ: 328

[1] Wiedergegeben von K. Heinzen.
[2] Hinweis.
[3] Die Petition trägt das Datum des Februar.
[4] Von Marx mitunterzeichnet.
[5] Die Denkschrift [MEGA$_2$I1: 425–433] ist vermutlich von H. Claessen verfaßt, die Bittschrift [MEGA$_2$I1: 423f] von Marx mitunterzeichnet.

1843

Ent-stehungs-zeit	Erschei-nungs-datum	Ver-fasser	Titel oder Textbezeichnung	Quellen-nachweis
20.2.	21.2.	KM[?]	Redaktionelle Bemerkung [in RhZ]	MEGA$_2$I1: 404ff; [MEGA1, 2: 142f]
8./21.2.	25.2.	KM	Redaktionelle Erklärung zum Ausbleiben der „Rechtfertigung des ++-Korrespondenten von der Mosel" [in RhZ]	MEGA$_2$I1: 354
24.2.		KM u.a.	Protokoll der ordentlichen Generalversammlung der Rheinischen Zeitungsgesellschaft am 24. Februar 1843	MEGA$_2$I1: 444
26.2.	27.2.	KM[?]	Redaktionelle Bemerkung [in RhZ]	MEGA$_2$I1: 407
27.2.	28.2.	KM[?]	Die Augsburger „Allgemeine Zeitung" [in RhZ]	MEGA$_2$I1: 408f
	1.3.	KM[?]	Redaktionelle Mitteilung [in RhZ]	MEGA$_2$I1:417; [MEGA1, 2: 143[1]]
Anf.III		JM	Brief an Karl Marx	MEGA$_2$III1: 396ff+A: 786] [MEW I: 644ff]
5.3.	6.3.	KM[?]	Verleumdungen seitens der „Rhein- und Mosel-Zeitung" [in RhZ]	MEGA$_2$I1: 410f
	6.3.	KM[?]	Redaktionelle Mitteilung [in RhZ]	MEGA$_2$I1: 418; [MEGA1, 2: 143]
6.3.	8.3.	KM[?]	Die neue Zensurinstruktion [in RhZ]	MEGA$_2$I1: 412f
	7.3.	KM[?]	Redaktionelle Mitteilung [in RhZ]	MEGA$_2$I1: 418; [MEGA1, 2: 143[1]]
9.3.	9.3.	KM	Die hiesige Landtagsabgeordnetenwahl [in RhZ]	MEGA$_2$I1: 355–359; [MEGA1, 1: 384–388; MEW I: 426–430]
11.3.	12.3.	KM	Die „Rhein- und Mosel-Zeitung" als Großinquisitor [in RhZ]	MEGA$_2$I1: 360ff; [MEGA1, 1: 391ff; MEW I: 431ff]
13.3.		KM	Brief an Arnold Ruge	MEGA$_2$III1: 44ff +A: 591; [MEGA1, 2: 306ff; MEW27: 416ff]
13.3.	14.3.	KM	Stilistische Übungen der „Rhein- und Mosel-Zeitung" [in RhZ]	MEGA$_2$I1: 363ff; [MEGA1, 1: 388ff; MEW I: 434ff]
17.3.	18.3.	KM	Erklärung [in RhZ]	MEGA$_2$I1: 366; [MEGA1, 1: 393; MEW1: 200]
EndeIII	III1844	KM[2]	Brief an Arnold Ruge [in „Deutsch-Französische Jahrbücher"]	MEGA$_2$III1: 47; [MEGA1, 1: 557; MEW 1: 337f; KMA I: 427f]

[1] Hinweis.
[2] Redaktionell bearbeitet v. A. Ruge.

1843

Ent-stehungs-zeit	Erschei-nungs-datum	Ver-fasser	Titel oder Textbezeichnung	Quellen-nachweis
1.HälfteV	II1844	KM[1]	Brief an Arnold Ruge [in „Deutsch-Französische Jahrbücher"]	MEGA₂III1: 48–53; [MEGA1, 1: 561–566; MEW1: 338–343; KMA I: 432–438]
	16.5.	FE	Briefe aus London I [in „Schweizerischer Republikaner"]	MEGA2: 365–368; [MEW1: 468–471]
	23.5.	FE	Briefe aus London II [in „Schweizerischer Republikaner"]	MEGA2: 368ff; [MEW1: 471ff]
	9.6.	FE	Briefe aus London III [in „Schweizerischer Republikaner"]	MEGA2: 370–374; [MEW1: 473–477]
12.6.		KM u. JM	Ehevertrag	MEGA1, 2: 310ff
	27.6.	FE	Briefe aus London IV [in „Schweizerischer Republikaner"]	MEGA2: 374ff; [MEW1: 477ff]
VII		KM	Kreuznacher Exzerpthefte I–III mit Aus-zügen aus Werken von Chr. G. Heinrich [Geschichte von Frankreich], Carl Friedrich Ernst Ludwig [Geschichte der letzten funfzig Jahre, 2. Teil], P. Daru [Histoire de la République de Venise], Ch. Lacretelle [Histoire de France depuis la Restauration], J.J. Rousseau [Du contrat social ou principes du droit politique], J.Ch. Bailleul [Examen critique de l'ouvrage posthume de Mme. la Bnne. de Staël, ayant pour titre: Considérations sur les principaux événements de la Révolution française], Brougham [Polen], Montesquieu [De l'esprit des lois], John Russell [Geschichte der englischen Regierung und Verfassung von Heinrich VII. Regierung an bis auf die neueste Zeit] und J.M. Lappenberg [Geschichte von England] [Beschreibung]	MEGA1, 2: 105, 118–125
			– Überschriften der Hefte I–III	MEGA1, 2: 105
			– Exzerpte aus Carl Friedrich Ernst Ludwig, Geschichte der letzten funfzig Jahre. 2. Teil. Geschichte d. französischen Revolution v. d. Berufung der Notabeln bis z. Sturz der Schreckensregierung	FR: MEGA1, 2: 119
			– Exzerpte aus P. Daru, Histoire de la République de Venise	FR: MEGA1, 2: 119
			– Exzerpte aus Ch. Lacretelle, Histoire de France depuis la Restauration	FR: MEGA1, 2: 120
			– Exzerpte aus J.J. Rousseau, Du contrat social ou principes du droit politique	FR: Herre: 37f
			– Exzerpte aus Brougham, Polen	FR: MEGA1, 2: 121
			– Inhaltsverzeichnis zu Heft II	MEGA1, 2: 123

[1] Redaktionell bearbeitet v. A. Ruge.

1843

Ent-stehungs-zeit	Erscheinungs-datum	Verfasser	Titel oder Textbezeichnung	Quellennachweis
III/VIII		KM	[Kritik des Hegelschen Staatsrechts] [FR]	MEGA1, 1: 403–553; [MEW1: 203–333]; KMA I: 258–426
VII/VIII		KM	Kreuznacher Exzerptheft IV mit Auszügen aus Werken von Ernst Alexander Schmidt [Geschichte von Frankreich], Fr. Aug. Chateaubriand [Ansichten über Frankreich seit dem Juli 1830; Die neue Proposition in Bezug auf die Verbannung Karls X. und seiner Familie, oder Fortsetzung meiner letzten Schrift: Über die Restauration und die Wahlmonarchie], Karl Wilh. v. Lancizolle [Über Ursachen, Charakter und Folgen der Julitage ...], Wilhelm Wachsmuth [Geschichte Frankreichs im Revolutionszeitalter], Leopold Ranke [Deutsche Geschichte im Zeitalter der Reformation], John Lingard [Geschichte von England seit dem ersten Einfalle der Römer] und Erik Gustav Geijer [Geschichte Schwedens] und aus „Historisch-politische Zeitschrift" [1831–1836] [Beschreibung]	MEGA1, 2: 106, 125–133
			– Überschrift des Heftes IV	MEGA1, 2: 106
			– Exzerpte aus Karl Wilh. v. Lancizolle, Über Ursachen, Charakter und Folgen der Julitage. Nebst einigen Aufsätzen verwandten Inhalts	FR: Herre: 38f
			– Inhaltsverzeichnis zu Heft IV	MEGA1, 2: 128f
–VIII		KM	Kreuznacher Exzerptheft V mit Auszügen aus Werken von J.C. Pfister [Geschichte der Teutschen], Justus Möser [Patriotische Phantasien], C.G. Jouffroy [Das Princip der Erblichkeit und die französische und englische Pairie], Th. Hamilton [Die Menschen und die Sitten in den Vereinigten Staaten von Nordamerika] und Niccolò Machiavelli [Vom Staate oder Betrachtungen über die ersten zehn Bücher des Titus Livius] [Beschreibung]	MEGA1, 2: 106, 133–136
			– Überschrift des Heftes V	MEGA1, 2: 106
			– Exzerpte aus Nicolò Machiavelli, Vom Staate oder Betrachtungen über die ersten zehn Bücher des Titus Livius	FR: MEGA1, 2: 136
VIII/IX		KM	Variante eines Prospektes zu den „Deutsch-Französischen Jahrbüchern" [russÜbers des frzOrig]	Soč$_2$40: 313

Ent-stehungs-zeit	Erschei-nungs-datum	Ver-fasser	Titel oder Textbezeichnung	Quellen-nachweis
IX	II 1844	KM[1]	Brief an Arnold Ruge [in „Deutsch-Französische Jahrbücher"]	MEGA₂III1: 54–57; [MEGA1, 1: 572–575; MEW1: 343–346; KMA I: 446–450]
IX/X	II 1844	KM	Zur Judenfrage [in „Deutsch-Französische Jahrbücher"]	MEGA1, 1: 576–606; [MEW1: 347–377]; KMA I: 451–487, 971ff; [MEWSt I: 31–60]
3.10.		KM	Brief an Ludwig Feuerbach	MEGA₂III1: 58ff; [FR: MEGA1, 2: 316f; MEW27: 419ff]
23.10.	4.11.	FE	Progress of Social Reform on the Continent. I. France. [in „The New Moral World"]	MEGA2: 435–442
			– Deutsche Übersetzung	MEW1: 480–488
	18.11	FE	[Progress of Social Reform on the Continent] No. II – Germany and Switzerland [in „The New Moral World"]	MEGA2: 443–449
			– Deutsche Übersetzung	MEW1: 488–496
21.11.		KM	Brief an Julius Fröbel	MEGA₂III1: 61f +A: 604; [MEW27: 422f]
10.12.	11.12.	KM u. A. Ruge	Déclaration [in „Démocratie pacifique"]	MEGA₂III1: 602
			– Deutsche Übersetzung	MEW I: 437

1844

Mitte 1843 –1844		KM	Index zum Manuskript „Zur Kritik der Hegelschen Rechtsphilosophie"	MEGA₂IV1: 368
Ende 1843 –Anf.1844		KM	Exzerpte aus Jean-Baptiste Say, Traité d'économie politique	MEGA3: 437–455; [FR: Texte II: 162]
Ende 1843 –Anf.1844		KM	Exzerpte aus Jean-Baptiste Say, Cours complet d'économie politique pratique	MEGA3: 455
Ende 1843 –Anf.1844		KM	Exzerpte aus Frédéric Skarbeck, Théorie des richesses sociales	MEGA3: 455f
Ende 1843 –Anf.1844		KM	Pariser Exzerptheft II. Überschrift	MEGA3: 411
Ende 1843 –Anf.1844		KM	Exzerpte aus Adam Smith, Recherches sur la nature et les causes de la richesse des nations	MEGA3: 457–492
Ende 1843 –Anf.1844		KM	Exzerpte aus Mémoires de R. Levasseur (de la Sarthe)	MEGA3: 417–434; [FR: Texte II: 152–161]

[1] Redaktionell bearbeitet von A. Ruge.

1844

Ent-stehungs-zeit	Erschei-nungs-datum	Ver-fasser	Titel oder Textbezeichnung	Quellen-nachweis
1.Halbjahr		KM	Pariser Exzerptheft IV mit Auszügen aus Werken von Xenophon [Von der Staatsverfassung der Lacedämonier; Von der Staatsverfassung der Athener; Von den Staatseinkünften der Athener; Von der Haushaltungskunst], Ricardo [Principes] und James Mill [Éléments] [Beschreibung]	MEGA3: 411
			– Exzerpte aus David Ricardo, Des principes de l'économie politique et de l'impôt	MEGA3: 493–519; FR: TexteII: 162–166
			– Exzerpte aus James Mill, Éléments d'économie politique	MEGA3: 520–547; FR: MEWI: 443–463; [FR: TexteII: 166–181; FR: MEStII: 247–262, 278f]
EndeI1843/ I1844	II1844	KM	Zur Kritik der Hegelschen Rechtsphilosophie. Einleitung [in „Deutsch-Französische Jahrbücher"]	MEGA1, 1: 607–621; [MEW1: 378–391]; KMAI: 488–505; [MEStI: 17–30, 239]
EndeI1843/ I1844	II1844	FE	Umrisse zu einer Kritik der Nationalökonomie [in „Deutsch-Französische Jahrbücher"]	MEGA2: 379–404; [MEW1: 499–524; MEStII: 12–37]
EndeI1843/ I1844	II1844	FE	Die Lage Englands [in „Deutsch-Französische Jahrbücher"]	MEGA2: 405–431; [MEW1: 525–549]
	20.1.	FE	The „Times" on German Communism [in „The New Moral World"]	MEGA2: 450–453
28.1.	3.2.	FE	– Deutsche Übersetzung	MEWII: 317–321
			French Communism [in „The New Moral World"]	MEGA2 454
			– Deutsche Übersetzung	MEWII: 322
EndeI– Anf.II	3.2.	FE	[Пресса и германские деспоты] [in „The Northern Star"] [russÜbers des englOrig]	Soč₂42: 181
	3.2.	FE	Continental Movements [in „The New Moral World"]	MEGA2: 455
			– Deutsche Übersetzung	MEW1: 497f
	II1844	KM[?]	Die Bremer Zeitung [in „Deutsch-Französische Jahrbücher"]	MEGA1, 2: 157
	II1844	KM[?]	„Gebt mir meine Decke wieder!" [in „Deutsch-Französische Jahrbücher"]	MEGA1, 2: 157f
	II1844	KM[?]	Der Kommunismus deutsch [in „Deutsch-Französische Jahrbücher"]	MEGA1, 2: 158
	II1844	KM[?]	Der Kommunismus des Schwanenordens und des Berliner Hofluxus [in „Deutsch-Französische Jahrbücher"]	MEGA1, 2: 158f
II	31.8.–11.9.	FE	Die Lage Englands I. Das achtzehnte Jahrhundert [in „Vorwärts!"]	MEGA4: 291–309; [MEW1: 550–568]
III	18.9.–19.10.	FE	Die Lage Englands II. Die englische Konstitution [in „Vorwärts!"]	MEGA4: 310–334; MEW1: 569–592

1844

Ent-stehungs-zeit	Erschei-nungs-datum	Ver-fasser	Titel oder Textbezeichnung	Quellen-nachweis
14.4.	20.4.	KM	Erklärung [in „Allgemeine Zeitung"]	MEW 27: 424
Ende IV	4.5.	FE	Brief an die Redaktion des „Northern Star" [in „The Northern Star"] [englOrig]	Faks: Soč₂42: 183
Ende IV	4.5.	FE	[Положение в Пруссии] [in „The Northern Star"] [russÜbers des englOrig]	Soč₂42: 185f
1.Hälfte V	18.5.	FE	[Из Германии] [in „The Northern Star"] [russÜbers des englOrig]	Soč₂42: 187f
1.Hälfte V	18.5.	FE	[Судьба предателя] [in „The Northern Star"] [russÜbers des englOrig]	Soč₂42: 189f
Mitte V	25.5.	FE	[Пивные бунты] [in „The Northern Star"] [russÜbers des englOrig]	Soč₂42: 191f
Mitte V	25.5.	FE	[О религиозном ханжестве в Пруссии] [in „The Northern Star"] [russÜbers des englOrig]	Soč₂42: 193
Mitte V	25.5.	FE	[Новости из Санкт-Петербурга] [in „The Northern Star"] [russÜbers des englOrig]	Soč₂42: 194
1.Hälfte VI	15.6.	FE	[Из Франции] [in „The Northern Star"] [russÜbers des englOrig]	Soč₂42: 195ff
1.Hälfte VI	15.6.	FE	[Гражданская война в Вале] [in „The Northern Star"] [russÜbers des englOrig]	Soč₂42: 198f
Mitte VI	29.6.	FE	[Новости из Пруссии. – Волнения в Силезии] [in „The Northern Star"] [russÜbers des englOrig]	Soč₂42: 200f
ca.21.6.		JM	Brief an Karl Marx	MEGA₂III1: 428–431; [MEW I: 647–650]
2.Hälfte VI	29.6.	FE	[Дальнейшие подробности о волнениях в Силезии] [in „The Northern Star"] [russÜbers des englOrig]	Soč₂42: 202ff
31.7.	7.u. 10.8.	KM	Kritische Randglossen zu dem Artikel: „Der König von Preußen und die Sozialreform. Von einem Preußen" [in „Vorwärts!"]	MEGA3: 5–23; MEW 1: 392–409; [Texte II: 134–151]
IV/VIII[?]		KM	Vermerke zu Pecqueur, C.: Théorie nouvelle d'économie sociale et politique, ou études sur l'organisation des sociétés	FR: Ex libris: 157
IV–VIII		KM	Zur Kritik der Nationalökonomie mit einem Schlußkapitel über die Hegelsche Philosophie. – Ökonomisch-philosophische Manuskripte] [FR]	MEGA3: 29–172, 589–592; [MEW I: 465–588]; KMA I: 506–665, 973–978; [Texte II: 7–128; MESt II: 38–129, 263–271; I: 61–81, 239f]
IV/VIII		KM	Auszug aus dem letzten Kapitel von Hegels „Phänomenologie des Geistes"	MEGA3: 592–596; KMA I: 958–964; [Texte II: 128–133]
4./7.8.	10.8.	JM	Brief an Karl Marx [FR] [in „Vorwärts!"]	MEGA₂III1: 439; [MEW I: 651]
11.8.		KM	Brief an Ludwig Feuerbach	MEGA₂III1: 63ff; MEW 27: 425–428; [Texte II: 185–188]

1844–1845

Ent-stehungs-zeit	Erschei-nungs-datum	Ver-fasser	Titel oder Textbezeichnung	Quellen-nachweis
ca.15.8.	17.8.	KM	Illustrationen zu der neuesten Cabinetsstilübung Friedrich Wilhelm IV. [in „Vorwärts!"]	MEGA3: 24–27; [MEW I: 438–441]
11./18.8.		JM	Brief an Karl Marx	MEGA₂III1: 440ff; [MEW I: 652–655]
vor 29.8.		KM[1]	Äußerung im Gespräch mit Arnold Ruge	GesprächeI: 30
vor IX[?]		KM	Vermerk zu Proudhon, P.-J.: Avertissement aux propriétaires, ou lettre à Considérant, rédacteur de la Phalange, sur une défense de la propriété.	Ex libris: 164
–IX	nach 23.2.45	M/E[2]	Die heilige Familie oder Kritik der kritischen Kritik. Gegen Bruno Bauer und Consorten.	MEGA3: 173–388; [MEW2: 3–223]; KMA I: 667–925, 979–987
Anf.X		FE	Brief an Karl Marx	MEGA₂III1: 243–246; [MEW27: 5–8; BW I: 3–6]
	5.10.	FE	[Continental Socialism] [in „The New Moral World"]	MEGA4: 337f
			– Deutsche Übersetzung	MEW2: 507f
7.10.		KM	Brief an Julius Campe	MEGA₂III1: 247; [MEW27: 429]
MitteX	ca.II–III1845	FE	Beschreibung der in neuerer Zeit entstandenen und noch bestehenden kommunistischen Ansiedlungen [in „Deutsches Bürgerbuch für 1845"]	MEGA4: 351–366; MEW2: 521–535
ca.9.11.	13.12.	FE	Rapid Progress of Communism in Germany [I] [in „The New Moral World"]	MEGA4: 339–342
			– Deutsche Übersetzung	MEW2: 509–513
sp.XI		KM	Brief an Heinrich Börnstein	MEGA₂III1: 248; [MEW27: 430]
2.Hälfte XI[?]		KM	Brief an Heinrich Börnstein	MEGA₂III1: 249; [MEW27: 431]
19.11.		FE	Brief an Karl Marx	MEGA₂III1: 250–256; [MEW27: 9–13; BW I: 6–12]

1845

1844/Anf.1845		KM	Pariser Exzerpthefte V–IX mit Auszügen aus Werken von MacCulloch [Discours], Destutt de Tracy [Éléments], James Mill [Éléments], Engels [Umrisse], Lauderdale [Recherches], Schüz [Grundsätze], Friedr. List [Nationales System], Osiander [Enttäu-	MEGA3: 411f

[1] Wiedergegeben von A. Ruge.
[2] M/E: Vorwort. – FE: I–III; IV 1,2; VI 2a; VII 2b. – KM: IV 3, 4; V; VI 1, 2b, 3; VII 1, 2a, c, 3; VIII; IX.

Ent-stehungs-zeit	Erschei-nungs-datum	Ver-fasser	Titel oder Textbezeichnung	Quellen-nachweis
			schung des Publikums über die Interessen des Handels; Handelsverkehr der Völker], Ricardo [Principes]. Boisguillebert [Dé-tail; Dissertation; Traité], Jean Law [Considérations] und Eugène Buret [De la misère des classes laborieuses en Angle-terre et en France] u. a. [Beschreibung]	
			– Überschrift des Heftes V	MEGA3: 411
			– Exzerpte aus James Mill, Éléments d'économie politique	MEGA3: 547–550
			– Exzerpte aus J. R. MacCulloch, Discours sur l'origine, les progrès, les objets particuliers et l'importance de l'éco-nomie politique	MEGA3: 550–560; [FR: TexteII: 181f]
			– Exzerpte aus Destutt de Tracy, Éléments d'idéologie. IVe et Ve parties. Traité de la volonté et de ses effets	MEGA3: 560–563
			– Exzerpte aus Friedrich Engels, Umrisse zu einer Kritik der Nationalökonomie	MEGA3: 437
			– Exzerpte aus Pierre le Pesant de Bois-guillebert, Le détail de la France, la cause de la diminution de ses biens, et la facilité du remède	MEGA3: 563–568
			– Exzerpte aus Pierre le Pesant de Bois-guillebert, Dissertation sur la nature des richesses, de l'argent et des tributs	MEGA3: 568–579; [FR: TexteII: 182ff]
			– Exzerpte aus Pierre le Pesant de Bois-guillebert, Traité de la nature, culture, commerce et intérêt des grains	MEGA3: 579–583
			– Überschrift des Heftes IX	MEGA3: 412
EndeXII1844 –Anf.I1845		KM	Brief an Heinrich Börnstein	MEGA₂III1: 257; [MEW27: 432]
15.1.		KM	Brief an Arnold Ruge	MEGA₂III1: 258; [MEW27: 433]
ca.I		KM	[Über sein Verhältnis zu Hegel und Feuer-bach]	MEGA5: 531; [MEW 3: 536; TexteII: 189]
ca.I		KM	[Die bürgerliche Gesellschaft und die kommunistische Revolution]	MEGA5: 532; [MEW 3: 537; TexteII: 189f]
ca.20.1.		FE	Brief an Karl Marx	MEGA₂III1: 259–263; [MEW27: 14–18; BWI: 13–18]
EndeI–1.2.		KM	Brief an Heinrich Heine	MEGA₂III1: 264; [MEW27: 434]
1./3.2.		JM	Notizbucheintragungen	MEGA5: 548f
7.2.		KM	Brief an den belgischen König Leopold I. [frzOrig]	MEGA₂III1: 265
			– Deutsche Übersetzung	MEW27: 601

1845

Ent-stehungs-zeit	Erscheinungs-datum	Verfasser	Titel oder Textbezeichnung	Quellennachweis
8.2.		FE	Rede in Elberfeld[1]	MEGA4: 369–381; [MEW2: 536–548]
9.–10.2.		JM	Brief an Karl Marx [FR] [frzOrig] – Deutsche Übersetzung	MEGA₂III1: 453f FR: Cornu:358
II		KM[2]	Äußerungen im Gespräch mit Karl Heinzen	GesprächeI: 50f
15.2.		FE	Rede in Elberfeld[1]	MEGA4: 382–390; [MEW2: 549–557]
22.2.	8.3.	FE	[Rapid Progress of Communism in Germany II] [in „The New Moral World"] – Deutsche Übersetzung	MEGA4: 342ff MEW2: 513ff
II/III		KM[3]	Äußerung im Gespräch mit Heinrich Bürgers	GesprächeI: 52
22.2.–7.3.		FE	Brief an Karl Marx	MEGA₂III1: 266–269+A: 705; [MEW 27: 19–23; BW I: 18–22]
vor Mitte III		FE	Notizen zu „The physical and moral Condition of the children and young persons employed in mines and manufactures".	FR: Ex libris: 46
MitteXI 1844–Mitte III1845	1845	FE	Die Lage der arbeitenden Klasse in England	MEGA4: 3, 7–286; [MEW2: 225, 232–506]
15.3.	1845	FE	To the Working Classes of Great-Britain – Deutsche Übersetzung	MEGA 4: 5f MEW2: 229ff
III		KM	Entwurf über Friedrich List „Das nationale System der politischen Ökonomie" [FR]	BZG14, 3: 425–446
ca.III		KM	[Über Feuerbach]	MEGA5: 533ff; [MEW3:538, 5ff; FR: KMA II: 1–4; TexteII: 190ff; FR: MEStI: 139ff]
17.3.		FE	Brief an Karl Marx	MEGA₂III1: 270–273; [MEW27: 24–28; BW I: 22–26]
22.3.		KM	Erklärung [frzOrig] – Deutsche Übersetzung	Somerhausen: 77 MEGA₂III1A: 704
24.3.		KM	Brief an Heinrich Heine	MEGA₂III1: 274; [MEW27: 435]
ca.5.4.	10.5.	FE	[Rapid Progress of Communism in Germany III] [in „The New Moral World"] – Deutsche Übersetzung	MEGA4: 344–348 MEW2: 515–520
9.5.		KM	Brief an Zacharias Löwenthal [mit Adressennotiz von Engels]	MEGA₂III1: 275; [MEW27: 436]

[1] In der von Engels für die Veröffentlichung in „Rheinische Jahrbücher zur gesellschaftlichen Reform", 1845, ausgearbeiteten Form.
[2] Wiedergegeben von K. Heinzer.
[3] Wiedergegeben von H. Bürgers.

Ent-stehungs-zeit	Erschei-nungs-datum	Ver-fasser	Titel oder Textbezeichnung	Quellen-nachweis
31.5.		FE	Brief an Marie Engels	MEGA₂III1: 276f +A: 711; [MEW27: 437f]
II/VI		KM	Brüsseler Exzerptheft I. Überschrift	MEGA6: 597
II/VI		KM	Exzerpte aus Louis Say [de Nantes], Principales causes de la richesse ou de la misère des peuples et des particuliers	MEGA6: 614¹
II/VI		KM	Exzerpte aus Jean Charles Léonard Simonde de Sismondi, Études sur l'économie politique	FR: MEGA6: 614f; FR: Herre: 101, 104
II/VI		KM	Exzerpte aus C. G. de Chamborant, Du paupérisme, ce qu'il était dans l'antiquité, ce qu'il est de nos jours	MEGA6: 603¹
II/VI		KM	Exzerpte aus Alban de Villeneuve-Bargemont, Économie politique chrétienne, ou recherches sur la nature et les causes du paupérisme, en France et en Europe, et sur les moyens de le soulager et de le prévenir	MEGA6: 617¹; FR: Herre: 81
II/VI		KM	Brüsseler Exzerptheft II. Überschrift	MEGA6: 597
II/VI		KM	Exzerpte aus Eugène Buret, De la misère des classes laborieuses en Angleterre et en France.	FR: MEGA6: 602f
II/VI		KM	Exzerpte aus Nassau William Senior, Principes fondamentaux de l'économie politique	MEGA6: 614¹
II/VI		KM	Exzerpte aus Jean Charles Léonard Simonde de Sismondi, Études sur l'économie politique, T. II	FR: MEGA6: 615; FR: Herre: 105f
II/VI		KM	Brüsseler Exzerptheft III	MEGA6: 597¹
II/VI		KM	Exzerpte aus François-Louis-Auguste Ferrier, Du gouvernement considéré dans ses rapports avec le commerce	MEGA6: 605¹
II/VI		KM	Exzerpte aus Alexandre de Laborde, De l'esprit d'association dans tous les intérêts de la communauté ou essai sur le complément des institutions	MEGA6: 607¹
II/VI		KM	Exzerpte aus Ramon de la Sagra, De l'industrie cotonnière et des ouvriers en Catalogne	MEGA6: 614¹
II/VI		KM	Exzerpte aus Théodore Fix, De l'esprit progressif et de l'esprit de conservation en économie politique	MEGA6: 605¹
II/VI		KM	Exzerpte aus A. Moreau de Jonnès, Aperçus statistiques sur la vie civile et l'économie domestique des romains au commencement du quatrième siècle de notre ère	MEW6: 610¹

¹ Beschreibung.

1845

Entstehungszeit	Erscheinungsdatum	Verfasser	Titel oder Textbezeichnung	Quellennachweis
II/VI		KM	Exzerpte aus Henri Storch, Cours d'économie politique ou exposition des principes qui déterminent la prosperité des nations	MEGA6: 615[1]
II/VI		KM	Exzerpte aus Louis-François-Bernard Trioen, Essais sur les abus de l'agiotage, les moyens d'y obvier et les principes de bonne foi commerciale	MEGA6: 616[1]
II/VI		KM	Brüsseler Exzerptheft IV. Überschrift	MEGA6: 597[2]
II/VI		KM	Exzerpte aus Joseph Pecchio, Histoire de l'économie politique en Italie, ou abrégé critique des économistes italiens	MEGA6: 612[1]; FR: Herre: 75f
II/VI		KM	Exzerpte aus J. R. MacCulloch, Discours sur l'origine, les progrès, les objets particuliers et l'importance de l'économie politique	MEGA6: 607[1]
II/VI		KM	Exzerpte aus Charles Ganilh, Des systèmes d'économie politique: de leurs inconvéniens, de leurs avantages et de la doctrine la plus favorable aux progrès de la richesse des nations	MEGA6: 605[1]
II/VI		KM	Exzerpte aus Adolphe-Jérome Blanqui, Histoire de l'économie politique	MEGA6: 602[1]
II/VI		KM	Exzerpte aus F. Villegardelle, Histoire des idées sociales avant la révolution française, ou les socialistes modernes, devancés et depassés par les anciens penseurs et philosophes avec textes à l'appui	FR: MEGA6: 616f; FR: Herre: 88
II/VI		KM	Exzerpte aus John Watts, The Facts and Fictions of Political Economists: Being a Review of the principles of the science, separating the true from the false	MEGA6: 618[1]
II/VI		KM	Exzerpte aus Emile Girardin, Les machines	MEGA6: 606
II/VI		KM	Exzerpte aus Charles Babbage, Traité sur l'économie des machines et des manufactures	FR: MEGA6: 601
II/VI		KM	Exzerpte aus Andrew Ure, Philosophie des manufactures, ou économie industrielle de la fabrication du coton, de la laine, du lin et de la soie avec la description des diverses machines employées dans les ateliers anglais	MEGA6: 616[1]
II/VI		KM	Exzerpte aus Jacob Pereire, Leçons sur l'industrie et les finances, prononcées à la salle de l'Athénée, suivies d'un projet de banque	MEGA6: 612[1]

[1] Beschreibung. [2] Mit Beschreibung des Exzerptheftes.

1845

Ent-stehungs-zeit	Erschei-nungs-datum	Ver-fasser	Titel oder Textbezeichnung	Quellen-nachweis
II/VI		KM	Exzerpte aus Pellegrino Rossi, Cours d'économie politique	MEGA6: 613f[1]
IV–VII	I–III 1846	FE	Nachträgliches über die Lage der arbeitenden Klasse in England [in „Das Westphälische Dampfboot"]	MEGA4: 393–405; [MEW2: 591–603]
Anf.IV/ Mitte VII	1846	FE	Ein Fragment Fouriers über den Handel [einschließlich der Übersetzung eines Textes von Fourier ins Deutsche] [in „Deutsches Bürgerbuch für 1846"]	MEGA4: 409–453; MEW2: 604–610[2]
VII/VIII		FE	Exzerptheft I. Überschrift	MEGA4: 503[3]
VII/VIII		FE	Exzerpte aus G. R. Porter, The Progress of the Nation, in its various Social and Economical Relations, from the Beginning of the Nineteenth Century to the Present Time	FR: MEGA4: 503f
VII/VIII		FE	Exzerpte aus William Godwin, History of the Commonwealth of England. From its Commencements, to the Restoration of Charles the Second, Vol. I.	MEGA4: 504[1]
VII/VIII		FE	Exzerpte aus Thomas Tooke, A History of Prices, and of the Circulation, from 1793 to 1837	FR: MEGA4: 505f
VII/VIII		FE	Exzerpte aus „On Combinations of Trades"	FR: MEGA4: 506f
VII/VIII		FE	Exzerptheft II	MEGA4: 507[1]
VII/VIII		FE	Exzerpte aus Frederic Morton Eden, The State of the Poor: or an History of the Labouring Classes in England, from the Conquest to the Present Period	FR: MEGA4: 507–513
VII/VIII		FE	Exzerptheft III	MEGA4: 512[1]
VII/VIII		FE	Exzerpte aus [J. Aikin,] A Description of the Country from thirty to forty Miles round Manchester	FR: MEGA4: 514
VII/VIII		FE	Exzerpte aus James Butterworth, The Antiquities of the Town, and a Complete History of the Trade of Manchester, with a Description of Manchester and Salford; to which is added an account of the late improvements in the town etc.	MEGA4: 514[1]
VII/VIII		FE	Exzerpte aus James William Gilbart, The History and Principles of Banking	FR: MEGA4: 514f
VII/VIII		KM	Manchester Exzerptheft VI. Überschrift	MEGA6: 598
VII/VIII		KM	Exzerpte aus Thomas Cooper, Lectures of the Elements of Political Economy	FR: MEGA6: 604

[1] Beschreibung.
[2] Ohne den von Engels übersetzten Text von Fourier.
[3] Mit Beschreibung des Exzerptheftes.

1845

Ent-stehungs-zeit	Erschei-nungs-datum	Ver-fasser	Titel oder Textbezeichnung	Quellen-nachweis
VII/VIII		KM	Exzerpte aus Michael Thomas Sadler, The Law of Population	MEGA6: 614[1]
VII/VIII		KM	Exzerpte aus Thomas Tooke, A History of Prices, and of the state of the circulation from 1793 to 1837	MEGA6: 616[1]
VII/VIII		KM	Exzerpte aus T. R. Edmonds, Practical Moral and Political Economy; or, the government, religion, and institutions, most conductice to individual happines and to national power [FR]	FR: MEGA6: 605
VII/VIII		KM	Exzerpte aus James William Gilbart, The History and Principles of Banking	MEGA6: 606[1]
VII/VIII		KM	Manchester Exzerptheft VII. Überschrift und Umschlagnotizen	FR: MEGA6: 598
VII/VIII		KM	Exzerpte aus William Petty, An Essay Concerning the Multiplication of Mankind: Together with another Essay in Political Arithmetic, Concerning the Growth of the City of London; with the Measures, Causes and Consequences thereof.	FR: MEGA6: 612
VII/VIII		KM	Exzerpte aus Charles D'Avenant, Essays upon Peace and Home and War abroad	MEGA6: 604[1]
VII/VIII		KM	Exzerpte aus Charles D'Avenant, An Essay upon the probable Methods of making a People Gainors in the Ballance of Trade	MEGA6: 604[1]
VII/VIII		KM	Exzerpte aus Edward Misselden, Free Trade or the Means to make Trade flourish. Wherein the causes of the decay of trade in this kingdom, are discovered at the remedies also to remove the same, are represented	MEGA6: 610[1]
VII/VIII		KM	Exzerpte aus „His Majesties Propriety and Dominion on the British Seas asserted together with a true account of the Neatherlanders Insupportable Insolences, and injuries, they have committed; and the inestimable benefits they have gained in their fishing on the English Seas: as also their prodigious and horrid cruelties in the East and West-Indies and other Places"	MEGA6: 606f
VII/VIII		KM	Exzerpte aus Charles D'Avenant, Dis-courses on the Public Revenues and on the Trade of England	MEGA6: 604[1]
VII/VIII		KM	Exzerpte aus Charles D'Avenant, An Essay upon Ways and Means of Supplying the War	MEGA6: 604[1]

[1] Beschreibung.

1845

Ent-stehungs-zeit	Erschei-nungs-datum	Ver-fasser	Titel oder Textbezeichnung	Quellen-nachweis
VII/VIII		KM	Exzerpte aus James Anderson, A Calm Investigation of the Circumstances that have led to the present Scarcity of Grain in Britain: suggesting the Means of alleviating that evil, and of preventing the Recurrence of such a Calamity in future	FR: MEGA6: 600
VII/VIII		KM	Exzerpte aus G. Browning, The Domestic and Financial Condition of Great Britain; preceded by a brief sketch of her foreign policy; and of the statistics and politics of France, Russia, Austria, and Prussia	FR: MEGA6: 602
VII/VIII		KM	Manchester Exzerptheft VIII. Überschrift	MEGA6: 598
VII/VIII		KM	Exzerpte aus William Cobbett, Paper against Gold; or the history and mystery of the Bank of England, of the debt, of the stocks, of the sinking fund, and of all the other tricks and contrivances, carried on by the means of paper money	FR: MEGA6: 603f
VII/VIII		KM	Exzerpte aus Nassau William Senior, Political Economy	MEGA6: 614[1]
VII/VIII		KM	Exzerpte aus William Thompson, An Inquiry into the Principles of the Distribution of Wealth most conducive to human happiness; applied to the newly proposed system of voluntary equality of wealth	FR: MEGA6: 615f; FR: Herre: 143, 145
nach 24.8.		JM	Brief an Karl Marx	MEGA$_2$III1: 479ff
8./11.9.	13.9.	FE	The late Butchery at Leipzig. – The German Working Men's Movement [in „The Northern Star"]	MEGA4: 475ff
			– Deutsche Übersetzung	MEW2: 558–561
14./18.9.	20.9.	FE	Victoria's Visit – The „Royals" at Loggerheads – Row betwixt Vic and the German Bourgeoisie – The Condemnation of the Paris Carpenters [in „The Northern Star"]	MEGA4: 478f
			– Deutsche Übersetzung	MEW2: 562f
20./26.9.	27.9.	FE	[«Молодая Германия» в Швейцарии] [in „The Northern Star"] [russÜbers des englOrig]	Soč$_2$42: 285ff
14.10.		FE	Brief an Julius Campe	MEGA$_2$III1: 278; [MEW27: 439]
15.10.	25.10.	FE	The State of Germany. Letter I [in „The Northern Star"]	MEGA4: 480–486
			– Deutsche Übersetzung	MEW2: 564–570
MitteX	25.10.	FE	[Преследования и высылки коммунистов] [in „The Northern Star"] [russÜbers des englOrig]	Soč$_2$42: 288f

[1] Beschreibung.

1845–1846

Ent-stehungs-zeit	Erschei-nungs-datum	Ver-fasser	Titel oder Textbezeichnung	Quellen-nachweis
17.10.		KM	Brief an Oberbürgermeister Görtz	MEGA₂III1: 279; [MEW27: 602]
EndeX	8.11.	FE	[The State of Germany] Letter II [in „The Northern Star"] – Deutsche Übersetzung	MEGA4: 486–491 MEW2: 571–577
nach 20.11.[?]	I1846	KM u. E.v. West-phalen¹	[Sankt Bruno contra die Verfasser der „Heiligen Familie"] [in „Gesellschafts-spiegel"]	MEGA5: 541–544
ca.XI/XII	I1846	KM	Peuchet: Vom Selbstmord [in „Gesell-schaftsspiegel"]	MEGA3: 389–407
EndeXI/XII	1846	FE	Das Fest der Nationen in London [in „Rheinische Jahrbücher zur gesellschaft-lichen Reform"]	MEGA4: 457–471; [MEW2: 611–624]
Herbst	XII	FE	Geschichte der englischen Korngesetze [in TfD]	MEW2: 585–590
ca.Ende1845		KM	[Aus I. Feuerbach]	MEGA5: 536f; [MEW3: 539f]
40er Jahre[?]		FE	Bemerkungen zu [Eichhorn, Johann Al-recht:] Die Central-Verwaltung der Ver-bündeten unter dem Freiherrn von Stein	FR: Ex libris: 62

1846

nachVIII 1845/1846		KM	Brüsseler Exzerptheft IX. Überschrift	MEGA6: 598f
nachVIII 1845/1846		KM	Exzerpte aus William Atkinson, Prin-ciples of Political Economy or the Laws of the Formation of National Wealth, developed by means of the Christian Law of Government	FR: MEGA6: 600f
nachVIII 1845/1846		KM	Exzerpte aus Thomas Carlyle, Chartism	MEGA6: 603²
nachVIII 1845/1846		KM	Exzerpte aus J. R. M'Culloch, The Prin-ciples of Political Economy: with the sketch of the Rise and Progress of the Science	FR: MEGA6: 617f
nachVIII 1845/1846		KM	Exzerpte aus John Wade, History of the Middle and Working Classes with a po-pular exposition of the economical and political principles which have influenced the past and present condition of the industrious orders	FR: MEGA6: 617f; FR: Herre: 141

¹ Verfaßt von E. von Westphalen, redigiert von Marx.
² Beschreibung.

1846

Ent-stehungs-zeit	Erschei-nungs-datum	Ver-fasser	Titel oder Textbezeichnung	Quellen-nachweis
nach VIII 1845/1846		KM	Exzerpte aus Frederic Morton Eden, The State of the Poor: or, an History of the labouring classes in England from the conquest to the present period	FR: MEGA6: 605; FR: Herre: 137
nach VIII 1845/1846		KM	Exzerpte aus „On combination of trades"	FR: MEGA6: 610f
nach VIII 1845/1846		KM	Exzerpte aus Daniel Defoe, Giving Alms no Charity, and Employing the Poor	MEGA6: 605[1]
nach VIII 1845/1846		KM	Exzerpte aus Thomas Gisborne, An Enquiry into the Duties of Men in the Higher and Middle Classes of Society in Great-Britain, resulting from their respective stations, professions, and employments	MEGA6: 606
nach VIII 1845/1846		KM	Exzerpte aus J. Aikin, A Description of the Country from thirty to forty Miles round Manchester	MEGA6: 600[1]
nach VIII 1845/1846		KM	Exzerpte aus John Stuart Mill, Essays on some unsettled Questions of Political Economy	FR: MEGA6: 608ff
nach VIII 1845/1846		KM	Brüsseler Exzerptheft X. Überschrift	MEGA6: 599[2]
nach VIII 1845/1846		KM	Exzerpte aus William Rathbone Greg, Agriculture and the Corn Law	MEGA6: 606[1]
nach VIII 1845/1846		KM	Exzerpte aus Richard Hilditch, Aristo-cratic Taxation, its present state, origin and progress with proposals for Reform etc.	MEGA6: 606[1]
nach VIII 1845/1846		KM	Exzerpte aus Robert Owen, The Book of the new moral World, containing the ratio-nal system of society, founded on de-monstrable facts, developing the con-stitution and law of Human Nature and of Society	MEGA6: 611[1]
nach VIII 1845/1846		KM	Exzerpte aus Robert Owen, The book of the new Moral World, explanatory of the elements of the science of society, or the Social State of Man	MEGA6: 611[1]
nach VIII 1845/1846		KM	Exzerpte aus Robert Owen, The book of the new Moral World, explanatory of the conditions requisite for human happi-ness, which will, ultimately by secured to all under the Rational System of Society	MEGA6: 611[1]
nach VIII 1845/1846		KM	Exzerpte aus Robert Owen, The book of the new Moral World explanatory of the Rational Religion	MEGA6: 611[1]

[1] Beschreibung.
[2] Mit Beschreibung des Exzerptheftes.

1846

Ent-stehungs-zeit	Erschei-nungs-datum	Ver-fasser	Titel oder Textbezeichnung	Quellen-nachweis
nachVIII 1845/1846		KM	Exzerpte aus John E. Bray, Labours Wrongs and Labours Remedy, or the Age of Might and the Age of Right	MEGA6: 602¹; FR: Herre: 152f
nachVIII 1845/1846		KM	Exzerpte aus Robert Owen, A new View of Society or Essays on the Principle of the Formation of the Human Character, and the Application of the principle to Practice	MEGA6: 611¹; FR: Herre: 132
nachVIII 1845/1846		KM	Exzerpte aus Robert Owen, Lectures on the Marriage of Priesthood of the Old Immoral World, delivered in the year 1835, before the passing of the new marriage act	FR: MEGA6: 611f
nachVIII 1845/1846		KM	Exzerpte aus Robert Owen, Six Lectures delivered at Manchester previously to the discussion between Mr. R. Owen and the Rev. I. H. Rocbink	MEGA6: 611¹
nachVIII 1845/1846		KM	Exzerpte aus Richard Parkinson, On the present Conditions of the Labouring Poor in Manchester, with hints for improving it	MEGA6: 612¹
nachVIII 1845/1846		KM	Exzerpte aus George Hope, Agriculture and the Corn Law	MEGA6: 607¹
nachVIII 1845/1846		KM	Exzerpte aus Arthur Morse, Agriculture and the Corn Law	MEGA6: 610¹
nachVIII 1845/1846		KM	Brüsseler Exzerptheft XII. Überschrift	MEGA6: 599²
nachVIII 1845/1846		KM	Exzerpte aus François Quesnay, Le droit naturel	FR: MEGA6: 612f; FR: Herre: 71
nachVIII 1845/1846		KM	Exzerpte aus François Quesnay, Analyse de tableau économique, und mathematische Berechnungen	MEGA6: 613¹; FR: Rukopisi: 241f
18.1.	26.1.	KM	Erklärung [in „Trier'sche Zeitung"]	MEGA6: 669; [MEW2: 625]
7.3.		FE	Brief an Marie Blank	MEGA₂III1: 281f
20.3.	4.4.	FE	[The State of Germany] Letter III [in „The Northern Star"] – Deutsche Übersetzung	MEGA4: 491–497 MEW2: 577–584
24.3.		JM	Brief an Karl Marx [FR]	MEGA₂III1: 517ff
30.3.		KM³	Äußerungen im Gespräch mit Wilhelm Weitling [russ Wiedergabe] – Deutsche Übersetzung	Вѣстникъ Евро-пы: 498f GesprächeI: 60, 62
3.4.		FE	Brief an Emil Blank	MEGA₂III1: 283; [MEW27: 440]
ca.5.4.		KM	Brief an Heinrich Heine	MEGA₂III1: 284 +A: 718; [MEW27: 441]

¹ Beschreibung.
² Mit Beschreibung des Exzerptheftes.
³ Wiedergegeben von P. V. Annenkov.

Ent-stehungs-zeit	Erschei-nungs-datum	Ver-fasser	Titel oder Textbezeichnung	Quellen-nachweis
ca.XII 1845 –Mitte IV 1846		M/E[1]	[Die deutsche Ideologie] II. Sankt Bruno	MEGA5: 75–94, 583ff; MEW3: 81–100; [KMA II: 101–125]; IRofSH VII, 1: 103
ca.IV		M/E[2]	[Die deutsche Ideologie] Der wahre Sozialismus	MEGA5: 435ff, 630; MEW3: 441ff; [KMA II: 550–553]
IV/V		M/E[2]	[Die deutsche Ideologie] Das Leipziger Konzil	MEGA5: 71f, 583; MEW3: 78ff; [KMA II: 98ff]
IX 1845– Anf.V 1846		M/E[3]	[Die deutsche Ideologie] III. Sankt Max	MEGA5: 97–428, 585–630; MEW3: 101–436; KMA II: 126–547; IRofSH VII, 1: 104
ca.IX 1845/ Anf.V 1846[?]		KM	Notizen und Vermerke in Hegel, Georg Wilhelm Friedrich: Werke. Bd. 14.15. Vor-lesungen über die Geschichte der Philosophie	FR: Ex libris: 92, [Faks:] 93
ca.Anf.V		M/E[2]	[Die deutsche Ideologie] Schluß des Leipziger Konzils	MEGA5: 431f, 630; [MEW3: 437f; KMA II: 548f]
VIII 1844/ Frühjahr 1846[?]		KM	Vermerke in Cobbett, William: The life of William Cobbett	Ex libris: 45
Frühjahr		M/E[2]	[Die deutsche Ideologie] I. Die „Rheini-schen Jahrbücher" oder Die Philosophie des wahren Sozialismus	MEGA5: 441–468, 630–634; MEW3: 445–472; KMA II: 554–587
Frühjahr	Anf.IX 1847	M/E[1]	[Die deutsche Ideologie] IV. Karl Grün: „Die soziale Bewegung in Frankreich und Belgien" (Darmstadt, 1845) oder Die Ge-schichtschreibung des wahren Sozialismus	MEGA5: 471–516, 634–639; MEW3: 473–520; [KMA II: 588–643]
ca.Frühjahr		M/E u.a.[4]	[Die deutsche Ideologie] V. „Der Dr. Georg Kuhlmann aus Holstein" oder Die Prophetie des wahren Sozialismus	MEGA5: 519–528, 639; MEW3: 521–530; [KMA II: 644–655]
5.5.		M/E	Brief an Pierre-Joseph Proudhon [frzOrig]	Bund: 317ff
			– Deutsche Übersetzung	MEW27: 442ff
11.5.	11.5.	M/E	Der Volkstribun, redigiert von Hermann Kriege	MEGA6: 3–21; [MEW4: 3–17]
V	30.5.	FE	Violation of the Prussian Constitution [in „The Northern Star"]	MEGA4: 498
			– Deutsche Übersetzung	MEW4: 18f
14.–ca.16.5.		KM	Brief an Joseph Weydemeyer	MEW39: 515ff

[1] Handschrift von Engels, Paginierung von Marx.
[2] Handschrift von Engels.
[3] Handschrift von Engels, J. Weydemeyer und Marx.
[4] Wahrscheinlich von M. Heß entworfen, von J. Weydemeyer umgeschrieben und von Marx und Engels endgültig redigiert.

1846

Ent-stehungs-zeit	Erschei-nungs-datum	Ver-fasser	Titel oder Textbezeichnung	Quellen-nachweis
16.5.		KM[1]	Äußerung im Gespräch mit Wilhelm Weitling	GesprächeI: 66
15.6.		M/E u.a.	Brief des Brüsseler kommunistischen Korrespondenz-Komitees an G. A. Köttgen	MEW4: 20ff
EndeVI	4.7.	FE	The Prussian Bank Question [in „The Northern Star"]	MEGA4: 499
			– Deutsche Übersetzung	MEW4:23
17.7.	25.7.	M/E u.a.	Address of the German Democratic Communists of Brussels to Mr. Feargus O'Connor [in „The Northern Star"]	MEGA6: 25f
			– Deutsche Übersetzung	MEW4:24ff
27.7.		FE	Brief an Karl Marx	MEW27: 29ff; [BWI: 27ff]
27.–ca.28.7.		M/E	Brief an Moses Heß	MEW27: 445f
1.8.		KM	Brief an Carl Friedrich Julius Leske [Entwurf]	MEW27: 447–450
Anf.V/ MitteVIII		M/E[2]	[Die deutsche Ideologie] Vorrede	MEGA5: 3, 565f; [MEW3: 13f; KMAII: 9f; MEStI: 82f, 241]
19.8.		FE	Brief an Karl Marx	MEW27: 32–35; [BWI: 32–35]
19.8.		FE	Brief an das kommunistische Korrespondenz-Komitee in Brüssel	MEW27: 36–39; [BWI: 36–39]
ca.1.9.	5.9.	FE	[Government and Opposition in France] [in „The Northern Star"]	MEGA6: 29f
			– Deutsche Übersetzung	MEW4: 27ff
16.9.		FE	Brief an das kommunistische Korrespondenz-Komitee in Brüssel	MEW27: 40–46; [BWI: 39–46]
18.9.		FE	Brief an Karl Marx	MEW27: 47–52; [BWI: 47–52]
IX		FE	Brief an Karl Marx[FR]	MEW27: 53f; [BWI: 30f]
IX–MitteX		M/E[3]	[Die deutsche Ideologie] I. Feuerbach	MEGA5: 7–67, 566–583; MEW3: 17–77; KMAII: 11–97; IRofSHVII, 1: 98, 101ff; Dt.Zeitschr. f.Philos.: 1199–1251; [MEStI: 83–138, 241–247]
ca.X		FE	Feuerbach	MEGA5: 538ff, 639f; [MEW3: 541ff]
18.10.		FE	Brief an Karl Marx	MEW27: 55–59; [BW I: 53–58]
23.10.		FE	Brief an das kommunistische Korrespondenz-Komitee in Brüssel	MEW27: 60–64; [BW I: 58–63]

[1] Wiedergegeben von W. Weitling.
[2] Handschrift von Marx.   [3] Handschrift von Engels mit Korrekturen von Marx.

Ent-stehungs-zeit	Erschei-nungs-datum	Ver-fasser	Titel oder Textbezeichnung	Quellen-nachweis
ca.23.10.		FE	Brief an Karl Marx	MEW27: 65f; [BW I: 64f]
Herbst	12.–16.9.47	FE	Deutscher Sozialismus in Versen und Prosa. 1. Karl Beck „Lieder vom armen Mann" oder die Poesie des wahren Sozialismus [in DBrZ]	MEGA6: 33–47; MEW4: 207–222
2.11.		FE	Brief an Karl Marx	MEW27: 67; [BW I: 67f]
XII		FE	Brief an Karl Marx	MEW27: 68–72; [BW I: 68–73]
28.12.		KM	Brief an Pawel Wassiljewitsch Annenkow [frzOrig]	AB: 30–41
			– Deutsche Übersetzung	MEW27: 451–463

1847

Ent-stehungs-zeit	Erschei-nungs-datum	Ver-fasser	Titel oder Textbezeichnung	Quellen-nachweis
1844–47		KM	Eintragungen ins Notizbuch	MEGA5: 547–550
1844/47		FE	Eintragung in Marx' Notizbuch	MEGA5: 550
1846/47		KM	Exzerpte aus G. v. Gülich, Geschichtliche Darstellung des Handels, der Gewerbe und des Ackerbaues der bedeutendsten handeltreibenden Staaten unserer Zeit [Beschreibung]	IRofSH II,3: 402f
ca.1.Hälfte 1847		KM	Zwei Notizen zum Konzept von „Misère de la philosophie" [dt und frzOrig]	MEGA6: 621f
15.1.		FE	Brief an Karl Marx	MEW27: 73–76; [BW I: 74–77]
2.HälfteI	21.11.–9.12.	FE	Deutscher Sozialismus in Versen und Prosa. 2. Karl Grün: „Über Goethe vom menschlichen Standpunkte." Darmstadt 1846 [in DBrZ]	MEGA6: 47–71; MEW4: 222–247
EndeII	6.3.	FE	The Prussian Constitution [in „The Northern Star"]	MEGA6: 253–258
			– Deutsche Übersetzung	MEW4: 30–36
7.3.		KM	Brief an Roland Daniels	MEW27: 464
9.3.		FE	Brief an Karl Marx	MEW27: 77–81; [BW I: 77–82]
I–IV		FE	Die wahren Sozialisten	MEGA6: 73–116; MEW4: 248–290
III–IV		FE	[Der Status quo in Deutschland]	MEGA6: 231–249; MEW4: 40–57; [MESt IV: 17–33]
6.4.	8.4.	KM	[Erklärung gegen Karl Grün] [in DBrZ]	MEGA6: 259ff; MEW 4: 37ff
nach11.4.	6.5.	FE	Karikatur auf die Eröffnung des ersten preußischen Vereinigten Landtags in Berlin [in DBrZ]	MEGA6: 252a; [MEW4: 32a]

1847

Ent- stehungs- zeit	Erschei- nungs- datum	Ver- fasser	Titel oder Textbezeichnung	Quellen- nachweis
15.5.		KM	Brief an Friedrich Engels	MEW27: 82f; [BW I: 83f]
ca.Mitte V		FE[1]	Äußerung im Gespräch mit Stephan Born	Gespräche I: 74
	6.6.	FE[?]	Die Petitionen an den Vereinigten Land- tag in Berlin [in DBrZ]	MEGA6: 589ff
Anf.VI	10.6.	FE	Schutzzoll oder Freihandels-System [in DBrZ]	MEGA6: 591ff; [MEW4: 58–61]
9.6.		FE u.a.[2]	Entwurf des Kommunistischen Glaubens- bekenntnis	Bund: 470–475
–15.6.	Anf. VII	KM	Misère de la Philosophie. Réponse à la Philosophie de la Misère de M. Proudhon	MEGA6: 117–228
		FE[3]	– Deutsche Übersetzung	MEW4: 65–182; [KMA II: 657–811]
26.6.	3.7.	FE	The Decline and approaching Fall of Guizot. Position of the French Bour- geoisie [in „The Northern Star"]	MEGA6: 262–268
			– Deutsche Übersetzung	MEW4: 183–190
	27.6.	FE[?]	Das Parlament der englischen Arbeiter [in DBrZ]	MEGA6: 593–596
1847		KM	Exzerpte aus D. Macpherson, Annales of Commerce, Manufactures, Fisheries and Navigation [Beschreibung]	IRofSH II,3: 403
27.7.		KM	Brief an Georg Herwegh	MEW27: 465
5.8.		KM	Notiz über die Bildung der Brüsseler Gemeinde des Bundes der Kommunisten	MEW4: 593
	8.8.	KM[?]	Eine Schloß- und Zeitungs-Ente aus Sanssouci [in DBrZ]	DBrZ63: 1
8.8.		KM	Brief an Georg Herwegh	MEW27: 466f
2.9.		KM	Brief an Moses Hess	MEW27: 468
5.9.	12.9.	KM	Der Kommunismus des Rheinischen Beob- achters [in DBrZ]	MEGA6: 269–281; MEW4: 191–203
vor 2.Hälfte IX		KM	Notizen in Gülich, Gustav von: Geschicht- liche Darstellung des Handels, der Gewerbe und des Ackerbaus der bedeutendsten handeltreibenden Staaten unsrer Zeit	FR: Faks: Ex libris: 82f; FR: Faks: ND8, 104: 3
	IX	FE[?]	Der preußische Landtag und das Proleta- riat in Preußen, wie überhaupt in Deutsch- land [in „Kommunistische Zeitschrift"]	MELSt II: 148–159
17.od.18.9.		KM	Protektionisten	MEGA6: 427
17.od.18.9. [?]		FE	Zeichnungen auf dem Manuskript „Protek- tionisten"	MEGA6: Taf.VII
	19.9.	KM[?]	Der Gefängniß-Kongreß in Brüssel [in DBrZ]	DBrZ75: 1
19./22.9.	23.9.	FE	Der ökonomische Kongreß [in DBrZ]	MEGA6: 561–564; MEW4: 291–295

[1] Wiedergegeben von St. Born.
[2] Von Engels niedergeschrieben, von W. Wolf und K. Schapper unterschrieben.
[3] Deutsche Übersetzung von Engels überprüft.

Ent-stehungs-zeit	Erschei-nungs-datum	Ver-fasser	Titel oder Textbezeichnung	Quellen-nachweis
26.9.	3.10.	FE	Die Kommunisten und Karl Heinzen [I] [in DBrZ]	MEGA6: 282–289; [MEW4: 309–316]
29.9.		KM	Brief an Werner von Veltheim	BZG18, 6: 1019f
28.–30.9.		FE	Brief an Karl Marx	MEW27: 84–92; [BWI: 84–93]
30.9.		FE	Brief an Lucien Jottrand [dtÜbers des frzOrig]	MEW27: 469
2.HälfteIX	9.10.	M/E[1]	Speech on Protection, Free Trade, and the Working Classes [in „The Northern Star"]	MEGA6: 428–431
			– Deutsche Übersetzung	MEW4: 305–308
EndeIX	9.10.	FE	The Free Trade Congress at Brussels [in „The Northern Star"]	MEGA6: 565–570
			– Deutsche Übersetzung	MEW4: 299–305
3.10.	7.10.	FE	Die Kommunisten und Karl Heinzen [II] [in DBrZ]	MEGA6: 289–297; [MEW4: 316–324]
23.10.	26.10.	FE	[La crise commerciale en Angleterre. Mouvement chartiste. Irlande] [in „La Réforme"]	MEGA6: 328ff
			– Deutsche Übersetzung	MEW4: 325ff
ca.25.10.	XI	FE	Les maîtres et les ouvriers en Angle-terre [in „L'Atelier"]	MEGA6: 331f
			– Deutsche Übersetzung	MEW4: 328ff
25.–26.10.		FE	Brief an Karl Marx	MEW27: 93–99; [BWI: 94–100]
26.10.		KM	Brief an Georg Herwegh	MEW27: 470f
EndeX	28.10.–25.11.	KM	Die moralisierende Kritik und die kri-tisierende Moral [in DBrZ]	MEGA6: 298–327; [MEW4: 331–359]
30.10.	1.11.	FE	[Le programme agraire des chartistes] [in „La Réforme"]	MEGA6: 333ff
			– Deutsche Übersetzung	MEW4: 381ff
29./31.10.		FE	Grundsätze des Kommunismus	MEGA6: 503–522; [MEW4: 361–380; MEStIII: 42–58]
1.11.	6.11.	FE	[Le banquet des chartistes à propos des élections de 1847] [in „La Réforme"]	MEGA6: 336ff
			– Deutsche Übersetzung	MEW4: 384 ff
Anf.XI	13.11.	FE	The Manifesto of M. de Lamartine [in „The Northern Star"]	MEGA6: 339ff
			– Deutsche Übersetzung	MEW4: 387–390
Anf.XI	20.11.	FE	The Reform Movement in France [in „The Northern Star"]	MEGA6: 350–356
			– Deutsche Übersetzung	MEW4: 399–406
	14.11.	FE	Der Schweizer Bürgerkrieg [in DBrZ]	MEGA6: 342–349; [MEW4: 391–398]

---

[1] Die von Marx original deutsch abgefaßte, aber nicht gehaltene Rede ist von Engels ins Englische übertragen worden.

1847

Ent-stehungs-zeit	Erscheinungs-datum	Ver-fasser	Titel oder Textbezeichnung	Quellen-nachweis
14.–15.11.		FE	Brief an Karl Marx	MEW27: 100–103; [BWI: 101–104]
21.11.	22.11.	FE	[Mouvement chartiste] [in „La Réforme] – Deutsche Übersetzung	MEGA6: 357f MEW4: 407f
23.–24.11.		FE	Brief an Karl Marx	MEW27: 104–108; [BWI: 104ff]
29.11.		KM u.a.	L'association démocratique, ayant pour but l'union et la fraternité de tous les peuples, établie à Bruxelles (Belgique) au Peuple suisse – Deutsche Übersetzung	MEGA6: 632ff MEW4: 593–596
29.11.	9.12.	KM	Rede über Polen in London [in DBrZ]	MEGA6: 359f; [MEW4: 416f]
29.11.	9.12.	FE	Rede über Polen in London [in DBrZ]	MEGA6: 360ff; [MEW4: 417f]
30.11.		FE	Vortrag in der Londoner Bildungs-Gesellschaft für Arbeiter [Protokollarische Wiedergabe]	MEGA6: 637ff
30.11.		KM	Vortrag in der Londoner Bildungs-Gesellschaft für Arbeiter [Protokollarische Wiedergabe]	MEGA6: 639f
30.11.	5.12.	FE	[L'anniversaire de la révolution polonaise de 1830] [in „La Réforme"] – Deutsche Übersetzung	MEGA6: 363f MEW4: 413ff
EndeXI	4.12.	FE	The Reform Movement in France. Split in the Camp. The "Réforme" and the "National". March of democracy. [in „The Northern Star"] [dtÜbers]	MEW4: 409–412
7.12.		FE	Vortrag in der Londoner Bildungs-Gesellschaft für Arbeiter [Zusammenfassende Protokollnotiz]	MEGA6: 640
8.12.		FE u. C. Schapper	Statuten des Bundes der Kommunisten	MEGA6: 641–645; [MEW4: 596–601]
9.12.		KM	Brief an Pawel Wassiljewitsch Annenkow	MEW27: 472f
1.Hälfte XII[?]	18.12.	FE	Englische Übersetzung des französischen Textes der Rede von Ledru-Rollin auf dem Reformbankett zu Lille am 7.11.1847 [in „The Northern Star"]	MEGA6: 645–649
1.Hälfte XII	18.12.	FE	Reform Movement in France. Banquet of Dijon [in „The Northern Star"]	MEGA6: 365–369
17.12.		JM	Brief an Lina Schöler	[FR: Dornemann: 88f, 25f, 94f]; FR: Maenchen-Helfen: 122ff
	19.12.	KM	[Remarques à l'article de M. Adolphe Bartels] [in DBrZ] – Deutsche Übersetzung	MEGA6: 370f MEW4: 419f

Ent-stehungs-zeit	Erschei-nungs-datum	Ver-fasser	Titel oder Textbezeichnung	Quellen-nachweis
24.12.	26.12	KM	Lamartine und der Kommunismus [in DBrZ]	MEGA6: 372f; [MEW 4: 421f]
EndeXII	30.12.	FE	Agitation chartiste [in „La Réforme"] – Deutsche Übersetzung	MEGA6: 571ff MEW4: 429ff
EndeXII	30.12.	FE	Die „Réforme" und der „National" [in DBrZ]	MEGA6: 574f; [MEW 4: 423ff]
	30.12.	FE	Louis Blancs Rede auf dem Bankett zu Dijon [in DBrZ]	MEGA6: 374ff; [MEW 4: 426ff]
31.12.	6.1.48	KM	Rede auf der Sylvesterfeier der Brüsse-ler „Deutschen Arbeiter-Gesellschaft" [Zusammenfassende Protokollnotiz] [in DBrZ]	MEGA6: 651
XII		KM	Nachfrage [frzÜbers des dtOrig]	KM: Œuvres: 1526ff
EndeXII		KM	Arbeitslohn	MEGA6: 451–472; MEW6: 535–556
XII1847 od.I1848		KM[1]	Konzept zum Manifest der Kommunisti-schen Partei [FR]	MEGA6: 649f
XII1847 od.I1848		KM	Planentwurf zum dritten Abschnitt des Manifestes der Kommunistischen Partei	MEGA6: 650

1848

Ent-stehungs-zeit	Erschei-nungs-datum	Ver-fasser	Titel oder Textbezeichnung	Quellen-nachweis
Anf.I	8.1.	FE	France: The "satisfied" majority. Guizot's scheme of "Reform". Queer notions of M. Garnier-Pagès. Democratic banquet at Chalon. Speech of M. Floçon. The "Réforme" and the "National". [in „The Northern Star"] – Deutsche Übersetzung	MEGA6: 377–382 MEW4: 432–438
4.1.	8.1.	FE	[Le bill de coercition pour l'Irlande et les chartistes] [in „La Réforme"] – Deutsche Übersetzung	MEGA6: 383f MEW4: 439ff
	9.1.	FE	Feargus O'Connor und das irische Volk [in DBrZ]	MEW4: 442f
9.1.		KM	Discours sur la question du libre échange – Deutsche Übersetzung	MEGA6: 435–447 MEW4: 444–458
10.–13.1.	22.1.	FE	France: Extraordinary Revelations. Abd el-Kader. Guizot's Foreign Policy. [in „The Northern Star"]	MEGA6: 385–388
9./14.1.	16.1.	KM	Französische Zustände. [in DBrZ]	DBrZ2,5: 1
14.1.		FE	Brief an Karl Marx	MEW27: 109–112; [BWI: 107–110]
MitteI		JM	Brief an Lina Schöler	FR: Dornemann: 94; FR: Künzli: 135
16.–18.1.	19.1.	FE	Mouvement chartiste [in „La Réforme"]	MEGA6: 579–582
21.1.		FE	Brief an Karl Marx	MEW27: 113f; [BWI: 110ff]

[1] Zum Teil in der Handschrift von Jenny Marx.

1848

Ent-stehungs-zeit	Erschei-nungs-datum	Ver-fasser	Titel oder Textbezeichnung	Quellen-nachweis
	23.1.	FE	Die Bewegungen von 1847 [in DBrZ]	MEGA6: 389–398; [MEW4: 494–503]
	27.1.	FE	Der Anfang des Endes in Österreich [in DBrZ]	MEGA6: 399–405; MEW4: 504–510
XII1847–ca.Ende I1848	EndeII	M/E	Manifest der Kommunistischen Partei	MEGA6: 525–557; [MEW4: 459–493; KMAII: 813–858; MEStIII: 59–87, 244f]
	13.2.	KM	Der Débat social vom 6. Februar über die Association démocratique [in DBrZ]	MEGA6: 406ff; MEW4: 511ff
13.2.		KM u.a.	The association democratique of Brussels to the fraternal Democrats assembling in London – Deutsche Übersetzung	MEGA6: 651ff MEW4: 601ff
–II	5.–11.4. 49	KM	Lohnarbeit und Kapital [in NRhZ]	MEGA6: 473–499; [MEW6: 397–423; KMAVI: 757–792]
	20.2.	FE	Drei neue Konstitutionen [in DBrZ]	MEGA6: 583–586; [MEW4: 514–518]
22.2.		KM	Rede auf der Gedenkfeier in Brüssel zum 2. Jahrestag des Krakauer Aufstandes [frzOrig] – Deutsche Übersetzung	MEGA6: 409ff MEW4: 519–522
22.2.		FE	Rede auf der Gedenkfeier in Brüssel zum 2. Jahrestag des Krakauer Aufstandes [frzOrig] – Deutsche Übersetzung	MEGA6: 412ff MEW4: 522–525
	24.2.	FE	Ein Wort an die „Riforma" [in DBrZ]	MEGA6: 415f; [MEW4: 526f]
25.–26.2.	27.2.	FE	Revolution in Paris [in DBrZ]	MEW4: 528ff
28.2.		KM u.a.	Aux citoyens, Membres du gouvernement provisoire de la République Française – Deutsche Übersetzung	MEGA6: 653f MEW4: 605f
28.2.		KM u.a.	A M. Julien Harney, rédacteur du journal le Northern Star, secrétaire de l'associa-tion „Fraternal Democrats" à Londres – Deutsche Übersetzung	MEGA6: 655f MEW4: 604f
3.3.		M/E u.a.	Beschluß der Zentralbehörde des Bundes der Kommunisten	MEGA7: 587f; [MEW4: 607]
1./4.3.		KM	Aufzeichnungen über Verhaftung, Mißhand-lung und Ausweisung Wilhelm Wolffs durch die Brüsseler Polizei	MEGA6: 656f; [MEW4: 611f]
4.3.		JM[1]	Äußerungen anläßlich der Verhaftung von Karl Marx und der eigenen Festsetzung	GesprächeI: 86f

[1] Wiedergegeben von St. Born.

1848

Ent-stehungs-zeit	Erschei-nungs-datum	Ver-fasser	Titel oder Textbezeichnung	Quellen-nachweis
4.3.		KM	Äußerung auf der Sitzung der Société des Droits de l'Homme [frzOrig]	Lucas: 114
5.3.	25.3.	FE	To the Editor of the Northern Star [in „The Northern Star"]	MEGA6: 419–422
			– Deutsche Übersetzung	MEW4: 531–535
	8.3.	KM	[Lettre sur son expulsion de Bruxelles] [in „La Réforme"]	MEGA6: 417f
			– Deutsche Übersetzung	MEW4: 536ff
8.3.		KM	Sitzungsprotokoll der Pariser Gemeinde des Kommunistenbundes	MEGA7: 588f; [MEW 4: 608]
8.–9.3.		FE	Brief an Karl Marx	MEW27: 115ff; [BW I: 112–115]
9.3.		KM	Sitzungsprotokoll des Kreises Paris des Kommunistenbundes	MEGA7: 589f; [MEW4: 609]
	10.3.	KM u.a.	[Извещение Клуба немецких рабочих в Париже] [in „La Réforme"] [russÜbers des frzOrig]	Soč₂43: 452
	12.3.	FE	[Persécutions des étrangers à Bruxelles] [in „La Réforme"]	MEGA6: 587f
			– Deutsche Übersetzung	MEW4: 539f
ca.12.3.		KM	Brief an Friedrich Engels	MEW27: 118; [BW I: 115]
16.3.		KM	Brief an Friedrich Engels	MEW27: 119f; [BW I: 115f]
16.3.		JM	Brief an Joseph Weydemeyer	MEW27: 604
18.3.		FE	[La situation en Belgique]	MEGA6: 423f
			– Deutsche Übersetzung	MEW4: 541f
18.3.		FE	Brief an Karl Marx	MEW27: 121ff; [BW I: 117ff]
ca.18.3.	19.3.	FE[?] u.a.	[Die Entgegnung des Débat social, Brüssel auf den Artikel des Moniteur Belge über die Verhaftung von Marx und dessen Frau] [in „Débat social"] [frzOrig]	MEGA6: 657–660
26.3.		FE	Brief an Emil Blank	MEW27.474f
28.3.		FE	Brief an Emil Blank	MEW27: 476ff
21./29.3.	ca.30.3.	M/E u.a.	Forderungen der Kommunistischen Partei in Deutschland	MEGA7: 3f; [MEW 5: 3ff; MEStIII: 88f]
EndeIII		M/E u.a.	Erklärung der Zentralbehörde des Bundes der Kommunisten gegen die Deutsche demo-kratische Gesellschaft in Paris [frzOrig]	Bund: 747
			– Deutsche Übersetzung	MEW5: 6f
EndeIII		M/E	Brief an Étienne Cabet [frzOrig]	Bund: 748
			– Deutsche Übersetzung	MEW5: 6
1.4.		M/E[1]	Brief an Adalbert von Bornstedt	MEW27: 479
2.4.		M/E u.a.	Beleg der Zentralbehörde des Bundes der Kommunisten über eingenommene Gelder	Bund: 750

[1] Kopie von Engels.

1848

Ent-stehungs-zeit	Erschei-nungs-datum	Ver-fasser	Titel oder Textbezeichnung	Quellen-nachweis
2.4.		FE u.a.	Zwei Belege der Zentralbehörde des Bundes der Kommunisten über eingenommene und ausgegebene Gelder	Bund: 750f
5.4.		M/E	Brief an Étienne Cabet [dtÜbers des frzOrig]	MEW27: 480
1./13.4.		KM[1]	Konzept eines Gesuchs an die Polizeidirektion der Stadt Köln zur Erlangung des Bürgerrechts	MEGA7: 591f
13.4.		KM[2]	Brief an die Polizeidirektion in Köln	MEW39: 518
15.4.		FE	Brief an Emil Blank	MEW27: 481
vor25.4.		KM	Brief an Friedrich Engels	MEW27: 124; [BW I: 119]
25.4.		FE	Brief an Karl Marx	MEW27: 125f; [BW I: 120f]
9.5.		FE	Brief an Karl Marx	MEW27: 127; [BW I: 121f]
11.5.		KM	Protokollierte Frage auf der Sitzung der Kölner Gemeinde des Bundes der Kommunisten	MEGA7: 592; [MEW 5: 484]
24.5.		FE	Brief an Emil Blank	MEW27: 482f
31.5.	1.6.	FE	Die Frankfurter Versammlung [in NRhZ]	MEGA7: 8–11; MEW5: 14–17
31.5.	1.6.	M/E[3]	Hüser [in NRhZ]	MEGA7: 12; [MEW5: 18]
EndeV	29.6.	KM	Al signor direttore del giornale L'Alba [in „L'Alba"]	MEGA7: 592f
			– Deutsche Übersetzung	MEW5: 8f
	1.6.	M/E u.a.	Erklärung des Redaktionskomitees der Neuen Rheinischen Zeitung [in NRhZ]	MEGA7: 7; [MEW 5: 13]
	1.6.	FE	[Die neueste Heldentat des Hauses Bourbon] [in NRhZ]	MEGA7: 13ff; [MEW5: 19ff]
1.6.	2.6.	KM[4] u. H.Bürgers	Die demokratische Partei [in NRhZ]	MEGA7: 593ff; [MEW5: 22ff; KMA III, 1: 1ff]
2.6.	3.6.	KM	Camphausens Erklärung in der Sitzung vom 30. Mai [in NRhZ]	MEGA7: 16–19; [MEW5: 25–28; KMA III, 1: 4–8]
2.6.	3.6.	FE	Niederlage der deutschen Truppen bei Sundewitt [in NRhZ]	NRhZ I: 10
3.6.	4.6.	M/E	Lebens- und Sterbensfragen [in NRhZ]	MEGA7: 20ff; [MEW5: 29ff]
3.6.	4.6.	KM	Das Ministerium Camphausen [in NRhZ]	MEGA7: 23; [MEW 5: 32f]
3.6.	4.6.	FE	Die Anschlußfrage [in NRhZ]	NRhZ I: 15
	4.6.	M/E[?]	Redaktionelle Anmerkung über die Verhaftung von V. Valdenaire [in NRhZ]	MEGA7: 662

[1] In unbekannter Handschrift.   [2] Teilweise in unbekannter Handschrift.
[3] Möglicherweise nur von Marx.   [4] Geschrieben von H. Bürgers, redigiert von Marx.

Ent-stehungs-zeit	Erschei-nungs-datum	Ver-fasser	Titel oder Textbezeichnung	Quellen-nachweis
	5.6.	FE	Die Kriegskomödie in Schleswig-Holstein [in NRhZ]	MEGA7: 24f; [MEW 5: 34f]
5.6.	6.6.	KM	Die Reaktion [in NRhZ]	MEGA7: 26; [MEW 5: 36]
5.6.	6.6.	M/E	Comité de sûreté générale [in NRhZ] [dtOrig]	MEW5: 37f
6.6.	7.6.	KM	Programme der radikaldemokratischen Partei und der Linken zu Frankfurt [in NRhZ]	MEGA7: 27–31; [MEW5: 39–43; KMA III, 1: 8–13]
6.6.	7.6.	FE	Berliner Vereinbarungsdebatten [in NRhZ]	MEGA7: 32–35; [MEW5: 44–47]
6.6.	8.6.	FE	Vereinbarungsdebatten [in NRhZ]	MEGA7: 36–40; [MEW5: 48–52]
7.6.	8.6.	M/E[1]	Die Adreßfrage [in NRhZ]	MEGA7: 565f; [MEW 5: 53f]
8.6.	9.6.	FE	Neue Teilung Polens [in NRhZ]	MEGA7: 41f; [MEW 5: 55f]
9.6.	10.6.	KM	Das Schild der Dynastie [in NRhZ]	MEGA7: 43f; [MEW 5: 57f]
	10.6.	KM[?]	Die finanzielle Mystifikation [in NRhZ]	MEGA7: 566ff
10.6.	11.6.	FE	Köln in Gefahr [in NRhZ]	MEGA7: 45–48; [MEW5: 59–62]
11.6.	13.6.	KM	Inkompetenzerklärung der Versammlungen zu Frankfurt und Berlin [in NRhZ]	MEGA7: 49; [MEW 5: 63]
13.6.	14.6.	FE	Die Berliner Debatte über die Revolution [in NRhZ]	MEGA7: 50ff; [MEW 5: 64ff]
14.6.	15.6.	FE	Vereinbarungsdebatte über die Anerken-nung der Revolution [in NRhZ]	MEGA7: 53–56; [MEW5: 66–69]
14.6.	16.6.	FE	Vereinbarungsdebatten über die März-revolution [in NRhZ]	MEGA7: 57–62; [MEW5: 69–74]
14.6.	17.6.	FE	Die Berliner Vereinbarungsdebatte über die Revolution [in NRhZ]	MEGA7: 63–66; [MEW5: 74–77]
16.6.	18.6.	M/E	Stellung der Parteien in Köln [in NRhZ]	MEGA7: 71; [MEW 5: 78]
17.6.	18.6.	KM	Die Vereinbarungsversammlung vom 15. Juni [in NRhZ]	MEGA7: 67; [MEW 5: 79; KMA III, 1: 13f]
17.6.	18.6.	FE	Der Prager Aufstand [in NRhZ]	MEGA7: 68ff; MEW 5: 80ff]
	19.6.	M/E	Valdenaires Haft. – Sebaldt [in NRhZ]	MEGA7: 662f; [MEW5: 83f]
19.6.	20.6.	FE	Die Vereinbarungssitzung vom 17. Juni [in NRhZ]	MEGA7: 72–76; [MEW5: 85–89]
20.6.	21.6.	FE	Das Amendement Stupp [in NRhZ]	MEGA7: 77–80; [MEW5: 90–93]
20.6.	21.6.	FE	Neue Politik in Posen [in NRhZ]	MEGA7: 81f; [MEW5: 94f]

[1] Möglicherweise nur von Marx.

1848

Entstehungszeit	Erscheinungsdatum	Verfasser	Titel oder Textbezeichnung	Quellennachweis
21.6.	22.6.	KM	Sturz des Ministeriums Camphausen [in NRhZ]	NRhZ I: 101
22.6.	23.6.	KM	Sturz des Ministeriums Camphausen [in NRhZ]	MEGA7: 83f; [MEW 5: 96f; KMA III, 1: 14ff]
	23.6.	FE	Erste Tat der deutschen Nationalversammlung zu Frankfurt [in NRhZ]	MEGA7: 85f; [MEW 5: 98f]
23.6.	24.6.	M/E[1]	Das Kabinett Hansemann [in NRhZ]	MEGA7: 87f; [MEW 5: 100f]
23.6.	24.6.	FE	Die „Neue Berliner Zeitung" über die Chartisten [in NRhZ]	MEGA7: 89f; [MEW 5: 102f]
24.6.	25.6.	M/E[1]	Drohung der Gervinus-Zeitung [in NRhZ]	MEGA7: 91f; [MEW 5: 104f]
24.6.	25.6.	M/E[2]	Patows Ablösungsdenkschrift [in NRhZ]	MEGA7: 93f; [MEW 5: 106f]
24.6.	25.6.	M/E	[Nachrichten aus Paris] [in NRhZ]	MEW 5: 110
	25.6.	FE	Demokratischer Charakter des Aufstands [in NRhZ]	MEW 5: 108f
25.6.	26.6.	M/E	Reichensperger [in NRhZ]	NRhZ I: 119
25.6.	26.6.	M/E	[Nachrichten aus Paris] [in NRhZ]	MEGA7: 95; [MEW 5: 111]
	26.6.	FE	Details über den 23. Juni [in NRhZ]	MEGA7: 96–99; [MEW 5: 112–115]
26.6.	27.6.	KM	Nachrichten aus Paris [in NRhZ]	MEGA7: 100; [MEW 5: 116]
	27.6.	M/E	Der „Northern Star" über die „Neue Rheinische Zeitung" [in NRhZ]	MEW 5: 117
	28.6.	FE	Der 23. Juni [in NRhZ]	MEGA7: 101–104; [MEW 5: 118–122]
	28.6.	FE	Der 24. Juni [in NRhZ]	MEGA7: 105–109; [MEW 5: 123–127]
28.6.	29.6.	KM	Die Junirevolution [in NRhZ]	MEGA7: 115–118; [MEW 5: 133–137; KMA III, 1: 16–21]
	29.6.	FE	Der 25. Juni [in NRhZ]	MEGA7: 110–114; [MEW 5: 128–132]
30.6.	1.7.	FE	Die „Kölnische Zeitung" über die Junirevolution [in NRhZ]	MEGA7: 119–126; [MEW 5: 138–144]
1848		FE	Karikatur auf den preußischen König Friedrich Wilhelm IV.	MEW 27: 128a
	1.7.	FE	Die Junirevolution [in NRhZ]	MEGA7: 127ff; [MEW 5: 145–148]
	2.7.	FE	Die Junirevolution [Schluß] [in NRhZ]	MEGA7: 130–135; [MEW 5: 148–153]
2.7.	3.7.	FE	Auswärtige deutsche Politik [in NRhZ]	MEGA7: 136ff; [MEW 5: 154ff]

[1] Möglicherweise nur von Marx.   [2] Möglicherweise nur von Engels.

Ent-stehungs-zeit	Erschei-nungs-datum	Ver-fasser	Titel oder Textbezeichnung	Quellen-nachweis
2.7.	4.7.	FE	Vereinbarungsdebatten [in NRhZ]	MEGA7: 140–145; [MEW5: 159–164]
	3.7.	M/E	Marrast und Thiers [in NRhZ]	MEGA7: 139; MEW5: 157f
3.7.	4.7.	M/E	Verhaftungen [in NRhZ]	MEGA7: 650; [MEW5: 165]
4.7.	5.7.	KM	Verhaftungen [in NRhZ]	MEGA7: 146ff; [MEW5: 166ff]
4.7.	5.7.	FE	Vereinbarungsdebatten [in NRhZ]	MEGA7: 149–154; [MEW5: 169–174]
6.7.	7.7.	KM	Gerichtliche Untersuchung gegen die „Neue Rheinische Zeitung" [in NRhZ]	MEGA7: 155ff; [MEW5: 175ff]
6.7.	7.7.	FE	Berliner Vereinbarungsdebatten [in NRhZ]	MEGA7: 158–162; [MEW5: 178–183]
7.7.	9.7.	KM	Das Ministerium der Tat [in NRhZ]	MEGA7: 163; [MEW5: 184]
8.7.	9.7.	FE	Vereinbarungsdebatte [in NRhZ]	MEGA7: 164–167; MEW5: 185–188
9.7.	10.7.	KM	Die Ministerkrisis [in NRhZ]	MEGA7: 168; MEW5: 189
9.7.	11.7.	FE	Vereinbarungssitzung vom 4. Juli [in NRhZ]	MEGA7: 173–180; [MEW5: 190–197]
10.7.	11.7.	KM	Gerichtliche Untersuchung gegen die „Neue Rheinische Zeitung" [in NRhZ]	MEGA7: 169–172; [MEW5: 198–201]
11.7.	12.7.	M/E	Die auswärtige deutsche Politik und die letzten Ereignisse zu Prag [in NRhZ]	MEGA7: 181; MEW5: 202–205
12.7.	14.7.	FE	Vereinbarungsdebatten vom 7. Juli [in NRhZ]	MEGA7: 185–191; [MEW5: 206–212]
13.7.	14.7.	M/E[1]	Herr Forstmann über den Staatskredit [in NRhZ]	MEGA7: 182ff; [MEW5: 213ff]
14.7.	15.7.	FE	Vereinbarungsdebatten [in NRhZ]	MEGA7: 192–197; [MEW5: 216–221]
17.7.	18.7.	FE	Die Vereinbarungsdebatte über den Jacobyschen Antrag [in NRhZ]	MEGA7: 198–201; [MEW5: 222–225]
18.7.	19.7.	FE	Vereinbarungsdebatte über den Jacobyschen Antrag [in NRhZ]	MEGA7: 202ff; [MEW5: 225–228]
19.7.	20.7.	FE	Die Unterdrückung der Klubs in Stuttgart und Heidelberg [in NRhZ]	MEGA7: 205f; [MEW5: 238f]
19.7.	20.7.	KM	Der preußische Preßgesetzentwurf [in NRhZ]	MEGA7: 207ff; [MEW5: 240ff; KMA III, 1: 21–24]
20.7.	21.7.	M/E[1]	Der Bürgerwehrgesetzentwurf [in NRhZ]	MEGA7: 210ff; MEW5: 243–246
20.7.	21.7.	FE	Das „Fädreland" über den Waffenstillstand mit Dänemark [in NRhZ]	MEGA7: 213ff; [MEW5: 253ff]
21.7.	22.7.	M/E[1]	Der Bürgerwehrgesetzentwurf [in NRhZ]	MEGA7: 216–219; MEW5: 246–249

[1] Möglicherweise nur von Engels.

1848

Ent-stehungs-zeit	Erschei-nungs-datum	Ver-fasser	Titel oder Textbezeichnung	Quellen-nachweis
21.7.	22.7.	FE	Der Waffenstillstand mit Dänemark [in NRhZ]	MEGA7: 220–223; [MEW5: 256–259]
22.7.	23.7.	FE	Die Debatte über den Jacobyschen Antrag [in NRhZ]	MEGA7: 224–228; [MEW5: 228–232]
23.7.	24.7.	M/E[1]	Der Bürgerwehrgesetzentwurf [Schluß] [in NRhZ]	MEGA7: 229–232; MEW5: 249–252
23.7.	24.7.	FE	Die Waffenstillstands-„Unterhandlungen" [in NRhZ]	MEGA7: 657
23.7.	25.7.	KM	Die Turiner „Concordia" [in NRhZ]	MEGA7: 233; [MEW5: 260f]
24.7.	25.7.	FE	Die Debatte über den Jacobyschen Antrag [in NRhZ]	MEGA7: 234–238; [MEW5: 232–237]
25.7.	26.7.	M/E	Der Gesetzentwurf über die Zwangsanleihe und seine Motivierung [in NRhZ]	MEGA7: 239–242; [MEW5: 262–265
25.7.	26.7.	FE	Vereinbarungsdebatten über die Kreisstände [in NRhZ]	MEGA7: 243–247; [MEW5: 271–275]
27.7.	28.7.	FE[?]	Waffenstillstands-Unterhandlungen mit Dänemark abgebrochen [in NRhZ]	MEGA7: 657
27.7.	28.7.	FE	Die Auflösung der demokratischen Vereine in Baden [in NRhZ]	MEGA7: 248f; [MEW5: 276f]
29.7.	30.7.	M/E	Der Gesetzentwurf über die Zwangsanleihe [in NRhZ]	MEGA7: 250–255; MEW5: 265–270
29.7.	30.7.	KM	Der Gesetzentwurf über die Aufhebung der Feudallasten [in NRhZ]	MEGA7: 256–261; MEW5: 278–283; [KMA III, 1: 24–31]
31.7.	1.8.	FE	Die „Kölnische Zeitung" über englische Verhältnisse [in NRhZ]	MEGA7: 262–266; [MEW5: 284–288]
31.7.	3.8.	KM	[Vermischtes] [in NRhZ]	NRhZ I: 319
1.8.	2.8.	FE	Vereinbarungsdebatte über die Valdenairesche Angelegenheit [in NRhZ]	MEGA7: 267–270; [MEW5: 289–292]
1.8.	2.8.	FE	Das Bülletin von Mailand [in NRhZ]	NRhZ I: 314
1.8.	3.8.	M/E[2]	Die russische Note [in NRhZ]	MEGA7: 568–574; [MEW5: 293–299; KMA III, 1: 31–39]
3.8.	4.8.	M/E	Das Ministerium Hansemann und der altpreußische Strafgesetzentwurf [in NRhZ]	MEGA7: 271f; MEW5: 300ff
3.8.	4.8.	M/E[?]	Herr Hecker und die „Neue Rheinische Zeitung" [in NRhZ]	MEGA7: 574f
3.8.	4.8.	M/E	Die „Kölnische Zeitung" über die Zwangsanleihe [in NRhZ]	MEGA7: 659f; MEW5: 303f
3.8.	5.8.	M/E	Proudhons Rede gegen Thiers [in NRhZ]	MEGA7: 273–276; [MEW5: 305–308]
4.8.	5.8.	KM u.a.	Anzeige über die Einberufung des rheinischen Kreiskongresses der demokratischen Vereine [in NRhZ]	MEGA7: 598; MEW 5: 485f

[1] Möglicherweise nur von Engels.
[2] Möglicherweise nur von Marx.

Ent-stehungs-zeit	Erschei-nungs-datum	Ver-fasser	Titel oder Textbezeichnung	Quellen-nachweis
4.8.	5.8.	M/E[?]	Dr. Gottschalk [in NRhZ]	MEGA7: 650
4.8.	6.8.	FE	Debatte über die bisherige Ablösungs-gesetzgebung [in NRhZ]	MEGA7: 277–282; [MEW5: 309–314]
4.8.	23.8.	KM	Rede auf der General-Versammlung der demokratischen Gesellschaft in Köln [Bericht] [in „Der Wächter am Rhein"]	Der Wächter am Rhein: 2f
4.8.	23.8.	FE	Rede auf der General-Versammlung der demokratischen Gesellschaft in Köln [Bericht] [in „Der Wächter am Rhein"]	Der Wächter am Rhein: 3
5.8.		KM	Brief an den Polizeidirektor Geiger	MEW39: 519
6.8.	7.8.	KM	Der „Musterstaat" Belgien [in NRhZ]	MEGA7: 283–286; [MEW5: 315–318]
7.8.	9.8.	FE	Die Polendebatte in Frankfurt [in NRhZ]	MEGA7: 287–294; MEW5: 319–326
10.8.	11.8.	FE	Der dänische Waffenstillstand u. Hansemann [in NRhZ]	NRhZI: 363
11.8.	12.8.	FE	Die Polendebatte in Frankfurt [in NRhZ]	MEGA7: 295–300; MEW5: 326–331
11.8.	12.8.	M/E[1]	Das deutsche Reichsbürgerrecht und die preußische Polizei [in NRhZ]	MEGA7: 578; [MEW5: 364f]
11.8.	13.8.	KM u.a.	Protest der Demokratischen Gesellschaft in Köln gegen die Einverleibung Posens in den Deutschen Bund [in NRhZ]	MEGA7: 600; [MEW5: 488f]
11.8.	25.8.	KM	Rede in der Generalversammlung der Demokratischen Gesellschaft in Köln [Bericht] [in „Der Wächter am Rhein"]	MEGA7: 599; [MEW5: 487]
11.8.	25.8.	FE	Rede in der Generalversammlung der Demokratischen Gesellschaft in Köln [Bericht] [in „Der Wächter am Rhein"]	MEGA7: 599f; [MEW5: 487f]
	12.8.	FE	Der italienische Befreiungskampf und die Ursache seines jetzigen Mißlingens [in NRhZ]	MEGA7: 576f; [MEW5: 366ff]
13.8.	13.9.	FE	Rede in der öffentlichen Sitzung des rheinischen Demokratenkongresses zu Köln [Zusammenfassende Berichtsnotiz] [in NRhZ]	MEGA7: 602
16.8.	17.8.	FE	Karl Albert's Verrath [in NRhZ]	NRhZI: 393
18.8.	19.8.	M/E[?]	Der Ausweisungsversuch gegen Schapper [in NRhZ]	MEGA7: 579ff
19.8.	20.8.	FE	Die Polendebatte in Frankfurt [in NRhZ]	MEGA7: 301–304; [MEW5: 331–335]
vor21.8.[?]		FE	Randnotiz zu Lelevel, Joachim: Histoire de Pologne	Ex libris: 126
21.8.	22.8.	FE	Die Polendebatte in Frankfurt [in NRhZ]	MEGA7: 305–311; MEW5: 335–341
22.8.	24.8.	M/E	Geiger und Schapper [in NRhZ]	NRhZI: 427
22.8.	5.9.	KM	Brief an Minister Kühlwetter [in NRhZ]	MEGA7: 609ff; MEW5: 382–385

[1] Möglicherweise nur von Marx.

1848

Ent. stehungs- zeit	Erschei- nungs- datum	Ver- fasser	Titel oder Textbezeichnung	Quellen- nachweis
25.8.	26.8.	FE	Die Polendebatte in Frankfurt [in NRhZ]	MEGA7: 312–317; MEW5: 341–346
25./26.8.		KM[1]	Äußerung im Gespräch mit Michail Aleksandrovič Bakunin	GesprächeI: 107
26.8.	27.8.	FE	Die „Kölnische Zeitung" über Italien [in NRhZ]	MEGA7: 318ff; [MEW5: 369–372]
26.8.	27.8.	FE	Die „Zeitungshalle" über die Rhein- provinz [in NRhZ]	MEGA7: 321ff; [MEW5: 373ff]
26.8.	31.8.	FE	Die Polendebatte in Frankfurt [in NRhZ]	MEGA7: 324–328; [MEW5: 346–350]
28.8.	31.8.u. 5.9.	KM	Ausführungen im Wiener Demokratischen Verein [Bericht] [in „Der Radikale", NRhZ]	MEGA7: 604; [MEW5: 490]
	17.9.		– [FR] [in „Wiener Zeitung"][2]	WienerZeitung: 95
30.8.	1.9., 3.9.	KM	Rede im Ersten Wiener Arbeiterverein [Berichte] [in „Die Constitution", „Der Volksfreund"]	MEGA7: 605; [MEW5: 490f]
31.8.	1.9.	FE	Die Polendebatte in Frankfurt [in NRhZ]	MEGA7: 329ff; [MEW5: 350–353]
EndeVIII		KM[3]	Äußerung im Gespräch mit Julius Fröbel	GesprächeI: 108
	1.9.	FE	Vermittlung und Intervention. Radetzky und Cavaignac [in NRhZ]	MEW5: 376f
1.9.		FE	Brief an Karl Friedrich Köppen	MEW27: 484
2.9.	3.9.	FE	Die Polendebatte in Frankfurt [in NRhZ]	MEGA7: 332–337; [MEW5: 353–358]
2.9.	3.9.	FE	Die Antwerpener Todesurteile [in NRhZ]	MEGA7: 338ff; [MEW5: 378–381]
2.9.	5.9.	KM	Vortrag über Lohnarbeit und Kapital in der Versammlung des Ersten Wiener Ar- beitervereins [Bericht] [in „Die Con- stitution"]	MEGA7: 607; [MEW5: 491]
4.9.	5.9.	M/E	Der Konflikt zwischen Marx und der preußischen Untertanenschaft [in NRhZ]	MEGA7: 608–611; MEW5: 382–385
6.9.	7.9.	FE	Die Polendebatte in Frankfurt [in NRhZ]	MEGA7: 341–345; MEW5: 359–363
7.9.	8.9.	FE	Der dänische Waffenstillstand [in NRhZ]	MEGA7: 346–349; [MEW5: 386–389]
7.9.	9.9.	FE u.a.	An die deutsche Nationalversammlung in Frankfurt [in NRhZ]	MEGA7: 669f
8.9.	9.9.	FE[?]	[Berliner Korrespondenz über den Finanz- plan der Linken] [in NRhZ]	MEGA7: 670
8.9.	10.9.	FE	Sturz des Ministeriums der Tat [in NRhZ]	MEGA7: 581ff; [MEW5: 390ff]
9.9.	10.9.	FE	Seine Nachfolger [in NRhZ]	MEGA7: 350

[1] Wiedergegeben von M. A. Bakunin.
[2] In der Wiedergabe des mit P.B.S. zeichnenden Journalisten.
[3] Wiedergegeben von J. Fröbel.

Ent-stehungs-zeit	Erschei-nungs-datum	Ver-fasser	Titel oder Textbezeichnung	Quellen-nachweis
9.9.	10.9.	FE	Der dänisch-preußische Waffenstillstand [in NRhZ]	MEGA 7: 351–355; [MEW 5: 393–397]
9.9.	10.9.	FE	Demokratischer Verein [in NRhZ]	MEGA 7: 356
11.9.	12.9.	KM	Die Krisis und die Kontrerevolution [in NRhZ]	MEGA 7: 357; [MEW 5: 398f; KMA III, 1: 39f]
11.9.	12.9.	FE	Verhaftungen [in NRhZ]	NRhZ I: 501
12.9.	13.9.	KM	Die Krisis [in NRhZ]	MEGA 7: 358ff; [MEW 5: 399ff; KMA III, 1: 40–43]
13.9.	14.9.	KM	Die Krisis [in NRhZ]	MEGA 7: 361–364; [MEW 5: 401–404; KMA III, 1: 43–47]
13.9.	15.9.	FE	Adresse an die Berliner Nationalversammlung [in NRhZ]	MEGA 7: 614; [MEW 5: 493f]
14.9.	15.9.	FE	Armeebefehl. – Wahlkandidaten. Halboffizielle Glossen über preußische Zweideutigkeit [in NRhZ]	MEGA 7: 671f
15.9.	16.9.	KM	Die Krisis [in NRhZ]	MEGA 7: 365; [MEW 5: 404; KMA III, 1: 47f]
16.9.	17.9.	KM	Die Freiheit der Beratungen in Berlin [in NRhZ]	MEGA 7: 366ff; [MEW 5: 405ff]
17.9.	19.9.	FE[1]	Adresse an die Frankfurter Nationalversammlung [in NRhZ]	MEGA 7: 617; [MEW 5: 496f]
19.9.	20.9.	FE	Die Ratifikation des Waffenstillstandes [in NRhZ]	MEGA 7: 369f; [MEW 5: 408f]
19.9.	20.9.	FE	[Der Aufstand in Frankfurt] [in NRhZ]	MEGA 7: 371f; [MEW 5: 410f]
20.9.	21.9.	FE	Der Aufstand in Frankfurt [in NRhZ]	MEGA 7: 373ff; [MEW 5: 411ff]
21.9.	22.9.	FE	„Faedrelandet" über den Waffenstillstand [in NRhZ]	MEGA 7: 376f
22.9.	23.9.	KM	Das Ministerium der Kontrerevolution [in NRhZ]	MEGA 7: 378; [MEW 5: 414]
23.9.	26.9.	FE	[Die Aufgaben des Kölner Sicherheitsausschusses und die Behörden] [in NRhZ]	NRhZ I: 557
24.9.	26.9.	M/E	[Staatsprokurator Hecker und seine Gehilfen] [in NRhZ]	NRhZ I: 557
25.9.	26.9.	M/E	[Kontrerevolution in Köln] [in NRhZ]	NRhZ I: 553
25.9.	27.9.	M/E	[Versuch der Verhaftung Molls] [in NRhZ]	NRhZ I: 559
26.9.	27.9.	M/E	[Belagerungszustand in Köln] [in NRhZ]	MEGA 7: 619; [MEW 5: 415]
8.–10. od. 11.10.	12.10.	KM	Neueste Nachrichten aus dem Musterstaat [in NRhZ]	MEGA 7: 622ff
11.10.	12.10.	KM	Revolution in Wien [in NRhZ]	MEGA 7: 379f; [MEW 5: 417f; KMA III, 1: 48f]

[1] Eventuell unter Mitwirkung anderer.

1848

Ent-stehungs-zeit	Erschei-nungs-datum	Ver-fasser	Titel oder Textbezeichnung	Quellen-nachweis
	12.10.	KM	Redaktionelle Erklärung über das Wiedererscheinen der „Neuen Rheinischen Zeitung" [in NRhZ]	MEGA7: 622; [MEW5: 416]
12.10.	13.10.	KM	Die „Kölnische Revolution" [in NRhZ]	MEGA7: 381ff; [MEW5: 419ff]
13.10.	14.10.	KM	Das Ministerium Pfuel [in NRhZ]	MEGA7: 384; [MEW5: 422]
	14.10.	KM	Thiers' Rede über eine allgemeine Hypothekenbank mit Zwangskurs [in NRhZ]	MEGA7: 385-388; [MEW5: 423-427]
16.10.	17.10.	KM	[Nachrichten aus Wien] [in NRhZ]	NRhZ I: 595
16.10.	22.10.	KM	Protokollierte Äußerungen und Rede auf der Komiteesitzung des Kölner Arbeitervereins [in „Zeitung des Arbeitervereins zu Köln"]	MEGA7: 625f; [MEW5: 501]
17.10.	18.10.	KM	Wittgenstein's Wahl zum Deputirten [in NRhZ]	NRhZ I: 597
18.10.	19.10.	KM	Die Frankfurter Oberpostamts-Zeitung und die Wiener Revolution [in NRhZ]	MEGA7: 389f; [MEW5: 428f]
18.10.	19.10.	KM	Antwort des Königs von Preußen an die Deputation der Nationalversammlung [in NRhZ]	MEGA7: 391; [MEW5: 430]
18.10.	20.10.	KM	Antwort Friedrich Wilhelm IV. an die Deputation der Bürgerwehr [in NRhZ]	MEGA7: 392f; [MEW5: 431f]
21.10.	22.10.	KM	Die englisch-französische Vermittlung in Italien [in NRhZ]	MEGA7: 394f; MEW5: 435f
21.10.	22.10.	KM	Der „konstitutionelle Musterstaat" [in NRhZ]	MEGA7: 396ff; [MEW5: 437ff]
ca.21.10.	22.10.	KM	[Bassermanns Rede über die Ermordung Lichnowskis und Auerswalds] [in NRhZ]	MEGA7: 401ff
	22.10.	KM	Die „Réforme" über die Juniinsurrektion [in NRhZ]	MEGA7: 399f; [MEW5: 433f]
22.10.	29.10.	KM	Bemerkung auf der Komiteesitzung des Kölner Arbeitervereins [Protokollnotiz] [in „Freiheit, Brüderlichkeit, Arbeit"]	MEGA7: 627; [MEW5: 502]
26.10.		KM	Brief an Friedrich Engels	MEW27: 128; [BW I: 122f]
28.10.	29.10.	KM	Der Staatsprokurator „Hecker" und die „Neue Rheinische Zeitung" [in NRhZ]	MEGA7: 404-408; [MEW5: 440-444]
EndeX–XI		FE	Von Paris nach Bern	MEGA7: 533-551; MEW5: 463-480
EndeX/XI		FE	Karthographische Skizze über seine Reise von Auxerre bis Le Locle mit Notizen	MEGA7: Taf.IVA+B, 690f; [MEW5: 464a+b, 549f]
2.11.	3.11.	KM	„Aufruf des demokratischen Kongresses an das Deutsche Volk" [in NRhZ]	MEGA7: 409-412; MEW5: 445ff; [KMA III, 1: 50-53]
2.11.	3.11.	KM	Die Pariser „Réforme" über die französischen Zustände [in NRhZ]	MEGA7: 413ff; [MEW5: 448ff]

Ent-stehungs-zeit	Erschei-nungs-datum	Ver-fasser	Titel oder Textbezeichnung	Quellen-nachweis
3.11.	3.11.	KM	[Die Wiener Revolution und die „Kölnische Zeitung"] [in NRhZ]	MEGA7: 416f; [MEW5: 451f; KMA III, 1: 54f]
4.11.	5.11	KM	Die neuesten Nachrichten aus Wien, Berlin und Paris [in NRhZ]	MEGA7: 418f; MEW5: 453f; [KMA III, 1: 56ff]
4.11.	5.11.	KM	Unsere Bourgeoisie und Dr. Nückel [in NRhZ]	NRhZ I: 683
5.11.	5.11.	KM	Wiener Nachrichten [in NRhZ]	MEGA7: 420
6.11.	7.11.	KM	Sieg der Kontrerevolution zu Wien [in NRhZ]	MEGA7: 421ff; [MEW5: 455ff; KMA III, 1: 58–61]
6.11.	12.11.	KM	Mitteilung über den Fall Wiens in der Komiteesitzung des Kölner Arbeitervereins [Protokollnotiz] [in „Freiheit, Brüderlichkeit, Arbeit"]	MEGA7: 628; [MEW5: 502]
7.11.	11.11.	FE	Das Exfürstentum [in NRhZ]	MEGA7: 426f; MEW6: 13f
8.11.	9.11.	KM	Die Berliner Krisis [in NRhZ]	MEGA7: 424f; [MEW6: 5f]
9.11.	15.11.	FE	Die neuen Behörden. – Fortschritt in der Schweiz [in NRhZ]	MEW6: 15–18
11.11.	12.11.	KM	Die Kontrerevolution in Berlin [in NRhZ]	MEGA7: 428ff; [MEW6: 7ff]
11.11.	12.11.	KM	[Die Kontrerevolution in Berlin] [in NRhZ]	MEGA7: 431ff; [MEW6: 9ff; KMA III, 1: 61–64]
11.11.	12.11.	KM	[Verfügung der Berliner Nationalversammlung] [in NRhZ]	NRhZ I: 731
12.11.	19.11	FE	[Sitzungen der Schweizer Kammern] [in NRhZ]	NRhZ I: 770
13.11.		KM	Brief an Ferdinand Lassalle	MEW39: 520
13.11.	14.11	KM	Die Kontrerevolution in Berlin [in NRhZ]	MEGA7: 434; [MEW6: 11f; KMA III, 1: 64f]
	14.11.	KM	[Cavaignac und die Junirevolution] [in NRhZ]	MEGA7: 435; [MEW6: 19]
14.11.	15.11.	KM u. Schneider	Aufforderung des demokratischen Kreisausschusses der Rheinprovinz [in NRhZ]	MEGA7: 436; [MEW6: 20]
14.11.	15.11.	KM	Äußerungen zur Volksmenge [Bericht] [in NRhZ]	MEGA7: 631; [MEW6: 571]
Mitte XI		KM	Brief an Friedrich Engels	MEW27: 129f; [BW I: 123f]
15.11.		FE	Gesuch um Aufenthaltsbewilligung an die Direktion der Justiz und Polizei des Kantons Bern	MEGA7: 631f; [MEW6: 571f]
15.11.	15.11.	KM	Das Ministerium ist in Anklagezustand versetzt [in NRhZ]	MEGA7: 680f; [MEW6: 21f]
15.11.	16.11.	KM[?]	Die „Kölnische Zeitung" und die „Rheinische Volkshalle" [in NRhZ]	NRhZ I: 747

1848

Ent-stehungs-zeit	Erschei-nungs-datum	Ver-fasser	Titel oder Textbezeichnung	Quellen-nachweis
16.11.	17.11	KM	Die „Kölnische Zeitung" [in NRhZ]	MEGA7: 681; MEW6: 29
16.11.	17.11.	KM u. Schneider	Erklärung [in NRhZ]	MEGA7: 437; MEW6: 23
16.11.	17.11	KM	Bekenntnisse einer schönen Seele [in NRhZ]	MEGA7: 438–442; MEW6: 24–28
16.11.	17.11.	KM	Keine Steuern mehr!!! [in NRhZ]	MEGA7: 443; [MEW6: 30]
18.11.	19.11.	KM	Ein Erlaß Eichmanns [in NRhZ]	MEGA7: 444f; [MEW6: 31f]
18.11.	19.11.	KM u.a.	Aufruf des Rheinischen Kreisausschusses der Demokraten zur Steuerverweigerung [in NRhZ]	MEGA7: 446
18.11.	19.11.	KM[1]	Aufforderung des Rheinischen Kreisaus-schusses der Demokraten zur Steuerverwei-gerung [in NRhZ]	MEGA7: 681f; [MEW6: 33]
18.11.	19.11	KM	[Steuerverweigerung und das Land] [in NRhZ]	NRhZ I: 769
18.11.	23.11.	FE	Wahlen für das Bundesgericht. – Ver-schiedenes [in NRhZ]	MEW6: 34ff
20.11.	21.11.	KM	Der Stadtrat [in NRhZ]	MEGA7: 447; [MEW6: 37]
20.11.	21.11.	KM u.a.	Aufruf an die Demokraten der Rhein-provinz [in NRhZ]	MEGA7: 448; [MEW6: 38]
20.11.	24.11.	FE	[Verschiedenes] [in NRhZ]	NRhZ I: 795
21.11.	22.11.	KM	Über die Proklamation des Ministeriums Brandenburg-Manteuffel in Betreff der Steuerverweigerung [in NRhZ]	MEGA7: 449; [MEW6: 39]
21.11.	22.11.	KM	Die Oberprokuratur und die „Neue Rhei-nische Zeitung" [in NRhZ]	MEGA7: 633; [MEW6: 40f]
21.11.	22.11.	KM	Die Staatsanwaltschaft in Berlin und in Köln [in NRhZ]	MEGA7: 682; [MEW6: 42]
21.11.	25.11.	FE	[Resultate der Nationalratswahlen] [in NRhZ]	NRhZ I: 799
21.11.	26.11.	FE	Die Wahlen. Sydow [in NRhZ]	NRhZ I: 805f
22.11.	23.11.	KM	Die Frankfurter Versammlung [in NRhZ]	MEGA7: 450f; [MEW6: 43f]
22.11	23.11	KM[?]	Eine Deputation bei Hrn. Ober-Prokurator Zweiffel [in NRhZ]	NRhZ I: 787
22.11.	23.11.	KM	[Folgen der Petition des Kölner Stadt-rats an den König] [in NRhZ]	MEGA7: 452; MEW6: 45
22.11.	23.11.	KM	[Über die Stellung der Linken in der Nationalversammlung] [in NRhZ] – Russische Übersetzung	NRhZ150, Extrabl.: 1 [Soč₂43: 50]
22.11.	26.11.	FE	[Debatten im Nationalrat] [in NRhZ]	NRhZ I: 809
23.11.	28.11.	FE	[Abdankung Raveaux's. Verletzung der Schweizer Grenze] [in NRhZ]	NRhZ I: 816

[1] Eventuell unter Mitwirkung anderer.

1848

Ent-stehungs-zeit	Erschei-nungs-datum	Ver-fasser	Titel oder Textbezeichnung	Quellen-nachweis
24.11.	26.11.	FE	Die deutsche Zentralgewalt und die Schweiz [in NRhZ]	MEGA7: 453–461; [MEW6: 46–54]
24.11.	26.11.	KM	Manteuffel und die Zentralgewalt [in NRhZ]	MEGA7: 462; [MEW6: 55]
24.11.	26.11.	KM	Drigalski der Gesetzgeber, Bürger und Kommunist [in NRhZ]	MEGA7: 463–467; MEW6: 56–61
24.11.	26.11.	KM	[Drei Staatsprozesse gegen die „Neue Rheinische Zeitung"] [in NRhZ]	MEGA7: 468f; MEW6: 62f
24.11.	29.11.	FE	Die Persönlichkeiten des Bundesrats [in NRhZ]	MEW6: 64–68
25.11.	26.11.	KM[?]	Mitteilung über die Erklärung von Marx im Verhör durch den Untersuchungsrichter [in NRhZ]	MEGA7: 635; [MEW6: 573f]
25.11.	29.11.	FE	Sitzung des Bundesraths und des Stände-raths [in NRhZ]	NRhZI: 820
26.11.	30.11.	FE	Vereinigte Sitzung der Räthe. – Der Bundesrath [in NRhZ]	NRhZI: 828
26.11.	1.12.	FE	Sitzung des Nationalrath. – Ständerath [Neuchatel] [in NRhZ]	NRhZI: 835
27.11.	28.11.	KM	Der Bericht des Frankfurter Ausschusses über die österreichischen Angelegenheiten [in NRhZ]	MEGA7: 470–474; [MEW6: 69–74]
27.11.	1.12.	FE	Sitzung des Nationalrath [in NRhZ]	NRhZI: 835
28.11.	29.11.	KM	Neuigkeiten [in NRhZ]	MEGA7: 475; [MEW6: 75]
28.11.	29.11.	KM	[Erbrochene Briefe] [in NRhZ]	MEGA7: 476
28.11.	30.11.	KM[?]	Die zwei Völker in Preußen [in NRhZ]	NRhZI: 826
28.11.	1.12.	KM[?]	Verfassungsskrupel des Journals Manteuffel [in NRhZ]	NRhZI: 831
28.11.	2.12.	FE	Bern zur Bundesstadt erklärt. –Fran-scini [in NRhZ]	NRhZI: 839
29.11.		KM	Brief an Friedrich Engels	MEW27: 131; [BWI: 124f]
29.11.	30.11.	KM	Die revolutionäre Bewegung in Italien [in NRhZ]	MEGA7: 478–481; [MEW6: 77–80]
29.11.	30.11.	KM	Deutsche Professorengemeinheit [in NRhZ]	MEW6: 81f
29.11.	3.12.	FE	[Verschiedene Neuigkeiten aus der Schweiz] [in NRhZ]	NRhZI: 848
	30.11.	KM	Das Organ Manteuffel und Johannes. Die Rheinprovinz und der König von Preußen [in NRhZ]	MEGA7: 477; [MEW6: 76]
30.11.	5.12.	FE	Duell zwischen Berg und Luvini [in NRhZ]	NRhZI: 854
Anf.XII		FE	Die französische Arbeiterklasse und die Präsidentenwahl	MEGA7: 552–557; MEW6: 557–561
Anf.XII		FE	[Proudhon]	MEGA7: 558–561; MEW6: 562–565
1.12.	5.12.	FE	Die deutsche Grenzsperre. Das Reich. Der Kriegsrath. [in NRhZ]	NRhZI: 854

1848

Ent-stehungs-zeit	Erschei-nungs-datum	Ver-fasser	Titel oder Textbezeichnung	Quellen-nachweis
2.12.	6.12.	FE	Der Bundesrath und die auswärtigen Gesandten. Bundesrath in Tessin. Centralisation der Posten. Abbitte des deutschen Reichstruppenkommandanten [in NRhZ]	NRhZ I: 858f
5.12.	6.12.	KM	Brief an Eduard von Müller-Tellering	MEW 27: 485
5.12.	6.12.	FE	Schweizerische Zeugnisse über die Heldentaten der österreichischen Armee in Wien [in NRhZ]	MEGA 7: 583f
5.12.	6.12.	KM[?]	Bericht über die gerichtliche Verfolgung der „Neuen Rheinischen Zeitung" [in NRhZ]	MEGA 7: 635; [MEW 6: 574]
5.12.	7.12.	KM[?]	Ein preußisches Traktätlein [in NRhZ]	NRhZ I: 863
5.12.	10.12.	FE	Maßregeln wegen der deutschen Flüchtlinge [in NRhZ]	NRhZ I: 884
6.12.	7.12.	KM	Herr Raumer lebt noch [in NRhZ]	MEW 6: 83
6.12.	7.12.	KM	[Die Auflösung der Nationalversammlung] [in NRhZ]	MEGA 7: 482; [MEW 6: 84]; MELSt II: 292f
6.12.	10.12.	FE	Der Nationalrat [in NRhZ]	MEW 6: 85–100
7.12.	8.12.	KM	Der Staatsstreich der Kontrerevolution [in NRhZ]	MEGA 7: 483; [MEW 6: 101]
9.12.	10.12.	KM	Die Bourgeoisie und die Kontrerevolution [in NRhZ]	MEGA 7: 484–487; MEW 6: 102–105; [KMA III, 1: 65–69]
9.12.	14.12.	FE	Ursulinerinnenkloster. – Werbungen für den Kartätschenkönig. – Die „Bürgergemeinde". – Kommission wegen eines gemeinsamen Zolltarifs. [in NRhZ]	NRhZ I: 902f
ca.11.12.		FE	Brief an den Vorstand des Märzvereins in Frankfurt a. M. im Namen der Zentralkommission der Arbeitervereine der Schweiz	MEW 27: 490f
11.12.	12.12.	KM	Neuer Bundesgenosse der Kontrerevolution [in NRhZ]	MEGA 7: 488ff; MEW 6: 125ff
11.12.	15.12.	KM	Die Bourgeoisie und die Kontrerevolution [in NRhZ]	MEGA 7: 492–495; MEW 6: 106–109; [KMA III, 1: 69–74]
13.12.	14.12.	KM	Die Verleumdungen der „Neuen Rheinischen Zeitung" [in NRhZ]	MEGA 7: 491; [MEW 6: 128]
13.12.	16.12.	KM[?]	Der Belagerungszustand [in NRhZ]	NRhZ I: 914
15.12.	16.12.	KM	Die Bourgeoisie und die Kontrerevolution [in NRhZ]	MEGA 7: 496–500; [MEW 6: 109–113; KMA III, 1: 74–79]
15.12.	17.12.	KM[?]	Die Ablösung der Feudallasten [in NRhZ]	MELSt II: 318–321
16.12.	17.12.	KM[?]	[Die Wahl Napoleons zum Präsidenten] [in NRhZ]	NRhZ I: 923
17.12.	19.12.	KM	[Neueste Nachricht über Drigalski] [in NRhZ]	MEGA 7: 684

Ent-stehungs-zeit	Erschei-nungs-datum	Ver-fasser	Titel oder Textbezeichnung	Quellen-nachweis
18.12.	19.12.	KM[?]	Friedrich Wilhelm IV. und die Breslauer Deputation [in NRhZ]	NRhZ I: 927f
21.12.	22.12.	KM	Prozeß gegen Gottschalk und Genossen [in NRhZ]	MEGA7: 501–505; [MEW6: 129–133]
22.12.	23.12.	KM	Prozeß gegen Gottschalk und Genossen [in NRhZ]	MEGA7: 506–510; [MEW6: 133–137]
ca.23.12.	24.12.	KM	Die preußische Kontrerevolution und der preußische Richterstand [in NRhZ]	MEGA7: 511–517; MEW6: 138–144
24.12.[?]		KM	Notiz über Demonstrationsverbot vom gleichen Tag	BZG8, 1: 77
24.12.	28.12.	FE	Die Maßregeln gegen deutsche Flücht-linge. – Die Truppen aus Tessin zu-rück. – Die Patriziergemeinde [in NRhZ]	NRhZ I: 972
ca.25.12.		FE	Brief an den Verein zu Vivis im Namen der Zentralkommission der deutschen Ver-eine der Schweiz	MEW27: 486ff
26.12.	27.12.	KM[?]	Die Cobden'sche Finanzreform [in NRhZ]	NRhZ I: 963
	27.12.	KM	Abfertigung [in NRhZ]	MEGA7: 518; [MEW6: 145]
27.12.	28.12.	KM[?]	Die „Daily-News" über Deutschland [in NRhZ]	NRhZ I: 967
28.12.		FE	Brief an Karl Marx	MEW27: 132; [BW I: 125f]
28.12.	29.12.	KM[?]	Das interimistische Ablösungsgesetz für Schlesien [in NRhZ]	NRhZ I: 973
28.12.	3.1.49	FE	Schweizerisch-Italienisches [in NRhZ]	NRhZ II: 1002
ca.29.12.		KM	Brief an Polizeirat Wilhelm Stieber [Entwurf]	MEW27: 489
29.12.	30.12.	KM[?]	Hr. v. Ladenberg und die Volksschul-lehrer [in NRhZ]	NRhZ I: 979f
Ende XII		KM	Konzept des Artikels „Die Bourgeoisie und die Kontrerevolution" [FR]	MEGA7: 638
29.12.	31.12.	KM	Die Bourgeoisie und die Kontrerevolu-tion [in NRhZ]	MEGA7: 519–530; [MEW6: 113–124; KMA III, 1: 80–93]
30.12.	31.12.	KM	Die neue „Heilige Allianz" [in NRhZ]	MEW6: 146f
31.12.	1.1.49	KM	Die revolutionäre Bewegung [in NRhZ]	MEW6: 148ff
1848/49[?]		KM[1]	Äußerung im Gespräch mit einem rheini-schen Arbeiter	Mohr u. General: 305
1848/49[?]		KM[1]	Äußerung im Gespräch mit einem rheini-schen Jungen	Mohr u. General: 309

1849

1.1.	3.1.	KM[?]	Manteuffel'sches Wahlrescript [in NRhZ]	NRhZ II: 997f
2.1.	3.1.	KM[?]	Verurtheilung von L. Raveaux in Wien [in NRhZ]	NRhZ II: 998

[1] Wiedergegeben von F. Kugelmann.

1849

Ent-stehungs-zeit	Erschei-nungs-datum	Ver-fasser	Titel oder Textbezeichnung	Quellen-nachweis
2.1.	4.1.	KM[?]	Deputation und Adresse an Herrn Nikolovius [in NRhZ]	NRhZ II: 1003f
4.1.	5.1.	KM[?]	Ein theurer Gast [in NRhZ]	NRhZ II: 1007
4.1.	5.1.	KM	Ein Bourgeoisaktenstück [in NRhZ]	MEW 6: 151–155
6.1.	7.1.	KM	Das Budget der Vereinigten Staaten und das christlich-germanische [in NRhZ]	MEW 6: 156–159
7.–8.1.		FE	Brief an Karl Marx	MEW 27: 133f; [BW I: 127f]
8.1.	9.1.	KM	Eine Neujahrsgratulation [in NRhZ]	MEW 6: 160–164
8.1.	9.1.	KM[?]	L. Raveaux. Die „Kölnische Zeitung" [in NRhZ]	NRhZ II: 1029
8.1.	10.1.	KM[?]	Herr Becker konstituirt [in NRhZ]	NRhZ II: 1033
8.1.	13.1.	FE	Hr. Müller. – Radetzki's Chikanen gegen Tessin. – Der Bundesrath. – Lohbauer. [in NRhZ]	NRhZ II: 1051
8.1.	14.1.	FE	Die letzten Freischärler [in NRhZ]	NRhZ II: 1056
9.1.	14.1.	FE	Büdget [in NRhZ]	NRhZ II: 1056
9.1.	14.1.	FE	Pfaffenrebellion [in NRhZ]	NRhZ II: 1056
ca.10.1.		KM	Redaktionelle Vermerke zum Artikel „Eine Entgegnung des O.-L.-G.-R. Rintelen"	FR: Faks: Ивaнов: 96g
10.1.	11.1.	KM[?]	Eine Entgegnung des O.-L.-G.-R. Rintelen [in NRhZ]	NRhZ II: 1037
11.1.	12.1.	KM[?]	Ein neuer Rechtsboden [in NRhZ]	NRhZ II: 1043
11.1.	13.1.	KM[?]	Verwechslung der Polizei und des Gerichts [in NRhZ]	NRhZ II: 1050
11.1.	17.1.	FE	Die Schweizer Presse [in NRhZ]	MEW 6: 177–181
12.1.	13.1.	KM[?]	Eine Interpellation an Herrn Dumont [in NRhZ]	NRhZ II: 1050
I	13.1.	FE	Der magyarische Kampf [in NRhZ]	MEW 6: 165–176
12.1.	17.1.	FE	Schutzzollagitation. – Neopolitanische Werbungen [in NhZ]	NRhZ II: 1071
13.1.	14.1.	KM[?]	Eine Interpellation an die Post [in NRhZ]	NRhZ II: 1055
13.1.	17.1.	FE	Müller. – Die Freiburger Regierung. – Ochsenbein. [in NRhZ]	NRhZ II: 1071
15.1.		KM	Brief an Eduard von Müller-Tellering	MEW 27: 492
15.1.	21.1.	KM	Äußerungen auf der Komiteesitzung des Arbeitervereines [Protokollnotiz] [in „Freiheit, Arbeit"]	MEW 6: 578f
18.1.	19.1.	KM[?]	Die Wahlmanöver der Regierung, namentlich auf dem platten Lande [in NRhZ]	NRhZ II: 1081
19.1.	20.1.	M/E[1]	Das königliche Patent an die Bauern [in NRhZ]	MELSt II: 322–329
19.1.	20.1.	KM[?]	Militärisches Wahlmanöver [in NRhZ]	NRhZ II: 1088
20.1.	21.1.	KM[?]	Militärische Wahlmanöver [in NRhZ]	NRhZ II: 1094f
20.1.	21.1.	KM	Montesquieu LVI. [in NRhZ]	MEW 6: 182–190
21.1.	22.1.	KM	Montesquieu LVI. [in NRhZ]	MEW 6: 190–196

[1] Möglicherweise nur von Marx.

Ent-stehungs-zeit	Erschei-nungs-datum	Ver-fasser	Titel oder Textbezeichnung	Quellen-nachweis
21.1.	28.1.	FE	Preußischer Steckbrief gegen Kossuth [in NRhZ]	MEW 6: 197f
23.1.	25.1.	KM[?]	Die Wahlen beim Militär [in NRhZ]	NRhZ II: 1111
24.1.	25.1.	KM[?]	Die Wahlen [in NRhZ]	NRhZ II: 1111
25.1.	26.1.	KM	Die Berliner „National-Zeitung" an die Urwähler [in NRhZ]	MEW 6: 199–204
25.1.	26.1.	KM[?]	An die Wahlmänner [in NRhZ]	NRhZ II: 1117f
25.1.	26.1.	KM[?]	Wahlresultate in Rheinland und Westphalen [in NRhZ]	NRhZ II: 1118
25.1.	26.1.	FE	[Neueste Nachricht] [in NRhZ]	NRhZ II: 1121
26.1.	27.1.	KM[?]	Urwahl-Erfahrungen [in NRhZ]	NRhZ II: 1123
27.1.	28.1.	KM	Die Berliner „National-Zeitung" an die Urwähler [in NRhZ]	MEW 6: 204–208
28.1.	31.1.	KM	Zustand in Paris [in NRhZ]	MEW 6: 209ff
30.1.	31.1.	KM	[Die Situation in Paris] [in NRhZ]	MEW 6: 212f
30.1.	1.2.	KM	Die „Kölnische Zeitung" über die Wahlen [in NRhZ]	MEW 6: 214–217
I		KM[1]	Äußerung im Gespräch mit Jenny Marx	Gespräche I: 115
ca. Ende I		FE[1]	Äußerungen über Karl Marx	Gespräche I: 116
2.2.	3.2.	M/E[?]	Der Kampf in Ungarn [in NRhZ]	NRhZ II: 1161
3.2.		KM	Brief an Ernst Dronke	MEW 27: 493f
3.2.	4.2.	KM	Camphausen [in NRhZ]	MEW 6: 218ff
3.2.	4.2.	FE	[Aus dem Banat] [in NRhZ]	NRhZ II: 1174
3.2.	10.2.	M/E	Der politische Prozeß [in NRhZ]	MEW 6: 260
5.2.	6.2.	FE	19. Armeebülletin nebst Glossen [in NRhZ]	NRhZ II: 1176
7.2.		KM	Предварительный набросок речи на судебном процессе «Neue Rheinische Zeitung» [russÜbers des dt und frzOrig]	Soč₂ 43: 433–437
7.2.	14.2.	KM	Verteidigungsrede im Preßprozeß [in NRhZ]	MEW 6: 223–234
7.2.	14.2.	FE	Verteidigungsrede im Preßprozeß [in NRhZ]	MEW 6: 234–239
8.2.	9.2.	KM[?]	Freisprechung der „Neuen Rheinischen Zeitung" [in NRhZ]	MEW 6: 579f
8.2.	25.–27.2.	KM	Verteidigungsrede im Prozeß gegen den Rheinischen Kreisausschuß der Demokraten [in NRhZ]	MEW 6: 240–257; [KMA III, 1: 97–120[2]]
9.2.	10.2.	KM	Der Steuerverweigerungsprozeß [in NRhZ]	MEW 6: 258f
10.2.	11.2.	KM	Lassalle [in NRhZ]	MEW 6: 267ff
10.2.	11.2.	KM	[Die Teilung der Arbeit bei der „Kölnischen Zeitung"] [in NRhZ]	MEW 6: 261–266
10.2.	11.2.	FE	Der Krieg. – Zwiespalt der Regierung mit den Südslawen [in NRhZ]	NRhZ II: 1198
10.2.	11.2.	FE	[Krieg in Ungarn] [in NRhZ]	NRhZ II: 1205f
12.2.	13.2.	FE	Vom Kriegsschauplatz [in NRhZ]	NRhZ II: 1208

[1] Wiedergegeben von St. Born.
[2] In der 1885 von Engels besorgten Fassung.

1849

Ent-stehungs-zeit	Erschei-nungs-datum	Ver-fasser	Titel oder Textbezeichnung	Quellen-nachweis
13.2.	14.2.	M/E[?]	Preßprozeß der Neuen Rheinischen Zeitung [in NRhZ]	NRhZ II: 1211–1214
14.2.	15.2.	FE	Der demokratische Panslawismus [in NRhZ]	MEW 6: 270–279
15.2.	16.2.	FE	Der demokratische Panslawismus [in NRhZ]	MEW 6: 279–286
15.2.	16.2.	KM[?]	Gödsche und Ritter [in NRhZ]	NRhZ II: 1224
16.2.	17.2.	KM	Preußische Finanzwirtschaft unter Bodelschwingh und Konsorten [in NRhZ]	MEW 6: 287–297
16.2.	18.2.	KM	Stein [in NRhZ]	MEW 6: 298f
16.2.	18.2.	KM	Dreigestirn gegen Dreieck [in NRhZ]	NRhZ II: 1235
17.2.	18.2.	FE	Der Wiener Korrespondent der „Kölnischen Zeitung" [in NRhZ]	MEW 6: 300
17.2.	18.2.	M/E	Saedt [in NRhZ]	MEW 6: 301f
17.2.	18.2.	FE	Die „Kölnische Zeitung" über den magyarischen Kampf [in NRhZ]	MEW 6: 303–307
17.2.	18.2.	FE	Das zweiundzwanzigste Bülletin [in NRhZ]	NRhZ II: 1239
17.2.	19.2.	KM	Assisenverhandlung wegen Aufreizung zur Rebellion [in NRhZ]	[KMA III, 1: 94–97[1]]; NRhZ II: 1245
18.2.	19.2.	FE	Die Kroaten und Slovaken in Ungarn [in NRhZ]	NRhZ II: 1245
18.2.	19.2.	FE	Die Kriegskunst der K. K. [in NRhZ]	NRhZ II: 1245f
21.2.	22.2.	FE	Windischgrätz. – Juden und Südslaven [in NRhZ]	NRhZ II: 1254
21.2.	23.2.	KM	Weiterer Beitrag zur altpreußischen Finanzwirtschaft [in NRhZ]	MEW 6: 309ff
21.2.	28.2.	KM[?]	Bankett vom 24. Februar [in NRhZ]	NRhZ II: 1282
	22.2.	M/E	Die Proklamation der Republik in Rom [in NRhZ]	MEW 6: 308
22.2.	23.2.	KM	Eine Denunziation [in NRhZ]	MEW 6: 312f
23.2.	24.2.	FE	23. Bülletin. – Vom Kriegsschauplatze [in NRhZ]	NRhZ II: 1264
24.2.	25.2.	KM	Assisenverhandlung wegen Aufreizung zur Rebellion [in NRhZ]	[KMA III, 1: 97–105[1]]; NRhZ II: 1267f
24.2.	25.2.	KM[?]	[Die Rolle der deutschen Industrie auf dem Weltmarkt] [in NRhZ]	NRhZ II: 1273
24.2.	25.2.	FE	Näheres über die Magyaren. – Sieg an der Theiß. Brutalität der Oestreicher. – Lage des Kriegs im Allgemeinen [in NRhZ]	NRhZ II: 1269
24.2.	25.2.	FE	[Über Ungarn] [in NRhZ]	NRhZ II: 1273
26.2.	27.2.	KM	Assisenverhandlung wegen Aufreizung zur Rebellion [in NRhZ]	[KMA III, 1: 105–120[1]]; NRhZ II: 1275f
26.2.	27.2.	FE	Die Russen in Siebenbürgen [in NRhZ]	NRhZ II: 1276f
27.2.	28.2.	KM	Assisenverhandlung wegen Aufreizung zur Rebellion [in NRhZ]	NRhZ II: 1281f

[1] In der 1885 von Engels besorgten Fassung.

1849

Ent-stehungs-zeit	Erschei-nungs-datum	Ver-fasser	Titel oder Textbezeichnung	Quellen-nachweis
27.2.	28.2.	FE	Die russische Invasion. – Die Ser-ben. –Aussichten für die Oestreicher. – Vom Kriegsschauplatz [in NRhZ]	NRhZ II: 1283
28.2.	1.3.	KM	Die Thronrede [in NRhZ]	MEW 6: 314
1.3.		FE	Brief an Daniel Fenner von Fenneberg	MEW 27: 495
1.3.	2.3.	KM	Die Thronrede [in NRhZ]	MEW 6: 315–319
1.3.	2.3.	KM[?]	Les grandes colères de la Nouvelle Gazette de Prusse [in NRhZ] [dtOrig]	NRhZ II: 1293
1.3.	2.3.	FE	Vom ungarischen und siebenbürgischen Kriegsschauplatze [in NRhZ]	NRhZ II: 1295
2.3.	2.3.	FE	[Die Unvermeidbarkeit des Krieges in Europa] [in NRhZ]	NRhZ II: 1299
2.3.	3.3.	FE	Vom Kriegsschauplatze [in NRhZ]	NRhZ II: 1302f
3.3.		KM	Brief an Oberst Engels [Entwurf]	MEW 27: 496f
3.3.	4.3.	FE	Der Krieg in Ungarn [in NRhZ]	NRhZ II: 1305
3.3.	4.3.	KM	Lassalle [in NRhZ]	MEW 6: 320ff
3.3.	6.3.	KM	Lassalle's Prozeß [in NRhZ]	NRhZ II: 1316
4.3.	4.3.	FE	[Vom ungarischen Kriegsschauplatz] [in NRhZ]	NRhZ II: 1312
ca.5.3.		KM	Brief an Oberst Engels [Entwurf]	MEW 27: 498
5.3.	6.3.	FE	Sieg der Magyaren [in NRhZ]	NRhZ II: 1315f
5.3.	10.3.	KM	Ruge [in NRhZ]	MEW 6: 323ff
6.3.	7.3.	KM	Die Handelslage [in NRhZ]	MEW 6: 326–331
6.3.	7.3.	FE	Vom Kriegsschauplatz [in NRhZ]	NRhZ II: 1322f
7.3.	8.3.	FE	Die Kriegsberichte der „Kölnischen Zei-tung" [in NRhZ]	NRhZ II: 1328f
7.3.	9.3.	KM	Der Eid der englischen Soldaten [in NRhZ]	MEW 6: 332f
8.3.	9.3.	FE	Vom Kriegsschauplatz [in NRhZ]	NRhZ II: 1333f
9.3.	10.3.	FE	27. Bülletin. – Kriegsnachrichten [in NRhZ]	NRhZ II: 1338f
10.3.	11.3.	KM	Der Märzverein [in NRhZ]	MEW 6: 334f
10.3.	11.3.	KM	Ammon I. zu Düsseldorf [in NRhZ]	NRhZ II: 1341
10.3.	11.3.	FE	Vom Kriegsschauplatz [in NRhZ]	NRhZ II: 1345
10.3.	15.3.	FE	Der republikanische Musterstaat [in NRhZ]	NRhZ II: 1372
12.3.	13.3.	KM	Wien und Frankfurt [in NRhZ]	MEW 6: 336ff
12.3.	13.3.	KM	[Drei neue Gesetzentwürfe] [in NRhZ]	MEW 6: 339–343
12.3.	14.3.	KM	Regierungsprovokationen [in NRhZ]	MEW 6: 344f
13.3.	14.3.	FE	Ein östreichischer Bericht aus der A.A.Z. [in NRhZ]	NRhZ II: 1364
14.3.	14.3.	FE	[Vom Kriegsschauplatz] [in NRhZ]	NRhZ II: 1367
14.3.	15.3.	KM	Der Hohenzollernsche Gesamtreformplan [in NRhZ]	MEW 6: 346–350
14.3.	15.3.	M/E	Zensur [in NRhZ]	MEW 6: 351f
14.3.	15.3.	FE	Vom Kriegsschauplatze [in NRhZ]	NRhZ II: 1371f
15.3.	15.3.	FE	[Vom Kriegsschauplatze] [in NRhZ]	NRhZ II: 1376
15.3.	16.3.	KM	Die Milliarde [in NRhZ]	MEW 6: 353–356

1849

Ent-stehungs-zeit	Erschei-nungs-datum	Ver-fasser	Titel oder Textbezeichnung	Quellen-nachweis
15.3.	16.3.	FE	Vom Kriegsschauplatz [in NRhZ]	NRhZ II: 1379
15.3.	17.3.	KM	Der Frankfurter Märzverein und die „Neue Rheinische Zeitung" [in NRhZ]	MEW 6: 357f
16.3.	16.3.	FE	Der Adreßentwurf der zweiten Kammer [in NRhZ]	MEW 6: 359ff
16.3.	16.3.	FE	[Vom Kriegsschauplatz] [in NRhZ]	NRhZ II: 1384
16.3.	17.3.	KM[?]	Die preußische Milliarde [in NRhZ]	NRhZ II: 1385
16.3.	17.3.	FE	Vom Kriegsschauplatz [in NRhZ]	NRhZ II: 1387f
17.3.		FE	[О военной диктатуре в Австрии] [russÜbers]	Soč$_2$43: 438–441
17.3.	18.3.	FE	Vom Kriegsschauplatze [in NRhZ]	NRhZ II: 1392f
17.3.	18.3.	FE	[Vom Kriegsschauplatz] [in NRhZ]	NRhZ II: 1398f
18.3.	18.3.	KM	[Der 18. März] [in NRhZ]	MEW 6: 362
18.3.	18.3.	KM	[Die „Neue Preußische Zeitung" über den 18. März] [in NRhZ]	MEW 6: 363
19.3.	20.3.	FE	Die ungarischen Kriegsnachrichten [in NRhZ]	NRhZ II: 1401f
20.3.	21.3.	FE	Vom Kriegsschauplatze [in NRhZ]	NRhZ II: 1408
20.3.	22.3.	KM[?]	Auch eine Milliarde [in NRhZ]	NRhZ II: 1411f
21.3.	22.3.	KM	Der Hohenzollersche Preßgesetzentwurf [in NRhZ]	MEW 6: 364–367
21.3.	22.3.	FE	Vom Kriegsschauplatz [in NRhZ]	NRhZ II: 1414
22.3.	23.3.	KM	Der Hohenzollersche Preßgesetzentwurf [in NRhZ]	MEW 6: 368–371
22.3.	23.3.	FE	Vom Kriegsschauplatze [in NRhZ]	NRhZ II: 1421
23.3.	24.3.	FE	[Vom Kriegsschauplatz] [in NRhZ]	NRhZ II: 1425
24.3.	25.3.	KM	[Erbuntertänigkeit] [in NRhZ]	NRhZ II: 1435
25.3.	30.3.	FE	Die Adreßdebatte in Berlin [in NRhZ]	MEW 6: 372–380
26.3.	27.3.	FE	Vom Kriegsschauplatz. – Die serbischen Verwicklungen [in NRhZ]	NRhZ II: 1441
27.3.	28.3.	FE	Der Krieg in Italien und Ungarn [in NRhZ]	MEW 6: 381–384
28.3.	29.3.	FE	Kriegsschauplatz [in NRhZ]	NRhZ II: 1453
28.3.	29.3.	FE	Vom Kriegsschauplatze [in NRhZ]	NRhZ II: 1453f
29.3.	30.3.	FE	Vom Kriegsschauplatze [in NRhZ]	NRhZ II: 1457f
29.3.	30.3.	FE	Vom Kriegsschauplatze [in NRhZ]	NRhZ II: 1459
29.3.	30.3.	FE	[Neueste Nachricht über Ungarn] [in NRhZ]	NRhZ II: 1459
30.3.	31.3.	FE	Die Niederlage der Piemontesen [in NRhZ]	MEW 6: 385ff
30.3.	31.3.	FE	Vom Kriegsschauplatz. – Mehr Russen [in NRhZ]	NRhZ II: 1463
31.3.	1.4.	KM[?]	Die Reichskaiser-Deputation [in NRhZ]	NRhZ II: 1465
31.3.	1.4.	FE	Vermischtes [in NRhZ]	NRhZ II: 1467
1.4.	1.4.	FE	Die Niederlage der Piemontesen [in NRhZ]	MEW 6: 387ff
1.4.	1.4.	FE	[Vom ungarischen Kriegsschauplatz] [in NRhZ]	NRhZ II: 1472
2.4.	3.4.	FE	Vom Kriegsschauplatze [in NRhZ]	NRhZ II: 1476f
3.4.	4.4.	M/E	Die französische auswärtige Politik [in NRhZ]	MEGA 6: 393f

Ent-stehungs-zeit	Erschei-nungs-datum	Ver-fasser	Titel oder Textbezeichnung	Quellen-nachweis
3.4.	4.4.	FE	[Die Komödie mit der Kaiserkrone] [in NRhZ]	MEW 6: 395f
3.4.	4.4.	FE	Die Niederlage der Piemontesen [in NRhZ]	MEW 6: 390ff
3.4.		FE	[О мобилизации ландвера в Пруссии] [russÜbers]	Soč₂43: 442f
3.4.	4.4.	FE	Vom Kriegsschauplatz [in NRhZ]	NRhZ II: 1480
4.4.	5.4.	KM	Lohnarbeit und Kapital. Einleitung. [in NRhZ]	MEW 6: 397f
4.4.	5.4.	FE	Die Südslawen und die östreichische Monarchie [in NRhZ]	NRhZ II: 1489
5.4.	6.4.	FE	Der ungarische Krieg [in NRhZ]	NRhZ II: 1492
6.4.	7.4.	FE	Vom Kriegsschauplatz [in NRhZ]	NRhZ II: 1499f
7.4.	8.4.	FE	Vom Kriegsschauplatze [in NRhZ]	NRhZ II: 1505f
8.4.	8.4.	FE	[Vom ungarischen Kriegsschauplatz] [in NRhZ]	NRhZ II: 1510
9.4.	9.4.	FE	Oestreichisches Lamento [in NRhZ]	NRhZ II: 1514
9.–10.4.	11.4.	FE	Vom Kriegsschauplatze [in NRhZ]	NRhZ II: 1519
11.4.	12.4.	FE	Vom Kriegsschauplatz [in NRhZ]	NRhZ II: 1523
12.4.	13.4.	FE	[Auslieferung politischer Flüchtlinge] [in NRhZ]	MEW 6: 424f
12.4.	13.4.	FE	Vom Kriegsschauplatz [in NRhZ]	NRhZ II: 1527f
12.4.	13.4.	FE	Vom Kriegsschauplatz [in NRhZ]	NRhZ II: 1529
12.4.	13.4.	FE	[Der ungarische Sieg] [in NRhZ]	NRhZ II: 1531
13.4.	13.4.	FE	[Der ungarische Sieg] [in NRhZ]	NRhZ II: 1533f
13.4.	14.4.	FE	Die Niederlage der Oestreicher [in NRhZ]	NRhZ II: 1537f
13.4.	15.4.	KM	[Mißachtung des Parlaments. Spionage-dienste für Manteuffel] [in NRhZ]	NRhZ II: 1543
14.4.	15.4.	KM[?]	[Simon in der Paulskirche] [in NRhZ]	NRhZ II: 1543
14.4.	15.4.	KM u.a.	Erklärung [in NRhZ]	MEW 6: 426
14.4.	15.4.	KM[?]	Gladbach und die „Kölnische Zeitung" [in NRhZ]	NRhZ II: 1539
14.4.	15.4.	FE	Vom Kriegsschauplatze [in NRhZ]	NRhZ II: 1539f
15.4.	15.4.	FE	[Vom ungarischen Kriegsschauplatz] [in NRhZ]	NRhZ II: 1545
16.4.	17.4.	FE	Vom Kriegsschauplatze [in NRhZ]	NRhZ II: 1549f
17.4.	18.4.	KM[?]	Hr. Bodelschwingh [in NRhZ]	NRhZ II: 1551
17.4.	18.4.	FE	Vom Kriegsschauplatze. – Bauernkrieg in der Bukowina [in NRhZ]	NRhZ II: 1553
18.4.	19.4.	FE	Elkemann [in NRhZ]	NRhZ II: 1555
18.4.	19.4.	FE	Vom Kriegsschauplatz [in NRhZ]	NRhZ II: 1557
19.4.	20.4.	FE	Die Slovaken. – Angebliches Bülletin Dembinski's [in NRhZ]	NRhZ II: 1561
19.4.	20.4.	FE	[Vom ungarischen Kriegsschauplatz] [in NRhZ]	NRhZ II: 1564f
19.4.	20.4.	FE	Die Sitzung der 2. Kammer in Berlin vom 13. April [in NRhZ]	MEW 6: 427–430
20.4.	21.4.	FE	Ausbleiben der Posten [in NRhZ]	NRhZ II: 1569
20.4.	21.4.	FE	Der neue kroatisch-slavonisch-dalmatini-sche Raubstaat [in NRhZ]	NRhZ II: 1569

1849

Ent-stehungs-zeit	Erschei-nungs-datum	Ver-fasser	Titel oder Textbezeichnung	Quellen-nachweis
21.4.	22.4.	FE	Die Russen [in NRhZ]	MEW 6: 431ff
21.4.	22.4.	FE	Die Debatte über das Plakatgesetz [in NRhZ]	MEW 6: 434–438
21.4.	22.4.	FE	Vom Kriegsschauplatz [in NRhZ]	NRhZ II: 1575
21.4.	22.4.	FE	[Vom ungarischen Kriegsschauplatz] [in NRhZ]	NRhZ II: 1579
23.4.		KM	Brief an Friedrich Engels	MEW 27: 135; [BW I: 129]
23.4.	24.4.	FE	Vom Kriegsschauplatz [in NRhZ]	NRhZ II: 1583
23.4.	27.4.	FE	Die Debatte über das Plakatgesetz [in NRhZ]	MEW 6: 438–443
24.4.	25.4.	FE	Vom Kriegsschauplatze [in NRhZ]	NRhZ II: 1587
25.4.	26.4.	FE	Der ungarische Kampf [in NRhZ]	NRhZ II: 1589
26.4.	27.4.	FE	Vom Kriegsschauplatze [in NRhZ]	NRhZ II: 1599
26.4.	27.4.	FE	[Sieg der Ungarn] [in NRhZ]	NRhZ II: 1601
26.4.	27.4.	FE	Lassalle [in NRhZ]	MEW 6: 444f
27.4.	28.4.	FE	Vom Kriegsschauplatze [in NRhZ]	NRhZ II: 1605
27.4.	28.4.	FE	[Fortschritte der Ungarn. – Aufregung in Wien] [in NRhZ]	NRhZ II: 1607
28.4.	29.4.	FE	Fortschritte der Magyaren [in NRhZ]	NRhZ II: 1609
28.4.	29.4.	FE	[Auflösung der zweiten Kammer] [in NRhZ]	MEW 6: 446f
28.4.	29.4.	FE	[Posen] [in NRhZ]	MEW 6: 448–451
28.4.	29.4.	FE	[Vom ungarischen Kriegsschauplatz] [in NRhZ]	NRhZ II: 1617
30.4.	1.5.	FE	Die kontrerevolutionären Pläne in Berlin [in NRhZ]	MEW 6: 452f
30.4.	1.5.	FE	Vom Kriegsschauplatz [in NRhZ]	NRhZ II: 1621
2.Hälfte IV–Anf.V		KM	Brief an Friedrich Engels	MEW 27: 136; [BW I: 128]
1.5.	2.5.	FE	Lassalle [in NRhZ]	MEW 6: 454–458
1.5.	2.5.	FE	Der preußische Fußtritt für die Frankfurter [in NRhZ]	MEW 6: 459f
1.5.	2.5.	FE	[Auflösung] [in NRhZ]	MEW 6: 461
1.5.	2.5.	FE	[Vom ungarischen Kriegsschauplatz] [in NRhZ]	NRhZ II: 1627
2.5.	3.5.	FE	Lassalle [in NRhZ]	MEW 6: 462–466
2.5.	3.5.	FE	Verbot der rheinischen Gemeinderäteversammlung [in NRhZ]	MEW 6: 467
2.5.	3.5.	FE	[Vom ungarischen Kriegsschauplatz] [in NRhZ]	NRhZ II: 1633
3.5.	4.5.	FE	Der rheinische Städtetag [in NRhZ]	MEW 6: 468
3.5.	4.5.	FE	[Der dritte im Bunde] [in NRhZ]	MEW 6: 469f
3.5.	4.5.	FE	[Vom ungarischen Kriegsschauplatz] [in NRhZ]	NRhZ II: 1639
3.5.	4.5.	FE	[Mitteilungen aus Süddeutschland] [in NRhZ]	NRhZ II: 1639
4.5.	6.5.	FE	Nachrichten aus Ungarn [in NRhZ]	NRhZ II: 1645
5.5.	6.5.	FE	Belagerungsgelüste [in NRhZ]	MEW 6: 471f
5.5.	6.5.	FE	[Die Lage in Ungarn] [in NRhZ]	NRhZ II: 1649
5.5.	6.5.	FE	[Vom ungarischen Kriegsschauplatz] [in NRhZ]	NRhZ II: 1653

Ent-stehungs-zeit	Erscheinungs-datum	Verfasser	Titel oder Textbezeichnung	Quellennachweis
6.5.		KM	Empfehlungsschreiben an Hermann Brehmer	Bund: 940
6.5.		KM	Empfehlungsschreiben an Eduard von Müller-Tellering	Bund: 941
7.5.	8.5.	FE	[Die preußische Armee und die revolutionäre Volkserhebung] [in NRhZ]	MEW 6: 473f
7.5.	8.5.	FE	[Frage an die Arbeiter] [in NRhZ]	MEW 6: 475
7.5.	8.5.	FE	Vom Kriegsschauplatze [in NRhZ]	NRhZ II: 1657f
8.5.	9.5.	FE	Der Zar und seine Unterknäsen [in NRhZ]	MEW 6: 476
8.5.	9.5.	FE	[Das Heraufrücken der Revolution] [in NRhZ]	NRhZ II: 1665
9.5.	10.5.	KM	Die Taten des Hauses Hohenzollern [in NRhZ]	MEW 6: 477–480
9.5.	10.5.	FE	[Offensive der Kontrerevolution und Sieg der Revolution] [in NRhZ]	MEW 6: 481f
9.5.	10.5.	FE	[Die Lage in Elberfeld] [in NRhZ]	NRhZ II: 1670
9.5.	10.5.	FE	[Vom ungarischen Kriegsschauplatz] [in NRhZ]	NRhZ II: 1672
10.–11.5.	11.5.	FE	[Aufstand in Elberfeld und Düsseldorf] [in NRhZ]	NRhZ II: 1677
12.5.	13.5.	M/E	Die neue preußische Verfassung [in NRhZ]	MEW 6: 483f
12.5.	13.5.	M/E	Das Blutgesetz in Düsseldorf [in NRhZ]	MEW 6: 485f
12.5.	13.5.	M/E	Der Aufstand im Bergischen [in NRhZ]	MEW 6: 487f
13.5.	13.5.	M/E	[Erkaufte Gemeinheit der „Kölnischen Zeitung"] [in NRhZ]	MEW 6: 489
14.5.	17.5.	FE	[Ehren-Schwanbeck] [in NRhZ]	NRhZ II: 1711
15.5.	16.5.	M/E	Die „Kreuzzeitung" [in NRhZ]	MEW 6: 490
15.5.	16.5.	M/E	[Neuer preußischer Fußtritt für die Frankfurter] [in NRhZ]	MEW 6: 491f
15.5.	16.5.	KM	Die neue Verfassung [in NRhZ]	MEW 6: 493ff
16.5.	17.5.	KM	Die neue Standrechts-Charte [in NRhZ]	MEW 6: 495–499
16.5.	17.5.	FE	[Elberfeld] [in NRhZ]	MEW 6: 500ff
18.5.	19.5.	KM	[Die standrechtliche Beseitigung der „Neuen Rheinischen Zeitung"] [in NRhZ]	MEW 6: 503–506
18.5.	19.5.	FE	[Ungarn] [in NRhZ]	MEW 6: 507–515
18.5.	19.5.	M/E	[„An mein Volk"] [in NRhZ]	MEW 6: 516ff
	19.5.	M/E	An die Arbeiter Kölns [in NRhZ]	MEW 6: 519
31.5.	2.6.	M/E u.a.	Erklärung [in „Neue Deutsche Zeitung"]	MEW 6: 523
31.5.		KM	Brief an die Redaktion des „Frankfurter Journals"	MEW 6: 523
1.6.		KM	Brief an Joseph Weydemeyer	MEW 27: 499
2.6.	3.6.	FE	[Die revolutionäre Erhebung in der Pfalz und in Baden] [in „Der Bote für Stadt und Land"]	MEW 6: 524ff
7.6.		KM	Brief an Friedrich Engels	MEW 27: 137f; [BW I: 129ff]
21.6.	29.6.	KM	Der 13. Juni [in „Der Volksfreund"]	MEW 6: 527f
29.6.		JM	Brief an Lina Schöler	FR: Dornemann: 137f
13.7.		KM	Brief an Joseph Weydemeyer	MEW 27: 500

1849

Ent-stehungs-zeit	Erschei-nungs-datum	Ver-fasser	Titel oder Textbezeichnung	Quellen-nachweis
14.7.		JM	Brief an Lina Schöler	FR: Dornemann: 139
25.7.		FE	Brief an Jenny Marx	MEW27: 501f; [BW I: 131ff]
26.7.		FE	Zur Berichtigung	MEGA₂I10: 3f+A: 712
27./29.7.	30.7.	KM	Au rédacteur [in „La Presse"] – Deutsche Übersetzung	MEGA₂I10: 5 MEW6: 529
31.7.		KM	Brief an Ferdinand Freiligrath	MEW27: 503ff
1.8.		KM	Brief an Joseph Weydemeyer	MEW27: 506f
ca.1.8.		KM	Brief an Friedrich Engels	MEW27: 139; [BW I: 133f]
Mitte VIII		KM	Brief an Joseph Weydemeyer	MEW27: 508
17.8.		KM	Brief an Friedrich Engels	MEW27: 140f; [BW I: 134ff]
23.8.		KM	Brief an Friedrich Engels	MEW27: 142; [BW I: 137]
24.8.		FE	Brief an Jakob Schabelitz	MEW27: 509f
25.8.		FE	Brief an Joseph Weydemeyer	MEW27: 511
5.9.		KM	Brief an Ferdinand Freiligrath	MEW27: 512
IX		FE[1]	Äußerung im Gespräch mit Stephan Born	GesprächeI: 133
20.9.	25.9.	KMu.a.	Aufruf zur Unterstützung deutscher Flüchtlinge [in „Westdeutsche Zeitung"]	MEGA₂I10: 553f; [MEW7: 545f[2]]
5.10.		FE	Brief an George Julian Harney [dtÜbers des englOrig]	MEW27: 513
16.10.	26.10.	KMu.a.	Quittung [des Ausschusses zur Unter-stützung deutscher politischer Flüchtlinge] [in „Der Freischütz"]	MEGA₂I10: 555
18.–25.10.		FE	Zeichnungen der spanischen und portu-giesischen Küste	MEGA₂I10: 6–12
13.11.	23.11.	KMu.a.	Empfangsbescheinigung des Ausschusses zur Unterstützung deutscher politischer Flüchtlinge [in „Norddeutsche Freie Presse"]	MEGA₂I10: 556
28.11.	1.12.	FE	The German Social Democrats and the "Times" [in „The Northern Star"] – Deutsche Übersetzung	MEGA₂I10: 13f MEW7: 7f
30.11.		KM	Brief an Louis Bauer [Entwurf]	MEW27: 514
3.12.	7.12.	M/E u.a.	Rechnungs-Ablage des Ausschusses zur Unterstützung deutscher Flüchtlinge in London [in „Deutsche Londoner Zeitung"]	MEGA₂I10: 557ff +A: 1070; [MEW7: 547ff[3]]
XII		FE	Berechnungen zur Rentabilität und Auf-lagenhöhe der „Neuen Rheinischen Zeitung. Politisch-ökonomische Revue" mit weiteren Notizen zur „Deutschen Reichsverfassungs-kampagne" und zum „Deutschen Bauern-krieg", einer Karikatur und Nebenrechnungen	MEGA₂I10: 15f +A: 726f, 742

[1] Wiedergegeben von St. Born.
[2] Nach dem Abdruck in „Neue Deutsche Zeitung" vom 26.9.1849.
[3] Nach dem Abdruck in der „Westdeutschen Zeitung" vom 12.12.1849.

Ent-stehungs-zeit	Erschei-nungs-datum	Ver-fasser	Titel oder Textbezeichnung	Quellen-nachweis
15.12.	16.1.50	M/E u. C. Schramm[1]	[Ankündigung der „Neuen Rheinischen Zeitung. Politisch-ökonomische Revue"] [in „Neue Deutsche Zeitung"]	MEGA$_2$I10: 17f; [MEW7: 5f[2]]
18.12.	I1850	FE	Letter from Germany [I] [in „The Democratic Review"]	MEGA$_2$I10: 21ff
19.12.		KM	Brief an Joseph Weydemeyer	MEW27: 515ff
20.12.	I1850	FE	Letter from France [I] [in „The Democratic Review"]	MEGA$_2$I10: 24–29
22.12.		FE	Brief an Jakob Schabelitz	MEW27: 518f

1850

Ent-stehungs-zeit	Erschei-nungs-datum	Ver-fasser	Titel oder Textbezeichnung	Quellen-nachweis
1.1.		M/E u. C. Schramm[3]	Einleitung zur Aktienzeichnung auf die „Neue Rheinische Zeitung. Politisch-ökonomische Revue"	MEGA$_2$I10: 560f +A: 1071; [MEW7: 549f]
1.1.		KM[4]	Brief an Eduard von Müller-Tellering	MEW27: 520
8.1.		KM	Nachschrift zu einem Brief von Conrad Schramm an Joseph Weydemeyer	MEW27: 606
11.1.[5]		KM	Brief an Ferdinand Freiligrath	MEW27: 521
MitteVIII 1849/ca. MitteI1850	I[6]–II[7]	FE	Die deutsche Reichsverfassungs-Campagne. [Einleitung.] I. Rheinpreußen. II. Karlsruhe. III. Die Pfalz [in REVUE]	MEGA$_2$I10: 37–84 +A: 746f; [MEW7: 111–161]
20.1.	II	FE	Letter from Germany [II] [in „The Democratic Review"]	MEGA$_2$I10: 30–33
21.1.	II	FE	Letter from France [II] [in „The Democratic Review"]	MEGA$_2$I10: 34ff
Ende1849– Anf.II1850	I[6]	KM	[Die Klassenkämpfe in Frankreich] 1848 bis 1849. [Einleitung.] I. Die Juniniederlage 1848 [in REVUE]	MEGA$_2$I10: 119–140+A: 787f; MEW7: 11–34; [KMA III, 1: 121–151]
I/II	II[7]	M/E	Literatur-I. G. Fr. Daumer, Die Religion des neuen Weltalters; II. Ludwig Simon von Trier, Ein Wort des Rechts für alle Reichsverfassungskämpfer an die deutschen Geschworenen [in REVUE]	MEGA$_2$I10: 197–205+A: 821; [MEW7: 198–206]
I/II	II[7]	KM	Literatur – III. Guizot, Pourquoi la révolution d'Angleterre a-t-elle réussi? [in REVUE]	MEGA$_2$I10: 205–210+A: 821; [MEW7: 207–212]
ca.1.2.	I[6]	M/E	Anzeige [in REVUE]	MEGA$_2$I10: 224

[1] Unterzeichnet von C. Schramm.
[2] Nach dem Abdruck in der „Westdeutschen Zeitung" vom 9.1.1850.
[3] Gemeinsam im Entwurf formuliert, von C. Schramm verfaßt und unterschrieben.
[4] Kopie von Engels.
[5] Datierung nach Freiligrath, Briefwechsel mit Marx und Engels II.
[6] Tatsächlich erschienen am 6.3.1850.
[7] Tatsächlich erschienen Ende März 1850.

1850

Ent-stehungs-zeit	Erschei-nungs-datum	Ver-fasser	Titel oder Textbezeichnung	Quellen-nachweis
4.2.		KM	Brief an Joseph Weydemeyer [russÜbers des dtOrig]	Soč$_2$27: 459f
			– Rückübersetzung ins Deutsche	MEW27: 522
7.2.		FE	Brief an Eduard von Müller-Tellering	MEW27: 523
18.2.	III	FE	Letter from Germany [III] [in „The Democratic Review"]	MEGA$_2$I10: 231ff
19.2.	III	FE	Letter from France [III] [in „The Democratic Review"]	MEGA$_2$I10: 234ff
9./20.2.	III	FE	The Ten Hours' Question [in „The Democratic Review"]	MEGA$_2$I10: 225–230
			– Deutsche Übersetzung	MEW7: 226–232
25.2.	2.3.	FE	Toast auf einem Bankett der Société des proscrits démocrates socialistes [in „The Northern Star"] [englÜbers des frzOrig]	MEGA$_2$I10A: 1073
EndeI–EndeII	II[1]	M/E	Revue [in REVUE]	MEGA$_2$I10: 211–223+A: 826; [MEW7: 213–225]
EndeVIII 1849/Ende II1850	III[2]	FE	Die deutsche Reichsverfassungs-Campagne IV. Für Republik zu sterben! [in REVUE]	MEGA$_2$I10: 84–118 +A: 747; [MEW 7: 162–197]
EndeII		FE	Brief an das ungarische Flüchtlings-komitee [Entwurf]	MEW27: 524
Anf.III	21.3.	M/E u.a.	Rechnungs-Ablage des sozial-demokrati-schen Flüchtlings-Komitee's in London [in „Westdeutsche Zeitung"]	MEGA$_2$I10: 563ff; [MEW7: 551ff]
4.3.		FE	Brief an Julius Schuberth, Theodor Hagen und Stephan Adolph Naut [Entwurf]	MEW27: 525
–ca.7.3.	II[1]	KM	[Die Klassenkämpfe in Frankreich] 1848–1849. II. Der 13. Juni 1849 [in REVUE]	MEGA$_2$I10: 140–168 +A: 788f; [MEW7: 35–63; KMA III, 1: 151–189]
12.3.		KM	Brief an Eduard von Müller-Tellering [Entwurf]	MEW27: 526f
ca.7.3.–fr.MitteIII	III[2]	KM	[Die Klassenkämpfe in Frankreich] 1848–1849. III. Folgen des 13. Juni 1849 [in REVUE]	MEGA$_2$I10: 168–196+A: 789f; [MEW7: 64–94; KMA III, 1: 189–228]
22.3.	IV	FE	Letter from France [IV] [in „The Democratic Review"]	MEGA$_2$I10: 251ff +A: 847
vor24.3.		M/E	Die Centralbehörde an den Bund	MEGA$_2$I10: 254–263+A: 860–868; [MEW7: 244–254; KMA III, 1: 246–259; MEStIII: 90–99]

[1] Tatsächlich erschienen Ende März 1850.
[2] Tatsächlich erschienen ca. 17.4.1850.

Ent-stehungs-zeit	Erschei-nungs-datum	Ver-fasser	Titel oder Textbezeichnung	Quellen-nachweis
5.4.	17.4.	FE	Rede auf einem Bankett zur Feier des Geburtstags von Robespierre [englOrig] [dt Bericht] [in „Die Hornisse"]	MEGA$_2$I10: 566
8.4.		FE	Protokoll der Sitzung des Flüchtlings-comités	MEGA$_2$I10: 567 +A: 1078
9.4.		KM	Brief an Joseph Weydemeyer	MEW27: 528
1.HälfteIV	IV^1	M/E	Vorbemerkung zum Abdruck des Gedichts „Jambes" von Louis Ménard [in REVUE]	MEGA$_2$I10: 264
11.4.		FE	Brief an Julius Schuberth [Entwurf]	MEW27: 529
MitteIII/ MitteIV	IV^1	FE	Die englische Zehnstundenbill [in REVUE]	MEGA$_2$I10: 305–314; [MEW7: 233–243]
ca.MitteIV		M/E u.a.	Société universelle des communistes révolutionnaires	MEGA$_2$I10: 568
			– Deutsche Übersetzung	MEW7: 553f
MitteIV	IV^1	M/E	Gottfried Kinkel [in REVUE]	MEGA$_2$I10: 318ff +A: 906; [MEW7: 299ff]
MitteIII/ ca.18.4.	IV^1	FE	Literatur I. Latter-Day Pamphlets. Edited by Thomas Carlyle. No. 1: The Present Time. – No. 2: Model Prisons. London 1850 [in REVUE]	MEGA$_2$I10: 265–275+A: 877; [MEW7: 255–265]
MitteIII/ ca.18.4.	IV^1	M/E	Literatur II. Les Conspirateurs, par A. Chenu, ex-capitaine des gardes du citoyen Caussidière. – Les sociétés se-crètes; la préfecture de police sous Caussidière; les corps-francs. Paris 1850. La naissance de la République en Fév-rier 1848. Par Lucien de la Hodde. – Paris 1850 [in REVUE]	MEGA$_2$I10: 275–289+A: 877; [MEW7: 266–280]
MitteIII/ ca.18.4.	IV^1	KM	Literatur III. Le Socialisme et l'impôt. Par Emile de Girardin. Paris 1850 [in REVUE]	MEGA$_2$I10: 290–300+A: 877; [MEW 7: 280–291]
MitteIII –18.4.	IV^1	M/E	Revue [in REVUE]	MEGA$_2$I10: 301–304+A: 895; [MEW 7: 292–295]
EndeIII/ ca.18.4.	IV^1	KM	Louis Napoleon und Fould [in REVUE]	MEGA$_2$I10: 315ff; [MEW7: 296ff]
ca.18.4.[?]	IV^1	M/E	Redaktionelle Bemerkung [in REVUE]	MEGA$_2$I10: 321
20.4.	⟨28.4.⟩^{2}	M/E^3	Erklärung	MEGA$_2$I10: 322ff; [MEW7: 302ff]
20.4.	V	FE	Letter from France [V] [in „The Demo-cratic Review"]	MEGA$_2$I10: 325ff
22.4.		FE	Brief an Joseph Weydemeyer	MEW27: 530

[1] Tatsächlich erschienen ca. 19.5.1850.
[2] Gekürzt veröffentlicht in „Neue Deutsche Zeitung".
[3] In der Handschrift von Engels.

1850

Ent-stehungs-zeit	Erschei-nungs-datum	Ver-fasser	Titel oder Textbezeichnung	Quellen-nachweis
23.4.	2.5. u.a.	M/E	Rechnungsablage des sozial-demokrati-schen Flüchtlings-Comite's in London. [in „Westdeutsche Zeitung"]	MEGA$_2$I10: 569f +A: 1082f; [MEW 7: 554ff[1]]
25.4.		FE	Brief an Joseph Weydemeyer	MEW 27: 531f
6.5.		M/E	Brief an F. Pardigon [Entwurf] [dtÜbers des frzOrig]	MEW 27: 533
13.5.		FE	Brief an Theodor Schuster	MEW 27: 534
MitteIII –MitteV	IV–VI	FE[2]	Two Years of a Revolution: 1848 and 1849[2] [in „The Democratic Review"]	MEGA$_2$I10: 237–250+A: 846
20.5.		JM	Brief an Joseph Weydemeyer	MEW 27: 607–610
24.–27.5.	28.5.	M/E	To the Editor of the Times [in „The Times"]	MEGA$_2$I10: 328 +A: 917
			– Deutsche Übersetzung	MEW 7: 305
30.5.		M/E u. A. Wil-lich[3]	Brief an Frhr. Christian Karl Josias von Bunsen	MEW 39: 521
EndeV	VI	FE	[Letter from France VI] [FR] [in „The Democratic Review"]	MEGA$_2$I10: 329
sp.7.6.		M/E	Die Centralbehörde an den Bund	MEGA$_2$I10: 336–342+A: 930ff; [MEW 7: 306–312; KMA III, 1: 259–267; MESt III: 100–105]
8.6.		KM	Brief an Joseph Weydemeyer	MEW 27: 535
14.6.	15.6.	M/E	The Prussian Refugees [in „The Sun"]	MEGA$_2$I10: 343f
			– Deutsche Übersetzung	MEW 7: 313f
14.6.	15.6.	M/E	Prussian Spies in London [in „The Spec-tator"]	MEGA$_2$I10: 345ff +A: 946
			– Deutsche Übersetzung	MEW 7: 316–319
14.6.		M/E	Begleitbrief zum Artikel „Prussian Spies in London" an den Redakteur des „Spec-tator" [englOrig]	FR: MEGA$_2$I10A: 944
			– Deutsche Übersetzung	MEW 7: 315
14.6.	25.6.	M/E u.a.	Die deutschen Flüchtlinge in London [in „Westdeutsche Zeitung"]	MEGA$_2$I10: 571 +A: 1085f; [MEW 7: 556f]
MitteVI		M/E	To the Editor of the Globe	MEGA$_2$I10: 348f +A: 949
			– Deutsche Übersetzung	MEW 7: 320ff
ca.20.6.		JM	Brief an Joseph Weydemeyer	MEW 27: 611
22.6.	VII	FE	Letter from France [VII] [in „The Demo-cratic Review"]	MEGA$_2$I10: 350–353

[1] Nach dem Abdruck in „Norddeutsche Freie Presse" vom 10.5.1850.
[2] Mit englischer Übersetzung von Passagen aus Marx „1848–1849" aus der „Neuen Rheinischen Zeitung. Politisch-ökonomische Revue".
[3] In der Handschrift von Engels.

1850

Ent-stehungs-zeit	Erschei-nungs-datum	Ver-fasser	Titel oder Textbezeichnung	Quellen-nachweis
25.6.	4.7.	KM	Erklärung [in „Neue Deutsche Zeitung"]	MEGA₂I10: 354; [MEW7: 323]
25.6.	4.7.	FE	Erklärung [in „Neue Deutsche Zeitung"]	MEGA₂I10: 355; [MEW7: 324]
27.6.		KM	Brief an Joseph Weydemeyer	MEW27: 536
30.6.		KM	Brief an den Vorsitzenden einer Versammlung der Emigranten in London [Entwurf] [dtÜbers des frzOrig]	MEW27: 537
Anf.VII		KM[1]	Äußerung im Gespräch mit Wilhelm Liebknecht	Mohr u.General: 51
2.7.	10.7.	M/E	An die Redaktion der „Weser-Zeitung" [in „Tages-Chronik"]	MEGA₂I10: 356f; [MEW7: 325f]
17.7.		KM	Brief an Karl Blind [Entwurf]	MEW27: 538f
21.7.	VIII	FE	Letter from Germany [IV]. The War in Schleswig-Holstein [in „The Democratic Review"]	MEGA₂I10: 361ff +A: 957
23.7.	VIII	FE	Letter from France [VIII] [in „The Democratic Review"]	MEGA₂I10: 364ff +A: 960
30.7.	8.8.	M/E u.a.	Rechnungsablage des social-demokratischen Flüchtlings-Comites in London für Mai, Juni und Juli 1850. [in „Norddeutsche Freie Presse"]	MEGA₂I10: 572ff +A: 1087; [MEW 7: 557ff]
EndeV/ VIII		FE	[Über die Losung der Abschaffung des Staates und die deutschen „Freunde der Anarchie"]	MEGA₂I10: 330–335+A: 921f; [MEW7: 417–420]
26.8.		KM[2]	Ausführungen im Gespräch mit Gustav Adolf Techow [Bericht]	GesprächeI: 186
29.8.		M/E[3]	Äußerung zu Karl Schapper	GesprächeI: 198
1.9.		KM[3]	Äußerung während der Sitzung der Zentralbehörde	GesprächeI: 199
9.9.		KM u.a.	Quittung für das Sozial-demokratische Flüchtlingskomitee	MEGA₂I10: 575
9.9.		FE u.a.	Quittung für das Sozial-demokratische Flüchtlingskomitee	MEGA₂I10: 575
10.9.		FE	Rede über die Züchtigung des Generals Haynau [Bericht] [in „The Northern Star"] [englOrig]	MEGA₂I10: 576
Anf.VII/ MitteIX		KM	Liste der Mitglieder der Zentralbehörde des Bundes der Kommunisten	MEGA₂I10: 358+A: 956
15.9.		KM	Protokollierte Ausführungen auf der Sitzung der Zentralbehörde	MEGA₂I10: 577–580; [MEW8: 597–600]
15.9.		M/E u.a.	Protokoll der Sitzung der Zentralbehörde des Bundes der Kommunisten	MEGA₂I10: 577–580; +A: 1094–1097; [MEW8: 597–601]

[1] Wiedergegeben von W. Liebknecht.
[2] Wiedergegeben von G. A. Techow.
[3] Wiedergegeben im Brief der Zentralbehörde des Bundes der Kommunisten an den leitenden Kreis.

1850

Entstehungszeit	Erscheinungsdatum	Verfasser	Titel oder Textbezeichnung	Quellennachweis
17.9.		M/E u.a.	Erklärung über den Austritt aus dem Londoner Arbeiterbildungsverein	MEGA₂I10: 444; [MEW7: 414]
18.9.	27.9.	M/E u.a.	Rechnungsablage des social-demokratischen Flüchtlings-Committee's in London [in „Deutsche Londoner Zeitung"]	MEGA₂I10: 581f; [MEW7: 560f]
20.9.	⟨24.9.⟩¹	KM u.a.	Quittungen für das Sozial-demokratische Flüchtlingskomitee	MEGA₂I10: 583 +A: 1102
Sommer/X	V/X²	FE	Der deutsche Bauernkrieg [in REVUE]	MEGA₂I10: 367–443+A: 969ff; [MEW7: 327–413; FESt3: 159–232, 241ff]
9.10.		M/E	Brief an Adam, Barthélemy und Vidil [dtÜbers des englOrig]	MEW7: 415
X[?]		KM	Exzerptheft III mit Auszügen aus Werken von G. Garnier [Histoire de la monnaie depuis le temps de la plus haute antiquité jusqu'au règne de Charlemagne], J. Taylor A View of the Money System of England...], J. W. Gilbart [The History and Principles of Banking], A. Alison, J. Graham, W. Jacob, R. Moore, A. Mundell, J. F. Reitemeyer, R. Ruding, N. W. Senior und E. Solly³ [Beschreibung]	IRofSH II, 3: 406
X	V/X²	M/E	Fußnote zum Teilabdruck des „Manifestes der Kommunistischen Partei" [in REVUE]	MEGA₂I10: 445
X	V/X²	M/E⁴	Anmerkungen der Redaktion zu Johann Georg Eccarius' Artikel „Die Schneiderei in London oder der Kampf des großen und des kleinen Capitals" [in REVUE]	MEGA₂I10: 446; [MEW7: 416]
X		KM	Notizen über Deutschland für die „Revue. Mai bis Oktober"	MEGA₂I10: 447+A: 989
29.10.		KM	Brief an Joseph Weydemeyer	MEW27: 540
ca.X–1.11.	V/X²	M/E	Revue. Mai bis Oktober [in REVUE]	MEGA₂I10: 448–488 +A: 995f; [MEW7: 421–463; FR: KMA III,1: 229–245⁵]

¹ Die am 24.9.1850 gemachten Äußerungen von Marx gegenüber Wilhelm Haupt sind berichtweise in der nicht im Druck erschienenen Anklageschrift in der Untersuchungs-Sache gegen P.G. Roeser & Consorten wiedergegeben.
² Tatsächlich erschienen 29.11.1850.
³ Korrigiert aus: Tolly.
⁴ Möglicherweise nur von Marx, der den Artikel von Eccarius [MEGA₂I10: 593–604+A: 1116] redigiert hat.
⁵ Gekürzte Fassung als IV. Kapitel von Marx „Die Klassenkämpfe in Frankreich", herausgegeben von Engels 1895 [MEGA2 I10A:777–787; MEW 7:95–107].

Ent-stehungs-zeit	Erschei-nungs-datum	Ver-fasser	Titel oder Textbezeichnung	Quellen-nachweis
11.11.		M/E u.a.	Antrag des Kreises London an die Zentral-behörde des Bundes der Kommunisten über den Ausschluß der Mitglieder des Sonderbundes	MEGA$_2$I10: 584 +A: 1105
19.11.		KM	Brief an Friedrich Engels	MEW27:143; [BWI: 138]
23.11.		KM	Brief an Friedrich Engels	MEW27: 144; [BWI: 138f]
25.11.		FE	Brief an Karl Marx	MEW27: 145; [BWI: 139f]
XI—XII		KM	Exzerptheft IV mit Auszügen aus Werken von A. Böckh [Die Staatshaushaltung der Athener], J. G. Büsch [Sämtliche Schriften über Banken und Münzwesen], W. Jacob [An Historical Inquiry into the Production and Consumption of Precious Metals], Ricardo [On the Principles ...] [Beschreibung]	IRofSH II,3: 406
			− Exzerpte aus Ricardo, On the Principles of Political Economy and taxation	Grundrisse: 769–780
2.12.		KM	Brief an Friedrich Engels	MEW27: 146–152; [BWI: 140–148]
2.12.		JM	Nachschrift zum Brief von Marx an Engels	MEW27: 152f; [BWI: 145f, 148]
2.12.		KM	Brief an Hermann Becker	MEW27: 541
3.12.		FE	Brief an Emil Blank	MEW27: 542f
17.12.		FE	Brief an Karl Marx	MEW27: 154f [BWI: 148ff]
19.12.		JM	Brief an Friedrich Engels	MEW27: 612; [BWI: 150f]
30.12.	4.1.51	FE	Rede über die Ursachen der Niederlage der Revolution [Bericht] [in „The Northern Star"] [englOrig]	MEGA$_2$I10: 587+ A: 1110
			− Satzfragment [englOrig]	MEGA$_2$I10A: 1110
EndeXII		M/E	Entwurf einer Erklärung Bauers und Pfänders über Gelder des Arbeiterbildungs-vereins in London	MEGA$_2$I10: 489f+ A: 1014
ca.1850 [?]		KM[1]	Äußerung im Gespräch mit Wilhelm Liebknecht	Mohr u. General: 68

1851

nach1850 [?]		KM	Vermerke in Kottenkamp, Franz: Geschichte der Colonisation Amerika's.	FR: Exlibris: 119

[1] Wiedergegeben von W. Liebknecht.

1851

Ent-stehungs-zeit	Erschei-nungs-datum	Ver-fasser	Titel oder Textbezeichnung	Quellen-nachweis
nach 1850 [?]		KM	Eintragungen in Crichton, Andrew: History of the revolutions in Europe, from the subversion of the Roman Empire in the west, till the abdication of Bonaparte	FR: Faks: Ex libris: 49
nach 1850 [?]		KM	Notizen und Hinweise in Werken Daniel Defoes: The complete English tradesman. – An humble proposal to the people of England. – Augusta Triumphans: or the way to make London the most flourishing city in the Universe. – Second thoughts are best ...	FR: Exlibris: 50
nach 1850 [?]		KM	Notizen, karikaturistische Zeichnung und Berechnungen in Sully, Maximilien de Béthune [baron de Rosny]: Mémoires	FR: Exlibris: 191f
nach 1850 [?]		KM	Vermerke in Thompson, T. Perronet: Exercises, political and others. Vol. 4	Exlibris: 194
6.1.		KM	Brief an Friedrich Engels	MEW 27: 156; [BW I: 152]
7.1.		KM	Brief an Friedrich Engels	MEW 27: 157–162; [BW I: 152–155]
8.1.		FE	Brief an Karl Marx	MEW 27: 163f; [BW I: 156f]
11.1.		JM	Brief an Friedrich Engels	MEW 27: 613; [BW I: 160f]
I		KM	Exzerptheft V mit Auszügen u.a. aus Werken von S. Bailey [Money and its Vicissitudes in Value], H. C. Carey [The Credit System in France, Great Britain and the United States], W. Clay, T. Joplin, S. J. Loyd, W. H. Morrison, G. W. Norman, D. Salomons und aus dem „Economist". [Beschreibung]	IRofSH II, 3: 406
22.1.		KM	Brief an Friedrich Engels	MEW 27: 165; [BW I: 158]
25.1.		FE	Brief an Karl Marx	MEW 27: 166f; [BW I: 158ff]
27.1.		M/E[1]	Erklärung [gegen Arnold Ruge]	MEGA$_2$I10: 491f +A: 1017f; [MEW 7: 464f]
27.1.		KM	Brief an Friedrich Engels	MEW 27: 168f; [BW I: 161f]
29.1.		FE	Brief an Karl Marx	MEW 27: 170ff; [BW I: 162–165]
3.2.		KM	Brief an Friedrich Engels	MEW 27: 173–177; [BW I: 165–170]
5.2.		FE	Brief an Karl Marx	MEW 27: 178–181; [BW I: 170–174]
ca. 29.1./6.2.		KM	Brief an Hermann Becker [FR]	MEW 27: 544[2]; BZG 20,3: 369[3]

[1] In der Handschrift von Jenny Marx mit einer Korrektur von Karl Marx.
[2] Nach der Anklageschrift gegen P. G. Roeser u. a. 1852.

1851

Ent-stehungs-zeit	Erschei-nungs-datum	Ver-fasser	Titel oder Textbezeichnung	Quellen-nachweis
8.2.		KM	Brief an Hermann Becker [FR]	MEW27: 545
10.2.		KM	Brief an Friedrich Engels	MEW27: 182f; [BW I: 174f]
11.2.		KM	Brief an Friedrich Engels	MEW27: 184f; [BW I: 176f]
12.2.		FE	Brief an Karl Marx	MEW27: 186ff; [BW I: 177ff]
13.2.		FE	Brief an Karl Marx	MEW27: 189ff; [BW I: 179–182]
II[?]		KM	Exzerptheft VI mit Auszügen aus Werken von G. Bell, J. Gray [Lectures on the Nature and Use of Money], J. Francis [History of the Bank of England], R. Hamilton, D. Hume, J. G. Kinnear, J. Locke, T. Mortimer, P. J. Stirling [Beschreibung]	IRofSH II, 3: 406f
23.2.		KM	Brief an Friedrich Engels	MEW27: 192—197; [BW I: 182–188]
24.2.		KM	Brief an Friedrich Engels	MEW27: 198f; [BW I: 188f]
25.2.		FE	Brief an Karl Marx	MEW27: 200ff; [BW I: 189ff]
ca.5./26.2.		KM	Korrekturen an Artikeln aus der „Rheinischen Zeitung"	MEGA₂I1A: 986, 993ff, 1010, 1023, 1033, 1046, 1052, 1056, 1058, 1062, 1062, 1079f, 1094f, 1097, 1102f, 1106
26.2.		FE	Brief an Karl Marx	MEW27: 203ff; [BW I: 191–194]
26.2.		KM	Brief an Friedrich Engels	MEW27: 206f; [BW I: 197f]
26.2.		FE	Brief an Karl Marx	MEW27: 208; [BW I: 199]
27.2.		FE	Brief an Karl Marx	MEW27: 209; [BW I: 199f]
28.2.		FE	Brief an Karl Marx	MEW27: 210f; [BW I: 200f]
28.2.		KM	Brief an Hermann Becker [FR]	MEW27: 546ff
1.3.		KM	Brief an Friedrich Engels	MEW27: 212f; [BW I: 202f]
5.3.		FE	To the Editor of the Times	MEGA₂I10: 501f +A: 1034f
			– Deutsche Übersetzung	MEW7: 466f
3./6.3.	1851	M/E¹	Vorbemerkung zum Toast von Blanqui und Übersetzung des Toastes aus dem Französischen	MEGA₂I10: 498ff +A: 1030; [MEW 7: 568ff]

³ Fragmentarische Wiedergabe in „Kölnischer Anzeiger" vom 5.10.1852.
¹ Möglicherweise leichte Korrekturen der Übersetzung durch die deutschen Herausgeber.

1851

Ent-stehungs-zeit	Erschei-nungs-datum	Ver-fasser	Titel oder Textbezeichnung	Quellen-nachweis
8.3.		KM	Brief an Friedrich Engels	MEW 27: 214f; [BW I: 203f]
10.3.		FE	Brief an Karl Marx	MEW 27: 216; [BW I: 204f]
17.3.		FE	Brief an Karl Marx	MEW 27: 217f; [BW I: 205f]
17.3.		KM	Brief an Friedrich Engels	MEW 27: 219ff; [BW I: 206–209]
19.3.		FE	Brief an Karl Marx	MEW 27: 222f; [BW I: 209ff]
22.3.		KM	Brief an Friedrich Engels	MEW 27: 224f; [BW I: 214f]
31.3.		KM	Brief an Friedrich Engels	MEW 27: 226f; [BW I: 215ff]
ca.EndeIII /Anf.IV		KM	Mit dem Stand zusammenhängende Steuern	Grundrisse: 783
ca.EndeIII /Anf.IV		KM	Sachregister zu Ricardo: On the Principles of Political Economy and Taxation	Grundrisse: 785f
2.4.		KM	Brief an Friedrich Engels	MEW 27: 228f; [BW I: 217ff]
3.4.		FE	Brief an Karl Marx	MEW 27: 230–234; [BW I: 219–224]
9.4.		KM	Brief an Hermann Becker [FR]	MEW 27: 549
11.4.		FE	Brief an Karl Marx	MEW 27: 235f; [BW I: 224f]
15.4.		KM	Brief an Friedrich Engels	MEW 27: 237f; [BW I: 226f]
15.4.		FE	Brief an Karl Marx	MEW 27: 239
IV		FE	[Bedingungen und Aussichten eines Krieges der Heiligen Allianz gegen ein revolutionäres Frankreich im Jahre 1852]	MEGA₂ I10: 511–534 +A: 1047ff; [MEW 7: 468–493]
III/V		KM	Exzerptheft VII mit Auszügen aus Werken von J. W. Bosanquet, A. Gallatin, J. G. Hubbard, W. Leatham, C. Raguet [A Treatise on Currency and Banking], A. Smith, Th. Tooke, R.[1] Torrens, T. Twiss samt kritischen Bemerkungen zu Proudhon und weiteren Notizen [Beschreibung] – Reflection [dtOrig]	MEGA₂ I10A: 1037; IRofSH II, 3: 407 MEGA₂ I10: 503–510+A: 1038–1042
IV/V		KM	Exzerptheft VIII mit Auszügen aus Werken von Ricardo [On the Principles...], W. Cooke Taylor [The Natural History of	IRofSH II, 3: 407f

---

[1] Korrigiert aus: B.

1851

Ent-stehungs-zeit	Erschei-nungs-datum	Ver-fasser	Titel oder Textbezeichnung	Quellen-nachweis
			Society in the Barbarous and Civilizated State], J. Steuart [An Inquiry into Principles of Political Economy], W. M. Gouge, G. Montanari, J. Morton [On the Nature and Property of Soils], A. Serra und aus dem „Economist" [Beschreibung]	
			— Exzerpte aus Ricardo, On the Principles of Political Economy and Taxation	Grundrisse: 787–839
			— Exzerpte aus W. Cooke Taylor, The Natural History of Society in the Barbarous and Civilized State	FR: IRofSH II, 3: 407
1.5.		FE	Brief an Karl Marx	MEW 27: 240ff; [BW I: 227–230]
1.5.		FE	Brief an Wilhelm Wolff	MEW 27: 550ff
3.5.		KM	Brief an Friedrich Engels	MEW 27: 243f; [BW I: 230ff]
5.5.		KM	Brief an Friedrich Engels	MEW 27: 245ff; [BW I: 232–235]
6.od.7.5.		FE	Brief an Karl Marx	MEW 27: 248f; [BW I: 235ff]
8.5.		FE	Brief an Karl Marx	MEW 27: 250f; [BW I: 237f]
9.5.		FE	Brief an Karl Marx	MEW 27: 252–255; [BW I: 238–242]
15.5.		FE	Brief an Karl Marx	MEW 27: 256; [BW II: 190]
V		KM	Exzerptheft IX mit Auszügen aus Werken von Th. de Quincey, H. C. Carey [u.a. The Past, the Present and the Future], Malthus, W. A. Mackinnon [History of Civilization], J. D. Tuckett [A History of the Past and Present State of Labouring Population] [Beschreibung]	IRofSH II, 3: 408
			— Exzerpte aus W. A. Mackinnon, History of Civilization	FR: IRofSH II, 3: 408
V		KM	Brief an Roland Daniels [FR]	MEW 27: 553
16.5.		KM	Brief an Friedrich Engels	MEW 27: 257f; [BW I: 242ff]
19.5.		FE	Brief an Karl Marx	MEW 27: 259ff; [BW I: 244ff]
21.5.		KM	Brief an Friedrich Engels	MEW 27: 262ff; [BW I: 246–249]
23.5.		FE	Brief an Karl Marx	MEW 27: 265–268; [BW I: 249–253]
28.5.		KM	Brief an Friedrich Engels	MEW 27: 269ff; [BW I: 253ff]
3.6.		FE	Brief an Karl Marx	MEW 27: 272; [BW I: 255]

1851

Entstehungszeit	Erscheinungsdatum	Verfasser	Titel oder Textbezeichnung	Quellennachweis
24.5./8.6.	14.6.	KM	No. I. The Constitution of the French Republic adopted November 4, 1848 [in „Notes to the People"] – Deutsche Übersetzung	MEGA$_2$I10: 535–548 +A: 1055; [FR: MEW7: 496a] MEW7: 494–506
VI[?]		KM	Exzerptheft X mit Auszügen aus Werken von J. Barton [Observations on the Circumstances which Influence the Condition of the Labouring Classes of Society], W. Blake [Observations on the Effects Produced by the Expenditure of Government during the Restriction of Coast Payments], D. Buchanan [Observations on the Subjects Treated of in Dr. Smith's[1] Inquiry ...], Th. Chalmers[2] [On Political Economy], G. Ramsay [An Essay on the Distribution of Wealth], Th. Hodgskin [Popular Political Economy], MacCulloch [The Literature of Political Economy; Definitions in Political Economy], P. Ravenstone [Thoughts on the Funding System and its Effects], G. P. Scrope [Principles of Political Economy], R. Torrens [An Essay on the Production of Wealth ...], J. D. Tuckett [A History of the Past and Present State of the Labouring Population] [Beschreibung]	IRofSH II: 3: 408f
	16.6.	KM	Brief an Friedrich Engels	MEW27: 273; [BW I: 256]
	19.6.	FE	Brief an Joseph Weydemeyer	MEW27: 554–557
	27.6.	FE	Brief an Karl Marx	MEW27: 274f; [BW I: 256f]
	27.6.	KM	Brief an Joseph Weydemeyer	MEW27: 558ff
1851		KM	Das vollendete Geldsystem [FR]	FR: Grundrisse: 986f
	6.7.	FE	Brief an Karl Marx	MEW27: 276f; [BW I: 258f]
	9.7.	FE	Brief an Ernst Dronke	MEW27: 561–564[3]
	13.7.	KM	Brief an Friedrich Engels	MEW27: 278–282; [BW I: 259–264]
VII		KM	Exzerptheft XI mit Auszügen aus Werken von J. Fielden [The Course of the Factory System], P. Gaskell [The Manufactury System of England ...], Th. Hodgskin [Labour Defended against the Claim of Capital...], S. Laing [National Distress...], N. W. Senior [Three Lectures on the Rate of Wages],	IRofSH II, 3: 409

[1] Korrigiert aus: Swifts
[2] Korrigiert aus: Calmers.
[3] Das hier nicht entzifferte Wort ist nach dem Original ergänzt in: Engels: Profile, S. 76.

1851

Ent-stehungs-zeit	Erschei-nungs-datum	Ver-fasser	Titel oder Textbezeichnung	Quellen-nachweis
VII		KM	J. C. Symons [Arts and Artisans at Home and Abroad] u.a. [Beschreibung] Exzerptheft XII mit Auszügen aus Werken von J. Anderson [An Inquiry into the Causes that Have hitherto ... Retarded the Advancement of Agriculture in Europe; Essays Relating to Agriculture...], Th. Hopkins [On Rent of Land and its Influence on Subsistance and Population; Economical Enquiries Relative to the Laws which Regulate Rent, Profit, Wages and the Value of Money], M. de Dombasle [Annales agricoles de Rouville, diverses livraisons, 1825 à 1830: De l'étendue des exploitations rurales dans ses rapports avec la prosperité de l'agriculture, etc.], R. Somers [Letters from Highlands, on the Famine of 1847], E. West [Prices of Corn and Wages of Labor], J. Liebig [Die organische Chemie in ihrer Anwendung auf Agrikultur und Physiologie] u.a. [Beschreibung]	IRofSH II, 3: 409f
17.7.		KM	Brief an Friedrich Engels	MEW27: 283; [BW I: 267]
17.7.		FE	Brief an Karl Marx	MEW27: 284ff; [BW I: 264–267]
20.7.		FE	Brief an Karl Marx	MEW27: 287ff; [BW I: 268ff]
30.7.		FE	Brief an Karl Marx	MEW27: 290; [BW I: 270f]
31.7.		KM	Brief an Friedrich Engels	MEW27: 291ff; [BW I: 271–275]
ca.1.8.		FE	Brief an Karl Marx	MEW27: 294f; [BW I: 275f]
2.8.		KM	Brief an Joseph Weydemeyer	MEW27: 565ff
6.8.		FE	Brief an Wilhelm Wolff	MEW27: 568
7.8.		FE	Brief an Joseph Weydemeyer	MEW27: 569ff
8.8.		KM	Brief an Friedrich Engels	MEW27: 296–304; [BW I: 277–287]
ca.10.8.		FE	Brief an Karl Marx	MEW27: 305ff; [BW I: 287ff]
ca.11.8.		FE	Brief an Karl Marx	MEW27: 308–311; [BW I: 289–293]
14.8.		KM	Brief an Friedrich Engels	MEW27: 312–315; [BW I: 293–296]
ca.VIII		KM	Exzerptheft XIII mit Auszügen aus Werken von A. Alison [The Principle of Population], Th. Doubleday [The True Law of Population], F. W. Johnston [Lectures on Agricultural Chemistry and Geology], Malthus	IRofSH II, 3: 410

1851

Ent-stehungs-zeit	Erscheinungs-datum	Verfasser	Titel oder Textbezeichnung	Quellennachweis
			[An Essay on the Principles of Population...], G. Purves [Gray versus Malthus...], R. Vaughan [The Age of the Great Cities], J. Townsend [A Dissertation on the Poor Laws] [Beschreibung]	
ca. VIII		KM	Exzerptheft XIV mit Auszügen aus Werken von H. Brougham[1] [An Inquiry into the Colonial Policy of the European Powers], Th. F. Buxton [The African Slave Trade], Th. Hodgskin, A. H. L. Heeren [Ideen über die Politik, den Verkehr und den Handel der alten Völker; Handbuch der Geschichte des europäischen Staatensystems und seiner Colonien], W. Howitt [Colonization of Christianity...], H. Merivale [Lectures on Colonization and Colonies...], W. H. Prescott [History of the Conquest of Mexico; History of the Conquest of Peru], E. G. Wakefield [A View of the Art of Colonization], J. Sempéré [Considérations sur les causes de la grandeur et de la décadence de la Monarchie espagnole], J. F. W. Johnston [Catechism of Agricultural Chemistry and Geology; England as it is...], Dureau de la Malle [Economie politique des Romains] [Beschreibung]	IRofSH II, 3: 410f
ca.VIII		KM	Exzerptheft XV mit Auszügen aus Werken von J. Dalrymple [An Essay towards a General History of Feudal Property in Great Britain], J. Gray [The Social System...], H. Hallam [View of the State of Europe during the Middle Ages], K. D. Hüllmann [Deutsche Finanzgeschichte des Mittelalters; Städtewesen des Mittelalters; Geschichte des Ursprungs der Stände in Deutschland], F. W. Newman [Four Lectures on the Contrasts of Ancient and Modern Society] [Beschreibung]	IRofSH II, 3: 411
vor 20.8.		KM	Randnotizen in Dureau de la Malle: Économie politique des Romains	FR: Ex libris: 59
ca. 20.8.		KM	Brief an Friedrich Engels	MEW 27: 316; [BW I: 306f]
21.8.		FE	Brief an Karl Marx	MEW 27: 317ff; [BW I: 296ff]
2. Hälfte VIII		KM	Brief an Hermann Ebner [FR]	MEW 27: 572–578
25.8.		KM	Brief an Friedrich Engels	MEW 27: 320–327; [BW I: 299–306]

[1] Korrigiert aus: Brogham.

1851

Ent-stehungs-zeit	Erschei-nungs-datum	Ver-fasser	Titel oder Textbezeichnung	Quellen-nachweis
ca.27.8.		FE	Brief an Karl Marx	MEW27: 328f; [BWI: 307f]
31.8.		KM	Brief an Friedrich Engels	MEW27: 330–333; [BWI: 308–312]
1.9.		FE	Brief an Karl Marx	MEW27: 334f; [BWI: 312ff]
8.9.		FE	Brief an Karl Marx	MEW27: 336f; [BWI: 314f]
11.9.		FE	Brief an Karl Marx	MEW27: 338; [BWI: 316]
11.9.		KM	Brief an Joseph Weydemeyer	MEW27: 579f
13.9.		KM	Brief an Friedrich Engels	MEW27: 339f; [BWI: 316ff]
19.9.		FE	Brief an Karl Marx	MEW27: 341; [BWI: 318]
23.9.		FE	Brief an Karl Marx	MEW27: 342–346; [BWI: 319–323]
23.9.		KM	Brief an Friedrich Engels	MEW27: 347–351; [BWI: 323–328]
25.9.		FE	Brief an Karl Marx	MEW27: 352; [BWI: 328f]
26.9.		FE	Brief an Karl Marx	MEW27: 353ff; [BWI: 329ff]
21.8.–IX	25.10.	FE[1]	Germany. I. Revolution and Counter-Revolution [in NYDT] – Deutsche Übersetzung	KM: Revolution: 1–12 MEW8: 5–13
IX	28.10.	FE[1]	Germany. II. Revolution and Counter-Revolution [in NYDT] – Deutsche Übersetzung	KM: Revolution: 13–25 MEW8: 14–23
IX	6.11.	FE[1]	Germany. III. Revolution and Counter-Revolution [in NYDT] – Deutsche Übersetzung	KM: Revolution: 26–31 MEW8: 24–28
IX	7.11.	FE[1]	Germany. IV. Revolution and Counter-Revolution [in NYDT] – Deutsche Übersetzung	KM: Revolution: 32–39 MEW8: 29–34
2.Hälfte VIII/X		FE	Kritische Besprechung von Proudhon, Idée générale de la Revolution au XIX siècle – Russische Übersetzung	FR: Faks: AM X: 32a AMX: 5–34
4.10.		KM	Brief an die Redaktion der Augsburger „Allgemeinen Zeitung"	BZG 20,3: 371
4.10.	9.10.	KM	Erklärung [in „Kölnische Zeitung"]	MEW8: 109
4./8.10.		KM	Brief an Amalie Daniels [FR]	MEW27: 581
13.10.		KM	Brief an Friedrich Engels	MEW27: 356–359; [BWI: 332–335]
15.10.		FE	Brief an Karl Marx	MEW27: 360ff; [BWI: 336–339]

[1] Unter dem Namen von Marx erschienen und von ihm vermutlich gegengelesen.

1851

Ent-stehungs-zeit	Erschei-nungs-datum	Ver-fasser	Titel oder Textbezeichnung	Quellen-nachweis
16.10.		KM	Brief an Joseph Weydemeyer	MEW27: 582f
16.10.		JM	Nachschrift zum Brief von Karl Marx an J. Weydemeyer	MEW27: 583
16.10.		JM	Brief an Amalie Daniels	Dornemann: 173f
19.10.		KM	Brief an Friedrich Engels	MEW27: 363ff; [BW I: 339–342]
25.10.		KM	Brief an Friedrich Engels	MEW27: 366; [BW I: 342f]
ca.27.10.		FE	Brief an Karl Marx	MEW27: 367ff; [BW I: 343ff]
31.10.		KM	Brief an Joseph Weydemeyer	MEW27 584f
X	12.11.	FE[1]	Germany. V. Revolution and Counter-Revolution [in NYDT]	KM: Revolution: 40–44
			– Deutsche Übersetzung	MEW8: 35–38
X	28.11.	FE[1]	Germany. VI. Revolution and Counter-Revolution [in NYDT]	KM: Revolution: 45–50
			– Deutsche Übersetzung	MEW8: 39–43
VIII/XI [?]		KM	Randnotizen in Ungewitter, F. H.: Geschichte des Handels, der Industrie und Schiffahrt von den ältesten Zeiten an bis auf die Gegenwart.	FR: Ex libris: 198
X/XI		KM	Exzerptheft XVI mit Auszügen aus Werken von Bastiat und Proudhon [Gratuité du crédit], Th. Corbet [An Inquiry into the Causes and Modes of the Wealth], D. Hardcastle [Banks and Bankers], G. Julius [Bankensystem ...], Ch. Coquelin [Du crédit et des banques dans l'industrie], F. Vidal [De la répartition des richesses ...], A. Quételet [A Treatise on Man and the Development of his Faculties] [Beschreibung]	IRofSH II, 3: 411f
			– Exzerpte aus F. Vidal, De la répartition des richesses...	FR: IRofSH II, 3: 412
–XI		KM	Exzerptheft XVII mit Auszügen aus Werken von J. H. M. Poppe [Lehrbuch der allgemeinen Technologie; Die Physik vorzüglich in Anwendung auf Künste, Manufaktur...; Geschichte der Mathematik...; Geschichte der Technologie], A. Ure [Technisches Wörterbuch], Beckmann [Beiträge zur Geschichte der Erfindungen] [Beschreibung]	IRofSH II, 3: 412
			– Exzerpte aus J. H. M. Poppe, Geschichte der Mathematik seit der ältesten bis auf die neueste Zeit	FR: Rukopisi: 242–249
24.11.		KM	Brief an Friedrich Engels	MEW27: 370ff; [BW I: 345ff]

[1] Unter dem Namen von Marx erschienen und von ihm vermutlich gegengelesen.

Ent-stehungs-zeit	Erschei-nungs-datum	Ver-fasser	Titel oder Textbezeichnung	Quellen-nachweis
27.11.		FE	Brief an Karl Marx	MEW 27: 373ff; [BW I: 347–350]
Anf. XII		KM	Brief an Adolf Cluß [FR]	MEW 27: 586
1.12.		KM	Brief an Friedrich Engels	MEW 27: 376ff; [BW I: 350ff]
2.12.		KM	Brief an Hermann Ebner [FR]	MEW 27: 587–591
3.12.		FE	Brief an Karl Marx	MEW 27: 379–382; [BW I: 352–356]
9.12.		KM	Brief an Friedrich Engels	MEW 27: 383f; [BW I: 356ff]
10.12.		FE	Brief an Karl Marx	MEW 27: 385f; [BW I: 358f]
11.12.		FE	Brief an Karl Marx	MEW 27: 387–390; [BW I: 360–363]
15.12.		FE	Brief an Marie Blank	MEW 27: 592f
16.12.		FE	Brief an Karl Marx	MEW 27: 391f; [BW I: 363ff]
17.12.		JM	Brief an Friedrich Engels	MEW 27: 614
18.12.		FE	Brief an Jenny Marx	MEW 27: 594; [BW I: 365f]
19.12.		KM	Brief an Joseph Weydemeyer	MEW 27: 595f
27.12.		KM	Brief an Ferdinand Freiligrath	MEW 27: 597f
ca. Ende 1851		KM[1]	Äußerungen im Gespräch mit Wilhelm Liebknecht u. a.	Mohr u. General: 135
Ende 1851 [?]		KM	Exzerptheft XVIII mit Auszügen aus Werken von de Forbonnais [Recherches et considérations sur les finances de France], Sismondi [Historical View of the Literature of the South of Europe], F. Bouterwek [Geschichte der Poesie und Beredsamkeit seit dem Ende des 13. Jh.], Giordano Bruno [De la causa, principio, et Uno] [Beschreibung]	IRofSH II, 3: 412f

1852

Ent-stehungs-zeit	Erschei-nungs-datum	Ver-fasser	Titel oder Textbezeichnung	Quellen-nachweis
X 1851/1852		FE	Exzerpt über Lomonossow aus John Bowring: Specimens of Russians Poet	FE über d. Dialektik d. Naturw.: 409f
I	27.2	FE[2]	Germany. VII. Revolution and Counter-Revolution [in NYDT] – Deutsche Übersetzung	KM: Revolution: 51–57 MEW 8: 44–48
1.1.		KM	Brief an Joseph Weydemeyer	MEW 28: 471f
6.1.		FE	Brief an Karl Marx	MEW 28: 5f; [BW I: 367f]

[1] Wiedergegeben von W. Liebknecht.
[2] Unter dem Namen von Marx erschienen und von ihm vermutlich gegengelesen.

1852

Ent-stehungs-zeit	Erschei-nungs-datum	Ver-fasser	Titel oder Textbezeichnung	Quellen-nachweis
7.1.		JM	Brief an Friedrich Engels	MEW28: 629ff; [BWI: 368–371]
9.1.		JM	Brief an Joseph Weydemeyer	MEW28: 632f
14.1.		FE	Brief an Jenny Marx	MEW28: 473f; [BWI: 371]
16.1.		KM	Brief an Joseph Weydemeyer	MEW28: 475f
16.1.		JM	Brief an Friedrich Engels	MEW28: 634
20.1.		KM	Brief an Friedrich Engels	MEW28: 7f; [BWI: 373f]
22.1.		FE	Brief an Karl Marx	MEW28: 9ff; [BWI: 374ff]
23.1.		FE	England. I.	MEW8: 208–215
23.1.		KM	Brief an Joseph Weydemeyer	MEW28: 477ff
23.1.		KM	Brief an Joseph Weydemeyer	MEW28: 480–483
24.1.		KM	Brief an Friedrich Engels	MEW28: 12f; [BWI: 377f]
26.1.		KM	Brief an Ferdinand Freiligrath	MEW28: 484f
28.1.		FE	Brief an Karl Marx	MEW28: 14; [BWI: 378, 380]
29.1.		M/E[1]	To the Editor of the „Times" [Entwurf] – Deutsche Übersetzung	BWI: 378ff MEW28: 219f; [BWI: 380ff]
29.1.		FE	Brief an Karl Marx	MEW28: 15f; [BWI: 382f]
30.1.		FE	England. II.	MEW8: 215–218
30.1.		KM	Brief an Joseph Weydemeyer	MEW28: 486
30.1.		FE	Brief an Joseph Weydemeyer	MEW28: 487f
2.2.		FE	Brief an Karl Marx	MEW28: 17; [BWI: 383f]
4.2.		KM	Brief an Friedrich Engels	MEW28: 18–21; [BWI: 384–387]
6.2.		KM	Brief an Friedrich Engels	MEW28: 22; [BWI: 388]
13.2.		KM	Brief an Joseph Weydemeyer	MEW28: 489f
13.2.		JM	Nachschrift zum Brief von Marx an J. Weydemeyer	MEW28: 490
17.2.		FE	Brief von Karl Marx	MEW28: 23f; [BWI: 388f]
18.2.		KM	Brief an Friedrich Engels	MEW28: 25; [BWI: 389f]
19.2.		FE	Brief an Karl Marx	MEW28: 26; [BWI: 390f]
20.2.		FE	Brief an Joseph Weydemeyer	MEW28: 491
II	21.2.	FE	Real Causes why the French Proletarians remained comparatively inactive in December last [in „Notes to the People"]	Notes to the People: 846ff

[1] Der Brief ist von Engels geschrieben, die Unterschrift „Ein Preuße" von Marx.

Ent-stehungs-zeit	Erschei-nungs-datum	Ver-fasser	Titel oder Textbezeichnung	Quellen-nachweis
			– Deutsche Übersetzung	MEW 8: 221–224
23.2.		KM	Brief an Friedrich Engels	MEW 28: 27ff; [BW I: 391ff]
23.2.		KM	Brief an Ferdinand Lassalle	MEW 28: 495–499
27.2.		KM	Brief an Friedrich Engels	MEW 28: 30ff; [BW I: 394ff]
27.2.		FE	Brief an Joseph Weydemeyer	MEW 28: 500ff
27.2.		JM	Brief an Joseph Weydemeyer	MEW 28: 635f
II	5.3.	FE¹	Germany. VIII. Revolution and Counter-Revolution [in NYDT]	KM: Revolution: 58–63
			– Deutsche Übersetzung	MEW 8: 49–52
II	15.3.	FE¹	Germany. IX. Revolution and Counter-Revolution [in NYDT]	KM: Revolution: 64–68
			– Deutsche Übersetzung	MEW 8: 53–56
II	18.3.	FE¹	Germany. X. Revolution and Counter-Revolution [in NYDT]	KM: Revolution: 69–74
			– Deutsche Übersetzung	MEW 8: 57–60
III	19.3.	FE¹	Germany. XI. Revolution and Counter-Revolution [in NYDT]	KM: Revolution: 75–82
			– Deutsche Übersetzung	MEW 8: 61–66
2.3.		FE	Brief an Karl Marx	MEW 28: 33–36; [BW I: 396–399]
3.3.		KM	Brief an Friedrich Engels	MEW 28: 37f; [BW I: 399f]
3.3.	6.3.	KM	Erklärung [in „Kölnische Zeitung"]	MEW 8: 232
18.12.50/ 5.3.52		KM u.a.	Bemerkungen zu den Statuten des Kommunistischen Bundes	MEGA₂ I10: 588f; [MEW 7: 565, 567]
5.3.		KM	Brief an Joseph Weydemeyer	MEW 28: 503–509
18.3.		FE	Brief an Karl Marx	MEW 28: 39–42
19.12.51– ca.25.3.52	1852	KM	Der achtzehnte Brumaire des Louis Bonaparte	[MEW 8: 113–207]; KMA III, 1: 270–387; [MEStIV: 34–121, 280]
25.3.		KM	Brief an Joseph Weydemeyer	MEW 28: 510ff
	27.3.	FE	[Letter of Our Foreign Correspondent] [in „Notes to the People"]	Notes to the People: 948f
			– Deutsche Übersetzung	MEW 8: 224–227
30.3.		KM	Brief an Friedrich Engels	MEW 28: 43ff; [BW I: 404ff]
III	9.4.	FE¹	Germany. XII. Revolution and Counter-Revolution [in NYDT]	KM: Revolution: 83–92
			– Deutsche Übersetzung	MEW 8: 67–74
III	17.4.	FE¹	Germany. XIII. Revolution and Counter-Revolution [in NYDT]	KM: Revolution: 93–98
			– Deutsche Übersetzung	MEW 8: 75–79

¹ Unter dem Namen von Marx erschienen und von ihm vermutlich gegengelesen.

1852

Entstehungszeit	Erscheinungsdatum	Verfasser	Titel oder Textbezeichnung	Quellennachweis
IV	24.4.	FE[1]	Germany. XIV. Revolution and Counter-Revolution [in NYDT] – Deutsche Übersetzung	KM: Revolution: 99–105 MEW8: 80–84
1.4.		FE	Brief an Karl Marx	MEW28: 46f; [BWI: 406f]
5.4.		KM	Brief an Friedrich Engels	MEW28: 48f; [BWI: 408f]
	10.4.	FE	[Our Foreign Correspondent's Letter] [in „Notes to the People"] – Deutsche Übersetzung	Notes to the People: 977f MEW8: 227–231
14.4.		KM	Brief an Friedrich Engels	MEW28: 50; [BWI: 409]
16.4.		FE	Brief an Joseph Weydemeyer	MEW28: 513f
20.4.		FE	Brief an Karl Marx	MEW28: 51ff; [BWI: 410ff]
22.4.		KM	Brief an Adolf Cluß [FR]	MEW28: 515f
23.4.		KM	Brief an Adolf Cluß [FR]	MEW28: 517
24.4.		KM	Brief an Friedrich Engels	MEW28: 54f; [BWI: 412f]
25.4.		FE	Brief an Karl Marx	MEW28: 56f; [BWI: 413ff]
27.4.		FE	Brief an Karl Marx	MEW28: 58; [BWI: 415f]
29.4.		FE	Brief an Karl Marx	MEW28: 59f; [BWI: 416f]
30.4.		KM	Brief an Friedrich Engels	MEW28: 61ff; [BWI: 418ff]
30.4.		KM	Brief an Joseph Weydemeyer	MEW28: 518ff
XII1851/V1852		KM	Vermerke in Hallam, Henry: View of the state of Europe during the middle ages	FR: Exlibris: 88f
1.5.		FE	Brief an Karl Marx	MEW28: 64f; [BWI: 420f]
4.5.		FE	Brief an Karl Marx	MEW28: 66f; [BWI: 422f]
6.5.		KM	Brief an Friedrich Engels	MEW28: 68f; [BWI: 423ff]
7.5.		FE	Brief an Karl Marx	MEW28: 70ff; [BWI: 425ff]
ca.10.5.		KM	Brief an Adolf Cluß [FR]	MEW28: 521–524
13.5.		KM	Brief an Friedrich Engels	MEW28: 73; [BWI: 428]
19.5.		FE	Brief an Karl Marx	MEW28: 74f; [BWI: 428f]
21.5.		FE	Brief an Karl Marx	MEW28: 76; [BWI: 429]
22.5.		FE	Brief an Karl Marx	MEW28: 77; [BWI: 429f]

[1] Unter dem Namen von Marx erschienen und von ihm vermutlich gegengelesen.

Ent-stehungs-zeit	Erschei-nungs-datum	Ver-fasser	Titel oder Textbezeichnung	Quellen-nachweis
22.5.		KM	Brief an Friedrich Engels	MEW28: 78; [BWI: 431]
24.5.		FE	Brief an Karl Marx	MEW28: 79; [BWI: 431f]
28.5.		M/E	Brief an Joseph Weydemeyer	MEW28: 525f
11.6.		M/E	Brief an Jenny Marx	MEW28: 527f; [BWI: 432ff]
11.6.		FE	Brief an Joseph Weydemeyer	MEW28: 529–533
ca. 16.6.		JM	Brief an Karl Marx	FR: Künzli: 320f
vor 26.6.		KM	Brief an Adolf Cluß [FR] – Fragmentarische Inhaltsangabe	MEW28: 534, MEW28: 728
ca.V/VI[?]		KM	Korrekturen zu „Revue. Mai bis Oktober".	MEGA$_2$I10A: 995f
ca.7.5.–30.6.		M/E	[Die großen Männer des Exils]	MEW8: 233–335
30.6.		FE	Brief an Karl Marx	MEW28: 80; [BWI: 434]
3.7.		KM	Brief an Friedrich Engels	MEW28: 81–84; [BWI: 434–437]
6.7.		FE	Brief an Karl Marx	MEW28: 85f; [BWI: 438f]
13.7.		KM	Brief an Friedrich Engels	MEW28: 87ff; [BWI: 439ff]
15.7.		FE	Brief an Karl Marx	MEW28: 90f; [BWI: 441ff]
20.7.		KM	Brief an Friedrich Engels	MEW28: 92f; [BWI: 443ff]
20.7.		KM	Brief an Adolf Cluß [FR]	MEW28: 535ff
22.7.		FE	Brief an Karl Marx	MEW28: 94; [BWI: 445f]
22.7.		KM	Brief an Gottfried Kinkel [Entwurf] – in der Wiedergabe im Brief an Engels vom 6.8.	MEW28: 538 MEW28: 100
24.7.		KM	Brief an Gottfried Kinkel	MEW28: 540[1]
VII	27.7.	FE[2]	Germany. XV. Revolution and Counter-Revolution [in NYDT] – Deutsche Übersetzung	KM: Revolution: 106–111 MEW8: 85–88
30.7.		KM	Brief an Adolf Cluß [FR]	MEW28: 539–544
VII	19.8.	FE[2]	Germany. XVI. Revolution and Counter-Revolution [in NYDT] – Deutsche Übersetzung	KM: Revolution: 112–116 MEW8: 89–92
Anf.VIII		KM	Brief an Adolf Cluß [FR]	MEW28: 545
2.8.		KM	Brief an Friedrich Engels	MEW28: 95; [BWI: 446]
5.8.		KM	Brief an Friedrich Engels	MEW28: 96f; [BWI: 447]

[1] Vgl. Wiedergabe MEW 28:101.
[2] Unter dem Namen von Marx erschienen und von ihm vermutlich gegengelesen.

1852

Ent-stehungs-zeit	Erscheinungs-datum	Verfasser	Titel oder Textbezeichnung	Quellennachweis
2.–6.8.	21.8.[1]	KM[2]	The Elections – Tories and Whigs [in NYDT]	M/E: On Britain: 349–355
			– Deutsche Übersetzung	MEW 8: 336–341; [KMA III, 1: 388–395]
6.8.		FE	Brief an Karl Marx	MEW 28: 98f; [BW I: 448f]
6.8.		KM	Brief an Friedrich Engels	MEW 28: 100–104; [BW I: 449–454]
9.8.		FE	Brief an Karl Marx	MEW 28: 105; [BW I: 454]
10.8.		KM	Brief an Friedrich Engels	MEW 28: 106–109; [BW I: 454–458]
10.8.	25.8.[3]	KM[2]	The Chartists [in NYDT]	KM: Selected Writings: 197–200
			– Deutsche Übersetzung	MEW 8: 342–350; [KMA III, 1: 395–406]
VIII		KM	Exzerptheft XIX mit Auszügen aus Werken von W. Alexander [The History of Women...], W. Drumann [Grundriss der Culturgeschichte], J. G. Eichhorn [Allgemeine Geschichte der Cultur und Literatur des neueren Europa], G. Jung [Geschichte der Frauen], Ch.[4] Meiners [Geschichte des weiblichen Geschlechts], J. Millar [Observations Concerning the Distinction of Ranks in Society], J. A. de Ségur [Les femmes, leur condition et leur influence dans l'ordre social chez différents peuples anciens et modernes], Thomas [Essai sur le caractère et l'esprit des femmes dans les différents siècles], W. Wachsmuth [Allgemeine Culturgeschichte] [Beschreibung]	IRofSH II, 3: 413
			– Exzerpte aus Thomas, Essai sur le caractère et l'esprit des femmes dans les différents siècles	FR: IRofSH II, 3: 413
16.8.		FE	Brief an Karl Marx	MEW 28: 110f; [BW I: 458ff]
19.8.		KM	Brief an Friedrich Engels	MEW 28: 112–116; [BW I: 460–464]
19.8.		KM	Brief an Heinrich Brockhaus	MEW 28: 546

[1] Am 2.10.1852 in „The People's Paper" erschienen unter dem Titel „The general election in Great Britain".
[2] Von Marx verfaßt und von Engels ins Englische übersetzt.
[3] Am 9.10.1852 gekürzt in „The People's Paper" erschienen unter dem Titel „The general election in Great Britain".
[4] Korrigiert aus: L.

1852

Ent-stehungs-zeit	Erschei-nungs-datum	Ver-fasser	Titel oder Textbezeichnung	Quellen-nachweis
20.8.	4.9.[1]	KM[2]	Corruption at Elections [in NYDT]	M/E: On Britain: 356–363
			– Deutsche Übersetzung	MEW 8: 351–357; [KMA III, 1: 407–414]
24.8.		FE	Brief an Karl Marx	MEW 28: 117f; [BW I: 464ff]
27.8.		KM	Brief an Friedrich Engels	MEW 28: 119; [BW I: 466f]
27.8.		KM	Brief an Peter Imandt	MEW 28: 547f
27.8.	11.9.[3]	KM[2]	Results of the Elections [in NYDT] [dtÜbers]	MEW 8: 358–363; [KMA III, 1: 414–420]
30.8.		KM	Brief an Friedrich Engels	MEW 28: 120–123; [BW I: 467–471]
VIII	18.9.	FE[4]	Germany. XVII. Revolution and Counter-Revolution [in NYDT]	KM: Revolution: 117–122
			– Deutsche Übersetzung	MEW 8: 93–97
nach VIII		KM	Exzerpte aus W. Wachsmuth [Allgemeine Culturgeschichte; Europäische Sittengeschichte], F. Galiani [Della Moneta], R. Kaulfush [Die Slawen in den ältesten Zeiten bis Samo], L. Stein [System der Staatswissenschaft], und Notizen zu aktuellen politischen Fragen [Beschreibung]	IRofSH II, 3: 413f
ca.Anf. IX[?]		KM	Russische Sprachübungen	FR: Faks: Иванов: 96ab
2.9.		KM	Brief an Friedrich Engels	MEW 28: 124f; [BW I: 471ff]
3.9.		KM	Brief an Adolf Cluß [FR]	MEW 28: 549ff
7.9.		FE	Brief an Karl Marx	MEW 28: 126f; [BW I: 473ff]
8.9.		KM	Brief an Friedrich Engels	MEW 28: 128f; [BW I: 475f]
9.9.		KM	Brief an Friedrich Engels	MEW 28: 130; [BW I: 476f]
14.9.		FE	Brief an Karl Marx	MEW 28: 131f; [BW I: 477f]
18.9.		KM	Brief an Friedrich Engels	MEW 28: 133; [BW I: 478f]
20.9.		FE	Brief an Karl Marx	MEW 28: 134f; [BW I: 479ff]

[1] Am 16.10.1852 in „The People's Paper" erschienen unter dem Titel „The general election in Great Britain".
[2] Von Marx verfaßt und von Engels ins Englische übersetzt.
[3] Am 23.10.1852 in „The People's Paper" erschienen unter dem Titel „The general election in Great Britain".
[4] Unter dem Namen von Marx erschienen und von ihm vermutlich gegengelesen.

1852

Ent-stehungs-zeit	Erscheinungs-datum	Verfasser	Titel oder Textbezeichnung	Quellennachweis
23.9.		FE	Brief an Karl Marx	MEW28: 136–141; [BWI: 481f, 552]
23.9.		KM	Brief an Friedrich Engels	MEW28: 142ff; [BWI: 482–485]
IX[?]	2.10.	FE[1]	Germany. XVIII. Revolution and Counter-Revolution [in NYDT]	KM: Revolution: 123–128
			– Deutsche Übersetzung	MEW8: 98–102
24.9.	23.10.	FE[1]	Germany. XIX. Revolution and Counter-Revolution [in NYDT]	KM: Revolution: 129–135
			– Deutsche Übersetzung	MEW8: 103–108
24.9.		FE	Brief an Karl Marx	MEW28: 145f; [BWI: 485f]
28.9.		KM	Brief an Friedrich Engels	MEW28: 147ff; [BWI: 487ff]
28.9.	19.10.	KM[2]	Movements of Mazzini and Kossuth – League with Louis Napoleon – Palmerston [in NYDT] [dtÜbers]	MEW8: 364ff
ca.1.10.		FE	Brief an Karl Marx	MEW28: 150; [BWI: 489]
4.10.		FE	Brief an Karl Marx	MEW28: 151ff; [BWI: 490ff]
5.10.		KM	Brief an Adolf Cluß	MEW28: 552
8.10.		KM	Brief an Adolf Cluß	MEW28: 553ff
10.10.		FE	Brief an Karl Marx	MEW28: 154f; [BWI: 492f]
12.10.		KM	Brief an Friedrich Engels	MEW28: 156; [BWI: 494]
14.10.		FE	Brief an Karl Marx	MEW28: 157; [BWI: 494f]
15.10.		JM	Brief an Adolf Cluß	MEW28: 637ff
15.10.	1.11.	KM[2]	Pauperism and Free Trade – The Approaching Commercial Crisis [in NYDT] [dtÜbers]	MEW8: 367–373; [KMA III, 1: 420–428]
18.10.		FE	Brief an Karl Marx	MEW28: 158; [BWI: 495f]
18.10.		KM	Brief an A. von Brüningk [Entwurf]	MEW28: 556
19.10.	2.11.	KM[2]	Political Consequences of the Commercial Excitement [in NYDT] [dtÜbers]	MEW8: 374–378; [KMA III, 1: 428–433]
20.10.		KM	Brief an Friedrich Engels	MEW28: 159; [BWI: 496]
22.10.		FE	Brief an Karl Marx	MEW28: 160; [BWI: 496f]
25.10.		KM	Brief an Friedrich Engels	MEW28: 161ff; [BWI: 497ff]

[1] Unter dem Namen von Marx erschienen und von ihm vermutlich gegengelesen.
[2] Von Marx verfaßt und von Engels ins Englische übersetzt.

Ent-stehungs-zeit	Erschei-nungs-datum	Ver-fasser	Titel oder Textbezeichnung	Quellen-nachweis
26.10.		KM	Brief an Friedrich Engels	MEW 28: 164; [BW I: 499]
27.10.		FE	Brief an Karl Marx	MEW 28: 165f; [BW I: 499ff]
27.10.		KM	Brief an Friedrich Engels	MEW 28: 167; [BW I: 501f]
28.10.		JM	Brief an Adolf Cluß	MEW 28: 640ff
28.10.		KM	Brief an Friedrich Engels	MEW 28: 168–174; [BW I: 502–509]
28.10.		FE	Brief an Karl Marx	MEW 28: 175; [BW I: 509f]
28.10.		FE	Brief an Karl Marx	MEW 28: 176f; [BW I: 510ff]
28.10.	28.10.[1]	M/E u.a.	The trials at Cologne [in „The Spectator"]	M/E: Letters: 50f
			– Deutsche Übersetzung	MEW 8: 379f
30.10.	2.11.	KM	To the editor of the "Morning Advertiser" [in „The Morning Advertiser"] [dtÜbers]	MEW 8: 381f
31.10.		FE	Brief an Karl Marx	MEW 28: 178–181; [BW I: 512–516]
2.11.		KM	Brief an Friedrich Engels	MEW 28: 182f; [BW I: 516f]
4.11.		KM/JM	Brief an Friedrich Engels	MEW 28: 184; [BW I: 518]
5.–6.11.		FE	Brief an Karl Marx	MEW 28: 185–188; [BW I: 518–521, 526]
9.11.	25.11.	KM[2]	[Über Versuche, eine neue Oppositions-partei zu gründen] [in NYDT] [dtÜbers des englOrig]	MEW 8: 387–391; [KMA III, 1: 433–438]
10.11.		KM	Brief an Friedrich Engels	MEW 28: 189–193; [BW I: 522–526]
12.11.	29.11.	KM[2]	Political Parties and Prospects [in NYDT] [dtÜbers]	MEW 8: 383–386; [KMA III, 1: 438–442]
16.11.		KM	Brief an Friedrich Engels	MEW 28: 194; [BW I: 526f]
16.11	1.12.	KM[3]	Kossuth, Mazzini and Louis-Napoleon [in NYDT] [dtÜbers]	MEW 8: 392f
19.11.		KM	Brief an Friedrich Engels	MEW 28: 195; [BW I: 527]
20.11.	29.11.	M/E u.a.	A final declaration on the late Cologne trials [in „The Morning Advertiser"] [dtÜbers]	MEW 8: 394–397

[1] Am 30.10.1852 unter dem Titel „To the editor of …" in „The People's Paper", „The Morning Advertiser", „The Examiner" erschienen.
[2] Von Marx verfaßt und von Engels ins Englische übersetzt.
[3] Vermutlich von Engels ins Englische übersetzt.

1852–1853

Ent-stehungs-zeit	Erschei-nungs-datum	Ver-fasser	Titel oder Textbezeichnung	Quellen-nachweis
22.11.		FE	Brief an Marie Blank	MEW 39: 522ff
27.11.		FE	Brief an Karl Marx	MEW 28: 196f; [BW I: 527ff]
29.11.		FE	Brief an Karl Marx	MEW 28: 198f; [BW I: 529ff]
Ende XI		KM	Brief an Karl Eduard Vehse [Entwurf]	MEW 28: 557
1.12.	22.12.	FE[1]	Germany. XX. Revolution and Counter-revolution [in NYDT]	KM: Revolution: 136–143
			– Deutsche Übersetzung	MEW 8: 398–404
3.12.		KM	Brief an János Bangya [Entwurf]	MEW 28: 558f
			– in der Wiedergabe im Brief an Engels vom 3. 12. [FR]	MEW 28: 201f
3.12.		KM	Brief an Friedrich Engels	MEW 28: 200ff; [BW I: 531ff]
7.12.		KM	Brief an Adolf Cluß [FR]	MEW 28: 560–564
7.12.	I 53	M/E u.a.	Aufruf [in „California Staats-Zeitung"]	MEW 8: 602
10.12.	28.12.	KM[2]	Parliament – Vote of Nov. 26 – Disraeli's Budget [in NYDT] [dtÜbers]	MEW 8: 471–477
14.12.		KM	Brief an Friedrich Engels	MEW 28: 203f; [BW I: 533f]
14.12.		KM	Brief an Adolf Cluß [FR]	MEW 28: 565f
14.12.	4.1.53	KM[2]	A Reply to Kossuth's Secretary [in NYDT] [dtÜbers]	MEW 8: 478
17.12.	7.1.53	KM[2]	The Defeat of Ministry [in NYDT] [dtÜbers]	MEW 8: 479–483
28.12.		KM[3]	Brief an Gustav Zerffi	MEW 28: 567–570
Anf. X–Ende XII	III/IV 53	KM	Enthüllungen über den Kommunistenprozeß zu Köln	MEW 8: 405–470; [KMA III,1: 450–519]

1853

1852 od. 1853		FE	Arbeitsnotizen zu Puschkins „Eugen Onegin" [russ-dtOrig]	Faks: Iljitschow: 304e
11.1.		FE	Brief an Karl Marx	MEW 28: 205f; [BW I: 535f]
11.1.	28.1.	KM	A Superannuated Administration – Prospects of the Coalition Ministry etc. [in NYDT] [dtÜbers]	MEW 8: 484–489
14.1.	2.2.	KM	Political Prospects – Commercial Prosperity – Case of Starvation [in NYDT] [dtÜbers]	MEW 8: 490–498
I		KM	Exzerptheft XXI mit Auszügen aus Werken von G. Opdyke [A Treatise on Political Economy], F. W. Newman [Lectures on Politi-	IRofSH II,3: 414; V,1: 40ff

[1] Unter dem Namen von Marx erschienen und vermutlich von ihm gegengelesen.
[2] Von W. Pieper ins Englische übersetzt.
[3] Unter dem Pseudonym Ch. Williams.

1853

Ent-stehungs-zeit	Erschei-nungs-datum	Ver-fasser	Titel oder Textbezeichnung	Quellen-nachweis
			cal Economy], Herbert Spencer [A Theory of Population ...; Social Statics ...], T.C. Banfield, Wachsmuth [Europäische Sittenge-schichte], Mac Culloch [East India], Gustav Klein [Allgemeine Culturgeschichte der Menschheit], Saltykow [Lettre sur l'Inde], A.H. Heeren [De la politique et du commerce des peuples de l'antiquité], François Bernier [Voyages contenant la description des Etats du Grand Mogol, de l'Hindoustan, etc.], außerdem aus „Indian Railways and their probable results ...", „Observations on India", „India, Great Britain and Russia" [Beschreibung]	
			– Exzerpte aus H. Spencer, Social Statics ...	FR: IRofSHV, 1: 41
			– Exzerpte aus „India, Great Britain and Russia"	FR: IRofSHV, 1: 42
21.1.	9.2.	KM[1]	Elections – Financial Clouds – The Duchess of Sutherland and Slavery [in NYDT]	FR: KM: Selected Writings: 120f; M/E: Ireland: 53
	12.2.		Sutherland and Slavery or The Duchess at Home [in PP]	Faks: MEW8: 504a
			– Deutsche Übersetzung	MEW8: 499–505
21.1.		KM	Brief an Friedrich Engels	MEW28: 207; [BWI: 536f]
21.1.		KM	Brief an Adolf Cluß [FR]	MEW28: 571
28.1.	18.2.	KM	Capital Punishment – Mr. Cobden's Pam-phlets – Regulation of the Bank of England [in NYDT]	FR: KM: Selected Writings: 228ff
			– Deutsche Übersetzung	MEW8: 506–513
29.1.		KM	Brief an Friedrich Engels	MEW28: 208–211; [BWI: 537–540]
8.2.	23.2.	KM	Defense – Finances – Decrease of the Aristocracy – Politics [in NYDT] [dtÜbers]	MEW8: 514–520
11.2.		FE	Brief an Karl Marx	MEW28: 212f; [BWI: 540ff]
11.2.	25.2.	KM	The Italian Insurrection – British Politics [in NYDT] [dtÜbers]	MEW8: 521–525
ca. Mitte II		KM	Brief an Adolf Cluß [Fragmentarische Inhaltsangabe]	MEW28:648
22.2.	8.3.	KM	The Attack on Francis Joseph – The Milan Riot – British Politics – Disraeli's Speech – Napoleon's Will [in NYDT]	FR: Kunst: 168
			– Deutsche Übersetzung	MEW8: 526–534
23.2.		KM	Brief an Friedrich Engels	MEW28: 214ff; [BWI: 542ff]

[1] Von Marx verfaßt und von Engels ins Englische übersetzt.

1853

Ent-stehungs-zeit	Erschei-nungs-datum	Ver-fasser	Titel oder Textbezeichnung	Quellen-nachweis
25.2.	15.3.	KM	Parliamentary Debates – The Clergy and the Struggle for the Ten-Hour Day- Starvation [in NYDT; PP]	M/E: On Britain: 364–371
			– Deutsche Übersetzung	MEW8: 535–540
I1852/ III1853[?]		FE	Notiz in Jomini: Atlas pour servir à l'intelligence de l'histoire critique et militaire, des guerres de la révolution	Ex libris: 110
I1852/ III1853[?]		FE	Notiz in Jomini: Histoire critique et militaire des guerres de Frédéric II, com-parées au système moderne	Ex libris: 110
4.3.	22.3.	KM	Forced Emigration[1] – Kossuth and Mazzini – The Refugee Question – Election Bribery in England – Mr. Cobden [in NYDT]	FR: M/E: On Britain: 372–376[2]; FR: M/E: Ireland: 54–58[3]
			– Deutsche Übersetzung	MEW8: 541–547
9.3.		FE	Brief an Karl Marx	MEW28: 217–220; [BWI: 548–548]
10.3.		KM	Brief an Friedrich Engels	MEW28: 221–224; [BWI: 548–551]
10.3.		JM	Brief an Adolf Cluß [FR]	MEW28: 643f
11.3.		FE	Brief an Karl Marx	MEW28: 225ff; [BWI: 552ff]
18.3.	4.4.	KM	[Kossuth and Mazzini – Seizure of „Die Enthüllungen" – The Austro-Prussian Commercial Treaty – The Times and the Emigration] [in NYDT]	FR: Kunst: 197
			– Deutsche Übersetzung	MEW 8: 548–554
22.3.	7.4.	M/E[4]	British Policy – Disraeli – The Refugees – Mazzini in London – Turkey [in NYDT]	FR: Menace: 121–128
			– Deutsche Übersetzung	MEW9: 3–12
22.–23.3.		KM	Brief an Friedrich Engels	MEW28: 228–231; [BWI: 555–558]
25.3.		KM	Brief an Adolf Cluß	MEW28: 572ff
25.3.	11.4.	KM	The London Press – Policy of Napoleon on the Turkish Question [in NYDT]	[FR: MvR: 137–141]; FR: EQ: 10–13
			– Deutsche Übersetzung	MEW9: 18–21
23./28.3.	12.4.	FE	The Real Issue in Turkey [in NYDT]	Menace: 129–133
			– Deutsche Übersetzung	MEW9: 13–17
EndeIII	19.4.	FE	The Turkish Question [in NYDT]	Menace: 133–138
			– Deutsche Übersetzung	MEW9: 22–27
1.4.	18.4.	KM	The Berlin Conspiracy [in NYDT] [dtÜbers]	MEW9: 28ff
Anf.IV	21.4.	FE	What is to become of Turkey in Europe? [in NYDT] [dtÜbers]	MEW9: 31–35

[1] Dieser Teil der Arbeit am 16.4.1853 in PP erneut veröffentlicht.
[2] Nach NYDT.
[3] Nach PP.
[4] Die ersten vier Abschnitte von Marx, der letzte von Engels.

1853

Ent-stehungs-zeit	Erschei-nungs-datum	Ver-fasser	Titel oder Textbezeichnung	Quellen-nachweis
8.4.	21.4.	KM	The Berlin Conspiracy – London Police – Mazzini-Radetsky [in NYDT] [dtÜbers]	MEW9: 36ff
9.4.	5.5.	KM	Hirschs Selbstbekenntnisse [in „Belle-tristisches Journal und New-Yorker Criminal-Zeitung"]	MEW9: 39–42
10.4.		FE	Brief an Karl Marx	MEW28: 232f; [BWI: 558ff]
12.4.		FE	Brief an Joseph Weydemeyer	MEW28: 575–582
12.4.	16.4.	KM	The New Financial Humbug or Gladstone and the Pennies [in PP] [dtÜbers]	MEW9: 43–48
12.4.	27.4.	KM	Achievements of the Ministry [in NYDT] [dtÜbers]	MEW9: 49–55
17.4.		KM	Brief an Adolf Cluß [FR]	MEW28: 583ff
19.4.	3.5.	KM	Feargus O'Connor – Ministerial Defeats – The Budget [in NYDT] [dtÜbers]	MEW9: 56–61
ca.20.4.	23.4.	KM	Livres, Schillings, Pence or: Classe Budgets and Who gets the Profit? [in PP] [dtÜbers]	MEW9: 62–66
22.4.	6.5.	KM	Riot at Constantinople – German Table Moving – The Budget [in NYDT] [dtÜbers]	MEW9: 67–74
23.4.		KM	Brief an Friedrich Engels	MEW28: 234; [BWI: 560f]
ca.25.4.	30.4.	KM	Soap for the people – A good bite ... for the "Times" – The Coalition Budget [in PP] [dtÜbers]	MEW9: 75–82
26.4.		KM	Brief an Friedrich Engels	MEW28: 235ff; [BWI: 561ff]
26.4.		FE	Brief an Karl Marx	MEW28: 238f; [BWI: 563f]
26.4.		KM	Brief an Joseph Weydemeyer	MEW28: 587f
26.4.[1]	17.5.	FE[1]	Switzerland. Political position of this republic [in NYDT] [dtÜbers]	MEW9: 87–94
27.4.		KM	Brief an Friedrich Engels	MEW28: 240; [BWI: 565f]
27.4.		FE	Brief an Karl Marx	MEW28: 241; [BWI: 566]
27.4.		JM	Brief an Friedrich Engels	MEW28: 645; [BWI: 564f]
28.4.		KM	Brief an Friedrich Engels	MEW28: 242; [BWI: 566f]

[1] Veröffentlicht mit Datum vom 1.5. unter dem Namen von Marx.

1853

Ent-stehungs-zeit	Erschei-nungs-datum	Ver-fasser	Titel oder Textbezeichnung	Quellen-nachweis
29.4.	14.5.	M/E[1]	The Rocket Affair – The Swiss Insurrection [in NYDT] [dtÜbers]	MEW9: 83–86
ca.1.5.		KM	Brief an Adolf Cluß [Fragmentarischer Bericht]	MEW28: 646
7.5.	9.6.	KM	India Bill: Sir Charles Wood's Apologia [in NYDT]	KM: Articles: 33–37
ca.17.5.		KM	Brief an Adolf Cluß [Fragmentarischer Bericht]	MEW28: 648
20.5.		FE	Brief an Karl Marx	MEW28: 243; [BWI: 569f]
20.5.	14.6.	KM	Revolution in China and in Europe [in NYDT]	Colon: 19–26
			– Deutsche Übersetzung	MEW9: 95–102; [KMA III,1: 536–546; MESt IV: 122–129]
fr.20.5.		JM	Brief an Adolf Cluß [Fragmentarischer Bericht]	MEW28: 647
21.5.		KM	Brief an Friedrich Engels	MEW28: 244; [BWI: 570f]
24.5.		KM	Affairs in Holland – Denmark – Conversion of the British Debt – India – Turkey and Russia [in NYDT]	FR: Menace: 138ff; FR: Colon 27ff
			– Deutsche Übersetzung	MEW9: 103–108
25.5.	9.6.	KM	India Bill: Introductory [in NYDT]	KM: Articles: 30ff
ca.26.5.		FE	Brief an Karl Marx	MEW28: 245ff; [BWI: 567ff]
27.5	10.6.	KM	Mazzini – Switzerland and Austria – The Turkish Question [in NYDT]	FR: EQ: 30ff
			– Deutsche Übersetzung	MEW9: 109–113
31.5.		FE	Brief an Karl Marx	MEW28: 248; [BWI: 571]
31.5.	14.6.	KM	The Turkish Question – The "Times" – Russian Aggrandizement [in NYDT]	Menace: 140ff
			– Deutsche Übersetzung	MEW9: 114ff
1.6.		FE	Brief an Karl Marx	MEW28: 249; [BWI: 572]
2.6.		KM	Brief an Friedrich Engels	MEW28: 250–254; [BWI: 572–577]
3.6.[?]	24.6.	KM	Parliamentary Debate on India [in NYDT] [russÜbers].	SočIX: 713–718
6.6.		FE	Brief an Karl Marx	MEW28: 255–261; [BWI: 578–583]
7.6.	22.6.	KM	The Russian Humbug – Gladstone's Failure – Sir Charles Wood's East Indian Reform [in NYDT]	FR: MvR: 18–23; Colon: 30–34
			– Deutsche Übersetzung	MEW9: 117–126

[1] Vermutlich nur Marx.

1853

Ent-stehungs-zeit	Erschei-nungs-datum	Ver-fasser	Titel oder Textbezeichnung	Quellen-nachweis
9.6.		FE	Brief an Karl Marx	MEW28: 262f; [BWI: 583f]
10.6.	25.6.	KM	The British Rule in India [in NYDT]	[Faks: MEW9: 128a]; IndianWar: 14–21
			– Deutsche Übersetzung	MEW9: 127–133; [KMAIII, 1: 546–554; MEStIV: 130–136]
14.6.		KM	Brief an Friedrich Engels	MEW28: 264–269; [BWI: 584–590]
ca.14.6.		KM	Brief an Adolf Cluß [FR]	MEW28:589f,
			– [Fragmentarische Inhaltsangabe]	MEW28: 733
VI		KM	Exzerptheft XXII mit Auszügen aus Werken von Th. Stamford Raffles [The History of Java], Mark Wilks [Historical Sketches of the South of India, in an attempt to trace the history of Mysore], H. Murray u.a. [Historical and descriptive Account of British India from the most remote periode to the present time], George Campbell [Modern India, A Sketch of the System of Civil Government; A Schema for the Government of India], Robert Patton [The Principles of Asiatic Monarchy], J.Ph. Fallmerayer [Fragmente aus dem Oriente], C.-F. Wegener [Ueber das Wahre Verhaeltnis des Herzogs von Augustenburg zum Holsteinischen Aufruhre], J.G. Droysen und K.[1] Samwer [Die Herzogtümer Schleswig-Holstein und das Königreich Dänemark], Theodor Olshausen [Das dänische Königsgesetz ...], außerdem aus „The Portfolio" und aus der „Encyclopédie Universelle" [Beschreibung]	IRofSH V, 1: 42ff
VI		KM	Exzerptheft XXIII mit Auszügen aus Werken von John Dickinson [The Government in India under a Bureaucracy], John Sullivan [Extract from Mill's history on the double government ...], außerdem aus „The Government of India since 1834", „The Finances of India ...", „Notes on India ...", „The Native States of India", „India Wrongs without a Remedy" [Beschreibung]	IRofSH V, 1: 42f
			– Titelzitat	IRofSH V, 1: 43
17.6.	1.7.	KM	English Prosperity – Strikes – The Turkish Question – India [in NYDT]	FR: Colon: 42ff; FR: EQ: 40f
			– Deutsche Übersetzung	MEW9: 134–141
21.6.	8.7.	KM	Turkey and Russia – Connivance of the	[FR: Menace: 154–157;

[1] Korrigiert aus: H.

1853

Entstehungszeit	Erscheinungsdatum	Verfasser	Titel oder Textbezeichnung	Quellennachweis
			Aberdeen Ministry with Russia – The Budget – Tax on Newspaper Supplements – Parliamentary Corruption [in NYDT] – Deutsche Übersetzung	FR: MvR: 145–148]; FR: EQ: 42–47 MEW9: 142–147
24.6.	11.7.	KM	The East India Company – Its History and Results [in NYDT] – Deutsche Übersetzung	Indian War: 22–32 MEW9: 148–156; [KMA III, 1: 554–564; MEStIV: 137–145]
28.6.	11.7.	KM	The Indian Question – Irish Tenant Right [in NYDT] – Deutsche Übersetzung	Colon: 54–60 MEW9: 157–163
29.6.		KM	Brief an Friedrich Engels	MEW28: 270f; [BW I: 590f]
1.7.	14.7.	KM	Russian Policy against Turkey – [Die Arbeiterbewegung in England] [in NYDT] [englOrig] – Deutsche Übersetzung	[FR: MvR: 81–89]; FR: EQ: 48–53 MEW9: 164–175
5.7.	20.7.	KM	The Turkish War Question – The New-York Tribune in the House of Commons – The Government of India [in NYDT] – Deutsche Übersetzung	FR: MvR: 89ff; FR: Colon: 61–69 MEW9: 176–187
8.7.		KM	Brief an Friedrich Engels	MEW28: 272; [BW I: 591f]
8.7.	22.7.	KM	Layard – Gladstone – Aberdeen – Palmerston – [Der Kampf um die Zehnstundenbill] [in NYDT] [englOrig] – Deutsche Übersetzung	FR: EQ: 56f MEW9: 188–194
9.7.		FE	Brief an Karl Marx	MEW28: 273f; [BW I: 592f]
12.7.	25.7.	KM	The Russo-Turkish Difficulty – Ducking and Dodging of the British Cabinet – Nesselrode's Last Note – The East India Question [in NYDT] – Deutsche Übersetzung	[FR: Menace: 157f; FR: MvR: 23–26]; FR: Colon: 70–74; FR: EQ: 58–63 MEW9: 195–203
15.7.	30.7.	KM	War in Burma – The Russian Question – Curious Diplomatic Correspondence [in NYDT] – Deutsche Übersetzung	FR: Colon: 75f; FR: EQ: 64–70 MEW9: 204–211
18.7.		KM	Brief an Friedrich Engels	MEW28: 275f; [BW I: 594f]
19.7.	5.8.	KM	The War Question – Doings of Parliament – India [in NYDT] – Deutsche Übersetzung	FR: MvR: 91–98; FR: Colon: 77–80 MEW9: 212–219
22.7.	8.8.	KM	The Future Results of the British Rule in India [in NYDT] – Deutsche Übersetzung	IndianWar: 33–40 MEW9: 220–226; [KMA III, 1: 565–573; MEStIV: 146–152]

1853

Entstehungszeit	Erscheinungsdatum	Verfasser	Titel oder Textbezeichnung	Quellennachweis
29.7.	12.8.	KM	Financial Failure of Government – Cabs – Ireland – The Russian Question [in NYDT]	FR: M/E: Ireland: 66; FR: Menace: 164–169; FR: EQ: 76–81
			– Deutsche Übersetzung	MEW9: 227–237
2.8.	16.8.	KM	[Im Unterhaus – The Press on Eastern Affairs – Notes of England and Russia] [in NYDT] [englOrig]	FR: EQ: 82–86
			– Deutsche Übersetzung	MEW9: 238–244
5.8.	19.8.	KM	Advertisement Duty – Russian Movements – Denmark – United States in Europa [in NYDT]	FR: Menace: 173ff; [FR: MvR: 35ff]; FR: EQ: 87–91
			– Deutsche Übersetzung	MEW9: 245–251
12.8.	24.8.	KM	The War Question – British Population and Trade Returns – Doings of Parliament [in NYDT]	FR: M/E: Ireland: 67ff; FR: EQ: 92f
			– Deutsche Übersetzung	MEW9: 252–264
16.8.	2.9.	KM	Urquhart – Bem – The Turkish Question in the House of Lords [in NYDT]	[FR: Menace: 176]; FR: EQ: 94–102
			– Deutsche Übersetzung	MEW9: 265–272
18.8.		KM	Brief an Friedrich Engels	MEW28: 277f; [BW I: 595f]
19.8.	2.9.	KM	The Turkish Question in the Commons [in NYDT]	EQ: 103–117
			– Deutsche Übersetzung	MEW9: 273–285
23.8.	5.9.	KM	Affairs Continental and English [in NYDT]	[FR: MvR: 148f]; FR: EQ: 118–122
			– Deutsche Übersetzung	MEW9: 286–293
24.8.		FE	Brief an Karl Marx	MEW28: 279; [BW I: 596f]
30.8.	2.9.	KM	[Michail Bakunin] [in „Morning Advertiser"] [dtÜbers des englOrig]	MEW9: 294ff
30.8.	15.9.	KM	Rise in the Price of Corn – Cholera – Strikes – Sailors' Movement [in NYDT] [dtÜbers]	MEW9: 297ff
3.9.		KM	Brief an Friedrich Engels[1]	MEW28: 280–285[1]; [BW I: 599–606]
4.9.	10.9.	KM	[Der ausländische Korrespondent im „Morning Advertiser" vom Sonnabend][2] [dtÜbers des englOrig]	MEW9: 301
7.9.	10.9.	KM	To the Editor of the „People's Paper" [in PP] [dtÜbers]	MEW9: 300f
7.9.		KM	Brief an Friedrich Engels	MEW28: 286ff; [BW I: 606ff]
9.9.		JM	Brief an Friedrich Engels	MEW28: 649; [BW I: 608f]

[1] Einschließlich des Entwurfs der Erklärung vom 4.9.1853 im englischen Original (S. 284f) und in deutscher Übersetzung (S. 285).
[2] Aus dem im „People's Paper" veröffentlichten Brief an den Redeakteur des „People's Paper".

1853

Ent-stehungs-zeit	Erschei-nungs-datum	Ver-fasser	Titel oder Textbezeichnung	Quellen-nachweis
9.9.	24.9.	KM	The Vienna Note – [USA und Europa – Briefe aus Schumla – Robert Peel's Bank Act] [in NYDT] [englOrig]	[FR: Menace: 176f]; FR: EQ: 123–127
			– Deutsche Übersetzung	MEW 9: 302–311
13.9.	30.9.	KM	Political Movements – Scarcity of Bread in Europe [in NYDT] [dtÜbers]	MEW 9: 312–320
ca. IX		KM	Exzerptheft mit Auszügen aus Werken von D. Urquhart [La Crise; An appeal against faction], César Famin [Histoire de la rivalité et du protectorat des églises chrétiennes en Orient] u.a., außerdem aus „Portfolio" von 1843 [Beschreibung]	IRofSH V, 1: 44ff
			– Exzerpte aus Urquhart, La Crise	FR: IRofSH V, 1: 44
			– Exzerpte aus „Portfolio" von 1843	FR: IRofSH V, 1: 44f
			– Randbemerkungen und Notizen	FR: IRofSH V, 1: 44, 46
IX		KM	Exzerptheft mit Auszügen aus Werken von J. M. Neale [Introduction to the History of the Holy Eastern Churches], Valerian Krasinski [Sketch of the Religious History of the Slavonic Nations], Geo. Fr. v. Martens [Grundriss einer diplomatischen Geschichte der europäischen Staatshändel], David Urquhart [Progress of Russia in the West, North and South], G. H.[1] Francis [Opinions and Policy of Mr. Palmerston], aus „The Russians in Moldavia and Wallachia", „Russlands Politik und Heere in den letzten Jahren", „The Greek and Eastern Churches. Their History, Faith and Worship", „Die Staatskirche Russlands im J. 1739". [Beschreibung]	IRofSH V, 1: 46ff
			– Exzerpte aus „The Russians in Moldavia and Wallachia" [engl u. dtOrig]	KM: Însemnări: 93–100
			– Exzerpte aus „Rußlands Politik und Heere in den letzten Jahren"	FR: IRofSH V, 1: 46
			– Exzerpte aus V. Krasinski, Sketch of the Religious History of the Slavonic Nations	FR: IRofSH V, 1: 47
			– Exzerpte aus D. Urquhart, Progress of Russia in the West, North and South	FR: IRofSH V, 1: 48
15.9.		KM	Brief an Adolf Cluß [FR]	MEW 28: 591f
17.9.		KM	Brief an Friedrich Engels	MEW 28: 289f; [BW I: 609f]
19.9.		FE	Brief an Karl Marx	MEW 28: 291f; [BW I: 611f]
20.9.	4.10.	KM	[The Vienna Note – Die herannahende Wirtschaftskrise – Eisenbahnbau in Indien] [in NYDT] [englOrig]	[FR: MvR: 99ff]; FR: EQ: 128–133

[1] Korrigiert aus: K.

1853

Ent-stehungs-zeit	Erschei-nungs-datum	Ver-fasser	Titel oder Textbezeichnung	Quellen-nachweis
23.9.	7.10.	KM	– Deutsche Übersetzung [The English Ministry Outwitted – Symptome einer Wirtschaftskrise] [in NYDT] [englOrig] – Deutsche Übersetzung	MEW9: 321–329 [FR: MvR: 38f, 102f]; FR: EQ: 134–140 MEW9: 330ff, 335–340
26.9.		KM	Brief an Karl Blind	MEW28: 593
27.9.	17.10.	KM	[Panic – Streiks] [in NYDT] [englOrig] – Deutsche Übersetzung	FR: EQ: 140f MEW9: 341–346
28.9.		KM	Brief an Friedrich Engels	MEW28: 293ff; [BWI: 597ff]
29.9.		FE	Brief an Karl Marx	MEW28: 296f; [BWI: 612f]
29.9.	17.10.	FE	The Russians in Turkey [in NYDT] [dtÜbers]	MEW9: 347–352
30.9.		KM	Brief an Friedrich Engels	MEW28: 298f; [BWI: 613f]
Anf.X		KM	Brief an Joseph Weydemeyer [FR]	MEW28: 594
4.10.[?]	22.10.	KM	Lord Palmerston. 1. [in PP] [englOrig] – Deutsche Übersetzung	[FR: Faks: MEW9: 360a; FR: M/E: Ireland: 70f[1]/KM: History: 166–172[2] MEW9: 355–362[1]; [KMA III, 2: 581–590]
7.10.	21.10.	KM	The War Question – Financial Matters – Strikes [in NYDT] – Deutsche Übersetzung	FR: Kunst: 202; [FR: MvR: 103ff]; FR: EQ: 142ff MEW9: 419–427
8.10.		KM	Brief an Friedrich Engels	MEW28: 300f; [BWI: 614ff]
12.10.		KM	Brief an Friedrich Engels	MEW28: 302f; [BWI: 617f]
13.10.		KM	Brief an Karl Blind	MEW28: 595
MitteX		KM	Brief an Adolf Cluß [FR] – [Fragmentarische Inhaltsangabe]	MEW28: 596f, MEW28: 650
X		KM/JM	Notizen über das Absenden einiger Artikel	Faks: MEW9: 333
18.10.	31.10.	KM	[The Turkish Manifesto – Die wirtschaftliche Lage Frankreichs] [in NYDT] [englOrig] – Deutsche Übersetzung	[FR: MvR: 39f]; FR: EQ: 145ff MEW9: 428–432
vor19.10.	29.10.	KM	Lord Palmerston. 2. [in PP] [englOrig]	KM: History: 173–179[2]

[1] Einschließlich der Varianten der in der NYDT vom 19.10.1853 unter dem Titel „Palmerston" veröffentlichten Fassung.
[2] Nach der Buchausgabe von 1899.

1853

Ent-stehungs-zeit	Erschei-nungs-datum	Ver-fasser	Titel oder Textbezeichnung	Quellen-nachweis
			– Deutsche Übersetzung	MEW 9: 362–368[1]; [KMA III, 2: 590–598]
21.10.	5.11.	KM	[Verhaftung Delescluzes – Dänemark – Österreich] – The Northern Powers [in NYDT] [englOrig]	FR: EQ: 148f
			– Deutsche Übersetzung	MEW 9: 433ff
ca.21.10.	8.11.	FE	Movements of the armies in Turkey [in NYDT] [dtÜbers]	MEW 9: 436–441
ca.27.10.	15.11.	FE	The Holy War [in NYDT]	MvR: 170–177
			– Deutsche Übersetzung	MEW 9: 442–446
28.10.		KM	Brief an Friedrich Engels	MEW 28: 304f; [BW I: 618ff]
1.11.	15.11.	KM	War – Strikes – Dearth [in NYDT]	FR: EQ: 150ff
			– Deutsche Übersetzung	MEW 9: 447–455
2.11.		KM	Brief an Friedrich Engels	MEW 28: 306f; [BW I: 620f]
vor 4.11.	5.11.	KM	Lord Palmerston. 3. [in PP] [englOrig]	KM: History: 180–192[2]
			– Deutsche Übersetzung	MEW 9: 368–380[3]; [KMA III, 2: 598–613]
4.11.	18.11.	KM	Persia – Denmark – [Kriegshandlungen an der Donau und in Asien – Die Kohlengrubenarbeiter von Wigan] [in NYDT] [englOrig]	FR: EQ: 158–160
			– Deutsche Übersetzung	MEW 9: 456–461
6.11.		KM	Brief an Friedrich Engels	MEW 28: 308; [BW I: 621]
ca.8.11.	25.11.	FE	The Progress of the Turkish War [in NYDT] [dtÜbers]	MEW 9: 462–468
ca.11.11.	28.11.	FE	The Russian Defeats [in NYDT] [dtÜbers]	MEW 9: 469ff
11.11.	28.11.	KM	The Labour Question [in NYDT] [dtÜbers]	MEW 9: 472–475
	12.11.	KM	Lord Palmerston. 4. [in PP] [englOrig]	KM: History: 193–201[2]
			– Deutsche Übersetzung	MEW 9: 380–389[4]; KMA III, 2: 616, [614–624]
Mitte XI		KM	Brief an Adolf Cluß [FR] – [Fragmentarische Inhaltsangabe]	MEW 28: 598f MEW 28: 734f

[1] Einschließlich der Varianten der in der NYDT vom 19.10.1853 unter dem Titel „Palmerston" veröffentlichten Fassung.
[2] Nach der Buchausgabe von 1899.
[3] Einschließlich der Varianten der in der NYDT vom 4.11.1853 unter dem Titel „Palmerston and Russia" veröffentlichten Fassung.
[4] Einschließlich der Varianten der in der NYDT vom 21.11.1853 unter dem Titel „The Eastern Question. A chapter of modern History" veröffentlichten Fassung.

1853

Ent-stehungs-zeit	Erschei-nungs-datum	Ver-fasser	Titel oder Textbezeichnung	Quellen-nachweis
15.11.	30.11.	KM	Prosperity – The Labour Question [in NYDT] [dtÜbers]	MEW9: 476–482
ca.18.11.	7.12.	FE	Progress of the Turkish War [in NYDT] [dtÜbers]	MEW9: 483–488
	19.11.	KM	Lord Palmerston. 5. [in PP] [englOrig]	KM: History: 202–208[1]
			– Deutsche Übersetzung	MEW9: 389–395[2]; [KMA III, 2: 624–631]
21.11.		KM	Brief an Friedrich Engels	MEW28: 309; [BW I: 622]
23.11.		FE	Erklärung	MEW9: 498–502[3]
23.11.		KM	Brief an Friedrich Engels	MEW28: 310; [BW I: 622f]
24.11.		JM	Brief an Friedrich Engels	MEW28: 651; [BW I: 623]
ca.21.–28.11.	Mittel 1854	KM	Der Ritter vom edelmütigen Bewußtsein	MEW9: 489–518
28.11.		KM/JM	Brief an Adolf Cluß [FR und fragmentarischer Bericht]	MEW28: 652f
29.11.	12.12.	KM	[Rede Manteuffels – Der Kirchenkonflikt in Preussen – Aufruf Mazzinis – Der Londoner Magistrat – Reform Russells – Arbeiterparlament] [in NYDT] [dtÜbers des englOrig]	MEW9: 519–526
2.12.		KM	Brief an Friedrich Engels	MEW28: 311f; [BW I: 623ff]
2.12.	16.12.	FE	The War on the Danube [in NYDT]	EQ: 163–170
			– Deutsche Übersetzung	MEW9: 527–533
2.12.	16.12.	KM	The Turkish War – Industrial Distress [in NYDT]	FR: EQ: 161f
			– Deutsche Übersetzung	MEW9: 534–537
–sp.6.12.	10.12.	KM	Lord Palmerston. 6. [in PP] [englOrig]	KM: History: 209–215[1]
			– Deutsche Übersetzung	MEW9: 396–401; [KMA III, 2: 632–639]
–sp.6.12.	17.12.	KM	Lord Palmerston. 7. [in PP] [englOrig]	KM: History: 216–223[1]; FR: EQ: 201–210[4]
			– Deutsche Übersetzung	MEW9: 401–408[5]; [KMA III, 2: 640–648]

[1] Nach der Buchausgabe von 1899.
[2] Einschließlich der Varianten der in der NYDT vom 21.11.1853 unter dem Titel „The Eastern Question. A chapter of modern History" veröffentlichten Fassung und der Buchausgabe von 1854.
[3] In Marx, Der Ritter vom edelmütigen Bewußtsein.
[4] In der unter dem Titel „Eastern Question, England and Russia" veröffentlichten Fassung der NYDT vom 11.1.1854.
[5] Einschließlich der Varianten der unter dem Titel „Eastern Question, England and Russia" veröffentlichten Fassung der NYDT vom 11.1.1854.

1853–1854

Ent-stehungs-zeit	Erschei-nungs-datum	Ver-fasser	Titel oder Textbezeichnung	Quellen-nachweis
6.12.[?]	24.12.	KM	Lord Palmerston. 8. [in PP] [englOrig]	KM: History: 224–233[1]
			– Deutsche Übersetzung	MEW9: 409–418; [KMA III, 2: 649–660]
9.12.	16.12.	KM	The Quadruple Convention – England and the War [in NYDT]	[FR: MvR: 105ff]; FR: EQ: 171–179
			– Deutsche Übersetzung	MEW9: 538–547
12.12.		KM	Brief an Friedrich Engels	MEW28: 313; [BW I: 625]
13.12.	27.12.	KM	The Russian Victory – Position of England and France [in NYDT]	FR: EQ: 180ff
			– Deutsche Übersetzung	MEW9: 548–554
14.12.		KM	Brief an Friedrich Engels	MEW28: 314ff; [BW I: 626ff]
16.12.	31.12.	KM	Palmerston's Resignation [in NYDT]	EQ: 190–193
			– Deutsche Übersetzung	MEW9: 555–558
20.12.[?]	11.1.54	KM[?]	Wahrscheinlich Fragment eines Artikels, der über das englische Presseecho zum Rücktritt Palmerstons verfaßt worden ist, als Einleitung des Artikels „Eastern Question, England and Russia" verwendet [in NYDT] [englOrig]	EQ: 201
			– Deutsche Übersetzung	MEW9: 609f
ca.22.12.	9.1.54	FE	Progress of the Turkish War [in NYDT]	EQ: 194–200
			– Deutsche Übersetzung	MEW9: 559–564
	29.12.	KM	Private News from St. Petersburg [in NYDT]	MvR: 40–43
			– Deutsche Übersetzung	McR: 41–44
	30.12.	KM	Russian Policy [in NYDT]	Menace: 169–172
			– Deutsche Übersetzung	McR: 44–48

1854

Ent-stehungs-zeit	Erschei-nungs-datum	Ver-fasser	Titel oder Textbezeichnung	Quellen-nachweis
5.1.		KM	Brief an Friedrich Engels	MEW28: 317; [BW II: 3]
8.1.	2.2.	FE[2]	The European War [in NYDT]	Menace: 178–183
			– Deutsche Übersetzung	MEW10: 3–8
10.1.		KM	Brief an Friedrich Engels	MEW28: 318; [BW II: 4]
10.1.	28.1.	KM	More Documents [in NYDT]	FR: EQ: 211–214
			– Deutsche Übersetzung	MEW10: 9–19
14.1.	6.3.	KM	[Der orientalische Krieg] [in „Zuid Afrikaan"] [dtÜbers des englOrig]	MEW10: 20–30
18.1.		KM	Brief an Friedrich Engels	MEW28: 319f; [BW II: 4ff]
19.1.	8.2.	FE	The last battle in Europe [in NYDT] [dtÜbers des englOrig]	MEW10: 37–40

[1] Nach der Buchausgabe von 1899.   [2] Möglicherweise von Marx redigiert.

1854

Ent-stehungs-zeit	Erschei-nungs-datum	Ver-fasser	Titel oder Textbezeichnung	Quellen-nachweis
20.1.	8.2.	KM	The War in Asia – [Die österreichischen und französischen Finanzen – Die Befestigung Konstantinopels] [in NYDT] [englOrig]	[FR: MvR: 49–52]; FR: EQ: 222–227
			– Deutsche Übersetzung	MEW 10: 31–36
24.1.	11.2.	KM	The Czar's Views – Prince Albert [in NYDT]	[FR: MvR: 150–153]; FR: EQ: 228–231
			– Deutsche Übersetzung	MEW 10: 41–44
25.1.		KM	Brief an Friedrich Engels	MEW 28: 321ff; [BW II: 6ff]
27.1.	16.2.	M/E[1]	Cobden and Russia – [Die Zusammensetzung des britischen Parlaments – Die Mißernte in Europa] [in NYDT] [englOrig]	[FR: MvR: 153–156]; FR: EQ: 232–236
			– Deutsche Übersetzung	MEW 10: 45–52
Ende 1853/ erste Monate 1854		KM	Exzerptheft mit Auszügen aus Werken von Martens [Grundriss einer diplomatischen Geschichte der europäischen Staatshändel ...], Pierre Joubert [Histoire des révolutions de Pologne depuis la mort d'Auguste III jusqu'à l'année 1775], außerdem aus „Correspondence relative to the affairs of the Levant"] [Beschreibung]	IRofSHV, 1: 48f
3.2.	20.2.	KM	War Finance [in NYDT]	[FR: MvR: 156f]; FR: EQ: 237ff
			– Deutsche Übersetzung	MEW 10: 53–56
7.2.	21.2.	KM	The Blue Books – Parliamentary Debates of February 6 – The Irish Brigade – [Zur Einberufung des Arbeiterparlaments] [in NYDT] [englOrig]	FR: M/E: Ireland: 72f; FR: EQ: 240–244
			– Deutsche Übersetzung	MEW 10: 57–63
9.2.		KM	Brief an Friedrich Engels	MEW 28: 324f; [BW II: 8f]
10.2.	27.2.	KM	Russian Diplomacy – The Shrines – Montenegro [in NYDT]	FR: EQ: 245–252
			– Deutsche Übersetzung	MEW 10: 64–71
13.2.	6.3.	FE	The War Question in Europe [in NYDT] [dtÜbers]	MEW 10: 72–76
15.2.		KM	Brief an Friedrich Engels	MEW 28: 326, 328a,b; [BW II: 10, 12f]
17.2.	9.3.	KM	Count Orloff's Propaganda [in NYDT]	EQ: 253ff
			– Deutsche Übersetzung	MEW 10: 77ff
21.2.	9.3.	KM	Debates in Parliament [in NYDT]	FR: EQ: 256–260
			– Deutsche Übersetzung	MEW 10: 80–93
24.2.	13.3.	KM	Kossuth – Disraeli and Hume – United States – France and England – Greece [in NYDT]	[FR: Menace: 177f]; FR: EQ: 261–270
			– Deutsche Übersetzung	MEW 10: 94–102

[1] Möglicherweise nur von Marx.

1854

Entstehungszeit	Erscheinungsdatum	Verfasser	Titel oder Textbezeichnung	Quellennachweis
3.3.	18.3.	KM	France and England – The Greek Rising – Asia [in NYDT]	FR: EQ: 271–278
			– Deutsche Übersetzung	MEW10: 110–116
3.3.	22.3.	KM	Austrian Bankruptcy [in NYDT] [dtÜbers]	MEW10: 103–109
7.3.	24.3.	KM	[Die Eröffnung des Arbeiterparlaments – Das englische Kriegsbudget] [in NYDT] [dtÜbers des englOrig]	MEW10: 117–124
9.3.		KM	Brief an Friedrich Engels	MEW28: 327f; [BWII: 10f]
9.3.	18.3.	KM	Letter to the Labour Parliament [in PP]	[Faks: MEW10: 128a]; M/E: On Britain: 402f
			– Deutsche Übersetzung	MEW10: 125f
10.3.	29.3.	KM	The Labour Parliament [in NYDT] [dtÜbers]	MEW10: 127–131
10.3.	29.3.	KM	The Greek Insurrection [in NYDT] [dtÜbers]	MEW10: 132ff
ca.11.3.		KM	Brief an Friedrich Engels	MEW28: 329; [BWII: 14]
13.3.	30.3.	FE	The Russian Retreat [in NYDT]	EQ: 279–284
			– Deutsche Übersetzung	MEW10: 135–139[1]; M/E: Gesammelte SchriftenI: 369–373
17.3.		KM	Brief an Friedrich Engels	MEW28: 330; [BWII: 14]
21.3.	5.4.	KM	The Documents on the Partition of Turkey [in NYDT]	[FR: MvR: 158f, 52–55]; EQ: 285–297
			– Deutsche Übersetzung	MEW10: 140–151
23.3.		FE	Brief an Karl Marx	MEW28: 331f; [BWII: 14ff]
24.3.	11.4.	KM	The Secret Diplomatic Correspondence [in NYDT]	[FR: MvR: 160f]; FR: EQ: 298–313
			– Deutsche Übersetzung	MEW10: 152–167
28.3.	15.4.	KM	War Declared – Mussulman and Christian [in NYDT]	FR: Menace: 142–148; FR: EQ: 314–323
			– Deutsche Übersetzung	MEW10: 168–176
29.3.		KM	Brief an Friedrich Engels	MEW28: 333ff; [BWII: 16ff]
30.3.		FE	Brief an denRedakteur der „Daily News", H. J. Lincoln [Entwurf] [dtÜbers des englOrig]	MEW28: 600–603
31.3.	1.8.	KM[2]	The English Middleclass [in NYDT]	FR: Kunst: 254f
			– Deutsche Übersetzung	MEW10: 645–649
EndeIII		JM	Brief an Friedrich Engels	MEW28: 654; [BWII: 10]

[1] Nach der unter dem Titel „Retreat of the Russians from Kalafat" in PP vom 18.3.1854 erschienenen Fassung einschließlich der Varianten der Fassung in der NYDT.
[2] Vermutlich durch die Redaktion stark geändert.

1854

Ent-stehungs-zeit	Erschei-nungs-datum	Ver-fasser	Titel oder Textbezeichnung	Quellen-nachweis
EndeIII		FE	The fortress of Kronstadt [dtÜbers]	MEW10: 635–641
3.4.		FE	Brief an Karl Marx	MEW28: 336f; [BW II: 19ff]
4.4.		KM	Brief an Friedrich Engels	MEW28: 338f; [BW II: 21ff]
4.4.	17.4.	KM	The War Debate in Parliament [in NYDT]	FR: EQ: 324–332
			– Deutsche Übersetzung	MEW10: 177–188
6.4.		KM	Brief an Ferdinand Lassalle	MEW28: 604ff
7.4.	21.4.	KM	Russia and the German Powers – [Die Kornpreise] [in NYDT] [englOrig]	[FR: MvR: 110–116]; FR: EQ: 333–339
			– Deutsche Übersetzung	MEW10: 189–195
13.4.	28.4.	FE	Position of the armies in Turkey [in NYDT] [dtÜbers]	MEW10: 196–199
18.4.	2.5.	KM	Turkey and Greece – Italy [in NYDT]	FR: EQ: 340ff
			– Deutsche Übersetzung	MEW10: 200–204
19.4.		KM	Brief an Friedrich Engels	MEW28: 340f; [BW II: 23f]
20.4.		FE	Brief an Karl Marx	MEW28: 342f; [BW II: 24ff]
ca.21.4.		FE	Brief an Karl Marx	MEW28: 344f; [BW II: 26f]
21.4.	6.5.	KM	Austria and Servia – Greece and Turkey – Turkey and the Western Powers – [Der Rückgang des Getreidehandels in England] [in NYDT] [englOrig]	[FR: MvR: 118f]; FR: EQ: 343ff
			– Deutsche Übersetzung	MEW10: 205–208
22.4.		KM	Brief an Friedrich Engels	MEW28: 346ff; [BW II: 27–30]
ca.24.4.		FE	Brief an Karl Marx	MEW28: 349; [BW II: 30]
28.4.	15.5.	KM	The Greek Insurrection – Alliance between Russia and Austria – Russian Armaments [in NYDT]	[FR: MvR: 117f]; FR: EQ: 346ff
			– Deutsche Übersetzung	MEW10: 209–215
29.4.		KM	Brief an Friedrich Engels	MEW28: 350; [BW II: 31]
21./30.4.		FE	Vermerke in Schimmelfennig, A.: The war between Turkey and Russia	FR: Faks: Ex libris: 180
1.5.		FE	Brief an Karl Marx	MEW28: 351ff; [BW II: 31–34]
3.5.		KM	Brief an Friedrich Engels	MEW28: 354ff; [BW II: 34–37]
ca.3.5.	19.5.	M/E	Prussian Policy [in NYDT]	MvR: 120–126
			– Deutsche Übersetzung	MELStII: 636–639
2.–5.5.	16.5.	KM	Bombardement of Odessa – Austria and Russia – The Greek Insurrection – Montenegro – Manteuffel [in NYDT]	FR: EQ: 343–354
			– Deutsche Übersetzung	MEW10: 216–222

1854

Ent-stehungs-zeit	Erschei-nungs-datum	Ver-fasser	Titel oder Textbezeichnung	Quellen-nachweis
6.5.		KM	Brief an Friedrich Engels	MEW 28: 357f; [BW II: 37f]
9.5.		FE	Brief an Karl Marx	MEW 28: 359ff; [BW II: 39ff]
9.5.	23.5.	KM	British Finances [in NYDT] [dtÜbers]	MEW 10: 223–230
13.5.		JM	Brief an Friedrich Engels	MEW 28: 655
15.5.	6.6.	FE	A famous victory [in NYDT] [dtÜbers]	MEW 10: 231–234
19.5.	2.6.	KM	[Der Angriff auf Sewastopol – Die Lichtung der Güter in Schottland] [in NYDT] [dtÜbers des englOrig]	MEW 10: 235–239
22.5.		KM	Brief an Friedrich Engels	MEW 28: 362; [BW II: 41f]
23.5.		JM	Brief an Friedrich Engels	MEW 28: 656; [BW II: 42f]
23.5.	9.6.[1]	FE	The Exploits in the Baltic and Black Seas – Anglo-French System of Operations [in NYDT]	EQ: 360–366
			– Deutsche Übersetzung	MEW 10: 240–246
26.5.	10.6.	FE[2]	The present condition of the English army – Tactics, uniform, commissariat, etc. [in NYDT] [dtÜbers]	MEW 10: 247–253
30.5.	12.6.	KM	[Der Vertrag zwischen Österreich und Preußen – Die Parlamentsdebatte vom 29. Mai] [in NYDT] [dtÜbers des englOrig]	MEW 10: 254–259
1.6.		KM	Brief an Ferdinand Lassalle	MEW 28: 607ff
2.6.	14.6.	KM	Delay on the Danube – [Die ökonomische Lage] [in NYDT] [englOrig]	FR: EQ: 367–371
			– Deutsche Übersetzung	MEW 10: 260–266
3.6.		KM	Brief an Friedrich Engels	MEW 28: 363f; [BW II: 43ff]
9.6.	24.6.	KM	Speeches – [Die ökonomische Lage Englands] – St. Arnaud [in NYDT] [englOrig]	FR: EQ: 372–378
			– Deutsche Übersetzung	MEW 10: 267–273
10.6.		FE	Brief an Karl Marx	MEW 28: 365f; [BW II: 45f]
10.6.	26.6.	FE[3]	The Siege of Silistria [in NYDT] [dtÜbers]	MEW 10: 274–286
13.6.		KM	Brief an Friedrich Engels	MEW 28: 367f; [BW II: 47f]
15.6.		FE	Brief an Karl Marx	MEW 28: 369; [BW II: 50]
14./16.6.	8.7.	M/E	State of Russian War [in NYDT] – Deutsche Übersetzung	FR: EQ: 379–386 MEW 10: 287–293
21.6.		KM	Brief an Friedrich Engels	MEW 28: 370f; [BW II: 48ff]

[1] Unter dem Titel „The War" in PP vom 27.5.1854 veröffentlicht.
[2] Unter dem Namen von Marx erschienen.
[3] Redigiert von Marx.

1854

Ent-stehungs-zeit	Erschei-nungs-datum	Ver-fasser	Titel oder Textbezeichnung	Quellen-nachweis
23.6.	10.7.	M/E	The Russian Retreat [in NYDT] [dtÜbers]	MEW 10: 294–298
27.6.		KM	Brief an Friedrich Engels	MEW 28: 372; [BW II: 51]
27.6.	10.7.	KM	The War – Debate in Parliament [in NYDT]	FR: EQ: 387–395
			– Deutsche Übersetzung	MEW 10: 299–307
V–VII		KM	Exzerptheft mit Auszügen aus Werken von Henri Healdy Parish [The Diplomatic History of the Monarchy of Greece, from the year 1830 ...], José Florez [Espartero], Miguel Augustin Principe y Vidaud [Espartero, su pasado, su presente, su provenir], Toreno [Historia del levantiamiento, guerra y revolución de España], A. Custine [L'Espagne sous Ferdinand VII], Juan de Mariana Historia general de España ...], Juan Baptiste Martignac [Essai historique sur la révolution d'Espagne et sur l'intervention], M. de Marliani [Historia politica de la España moderna], Augustin Thierry [Essai sur l'histoire de la formation et des progrès du tiers état etc.], außerdem aus „Notes of an attaché in Spain", „Una (plumada) sobra le Indole y Tendencia de Revolucion en España", „Révolution d'Espagne", „The Crisis of Spain", „Revolutions of Spain in 1845" [Beschreibung]	IRofSH V, 1: 49ff
			– Titelblatt mit Titelverzeichnis [englOrig mit engl, frz, span Titeln]	MEW 10: 683
			– – Deutsche Übersetzung	MEW 10: 683
			– Notizen zu „Notes of an attaché in Spain"	FR: IRofSH V, 1: 50
			– Notizen zu „Una (plumada) sobra le Indole y Tendencia de Revolucion en España"	FR: IRofSH V, 1: 50
			– Notizen zu A. Custine, L'Espagne sous Ferdinand VII	FR: IRofSH V, 1: 50
			– Notizen zu J. de Mariana, Historia general de España	FR: IRofSH V, 1: 50
4.7.	19.7.	KM	The Insurrection in Madrid – Russia, Austria, Turkey, Wallachia, and Redcliffe [in NYDT]	FR: RevSpain: 87; FR: EQ: 400–408
			– Deutsche Übersetzung	MEW 10: 308–316
6.7.		FE	Brief an Karl Marx	MEW 28: 373; [BW II: 51]
6.7.	25.7.	FE[1]	The War on the Danube [in NYDT]	[FR: Kunst: 257]; FR: EQ: 413–418
			– Deutsche Übersetzung	MEW 10: 317–322
7.7.		KM	Brief an Friedrich Engels	MEW 28: 374; [BW II: 51f]

[1] Redigiert von Marx.

1854

Ent-stehungs-zeit	Erschei-nungs-datum	Ver-fasser	Titel oder Textbezeichnung	Quellen-nachweis
7.7.	21.7.	KM	News of the Madrid Insurrection – Austria [in NYDT] – Deutsche Übersetzung	FR: RevSpain: 88–93; FR: EQ: 409–412 MEW10: 323–331
	11.7.	KM	The Russian Failure [in NYDT] – Deutsche Übersetzung	Menace: 190–193 McR: 55–59
14.7.	28.7.	KM	The Theatre of War – [Die Erregung in Italien – Die Ereignisse in Spanien] – The Russian Note to the German Powers – Servia and Austria – [Englische Richter] [in NYDT] [englOrig] – Deutsche Übersetzung	FR: EQ: 419–424 MEW10: 332–341
18.7.	3.8.	KM	The Private Conference at Vienna – Proclamations of Dulce and O'Donnell – Successes of Insurgents – Ministerial Crisis [in NYDT] – Deutsche Übersetzung	FR: RevSpain: 93ff; FR: EQ: 425–430 MEW10: 342–348
20.7.		FE	Brief an Karl Marx	MEW28: 375f; [BW II: 52f]
21.7.	4.8.	KM	The Spanish Revolution – Struggle of Parties – Pronunciamentos of San Sebastian, Barcelona, Saragossa and Madrid – Greece and Turkey [in NYDT] – Deutsche Übersetzung	FR: RevSpain: 95–102 MEW10: 349–355
22.7.		KM	Brief an Friedrich Engels	MEW28: 377ff; [BW II: 53–56]
25.7.	7.8.	KM	The War Debates in Parliament [in NYDT] – Deutsche Übersetzung	FR: EQ: 431–436 MEW10: 356–363
27.7.		KM	Brief an Friedrich Engels	MEW28: 380–385; [BW II: 56–61]
28.7.	9.8.	KM	The Austro-Turkish Treaty – More Parliamentary Talk [in NYDT] – Deutsche Übersetzung	[FR: MvR: 63, 126f]; FR: EQ: 437–447 MEW10: 364–374
31.7.		JM	Brief an Nannette Philips	IRofSH I, 1: 81f
29.7.–1.8.	17.8.	M/E	That Bore of a War [in NYDT] – Deutsche Übersetzung	Menace: 183–187 MEW10: 375–380
4.8.	19.8.	KM	Espartero [in NYDT] [englOrig] – Deutsche Übersetzung	RevSpain: 102–111 MEW10: 381–387
7.8.	21.8.	FE	The attack on the Russian Forts [in NYDT] [dtÜbers]	MEW10: 388ff
8.8.		KM	Brief an Friedrich Engels	MEW28: 386; [BW II: 61f]
8.8.	21.8.	KM	The Russian Retreat – The Counter-Revolution at work — Denmark — [Die Chartisten [in NYDT] [englOrig] – Deutsche Übersetzung	FR: RevSpain: 111f; FR: EQ: 454ff MEW10: 391–398
11.8.	25.8.	KM	The Evacuation – [Polen] – Demands of the Spanish People [in NYDT] [englOrig] – Deutsche Übersetzung	FR: RevSpain: 112f; FR: EQ: 457–461 MEW10: 399–405

1854

Ent-stehungs-zeit	Erschei-nungs-datum	Ver-fasser	Titel oder Textbezeichnung	Quellen-nachweis
VIII		KM	Exzerptheft mit Auszügen aus Werken von R.[1] Southey [History of the peninsular War], A. Du Casse [Mémoires et correspondance politique et militaire du Roi Joseph], J. Bigland [Histoire d'Espagne depuis la plus ancienne époque jusqu'à la fin de l'année 1809], W. Walton [The Revolutions of Spain], Conde de Toreno [Historia del levantamiento, guerra y revolución de España], außerdem aus „The Political Constitutes of the Spanish Monarchy", „Constitution décrétée par l'Assemblée Constituante"] [Beschreibung]	IRofSH V, 1: 51f
15.8.	1.9.	KM	Servia – England, France, and Constantinople – The Spanish Revolution in Russia – The Question of Colonies – Corruption of Public Men – Anarchy in the Provinces – The Madrid Press [in NYDT] – Deutsche Übersetzung	FR: RevSpain: 114–120; FR: EQ: 462ff MEW 10: 406–413
18.8.	4.9.	KM	Calling of the Constituent Cortes – The Election Law – Disorders in Tortosa – Secret Societies – The Ministry Buys Guns – Spanish Finances – The Capture of Bomarsund [in NYDT] – Deutsche Übersetzung	FR: RevSpain: 120–126; FR: EQ: 465f MEW 10: 414–420
21.8.	4.9.	FE	The Capture of Bomarsund. I. [in NYDT] [dtÜbers]	MEW 10: 421–425
26.8.		KM	Brief an Friedrich Engels	MEW 28: 387f; [BW II: 62f]
28.8.	13.9.	FE	The Capture of Bomarsund. II. [in NYDT] [dtÜbers]	MEW 10: 426–430
1.9.	16.9.	KM	The Reaction in Spain – State of Finances – Constitution of the Federal Iberian Republic [in NYDT] – Deutsche Übersetzung	RevSpain: 126–133 MEW 10: 486–491
2.9.		KM	Brief an Friedrich Engels	MES 28: 389f; [BW II: 63ff]
	9.9.	KM	Revolutionary Spain. [I.] [in NYDT] – Deutsche Übersetzung	RevSpain: 19–28 MEW 10: 433f, 437–442; [KMA III, 2: 661–670]
12.9.	30.9.	KM	[Gerüchte über die Verhaftung Mazzinis – Die österreichische Zwangsanleihe] – Late Measures of the Government – The Reactionary Press on Spanish Affairs – Superincumbrance of Generals – The Condition of Wallachia – Revolution in Turkey [in NYDT]	FR: RevSpain: 133–137; FR: EQ: 467f

[1] Korrigiert aus: A.

1854

Ent-stehungs-zeit	Erschei-nungs-datum	Ver-fasser	Titel oder Textbezeichnung	Quellen-nachweis
13.9.		KM	– Deutsche Übersetzung Brief an Friedrich Engels	MEW 10: 492–497 MEW 28: 391f; [BW II: 65f]
15.9.	2.10.	KM	The Fleet off at Last – Revolt of the Moldavians – [Spanien – Englands Außenhandel] [in NYDT] [englOrig] – Deutsche Übersetzung	FR: EQ: 469–473 MEW 10: 498–506
18.9.	14.10.	FE	The attack on Sevastopol [in NYDT] – Deutsche Übersetzung	EQ: 474–481 MEW 10: 507–515
22.9.		KM	Brief an Friedrich Engels	MEW 28: 393; [BW II: 66f]
	25.9.	KM	Spanish Revolutions [II.] [in NYDT] – Deutsche Übersetzung	RevSpain: 28–36 MEW 10: 442–448; [KMA III, 2: 670–678]
29.9.		KM	Brief an Friedrich Engels	MEW 28: 394; [BW II: 67f]
Herbst[?]		KM	Exzerptheft mit Auszügen aus Werken von Evaristo San Miguel [Memoria Succinta sobre lo Acaecido en la Columna Mavil de las Tropas Nacionales al Mondo del Comendante General de la Primera Division Don Rafael del Riego ...], Leucadio Doblado [Letters from Spain], Clarke [An Examination of the Internal State Spain at the Period of the Unions of the Crowns of Castil and Aragon], John Bramsen [Remark on the North of Spain], Chateaubriand [Congrès de Vérone, Guerre d'Espagne], Marliani [Historia politica de la España moderna], Walton [The Revolutions of Spain], V.-A. Du Hamel [Historia constitucional de la Monarquia Española ...], Alvaro Florez Estrada [Carta del etc. D. José Calatrava etc.], Michael J. Quin [A Visit to Spain], außerdem aus „The Last Days of Spain ...", „La España Bajo el Poder Arbitrario de la Congregacion Apostolica ... de 1820 à 1832", „Who is the Liberator of Spain?", „The Holy Alliance versus Spain etc.", „Observations sur l'état actuel de l'Espagne", „De l'Espagne au mois de Mars 1836", „Revue d'Espagne" [Beschreibung] – Vermerke zu D. E. San Miguel, Memoria Succinta sobre lo Acaecido en la Columna Mavil de las Tropas Nacionales al Mondo del Comendante General de la Primera Division Don Rafael del Riego [dt-engl-frzOrig] – – Französische Übersetzung	IRofSH V, 1: 53ff FR: IRofSH V, 1: 53 FR: IRofSH V, 1: 53

1854

Ent-stehungs-zeit	Erschei-nungs-datum	Ver-fasser	Titel oder Textbezeichnung	Quellen-nachweis
			– Vermerk zu L. Doblado, Letters from Spain	IRofSH: V, 1: 53
			– Vermerk zu V.-A. Du Hamel, Historia constitucional de la Monarquia Española [frzOrig]	IRofSH V, 1: 55
Herbst[?]		KM	Exzerptheft mit Auszügen aus Werken von Toreno, de Pradt [Mémoires historiques sur la Révolution d'Espagne; De la Révolution actuelle de l'Espagne et de ses suites], H. v. Brandt [The two Alinas and the Spanish Guerillas], Jovellanos [Obras] [Beschreibung]	IRofSH V, 1: 55f
			– Exzerpte aus de Pradt, Mémoires historiques sur la Révolution d'Espagne	FR: IRofSH V, 1: 56
2.10.	17.10.	FE	The news from the Crimea [in NYDT] [dtÜbers]	MEW 10: 516–521
5./6.10.	21.10.	M/E	The Sevastopol hoax [in NYDT] [dtÜbers]	MEW 10: 522–526
6.10.	21.10.	M/E	The Sevastopol hoax – General news [in NYDT] [dtÜbers]	MEW 10: 527–530
9.10.	26.10.	FE[1]	The battle on Alma [in NYDT] [dtÜbers]	MEW 10: 531–536
10.10.		KM	Brief an Friedrich Engels	MEW 28: 395ff; [BW II: 80ff]
–16.10.		FE	Vorbereitende Materialien zum Artikel „The Military Power of Russia"	FR: Faks: MEW 10: 536a
16.10.	31.10.	FE	The Military Power of Russia [in NYDT] – Deutsche Übersetzung	FR: EQ: 489f MEW 10: 537–541
17.10.			Brief an Friedrich Engels	MEW 28: 398–402 [BW II: 68–72]
	20.10.	KM	Revolutionary Spain. III. [in NYDT] – Deutsche Übersetzung	RevSpain: 36–42 MEW 10: 448–453; [KMA III, 2: 678–685]
	24.10.	KM	The Decay of Religious Authority [in NYDT]	Menace: 148–153
25.10.		KM	Brief an Friedrich Engels	MEW 28: 403; [BW II: 73]
26.10.		KM	Brief an Friedrich Engels	MEW 28: 404–409; [BW II: 73–79]
	27.10.	KM	Revolutionary Spain. IV. [in NYDT] – Deutsche Übersetzung	RevSpain: 42–50 MEW 10: 453–459; [KMA III, 2: 685–692]
	30.10.	KM	Revolutionary Spain. V. [in NYDT] – Deutsche Übersetzung	RevSpain: 50–55 MEW 10: 459–463; [KMA III, 2: 693–698]
30.10.	15.11.	FE	The Siege of Sevastopol [in NYDT] – Deutsche Übersetzung	EQ: 492–497 MEW 10: 542–546

[1] Vermutlich durch die Redaktion geändert.

1854

Ent-stehungs-zeit	Erscheinungs-datum	Verfasser	Titel oder Textbezeichnung	Quellennachweis
9.11.	27.11.	FE¹	The campaign in the Crimea [in NYDT] [dtÜbers]	MEW 10: 547–554
10.11.		KM	Brief an Friedrich Engels	MEW 28: 410; [BW II: 80]
XI		KM	Exzerptheft mit Auszügen aus Werken von Victor Du Hamel [Historia Constitucional de la Monarquia Espanola], de Pradt [Garanties à demander à l'Espagne], Evaristo San Miguel [De la guerra Civil de España], Quin [Visit to Spain], de Miraflores [Memorias para escribir la historia contemporanea de los siete primeros años del Reino de Isabel II; Apuntes histórico-críticos para escribir la revolución de España, 1820–1823], außerdem aus „Fastos Españoles o Efemérides de la Guerra Civil desde Octobre de 1807", „An Historical Inquiry into the Unchangeable Character of a War in Spain", „L'Espagne et la Crise Présente", „Economist" u.a. [Beschreibung]	IRofSHV, 1: 56ff
			– Notiz zu „Fastos Españoles o Efemérides de la Guerra Civil desde Octobre de 1807"	IRofSHV, 1: 57
			– Exzerpte aus „An Historical Inquiry into the Unchangeable Character of a War in Spain	FR: IRofSHV, 1: 57
16.11.	30.11.	FE¹	The war in the East [in NYDT] [dtÜbers]	MEW 10: 555–562
21.11.		KM	[Spanien – Intervention] [englOrig] [FR]	FR: Faks: MEW 10: 456a; FR: Faks: Новая и Новейшая История: 6a
			– Deutsche Übersetzung	MEW 10: 631–634
22.11.		KM	Brief an Friedrich Engels	MEW 28: 411f; [BW II: 83f]
	24.11.	KM	The new Ministry [in NYDT]	FR: Kunst: 278
			– Deutsche Übersetzung	FR: Kunst: 279
	24.11.	KM	Revolutionary Spain. VI. [in NYDT]	RevSpain: 56–68
			– Deutsche Übersetzung	MES 10: 463–473; [KMA III, 2: 698–711]
27.11.	14.12.	FE¹	The battle of Inkerman [in NYDT] [dtÜbers]	MEW 10: 563–568
30.11.		KM	Brief an Friedrich Engels	MEW 28: 413f; [BW II: 84f]

¹ Vermutlich durch die Redaktion geändert.

Ent-stehungs-zeit	Erschei-nungs-datum	Ver-fasser	Titel oder Textbezeichnung	Quellen-nachweis
	1.12.	KM	Revolutionary Spain. VII. [in NYDT] – Deutsche Übersetzung	RevSpain: 68–75 MEW 10: 473–478; [KMA III, 2: 711–718]
	2.12.	KM	Revolutionary Spain. VIII. [in NYDT] – Deutsche Übersetzung	RevSpain: 75–84 MEW 10: 478–485
2.12.		KM	Brief an Friedrich Engels	MEW 28: 415–418; [BW II: 86–89]
4.12.	27.12.	FE	The Crimean campaign [in NYDT] [dtÜbers]	MEW 10: 569–575
8.12.		KM	Brief an Friedrich Engels	MEW 28: 419; [BW II: 89]
14./15.12.	1.1.55	M/E	The progress of the war [in NYDT]	[FR: Menace: 195–198]; EQ: 498–505
			– Deutsche Übersetzung	MEW 10: 576–582
15.12.		KM	Brief an Friedrich Engels	MEW 28: 420f; [BW II: 89f]
20.12.		KM	Brief an Moritz Elsner	MEW 28: 610f
21.12.	8.1.55	FE	The military power of Austria [in NYDT] [dtÜbers]	MEW 10: 583–587
29.12.	2.1.55	KM	Rückblicke [in NOZ]	MEW 10: 588ff
ca.Ende 1854[?]		JM[1]	Äußerung im Gespräch mit Marx und Wilhelm Liebknecht	Mohr u. General: 117
1854[?]		FE	Notizen in „Secret and inedited Documents"	FR: Ex libris: 54

1855

XI 1854/ I 1855		KM	Manuskriptheft: „Geldwesen, Creditsystem, Krisen-Citate", „The War against Persia", Über Spanien u.a.	FR: IRofSH V, 1: 58f
ca. Anf. 1855[?]		KM[1]	Äußerung im Gespräch mit Wilhelm Liebknecht	Mohr u. General: 103
1.1.	4.1.	KM	Rückblicke [in NOZ]	MEW 10: 590ff
3.1.	6.1.	KM	Die Presse und das Militärsystem [in NOZ]	MEW 10: 593–596
4.1.	22.1.	FE[2]	British disaster in the Crimea [in NYDT]	Menace: 198–202
5.1.	8.1.	M/E[3]	Zum englischen Militärwesen [in NOZ]	MEW 10: 597ff
6.1.	9.1.	M/E[3]	Zum englischen Militärwesen [in NOZ]	MEW 10: 599ff
8.1.	11.1.	KM	Geschäfts-Krisis [in NOZ]	MEW 10: 602ff
9.1.	12.1.	KM	Die Zunahme des englischen Handels und der englischen Industrie in dem Zeitraum von 1849–1853 [in NOZ]	MEW 10: 604ff
9.1.	13.1.	KM	[Die vier Punkte] [in NOZ]	MEW 10: 610f

[1] Wiedergegeben von W. Liebknecht.
[2] Vermutlich durch die Redaktion geändert.
[3] Von Marx verfaßt nach einer von ihm vorgenommenen deutschen Übersetzung des Artikels von Engels vom 4.1.1855.

1855

Ent-stehungs-zeit	Erschei-nungs-datum	Ver-fasser	Titel oder Textbezeichnung	Quellen-nachweis
11.1.	26.1.	KM	The commercial crisis in Britain [in NYDT] [dtÜbers]	MEW10: 616–621
12.1.		KM	Brief an Friedrich Engels	MEW28: 422; [BW II: 91]
12.1.	15.1.	KM	Die unbedingte Annahme der vier Punkte [in NOZ]	MEW10: 611ff
15.1.	18.1.	KM	Zur Beurteilung der vier Punkte [in NOZ]	MEW10: 613ff
16.1.	20.1.	KM	Zur Handelskrise [in NOZ]	MEW10: 606ff
17.1.		KM	Brief an Friedrich Engels	MEW28: 423; [BW II: 91f]
19.1.		KM	Brief an Friedrich Engels	MEW28: 424; [BW II: 92f]
19.1.	22.1.	KM	Die Bierwirte und die Sonntagsfeier – Clanricarde [in NOZ]	MEW10: 622f
19.1.	23.1.	M/E	Zur Kritik der Belagerung Sewastopols [in NOZ]	MEW10: 624ff[1]
22.1.	25.1.	KM	Zur Handelskrisis [in NOZ]	MEW10: 608f
23.1.		KM	Brief an Ferdinand Lassalle [FR]	MEW28: 612–615
23.1.	26.1.	KM	Ziel der Unterhandlungen – Polemik gegen Preußen – Ein Schneeballen-Aufruhr [in NOZ]	MEW10: 627f
24.1.		KM	Brief an Friedrich Engels	MEW28: 425; [BW II: 93]
24.1.	27.1.	KM	Die Eröffnung des Parlaments [in NOZ]	MEW11: 3ff
26.1.	29.1.	KM	Erläuterungen zur Kabinettskrisis [in NOZ]	MEW11: 6f
27.1.	30.1.	KM	Parlamentarisches [in NOZ]	MEW11: 8–11
29.1.	1.2.	M/E	Aus dem Parlamente – Vom Kriegsschauplatze [in NOZ]	MEW11: 18–21
ca.29.1.	17.2.	FE	The European war [in NYDT] [dtÜbers]	MEW11: 12–17
30.1.		KM	Brief an Friedrich Engels	MEW28: 426; [BW II: 93]
31.1.		KM	Brief an Friedrich Engels	MEW28: 427–431; [BW II: 94–99]
1.2.	23.2.	M/E	The last British government [in NYDT] [dtÜbers]	MEW11: 22–28
2.2.		KM	Brief an Friedrich Engels	MEW28: 432f; [BW II: 99f]
2.2.	5.2.	KM	Zur Ministerkrise [in NOZ]	MEW11: 29–32
2.2.	17.2.	KM	Fall of the Aberdeen ministry [in NYDT] [dtÜbers]	MEW11: 33–39
3.2.	7.2.	KM	Das gestürzte Ministerium [in NOZ]	MEW11: 40–43
5.2.	8.2.	KM	Die Parteien und Cliquen [in NOZ]	MEW11: 44ff

[1] Einschließlich der aus dem Englischen übersetzten Varianten der in der NYDT vom 3.2.1855 unter dem Titel „The state of Europe" erschienenen Fassung.

1855

Ent-stehungs-zeit	Erschei-nungs-datum	Ver-fasser	Titel oder Textbezeichnung	Quellen-nachweis
6.2.	9.2.	KM	Zwei Krisen [in NOZ]	MEW11: 47ff
9.2.	12.2.	M/E	Palmerston – Die Armee [in NOZ]	MEW11: 55–58
ca.9.2.	26.2.	FE	The struggle in the Crimea [in NYDT] [dtÜbers]	MEW11: 50–54
10.2.	13.2.	KM	Aus dem Parlamente [in NOZ]	MEW11: 59
12.2.	16.2.	KM	Lord Palmerston [in NOZ]	MEW11: 60ff
13.2.		KM	Brief an Friedrich Engels	MEW28: 434f; [BWII: 100ff]
14.2.	19.2.	KM	Palmerston [in NOZ]	MEW11: 62–65
II		KM	Inhaltsangabe zu „Römische Geschichte"	Harstick: Anh. 30
16.2.	20.2.	KM	Herberts Wiederwahl – Die ersten Schritte des neuen Ministeriums – Nachrichten aus Ostindien [in NOZ]	MEW11: 66ff
17.2.	22.2.	KM	Das Parlament [in NOZ]	MEW11: 69–72
19.2.	24.2.	KM	Die Koalition zwischen Tories und Radi-kalen [in NOZ]	MEW11: 73ff
20.2.	23.2.	M/E	Parlamentarisches und Militärisches [in NOZ]	MEW11: 84ff
ca.20.2.	8.3.	FE	The war that looms on Europe [in NYDT] [dtÜbers]	MEW11: 76–83
21.2.	24.2.	M/E	Zustand der Armeen [in NOZ]	M/E: Gesamm. Schriften II: 155–158
24.2.	27.2.	KM	Zur neuen Ministerkrisis [in NOZ]	MEW11: 87ff
24.2.	28.2.	KM	Hume [in NOZ]	MEW11: 90
27.2.	3.3.	KM	Palmerston [in NOZ]	MEW11: 91–94
2.3.	5.3.	KM	Layard [in NOZ]	MEW11: 98f
2.3.	6.3.	KM	Die britische Konstitution [in NOZ]	MEW11: 95ff
2.3.	21.3.	KM	The Crisis in England [in NYDT]	M/E: On Britain: 409–413
			– Deutsche Übersetzung	MEW11: 100–103
3.3.		KM	Brief an Friedrich Engels	MEW28: 436f; [BWII: 102f]
3.3.	6.3.	KM	Die englische Presse über den toten Zar [in NOZ]	MEW11: 108
3.3.	7.3.	KM	Stellenkauf – Aus Australien [in NOZ]	MEW11: 104–107
vor6.3.[?]		KM	Notizen in Bonaparte, N. J. Ch. P.: De la conduite de la guerre d'Orient	FR: Ex libris: 36
6.3.	9.3.	KM	Zur Geschichte der französischen Allianz [in NOZ]	MEW11: 110ff
6.3.	10.3.	KM	[Die englische Presse über den toten Zar] [in NOZ]	MEW11: 109
7.3.	10.3.	KM	Untersuchungskomitee [in NOZ]	MEW11: 113ff
7.3.	11.3.	KM	Das Brüsseler „Memoire" [in NOZ]	MEW11: 116
8.3.		KM	Brief an Friedrich Engels	MEW28: 438f; [BWII: 104f]
	10.3.	KM	Russian Diplomatists [in NYDT] – Deutsche Übersetzung	MvR: 64–70 McR: 60–65
13.3.	16.3.	KM	Irlands Rache [in NOZ]	MEW11: 117ff

1855

Ent-stehungs-zeit	Erschei-nungs-datum	Ver-fasser	Titel oder Textbezeichnung	Quellen-nachweis
16.3.		KM	Brief an Friedrich Engels	MEW 28: 440; [BW II: 107]
16.3.	19.3.	M/E[1]	Krimsche Angelegenheiten [in NOZ]	MEW 11: 120–123[2]
ca.16.3.	2.4.	FE	Fate of the Great Adventurer [in NYDT]	[FR: MvR: 130–133]; EQ: 521–525
			– Deutsche Übersetzung	MEW 11: 124–127
17.3.	20.3.	M/E	Kritik der französischen Kriegführung [in NOZ]	MEW 11: 128–131
19.3.	22.3.	KM	Agitation gegen Preußen – Ein Fasttag [in NOZ]	MEW 11: 132ff
20.3.	23.3.	KM	Mitteilungen aus der englischen Presse [in NOZ]	MEW 11: 139f
20.3.	24.3.	KM	Ein Meeting [in NOZ]	MEW 11: 135–138
21.3.	24.3.	KM	Aus dem Parlamente [in NOZ]	MEW 11: 141–145
23.3.	26.3.	FE	Über die letzten Vorgänge in der Krim [in NOZ]	FE: Schriften: 369–372
ca.23.3.	7.4.	FE	Napoleon's Last Dodge [in NYDT]	EQ: 526–530
			– Deutsche Übersetzung	MEW 11: 146–149
ca.23.3.	7.4.	FE[3]	A battle of Sevastopol [in NYDT] [dtÜbers]	MEW 11: 150–154
24.3.	27.3.	KM	Zur Geschichte der französischen Allianz [in NOZ]	MEW 11: 155ff
27.3.		KM	Brief an Friedrich Engels	MEW 28: 441; [BW II: 108f]
27.3.	30.3.	KM	Napoleon und Barbès – Zeitungsstempel [in NOZ]	MEW 11: 158ff
	28.3.	KM	Affairs in Russia [in NYDT]	MvR: 70–73, 129
			– Deutsche Übersetzung	McR: 65ff, 110
28.3.	31.3.	KM	Das Untersuchungs-Comité [in NOZ]	MEW 11: 161–164
28.3.	14.4.	KM	The British army [in NYDT] [dtÜbers]	MEW 11: 165–168
30.3.		KM	Brief an Friedrich Engels	MEW 28: 442; [BW II: 109]
30.3.	2.4.	FE	Über die Situation in der Krim [in NOZ]	MEW 11: 173ff
ca.30.3.	17.4.	FE	Progress of the war [in NYDT] [dtÜbers]	MEW 11: 169–172
3.4.	7.4.	KM	Ein Skandal in der französischen Legislativen – Drouyn de Lhuys' Einfluß – Zustand der Miliz [in NOZ]	MEW 11: 176f
6.4.		KM	Brief an Friedrich Engels	MEW 28: 443; [BW II: 110]
8.4.		KM[4]	Äußerung im Gespräch mit Wilhelm Liebknecht	Mohr u. General: 118

[1] Von Marx ins Deutsche übersetzter, von Engels leicht geänderter und gekürzter Artikel, erschienen unter dem Titel „The results in the Crimea" in NYDT vom 2.4.1855.
[2] Einschließlich der ins Deutsche übersetzten Varianten der Fassung des Artikels in der NYDT vom 2.4.1855.
[3] Erster Absatz vermutlich von der Redaktion.
[4] Wiedergegeben von W. Liebknecht.

Ent-stehungs-zeit	Erschei-nungs-datum	Ver-fasser	Titel oder Textbezeichnung	Quellen-nachweis
10.4.	27.4.	M/E[1]	Prospect in France and England [in NYDT]	[FR: Menace: 187–190]; EQ: 531–536
			– Deutsche Übersetzung	MEW 11: 178–183
12.4.		KM	Brief an Friedrich Engels	MEW 28: 444; [BW II: 111]
14.4.	17.4.	FE	Kritik des napoleonischen „Moniteur"-Artikels [in NOZ]	MEW 11: 184–188[2]
14.4.	30.4.[3]	FE	Napoleon's Apology [in NYDT]	[FR: MvR: 180–183]; EQ: 537–541
			– Deutsche Übersetzung	FR: McR: 149–152
15.4.	18.4.	M/E[4]	Die Affäre vom 23. März [in NOZ][1]	MEW 11: 189–192
16.4.		KM	Brief an Friedrich Engels	MEW 28: 445; [BW II: 111]
17.4.		KM	Brief an Moritz Elsner	MEW 28: 616
ca.17.4.	21.4.	FE	Deutschland und der Panslawismus. I. [in NOZ]	MEW 11: 193ff
ca.17.4.	5.5.[5]	FE[6]	The European Struggle [in NYDT]	[FR: MvR: 133–136]; EQ: 542ff
			– Deutsche Übersetzung	FR: McR: 114ff
ca.17.4.	24.4.	FE	Deutschland und der Panslawismus. II. [in NOZ]	MEW 11: 195–199
ca.17.4.	7.5.[7]	FE[6]	Austria's weakness [in NYDT]	EQ: 545–550
7.5.	10.5.	KM	Zur Geschichte der Agitationen [in NOZ]	MEW 11: 200ff
8.5.	11.5.	KM	Die Belagerung von Sebastopol. [in NOZ]	Schwann: 141–144
ca.8.5.	28.5.	FE	From Sevastopol [in NYDT] [dtÜbers]	MEW 11: 203–209
9.5.	12.5.	KM	Pianori – Mißstimmung gegen Österreich [in NOZ]	MEW 11: 210ff
11.5.	14.5.	FE	Der Feldzug in der Krim [in NOZ]	MEW 11: 213–216
14.5.	18.5.	KM	„Morning Post" gegen Preußen – Charakter der Whigs und der Tories [in NOZ]	MEW 11: 217ff
15.5.	19.5.	KM	Oberhaussitzung [in NOZ]	MEW 11: 220–223
16.5.		KM	Brief an Friedrich Engels	MEW 28: 446; [BW II: 112]
16.5.	19.5.	KM	Die Aufregung außerhalb des Parlaments [in NOZ]	MEW 11: 224–227
18.5.		KM	Brief an Friedrich Engels	MEW 28: 447; [BW II: 108]

[1] Von Engels verfaßt und unter dem Namen von Marx erschienen.
[2] Einschließlich der ins Deutsche übersetzten Varianten der unter dem Titel „Napoleon's Apology" in der NYDT vom 30.4.1855 erschienenen Fassung.
[3] Variante des in der NOZ vom 17.4.1855 erschienenen Artikels.
[4] Eine von Marx angefertigte deutsche Übersetzung der in der NYDT vom 30.4.1855 erschienenen Arbeit von Engels „The siege of Sevastopol" mit einigen kleineren redaktionellen Änderungen.
[5] Variante des Artikels vom 21.4.1855 in der NOZ.
[6] Vermutlich von der Redaktion verändert.
[7] Variante des Artikels vom 24.4.1855 in der NOZ.

Entstehungszeit	Erscheinungsdatum	Verfasser	Titel oder Textbezeichnung	Quellennachweis
19.5.	22.5.	KM	Finanzielles [in NOZ]	MEW11: 228ff
21.5.	24.5.	KM	Zur Reformbewegung [in NOZ]	MEW11: 239f
21.5.	8.6.	FE	The Crimean war [in NYDT] [dtÜbers]	MEW11: 231–238
23.5.	26.5.	KM	Zur Kritik der Krimschen Angelegenheiten – Aus dem Parlamente [in NOZ]	MEW11: 241–244
24.5.	29.5.	M/E	Das Vorspiel bei Lord Palmerston – Verlauf der letzten Ereignisse in der Krim [in NOZ]	MEW11: 245–248[1]
26.5.	30.5.	KM	Die Parlamentsreform – Abbruch und Fortdauer der Wiener Konferenzen – Der sogenannte Vernichtungskrieg [in NOZ]	MEW11: 249–252
28.5.	31.5.	KM	Disraelis Antrag [in NOZ]	MEW11: 253–256
29.5.	1.6.	KM	Aus dem Parlamente [in NOZ]	MEW11: 257–262
1.6.	4.6.	KM	Zur Kritik der letzten Rede Palmerstons [in NOZ]	MEW11: 263ff
5.6.	8.6.	KM	Die Administrativreform – Assoziation [in NOZ]	MEW11: 266–269
	6.6.	KM	The New Arbiter of Europe [in NYDT] – Deutsche Übersetzung	MvR: 73–77 McR: 67–70
6.6.	9.6.	KM	Parlamentarisches [in NOZ]	MEW11: 270–273
8.6.	11.6.	FE	Zur Kritik der Vorgänge in der Krim [in NOZ]	MEW11: 278–281
ca.8.6.	23.6.	FE[2]	From the Crimea [in NYDT] [dtÜbers]	MEW11: 274–277
9.6.	12.6.	KM	Die große parlamentarische Debatte [in NOZ]	MEW11: 282ff
ca.12.6.	29.6.	FE	Sevastopol [in NYDT] [dtÜbers des englOrig]	MEW11: 285–290
12.6.	15.6.[3]	KM[3][4]	Kritik der Krim'schen Unternehmungen. [in NOZ]	Schwann: 153–157
15.6.		KM	Brief an Friedrich Engels	MEW28: 448; [BW II: 112f]
15.6.	18.6.	KM	Brief an Napier – Roebucks Komitee [in NOZ]	MEW11: 297–300
ca.15.6.	2.7.	FE	Napoleon's war plans [in NYDT] [dtÜbers]	MEW11: 291–296
16.6.	19.6.	M/E	Zur Debatte über Layards Antrag – Der Krieg in der Krim [in NOZ]	MEW11: 301f
18.6.	21.6.	KM	Prinz Alberts Toast – Zeitungsstempel [in NOZ]	MEW11: 303f
ca.19.6.	10.7.	KM	Excentricities of politics [in NYDT] [dtÜbers]	MEW11: 305–308

[1] Einschließlich der ins Deutsche übersetzten Varianten der in der NYDT vom 12.6.1855 unter dem Titel „The new French commander" veröffentlichten Fassung.
[2] Zusätze von der Redaktion.
[3] Gekürzte Variante des in der NYDT vom 29.6.1855 erschienenen Artikels „Sevastopol" von Engels.
[4] Erster Absatz von der Redaktion hinzugefügt.

1855

Ent-stehungs-zeit	Erschei-nungs-datum	Ver-fasser	Titel oder Textbezeichnung	Quellen-nachweis
20.6.	23.6.	M/E	Der lokale Krieg – Debatte der Administrativreform – Bericht des Roebuck-Komitees usw. [in NOZ]	MEW11: 309–313
22.6.	25.6.	KM	Anzeige der Einnahme Sewastopols [in NOZ]	MEW11: 314
22.6.	26.6.	KM	Von der Pariser Börse – Über die Massaker bei Hangö im Oberhaus [in NOZ]	MEW11: 314–317
23.6.	26.6.	KM	Der Unfall des 18. Juni – Verstärkungen [in NOZ]	MEW11: 318–321
25.6.	28.6.	KM	Kirchliche Agitation [in NOZ]	MEW11: 322–327
26.6.		KM	Brief an Friedrich Engels	MEW28: 449; [BWII: 113f]
26.6.	29.6.	KM	Mitteilungen verschiedenen Inhalts [in NOZ]	MEW11: 328–331
29.6.		KM	Brief an Friedrich Engels	MEW28: 450; [BWII: 114f]
29.6.	2.7.	KM	Über die Ereignisse in der Krim. [in NOZ]	Schwann: 163–167
ca.29.6.	12.7.	FE[1]	From Sevastopol [in NYDT] [dtÜbers]	MEW11: 332–337
30.6.	3.7.	KM	Mitteilungen verschiedenen Inhalts [in NOZ]	MEW11: 338ff
III/VII		JM	Brief an Ferdinand von Westphalen	BZG 18, 6: 1020
EndeVI/ Anf.VII	VIII	FE	The Armies of Europe [in „Putnam's Monthly Magazine"] – Deutsche Übersetzung	Putnam's Monthly Magazine: 193–206 MEW11: 411–436
2.7.	5.7.	KM	Die Aufregung gegen die Verschärfung der Sonntagsfeier [in NOZ]	MEW11: 341–344
3.7.		KM	Brief an Friedrich Engels	MEW28: 451f; [BWII: 115f]
6.7.	9.7.[2]	M/E	Konflikte zwischen Polizei und Volk – Über die Ereignisse auf der Krim [in NOZ]	MEW11: 345ff
7.7.	11.7.[3]	FE	Über den Sturm vom 18. Juni [in NOZ]	MEW11: 348ff
11.7.	14.7.	KM	Aus dem Parlamente [in NOZ]	MEW11: 351ff
13.7.	16.7.	KM	Aus dem Parlamente [in NOZ]	MEW11: 354–357
14.7.	17.7.	M/E	Russells Entlassung – Über die Angelegenheiten in der Krim [in NOZ]	MEW11: 358–361[4]
17.7.		KM	Brief an Friedrich Engels	MEW28: 453f; [BWII: 116f]
17.7.	20.7.	KM	Russells Entlassung [in NOZ]	MEW11: 362ff
18.7.	21.7.	KM	Aus dem Parlamente [in NOZ]	MEW11: 365ff
20.7.	23.7.	M/E	Aus dem Parlamente – Vom Kriegsschauplatze [in NOZ]	MEW11: 373ff
ca.20.7.	4.8.	FE	War prospects [in NYDT] [dtÜbers]	MEW11: 368–372
	23.7.	KM	Another Vienna Disclosure [in NYDT]	EQ: 554–557
23.7.	26.7.	KM	Palmerston – Physiologie der herrschenden Klassen Großbritanniens [in NOZ]	MEW11: 376–379

[1] Vermutlich von der Redaktion geändert.
[2] Teilweise Textübersetzung aus dem Artikel „The later repulse of the allies" in NYDT vom 21.7.1855.
[3] Übersetzung aus dem Artikel „The later repulse of the allies" in NYDT vom 21.7.1855.
[4] Einschließlich der ins Deutsche übersetzten Varianten der in der NYDT vom 21.7.1855 unter dem Titel „The great Crimean blunder" erschienenen Fassung.

1855

Ent-stehungs-zeit	Erscheinungs-datum	Verfasser	Titel oder Textbezeichnung	Quellennachweis
25.7.	28.7.	KM	Russell [in NOZ]	MEW 11: 383ff
27.7.	30.7.	KM	Birminghamer Konferenz – Die dänische Erbfolge – Die vier Garantien [in NOZ]	MEW 11: 402–406[1]
27.7.	10.8.[2]	KM	The late Birmingham conference [in NYDT]	FR: EQ: 562–566
28.7.		KM	Brief an Ferdinand Lassalle	MEW 28: 617
28.7.	31.7.	KM	Schluß der gestrigen Correspondenz [in NOZ]	MEW 11: 406f
Ende VII	IX	FE	The Armies of Europe. [II] [in „Putnam's Monthly Magazine"] – Deutsche Übersetzung	Putnam's Monthly Magazine: 306–317 MEW 11: 437–459
1.8.	4.8.	KM	Lord John Russell [in NOZ]	MEW 11: 386–389[3]
1.8.	28.8.[4]	KM	Russell [in NYDT] [englOrig]	M/E: On Britain: 430–445
3.8.	6.8.	KM	General Simpsons Abdankung – Aus dem Parlamente [in NOZ]	MEW 11: 481
3.8.	7.8.	KM	Russell [in NOZ]	MEW 11: 389–392
4.8.	8.8.	KM	Russell [in NOZ]	MEW 11: 392–395[3]
6.8.	10.8.	KM	Russell [in NOZ]	MEW 11: 395–398
7.8.		KM	Brief an Friedrich Engels	MEW 28: 455
8.8.	11.8.	KM	Kommentar zu den Parlamentsverhandlungen [in NOZ]	MEW 11: 482ff
10.8.		JM	Vollmacht für Ferdinand von Westphalen	BZG 18, 6: 1022f
10.8.		JM	Brief an Wilhelm von Florencourt	BZG 18, 6: 1020ff
11.8.	14.8.	KM	Die Streitkräfte gegen Rußland [in NOZ]	MEW 11: 485
12.8.	15.8.	KM	Russell [in NOZ]	MEW 11: 398–401
13.8.	16.8.	KM	Polenmeeting [in NOZ]	MEW 11: 486–489
15.8.	18.8.	KM	Zur Kritik der österreichischen Politik im Krimfeldzuge [in NOZ]	MEW 11: 490ff
17.8.	20.8.	M/E	Der englisch-französische Krieg gegen Rußland [in NOZ]	MEW 11: 493ff
18.8.	21.8.[5]	M/E	Der englisch-französische Krieg gegen Rußland. [Schluß des gestrigen Artikels]. [in NOZ]	MEW 11: 495ff
22.8.	25.8.	KM	Über die Ereignisse auf den Kriegsschauplätzen [in NOZ]	MEW 11: 498ff
24.8.	27.8.	KM	Ein Brief Napiers [in NOZ]	MEW 11: 501f
25.8.	28.8.	KM	Die britische Armee [in NOZ]	M/E: Gesamm. Schriften II: 349f
28.8.	31.8.	KM	Züchtigung der Soldaten [in NOZ]	MEW 11: 509ff

[1] Einschließlich der ins Deutsche übersetzten Varianten der unter dem Titel „The late Birmingham conference" in der NYDT vom 10.8.1855 erschienenen Fassung.
[2] Variante zum Artikel in der NOZ vom 30.7.1855.
[3] Einschließlich der ins Deutsche übersetzten Varianten der in der NYDT vom 28.8.1855 erschienenen Fassung.
[4] Variante der Artikel in der NOZ vom 4., 7., 8., 10. und 15.8.1855.
[5] Gekürzte Variante unter dem Titel „The War" in der NYDT vom 1.9.1855 veröffentlicht.

1855

Ent-stehungs-zeit	Erschei-nungs-datum	Ver-fasser	Titel oder Textbezeichnung	Quellen-nachweis
28.8.	1.9.	KM	Uniformirung und Equipirung des britischen Soldaten [in NOZ]	M/E: Gesamm. SchriftenII: 353–356
ca.28.8.	13.9.	KM	Austria and the war [in NYDT]	FR: EQ: 567–572
			– Deutsche Übersetzung	MEW11: 503–508
ca.31.8.		FE	Skizze der Schlacht an der Tschornaja	MEW11: 512a
31.8.	3.9.	M/E	Über die Schlacht an der Tschernaja. [in NOZ]	Schwann: 201–204
31.8.	14.9.[1]	FE	The battle of the Chernaya [in NYDT] [dtÜbers]	MEW11: 512–518
1.9.		KM	Brief an Friedrich Engels	MEW28: 456f; [BWII: 118f]
1.9.	4.9.	M/E	Über die Schlacht an der Tschernaja. [in NOZ]	Schwann: 205ff
6.9.		KM	Brief an Friedrich Engels	MEW28: 458f; [BWII: 119f]
6.9.		KM	Brief an Amalie Daniels	MEW28: 618f
ca.8.9.	24.9.	KM	Another British revelation [in NYDT]	EQ: 573–578
			– Deutsche Übersetzung	MEW11: 519–524
nach8.9.		FE	Chronologische Notizen über die wichtigsten Ereignisse des Krimkrieges	MEW11: 682f
11.9.		KM	Brief an Friedrich Engels	MEW28: 460; [BWII: 120f]
11.9.		KM	Brief an Moritz Elsner	MEW28: 620f
11.9.	14.9.	M/E	Zur Einnahme von Sewastopol [in NOZ]	MEW11: 525–528[2]
11.9.	15.9.	KM	Begräbnis O'Connors [in NOZ]	MEW11: 529
14.9.	18.9.	M/E	Zu den Angelegenheiten in der Krim [in NOZ]	MEW11: 536ff
ca.14.9.	1.10.	FE	Crimean prospects [in NYDT] [dtÜbers]	MEW11: 530–535
IX	XII	FE	The Armies of Europe. [III] [in „Putnam's Monthly Magazine"]	[FR: RevSpain: 157–161]; Putnam's Monthly Magazine: 561–572
			– Deutsche Übersetzung	MEW11: 460–480
22.9.		JM	Brief an Wilhelm von Florencourt	BZG18, 6: 1023f
24.9.	28.9.	KM	Der kommerzielle und finanzielle Zustand [in NOZ]	MEW11: 539ff
25.9.	29.9.[3]	FE	Die Widerstandskraft Rußlands [in NOZ]	MEW11: 542f
27.9.	1.10.	M/E[4]	Die Berichte der Generale Simpson, Pélissier und Niel [in NOZ]	MEW11: 544–547
28.9.	13.10.	FE[5]	The great event of the war [in NYDT]	EQ: 579–586

[1] Variante der Artikel in der NOZ vom 3. und 4.9.1855.
[2] Einschließlich der ins Deutsche übersetzten Varianten der in der NYDT vom 28.9.1855 unter dem Titel „The Fall of Sevastopol" erschienenen Fassung.
[3] Von der Redaktion veränderte Variante unter dem Titel „The State of the War" in der NYDT vom 17.10.1855.
[4] Vermutlich nur von Marx.
[5] Im ersten Absatz Änderungen durch die Redaktion.

1855

Ent-stehungs-zeit	Erschei-nungs-datum	Ver-fasser	Titel oder Textbezeichnung	Quellen-nachweis
			– Deutsche Übersetzung	MEW11: 548–554
29.9.	4.10.[1]	M/E	Zur Erstürmung Sewastopols [in NOZ]	FE: Schriften: 386–389
2.10.	5.10.	KM	Diplomatische Unschicklichkeit. [in NOZ]	Schwann: 217
2.10.	6.10.	KM	Der offizielle Finanzbericht [in NOZ]	MEW11: 557f
4.10.	8.10.	KM	Die französische Bank – Verstärkungen nach der Krim – Die neuen Feldmarschalle [in NOZ]	MEW11: 559f
6.10.	11.10.	KM	Das Comité zu Newcastle upon Tyne [in NOZ]	Schwann: 221–224
19.10.	5.11.	FE	Progress of the war [in NYDT]	EQ: 587–592
			– Deutsche Übersetzung	MEW11: 561–566
1.11.	4.11.	KM	Die ausgewiesenen Flüchtlinge. [in NOZ]	Schwann: 225
1.11.	5.11.	KM	Admiral Napiers Candidatur [in NOZ]	Schwann: 225f
2.11.	5.11.	KM	Das Asylrecht [in NOZ]	Schwann: 227f
ca.2.11.	16.11.	FE	The Russian army [in NYDT] [dtÜbers]	MEW11: 567–572
5.11.	8.11.	KM	Kossuth über die Verbannung der Flücht-linge. [in NOZ]	Schwann: 228–234
8.11.		KM	Brief an Moritz Elsner	MEW28: 622f
8.11.		KM	Brief an Ferdinand Lassalle	MEW28: 624f
9.11.	12.11.	KM	Ein Protokoll: Unterredung Victor Hugo's mit dem Connétable von St. Clement in Jersey. [in NOZ]	Schwann: 234–238
	10.11.	M/E	The Russians as Fighters	[MvR: 183–188]; EQ: 593–599
			– Deutsche Übersetzung	FR: McR: 152–156
11.11.	14.11.	KM	Vom Kriegsschauplatze. [in NOZ]	Schwann: 238ff
12.11.	15.11.	KM	Völlerei ein britisches Nationallaster. [in NOZ]	Schwann: 240ff
13.11.	16.11.	KM	Großes Meeting für die politischen Flüchtlinge. [in NOZ]	Schwann: 243ff
17.11.	25.11.	KM	Die fashionable Welt [in „Ostdeutsches Athenäum"]	KM: Alltag: 119–125
18.11.	21.11.	KM	Lord John Russell als Theologe. [in NOZ]	Schwann: 245–248
24.11.	28.11.	KM	Palmerston in Verlegenheit. [in NOZ]	Schwann: 248f
28.11.	1.12.	KM	Angebliche Stimmung in den russischen Provinzen. [in NOZ]	Schwann: 249f
29.11.	3.12.	KM	Oberst Türr [in NOZ]	Schwann: 250f
1.12.	4.12.	KM	Lord Palmerston gegen die Friedensvor-schläge. [in NOZ]	Schwann: 251f
3.12.	6.12.	KM	Kardinal Wiseman über das österreichi-sche Concordat. [in NOZ]	Schwann: 252ff
4.12.	7.12.	KM	Gerüchte von Palmerston's Rücktritt. [in NOZ]	Schwann: 254f
5.12.	8.12.	KM	Die Friedensvorschläge. [in NOZ]	Schwann: 255f
5.12.	9.12.	KM	Cardinal Wiseman. Schnurrbärte. [in NOZ]	Schwann: 256f

[1] Variante des Artikels in der NYDT vom 13.10.1855.

Ent-stehungs-zeit	Erschei-nungs-datum	Ver-fasser	Titel oder Textbezeichnung	Quellen-nachweis
7.12.		KM	Brief an Friedrich Engels	MEW28: 461f; [BW II: 121ff]
8.12.		JM	Brief an Wilhelm von Florencourt	BZG18, 6: 1024
8.12.	12.12.	KM	Die Administrativ-Reform und der Verkehr mit Rußland. [in NOZ]	Schwann: 257ff
11.12.		KM	Brief an Friedrich Engels	MEW28: 463; [BW II: 123]
12.12.		FE	Brief an Karl Marx	MEW28: 464f; [BW II: 123ff]
12.12.	15.12.	KM	Friedensgerüchte. Die Botschaft des Präsidenten der Freistaaten. [in NOZ]	Schwann: 260f
12.12.	16.12.	KM	Fabrikation preußischer Kassenanweisungen. Brutalität gegen arme Kinder. [in NOZ]	Schwann: 261f
14.12.		KM	Brief an Friedrich Engels	MEW28: 466f; [BW II: 125ff]
15.12.	18.12.	KM	Joseph Mazzini. Ledru-Rollin und L. Kossuth [in NOZ]	Schwann: 262–265
ca.18.12.	4.1.56	KM	The Russian Loan [in NYDT]	EQ: 600–606
24.12.	28.12.	KM[?]	Cardinal Wiseman über das österreichische Concordat. [in NOZ]	Schwann: 265–268
ca.28.12.	12.1.56	KM	Traditional English policy [in NYDT] – Deutsche Übersetzung	MvR: 161–167 MEW11: 573–576

1856

ca.11.1.	25.1.	FE	The war in Asia [in NYDT] [dtÜbers]	MEW11: 577–583
18.1.		KM	Brief an Friedrich Engels	MEW29: 5ff; [BW II: 128ff]
ca.18.1.	4.2.	FE	The European war [in NYDT] [dtÜbers]	MEW11: 584–587
7.2.		FE	Brief an Karl Marx	MEW29: 8ff; [BW II: 130ff]
8.2.	25.2.	KM	The American difficulty – Affairs of France [in NYDT] [dtÜbers]	MEW11: 588–593
12.2.		KM	Brief an Friedrich Engels	MEW29: 11–15; [BW II: 133–138]
13.2.		KM	Brief an Friedrich Engels	MEW29: 16ff; [BW II: 138ff]
–II[?]		KM	Exzerptheft mit Auszügen aus Werken von Wesselowsky [Mémoire présenté à sa Majesté britannique], Perceval [A Chapter on Russia and on the Diplomatic Service], außerdem aus „Truth is truth, as it is timed, or Our Ministry's present Measures against the Moscovite vindicated by Plain and Obvious reasons, tending to prove that it is no less the interest of Our British Trade, than that of Our state that the Czar be not suffered to retain	IRofSH V, 1: 60ff

1856

Ent-stehungs-zeit	Erschei-nungs-datum	Ver-fasser	Titel oder Textbezeichnung	Quellen-nachweis
			a Fleet – if needs must that he should have a Sea Port in the Baltic", „The defensive treaty concluded in the year 1700 between his late Majesty, King William, of ever-glorious memory and his present Swedish Majesty, King Charles XII", „The Northern Crisis, or Impartial Reflections on the Policy of the Czar . . .", „A second Enquiry into the Reasons of the Conduct of Great Britain, with Relations to the Present State of Affairs in Europe.", „An Inquiry into the Reasons of the Conduct of Great Britain with Relation to the present state of Affairs in Europe", „A Defence of the Enquiry into the Reasons . . .", „Tagebuch Peters des Großen vom Jahre 1698 bis zum Schlusse des Neustädter Friedens", „Copies and Extracts of several letters written by the King of Sweden and his Ministers relating to the Negociations of Baron Görtz etc.", „Three letters . . . upon the subject of the Full Power given Bar. Görtz by the King of Sweden", „A Secret History of one Year", „Mémoires pour servir l'histoire de l'empire russe sous le règne de Pierre le Grand", „The present State of Russia . . ." [Beschreibung]	
I/II			– Vermerk zu Perceval, A Chapter on Russia and on the Diplomatic Service	IRofSH V, 1: 61
I/II			– Exzerpte aus „Mémoires pour servir l'histoire de l'empire russe sous le règne de Pierre le Grand	FR: IRofSH V, 1: 62
II		KM	Exzerptheft mit Auszügen aus Werken von J. William [The Rise, Progress and Present State of Northern Governments], Moritz Wilhelm Heffter [Das Slaventum], F.G. Eichhoff [Histoire de la langue et de la littérature des Slaves etc.], außerdem aus „Political conferences between several government men etc", „New Dialogues upon the present posture of affairs", „The History of Prime Ministers and Favorites in England", „Memoirs of the Conduct of her late Majesty and her last Ministry	IRofSH V, 1: 62–67

[1] Korrigiert aus: William.

Ent-stehungs-zeit	Erschei-nungs-datum	Ver-fasser	Titel oder Textbezeichnung	Quellen-nachweis
			relating to the Separate Peace with Tories", "An Inquiry into the Miscarry-ings of the 4 last years etc", "Urkunden und Materialien zur näheren Kenntnis der Geschichte und Staatsverwaltung nordi-scher Reiche", den "Coxe Papers" und der "Sloane Collection" des British Museum und aus "Dobrowsky's Slavin" [Beschreibung]	
			– Exzerpte aus "The History of Prime Ministers and Favorites in England"]	FR: IRofSHV,1: 63
			– Exzerpte aus den "Coxe Papers"	FR: IRofSHV, 1: 64
			– Exzerpte aus der "Sloane Collection"	FR: IRofSHV, 1: 66
	19.2.	KM	The Results of the War [in NYDT] [russÜbers]	SočX: 596–600
	21.2.	KM	The Peace in Europe [in NYDT] [russÜbers]	SočX: 601–605
29.2.		KM	Brief an Friedrich Engels	MEW29: 19–22; [BWII: 140–144]
5.3.		KM	Brief an Friedrich Engels	MEW29: 23–29; [BWII: 144–151]
7.3.		FE	Brief an Karl Marx	MEW29: 30; [BWII: 151ff]
25.3.		KM	Brief an Friedrich Engels	MEW29: 32–36; [BWII: 159–164]
28.3.		JM	Brief an Friedrich Engels	MEW29: 641f; [BWII: 106f]
ca.EndeIII/ Anf.IV	5.4.[1]	KM	The fall of Kars – I [in PP] – Deutsche Übersetzung	EQ: 611–619 MEW11: 603–611
ca.IV	12.4.[1]	KM	The fall of Kars – II [in PP] – Deutsche Übersetzung	EQ: 620–630 MEW11: 611–620
1.4.	5.4.[2]	KM	The France of Bonaparte the Little [in PP] [dtÜbers]	MEW11: 594–599
10.4.		KM	Brief an Friedrich Engels	MEW29: 37–40; [BWII: 153–157]
14.4.		FE	Brief an Karl Marx	MEW29: 41ff; [BWII: 157ff]
14.4.	19.4.	KM	Rede auf der Jahresfeier des "People's Paper" in London [in PP] [englOrig] – Deutsche Übersetzung	Kunst: 91f MEW12: 3f
ca.IV	19.4.[1]	KM	The fall of Kars – III [in PP] – Deutsche Übersetzung	EQ: 631–640 MEW11: 620–628
ca.IV	26.4.[1]	KM	The fall of Kars – IV [in PP] – Deutsche Übersetzung	EQ: 641–648 MEW11: 628–635

[1] Varianten zur Artikelserie "The fall of Kars" in NYDT vom 8.4.1856 unter gleichem Titel, in "The Sheffield Free Press" und in "The Free Press" vom 7.5.1856 unter dem Titel "Kars Papers Curiosities" veröffentlicht.

[2] In NYDT vom 14.4.1856 unter dem Titel "Bonapartean victims and tools" veröffentlicht.

1856

Ent-stehungs-zeit	Erschei-nungs-datum	Ver-fasser	Titel oder Textbezeichnung	Quellen-nachweis
IV 1856		KM	Exzerptheft mit Auszügen aus Werken von T. S. Hughes [The History of England from the accession of George III], Mahon [History of England from the Peace of Utrecht to the peace of Aix-la-Chapelle], Schlosser [History of the 18th Century], Charles Withworth [An account of Russia as it was in the year 1710], Charles-Louis de Sevelinges, [Mémoires secrets et correspondance inédite du cardinal Dubois ...], W. Theyls[1] [Mémoires pour servir à l'histoire de Charles XII etc.], Ralph [The History of England], Anderson [An historical and chronological deduction of the Origin of Commerce], außerdem aus den „Sloane Papers" des British Museum und aus „Truth is but Truth ...", „Further reasons for enlarging the trade to Russia humbly offred by the Merchants and Planters trading to, and interested in the plantations of Virginia and Maryland", „The Northern Crisis", „Reasons for the present conduct in relation to the trade in the Baltick, set forth in a letter of a gentleman at Dantzick to his friend at Amsterdam", „Mémoire présenté à Sa Majesté britannique". [Beschreibung] – Exzerpte aus den „Sloane Papers"	IRofSHV, 1: 67–70 FR: IRofSHV, 1: 68
15.4.		FE	Brief an Wilhelm Steffen	MEW 29: 531
15.4.	5.5.	KM	Prussia [in NYDT] [dtÜbers]	MEW 11: 636–640
16.4.		KM	Brief an Friedrich Engels	MEW 29: 44–48; [BW II: 164–167]
ca.25.4.	26.4.	KM	The House of Lords and the Duke of York's monument [in PP] [dtÜbers]	MEW 12: 5–14
26.4.		KM	Brief an Friedrich Engels	MEW 29: 49f; [BW II: 167f]
7.5.		KM	Brief an Friedrich Engels	MEW 29: 51; [BW II: 168]
8.5.		KM	Brief an Friedrich Engels	MEW 29: 52f; [BW II: 168ff]
V		KM	Exzerptheft mit Auszügen aus Hermann Grimm, Geschichte der deutschen Sprache [Beschreibung]	IRofSHV, 1: 70
ca.16.5.	17.5.	KM	Sardinia [in PP] [dtÜbers]	MEW 12: 15–19[2]

[1] Korrigiert aus: Theylls.
Einschließlich der ins Deutsche übersetzten Varianten dieses in der NYDT vom 31.5.1856 unter dem gleichen Titel erschienenen Artikels.

Ent-stehungs-zeit	Erschei-nungs-datum	Ver-fasser	Titel oder Textbezeichnung	Quellen-nachweis
23.5.		KM	Brief an Friedrich Engels	MEW29: 54f; [BW II: 170f]
23.5.		FE	Brief an Karl Marx	MEW29: 56ff; [BW II: 171–174]
26.5.		FE	Brief an Karl Marx	MEW29: 59; [BW II: 174]
29.5.		KM	Brief an Friedrich Engels	MEW29: 60; [BW II: 175]
5.6.		KM	Brief an Friedrich Engels	MEW29: 61; [BW II: 175]
6.6.		KM	Brief an Friedrich Engels	MEW29: 62; [BW II: 176]
ca.6.6.	21.6.[1]	KM	The French Crédit mobilier [in NYDT] [dtÜbers]	MEW12: 20–25
ca.12.6.	24.6.	KM	The French Crédit mobilier [in NYDT] [dtÜbers]	MEW12: 26–30
21.6.		KM	Brief an Jenny Marx	MEW29: 532–536
21.6.		KM	Brief an Isaac Ironside [unvollendeter Entwurf] [dtÜbers des englOrig]	MEW29: 537f
EndeVI	11.7.	KM	The French Crédit mobilier [in NYDT] [dtÜbers]	MEW12: 31–36
22.7.		KM	Brief an William Cyples [dtÜbers des englOrig]	MEW29: 539
23.7.	25.7.	JM	Todesanzeige ihrer Mutter [„in Trierische Zeitung"]	Monz: 323[2]
25.7.	8.8.	KM	Revolution in Spain [in NYDT] – Deutsche Übersetzung	RevSpain: 141–148 MEW12: 37–42
28.7.		KM	Brief an Friedrich Engels	MEW29: 63ff; [BW II: 176ff]
ca.VI– ca.VIII	16.8.56 –1.4.57	KM	Revelations of the Diplomatic History of the Eighteenth Century [in „The Free Press"] – Deutsche Übersetzung	KM: History: 48–131 KM: Geschichte: 26–101; [KMA III, 2: 727–832]
Anf.VIII	18.8.	KM	Revolution in Spain [in NYDT] – Deutsche Übersetzung	RevSpain: 148–154 MEW12: 43–48
1.8.		KM	Brief an Friedrich Engels	MEW29: 66ff; [BW II: 178–181]
2.8.		KM	Vollmacht für Jenny Marx	Faks: Archiv f. Sozialgeschichte VIII:254
4.8.		FE	Brief an Karl Marx	MEW29: 69f; [BW II: 181ff]
8.8.		KM	Brief an Jenny Marx	MEW29: 540

[1] Auch in PP vom 7.6.1856 erschienen.
[2] Einschließlich der Variante in der „Trierischen Volkszeitung" vom 25.7.1856.

1856

Ent-stehungs-zeit	Erschei-nungs-datum	Ver-fasser	Titel oder Textbezeichnung	Quellen-nachweis
11.8.		KM	Brief an Collet Dobson Collet [Entwurf] [dtÜbers des englOrig]	MEW 29: 541
14.8.		JM u. Stöck	Notarielle Auseinandersetzung	Zur Persönlichkeit: 113f
VIII[?]		KM	Exzerptheft mit Auszügen aus Werken von A. L. Schlözer [Briefwechsel hist. und polit. Inhalts], de Fabrice [Anecdotes du séjour du Roi de Suède à Bade], Voltaire [l'Histoire de Charles XII], De Lamberty [Mémoires pour servir à l'Histoire du XVIIIe siècle], Mottley[1] [The History of the Life of Peter I.], F. S. Thomas [Historical Notes], Kerble [Statepapers and Correspondance ...], George Murray [The letters and dispatches of John Churchill, first Duke of Marlborough from 1702–1712], Max. S.[2] F. Schoell [Cours d'histoire des états européens depuis le bouleversement de l'Empire Romain d'Occident jusqu'en 1789], J. J. Schwartz [Einleitung in die Staatswissenschaft], außerdem aus „Dr. Luthers Handelspolitik" und aus der „Edinburgh Review" [Beschreibung]	IRofSH V, 1: 70ff
22.9.		KM	Brief an Friedrich Engels	MEW 29: 71ff; [BW II: 183–186]
26.9.		KM	Brief an Friedrich Engels	MEW 29: 74ff; [BW II: 186ff]
ca 26.9.	9.10.	KM	[The Monetary Crisis in Europe] [in NYDT] [dtÜbers]	MEW 12: 49–52
fr.27.9.		FE	Brief an Karl Marx [FR]	MEW 29: 77f; [BW II: 188ff]
3.10.	15.10.	KM	The monetary crisis in Europe [in NYDT] [dtÜbers]	MEW 12: 53–57
4.10.		JM	Brief an Wilhelm von Florencourt [FR]	Reetz: 6f
ca.4.10.	27.10.	KM	[The Monetary Crisis in Germany] [in NYDT] [dtÜbers]	MEW 12: 58–63
16.10.		KM	Brief an Friedrich Engels	MEW 29: 79f; [BW II: 191f]
ca.17.10.	1.11.	KM	[The Monetary Crisis in Europe] [in NYDT] [dtÜbers]	MEW 12: 64–70
23.10.		KM	Brief an Collet Dobson Collet [Entwurf] [dtÜbers des englOrig]	MEW 29: 542
30.10.		KM	Brief an Friedrich Engels	MEW 29: 81
30.10.		KM	Brief an Friedrich Engels	MEW 29: 82ff; [BW II: 192ff]
30.10.	7.1.57	KM	[Anglo-Persian War] [in NYDT]	Colon: 88ff

[1] Korrigiert aus: Motley. [2] Korrigiert aus: J.

Ent-stehungs-zeit	Erschei-nungs-datum	Ver-fasser	Titel oder Textbezeichnung	Quellen-nachweis
			– Deutsche Übersetzung	MEW 12: 71ff
ca. Ende X [?]		FE [?]	Randnotiz in Mieroslawski: Histoire de la commune polonaise du dixième au dix-huitième siècle	Exlibris: 143
ca. 7.11.	22.11.	KM	[The Monetary Crisis in Europe] [in NYDT] [dtÜbers]	MEW 12: 74–79
17.11.		FE	Brief an Karl Marx	MEW 29: 85ff; [BW II: 194–197]
ca. 21.11.	6.12.	KM	[Die Krise in Europa] [in NYDT] [dtÜbers des englOrig]	MEW 12: 80ff
Ende XI	4.8.57	KM	The maritime commerce of Austria [in NYDT] [dtÜbers]	MEW 12: 88–94
2.12.		KM	Brief an Friedrich Engels	MEW 29: 88ff; [BW II: 197ff]
2.12.	13.12.	KM	The right divine of the Hohenzollerns [in PP] [dtÜbers]	MEW 12: 95–101[1]
22.12.		KM	Brief an Friedrich Engels	MEW 29: 91; [BW II: 200]
ca. 22.12.	9.1.57	KM	The maritime commerce of Austria [in NYDT] [dtÜbers]	MEW 12: 83–87
Ende 1856 [?]		KM	Exzerptheft [Beschreibung]	IRofSH V, 1: 72f

1857

ca. 1856/ Anf. 1857 [?]		KM	Exzerptnotizen [frz-dt-englOrig]	FR: IRofSH V, 1: 73f[2]
7.1.	23.1.	KM	The British Quarrel with China [in NYDT] – Deutsche Übersetzung	Colon: 91–96 MEW 12: 102–107
10.1.		KM	Brief an Friedrich Engels	MEW 29: 92ff; [BW II: 201ff]
ca. 10.1.		FE	[Kriegführung im Gebirge einst und jetzt] [Manuskript] [englOrig] [FR]	FR: Faks: MEW 12: 109
	27.1.		– [Veröffentlichter Text] [in NYDT] [dtÜbers des englOrig]	MEW 12: 108, 111–116
14.1.		KM	Brief an Friedrich Engels	MEW 29: 95; [BW II: 204]
20.1.		KM	Brief an Friedrich Engels	MEW 29: 96ff; [BW II: 204–207]
22.1.		FE	Brief an Karl Marx	MEW 29: 99f; [BW II: 207f]
23.1.		KM	Brief an Friedrich Engels	MEW 29: 101f; [BW II: 209f]
ca. 27.1.		KM	The War Against Persia [Rohmanuskript]	FR: Faks: MEW 12: 119

[1] Einschließlich der ins Deutsche übersetzten Varianten der in der NYDT vom 9.1.1857 unter dem Titel „The divine right of the Hohenzollerns" erschienenen Fassung.
[2] Im englischen Original.

1857

Ent-stehungs-zeit	Erschei-nungs-datum	Ver-fasser	Titel oder Textbezeichnung	Quellen-nachweis
ca.27.1.	14.2.	KM	The War Against Persia [in NYDT] – Deutsche Übersetzung	Colon: 97–100 MEW12: 117f, 121f
Ende I/ Anf. II	19.2.	FE	[Perspektiven des Englisch-Persischen Krieges] [in NYDT] [dtÜbers des englOrig]	MEW12: 123–128
6.2.		KM	Brief an Friedrich Engels	MEW29: 103; [BW II: 210]
16.2.		KM	Brief an Friedrich Engels	MEW29: 104ff; [BW II: 211ff]
20.2.	9.3.	KM	The New English Budget [in NYDT] [dtÜbers]	MEW12: 129–136
24.2.		KM	Brief an Friedrich Engels	MEW29: 107; [BW II: 213]
24.od.25.2.[?]		FE	Brief an Ferdinand Freiligrath [FR]	Freiligrath: 85
27.2.	16.3.	KM	Parliamentary Debates on the Chinese Hostilities [in NYDT] – Deutsche Übersetzung	Colon: 101–106 MEW12: 137–142
3.3.	25.3.	KM	[Англо-китайский конфликт] [in NYDT] [russÜbers des englOrig]	SočXI, 1: 145ff
6.3.	25.3.	KM	Defeat of the Palmerston Ministry [in NYDT] – Deutsche Übersetzung	OnChina: 25–32 MEW12: 143–148
11.3.		FE	Brief an Karl Marx	MEW29: 108f; [BW II: 214f]
13.3.	31.3.	KM	The Coming Election in England [in NYDT] – Deutsche Übersetzung	Colon: 107–111 MEW12: 149–152
18.3.		KM	Brief an Friedrich Engels	MEW29: 110ff; [BW II: 216ff]
ca.18.3.	7.4.	KM[1]	[Russia and China] [in NYDT] – Deutsche Übersetzung	OnChina: 33ff MEW12: 153ff
20.3.		FE	Brief an Karl Marx	MEW29: 113f; [BW II: 219f]
20.3.	6.4.	KM	The English election [in NYDT] [dtÜbers]	MEW12: 156–161
ca.22.3.	10.4.	KM[1]	English Ferocity in China [in NYDT] – Deutsche Übersetzung	Colon: 112–115 MEW12: 162–165
24.3.		KM	Brief an Friedrich Engels	MEW29: 115f; [BW II: 220ff]
25.3.		KM	Brief an Collet Dobson Collet [Entwurf] [dtÜbers des englOrig]	MEW29: 543
ca.25.3.	1.4.	KM	A traitor in Circassia [in „The Free Press"] [dtÜbers]	MEW12: 166f
31.3.		KM	Brief an Friedrich Engels	MEW29: 117f; [BW II: 222f]
31.3.		FE	Brief an Karl Marx	MEW29: 119ff; [BW II: 224ff]

[1] Vermutlich von der Redaktion umgearbeitet.

1857

Ent-stehungs-zeit	Erschei-nungs-datum	Ver-fasser	Titel oder Textbezeichnung	Quellen-nachweis
31.3.	17.4.	KM	The defeat of Cobden, Bright and Gibson [in NYDT] [dtÜbers]	MEW 12: 168–172
Anf.IV	17.4.	FE	The New English Expedition in China [in NYDT] – Deutsche Übersetzung	Colon: 116–119 MEW 12: 173–178
2.4.		FE	Brief an Karl Marx	MEW 29: 122 [BW II: 226f]
7.4.	22.4.	KM	Result of the election [in NYDT] [dtÜbers]	MEW 12: 179–182
7.4.	22.4.	KM	Condition of factory laborers [in NYDT] [dtÜbers]	MEW 12: 183–186
9.4.		KM	Brief an Friedrich Engels	MEW 29: 123f; [BW II: 227ff]
10.4.	28.4.	KM	The English factory system [in NYDT] [dtÜbers]	MEW 12: 187–193
ca.12.4.		JM	Brief an Friedrich Engels	MEW 29: 643; [BW II: 229f]
ca.16.4.		FE	Brief an Jenny Marx	MEW 29: 544; [BW II: 230f]
16.4.	6.5.	FE	The new organization of the Russian army [in NYDT] [dtÜbers]	MEW 12: 194–197
21.4.		KM	Brief an Friedrich Engels	MEW 29: 125; [BW II: 231]
22.4.		FE	Brief an Karl Marx	MEW 29: 126ff; [BW II: 232ff]
23.4.		KM	Brief an Friedrich Engels	MEW 29: 129ff; [BW II: 234–237]
1.5.	16.5.	KM	The British wild-cats [in NYDT] [dtÜbers]	MEW 12: 198–201;
8.5.		KM	Brief an Friedrich Engels	MEW 29: 132f; [BW II: 237f]
11.5.		FE	Brief an Karl Marx	MEW 29: 134; [BW II: 238f]
12.5.	30.5.	KM	The Crédit mobilier. I. [in NYDT] [dtÜbers]	MEW 12: 202–205
15.5.	1.6.	KM	The Crédit mobilier. II. [in NYDT] [dtÜbers]	MEW 12: 205–209
ca.19.5.	2.6.	KM	[Some Official Correspondence] [in NYDT] – Deutsche Übersetzung	OnChina: 40–44 KM: Über China: 53–57
20.5.		FE	Brief an Karl Marx	MEW 29: 135f; [BW II: 239f]
22.5.		KM	Brief an Friedrich Engels	MEW 29: 137ff; [BW II: 241ff]
22.5.	5.6.	FE	Persia-China [in NYDT] – Deutsche Übersetzung	Colon: 120–125 MEW 12: 210–215
23.5.		KM	Brief an Friedrich Engels	MEW 29: 140; [BW II: 243f]

1857

Ent-stehungs-zeit	Erschei-nungs-datum	Ver-fasser	Titel oder Textbezeichnung	Quellen-nachweis
26.5.	12.6.	KM	Interesting revelations [in NYDT] [dtÜbers]	MEW 12: 216–221
28.5.		FE	Brief an Karl Marx	MEW 29: 141f; [BW II: 244ff]
2.6.	20.6.	KM	[Das neue Gesetz über die Bank von Frankreich] [in NYDT] [dtÜbers des englOrig]	MEW 12: 222–225
12.6.		FE	Brief an Karl Marx	MEW 29: 143; [BW II: 296]
12.6.	24.6.	KM	The Persian Treaty [in NYDT] – Deutsche Übersetzung	Colon: 126–129 MEW 12: 226–229
15.6.		KM	Brief an Friedrich Engels	MEW 29: 144; [BW II: 246]
29.6.		KM	Brief an Friedrich Engels	MEW 29: 145; [BW II: 247]
30.6.	15.7.	KM	The Revolt in the Indian Army [in NYDT] – Deutsche Übersetzung	IndianWar: 41–45 MEW 12: 230–233
1857		KM	Vermerke in Segur, Ph. de: History of Russia and of Peter the Great	FR: Harstick: Anh. 37[1]
3.7.		KM	Brief an Friedrich Engels	MEW 29: 146; [BW II: 247f]
3.7.		KM	Brief an Friedrich Engels	MEW 29: 147; [BW II: 248]
6.7.		KM	Brief an Friedrich Engels	MEW 29: 148f; [BW II: 248f]
8.7.		KM	Brief an Friedrich Engels	MEW 29: 150; [BW II: 249]
10.7.	27.7.	KM	The state in Europe [in NYDT] [dtÜbers]	MEW 12: 234–237
11.7.		FE	Brief an Karl Marx	MEW 29: 151f; [BW II: 250f]
11.7.		KM	Brief an Friedrich Engels	MEW 29: 153; [BW II: 251]
14.7.		KM	Brief an Friedrich Engels	MEW 29: 154f; [BW II: 252f]
VII		KM	Bastiat und Carey	MEGA$_2$III, 1: 3–15 +A: 10–14
16.7.		KM	Brief an Friedrich Engels	MEW 29: 156; [BW II: 253f]
17.7.	4.8.	KM	The Revolt in India [in NYDT] – Deutsche Übersetzung	IndianWar: 46–50 MEW 12: 238–241
11./24.7.	1858	FE	Adjutant [in NAC] [englOrig] – Deutsche Übersetzung	NAC I: 127f MEW 14: 49
11./24.7.	1858	FE	Albuera [in NAC] [englOrig] – Deutsche Übersetzung	NAC I: 288 MEW 14: 50f
11./24.7.	1858	FE	Alma [in NAC] [englOrig] – Deutsche Übersetzung	NAC I: 393f MEW 14: 52–56

[1] Im englischen Original.

1857

Ent-stehungs-zeit	Erschei-nungs-datum	Ver-fasser	Titel oder Textbezeichnung	Quellen-nachweis
11./24.7.	1858	FE	Arquebuse [in NAC] – Deutsche Übersetzung	NAC II: 155 MEW 14: 57ff
11./24.7.	1858	FE	Airey [in NAC] [englOrig] – Deutsche Übersetzung	NAC I: 256 MEW 14: 60
11./24.7.	1858	FE	Aspern [in NAC] [englOrig] – Deutsche Übersetzung	NAC II: 221ff MEW 14: 61–67
11./24.7.	1858	FE	Attack [in NAC] – Deutsche Übersetzung	NAC II: 320ff MEW 14: 68–72
24.7.		KM	Brief an Friedrich Engels	MEW 29: 157; [BW II: 254f]
28.7.	14.8.	KM	The Indian Question [in NYDT] – Deutsche Übersetzung	IndianWar: 51–56 MEW 12: 242–246
30.7.		FE	Brief an Karl Marx	MEW 29: 158; [BW II: 255f]
31.7.	14.8.	KM	News from India [in NYDT] – Deutsche Übersetzung	IndianWar: 57–60 MEW 12: 247ff
4.8.	18.8.	KM	State of the Indian insurrection [in NYDT] – Deutsche Übersetzung	IndianWar: 61–65 MEW 12: 250–253
9.8.		KM	Brief an Friedrich Engels	MEW 29: 159; [BW II: 257]
ca.10.8.	1858	FE	Afghanistan [in NAC] [englOrig] – Deutsche Übersetzung	[FR: Colon: 143–151]; NAC I: 165–169 MEW 14: 73–82
ca.10.8.	1858	FE	Abatis [in NAC] – Deutsche Übersetzung	NAC I: 7 MEW 14: 83
11.8.	27.8.	KM	The Oriental question [in NYDT] [dtÜbers]	MEW 12: 254–259
11./13.8.		JM	Brief an Friedrich Engels	MEW 29: 644; [BW II: 256f]
14.8.	29.8.	KM	The Indian insurrection [in NYDT] – Deutsche Übersetzung	IndianWar: 66–69 MEW 12: 260–263
15.8.		KM	Brief an Friedrich Engels	MEW 29: 160f; [BW II: 258f]
21.8.		FE	Brief an Karl Marx	MEW 29: 162ff; [BW II: 259–262]
21.8.	5.9.	KM	Political Situation in Europe [in NYDT] – Deutsche Übersetzung	IndianWar: 70–74 MEW 12: 264–267
25.8.		FE	Brief an Karl Marx	MEW 29: 165ff; [BW II: 262ff]
26.8.		KM	Brief an Friedrich Engels	MEW 29: 168f; [BW II: 264ff]
28.8.	17.9.	KM	[Investigation of Tortures in India] [in NYDT] – Deutsche Übersetzung	IndianWar: 75–80 MEW 12: 268–273
letzte Augustwoche		KM	[Grundrisse der Kritik der politischen Ökonomie] Einleitung	MEGA$_2$ II1, 1: 17–45 +A: 18–23; [MEW 13: 615–642; KMA VI: 793–833; Texte III: 7–35]

1857

Ent-stehungs-zeit	Erschei-nungs-datum	Ver-fasser	Titel oder Textbezeichnung	Quellen-nachweis
1.9.	15.9.	KM	[The Revolt in India] [in NYDT]	IndianWar: 81–88
			– Deutsche Übersetzung	MEW12: 274–280
Anf.IX	21.9.	KM	[British Incomes in India] [in NYDT]	IndianWar: 89–93
			– Deutsche Übersetzung	MEW12: 281–284
4.9.	16.9.	KM	The Indian Revolt [in NYDT]	IndianWar: 94–98
			– Deutsche Übersetzung	MEW12: 285–288
8.9.		FE	Brief an Karl Marx	MEW29: 170f; [BWII: 266f]
8.9.	26.9.	KM	[Der französische Crédit mobilier] [in NYDT] [dtÜbers des englOrig]	MEW12: 289–292
10.9.		FE	Brief an Karl Marx	MEW29: 172; [BWII: 267]
11.od.12.9.		FE	Brief an Karl Marx [FR]	MEW29: 173
ca.14.9.	1858	FE	Barbette [in NAC] [englOrig]	NACII: 615f
			– Deutsche Übersetzung	MEW14: 84
ca.14.9.	1858	FE	Bastion [in NAC] [englOrig]	NACII: 720f
			– Deutsche Übersetzung	MEW14: 85f
ca.14.9.	1858	FE	Bayonet [in NAC]	NACII: 771
			– Deutsche Übersetzung	MEW14: 87
10./15.9.	1858	M/E	Barclay de Tolly [in NAC] [englOrig]	NACII: 624f
			– Deutsche Übersetzung	MEW14: 88ff
15.9.		KM	Brief an Friedrich Engels	MEW29: 174f; [BWII: 268f]
15.9.	1858	KM	Berthier [in NAC] [englOrig]	NACIII: 199f
			– Deutsche Übersetzung	MEW14: 91–94
ca.IX		KM	Exzerpte aus N. Machiavelli's Sämmtliche Werke [russÜbers]	AKM: 347–351
17.9.		KM	Brief an Friedrich Engels	MEW29: 176; [BWII: 269f]
17.9.	1858	FE[1]	Algeria [in NAC]	[FR: Colon: 156–161]; NACI: 348–351
			– Deutsche Übersetzung	MEW14: 95–106
17.9.	1858	FE	Ammunition [in NAC]	NACI: 483
			– Deutsche Übersetzung	MEW14: 107
18.9.		FE	Brief an Karl Marx	MEW29: 177f; [BWII: 270ff]
18.9.	3.10.	KM	[The Revolt in India] [in NYDT]	IndianWar: 99–103
			– Deutsche Übersetzung	MEW12: 293–297
21.9.		KM	Brief an Friedrich Engels	MEW29: 179; [BWII: 272f]
21.9.		FE	Brief an Karl Marx	MEW29: 180ff; [BWII: 273ff]
21.9.	1858	FE	Battle [in NAC]	NACII: 743ff
			– Deutsche Übersetzung	MEW14: 117–121
10./22.9.	1858	M/E	Benningsen[2] [in NAC] [englOrig]	NACIII: 133f
			– Deutsche Übersetzung	MEW14: 108–111

[1] Von der Redaktion umgeändert.   [2] Möglicherweise redaktionell geändert aus: Bennigsen.

1857

Ent-stehungs-zeit	Erschei-nungs-datum	Ver-fasser	Titel oder Textbezeichnung	Quellen-nachweis
22.9.		FE	Brief an Karl Marx	MEW29: 183–187; [BWII: 275–280]
22.9.	1858	KM	Blum [in NAC] [englOrig]	NACIII: 396f
			– Deutsche Übersetzung	MEW14: 112ff
22.9.	1858	KM	Bourrienne [in NAC] [englOrig]	NACIII: 589f
			– Deutsche Übersetzung	MEW14: 115f
23.9.		KM	Brief an Friedrich Engels	MEW29: 188; [BWII: 280]
VIII–24.9.	1858	FE	Army [in NAC]	NACII: 123–140
			– Deutsche Übersetzung	MEW14: 5–48
24.9.		FE	Brief an Karl Marx	MEW29: 189ff; [BWII: 281–284]
vor25.9.[?]		KM	Notizen in Machiavelli, Niccolò: Tutte le opere	FR: Faks: Exlibris: 136f
25.9.		KM	Brief an Friedrich Engels	MEW29: 192f; [BWII: 284f]
28.9.	1858	FE	Battery[1] [in NAC]	NACII: 741f
			– Deutsche Übersetzung	MEW14: 122ff
28.9.	1858	FE	Bivouak [in NAC]	NACIII: 303
			– Deutsche Übersetzung	MEW14: 125
28.9.	1858	FE	Blindage [in NAC] [englOrig]	NACIII: 359
			– Deutsche Übersetzung	MEW14: 126f
28.9.	1858	FE	Bonnet [in NAC] [englOrig]	NACIII: 491
			– Deutsche Übersetzung	MEW14: 128
2.HälfteIX	1858	M/E	Bem [in NAC] [englOrig]	NACIII: 112ff
			– Deutsche Übersetzung	MEW14: 129–132
22./29.9.	1858	M/E	Bosquet [in NAC] [englOrig]	NACIII: 543f
			– Deutsche Übersetzung	MEW14: 135f
23./29.9.	1859	KM	Brune [in NAC] [englOrig]	NACIV: 15f
			– Deutsche Übersetzung	MEW14: 137–140
ca.29.9.	1858	KM	Bessières [in NAC] [englOrig]	NACIII: 208f
			– Deutsche Übersetzung	MEW14: 133f
29.9.	13.10.	KM	[The Revolt in India] [in NYDT]	IndianWar: 104–108
			– Deutsche Übersetzung	MEW12: 298–301
5.10.	1858	FE	Bomb [in NAC]	NACIII: 451f
			– Deutsche Übersetzung	MEW14: 141f
5.10.	1858	FE	Bombardier [in NAC] [englOrig]	NACIII: 453
			– Deutsche Übersetzung	MEW14: 143
5.10.	1858	FE	Bombardment [in NAC]	NACIII: 453
			– Deutsche Übersetzung	MEW14: 144f
5.10.	1858	FE	Bomb ketch [in NAC]	NACIII: 452
			– Deutsche Übersetzung	MEW14: 146
5.10.	1858	FE	Bomb vessel [in NAC]	NACIII: 453
			– Deutsche Übersetzung	MEW14: 147
5.10.	1858	FE	Bomb-proof [in NAC]	NACIII: 452
			– Deutsche Übersetzung	MEW14: 148

[1] Ohne den Abschnitt „Floating Batteries".

1857

Ent-stehungs-zeit	Erschei-nungs-datum	Ver-fasser	Titel oder Textbezeichnung	Quellen-nachweis
6.10.		FE	Brief an Karl Marx	MEW29: 194f; [BW II: 286ff]
6.10.	23.10.	KM	[The Revolt in India] [in NYDT] – Deutsche Übersetzung	IndianWar: 109–114 MEW12: 302–307
14.10.	1858	FE	Bridge, Military [in NAC] – Deutsche Übersetzung	NAC III: 690ff MEW14: 149–153
17.9./15.10.		M/E	Bernadotte [in NAC] [englOrig] – Deutsche Übersetzung	NAC III: 177–181 MEW14: 154–163
19.10.		FE	Brief an Karl Marx	MEW29: 196f; [BW II: 288f]
20.10.		KM	Brief an Friedrich Engels	MEW29: 198–201; [BW II: 289–292]
Ende VII/ 23.10.	1858	M/E	Armada, Spanish [in NAC] – Deutsche Übersetzung	NAC II: 105f MEW14: 164–167
21.9./23.10.	1858	M/E	Ayacucho [in NAC] [englOrig] – Deutsche Übersetzung	NAC II: 424 MEW14: 168f
29.10.		FE	Brief an Karl Marx	MEW29: 202ff; [BW II: 293ff]
22.9.–30.10.	1858	M/E	Blücher [in NAC] [englOrig] – Deutsche Übersetzung	NAC III: 386–392 MEW14: 170–186
30.10.	14.11.	KM	[The Revolt in India][in NYDT] – Deutsche Übersetzung	IndianWar: 115–120 MEW12: 308–313
31.10.		KM	Brief an Friedrich Engels	MEW29: 205f; [BW II: 295f]
6.11.	21.11.	KM	[Der Bankakt von 1844 und die Geldkrise in England] [in NYDT] [dtÜbers des englOrig]	MEW12: 314–319
13.11.		KM	Brief an Friedrich Engels	MEW29: 207; [BW II: 297]
13.11.	30.11.	KM	The British revulsion [in NYDT] [dtÜbers]	MEW12: 320–326
ca.MitteX–ca.MitteXI		KM	[Grundrisse der Kritik der politischen Ökonomie] Heft I.	MEGA₂II1, 1: 49–145+A: 35, 38–63, 99f; [FR: TexteIII: 36–46; Grundrisse: 35–132]
XI		KM	[Grundrisse der Kritik der politischen Ökonomie] Heft II.	MEGA₂II1, 1: 145–212+A: 64–75, 100ff; [FR: TexteIII: 47–73; Grundrisse: 132–148, 151–200]
15.11.		FE	Brief an Karl Marx	MEW29: 208–213; [BW II: 297–303]
16.11.		FE	Brief an Karl Marx	MEW29: 213f; [BW II: 302ff]
16.11.	5.12.	FE	[The Capture of Delhi] [in NYDT] – Deutsche Übersetzung	IndianWar: 121–127 MEW12: 327–334
17.11.		FE	Brief an Karl Marx	MEW29: 215; [BW II: 304]

Ent-stehungs-zeit	Erschei-nungs-datum	Ver-fasser	Titel oder Textbezeichnung	Quellen-nachweis
24.11.		KM	Brief an Friedrich Engels	MEW 29: 216ff; [BW II: 304–307]
MitteX–26.11.	1858	FE	Artillery [in NAC] – Deutsche Übersetzung	NAC II: 179–188 MEW 14: 187–212
27.11.	15.12.	KM	[Die Handelskrise in England] [in NYDT] [dtÜbers des englOrig]	MEW 12: 335–338
27.11.	1859	M/E	Bugeaud de la Piconnerie [in NAC] [englOrig] – Deutsche Übersetzung	NAC IV: 82f MEW 14: 213–216
4.12.	22.12.	KM	[Die Finanzkrise in Europa] [in NYDT] [dtÜbers des englOrig]	MEW 12: 339–343
7.12.		FE	Brief an Karl Marx	MEW 29: 219ff; [BW II: 308–311]
8.12.		KM	Brief an Friedrich Engels	MEW 29: 222–225; [BW II: 311–314]
8.12.		JM	Brief an Konrad Schramm	MEW 29: 645ff
8.12.		KM	Nachschrift zum Brief von Jenny Marx an Konrad Schramm	MEW 29: 545f
9.12.		FE	Brief an Karl Marx	MEW 29: 226; [BW II: 315]
11.12.		FE	Brief an Karl Marx	MEW 29: 227ff; [BW II: 316ff]
29.11.–ca.MitteXII		KM	[Grundrisse der Kritik der politischen Ökonomie] Heft III.	MEGA$_2$ II 1, 1: 212–280, 283+A: 36, 75–91, 102ff; [FR: TexteIII: 73–98; Grundrisse: 200–276]
17.12.		FE	Brief an Karl Marx	MEW 29: 230f; [BW II: 318f]
18.12.		KM	Brief an Friedrich Engels	MEW 29: 232f; [BW II: 320f]
18.12.	5.1.58	KM	[Die Krise in Europa] [in NYDT] [dtÜbers des englOrig]	MEW 12: 344ff
21.12.		KM	Brief an Ferdinand Lassalle	MEW 29: 547f
22.12.		KM	Brief an Friedrich Engels	MEW 29: 234f; [BW II: 321f]
25.12.		KM	Brief an Friedrich Engels	MEW 29: 236–240; [BW II: 323–327]
25.12.	12.1.58	KM	French crisis [in NYDT] [dtÜbers]	MEW 12: 347–352
30.12.		KM	Brief an Friedrich Engels	MEW 29: 241; [BW II: 327]
31.12.		FE	Brief an Karl Marx	MEW 29: 242–245; [BW II: 328–331]

1858

Ent-stehungs-zeit	Erschei-nungs-datum	Ver-fasser	Titel oder Textbezeichnung	Quellen-nachweis
			⟨*Abd el Kader*⟩[1]	
−1858	1858	FE[2]	Abensberg [in NAC] [englOrig]	NAC I: 29
			– Deutsche Übersetzung	MEW 14: 717
−1858	1858	FE[?]	Aboukir [in NAC] [englOrig]	NAC I: 38
−1858	1858	KM[?]	Algiers [in NAC] [englOrig]	NAC I: 351f
−1858	1858	KM[?]	Auerstadt [in NAC] [englOrig]	NAC II: 343
−1858	1858	KM[?]	Augereau [in NAC] [englOrig]	NAC II: 344
−1858	1858	FE	Austerlitz [in NAC] [englOrig]	NAC II: 370ff
			– Deutsche Übersetzung	FE: Schriften: 701–705
−1858	1858	M/E	Badajoz [in NAC] [englOrig]	RevSpain: 161–165
−1858	1858	KM[?]	Bagration [in NAC] [englOrig]	NAC II: 486f
−1858	1858	KM[?]	Bautzen [in NAC] [englOrig]	NAC II: 752
−1858	1858	KM[?]	Bazaine [in NAC] [englOrig]	NAC II: 752f
1.1.		KM	Brief an Friedrich Engels	MEW 29: 246; [BW II: 332]
4.1.	30.1.	FE	[Die Belagerung und Erstürmung Lakhnaus] [in NYDT] [dtÜbers des englOrig]	MEW 12: 353–358
5.1.		KM	Brief an Friedrich Engels	MEW 29: 247f; [BW II: 332f]
6.1.		FE	Brief an Karl Marx	MEW 29: 249f; [BW II: 333ff]
7.1.		FE	Brief an Karl Marx	MEW 29: 251f; [BW II: 335f]
7.1.		KM	Brief an Friedrich Engels	MEW 29: 253ff; [BW II: 337ff]
ca.7.1.	3.2.	KM	British commerce [in NYDT] [dtÜbers]	MEW 12: 359–368
7.1.	1859	FE	Campaign [in NAC]	NAC IV: 314
			– Deutsche Übersetzung	MEW 14: 232f
7.1.	1859	FE	Captain [in NAC]	NAC IV: 411
			– Deutsche Übersetzung	MEW 14: 234
8.1.	1858	KM	Bolivar y Ponte [in NAC] [englOrig]	RevSpain: 170–188
			– Deutsche Übersetzung	MEW 14: 217–231
11.1.		KM	Brief an Friedrich Engels	MEW 29: 256; [BW II: 339]
14.1.		FE	Brief an Karl Marx	MEW 29: 257; [BW II: 340]
14.1.	1.2.	FE	The relief of Lucknow [in NYDT] [dtÜbers]	MEW 12: 369–377
15.1.		FE	Brief an Karl Marx	MEW 29: 258; [BW II: 343]
ca.16.1.		KM	Brief an Friedrich Engels	MEW 29: 259ff; [BW II: 340ff]

[1] Der Artikel [in NAC von 1858], NAC I, S. 16ff, ist von W. Humphrey verfaßt [s. MEW 14, S. 707].
[2] Vermutlich von der Redaktion stark verkürzt worden.

Ent-stehungs-zeit	Erschei-nungs-datum	Ver-fasser	Titel oder Textbezeichnung	Quellen-nachweis
21.1.	1859	FE	Carabine [in NAC]	NAC IV: 412
			– Deutsche Übersetzung	MEW 14: 235
21.1.	1859	FE	Carronade [in NAC]	NAC IV: 489
			– Deutsche Übersetzung	MEW 14: 236f
21.1.	1859	FE	Case Shot [in NAC]	NAC IV: 511f
			– Deutsche Übersetzung	MEW 14: 238f
21.1.	1859	FE	Cartouch [in NAC]	NAC IV: 502
			– Deutsche Übersetzung	MEW 14: 746
21.1.	1859	FE	Carcass [in NAC]	NAC IV: 423
			– Deutsche Übersetzung	MEW 14: 240f
21.1.	1859	FE	Cartridge [in NAC]	NAC IV: 502
			– Deutsche Übersetzung	MEW 14: 242f
ca.Mitte XII 1857–22.1.58		KM	[Grundrisse der Kritik der politischen Ökonomie] Heft IV	FR: MEGA$_2$ II1, 1: 281, 283–309+A: 91–98, 104ff; [FR: Texte III: 98–136]; Grundrisse: 276–382; [FR: MESt II: 130–137, 271]
22.1.	9.2.	KM	The Approaching Indian Loan [in NYDT]	Indian War: 128–132
			– Deutsche Übersetzung	MEW 12: 378–381
23.1.		KM	Brief an Friedrich Engels	MEW 29: 262f; [BW II: 343f]
25.1.		FE	Brief an Karl Marx	MEW 29: 264f; [BW II: 344f]
28.1.	1858	FE	Berme [in NAC] [englOrig]	NAC III: 175
			– Deutsche Übersetzung	MEW 14: 244
28.1.	1858	FE	Blenheim [in NAC] [englOrig]	NAC III: 346
			– Deutsche Übersetzung	MEW 14: 245f
28.1.	1858	FE	Borodino [in NAC] [englOrig]	NAC III: 533ff
			– Deutsche Übersetzung	MEW 14: 247–252
28.1.		FE	Brief an Karl Marx	MEW 29: 266; [BW II: 346]
28.1.		KM	Brief an Friedrich Engels	MEW 29: 267f; [BW II: 346f]
29.1.		KM	Brief an Friedrich Engels	MEW 29: 269f; [BW II: 347ff]
29.1.		JM	Brief an Louise von Westphalen	Reetz: 8ff
30.1.		FE	Brief an Karl Marx	MEW 29: 271f; [BW II: 349f]
2.Hälfte I/II	1859	FE	Coehorn [in NAC] [englOrig]	NAC V: 431f
			– Deutsche Übersetzung	MEW 14: 270f
22.1.–ca. Anf.II		KM	[Grundrisse der Kritik der politischen Ökonomie] Heft V	[FR: Texte III: 136–176]; Grundrisse: 382–452; [FR: MESt II: 137–166, 271f]
1.2.		KM	Brief an Friedrich Engels	MEW 29: 273ff; [BW II: 350–353]

1858

Ent-stehungs-zeit	Erschei-nungs-datum	Ver-fasser	Titel oder Textbezeichnung	Quellen-nachweis
ca.2.2.	20.2.	FE	The defeat of Windham [in NYDT]	IndianWar: 133–139
			– Deutsche Übersetzung	MEW 12: 382–387
5.2.	22.2.	KM	[Das Attentat auf Bonaparte] [in NYDT] [dtÜbers des englOrig]	MEW 12: 388–393
8.2.		FE	Brief an Karl Marx	MEW 29: 276; [BW II: 353f]
10.2.		KM	Brief an Friedrich Engels	MEW 29: 277; [BW II: 354]
11.2.		FE	Brief an Karl Marx	MEW 29: 278f; [BW II: 355f]
ca.11.2.		FE	Skizze des Schlachtfeldes an der Bidasoa	MEW 14: 258a
11.2.	1858	FE	Bidasoa [in NAC] [englOrig]	RevSpain: 165–169
			– Deutsche Übersetzung	MEW 14: 253–258
11.2.	1858	FE	Bridge-Head [in NAC]	NAC III: 693
			– Deutsche Übersetzung	MEW 14: 263f
11.2.	1859	FE	Buda [in NAC] [englOrig]	NAC IV: 59f
			– Deutsche Übersetzung	MEW 14: 259–262
12.2.	12.3.	KM	[Die Wirtschaftskrise in Frankreich] [in NYDT] [dtÜbers des englOrig]	MEW 12: 394–398
14.2.		KM	Brief an Friedrich Engels	MEW 29: 280f; [BW II: 357f]
II		KM	[Grundrisse der Kritik der politischen Ökonomie] Heft VI	[FR: TexteIII: 176–203]; Grundrisse: 452–586
18.2.		FE	Brief an Karl Marx	MEW 29: 282f; [BW II: 358ff]
18.2.	1859	FE	Catapult [in NAC]	NAC IV: 552
			– Deutsche Übersetzung	MEW 14: 265
18.2.	1859	FE	Camp [in NAC]	NAC IV: 312f
			– Deutsche Übersetzung	MEW 14: 266–269
22.2.		KM	Brief an Friedrich Engels	MEW 29: 284ff; [BW II: 360ff]
22.2.		KM	Brief an Ferdinand Lassalle	MEW 29: 549–552
22.2.	12.3.	KM	The rule of the pretorians [in NYDT] [dtÜbers]	MEW 12: 399–402
24.2.		FE	Brief an Karl Marx	MEW 29: 287f; [BW II: 362ff]
24.2.	1858	FE	Brescia [in NAC] [englOrig]	NAC III: 668
			– Deutsche Übersetzung	MEW 14: 272ff
26.2.	15.3.	KM	[Das Ministerium Derby – Der trüge-rische Rücktritt Palmerstons] [in NYDT] [dtÜbers des englOrig]	MEW 12: 403–406
1.3.		FE	Brief an Karl Marx	MEW 29: 289; [BW II: 364]
2.3.		KM	Brief an Friedrich Engels	MEW 29: 290ff; [BW II: 364–367]
4.3.		FE	Brief an Karl Marx	MEW 29: 293ff; [BW II: 367–370]

1858

Ent-stehungs-zeit	Erschei-nungs-datum	Ver-fasser	Titel oder Textbezeichnung	Quellen-nachweis
5.3.		KM	Brief an Friedrich Engels	MEW 29: 296ff; [BW II: 370–373]
Anf.II/ 8.3.	1859	FE	Burmah [in NAC] – Deutsche Übersetzung	NAC IV: 126ff MEW 14: 275–282
11.3.		FE	Brief an Karl Marx	MEW 29: 299; [BW II: 373f]
11.3.		KM	Brief an Ferdinand Lassalle	MEW 29: 553f
11.3.	30.3.	KM	Portents of the day [in NYDT] [dtÜbers]	MEW 12: 407–411
Ende II/ Mitte III	1859	M/E[1]	Bülow, Friedrich Wilhelm [in NAC] [englOrig]	NAC IV: 95
15.3.		KM	Brief an Friedrich Engels	MEW 29: 300; [BW II: 374]
16.3.		FE	Brief an Karl Marx	MEW 29: 301; [BW II: 375]
17.3.		FE	Brief an Karl Marx	MEW 29: 302–306; [BW II: 375–380]
18.3.	1858	FE	Bomarsund [in NAC] [englOrig] – Deutsche Übersetzung	NAC III: 451 MEW 14: 283
18.3.	1.4.	KM	Bonaparte's present position [in NYDT] [dtÜbers]	MEW 12: 412–416
19.3.		KM	Brief an Friedrich Engels	MEW 29: 307; [BW II: 373]
26.3.		FE	Brief an Karl Marx	MEW 29: 308; [BW II: 380]
27.3.	15.4.	KM	Pelissier's mission to England [in NYDT] [dtÜbers]	MEW 12: 417ff
29.3.		KM	Brief an Friedrich Engels	MEW 29: 309f; [BW II: 380f]
30.3.	11.5.	KM	Mazzini and Napoleon [in NYDT] [dtÜbers]	MEW 12: 420–424
2.4.		KM	Brief an Friedrich Engels	MEW 29: 311–318; [BW II: 382–387]
4.4.	27.4.	KM	The French trials in London [in NYDT] [dtÜbers]	MEW 12: 425–433
Anf.III– 9.4.	1858	M/E	Beresford, William Carr [in NAC] [englOrig] – Deutsche Übersetzung	NAC III: 161f MEW 14: 284f
9.4.		FE	Brief an Karl Marx	MEW 29: 319ff; [BW II: 387–390]
9.4.		JM	Brief an Friedrich Engels	MEW 29: 648; [BW II: 390f]
9.4.		JM	Brief an Ferdinand Lassalle	MEW 29: 649
13.4.	30.4.	KM	[Die Finanzlage Frankreichs] [in NYDT] [dtÜbers des englOrig]	MEW 12: 434–438

[1] Vermutlich von der Redaktion stark gekürzt und verändert.

1858

Ent-stehungs-zeit	Erschei-nungs-datum	Ver-fasser	Titel oder Textbezeichnung	Quellen-nachweis
14.4.		FE	Brief an Jenny Marx	MEW 29: 555f; [BW II: 391f]
15.4.	30.4.	FE	The storming of Lucknow [in NYDT] – Deutsche Übersetzung	IndianWar: 140–146 MEW 12: 439–444
20.4.	7.5.	KM	Mr. Disraeli's budget [in NYDT] [dtÜbers]	MEW 12: 445–449
22.4.		FE	Brief an Karl Marx	MEW 29: 322; [BW II: 392f]
22.4.	8.5.	KM	The English alliance [in NYDT] [dtÜbers]	MEW 12: 450–455
29.4.		KM	Brief an Friedrich Engels	MEW 29: 323f; [BW II: 393f]
30.4.		FE	Brief an Karl Marx	MEW 29: 327; [BW II: 394f]
30.4.	20.5.	KM	Important British documents [in NYDT] [dtÜbers]	MEW 12: 456–462
1.5.		KM	Brief an Friedrich Engels [engl-dtOrig mit dtÜbers der engl Textteile]	MEW 29: 328; [BW II: 395]
6.5.		FE	Brief an Rudolf Schramm [Entwurf]	MEW 29: 557
8.5.	25.5.	FE	[Details of the Attack on Lucknow] [in NYDT] – Deutsche Übersetzung	IndianWar: 147–153 MEW 12: 463–468
vor 9.5.		JM	Brief an Karl Marx	MEW 29: 650
11.5.		FE	Brief an Jenny Marx	MEW 29: 558; [BW II: 396]
11.5.		FE	Brief an Marx' Töchter Jenny und Laura	MEW 29: 559; [BW II: 396f]
14.5.	28.5.	KM	The annexation of Oudh [in NYDT] – Deutsche Übersetzung	IndianWar: 154–160 MEW 12: 469–474
18.5.	16.6.	KM	A curious piece of history [in NYDT] [dtÜbers]	MEW 12: 475–482
25.5.	7.6.	KM	[Lord Canning's Proclamation and Land Tenure in India] [in NYDT] – Deutsche Übersetzung	IndianWar: 161–165 MEW 12: 483–486
27.5.	11.6.	KM	[Die Finanzmanöver Bonapartes – Der Militärdespotismus] [in NYDT] [dtÜbers des englOrig]	MEW 12: 487ff
31.5.		KM	Brief an Friedrich Engels	MEW 29: 329f; [BW II: 397ff]
31.5.		KM	Brief an Ferdinand Lassalle	MEW 29: 560f
Ende V	15.6.	FE	[The Revolt in India] [in NYDT] – Deutsche Übersetzung	IndianWar: 166ff MEW 12: 490ff
vor VI [?]		KM	Notizen in Arnd, Karl: Die naturgemässe Volkswirthschaft, gegenüber dem Monopoliengeiste und dem Communismus, mit einem Rückblicke auf die einschlagende Literatur	FR: Ex libris: 25
Ende II–Anf. VI		KM	[Grundrisse der Kritik der politischen Ökonomie] Heft VII [grösster Teil]	Grundrisse: 586–762

Ent-stehungs-zeit	Erschei-nungs-datum	Ver-fasser	Titel oder Textbezeichnung	Quellen-nachweis
.HälfteVI		KM	[Grundrisse der Kritik der politischen Ökonomie] Index zu den 7 Heften	Grundrisse: 855–867
.HälfteVI		KM	[Grundrisse der Kritik der politischen Ökonomie] Heft M. Mathematische Berechnungen [russ Beschreibung]	Rukopisi: 242
			– Unzusammenhängende Vermerke	MEGA₂III1,1A: 17
a.4.6.	26.6.	FE	[The British Army in India] [in NYDT]	IndianWar: 169–173
			– Deutsche Übersetzung	MEW12: 493–496
.6.		KM	Brief an Friedrich Engels	MEW29: 331f; [BWII: 399f]
.6.	21.6.	KM	The state of British commerce [in NYDT] [dtÜbers]	MEW12: 497–502
.6.		FE	Brief an Karl Marx	MEW29: 333f; [BWII: 400f]
0.6.		KM	Brief an Ferdinand Lassalle	MEW29: 562f
1.6.	24.6.	KM	[Die politischen Parteien in England – Die Lage in Europa] [in NYDT] [dtÜbers des englOrig]	MEW12: 503–506
VI		KM	[Grundrisse der Kritik der politischen Ökonomie] 1) Wert [aus Heft VII]	Grundrisse: 763f
8.6.	2.7.	KM	The British Government and the Slave-Trade [in NYDT]	Colon: 198–202
			– Deutsche Übersetzung	MEW12: 507–511
Anf.III–a.21.6.	1859	FE	Cavalry [in NAC]	NACIV: 600–611
			– Deutsche Übersetzung	MEW14: 286–314
9.6.	23.7.	KM	[Taxes in India] [in NYDT]	IndianWar: 174–179
			– Deutsche Übersetzung	MEW12: 512–517
.7.		KM	Brief an Friedrich Engels	MEW29: 335f; [BWII: 402f]
.7.	21.7.	FE	The Indian Army [in NYDT]	IndianWar: 180–185
			– Deutsche Übersetzung	MEW12: 518–522
.7.	24.7.	KM	The India bill [in NYDT]	IndianWar: 186–190
			– Deutsche Übersetzung	MEW12: 523–526
p.12.7.	17.7.	KM	Brief an den Redakteur der „Neuen Zeit" [in „Die Neue Zeit"]	MEW29: 564f
4.7.		FE	Brief an Karl Marx	MEW29: 337ff; [BWII: 403–406]
5.7.		KM	Brief an Friedrich Engels	MEW29: 340–343; [BWII: 406–409]
6.7.		FE	Brief an Karl Marx	MEW29: 344f; [BWII: 410f]
0.7.		KM	Brief an Friedrich Engels	MEW29: 346; [BWII: 411f]
3.7.	4.8.	KM	Imprisonment of Lady Bulwer-Lytton [in NYDT] [dtÜbers]	MEW12: 527–532
5.7.		KM	Brief an Friedrich Engels	MEW29: 347; [BWII: 412]

1858

Ent-stehungs-zeit	Erschei-nungs-datum	Ver-fasser	Titel oder Textbezeichnung	Quellen-nachweis
30.7.	20.8.	KM	[Die steigende Anzahl der Geisteskranken in England] [in NYDT] [dtÜbers des englOrig]	MEW12: 533–538
6.8.	23.8.	KM	[Der englische Bankakt von 1844] [in NYDT] [dtÜbers des englOrig]	MEW12: 539–543
8.8.		KM	Brief an Friedrich Engels	MEW29: 348ff; [BWII: 412–415]
10.8.		FE	Brief an Karl Marx	MEW29: 351; [BWII: 415f]
10.8.	28.8.	KM	[Handelskrisen und Geldumlauf in England] [in NYDT] [dtÜbers des englOrig]	MEW12: 544–548
13.8.		KM	Brief an Friedrich Engels	MEW29: 352f; [BWII: 416f]
18.8.		KM	Brief an Friedrich Engels	MEW29: 354; [BWII: 417f]
31.8.	20.9.	KM	History of the opium trade [in NYDT] – Deutsche Übersetzung	Colon: 213–216 MEW12: 549–552
3.9.	25.9.	KM	History of the opium trade [in NYDT] – Deutsche Übersetzung	Colon: 217–220 MEW12: 553–556
7.9.	23.9.	KM	Another strange chapter of modern history [in NYDT] [dtÜbers]	MEW12: 557–564
10.9.	5.10.	KM	[The Anglo-Chinese Treaty] [in NYDT] – Deutsche Übersetzung	Colon: 221–225 MEW12: 565–569
14.9.	4.10.	KM	British Commerce and Finance [in NYDT] [dtÜbers]	MEW12: 570–573
ca.17.9.	1.10.	FE	[The Revolt in India] [in NYDT] – Deutsche Übersetzung	IndianWar: 191–196 MEW12: 574–578
21.9.		KM	Brief an Friedrich Engels	MEW29: 355f; [BWII: 418ff]
21.9.	13.10.	KM	Mazzini's New Manifesto [in NYDT] [dtÜbers]	MEW12: 579–583
28.9.	15.10.	KM	The British and Chinese Treaty [in NYDT] – Deutsche Übersetzung	OnChina: 65–71 MEW12: 584–589
1.10.	19.10.	KM	[Die Frage der Aufhebung der Leibeigenschaft in Rußland] [in NYDT] [dtÜbers des englOrig]	MEW12: 590–593
2.10.	23.10.	KM	The King of Prussia's Insanity [in NYDT] [dtÜbers]	MEW12: 594–597
7.10.		FE	Brief an Karl Marx	MEW29: 357f; [BWII: 420ff]
8.10.		KM	Brief an Friedrich Engels	MEW29: 359ff; [BWII: 422–425]
ca.8.10.	3.11.[1]	FE	Russian advance in Central Asia [in NYDT] [dtÜbers]	MEW12: 598–603

[1] In der „Free Press" vom 24.11.1858 veröffentlicht unter dem Titel „Russian State Papers Respecting her Recent Advance to our Indian Frontiers".

Entstehungszeit	Erscheinungsdatum	Verfasser	Titel oder Textbezeichnung	Quellennachweis
12.10.	27.10.	KM	The King of Prussia's Insanity [in NYDT] [dtÜbers]	MEW12: 604–608
13.10.	27.10.	KM	The Prussian Regency [in NYDT] [dtÜbers]	MEW12: 609–612
16.10.	3.11.	KM	Affairs in Prussia [in NYDT] [dtÜbers]	MEW12: 613–616
19.10.	8.11.	KM	Affairs in Prussia [in NYDT] [dtÜbers]	MEW12: 617–620
21.10.		FE	Brief an Karl Marx	MEW29: 362ff; [BWII: 425ff]
22.10.		KM	Brief an Friedrich Engels	MEW29: 365; [BWII: 427]
ca.25.10.	18.11.	FE	[Die Erfolge Rußlands im Fernen Osten] [in NYDT] [dtÜbers des englOrig]	MEW12: 621–625
2.11.		KM	Brief an Friedrich Engels	MEW29: 366; [BWII: 428]
6.11.	24.11.	FE	The prosecution of Montalembert [in NYDT] [dtÜbers]	MEW12: 626–630
6.11.	24.11.	KM	The New Ministry [in NYDT] [dtÜbers]	[MEW12: 631–635]; MELStII: 660–664
9.11.	27.11.	KM	Prussia – The New Ministry [in NYDT] [dtÜbers]	MEW12: 636–639
10.11.		KM	Brief an Friedrich Engels	MEW29: 367f; [BWII: 428f]
12.11.		KM	Brief an Ferdinand Lassalle	MEW29: 566f
Anf.VIII/ MitteXI		KM	Urtext von „Zur Kritik der politischen Ökonomie" [FR]: Hefte B', B" und [größtenteils] B"$_{II}$	Grundrisse: 871–947
16.11.	3.12.	KM	Affairs in Prussia [in NYDT] [dtÜbers]	MEW12: 640–643
ca.19.11.	15.12.	KM	[Das Projekt der Brotpreisregulierung in Frankreich] [in NYDT] [dtÜbers des englOrig]	MEW12: 644–648
23.11.	13.12.	KM	Affairs in Prussia [in NYDT] [dtÜbers]	MEW12: 649–653
24.11.		KM	Brief an Friedrich Engels	MEW29: 369f; [BWII: 429ff]
29.11.		KM	Brief an Friedrich Engels	MEW29: 371f; [BWII: 431ff]
EndeXI	23.12.	FE	[Europa im Jahre 1858] [in NYDT] [dtÜbers des englOrig]	MEW12: 654–658
4.12.	27.12.	KM	Prussia [in NYDT] [dtÜbers]	MEW12: 659–662
11.12.		KM	Brief an Friedrich Engels	MEW29: 373f; [BWII: 433f]
16.12.		KM	Brief an Friedrich Engels	MEW29: 375; [BWII: 434f]
17.12.		KM	Brief an Friedrich Engels	MEW29: 376f; [BWII: 435ff]
17.12.	6.1.59	KM	Question of the Ionian Islands [in NYDT] – Deutsche Übersetzung	Colon: 226–230 MEW12: 663–667
22.12.		KM	Brief an Friedrich Engels	MEW29: 378; [BWII: 437]

1858–1859

Ent-stehungs-zeit	Erschei-nungs-datum	Ver-fasser	Titel oder Textbezeichnung	Quellen-nachweis
24.12.	11.1.59	KM	The excitement in Ireland [in NYDT]	M/E: Ireland: 87–91
			– Deutsche Übersetzung	MEW12: 668–672
28.12.		KM	Brief an Friedrich Engels	MEW29: 379; [BWII: 438]
29.12.	17.1.59	KM	The Emancipation Question [in NYDT] [dtÜbers]	MEW12: 673–678
30.12.		KM	Brief an Friedrich Engels	MEW29: 380; [BWII: 438]
31.12.	17.1.59	KM	The Emancipation Question [in NYDT] [dtÜbers]	MEW12: 678–682
ca.1858	1858	KM[?]	Beauharnais, Eugène de [in NAC] [englOrig]	NACIII: 18f
ca.1858	1858	KM[?]	Becker, Johann Philipp [in NAC] [englOrig]	NACIII: 37f
ca.1858	1858	KM[?]	Beresina [in NAC] [englOrig]	NACIII: 162ff
ca.1858	1859	KM[?]	Brumaire, The Eighteenth [in NAC] ⟨Chartism⟩[1]	NACIV: 11f
ab1858		KM	Vermerke in Steinthal, H.: Der Ursprung der Sprache, im Zusammenhange mit den letzten Fragen alles Wissens	FR: Ex libris: 188f

1859

6.1.		KM	Brief an Friedrich Engels	MEW29: 381; [BWII: 439]
7.1.	24.1.	KM	[Die Frage der Einigung Italiens] [in NYDT] [dtÜbers des englOrig]	MEW13: 161–167
8.1.		KM	Brief an Friedrich Engels	MEW29: 382; [BWII: 440]
11.1.	31.1.	KM	The War Prospect in Europe [in NYDT] [dtÜbers]	MEW13: 168–171
11.1.	1.2.	KM	Affairs in Prussia [in NYDT] [dtÜbers]	MEW12: 683–687
13.1.	1.2.	M/E	The Money Panic in Europe [in NYDT] [dtÜbers]	MEW13: 172–176
13./15.1.		KM	Brief an Friedrich Engels	MEW29: 383f; [BWII: 440f]
–21.1.	VI	KM	Zur Kritik der Politischen Ökonomie. Erstes Buch.	MEW13: 13–160; [KMAVI: 843–1029]
21.1.		KM	Brief an Friedrich Engels	MEW29: 385f; [BWII: 441f]
25.1.		FE	Brief an Ferdinand Freiligrath [Unvollendeter Entwurf]	MEW29: 568f
26.1.		KM	Brief an Friedrich Engels	MEW29: 387; [BWII: 442]

[2] Der Artikel [in NAC von 1859], NAC IV: 764ff [dtÜbers in KMA III, 1, S. 443–449], ist von W. Humphrey verfaßt [s. MEW14, S. 707].

Ent-stehungs-zeit	Erschei-nungs-datum	Ver-fasser	Titel oder Textbezeichnung	Quellen-nachweis
27.1.		FE	Brief an Karl Marx	MEW29: 388f; [BWII: 442f]
28.1.		KM	Brief an Friedrich Engels	MEW29: 390; [BWII: 444]
28.1.[1]	18.2.	KM	Louis Napoleon's Position [in NYDT] [dtÜbers]	MEW13: 177–181
31.1.	24.2.	FE	The French army [in NYDT] [dtÜbers]	MEW13: 182–188
1.2.		KM	Brief an Joseph Weydemeyer	MEW29: 570–573
2.2.		KM	Brief an Ferdinand Lassalle	MEW29: 574
2.2.		KM	Brief an Friedrich Engels	MEW29: 391; [BWII: 444]
4.2.		KM	Brief an Ferdinand Lassalle	MEW29: 575–578
8.2.		KM	Brief an Friedrich Engels	MEW29: 392; [BWII: 445]
9.2.		KM	Brief an Friedrich Engels	MEW29: 393f; [BWII: 445f]
10.2.		FE	Brief an Karl Marx	MEW29: 395; [BWII: 446f]
10.2.		JM	Brief an Louise von Westphalen	Reetz: 11ff
10.2.	12.3.	FE	German ressources for war [in NYDT] [dtÜbers]	MEW13: 189–194
14.2.		FE	Brief an Karl Marx	MEW29: 396; [BWII: 447]
15.2.		KM	Brief an Friedrich Engels	MEW29: 397f; [BWII: 447ff]
ca.II		KM	[Grundrisse der Kritik der politischen Öko-nomie] Referate zu meinen eignen Heften	Grundrisse: 951–967
MitteII	4.3.	FE	The Austrian hold on Italy [in NYDT] [dtÜbers]	MEW13: 195–201
21.2.		KM	Brief an Friedrich Engels	MEW29: 399; [BWII: 449f]
22.2.		KM	Brief an Friedrich Engels	MEW29: 400; [BWII: 450]
ca.23.2.	VI	KM	Zur Kritik der Politischen Ökonomie. Vorwort.	MEW13: 7–11; [KMAVI: 837–842]
23.2.		KM	Brief an Ferdinand Lassalle	MEW29: 579
23.2.		KM	Brief an Franz Duncker	MEW39: 525
25.2.		KM	Brief an Friedrich Engels	MEW29: 401; [BWII: 450f]
25.2.		KM	Brief an Friedrich Engels	MEW29: 402–405; [BWII: 451–455]
25.2.		KM	Brief an Ferdinand Lassalle	MEW29: 580f
25.2.	15.3.	KM	The State of British Manufactures [in NYDT] [dtÜbers]	MEW13: 202–209
EndeII	17.3.	FE	Chances of the Impending War [in NYDT] [dtÜbers]	MEW13: 210–214

[1] Bei der Veröffentlichung auf den 26.1.1859 vordatiert.

1859

Ent-stehungs-zeit	Erschei-nungs-datum	Ver-fasser	Titel oder Textbezeichnung	Quellen-nachweis
ca.II–III		KM	[Grundrisse der Kritik der politischen Ökonomie] Planentwurf	Grundrisse: 969–980
1.3.	17.3.	KM	The New British Reform Bill [in NYDT] [dtÜbers]	MEW13: 215–219
3.3.		KM	Brief an Friedrich Engels	MEW29: 406f; [BW II: 455f]
4.3.		FE	Brief an Karl Marx	MEW29: 408; [BW II: 456f]
4.3.	24.3.	KM	The State of British Manufactures [in NYDT] [dtÜbers]	MEW13: 220–224
ca.8.3.	25.3.	KM	Peace or war [in NYDT] [dtÜbers]	MEW13: 269f
ca.8.3.	26.3.	KM	A sigh from the Tuileries [in NYDT] [dtÜbers]	MEW13: 271ff
EndeII/9.3.	1859	FE	Po und Rhein	MEW13: 225–268
10.3.		KM	Brief an Friedrich Engels	MEW29: 409f; [BW II: 457f]
ca.11.3.[1]	31.3.	KM	The War Prospect in France [in NYDT] [dtÜbers]	MEW13: 274–279
14.3.		FE	Brief an Ferdinand Lassalle	MEW29: 582f
15.3.	31.3.	KM	The War Prospect in Prussia [in NYDT] [dtÜbers]	MEW13: 280–283
16.3.		KM	Brief an Friedrich Engels	MEW29: 411; [BW II: 459]
16.3.		KM	Brief an Ferdinand Lassalle	MEW29: 584f
17.3.		KM	Brief an Franz Duncker	MEW39: 526
ca.18.3.	31.3.	KM	A Historical Parallel [in NYDT] [dtÜbers]	MEW13: 284ff
22.3.		KM	Brief an Friedrich Engels	MEW29: 412; [BW II: 459f]
25.3.		KM	Brief an Friedrich Engels	MEW29: 413; [BW II: 460]
28.3.		KM	Brief an Ferdinand Lassalle	MEW29: 586ff
Anf.IV	23.4.	FE	The Proposed Peace Congress [in NYDT] [dtÜbers]	MEW13: 287–291
1.4.		KM	Brief an Friedrich Engels	MEW29: 414; [BW II: 460f]
4.4.		KM	Brief an Ferdinand Lassalle	MEW29: 589
8.4.	30.4.	KM	Great trouble in Indian finances [in NYDT] [dtÜbers]	MEW13: 292–296
9.4.		KM	Brief an Friedrich Engels	MEW29: 415f; [BW II: 461f]
11.4.		FE	Brief an Karl Marx	MEW29: 417; [BW II: 463]
12.4.		KM	Brief an Friedrich Engels	MEW29: 418f; [BW II: 463f]
12.4.	30.4.	KM	Great trouble in Indian finances [in NYDT] [dtÜbers]	MEW13: 296–299

[1] Bei der Veröffentlichung auf den 9.3.1859 vordatiert.

1859

Ent-stehungs-zeit	Erschei-nungs-datum	Ver-fasser	Titel oder Textbezeichnung	Quellen-nachweis
14.4.	30.4.	KM	The Proposed Peace Congress [in NYDT] [dtÜbers]	MEW13: 303–307
15.4.	30.4.	FE	[Die Unvermeidlichkeit des Krieges] [in NYDT] [dtÜbers des englOrig]	MEW13: 300ff
16.4.		KM	Brief an Friedrich Engels	MEW29: 420f; [BWII: 464f]
19.4.		KM	Brief an Ferdinand Lassalle	MEW29: 590–593
19.4.		KM	Brief an Friedrich Engels	MEW29: 422; [BWII: 465f]
20.4.		FE	Brief an Elisabeth Engels	MEW29: 594–597
22.4.		KM	Brief an Friedrich Engels	MEW29: 423–426; [BWII: 466–470]
22.4.	9.5.	M/E	The war in Europe – Symptoms of its approach – The state of the question – Germany arming [in NYDT] [dtÜbers]	MEW13: 308–311
28.4.	12.5.	FE	Prospects of the war [in NYDT] [dtÜbers]	MEW13: 312–315
29.4.	12.5.	KM	The financial panic [in NYDT] [dtÜbers]	MEW13: 316–319
5.5.		KM	Brief an Ferdinand Lassalle	MEW29: 598
6.5.		KM	Brief an Friedrich Engels	MEW29: 427ff; [BWII: 470–473]
ca.6.5.	18.5.	KM	Fair professions [in NYDT] [dtÜbers]	MEW13: 320ff
10.5.	27.5.	KM	Austria, Prussia and Germany in the war [in NYDT] [dtÜbers]	MEW13: 323–327
12.5.	23.5.	FE	The war [in NYDT] [dtÜbers]	MEW13: 328–332
14.5.	6.6.	KM	Highly important from Vienna [in NYDT] [dtÜbers]	MEW13: 333–338
16.5.		KM	Brief an Friedrich Engels	MEW29: 430; [BWII: 473f]
16.5.		KM	Brief an Max Friedländer	MEW29: 599
16.5.	27.5.	FE	The war – no progress [in NYDT] [dtÜbers]	MEW13: 339–343
18.5.		KM	Brief an Friedrich Engels	MEW29: 431–437; [BWII: 474–481]
18.5.		FE	Brief an Ferdinand Lassalle [FR]	MEW29: 600–605
21.5.		KM	Brief an Franz Duncker	MEW39: 527
23.5.		FE	Brief an Karl Marx	MEW29: 438f; [BWII: 481f]
24.5.		KM	Brief an Friedrich Engels	MEW29: 440f; [BWII: 482f]
ca.24.5.	6.6.	FE	Fighting at last [in NYDT] [dtÜbers]	MEW13: 344–349
ca.24.5.	10.6.	FE	The battle of Montebello [in NYDT] [dtÜbers]	MEW13: 350ff
24.5.	10.6.	KM	A Prussian view of the war [in NYDT] [dtÜbers]	MEW13: 353–357
25.5.		KM	Brief an Friedrich Engels	MEW29: 442f; [BWII: 483ff]
27.5.		KM	Brief an Friedrich Engels	MEW29: 444; [BWII: 485f]

1859

Ent-stehungs-zeit	Erschei-nungs-datum	Ver-fasser	Titel oder Textbezeichnung	Quellen-nachweis
ca.27.5.	28.5.	FE	Der Feldzug in Italien [in „Das Volk"]	MEW 13: 358ff
28.5.		KM	Brief an Friedrich Engels	MEW 29: 445; [BW II: 486]
28.5.		KM	Brief an Franz Duncker	MEW 39: 528
30.5.	15.6.	FE	Strategy of the war [in NYDT] [dtÜbers]	MEW 13: 361–364
Ende V	17.6.	KM	Mazzini's manifesto [in NYDT] [dtÜbers]	MEW 13: 365–371
1.6.		KM	Brief an Friedrich Engels	MEW 29: 446f; [BW II: 486ff]
2.6.		KM	Brief an Franz Duncker	MEW 39: 529
2.6.	17.6.	FE	Progress of the war [in NYDT] [dtÜbers]	MEW 13: 372–375
ca.3.6.	4.6.	KM u. E. Bis-camp	Gatherings from the Press [in „Das Volk"] [dtOrig]	MEW 13: 646f
	4.6.	FE	Mazzini und Monsieur Bonaparte [in „Das Volk"]	Das Volk 5: 1
7.6.		KM	Brief an Friedrich Engels	MEW 29: 448f; [BW II: 488ff]
V–ca.9.6.	1859	FE	Fortification[1] [in NAC] – Deutsche Übersetzung	NAC VII: 612–622 MEW 14: 315–339
ca.9.6.	11.6.	FE	Die Kriegsereignisse [in „Das Volk"]	MEW 13: 376–379
ca.9.6.	22.6.	FE	The Austrian defeat [in NYDT] [dtÜbers]	MEW 13: 380–383
9.6.	11.6.	KM[?]	Politische Rundschau. England [in „Das Volk"]	Das Volk 6: 2
10.6.		KM	Brief an Friedrich Engels	MEW 29: 450f; [BW II: 490f]
10.6.		KM	Brief an Ferdinand Lassalle	MEW 28: 606
–10.6.	11.6.	KM[?]	Erklärung der Redaktion der Zeitung „Das Volk" [in „Das Volk"]	MEW 13: 645
ca.16.6.	18.6.[2]	FE	Die Schlacht von Magenta [in „Das Volk"]	MEW 13: 384–390
16.6.	18.6.	KM[?]	Politische Rundschau. England [in „Das Volk"]	Das Volk 7: 2
22.6.		KM	Brief an Franz Duncker	MEW 39: 530
ca.23.6.	25.6.	KM	Spree und Mincio [in „Das Volk"]	MEW 13: 391ff
23.6.	25.6.	FE	Der Rückzug der Österreicher an den Mincio [in „Das Volk"]	MEW 13: 394–397
24.6.	25.6.	KM[?]	Politische Rundschau. England [in „Das Volk"]	Das Volk 8: 2
ca.24.6.	8.7.	FE[3]	The news from the war [in NYDT] [dtÜbers]	MEW 13: 398–401
	25.6.	KM u. E. Bis-camp	Gatherings from the Press [in „Das Volk"] [dtOrig]	MEW 13: 647f
28.6.		JM	Brief an Franz Duncker	IRofSH X, 1: 116

[1] Ohne die von der Redaktion beigefügte Tabelle.
[2] Mit leichten Änderungen in der NYDT vom 2.7.1859 unter dem Titel „A Chapter of History" veröffentlicht.
[3] Von der Redaktion verändert.

Ent-stehungs-zeit	Erschei-nungs-datum	Ver-fasser	Titel oder Textbezeichnung	Quellen-nachweis
1.7.	2.7.	KM[?]	Politische Rundschau. England [in „Das Volk"]	DasVolk 9: 2
	2.7.	KM[?]	Ministerium und Parlament[in „Das Volk"]	Das Volk 9: 1
	2.7.	FE	Die Schlacht bei Solferino [in „Das Volk"]	MEW13: 402ff
	6.7.	KM	British Diplomacy and the War [in NYDT] [russÜbers]	SočXI, 2: 202–206
ca.6.7.	21.7.	FE	Historical justice [in NYDT] [dtÜbers]	MEW13: 405–409
7.7.	9.7.	FE	Die Schlacht von Solferino [in „Das Volk"]	MEW13: 410–413
	9.7.	KM u. E. Bis-camp	Gatherings from the Press [in „Das Volk"] [dtOrig]	MEW13: 648ff
ca.9 7	9.7.	KM	Die Erfurterei im Jahre 1859 [in „Das Volk"]	MEW13: 414ff
ca.12.7.	21.7.	KM	What has Italy gained? [in NYDT] [dtÜbers]	MEW13: 417ff
14.7.		KM	Brief an Friedrich Engels	MEW29: 452f; [BWII: 491ff]
14.7.		FE	Brief an Karl Marx	MEW29: 454; [BWII: 493]
ca.15.7.	16.7.	KM	Der Friede von Villa Franca. I. [in „Das Volk"]	Das Volk 11: 1
15.7.	16.7.	KM[?]	Politische Rundschau. England [in „Das Volk"]	Das Volk 11: 2
15.7.	28.7.	KM	The peace [in NYDT] [dtÜbers]	MEW13: 420ff
	16.7.	KM u. E. Bis-camp	Gatherings from the Press [in „Das Volk"] [dtOrig]	MEW13: 650–654
18.7.		KM	Brief an Friedrich Engels	MEW29: 455; [BWII: 493f]
18.7.		FE	Brief an Karl Marx	MEW29: 456ff; [BWII: 494ff]
19.7.		KM	Brief an Friedrich Engels	MEW29: 459f; [BWII: 496ff]
19.7.	4.8.	KM	The Treaty of Villafranca [in NYDT] [dtÜbers]	MEW13: 423–427
20.7.		FE	Brief an Karl Marx	MEW29: 461; [BWII: 498f]
20.7.	23.7.	FE	Der italienische Krieg. Rückschau [in „Das Volk"]	MEW13: 428–432
21.7.	23.7.	KM[?]	Politische Rundschau. England [in „Das Volk"]	Das Volk 12: 2
22.7.		KM	Brief an Friedrich Engels	MEW29: 462f; [BW II: 499ff]
22.7.	4.8.	KM	Truth Testified [in NYDT] [dtÜbers]	MEW13: 440–443
	23.7.	KM	Der Friede von Villa Franca. II. [in „Das Volk"]	Das Volk 12: 1
	23.7.	KM	Russisches Memoir zur Belehrung des gegenwaertigen Kaisers [in „Das Volk]	Das Volk 12: 3
25.7.		FE	Brief an Karl Marx	MEW29: 464f; [BWII: 501ff]

1859

Ent-stehungs-zeit	Erschei-nungs-datum	Ver-fasser	Titel oder Textbezeichnung	Quellen-nachweis
29.7.	30.7.	KM[?]	Politische Rundschau [in „Das Volk"]	Das Volk 13: 3
	30.7.	FE	Der italienische Krieg. Rückschau [in „Das Volk"]	MEW13: 432–436
	30.7.	KM	Invasion! [in „Das Volk"]	MEW13: 444ff
	30.7.	KM	Russisches Memoir zur Belehrung des gegenwaertigen Kaisers [in „Das Volk"]	Das Volk 13: 3
EndeVII	30.7.	KM	Quid pro Quo. I. [in „Das Volk"] [dtOrig]	MEW13: 450–454
30.7.	12.8.	KM	The French disarmament [in NYDT] [dtÜbers]	MEW13: 447ff
1.8.		KM	Brief an Friedrich Engels	MEW29: 466f; [BWII: 503f]
3.8.		FE	Brief an Karl Marx	MEW29: 468f; [BWII: 504f]
ca.3.8.	6.8.	FE	Der italienische Krieg. Rückschau [in „Das Volk"]	MEW13: 436–439
3.8.	6.8.	FE	Karl Marx, „Zur Kritik der Politischen Ökonomie". I. [in „Das Volk"]	MEW13: 468–471
ca.5.8.	19.8.	KM	British Commerce [in NYDT] [dtÜbers]	MEW13: 478–481
	6.8.	KM	Quid pro Quo. II. [in „Das Volk"] [dtOrig]	MEW13: 454–457
	6.8.	KM[?]	Politische Rundschau [in „Das Volk"]	Das Volk 14: 2
	6.8.	KM	Russisches Memoir zur Belehrung des gegenwaertigen Kaisers [in „Das Volk"]	Das Volk 14: 3
8.8.		KM	Brief an Friedrich Engels	MEW29: 470f; [BWII: 505f]
10.8.		FE	Brief an Karl Marx	MEW29: 472f; [BWII: 506f]
	13.8.	KM	Quid pro Quo. III. [in „Das Volk"] [dtOrig]	MEW13: 457–464
	13.8.	KM[?]	Politische Rundschau [in „Das Volk"]	Das Volk 15: 2
	13.8.	KM	Russisches Memoir zur Belehrung des gegenwaertigen Kaisers [in „Das Volk"]	Das Volk 15: 3
13.8.		KM	Brief an Friedrich Engels	MEW29: 474f; [BWII: 507f]
nach13.8.		JM	Brief an Friedrich Engels	MEW29: 651
15.8.	20.8.	FE	Karl Marx, „Zur Kritik der Politischen Ökonomie". II. [in „Das Volk"]	MEW13: 472–477
MitteVIII	20.8.	KM	Quid pro Quo. IV. [in „Das Volk"] [dtOrig]	MEW13: 464–467
ca.15.8.	29.8.	KM	Louis-Napoleon and Italy [in NYDT] [dtÜbers]	MEW13: 482–486
ca.19.8.	20.8.	KM	Politische Rundschau [in „Das Volk"]	MEW13: 487ff
	20.8.	KM	Russisches Memoir zur Belehrung des gegenwaertigen Kaisers [in „Das Volk"]	Das Volk 16: 3
23.8.	16.9.	KM	Population, Crime and Pauperism [in NYDT] – Deutsche Übersetzung	FR: M/E: Ireland: 92ff MEW13: 490–495, 698
26.8.		KM	Brief an Friedrich Engels	MEW29: 476f; [BWII: 509]

1859

Ent-stehungs-zeit	Erschei-nungs-datum	Ver-fasser	Titel oder Textbezeichnung	Quellen-nachweis
5.9.		KM	Brief an Friedrich Engels	MEW 29: 478; [BW II: 510]
5.9.	23.9.	KM	Manufactures and Commerce [in NYDT] [dtÜbers]	MEW 13: 496–499
5.9.	24.9.	KM	Kossuth and Louis Napoleon [in NYDT] [dtÜbers]	MEW 13: 500–507
8.9.		FE	Brief an Karl Marx	MEW 29: 479; [BW II: 510]
13.9.	27.9.	KM	The New Chinese War. I. [in NYDT]	Colon: 231–235
			– Deutsche Übersetzung	MEW 13: 508–512
	16.9.	KM	Present Position of Italy [in NYDT] [russÜbers]	SočXI, 2: 240–243
16.9.	1.10.	KM	The New Chinese War. II. [in NYDT]	Colon: 236–240
			– Deutsche Übersetzung	MEW 13: 512–516; [KMA III, 1: 573–578]
17.9.		KM	Brief an Wilhelm Liebknecht	MEW 29: 607ff
20.9.	10.10.	KM	The New Chinese War. III. [in NYDT]	Colon: 241–245
			– Deutsche Übersetzung	MEW 13: 516–520
21.9.		KM	Brief an Friedrich Engels	MEW 29: 480; [BW II: 510f]
22.9.		FE	Brief an Karl Marx	MEW 29: 481f; [BW II: 511f]
23.9.		KM	Brief an Friedrich Engels	MEW 29: 483; [BW II: 512f]
26.9.		KM[1]	Brief an Bertalan Szemere [englOrig]	Revue d'Histoire comparée: 108f
			– Deutsche Übersetzung	MEW 29: 610f
23./27.9.		FE	Brief an Karl Marx	MEW 29: 484f; [BW II: 513ff]
27.9.		KM	Brief an Friedrich Engels	MEW 29: 486; [BW II: 515]
28.9.		KM	Brief an Friedrich Engels	MEW 29: 487; [BW II: 515f]
30.9.	18.10.	KM	The New Chinese War. IV. [in NYDT]	Colon: 246–249
			– Deutsche Übersetzung	MEW 13: 520–524
2.10.		KM	Brief an Ferdinand Lassalle	MEW 29: 612f
3.10.		FE	Brief an Karl Marx	MEW 29: 488f; [BW II: 516f]
5.10.		KM	Brief an Friedrich Engels	MEW 29: 490–493; [BW II: 517–521]
8.10.		KM[1]	Brief an Bertalan Szemere [englOrig]	Revue d'Histoire comparée: 110f
			– Deutsche Übersetzung	MEW 29: 614f
IX–ca. 10.10.	1860	FE	Infantry [in NAC]	NAC IX: 512–522
			– Deutsche Übersetzung	MEW 14: 340–367

[1] Unter dem Pseudonym A. Williams bzw. Williams.

1859

Entstehungszeit	Erscheinungsdatum	Verfasser	Titel oder Textbezeichnung	Quellennachweis
10.10.		KM	Brief an Friedrich Engels	MEW29: 494f; [BW II: 521f]
18.10.	4.11.	KM	Electoral Corruption in England [in NYDT] [dtÜbers]	MEW13: 525–530
19.10.	27.10.	KM	Brief an den Redakteur der „Allgemeinen Zeitung", Hermann Orges [in „Allgemeine Zeitung"]	MEW14: 687
20.10.	8.11.	KM	A Radical View of the Peace [in NYDT] [dtÜbers]	MEW13: 531–534
26.10.		KM	Brief an Friedrich Engels	MEW29: 496f; [BW II: 522f]
28.10.		FE	Brief an Karl Marx [FR]	MEW29: 498; [BW II: 523f]
3.11.		KM	Brief an Friedrich Engels	MEW29: 499ff; [BW II: 524–527]
4.11.		FE	Brief an Karl Marx	MEW29: 502ff; [BW II: 527ff]
4.11.		JM	Brief an Friedrich Engels	MEW29: 652
5.11.		FE	Brief an Jenny Marx	MEW29: 616f; [BW II: 529f]
6.11.		KM	Brief an Ferdinand Lassalle	MEW29: 618–622
7.11.		KM	Brief an Friedrich Engels	MEW29: 505; [BW II: 531]
7.11.	19.11.	KM	Zum Prozesse von Karl Vogt contra die Augsburger „Allgemeine Zeitung" [in „Die Reform"]	MEW14: 688–691
14.11.		KM	Brief an Ferdinand Lassalle	MEW29: 623ff
15.11.		KM	Brief an Ferdinand Lassalle	MEW29: 626
15.11.	21.11.	KM	Erklärung [in „Allgemeine Zeitung"]	MEW14: 692f
ca.15.11.	3.12.	KM	Trade with China [in NYDT] – Deutsche Übersetzung	OnChina: 87–92 MEW13: 540–544
16.11.		KM	Brief an Friedrich Engels	MEW29: 506; [BW II: 531f]
16.11.		FE	Brief an Emil Engels	MEW29: 627f
17.11.		KM	Brief an Friedrich Engels	MEW29: 507; [BW II: 542f]
17.11.		FE	Brief an Karl Marx	MEW29: 508f; [BW II: 532ff]
19.11.		KM	Brief an Friedrich Engels	MEW29: 510–514; [BW II: 534–538]
22.11.		KM	Brief an Ferdinand Lassalle	MEW29: 629ff
23.11.		KM	Brief an Ferdinand Freiligrath	MEW29: 632ff
25.11.	9.12.	KM	The Invasion Panic in England [in NYDT] [dtÜbers]	MEW13: 545ff
26.11.		KM	Brief an Friedrich Engels	MEW29: 515ff; [BW II: 538–541]
28.11.		FE	Brief an Karl Marx	MEW29: 518f; [BW II: 541f]

Ent-stehungs-zeit	Erschei-nungs-datum	Ver-fasser	Titel oder Textbezeichnung	Quellen-nachweis
28.11.		KM	Brief an Ferdinand Freiligrath	MEW 29: 635
10.12.		KM	Brief an Friedrich Engels	MEW 29: 520–523; [BW II: 543–546]
ca.10.12.	19.1.60	FE	Progress of the Moorish war [in NYDT] – Deutsche Übersetzung	RevSpain: 191–195 MEW 13: 548–551
11.od.12.12.		FE	Brief an Karl Marx	MEW 29: 524; [BW II: 547]
13.12.		KM	Brief an Friedrich Engels	MEW 29: 525f; [BW II: 547ff]
19.12.		FE	Brief an Karl Marx	MEW 29: 527; [BW II: 643f]
20.12.		KM	Brief an Friedrich Engels	MEW 29: 528; [BW II: 549]
22.12.		FE	Brief an Jenny Marx	MEW 29: 636ff; [BW II: 550ff]
23.od.24.12.		JM	Brief an Friedrich Engels	MEW 29: 653ff

1860

Ent-stehungs-zeit	Erschei-nungs-datum	Ver-fasser	Titel oder Textbezeichnung	Quellen-nachweis
nach 1859		KM	Vermerke in Marin-Darbel, G. E.: L'usure sa définition	FR: Exlibris: 138
Ende 50er/ Anf. 60er Jahre		FE	Exzerpte aus Doubleday, Thomas: A Financial, Monetary and Statistical History of England ... [russÜbers]	AM X: 43–58
nach 11.1.		KM	Brief an Friedrich Engels	MEW 30: 5ff; [BW II: 553ff]
12.1.		KM[1]	Brief an Bertalan Szemere [englOrig] – Deutsche Übersetzung	Revue d'Histoire comparée: 111 MEW 30: 437
17.1.	7.2.	KM	Affairs in France [in NYDT] [dtÜbers]	MEW 15: 3–7
ca.18.1.	8.2.	FE	The Moorish war [in NYDT] – Deutsche Übersetzung	RevSpain: 195–201 MEW 13: 552–559
25.1.		KM	Brief an Friedrich Engels	MEW 30: 8; [BW II: 555]
26.1.		FE	Brief an Karl Marx	MEW 30: 9f; [BW II: 555ff]
27.1.	14.2.	KM	English Politics [in NYDT] – Deutsche Übersetzung	On China: 93–98 MEW 15: 8–13
28.1.		KM	Brief an Friedrich Engels	MEW 30: 11ff; [BW II: 557–560]
28.1.	14.2.	KM	The New Treaty Between France and England [in NYDT] [dtÜbers]	MEW 15: 14–17
30.1.		KM	Brief an Ferdinand Lassalle	MEW 30: 438f
ca.30.1.	21.2.	FE	Savoy and Nizza [in NYDT] [dtÜbers]	MEW 13: 560–563
31.1.		FE	Brief an Karl Marx	MEW 30: 14ff; [BW II: 560ff]

[1] Unter dem Pseudonym A.W.

1860

Ent-stehungs-zeit	Erschei-nungs-datum	Ver-fasser	Titel oder Textbezeichnung	Quellen-nachweis
31.1.		KM	Brief an Friedrich Engels	MEW30: 17f; [BW II: 562f]
31.1.		KM[1]	Brief an Bertalan Szemere [englOrig]	Revue d'Histoire comparée: 112
			– Deutsche Übersetzung	MEW30: 440f
EndeI/Anf.II	20.2.	FE	Military reform in Germany [in NYDT] [dtÜbers]	MEW15: 18–22
Anf.II	17.3.	FE	The Moorish war [in NYDT]	RevSpain: 202–208
			– Deutsche Übersetzung	MEW13: 564–569
1.2.		FE	Brief an Karl Marx	MEW30: 19; [BW II: 564]
2.2.		FE	Brief an Karl Marx	MEW30: 20f; [BW II: 565f]
3.2.		KM	Brief an Friedrich Engels	MEW30: 22f; [BW II: 566ff]
3.2.		KM	Brief an Joachim Lelewel [Entwurf] [frzOrig]	Borejsza: 207f
			– Deutsche Übersetzung	MEW30: 442
4.2.		FE	Brief an Karl Marx	MEW30: 24f; [BW II: 568f]
4.2.		KM	Brief an Friedrich Engels	MEW30: 26; [BW II: 569f]
4.2.	1860	KM	Prosecution of the Augsburg Gazette	FR: MEW14: 673
			– Deutsche Übersetzung	MEW14: 694f
6.2.		KM	Brief an Franz Duncker	MEW30: 443
6.2.		KM	An den Redakteur des „Daily Telegraph" [dtÜbers des englOrig]	MEW14: 697
6.2.	10.2.	KM	Offener Brief in Sachen Vogt und Berliner „National-Zeitung" [in „Volks-Zeitung"]	MEW14: 696
7.2.		FE	Brief an Karl Marx	MEW30: 27; [BW II: 570f]
7.2.		KM	Brief an Friedrich Engels	MEW30: 28; [BW II: 571f]
8.2.		KM	Brief an Ferdinand Freiligrath	MEW30: 444–447
9.2.		KM	Brief an Friedrich Engels	MEW30: 29–35; [BW II: 572–579]
9.2.		FE	Brief an Karl Marx	MEW30: 36; [BW II: 579f]
11.2.	25.2.	KM	The English Budget [in NYDT] [dtÜbers]	MEW15: 23–26
12.2.		FE	Brief an Karl Marx	MEW30: 37; [BW II: 580]
13.2.		KM	Brief an Friedrich Engels	MEW30: 38f; [BW II: 581f]
13.2.		KM	Brief an Justizrat Weber	MEW30: 448–453
14.2.		KM	Brief an Friedrich Engels	MEW30: 40; [BW II: 582f]

[1] Unter dem Pseudonym A.W.

Entstehungszeit	Erscheinungsdatum	Verfasser	Titel oder Textbezeichnung	Quellennachweis
15.2.		KM	Brief an Friedrich Engels	MEW30: 41; [BW II: 583]
ca.Anf.1857 /II 1860[1]		KM	Exzerptheft mit Auszügen aus Werken von J. Lelewel [Histoire de la Pologne] und Elias Regnault [Histoire politique et sociale des principautés Danubiennes] sowie weiteren Notizen [Beschreibung]	IRofSH V, 1: 73
			– Exzerpte aus Elias Regnault, Histoire politique et sociale des Principautés Danubiennes [aus Heft XCI bzw. D und Heft LXXXV] [frz-engl-dtOrig]	KM: Însemnări: 27–84
II		KM	Extrakt aus Elias Regnault, Histoire politique et sociale des Principautés Danubiennes [aus Heft LXXXVI] [frz-dtOrig]	KM: Însemnări: 85–88
II[?]		KM	Exzerpte aus E. Regnault, „La foi des Traités" und „Histoire politique et sociale des Principautés Danubiennes" [aus Heft XCI] [frz-dtOrig]	KM: Însemnări: 89–92
4.–20.2.	IV	FE	Savoyen, Nizza und der Rhein	MEW13: 571–612
20.2.		FE	Brief an Franz Duncker	MEW30: 454
20.2.		FE	Brief an Ferdinand Lassalle	MEW30: 455f
21.2.		KM	An die Redaktion der Augsburger „Allgemeinen Zeitung"	MEW14: 698f
21.2.		KM	Brief an Justizrat Weber	MEW30: 457f
23.2.		KM	Brief an Ferdinand Freiligrath [Entwurf]	Freiligrath: 128–131
23.2.		KM	Brief an Ferdinand Freiligrath	MEW30: 459–462
23.2.		KM	Brief an Ferdinand Lassalle	MEW30: 463f
24.2.		KM	Brief an Justizrat Weber	MEW30: 465–483
27.2.		KM	Brief an Wilhelm Liebknecht [Entwurf] – [andere Fassung des Entwurfs]	MEW30: 484 Liebknecht: 31
27.2.		KM	Brief an Karl Schapper [Entwurf]	MEW30: 485f
27.2.		KM	Brief an Muzembini [Entwurf] [dtÜbers des englOrig]	MEW30: 487
28.2.	7.3.	KM	Erklärung an die Redaktionen der Zeitungen „Freischütz" und „Reform" [in „Die Reform"]	MEW14: 700
29.2.		KM	Brief an Ferdinand Freiligrath	MEW30: 488–495
3.3.		KM	Brief an Ferdinand Lassalle	MEW30: 496–499
3.3.		KM	Brief an Justizrat Weber	MEW30: 500–511
7.3.		KM	Brief an Collet Dobson Collet [dtÜbers des englOrig]	MEW30: 512f
13.3.		KM[2]	Brief an Bertalan Szemere [englOrig] – Deutsche Übersetzung	Századok: 695 MEW30: 514

[1] Exzerpte aus Lelewel etwa in der Zeit von Januar bis Februar 1857.
[2] Unter dem Pseudonym Williams.

1860

Ent-stehungs-zeit	Erschei-nungs-datum	Ver-fasser	Titel oder Textbezeichnung	Quellen-nachweis
13.3.		KM	Brief an Lucien-Léopold Jottrand [dtÜbers des englOrig]	MEW30: 515f
15.3.		FE	Brief an Ferdinand Lassalle	MEW30: 517f
27.3.		KM	Brief an Justizrat Weber	MEW30: 519
III/IV	7.4.–5.5.	FE	On rifled cannon ... [in NYDT] [dtÜbers]	MEW15: 27–38
4.4.		KM[1]	Brief an Bertalan Szemere [englOrig]	Revue d'Histoire comparée: 113
			– Deutsche Übersetzung	MEW30: 520
8.4.		FE	Brief an Karl Marx	MEW30: 42f; [BW II: 584f]
9.4.		KM	Brief an Friedrich Engels	MEW30: 44; [BW II: 585]
9.4.		KM	Brief an Ferdinand Lassalle	MEW30: 521f
9.4.		KM	Brief an Georg Lommel [Entwurf]	MEW30: 523ff
9.4.		KM	Brief an Johann Philipp Becker	MEW30: 526f
10.4.	28.4.	KM	Public feeling in Berlin [in NYDT] [dtÜbers]	MEW15: 39–42
11.4.		FE	Brief an Emil Engels	MEW30: 528
12.4.		KM	Brief an Friedrich Engels	MEW30: 45; [BW II: 586]
13.4.		KM	Brief an Justizrat Weber	MEW30: 529
IV		KM	Notizen. April 1860	FR: MEGA$_2$I10A: 1027f
16.4.		KM	Brief an Friedrich Engels	MEW30: 46f; [BW II: 587f]
16.4.		KM	Brief an Mór Perczel	MEW39: 531f
17.4.		KM	Brief an Friedrich Engels	MEW30: 48; [BW II: 588f]
19.4.		FE	Brief an Gottfried Ermen [Entwurf] [dtÜbers des englOrig]	MEW30: 530
21.4.		KM	Brief an Justizrat Weber	MEW30: 531
24.4.		KM	Brief an Friedrich Engels	MEW30: 49f; [BW II: 589f]
24.4.		KM	Brief an Georg Rheinländer	MEW30: 532
24.4.		KM	Brief an Ferdinand Lassalle	MEW30: 533f
24.4.		KM	Brief an Justizrat Weber	MEW30: 535
25.4.		FE	Telegramm an Emil Engels [dtÜbers des englOrig]	MEW30: 536
Ende IV/ Anf. V	17.5.	KM	Sicily and the Sicilians [in NYDT] [dtÜbers]	MEW15: 43ff
1.5.	19.5.	KM	Preparations for Napoleon's coming war on the Rhine [in NYDT] [dtÜbers]	MEW15: 46–50
2.5.	19.5.	KM	Preparations for Napoleon's coming war on the Rhine [in NYDT] [dtÜbers]	MEW15: 50–54
7.5.		KM	Brief an Friedrich Engels	MEW30: 51; [BW II: 590f]

[1] Unter dem Pseudonym A. Williams.

1860

Ent-stehungs-zeit	Erschei-nungs-datum	Ver-fasser	Titel oder Textbezeichnung	Quellen-nachweis
7.5.		FE	Brief an Karl Marx	MEW30: 52f; [BW II: 591f]
8.5.		KM	Brief an Friedrich Engels	MEW30: 54f; [BW II: 592f]
8.5.		KM	Brief an Eduard Fischel	MEW30: 537
10.5.		FE	Brief an Karl Marx	MEW30: 56; [BW II: 593f]
11.5.		FE	Brief an Karl Marx	MEW30: 57; [BW II: 594]
15.5.		KM	Brief an Carl Siebel	MEW30: 677ff
28.5.		KM	Brief an Friedrich Engels	MEW30: 58; [BW II: 595]
28.5.	14.6.	KM	Affairs in Prussia [in NYDT] [dtÜbers]	MEW15: 55–59
31.5.		FE	Brief an Karl Marx	MEW30: 59f; [BW II: 595f]
1.6.		KM	Brief an Eduard Fischel	MEW30: 538f
2.6.		KM	Brief an Friedrich Engels	MEW30: 61; [BW II: 596f]
ca.2.6.		KM	Brief an Ferdinand Lassalle	MEW30: 540–549
2.6.		KM[1]	Brief an Bertalan Szemere [englOrig]	Revue d'Histoire comparée: 113ff
			– Deutsche Übersetzung	MEW30: 550f
4.6.		JM	Brief an Ferdinand und Louise von Westphalen	Reetz: 14ff
ca.7.6.	22.6.	FE	Garibaldi in Sicily [in NYDT] [dtÜbers]	MEW15: 60–64
12.6.	30.6.	KM	The Emperor Napoleon III and Prussia [in NYDT] [russÜbers]	SočXII, 2: 66–71
13.6.	30.6.	KM	Interesting from Prussia [in NYDT] [dtÜbers]	MEW15: 65–69
14.6.		KM	Brief an Friedrich Engels	MEW30: 62; [BW II: 597]
14.6.		KM	Brief an Friedrich Engels	MEW30: 63f; [BW II: 597ff]
20.6.		FE	Brief an Karl Marx	MEW30: 65ff; [BW II: 599–602]
23.6.		KM	Brief an Johann Philipp Becker	MEW30: 552
ca.25.6.		FE	Brief an Karl Marx	MEW30: 68; [BW II: 604]
25.6.		KM	Brief an Friedrich Engels	MEW30: 69f; [BW II: 602ff]
ca.25.6.	11.7.	FE	The British volunteer force [in NYDT] [dtÜbers]	MEW15: 70ff
26.6.		KM	Brief an Friedrich Engels	MEW30: 71; [BW II: 604f]
26.6.		FE	Brief an Karl Marx	MEW30: 72; [BW II: 605]

[1] Unter dem Pseudonym A. Williams.

1860

Ent-stehungs-zeit	Erschei-nungs-datum	Ver-fasser	Titel oder Textbezeichnung	Quellen-nachweis
27.6.		FE	Brief an Karl Marx	MEW30: 73; [BW II: 605]
28.6.		KM	Brief an Friedrich Engels	MEW30: 74; [BW II: 605f]
ca.28.6.		FE	Brief an Karl Marx	MEW30: 75; [BW II: 606]
EndeVI/ Anf.VII	16.7.	KM	British commerce [in NYDT] [dtÜbers]	MEW15: 73–77
9.7.		KM	Brief an Friedrich Engels	MEW30: 76; [BW II: 607]
10.7.	6.8.	KM	The State of British Manufacturing Industry [in NYDT] [dtÜbers]	MEW15: 78–84
14.7.	24.8.	KM	The State of British Manufacturing Industry [in NYDT] [dtÜbers]	MEW15: 84–88
17.7.		KM	Brief an Friedrich Engels	MEW30: 77; [BW II: 607f]
21.7.		KM	Brief an Friedrich Engels	MEW30: 78; [BW II: 608]
ca.23.7.		FE	Brief an Karl Marx	MEW30: 79f; [BW II: 609]
23.7.	8.8.	KM	Interesting from Sicily – Garibaldi's quarrel with La Farina: A Letter from Garibaldi [in NYDT] [dtÜbers]	MEW15: 89–92
ca.24.7.	10.8.	FE	British defences [in NYDT] [dtÜbers]	MEW15: 93–97
25.7.		KM	Brief an Friedrich Engels	MEW30: 81; [BW II: 610]
28.7.	11.8.	KM	[Unruhen in Syrien – Die englische Parlamentssession – Die Situation im britischen Handel] [in NYDT] [dtÜbers des englOrig]	MEW15: 98–102
29.7.		KM	Brief an Friedrich Engels	MEW30: 82; [BW II: 610]
EndeVII	11.8.	FE	Could the French sack London? [in NYDT] [dtÜbers]	MEW15: 103–108
1.8.		FE	Brief an Karl Marx	MEW30: 83; [BW II: 611]
2.8.		KM	Brief an Justizrat Weber	MEW30: 553
3.8.	16.8.	KM	The Russo-French Alliance [in NYDT] [dtÜbers]	MEW15: 109–114
4.8.		KM	Brief an Friedrich Engels	MEW30: 84; [BW II: 611f]
7.8.	22.8.	KM	The paper tax – The Emperor's letter [in NYDT] [dtÜbers]	MEW15: 115–119
8.8.	23.8.	FE	Garibaldi's movements [in NYDT] [dtÜbers]	MEW15: 120–123
14.8.		JM	Brief an Friedrich Engels	MEW30: 683; [BW II: 612]
14.8.	28.8.	KM	[Die neue sardinische Anleihe – Die bevorstehende französische und die	MEW15: 124–128

Ent-stehungs-zeit	Erschei-nungs-datum	Ver-fasser	Titel oder Textbezeichnung	Quellen-nachweis
			indische Anleihe] [in NYDT] [dtÜbers des englOrig]	
15.8.		FE	Brief an Jenny Marx	MEW30: 554f; [BWII: 612f]
16.8.	1.9.	FE	The sick man in Austria [in NYDT] [dtÜbers]	MEW15: 129–132
20.8.		KM	Brief an Justizrat Weber	MEW30: 556
21.8.		KM[1]	Brief an Bertalan Szemere [englOrig]	Revue d'Histoire comparée: 115f
			– Deutsche Übersetzung	MEW30: 557f
21.8.	6.9.	KM	The Crops in Europe [in NYDT] [dtÜbers]	MEW15: 133–136
24.8.		FE	Brief an die Redaktion der „Allgemeinen Militär-Zeitung"	MEW30: 559f
ca.24.8.	8.9.	FE	Eine Musterung englischer freiwilliger Jäger [in „Allgemeine Militär-Zeitung"]	MEW15: 137–143
25.8.	10.9.	KM	[Die Kornpreise – Die europäischen Finanzen und die Kriegsvorbereitungen – Die orientalische Frage] [in NYDT] [dtÜbers des englOrig]	MEW15: 144–149
27.8.		KM	Brief an Friedrich Engels	MEW30: 85; [BWII: 614]
29.8.		KM	Brief an Friedrich Engels	MEW30: 86; [BWII: 615]
1.9.		KM	Brief an Friedrich Engels	MEW30: 87; [BWII: 615f]
Anf.IX		KM	Brief an Friedrich Engels	MEW30: 88; [BWII: 616]
1.9.	21.9.	FE	Garibaldi's progress [in NYDT] [dtÜbers]	MEW15: 150–154
Anf.IX	24.9.	FE	Garibaldi in Calabria [in NYDT] [dtÜbers]	MEW15: 155–158
7.9.		KM	Brief an Ferdinand Lassalle	MEW30: 561ff
8.9.	29.9.	KM	British Commerce [in NYDT] [dtÜbers]	MEW15: 159–163
13.9.		KM	Brief an Friedrich Engels	MEW30: 89; [BWII: 617]
	14.9.[2]	FE[3]	A Review of English Volunteer Riflemen[4] [in „Volunteer Journal"]	Military: 1–8
15.9.		KM	Brief an Friedrich Engels	MEW30: 90f; [BWII: 617f]
15.9.		FE	Brief an Karl Marx	MEW30: 92f; [BWII: 618ff]
15.9.		KM	Brief an Ferdinand Lassalle	MEW30: 564ff
15.9.		KM	Notiz an Ferdinand Lassalle	MEW30: 567

[1] Unter dem Pseudonym A. Williams.
[2] Von Engels angefertigte englische Fassung des Aufsatzes in der „Allgemeinen Militär-Zeitung" vom 8.9.1860.
[3] Erster Absatz vom Herausgeber der Zeitung zugefügt.
[4] Der von Engels für die Sammlung „Essays adressed to Volunteers" [1861] abgeänderte Titel lautete ursprünglich „A German account of the Newton Review".

1860

Entstehungszeit	Erscheinungsdatum	Verfasser	Titel oder Textbezeichnung	Quellennachweis
ca.MitteIX	21.9.	FE	The French Light Infantry – I. [in „Volunteer Journal"]	Military: 79–82
			– Deutsche Übersetzung	MEW15: 164–167
17.9.	10.10.	KM	Russia Using Austria – The Meeting at Warsaw [in NYDT] [dtÜbers]	MEW15: 178–181
20.9.		KM	Brief an Friedrich Engels	MEW30: 94; [BWII: 620]
25.9.		KM	Brief an Friedrich Engels	MEW30: 95ff; [BWII: 620ff]
27.9.	15.10.	KM	Affairs in Prussia [in NYDT] [dtÜbers]	MEW15: 182–186
1.10.		FE	Brief an Karl Marx	MEW30: 98ff; [BWII: 622–625]
2.10.		KM	Brief an Friedrich Engels	MEW30: 101f; [BWII: 625ff]
2.10.		KM	Brief an Ferdinand Lassalle	MEW30: 568f
	5.10.	FE	The French Light Infantry – II. The Chasseurs. [in „Volunteer Journal"]	Military: 82–86
			– Deutsche Übersetzung	MEW15: 168–171
5.10.		FE	Brief an Karl Marx	MEW30: 103ff; [BWII: 627ff]
nach5.10.		JM	Brief an Friedrich Engels	MEW30: 684
11.10.		KM	Brief an Friedrich Engels	MEW30: 106; [BWII: 629f]
1.HälfteX	13.10.	FE	Volunteer Artillery [in „Volunteer Journal"]	Military: 17–21
			– Deutsche Übersetzung	MEW15: 187–190
MitteX	20.10.	FE	The French Light Infantry – III. [in „Volunteer Journal"]	Military: 86–92
			– Deutsche Übersetzung	MEW15: 172–177
23.10.		KM	Brief an Ferdinand Lassalle	MEW30: 570
23.10.	8.11.	KM	Preparations for War in Prussia [in NYDT] [dtÜbers]	MEW15: 191–194
25.10.		KM	Brief an Friedrich Engels	MEW30: 107; [BWII: 630]
EndeX	3.11.	FE	The History of the Rifle – I. [in „Volunteer Journal"]	Military: 44–47
			– Deutsche Übersetzung	MEW15: 197–201
5.11.		KM	Brief an Friedrich Engels	MEW30: 108; [BWII: 630f]
5.11.		KM	Brief an Ferdinand Lassalle	MEW30: 571
–8.11.	30.11.	KM	Herr Vogt. I–XII	MEW14: 389–686; [FR: KMAIII, 1: 519–529]
10.11.	24.11.	KM	A Money Stringency [in NYDT] [dtÜbers]	MEW15: 227f
13.11.		KM	Brief an Friedrich Engels	MEW30: 109f; [BWII: 631ff]
14.11.		KM	Brief an Friedrich Engels	MEW30: 111; [BWII: 633]

1860

Ent-stehungs-zeit	Erschei-nungs-datum	Ver-fasser	Titel oder Textbezeichnung	Quellen-nachweis
	17.11.	FE	The History of the Rifle – II. [in „Volunteer Journal"]	Military: 48–51
			– Deutsche Übersetzung	MEW 15: 201–204
17.11.	30.11.	KM	Herr Vogt. Vorwort	MEW 14: 385ff
21.11.		KM	Brief an Friedrich Engels	MEW 30: 112; [BW II: 634]
21.11.		KM	Brief an Bertalan Szemere [englOrig]	Revue d'Histoire comparée: 116
			– Deutsche Übersetzung	MEW 30: 572
22.11.		KM	Brief an Bertalan Szemere [englOrig]	Revue d'Histoire comparée: 116
			– Deutsche Übersetzung	MEW 30: 573
22.11.	1861	FE	Navy[1] [in NAC]	NAC XII: 143–148
			– Deutsche Übersetzung	MEW 14: 368–380
23.11.		KM	Brief an Friedrich Engels	MEW 30: 113f; [BW II: 634f]
Ende XI	24.11.	FE	Volunteer Engineers [in „Volunteer Journal"]	Military: 21–24
			– Deutsche Übersetzung	MEW 15: 229–233
24.11.		KM	Brief an Franz Duncker	MEW 30: 574
24.11.	1.12.	KM	Erklärung [in „Allgemeine Zeitung"]	MEW 14: 701f
24.11.		KM	An die Redaktion der „Reform". Erklärung.[2]	MEW 30: 116; [BW II: 636f]
24.11.		KM	An den Redakteur der „Reform"[2]	MEW 30: 115; [BW II: 636]
26.11.		KM	Brief an Friedrich Engels	MEW 30: 115f; [BW II: 635ff]
28.11.		KM	Brief an Friedrich Engels	MEW 30: 117f; [BW II: 637f]
3.12.		FE	Brief an Karl Marx	MEW 30: 119; [BW II: 639]
5.12.		FE	Brief an Karl Marx	MEW 30: 120; [BW II: 639f]
5.12.		KM	Brief an Friedrich Engels	MEW 30: 121f; [BW II: 640f]
6.12.		KM	Brief an Friedrich Engels	MEW 30: 123f; [BW II: 641ff]
	8.12.	FE	The History of the Rifle – III. [in „Volunteer Journal"]	Military: 51ff
			– Deutsche Übersetzung	MEW 15: 204ff
12.12.		KM	Brief an Friedrich Engels	MEW 30: 125f; [BW II: 644ff]
	15.12.	FE	The History of the Rifle – IV. [in „Volunteer Journal"]	Military: 53–56
			– Deutsche Übersetzung	MEW 15: 207ff

[1] Schlußteil [NAC XII: 148f] von der Redaktion zugefügt.
[2] Beilage zum Brief von Marx an Engels vom 26.11.1860.

1860–1861

Ent-stehungs-zeit	Erschei-nungs-datum	Ver-fasser	Titel oder Textbezeichnung	Quellen-nachweis
18.12.		FE	Brief an Karl Marx	MEW30: 127; [BW II: 646]
18.12.		KM	Brief an Friedrich Engels	MEW30: 128; [BW II: 647]
19.12.		FE	Brief an Karl Marx	MEW30: 129; [BW II: 647]
19.12.		KM	Brief an Friedrich Engels	MEW30: 130f; [BW II: 647ff]
23.12.		KM	Brief an Friedrich Engels	MEW30: 132; [BW II: 649]
24.12.	12.1.61	FE	Progress of the revolution [in NYDT] [dtÜbers]	MEW15: 234–237
26.12.		KM	Brief an Friedrich Engels	MEW30: 133ff; [BW II: 650ff]
27.12.		KM	Brief an Friedrich Engels	MEW30: 136; [BW II: 653]
	29.12.	FE	The History of the Rifle – V. [in „Volunteer Journal"]	Military: 56–59
			– Deutsche Übersetzung	MEW15: 209–213

1861

3.1.		KM	Brief an Friedrich Engels	MEW30: 137; [BW III: 3]
3.1.		KM	Brief an Carl Siebel	MEW30: 575
3.1.		KM	Brief an Carl Siebel	MEW30: 576
	5.1.	FE	The History of the Rifle – VI. [in „Volunteer Journal"]	Military: 59–64
			– Deutsche Übersetzung	MEW15: 213–218
7.1.		FE	Brief an Karl Marx	MEW30: 138f; [BW III: 4f]
8.1.		KM	Brief an Friedrich Engels	MEW30: 140f; [BW III: 5f]
10.1.		KM	Brief an Friedrich Engels	MEW30: 142f; [BW III: 6ff]
	12.1.	FE	The History of the Rifle – VII. [in „Volunteer Journal"]	Military: 65–69
			– Deutsche Übersetzung	MEW15: 218–223
1.HälfteI	19.1.	FE	The History of the Rifle – VIII. [in „Volunteer Journal"]	Military: 69–72
			– Deutsche Übersetzung	MEW15: 223–226
16.1.		KM	Brief an Ferdinand Lassalle	MEW30: 577ff
18.1.		KM	Brief an Friedrich Engels	MEW30: 144f; [BW III: 8f]
22.1.		KM	Brief an Friedrich Engels	MEW30: 146f; [BW III: 10f]
28.1.		KM	Brief an Ferdinand Lassalle	MEW30: 580

1861

Ent-stehungs-zeit	Erschei-nungs-datum	Ver-fasser	Titel oder Textbezeichnung	Quellen-nachweis
29.1.		KM	Brief an Friedrich Engels	MEW 30: 148f; [BW III: 11f]
31.1.		KM	Brief an Friedrich Engels	MEW 30: 150; [BW III: 13]
31.1.		FE	Brief an Karl Marx	MEW 30: 151; [BW III: 13]
Ende I	2.2.	FE	French Armaments [in „Volunteer Journal"]	Military: 92–95
			– Deutsche Übersetzung	MEW 15: 242–245
Ende I	12.2.	FE	German movements [in NYDT] [dtÜbers]	MEW 15: 238–241
Anf. II	9.2.–2.3.	FE	On the moral element in fighting. By Marshal Bugeaud [in „Volunteer Journal"] [dtÜbers]	MEW 15: 246–254
2.2.		KM	Brief an Friedrich Engels	MEW 30: 152f; [BW III: 14]
4.2.		FE	Brief an Karl Marx	MEW 30: 154; [BW III: 15]
6.2.		FE	Brief an Karl Marx	MEW 30: 155f; [BW III: 15f]
7.2.		KM	Brief an Ferdinand Freiligrath	MEW 30: 581
13.2.		FE	Brief an Elise Engels	MEW 30: 582f
14.2.		KM	Brief an Friedrich Engels	MEW 30: 157f; [BW III: 16ff]
15.2.		KM	Brief an Ferdinand Lassalle	MEW 30: 584
27.2.		KM	Brief an Friedrich Engels	MEW 30: 159f; [BW III: 18ff]
27.2.		FE	Brief an Elise Engels	MEW 30: 585f
7.3.		KM	Brief an Ferdinand Lassalle	MEW 30: 587f
9.3.		FE	Vorwort zu „Essays addressed to Volunteers" [russÜbers des englOrig]	MEW 15: 257
11.3.		JM	Brief an Louise Weydemeyer	Mohr u. General: 250–261
1.Hälfte III	16.3.	FE	Volunteer Generals [in „Volunteer Journal"]	Military: 24–28
			– Deutsche Übersetzung	MEW 15: 258–262
vor 16.3.		JM	Brief an Friedrich Engels	MEW 30: 685
19.3.		KM[1]	Antrag an den Polizei-Präsidenten Frhr. von Zedlitz-Neukirch auf Wiederherstellung der preußischen Staatsbürgerschaft	MEW 15: 623
24.3.		KM	Brief an Nannette Philips [englOrig]	IRofSHI, 1: 82ff
			– Deutsche Übersetzung	MEW 30: 589ff
25.3.		KM[1]	Erklärung an Polizei-Präsident Frhr. von Zedlitz zur Frage der Wiederherstellung der preußischen Staatsbürgerschaft	MEW 15: 624–627
28.3.		KM	Brief an Carl Siebel	MEW 30: 592

[1] Abgefaßt von F. Lassalle und von Marx unterzeichnet.

1861

Ent-stehungs-zeit	Erschei-nungs-datum	Ver-fasser	Titel oder Textbezeichnung	Quellen-nachweis
EndeIII		JM	Brief an Friedrich Engels	MEW30: 686
Anf.IV		JM	Brief an Friedrich Engels	MEW30: 687ff
2.4.		KM	Brief an Carl Siebel	MEW30: 593
ca.4.4.	6.4.	FE	Brighton and Wimbledon [in „Volunteer Journal"]	Military: 8–14
			– Deutsche Übersetzung	MEW15: 263–269
6.4.		KM[1]	Erklärung an Polizei-Präsident Frhr. von Zedlitz zur Ablehnung des Antrags auf Wiederherstellung der preußischen Staatsbürgerschaft	MEW15: 627–633
10.4.		KM	Antrag auf Naturalisation und Wohnrecht in Berlin	MEW15: 635f
11.4.		KM	Brief an Polizei-Präsident von Zedlitz	MEW15: 636f
12.4.		KM	Vollmacht für Ferdinand Lassalle	MEW30: 690
13.4.		KM	Brief an Nannette Philips [englOrig]	IRofSHI, 1: 85f
			– Deutsche Übersetzung	MEW30: 594f
1.HälfteIV		JM	Brief an Ferdinand Lassalle	Lassalle: 354f
MitteIV	20.4.	FE	Company Drill [in „Volunteer Journal"]	Military: 29–33
			– Deutsche Übersetzung	MEW15: 270–274
EndeIV	4.5.	FE	Rifles and Rifle-shooting: The Lancaster and Enfield Rifles [in „Volunteer Journal"]	Military: 72–78
			– Deutsche Übersetzung	MEW15: 275–280
Anf.V	11.5.	FE	Aldershot and the Volunteers [in „Volunteer Journal"]	Military: 33–36
			– Deutsche Übersetzung	MEW15: 281–284
ca.3.5.		FE	Brief an das Direktorium der Schiller-Anstalt [Entwurf]	MEW30: 596ff
5.–6.5.		JM	Brief an Ferdinand Lassalle	Lassalle: 358–361
6.5.		KM	Brief an Lion Philips	MEW30: 599ff
Anf.V		JM	Brief an Nannette Philips	IRofSHI, 1: 89f
7.5.		KM	Brief an Friedrich Engels	MEW30: 161–164; [BWIII: 20–24]
8.5.		KM	Brief an Ferdinand Lassalle	MEW30: 602ff
10.5.		KM	Brief an Friedrich Engels	MEW30: 165–168; [BWIII: 24–28]
16.5.		KM	Brief an Friedrich Engels	MEW30: 169; [BWIII: 28f]
29.5.		KM	Brief an Ferdinand Lassalle	MEW30: 605f
Anf.VI	8.6.	FE	The War Office and the Volunteers [in „Volunteer Journal"]	Military: 36–39
			– Deutsche Übersetzung	MEW15: 285–288
10.6.		KM	Brief an Friedrich Engels	MEW30: 170f; [BWIII: 32f]
11.6.		KM	Brief an Ferdinand Lassalle	MEW30: 607f
12.6.		FE	Brief an Karl Marx [FR]	MEW30: 172ff; [BWIII: 33ff]

[1] Abgefaßt von F. Lasalle und von Marx unterzeichnet.

1861

Entstehungszeit	Erscheinungsdatum	Verfasser	Titel oder Textbezeichnung	Quellennachweis
19.6.		KM	Brief an Friedrich Engels	MEW 30: 175ff; [BW III: 29ff]
VI	22.6.–8.11.	FE	General Waldersee on the French Army I–IV.[1] [in „Volunteer Journal"]	Military: 95–108
			– Deutsche Übersetzung	MEW 15: 289–300
1.7.		KM	Brief an Friedrich Engels	MEW 30: 178ff; [BW III: 35–38]
3.7.		FE	Brief an Karl Marx	MEW 30: 181f; [BW III: 38f]
5.7.		KM	Brief an Friedrich Engels	MEW 30: 183–187; [BW III: 40–45]
12.7.		KM	Brief an Friedrich Engels	MEW 30: 188ff; [BW III: 45ff]
17.7.		KM	Brief an Nannette Philips [englOrig]	IRofSH I, 1: 90ff
			– Deutsche Übersetzung	MEW 30: 609–612
20.7.		KM	Brief an Friedrich Engels	MEW 30: 191f; [BW III: 47ff]
22.7.		KM	Brief an Ferdinand Lassalle	MEW 30: 613ff
Anf.VIII	10.8.	FE	A Military Criticism of the Newton Review [in „Volunteer Journal"]	Military: 14–17
			– Deutsche Übersetzung	MEW 15: 301ff
3.8.		KM	Brief an Friedrich Engels	MEW 30: 193; [BW III: 49]
18.9.	11.10.	KM	The American Question in England [in NYDT]	M/E: CivilWar: 3–15
			– Deutsche Übersetzung	MEW 15: 304–313; [KMA III, 2: 833–846]
21.9.	14.10.	KM	The British Cotton Trade [in NYDT]	M/E: CivilWar: 15–19
			– Deutsche Übersetzung	MEW 15: 314–317
24.9.		KM	Brief an Nannette Philips [englOrig]	IRofSH I, 1: 92f
			– Deutsche Übersetzung	MEW 30: 616
28.9.		KM	Brief an Friedrich Engels	MEW 30: 194f; [BW III: 49ff]
VIII–EndeIX		KM	Manuskript „Zur Kritik der politischen Ökonomie". Heft I und II [bis S. 88]	MEGA$_2$ II3, 1: 3–145+A: 20–65, 99–103
5.10.	21.10.	KM	The London "Times" and Lord Palmerston [in NYDT] [dtÜbers]	MEW 15: 318–323
12.10.	7.11.	KM	The London Times on the Orleans Princes in America [in NYDT]	M/E: CivilWar: 20–25
			– Deutsche Übersetzung	MEW 15: 324–328
20.10.	25.10.	KM	Der nordamerikanische Bürgerkrieg [in „Die Presse"]	MEW 15: 329–338; [KMA III, 2: 847–859; MESt IV: 153–162]

[1] In Artikel III und IV lautet der Titel „Waldersee on the French Army".

1861

Ent-stehungs-zeit	Erschei-nungs-datum	Ver-fasser	Titel oder Textbezeichnung	Quellen-nachweis
30.10.		KM	Brief an Friedrich Engels	MEW30: 196f; [BW III: 51ff]
EndeX	7.11.	KM	Der Bürgerkrieg in den Vereinigten Staaten [in „Die Presse"]	MEW15: 339–347; [FR: KMA III, 2: 860–865; MESt IV: 163–171]
ca.1.11.	6.11.	KM	Die Krise in England [in „Die Presse"]	MEW15: 348–351
2.11.	23.11.	KM	British commerce [in NYDT] [dtÜbers]	MEW15: 352–356
3.11.	9.11.	KM	Volkswirtschaftliche Glossen [in „Die Presse"]	MEW15: 357–360
6.11.		KM	Brief an Friedrich Engels	MEW30: 198; [BW III: 53f]
7.11.	12.11.	KM	Die Intervention in Mexiko [in „Die Presse"]	MEW15: 361–365
8.11.	23.11.	KM	The Intervention in Mexiko [in NYDT]	M/E: CivilWar: 25–34
			– Deutsche Übersetzung	MEW15: 366–373
10.11.		KM	Brief an Louis Watteau [dtÜbers des frzOrig]	MEW30: 617
MitteXI	22.11.	FE	Volunteer Officers [in „Volunter Journal"]	Military: 39–43
			– Deutsche Übersetzung	MEW15: 384–388
16.11.	19.11.	KM	Monsieur Fould [in „Die Presse"]	MEW15: 374ff
18.11.		KM	Brief an Friedrich Engels	MEW30: 199f; [BW III: 54f]
18.11.	23.11.	KM	Die Finanzlage Frankreichs [in „Die Presse"]	MEW15: 377–380
ca.19.11.	26.11.	KM	Die Absetzung Frémonts [in „Die Presse"]	MEW15: 381ff
20.11.		KM	Brief an Friedrich Engels	MEW30: 201; [BW III: 55f]
27.11.		FE	Brief an Karl Marx	MEW30: 202; [BW III: 56f]
28.11.	2.12.	KM	Der „Trent"-Fall [in „Die Presse"]	FR: MEW15: 389ff
			– Englische Übersetzung	M/E: Civil War: 100–105
29.11.	3.12.	KM	Der englisch-amerikanische Streit [in „Die Presse"]	MEW15: 392ff
30.11.	19.12.	KM	The News and its Effect in London [in NYDT]	M/E: CivilWar: 34–41
			– Deutsche Übersetzung	MEW15: 395–400
EndeXI	6.12.	FE	Lessons of the American War [in „Volunteer Journal"]	Military: 109–113
			– Deutsche Übersetzung	MEW15: 401–405
2.12.		FE	Brief an Karl Marx	MEW30: 203f; [BW III: 57f]
4.12.	8.12.	KM	Die Hauptakteure im „Trent"-Drama [in „Die Presse"]	MEW15: 406ff
5.12.		KM	Brief an Friedrich Engels	MEW30: 205; [BW III: 58]

Ent-stehungs-zeit	Erschei-nungs-datum	Ver-fasser	Titel oder Textbezeichnung	Quellen-nachweis
7.12.	11.12.	KM	Streit um die Affäre „Trent" [in „Die Presse"]	MEW 15: 409–413
7.12.	25.12.	KM	Progress of Feeling in England [in NYDT]	M/E: CivilWar: 41–47
			– Deutsche Übersetzung	MEW 15: 414–418
9.12.		KM	Brief an Friedrich Engels	MEW 30: 206f; [BW III: 58ff]
10.12.	14.12.	KM	Krise in der Sklavenfrage [in „Die Presse"]	MEW 15: 419f
13.12.		KM	Brief an Friedrich Engels	MEW 30: 208; [BW III: 60f]
13.12.	17.12.	KM	Amerikanisches [in „Die Presse"]	MEW 15: 421f
19.12.		KM	Brief an Friedrich Engels	MEW 30: 209ff; [BW III: 61–64]
19.12.	24.12.	KM	Ein Verleumdungsprozeß [in „Die Presse"]	MEW 15: 423–426
ca.20.12.	25.12.	KM	Das Kabinett von Washington und die Westmächte [in „Die Presse"]	MEW 15: 427ff
25.12.	31.12.	KM	Die Meinung der Journale und die Meinung des Volkes [in „Die Presse"]	MEW 15: 430–433
27.12.		KM	Brief an Friedrich Engels	MEW 30: 212; [BW III: 64f]
31.12.	4.1.62	KM	Französischer Nachrichtenhumbug – Ökonomische Kriegskonsequenzen [in „Die Presse"]	MEW 15: 434f

1862

Ent-stehungs-zeit	Erschei-nungs-datum	Ver-fasser	Titel oder Textbezeichnung	Quellen-nachweis
1.1.	5.1.	KM	Amerikafreundliches Meeting [in „Die Presse"]	MEW 15: 436ff
11.1.	1.2.	KM	English Public Opinion [in NYDT]	M/E: CivilWar: 47–54
			– Deutsche Übersetzung	MEW 15: 439–444
14.1.	18.1.	KM	Zur Geschichte der unterdrückten Sewardschen Depesche [in „Die Presse"]	MEW 15: 445f
15.1.		KM	Brief an Josef Valentin Weber	MEW 30: 618
Mittel	23.1.	KM	Statistische Betrachtungen über das Eisenbahnwesen [in „Die Presse"]	MEW 15: 447–450
17.1.	21.1.	KM	Ein Staatsstreich Lord John Russels [in „Die Presse"]	MEW 15: 451ff
28.1.	2.2.	KM	Ein Londoner Arbeitermeeting [in „Die Presse"]	MEW 15: 454–457
31.1.	4.2.	KM	Interventionsfeindliche Stimmung [in „Die Presse"]	MEW 15: 458ff
Anf.II	8.2.	KM	Zur Baumwollkrise [in „Die Presse"]	MEW 15: 461ff
ca.3.2.	9.2.	KM	Englisch [in „Die Presse"]	MEW 15: 464–467
7.2.	12.2.	KM	Die Adreßdebatte im Parlament [in „Die Presse"]	MEW 15: 468–471
15.2.	10.3.	KM	The Mexican Imbroglio [in NYDT] [dtÜbers]	MEW 15: 472–477

1862

Ent-stehungs-zeit	Erschei-nungs-datum	Ver-fasser	Titel oder Textbezeichnung	Quellen-nachweis
25.2.		KM	Brief an Friedrich Engels	MEW30: 213f; [BW III: 66f]
26.2.		KM	Brief an Johann Philipp Becker	MEW30: 619f
ca.26.2.	3.3.	KM	Amerikanische Angelegenheiten [in „Die Presse"]	MEW15: 478–481
28.2.		FE	Brief an Karl Marx	MEW30: 215; [BW III: 67f]
IX 1861–III 1862		KM	Manuskript „Zur Kritik der politischen Ökonomie". Heft II [ab S. 89 und Um-schlagseite], III, IV und V [bis S. 211 und Umschlagseite] und Notizen auf Um-schlagseite des Heftes I	MEGA$_2$II3, 1: 146–328+A: 20–24, 65–101, 103–106; FR: MEW26, 1: 363f
3.3.		KM	Brief an Friedrich Engels	MEW30: 216f; [BW III: 68f]
5.3.		FE	Brief an Karl Marx	MEW30: 218f; [BW III: 70f]
6.3.		KM	Brief an Friedrich Engels	MEW30: 220–224; [BW III: 71–75]
ca.8.3.		FE	Brief an Karl Marx	MEW30: 225; [BW III: 75f]
8.3.	12.3.	KM	Die Sezessionistenfreunde im Unterhaus – Anerkennung der amerikanischen Blockade [in „Die Presse"]	MEW15: 482–485
III	14.3.	FE	The War in America [in „Volunteer Journal"][1]	Military: 113–117
III	26. u. 27.3.	M/E[1]	Der amerikanische Bürgerkrieg [in „Die Presse"]	MEW15: 486–495; [MESt IV: 172–181]
15.3.		KM	Brief an Friedrich Engels	MEW30: 226; [BW III: 76]
Mitte III –30.3.		KM	Manuskript „Zur Kritik der politischen Ökonomie". Heft VI [Theorien über den Mehrwert]	MEGA$_2$II3, 2: 331, 333–398, 401 +A: 10, 12–19, 70f; MEW26, 1: 3, 6–79, 395–409[2]
28.4.		KM	Brief an Friedrich Engels	MEW30: 227ff; [BW III: 77ff]
28.4.		KM	Brief an Ferdinand Lassalle	MEW30: 621ff
28.4.	2.5.	KM	Eine internationale Affäre Mirès [in „Die Presse"]	MEW15: 496ff
5.5.		FE	Brief an Karl Marx	MEW30: 230–233; [BW III: 79–82]
6.5.		KM	Brief an Friedrich Engels	MEW30: 234f; [BW III: 82f]

[1] Eine von Marx angefertigte deutsche Übersetzung des Artikels von Engels im „Volunteer Journal" vom 14.3.1862 diente als Vorlage für die von Marx angefertigten Artikel in „Die Presse" vom 26. und 27.3.1862.
[2] Mit zusätzlicher deutscher Übersetzung der fremdsprachigen Originalzitate.

1862

Ent-stehungs-zeit	Erschei-nungs-datum	Ver-fasser	Titel oder Textbezeichnung	Quellen-nachweis
12.5.		FE	Brief an Karl Marx	MEW 30: 236; [BW III: 84]
16.5.	20.5.	KM	Die englische Presse und der Fall von New Orleans [in „Die Presse"]	MEW 15: 499ff
ca.18.5.		FE	Brief an Karl Marx	MEW 30: 237; [BW III: 84]
18.5.	22.5.	KM	Ein Vertrag gegen den Sklavenhandel [in „Die Presse"]	MEW 15: 502f
19.5.		KM	Brief an Friedrich Engels	MEW 30: 238; [BW III: 85]
23.5.		FE	Brief an Karl Marx	MEW 30: 239ff; [BW III: 85–88]
23.–25.5.	30.5.	M/E[1]	Die Lage auf dem amerikanischen Kriegs-schauplatze [in „Die Presse"]	MEW 15: 504–507; [MESt IV: 182–185]
27.5.		KM	Brief an Friedrich Engels	MEW 30: 242f; [BW III: 88ff]
29.5.		FE	Brief an Karl Marx	MEW 30: 244; [BW III: 90f]
IV–VI		KM	Manuskript „Zur Kritik der politischen Ökonomie". Hefte VII – X [Theorien über den Mehrwert] mit Notizen auf der Umschlag-seite des Heftes I	MEGA$_2$ II3, 1A: 20f; II3, 2: 331, 399, 401–668+A: 10ff, 19–77; II3, 3: 671, 673–756 +A: 12, 16–32, 70ff; MEW 26, 1: 3f, 42, 69, 79–326, 402, 406, 409–445; 26, 2: 7–96, 601; 26, 3: 56ff, 190–232, 313–319, 540, 557ff, 568[2]
4.6.		FE	Brief an Karl Marx	MEW 30: 245f; [BW III: 91ff]
4.6.		FE	Brief an Carl Siebel	MEW 30: 624f
ca.6.6.		KM	Brief an Friedrich Engels	MEW 30: 247; [BW III: 93]
14.6.	20.6.	KM	Englische Humanität und Amerika [in „Die Presse"]	MEW 15: 508ff
16.6.		KM	Brief an Ferdinand Lassalle	MEW 30: 626ff
18.6.		KM	Brief an Friedrich Engels	MEW 30: 248f; [BW III: 93ff]
Ende VI	3.7.	FE	Der Amerikanische Bürgerkrieg und die Panzer- und Widderschiffe [in „Die Presse"]	MEW 15: 511ff
ca.2.7.	7.7.	KM	Chinesisches [in „Die Presse"]	MEW 15: 514ff
Anf. VII	11.7.	KM	Ein Skandal [in „Die Presse"]	MEW 15: 517–520

[1] Der von Marx angefertigte Artikel basiert auf einer von Engels abgegebenen Lagebeschreibung vom 23.5.1862.
[2] Mit zusätzlicher deutscher Übersetzung der fremdsprachigen Originalzitate.

1862

Ent-stehungs-zeit	Erschei-nungs-datum	Ver-fasser	Titel oder Textbezeichnung	Quellen-nachweis
ca.3.7.		FE	Brief an Karl Marx	MEW 30: 250; [BW III: 95f]
5.7.		KM	Brief an Friedrich Engels	MEW 30: 251; [BW III: 96]
11.7.		KM	Brief an Friedrich Engels	MEW 30: 252; [BW III: 97]
16.7.	20.7.	KM	Eine unterdrückte Debatte über Mexiko und die Allianz mit Frankreich [in „Die Presse"]	MEW 15: 521ff
21.7.		KM	Brief an Friedrich Engels	MEW 30: 253; [BW III: 97]
23.7.		FE	Brief an Ferdinand Lassalle	MEW 30: 629
30.7.		FE	Brief an Karl Marx	MEW 30: 254ff; [BW III: 97ff]
30.7.		KM	Brief an Friedrich Engels	MEW 30: 257ff; [BW III: 100ff]
31.7.		FE	Brief an Karl Marx	MEW 30: 260; [BW III: 103]
1.8.		FE	Brief an Karl Marx	MEW 30: 261f; [BW III: 103f]
2.8.		KM	Brief an Friedrich Engels	MEW 30: 263–268; [BW III: 105–110]
4.8.	9.8.	KM	Zur Kritik der Dinge in Amerika [in „Die Presse"]	MEW 15: 524ff; [MESt IV: 186ff]
7.8.		KM	Brief an Friedrich Engels	MEW 30: 269ff; [BW III: 110–113]
8.8.		FE	Brief an Karl Marx	MEW 30: 272f; [BW III: 113f]
9.8.		KM	Brief an Friedrich Engels	MEW 30: 274f; [BW III: 115f]
vor 12.8.		FE	Brief an Karl Marx	MEW 30: 276; [BW III: 116]
12.8.		KM	Notiz auf dem Brief von Engels von vor dem 12.8. an Marx	MEW 30: 276; [BW III: 116]
13.8.		FE	Brief an Karl Marx	MEW 30: 277; [BW III: 117]
13.8.		KM	Brief an Ferdinand Lassalle	MEW 30: 630
14.8.		KM	Brief an Friedrich Engels	MEW 30: 278; [BW III: 117f]
14.8.		KM	Brief an Ferdinand Lassalle	MEW 30: 631
VII–Mitte VIII		KM	Manuskript „Zur Kritik der politischen Ökonomie." Hefte XI und XII [Theorien vom Mehrwert]	MEGA$_2$ II3, 3: 671, 756–1056, 1199f + A: 12, 15f, 32–58, 61ff, 69, 72ff, 77ff; MEW 26, 1: 4; 26, 2: 96–434, 591f, 595f, 601–648, 670f[1]

[1] Mit zusätzlicher deutscher Übersetzung der fremdsprachigen Originalzitate.

Ent-stehungs-zeit	Erschei-nungs-datum	Ver-fasser	Titel oder Textbezeichnung	Quellen-nachweis
VIII	1.u.8. 11.[1]	FE	Eine englische Freiwilligen-Inspektion [in „Allgemeine Militär-Zeitung"]	MEW15: 534–540
19.8.		KM	Brief an den Präsidenten der Weltaus-stellung Wilhelm Schwarz	MEW30: 632
20.8.		KM	Brief an Friedrich Engels	MEW30: 279ff; [BW III: 118ff]
20.8.		KM	Brief an Ferdinand Lassalle	MEW30: 633
20.8.	24.8.	KM	Russells Protest gegen die amerikanische Grobheit – Kornteuerung – Zur Lage in Italien [in „Die Presse"]	MEW15: 527ff
21.8.		FE	Brief an Karl Marx	MEW30: 282; [BW III: 120f]
21.8.		FE	Brief an Ferdinand Lassalle	MEW30: 634
22.8.	30.8.	KM	Abolitionistische Kundgebungen in Amerika [in „Die Presse"]	MEW15: 530–533
Anf.IX		FE	Brief an Karl Marx	MEW30: 283; [BW III: 121]
9.9.		FE	Brief an Karl Marx	MEW30: 284f; [BW III: 121f]
10.9.		KM	Brief an Friedrich Engels	MEW30: 286f; [BW III: 122ff]
11.9.	17.9.	KM	Ein Meeting für Garibaldi [in „Die Presse"]	MEW15: 541ff
20.9.	27.9.	KM	Die Arbeiternot in England [in „Presse"]	MEW15: 544–547
25.9.		FEu.G.	Vertrag über Engels' Beschäftigung in Ermen der Firma [englOrig] – Deutsche Übersetzung	FR: Faks: Iljitschow: 304h FR: Kliem: Engels: 337–340
29.9.	3.10.	KM	Ein stürmisches Meeting [in „Die Presse"]	Die Presse: 4
30.9.	4.10.	KM	Garibaldi-Meetings – Notstand der Baum-wollarbeiter [in „Die Presse"]	MEW15: 548ff
VIII–Ende IX		KM	Manuskript „Zur Kritik der politischen Ökonomie". Heft XIII [Theorien vom Mehrwert]	MEGA$_2$II3, 3: 1056–1199, 1201f +A: 15f, 63–69, 79ff; MEW26, 1: 4, 348, 451; 26,2: 434–516, 518–588, 593f, 597f, 648–671; 26,3: 7–42, 312f, 531–537, 568[2]
4.10.		KM	Brief an Wilhelm Wolff	MEW30:635
7.10.	12.10.	KM	Zu den Ereignissen in Nordamerika [in „Die Presse"]	MEW15: 551ff; [MESt IV: 189ff]
X		KM	Manuskript „Zur Kritik der politischen Ökonomie". Heft XIV [Theorien vom Mehrwert]	FR: MEGA$_2$II3, 3: 1138f +A: 67; MEW26, 1: 5; 26,2: 516ff; 26,3: 42–56, 58–190, 232–256, 537–557, 559ff[2]

[1] Im „Volunteer Journal" vom 14.9.1862 unter dem Titel „A review of English volunteer riflemen" erschienen.   [2] Mit zusätzlicher deutscher Übersetzung der fremdsprachigen Originalzitate.

1862

Ent-stehungs-zeit	Erschei-nungs-datum	Ver-fasser	Titel oder Textbezeichnung	Quellen-nachweis
16.10.		FE	Brief an Karl Marx	MEW30: 288f; [BW III: 124f]
29.10.		KM	Brief an Friedrich Engels	MEW30: 290ff; [BW III: 126ff]
EndeX	30.10.	KM	Die Brotfabrikation [in „Die Presse"]	MEW15: 554–557
X/XI		KM	Manuskript „Zur Kritik der politischen Ökonomie". Heft XV [Theorien vom Mehrwert]	MEW26, 1: 5; 26, 3: 141, 187, 237, 256–309, 445–528, 557, 561–566, 590ff[1]
4.11.		KM	Brief an Friedrich Engels	MEW30: 293; [BW III: 128]
4.11.	10.11.	KM	Zur Lage in Nordamerika [in „Die Presse"]	MEW15: 558–561
5.11.		FE	Brief an Karl Marx	MEW30: 294f; [BW III: 129f]
7.11.		KM	Brief an Ferdinand Lassalle	MEW30: 636f
7.11.	14.11.	KM	Symptome der Auflösung in der südlichen Konföderation [in „Die Presse"]	MEW15: 562ff
9.11.		KM	Brief an Friedrich Engels	MEW30: 296; [BW III: 130]
14.11.		KM	Brief an Friedrich Engels	MEW30: 297; [BW III: 130f]
15.11.		FE	Brief an Karl Marx	MEW30: 298f; [BW III: 131f]
17.11.		KM	Brief an Friedrich Engels	MEW30: 300f; [BW III: 133f]
18.11.	23.11.	KM	[Die Wahlresultate in den Nordstaaten] [in „Die Presse"]	MEW15: 565f
20.11.		KM	Brief an Friedrich Engels	MEW30: 302; [BW III: 135]
24.11.	29.11.	KM	Die Absetzung McClellans [in „Die Presse"]	MEW15: 567ff
29.11.	4.12.	KM	Englische Neutralität – Zur Lage in den Südstaaten [in „Die Presse"]	MEW15: 570ff
15.12.		KM	Brief an Ferdinand Freiligrath	MEW30: 638
24.12.		KM	Brief an Friedrich Engels	MEW30: 303; [BW III: 135f]
26.12.		FE	Brief an Karl Marx	MEW30: 304; [BW III: 136]
28.12.		KM	Brief an Ludwig Kugelmann	MEW30: 639ff
30.12.		FE	Brief an Karl Marx	MEW30: 305; [BW III: 137]
Ende1862		JM	Brief an Bertha Markheim	Archiv f. Sozial-gesch.II: 173f

[1] Mit zusätzlicher deutscher Übersetzung der fremdsprachigen Originalzitate.

1863

Entstehungszeit	Erscheinungsdatum	Verfasser	Titel oder Textbezeichnung	Quellennachweis
2.1.		KM	Brief an Friedrich Engels	MEW30: 306ff; [BW III: 138ff]
7.1.		FE	Brief an Karl Marx	MEW30: 309; [BW III: 140]
8.1.		KM	Brief an Friedrich Engels	MEW30: 310f; [BW III: 140f]
13.1.		FE	Brief an Karl Marx	MEW30: 312f[1]; [BW III: 142f]
I		KM	Manuskript „Zur Kritik der politischen Ökonomie" Heft XVIII [z.T. Theorien vom Mehrwert]	FR: MEW26, 1: 389ff; 26, 3: 309–312, 320–442, 488f, 566–590[2]
I		KM	Manuskript „Zur Kritik der politischen Ökonomie" Heft V [ab S. 211] [russÜbers]	Soč$_2$47: 383–400
I		KM	Manuskript „Zur Kritik der politischen Ökonomie": – Notiz auf Umschlagseite von Heft I – Heft XIX [russÜbers]	MEGA$_2$II3,1A: 20f Soč$_2$47: 400–500, 502–512
24.1.		KM	Brief an Friedrich Engels	MEW30: 314ff; [BW III: 143ff]
26.1.		FE	Brief an Karl Marx	MEW30: 317f; [BW III: 145f]
28.1.		KM	Brief an Friedrich Engels	MEW30: 319–323; [BW III: 146–151]
28.1.		JM	Brief an Bertha Markheim	Archiv f. Sozialgesch.II: 175–179
12.2.		JM	Brief an Bertha Markheim	Archiv f. Sozialgesch.II: 180
13.2.		KM	Brief an Friedrich Engels	MEW30: 324f; [BW III: 151f]
17.2.		KM	Brief an Friedrich Engels	MEW30: 326; [BW III: 153]
17.2.		FE	Brief an Karl Marx [FR]	MEW30: 327f; [BW III: 153ff]
19.2.		FE	Brief an Karl Marx	MEW30: 329; [BW III: 155]
20.2.		KM	Brief an Friedrich Engels	MEW30: 330; [BW III: 156]
ca.21.2.		FE	Brief an Karl Marx	MEW30: 331; [BW III: 156f]
21.2.		KM	Brief an Friedrich Engels	MEW30: 332f; [BW III: 157f]

[1] Einschließlich Abweichungen des Entwurfs.
[2] Mit zusätzlicher deutscher Übersetzung der fremdsprachigen Originalzitate.

1863

Ent-stehungs-zeit	Erschei-nungs-datum	Ver-fasser	Titel oder Textbezeichnung	Quellen-nachweis
24.3.		KM	Brief an Friedrich Engels	MEW 30: 334ff; [BW III: 158ff]
ca.8.4.		KM	Notizen in Lyell, Charles: The geological evidences of the antiquity of man with remarks on theories of the origin of species by variation	FR: Faks: Ex libris: 133
8.4.		FE	Brief an Karl Marx	MEW 30: 337ff; [BW III: 160ff]
9.4.		KM	Brief an Friedrich Engels	MEW 30: 340–343; [BW III: 162–166]
13.4.		KM	Brief an die Redaktion der „Berliner Reform" [Entwurf]	Faks: MEW 15: 573
13.4.	17.4.	KM	Brief an doe Redaktion der „Berliner Reform" [in „Berliner Reform"]	MEW 15: 575
IV		KM	Exzerpt aus Charles Lyell: The Geological Evidences of the Antiquity of Man with Remarks on the Theories of the Origin of Species by Variation	FR: Reiprich: 121
			– Deutsche Übersetzung	FR: Reiprich: 121
Anf.III–2. Hälfte IV		KM	Notizbucheintragungen	AM XIV: 464, 468–494, 500–524[1]
18.4.		KM	Brief an Friedrich Engels	MEW 30: 344; [BW III: 166]
21.4.		FE	Brief an Karl Marx	MEW 30: 345f; [BW III: 166ff]
22.4.		KM	Brief an Josef Valentin Weber	MEW 30: 642
III–V		KM	Manuskript „Zur Kritik der politischen Ökonomie". Heft XX	FR: MEW 26, 1: 329, 341ff, 349ff, 445, 448–452[2]
			– Russische Übersetzung	Soč$_2$ 47: 512–612
V		KM	Manuskript „Zur Kritik der politischen Ökonomie". Heft XXI	FR: MEW 26, 1: 351ff, 365–388, 452–455[2]; FR: Unter d. Banner d. Marxismus: 23–28
V		KM	Manuskript „Zur Kritik der politischen Ökonomie". Heft XXII	FR: MEW 26, 1: 330–340, 357, 445–448, 454[2]; FR: KII: Taf. I u. II
20.5.		FE	Brief an Karl Marx	MEW 30: 347f; [BW III: 168f]
29.5.		KM	Brief an Friedrich Engels	MEW 30: 350f; [BW III: 169ff]
Frühjahr, sp.Ende V		KM	Exzerpte [zur polnischen Frage] Heft 1 [dt-frz-englOrig]	AM XIV: 530–708[1]
Früjahr, sp.Ende V		KM	Exzerpte [zur polnischen Frage] Heft 2 [dtsch-frzOrig]	AM XIV: 710–788[1]

[1] Auf den Seiten mit einer geraden Seitenzahl.
[2] Mit zusätzlicher deutscher Übersetzung der fremdsprachigen Originalzitate.

Ent-stehungs-zeit	Erschei-nungs-datum	Ver-fasser	Titel oder Textbezeichnung	Quellen-nachweis
Frühjahr, sp.Ende V		KM	Preussen. (Die Kanaillen) [FR] [dt-engl-frzOrig]	AM XIV: 168–292[1]
Frühjahr, sp.Ende V		KM	Polen, Preußen und Rußland [1. Entwurf] [FR]	AM XIV: 72–166[1]
Frühjahr, sp.Ende V		KM	Polen, Preussen und Rußland	AM XIV: 4–70[1]
Frühjahr, sp.Ende V		KM	Frankreich, Preussen und die polnische Frage in den Jahren 1805–1863 [dt-frz-englOrig]	AM XIV: 294–318[1]
10.6.		KM	Brief an Friedrich Engels	MEW 30: 352; [BW III: 171]
11.6.		FE	Brief an Karl Marx	MEW 30: 353ff; [BW III: 172f]
vor 12.6.[?]		KM	Notizen in Lassalle, Ferdinand: Die indirecte Steuer und die Lage der arbeitenden Klassen	FR: Faks: Ex libris: 122
12.6.		KM	Brief an Friedrich Engels	MEW 30: 356ff; [BW III: 174ff]
VI		FE	Kinglake über die Schlacht an der Alma [FR]	MEW 15: 589–602
22.6.		KM	Brief an Friedrich Engels	MEW 30: 359; [BW III: 176]
24.6.		FE	Brief an Karl Marx	MEW 30: 360; [BW III: 176f]
ca.1863[?]		KM	Preußen [Militärstaat]	FR: M/E über das reaktion. Preußentum: 14f
VI–VII		KM	Manuskript „Zur Kritik der politischen Ökonomie". Heft XXIII	FR: MEW 26, 1: 344–347, 354ff, 358–362, 450f, 454f[2]; FR: KM: Theorien üb. d. Mehrw.: 12
6.7.		KM	Brief an Friedrich Engels	MEW 30: 361–367; [BW III: 177–182]
6.7.		JM	Brief an Bertha Markheim	Archiv f. Sozial-gesch. II: 181ff
ca. VII		KM	Erster Konspekt über Trigonometrie [RussBeschreibung]	Rukopisi: 255f
15.8.		KM	Brief an Friedrich Engels	MEW 30: 368ff; [BW III: 182–185]
21.8.[?]		KM[3]	Gespräch mit Teofil Łapiński [polnWiedergabe]	Borejsza: 378–381

[1] Auf den Seiten mit einer geraden Seitenzahl.
[2] Mit zusätzlicher deutscher Übersetzung der fremdsprachigen Originalzitate.
[3] Wiedergegeben von T. Łapiński.

1863–1864

Ent-stehungs-zeit	Erschei-nungs-datum	Ver-fasser	Titel oder Textbezeichnung	Quellen-nachweis
12.9.		KM	Brief an Friedrich Engels	MEW30: 371ff; [BW III: 185ff]
Ende IX		FE	Artilleristisches aus Amerika	FE1820: 69ff
12.10.		JM	Brief an Bertha Markheim	Archiv f. Sozial-gesch. II: 184f
Ende X	ca. XI	KM	Proklamation des Deutschen Bildungs-vereins für Arbeiter in London über Polen	MEW15: 576f
Anf. XI		JM	Brief an Friedrich Engels	MEW30: 691
24.11.		FE	Brief an Karl Marx	MEW30: 374f; [BW III: 187f]
ca.24.11.		JM	Brief an Friedrich Engels	MEW30: 692
ca.24.11.		JM	Brief an Wilhelm Liebknecht	MEW30: 693f
2.12.		KM	Brief an Friedrich Engels	MEW30: 376; [BW III: 188f]
3.12.		FE	Brief an Karl Marx	MEW30: 377; [BW III: 189f]
4.12.		KM	Brief an Friedrich Engels	MEW30: 378f; [BW III: 190f]
15.12.		KM	Brief an Jenny Marx	MEW30: 643f
nach 21.12.		KM	Berechnung der mütterlichen Erbschaft	Kliem: Marx: 380
22.12.		KM	Brief an Friedrich Engels	MEW30: 380f; [BW III: 191f]
23.12.		KM	Brief an Ferdinand Freiligrath	MEW30: 645
27.12.		KM	Brief an Friedrich Engels	MEW30: 382f; [BW III: 193f]
Jahreswende 1863/64		JM	Brief an Karl Marx [FR]	Dornemann: 203ff

1864

Anf.1864		FE	Die englische Armee [FR]	MEW15: 605–620
3.1.		FE	Brief an Karl Marx	MEW30: 384f; [BW III: 195f]
20.1.		KM	Brief an Friedrich Engels	MEW30: 386f; [BW III: 196ff]
1.Hälfte II	16.2.	FE	The Strength of the Armies in Schleswig [in „Manchester Guardian"]	Military: 118ff
			– Deutsche Übersetzung	MEW15: 578ff
20.2.		KM	Brief an Lion Philips	MEW30: 646ff
25.2.		KM	Brief an Friedrich Engels	MEW30: 388; [BW III: 198]
11.3.		KM	Brief an Friedrich Engels	MEW30: 389; [BW III: 198f]

1864

Ent-stehungs-zeit	Erschei-nungs-datum	Ver-fasser	Titel oder Textbezeichnung	Quellen-nachweis
29.3.		KM	Brief an Lion Philips	MEW30: 649ff
14.4.		KM	Brief an Lion Philips	MEW30: 652ff
19.4.		KM	Brief an Friedrich Engels	MEW30: 390f; [BWIII: 199f]
29.4.		FE	Brief an Karl Marx	MEW30: 392f; [BWIII: 200ff]
1.5.		FE	Brief an Karl Marx	MEW30: 394f; [BWIII: 202f]
2.5.		FE	Brief an Karl Marx	MEW30: 396; [BWIII: 204]
2.5.		FE	Brief an Karl Marx	MEW30: 397; [BWIII: 205]
9.5.		KM	Brief an Jenny Marx	MEW30: 655
10.5.		KM	Brief an Jenny Marx	MEW30: 656
13.5.		KM	Brief an Jenny Marx	MEW30: 659f
13.5.	23.5.	M/E u.a.	Todesanzeige zu Wilhelm Wolffs Tod [in „Allgemeine Zeitung"]	MEW30: 762
17.5.		KM	Brief an Tochter Jenny [dtÜbers des englOrig]	MEW30: 661f
23.5.		KM	Brief an Friedrich Engels [englOrig] – Deutsche Übersetzung	BWIII: 205 MEW30: 398; [BWIII: 206]
24.5.		FE	Brief an Hermann Engels	MEW30: 663f
26.5.		KM	Brief an Friedrich Engels	MEW30: 399; [BWIII: 206f]
30.5.		FE	Brief an Karl Marx	MEW30: 400f; [BWIII: 207f]
3.6.		KM	Brief an Friedrich Engels	MEW30: 402ff; [BWIII: 209ff]
3.6.		FE	Brief an Karl Marx	MEW30: 405f; [BWIII: 211f]
7.6.		KM	Brief an Friedrich Engels	MEW30: 407ff; [BWIII: 212ff]
9.6.		FE	Brief an Karl Marx	MEW30: 410, 413; [BWIII: 214f]
MitteVI		JM	Brief an Karl Friedrich Moritz Elsner	MEW30: 695
VI		KM	Biographische Notizen über Wilhelm Wolff	MEW30: 743
16.6.		KM	Brief an Friedrich Engels	MEW30: 414f; [BWIII: 216f]
25.6.		KM	Brief an Lion Philips	MEW30: 665ff
27.6.	6.7.	FE	Englands Streitmacht Deutschland gegenüber [in „Allgemeine Militär-Zeitung"]	MEW15: 581–585
30.6.		FE u.a.	Vertrag über Engels' Beteiligung an der Firma „Ermen & Engels" [englOrig] – Deutsche Übersetzung	FR: Faks: Iljitschow: 304h FR: Kliem: Engels: 343ff

1864

Ent-stehungs-zeit	Erschei-nungs-datum	Ver-fasser	Titel oder Textbezeichnung	Quellen-nachweis
Ende VI/Anf. VII[?]		KM	Notizen in Schwann, Th.: Microscopical researches into the accordance in the structure and growth of animals and plants [englOrig]	FR: Ex Libris: 183
1.7.		KM	Brief an Friedrich Engels	MEW30: 416; [BW III: 217]
4.7.		KM	Brief an Friedrich Engels	MEW30: 417f; [BW III: 218f]
5.7.		FE	Brief an Karl Marx	MEW30: 419f; [BW III: 219f]
12.7.		KM	Brief an Ferdinand Freiligrath	MEW30: 668
16.7.		JM	Brief an Ernestine Liebknecht – Englische Übersetzung	FR: Schwerin: 19 FR: Kapp: 58
25.7.		KM	Brief an Friedrich Engels	MEW30: 421f; [BW III: 220f]
17.8.		KM	Brief an Lion Philips	MEW30: 669f
31.8.		KM	Brief an Friedrich Engels	MEW30: 423f; [BW III: 221f]
2.9.		FE	Brief an Karl Marx	MEW30: 425f; [BW III: 223f]
2.9.		KM	Brief an Friedrich Engels	MEW30: 427f; [BW III: 224f]
2.9.		KM	Brief an Jenny Marx	MEW30: 671f
4.9.		FE	Brief an Karl Marx	MEW30: 429ff; [BW III: 225ff]
7.9.		KM	Brief an Friedrich Engels	MEW30: 432ff; [BW III: 228ff]
12.9.		KM	Brief an Sophie von Hatzfeldt	MEW30: 673
4.10.		KM	Brief an, Carl Klings [Entwurf]	MEW31: 417f
5.10.		KM	Protokollierte Äußerung in der Sitzung des Zentralrats der IAA [englOrig]	Doc I: 37
16.10.		KM	Brief an Sophie von Hatzfeldt [FR]	MEW31: 419
21./27.10.	24.11.	KM	Provisional Rules of the Association – Deutsche Übersetzung [z.T. in Über-einstimmung mit v. Marx und Engels redigierten Übersetzungspassagen]	Doc I: 288–291 MEW16: 14ff
21./27.10.	24.11.	KM	Inaugural Address of the Working Men's International Association	Doc I: 277–287
1.HälfteXI	21.u. 30.12.		– von Marx angefertigte deutsche Über-setzung [in „Der Social-Demokrat"]	MEW16: 5–13; [KMA III, 2: 866–877][1]
2.11.		KM	Brief an Friedrich Engels	MEW31: 5; [BW III: 230]
2.11.		FE	Brief an Karl Marx	MEW31: 6ff; [BW III: 230–233]

[1] In dieser Ausgabe entspricht die Übersetzung nicht der von Marx besorgten Fassung.

1864

Ent-stehungs-zeit	Erschei-nungs-datum	Ver-fasser	Titel oder Textbezeichnung	Quellen-nachweis
2.11.		FE	Brief an Hermann Engels	MEW 31: 420ff
4.11.		KM	Brief an Friedrich Engels	MEW 31: 9–16; [BW III: 233–239]
7.11.		FE	Brief an Karl Marx	MEW 31: 17f; [BW III: 239f]
8.11.		KM	Protokollierte Äußerungen in der Sitzung des Zentralrats der IAA [englOrig]	Doc I: 45f
9.11.		FE	Brief an Karl Marx	MEW 31: 19f; [BW III: 240f]
nach 9.11.		KM	Notiz zum Brief von Engels vom 9.11. an Marx	MEW 31: 20; [BW III: 241]
14.11.		KM	Brief an Friedrich Engels	MEW 31: 21f; [BW III: 242f]
16.11.		FE	Brief an Karl Marx	MEW 31: 23f; [BW III: 243f]
18.11.		KM	Brief an Friedrich Engels	MEW 31: 25–28; [BW III: 244–248]
22.11.		KM	Protokollierte Äußerungen und Resolu-tionsentwürfe in der Sitzung des Zentralrats der IAA [englOrig]	Doc I: 48ff
			– Deutsche Übersetzung	FR: MEW 16: 17
22.11.		FE	Brief an Karl Marx	MEW 31: 29; [BW III: 248]
24.11.		KM	Brief an Friedrich Engels	MEW 31: 30; [BW III: 248f]
24.11.		FE	Brief an Joseph Weydemeyer	MEW 31: 423ff
25.11.		KM	Brief an Friedrich Engels	MEW 31: 31f; [BW III: 249f]
26.11.		KM	Brief an Sophie von Hatzfeldt	MEW 31: 426
28.11.		KM	Brief an Sophie von Hatzfeldt	MEW 31: 427
28.11.	3.12.	KM	Brief an den Redakteur des „Beobachters" [in „Der Beobachter"] [Kopie von Jenny Marx]	MEW 16: 21
28.11.	10.12.	KM	Brief an den Redakteur des „Beobachters" [in „Nordstern"]	MEW 16: 22ff
22./29.11.	7.1.65[1]	KM[2]	To Abraham Lincoln, President of the United States of America [in „The Bee-Hive"]	Doc I: 51–54
	30.12.		– Deutsche Übersetzung [in „Der Social-Demokrat"]	MEW 16: 18ff; [MESt IV: 192f]
29.11.		KM	Protokollierte Äußerung in der Sitzung des Zentralrats der IAA [englOrig]	Doc I: 51
29.11.		KM	Brief an Joseph Weydemeyer	MEW 31: 428f
29.11.		KM	Brief an Ludwig Kugelmann	MEW 31: 430
29.11.		KM	Brief an Lion Philips	MEW 31: 431ff

[1] Ab 10.12.1864 bereits in anderen Zeitungen erschienen.
[2] Unterzeichnet von Marx u.a.

1864-1865

Ent-stehungs-zeit	Erschei-nungs-datum	Ver-fasser	Titel oder Textbezeichnung	Quellen-nachweis
ca.29.11.		JM	Brief an Friedrich Engels	MEW 31: 583
2.12.		KM	Brief an Friedrich Engels	MEW 31: 33ff; [BW III: 251ff]
8.12.		KM	Brief an Friedrich Engels	MEW 31: 36; [BW III: 253f]
10.12.		KM	Brief an Friedrich Engels	MEW 31: 37-40; [BW III: 254-257]
10.12.		JM	Brief an Ernestine Liebknecht [englÜbers]	FR: Kapp: 54f, 59
13.12.		KM	Protokollierte Äußerung in der Sitzung des Zentralrats der IAA [englOrig]	Doc I: 56
XII		KM	Materialien zur Polemik mit Peter Fox 1716-1848 [FR] [engl-dt-frzOrig]	AM XIV: 358-460[1]
XII		KM	Entwurf zur Rede über das Verhältnis Frankreichs zu Polen [englOrig]	AM XIV: 322-356[1]
20.12.		KM	Protokollierte Äußerung in der Sitzung des Zentralrats der IAA [englOrig]	Doc I: 57
22.12.		KM	Brief an Friedrich Engels	MEW 31: 41; [BW III: 257]
22.12.		KM	Brief an Sophie von Hatzfeldt [Entwurf]	MEW 31: 434f
22.12.		KM	Brief an Carl Siebel	MEW 31: 436f
Mitte d.60er Jahre[?]		KM[2]	Äußerung im Gespräch mit Friedrich Leßner	Mohr u. General: 188

1865

1846/65[?]		KM	Vermerke in Vinçard: Histoire du travail et des travailleurs en France	FR: Ex libris: 200
ca.1864/65[?]		KM	Notizen in Rubichon, M.: Du mécanisme de la société en France et en Angleterre	FR: Ex libris: 175
ca.1864/65[?]		KM	Vermerk in „Économie politique et politique"	Ex libris: 63
1864/65		KM	Manuskriptteil zum III. Band des „Kapital"	MEW 25: 33-58. 87-893, 923-929[3]; KMA VI: 159, 268, 535, 542, 548, 569; [V: 611-637, 671-908; VI: 3-751]; K III: 194, 227ff, 275, 363, 470, 484, 661, 675
			– Ergänzende Textteile in französischer Übersetzung	KM: Œuvres: 874, 933, 1139, 1281
3.1.		KM	Protokollierte Äußerungen in der Sitzung des Zentralrats der IAA [englOrig]	Doc I: 60f

[1] Auf den Seiten mit einer geraden Seitenzahl.
[2] Wiedergegeben von F. Leßner.
[3] Mit zusätzlicher deutschen Übersetzung der fremdsprachigen Originalzitate.

Ent-stehungs-zeit	Erschei-nungs-datum	Ver-fasser	Titel oder Textbezeichnung	Quellen-nachweis
ca.8.1.		KM	Brief an Hermann Jung [dtÜbers des englOrig]	MEW31: 438f
10.1.		FE	Brief an Rudolf Engels	MEW31: 440f
11.1.		KM	Brief an Tochter Jenny [FR] [dtÜbers des englOrig]	MEW31: 442f
16.1.		KM	Brief an Johann Baptist v. Schweitzer [Entwurf]	MEW31: 444
24.1.		KM	Protokollierte Äußerungen in der Sitzung des Zentralrats der IAA [englOrig]	DocI: 66f
24.1.		KM	Draft for a Report to the General Council	DocI: 263
24.1.	1.–5.2.	KM	Über P.-J. Proudhon [in „Der Social-Demokrat"]	MEW16: 25–32
25.1.		KM	Brief an Friedrich Engels	MEW31: 42ff; [BWIII: 258ff]
27.1.		FE	Brief an Karl Marx	MEW31: 45f; [BWIII: 260ff]
ca.27.1.	5.2.	FE	Herr Tidmann. Altdänisches Volkslied [in „Der Social-Demokrat"]	MEW16: 33f
30.1.		KM	Brief an Friedrich Engels	MEW31: 47f; [BWIII: 262ff]
31.1.		KM	Protokollierte Äußerungen in der Sitzung des Zentralrats der IAA [englOrig]	DocI: 67, 69
1.2.		KM	Brief an Friedrich Engels	MEW31: 49ff; [BWIII: 264–267]
3.2.		KM	Brief an Friedrich Engels	MEW31: 52ff; [BWIII: 267ff]
5.2.		FE	Brief an Karl Marx	MEW31: 55ff; [BWIII: 269ff]
6.2.		M/E	An die Redaktion des „Social-Demokrat" [Entwurf]	MEW16: 35
6.2.		KM	Notiz für Friedrich Engels	MEW31: 58
6.2.		KM	Brief an Friedrich Engels	MEW31: 59f; [BWIII: 271f]
7.2.		KM	Protokollierte Äußerungen in der Sitzung des Zentralrats der IAA [englOrig]	DocI: 70f
7.2.		FE	Brief an Karl Marx	MEW31: 61f; [BWIII: 273f]
9.2.		FE	Brief an Karl Marx	MEW31: 63; [BWIII: 274f]
10.2.		KM	Brief an Friedrich Engels	MEW31: 64ff; [BWIII: 275ff]
EndeI–11.2.	ca.7.3.	FE	Die preußische Militärfrage und die deutsche Arbeiterpartei	MEW16: 37–78
11.2.		KM	Brief an Friedrich Engels	MEW31: 67f; [BWIII: 278f]
13.2.		FE	Brief an Karl Marx	MEW31: 69; [BWIII: 279]

1865

Entstehungszeit	Erscheinungsdatum	Verfasser	Titel oder Textbezeichnung	Quellennachweis
13.2.		KM	Brief an Friedrich Engels	MEW31: 70–73; [BW III: 280–283]
13.2.		KM	Brief an Johann Baptist v. Schweitzer [FR]	MEW31: 445f
14.2.		KM	Protokollierte Äußerungen in der Sitzung des Zentralrats der IAA [englOrig]	DocI: 72
15.2.		KM	Brief an Victor Le Lubez [englOrig] – Deutsche Übersetzung [z.T. nach einer frzÜbers]	FR: Tchernoff: 456f MEW31: 447f
16.2.		KM	Brief an Friedrich Engels	MEW31: 74; [BW III: 283f]
18.2.		KM	Brief an Friedrich Engels	MEW31: 75–78; [BW III: 284–287]
20.2.		FE	Brief an Karl Marx	MEW31: 79; [BW III: 287f]
21.2.		KM	Protokollierte Äußerungen in der Sitzung des Zentralrats der IAA [englOrig]	DocI: 73f
21.2.	1865	KM u.a.	International Working Men's Association	DocII: 261f
vor22.2.		KM	Brief an Friedrich Engels	MEW31: 81
22.2.		FE	Brief an Karl Marx	MEW31: 80; [BW III: 288]
22.2.		FE	Brief an Otto Meißner	MEW31: 449
23.2.		KM	Brief an Wilhelm Liebknecht [FR]	MEW31: 450
23.2.		KM	Brief an Ludwig Kugelmann	MEW31: 451–455
23.2.	3.3.	M/E	Erklärung [in „Der Social-Demokrat"][1]	MEW16: 79
24.2.		FE	Brief an Karl Marx	MEW31: 82; [BW III: 288f]
25.2.		KM	Brief an Friedrich Engels	MEW31: 83–86; [BW III: 289–293]
27.2.		FE	Brief an Karl Marx	MEW31: 87; [BW III: 293f]
27.2.		FE	Brief an Carl Siebel	MEW31: 456f
27.2.	3.3.	FE	Notiz über „Die preußische Militärfrage und die deutsche Arbeiterpartei" [in „Berliner Reform"]	MEW16: 80[2]
28.2.		KM	Protokollierte Äußerung in der Sitzung des Zentralrats der IAA	DocI: 75
ca.EndeII		KM[3]	Äußerungen im Gespräch mit Paul Lafargue	Mohr u. General: 319, 321f, 325, 334, 336, 344
3.3.		FE	Brief an Karl Marx	MEW31: 88; [BW III: 294]
4.3.		KM	Notes concerning the Conflict in the Paris Section [dt-englOrig]	DocI: 264
4.3.		KM	Resolutionsentwurf für das Subkomitee des Zentralrats der IAA [englOrig]	DocI: 387f

[1] Entwurf im Brief von Marx an Engels vom 18.2.1865 [MEW 31:77f].
[2] Einschließlich der Varianten [auch veröffentlicht in der „Düsseldorfer Zeitung"].
[3] Wiedergegeben von P. Lafargue.

1865

Ent-stehungs-zeit	Erschei-nungs-datum	Ver-fasser	Titel oder Textbezeichnung	Quellen-nachweis
			– Deutsche Übersetzung	MEW16: 81
4.3.		KM	Brief an Friedrich Engels	MEW31: 89f; [BWIII: 295f]
6.3.		FE	Brief an Karl Marx	MEW31: 91f; [BW III: 296f]
7.3.		KM	Resolutionen des Zentralrats der IAA [englOrig][1]	DocI: 76–79
			– Deutsche Übersetzung[2]	MEW16: 82f
7.3.		KM	Protokollierte Äußerungen in der Sitzung des Zentralrats der IAA [englOrig]	DocI: 77f
7.3.		KM	Brief an Friedrich Engels	MEW31: 93f; [BWIII: 298f]
10.3.		KM	Brief an Friedrich Engels	MEW31: 95; [BWIII: 300]
10.3.		FE	Brief an Joseph Weydemeyer	MEW31: 458–462
11.3.		FE	Brief an Karl Marx	MEW31: 96ff; [BWIII: 300ff]
13.3.		KM	Brief an Friedrich Engels	MEW31: 99ff; [BWIII: 302–307]
13.3.		KM	Brief an Hermann Jung [dtÜbers des englOrig]	MEW31: 463f
ca.13.3.	18.3.	KM	Rezension der Broschüre „Die preußische Militärfrage und die deutsche Arbeiter-partei" von Engels [in „Hermann"]	MEW16: 84f
14.3.		KM	Protokollierte Äußerung in der Sitzung des Zentralrats der IAA [englOrig]	DocI: 80
14.3.		FE	Brief an Karl Marx	MEW31: 102; [BWIII: 307f]
15.3.	19.3.	KM	Erklärung [in „Berliner Reform"]	MEW16: 86–89
16.–18.3.		KM	Memorandum to Hermann Jung apropos of the conflict in the Paris section	DocI: 265–270
18.3.		KM	Note to Hermann Jung apropos of Ernest Jones's Letter to the General Council Meeting	DocI: 271
18.3.		KM	Brief an Friedrich Engels	MEW31: 103f; [BWIII: 308ff]
28.3.	1.4.	KM	Erklärung an die Redaktion der „Berliner Reform" [in „Berliner Reform"]	MEW16: 90
29.3.		FE	Brief an Friedrich Albert Lange	MEW31: 465–468
30.3.		JM	Brief an Friedrich Engels	MEW31: 584f
2.Hälfte1864–Frühjahr1865		KM	Erster Entwurf des Bandes II des „Kapital" [russÜbers]	Soč$_2$49: 234–498
1.4.		KM	[Confessions]	IRofSHI, 1: 107f
			– Deutsche Übersetzung	FR: Fedossejew: 556

[1] Nach dem Protokoll des Zentralrats.
[2] Nach der Handschrift von Marx, beigefügt dem Brief an Engels vom 13.3.1865.

1865

Ent-stehungs-zeit	Erschei-nungs-datum	Ver-fasser	Titel oder Textbezeichnung	Quellen-nachweis
8.4.	13.4.	KM	Der „Präsident der Menschheit" [in „Berliner Reform"]	MEW 16: 91–95
10.4.		KM	Brief an Sophie von Hatzfeldt	MEW 31: 469
11.4.		KM	Protokollierte Äußerungen in der Sitzung des Zentralrats der IAA [englOrig]	DocI: 89f
11.4.		KM	Brief an Friedrich Engels	MEW 31: 105; [BW III: 311f]
12.4.		FE	Brief an Karl Marx	MEW 31: 106f; [BW III: 312ff]
13.4.		KM	Berichtigung	MEW 16: 96f
13.4.		KM	Brief an Hermann Jung [englOrig]	Archiv f.d.Ge-schichte: 210f
			– Deutsche Übersetzung	MEW 31: 470
ca.15.4.		KM	Notizen im Notizbuch von 1864/65	FR: Faks: MEW 31: 471
15.4.		KM	Brief an Léon Fontaine [Entwurf] [frzOrig]	FR: Faks: MEW 31: 471
			– Deutsche Übersetzung	MEW 31: 473
16.4.		FE	Brief an Karl Marx	MEW 31: 108; [BW III: 314]
22.4.		KM	Brief an Friedrich Engels	MEW 31: 109; [BW III: 314f]
25.4.		KM	Protokollierte Äußerungen in der Sitzung des Zentralrats der IAA [englOrig]	DocI: 91f
25.4.		KM	Brief an Hermann Jung	MEW 31: 474
1.5.		KM	Brief an Friedrich Engels	MEW 31: 110ff; [BW III: 315ff]
2.5.		KM	Protokollierte Äußerungen in der Sitzung des Zentralrats der IAA [englOrig]	DocI: 93
3.5.		FE	Brief an Karl Marx	MEW 31: 113f; [BW III: 317ff]
2./9.5.	20.5.	KM[1]	Address from the Working Men's International Association to President Johnson vom 13.5.1865 [in „The Bee-Hive"]	DocI: 294ff
			– Deutsche Übersetzung	MEW 16: 98f
9.5.		KM	Protokollierte Äußerung in der Sitzung des Zentralrats der IAA [englOrig]	DocI: 96
9.5.		KM	Brief an Friedrich Engels	MEW 31: 115ff; [BW III: 319ff]
12.5.		FE	Brief an Karl Marx	MEW 31: 118f; [BW III: 321ff]
13.5.		KM	Brief an Friedrich Engels	MEW 31: 120f; [BW III: 323f]
16.5.		KM	Protokollierte Äußerungen in der Sitzung des Zentralrats der IAA [englOrig]	DocI: 97f

[1] Unterzeichnet von Marx u.a.

Ent-stehungs-zeit	Erschei-nungs-datum	Ver-fasser	Titel oder Textbezeichnung	Quellen-nachweis
20.5.		KM	Brief an Friedrich Engels	MEW31: 122f; [BW III: 324ff]
ca.20.5.		JM	Brief an Ernestine Liebknecht	FR: Blumenberg: 19[1]
23.5.		KM	Protokollierte Äußerung in der Sitzung des Zentralrats der IAA [englOrig]	DocI: 100
9./25.5.		KM	Brief an Wilhelm Liebknecht	MEW31: 475
ca.27.5.		JM	Brief an Ferdinand von Westphalen	BZG18,6: 1024ff
30.5.		KM	Protokollierte Äußerungen in der Sitzung des Zentralrats der IAA [englOrig]	DocI: 101f
6.6.		KM	Protokollierte Äußerungen in der Sitzung des Zentralrats der IAA [englOrig]	DocI: 104f
VI		KM	Notes for the Report on Wages, Price and Profit	DocI: 272
VI	1865	KM u.a.	To Trade, Friendly, or any Working Men's Societies	DocI: 297f
			– Deutsche Übersetzung	MEW16: 507f
20.6.		KM	Protokollierte Äußerungen in der Sitzung des Zentralrats der IAA [englOrig]	DocI: 109f
24.6.		KM	Brief an Friedrich Engels	MEW31: 124–127; [BW III: 326–329]
24.6.		KM	Brief an Wilhelm Liebknecht	MEW31: 476
EndeV–27.6.		KM	[Value, Price and Profit]	M/E: WorksI: 398–447[2]
			– Deutsche Übersetzung	MEW16: 101–152; [KMA VI: 1031–1096; MEStII: 167–215, 272]
ca.1865		JM	Kurze Umrisse eines bewegten Lebens [FR]	Mohr u. General: 204–236
1865		KM	Confessions [abgefaßt für Tochter Laura]	Kunst: 509
			– Deutsche Übersetzung	Kunst: 509f
1865		KM	[Confessions] [abgefaßt für Tochter Jenny]	Faks: MEW31: 596a
			– Deutsche Übersetzung	MEW31: 597
1865		JM	[Confessions]	Faks: Иванов: 96m
			– Deutsche Übersetzung	Kliem: Marx: 36f
3.7.		KM	Brief an Tochter Eleanor [englOrig]	Kapp: 64f
			– Deutsche Übersetzung	MEW31: 477
4.7.		KM	Protokollierte Äußerung in der Sitzung des Zentralrats der IAA [englOrig]	DocI: 112
15.7.		FE	Brief an Karl Marx	MEW31: 128f; [BW III: 330f]
25.7.		FE	Brief an Karl Marx	MEW31: 130; [BW III: 332]

[1] Unter Verwendung einiger fragmentarischer Redewendungen zitiert Künzli, S. 133, 312, den gleichen Brief.
[2] Hier abgedruckt unter dem Titel „Wages, Price and Profit".

1865

Ent-stehungs-zeit	Erschei-nungs-datum	Ver-fasser	Titel oder Textbezeichnung	Quellen-nachweis
25.7.		KM	Brief an Léon Fontaine [Entwurf] [dtÜbers des frzOrig]	MEW31: 478f
31.7.		KM	Brief an Friedrich Engels	MEW31: 131ff; [BW III: 332–335]
5.8.		KM	Brief an Friedrich Engels	MEW31: 134ff; [BW III: 335–338]
7.8.		FE	Brief an Karl Marx	MEW31: 137f; [BW III: 338ff]
8.8.		JM	Brief an Ferdinand von Westphalen	BZG18,6: 1026f
vor9.8.		KM	Korrektur in Schilling, Carl: Die Aus-stoßung des Präsidenten Bernhard Becker aus dem Allgemeinen Deutschen Arbeiter-Verein und der „Social-Demokrat"	Ex libris: 179
9.8.		KM	Brief an Friedrich Engels	MEW31: 139f; [BW III: 340ff]
16.8.		FE	Brief an Karl Marx	MEW31: 141f; [BW III: 342f]
19.8.		KM	Brief an Friedrich Engels	MEW31: 143ff; [BW III: 343–346]
21.8.		FE	Brief an Karl Marx	MEW31: 146; [BW III: 346f]
21.8.		JM	Brief an Ferdinand von Westphalen	BZG18,6: 1027f
22.8.		KM	Brief an Friedrich Engels	MEW31: 147f; [BW III: 347f]
11.9.		KM	Brief an Wilhelm Liebknecht	MEW31: 480
19.9.		KM	Protokollierte Äußerungen in der Sitzung des Zentralrats der IAA [englOrig]	DocI: 128f
20.9.		KM[1]	Brief an Wilhelm Liebknecht [englOrig] – Deutsche Übersetzung	Liebknecht: 63f MEW31: 481
21.9.		FE	Brief an Wilhelm Liebknecht	MEW31: 482
25.9.		KM	Protokollierte Äußerungen in der Sitzung des Ständigen Komitees [englOrig]	DocI: 233ff
IX	II–VIII 1866	KM[2]	Denkschrift der deutschen Abtheilung (Genf) der Internationalen Arbeiterassociation [in „Der Vorbote"]	Der Vorbote: 26–31, 44f, 57–60, 75ff, 86–89, 107ff, 121ff
26.9.		KM	Protokollierte Äußerungen in der Sitzung des Ständigen Komitees [englOrig] ⟨5th resolution. The religious idea⟩[3]	DocI: 239ff
30.9.		KM	Brief an Hermann Jung	MEW31: 483
4.10.		FE	Brief an Karl Marx	MEW31: 149; [BW III: 348f]

[1] Unter dem Pseudonym A. Williams.
[2] Unterzeichnet von J.Ph. Becker.
[3] Der auf der Konferenz vom 27.9.1865 gemachte Vorschlag zur 5. Resolution [DocI: 248] stammt nicht von Marx, obwohl dies auch von F. Leßner [in: Deutsche Worte, S. 158] behauptet wurde. Marx hat dies gegenüber G. Howell abgestritten [siehe DocI, S. 429f; MEW 19, S. 143f].

1865

Ent-stehungs-zeit	Erschei-nungs-datum	Ver-fasser	Titel oder Textbezeichnung	Quellen-nachweis
17.10.		KM	Protokollierte Äußerungen in der Sitzung des Zentralrats der IAA [englOrig]	DocI: 134f
19.10.		KM	Brief an Friedrich Engels	MEW31: 150; [BWIII: 349]
8.11.		KM	Brief an Friedrich Engels	MEW31: 151f; [BWIII: 350f]
9.11.		KM	Brief an Salomon Fuld	MEW31: 484
13.11.		FE	Brief an Karl Marx	MEW31: 153; [BWIII: 351]
15.11.		KM	Brief an Friedrich Engels	MEW31: 154; [BWIII: 351]
15.11.		KM	Brief an Hermann Jung [dtÜbers des englOrig]	MEW31: 485
17.11.		FE	Brief an Karl Marx	MEW31: 155; [BWIII: 352]
20.11.		KM	Brief an Friedrich Engels	MEW31: 156ff; [BWIII: 353ff]
20.11.		KM	Brief an Hermann Jung [dtÜbers des englOrig]	MEW31: 486f
21.11.		KM	Protokollierte Äußerungen in der Sitzung des Zentralrats der IAA [englOrig]	DocI: 142f
21.11.		KM[1]	Brief an Wilhelm Liebknecht [englOrig] – Deutsche Übersetzung	Liebknecht: 66ff MEW31: 488ff
vor25.11.		KM	Brief an César De Paepe [FR] [dtÜbers des frzOrig]	MEW31: 491
28.11.		KM	Protokollierte Äußerung in der Sitzung des Zentralrats der IAA [englOrig]	DocI: 144f
1.12.		FE	Brief an Karl Marx	MEW31: 159f; [BWIII: 355f]
2.12.		KM	Brief an Friedrich Engels	MEW31: 161; [BWIII: 356]
19.12.		KM	Protokollierte Äußerung in der Sitzung des Zentralrats der IAA [englOrig]	DocI: 147
26.12.		KM	Protokollierte Äußerungen in der Sitzung des Zentralrats der IAA [englOrig]	DocI: 149f
26.12.		KM	Brief an Friedrich Engels	MEW31: 162ff; [BWIII: 356–359]
1863–Ende1865		KM	Resultate des unmittelbaren Produktions-prozesses – Ergänzende Textvarianten in französischer Übersetzung	KM: Resultate: 3–115 KM: Œuvres: 397f, 457
ca.Ende 1865[?]		KM[2]	Wiederholt gemachte Äußerung über das Christentum	Mohr u. General: 275

[1] Unter dem Pseudonym A. Williams.
[2] Wiedergegeben von E. Marx.

Ent-stehungs-zeit	Erschei-nungs-datum	Ver-fasser	Titel oder Textbezeichnung	Quellen-nachweis

1866

Entstehungszeit	Erscheinungsdatum	Verfasser	Titel oder Textbezeichnung	Quellennachweis
Ende 1865–Anf. 1866		KM	Appendix für Friedrich Engels	MEW 31: 165f
4.1.		FE	Brief an Karl Marx	MEW 31: 167f; [BW III: 360f]
5.1.		KM	Brief an Friedrich Engels	MEW 31: 169; [BW III: 361f]
9.1.		KM	Protokollierte Äußerungen in der Sitzung des Zentralrats der IAA [englOrig]	DocI: 155f
13.1.		KM	Brief an Johann Philipp Becker	MEW 31: 492ff
15.1.		KM	Brief an Friedrich Engels	MEW 31: 170ff; [BW III: 362–365]
15.1.		KM	Brief an Ludwig Kugelmann	MEW 31: 495f
15.1.		KM	Brief an Wilhelm Liebknecht	MEW 31: 497f
16.1.		KM	Protokollierte Äußerungen in der Sitzung des Zentralrats der IAA [englOrig]	DocI: 159f
16.1.		KM	Minutes of General Council Meeting	DocI: 273f
23.1.		KM	Protokollierte Äußerung in der Sitzung des Zentralrats der IAA [englOrig]	DocI: 162
23.1.		JM	Brief an Ernestine Liebknecht [FR]	Liebknecht: 68ff
24.1.		KM	Brief an Sigfrid Meyer	MEW 31: 499
26.1.		FE	Brief an Karl Marx	MEW 31: 173; [BW III: 365]
ca. 29.1.	⟨II⟩[1]	JM	Brief an Johann Philipp Becker	MEW 31: 586f
Ende I	24.3.	FE	What Have the Working Classes to Do with Poland? I. To the Editor of the „Commonwealth" [in „The Commonwealth"]	Menace: 95ff
			– Deutsche Übersetzung	MEW 16: 153ff
Anf. II		JM	Brief an Sigfrid Meyer	MEW 31: 588
10.2.		KM	Brief an Friedrich Engels	MEW 31: 174f; [BW III: 366f]
10.2.		FE	Brief an Karl Marx	MEW 31: 176f; [BW III: 367ff]
13.2.		KM	Brief an Friedrich Engels	MEW 31: 178f; [BW III: 369f]
14.2.		KM	Brief an Friedrich Engels	MEW 31: 180; [BW III: 370f]
14.2.		KM	Brief an Friedrich Leßner	MEW 31: 500
ca. 15.2.	20.2.	KM u.H. Jung[2]	Monsieur le redacteur de L'ECHO DE VERVIERS [in „L'Echo de Verviers"]	DocI: 317–326
			– Deutsche Übersetzung	MEW 16: 511–518

[1] Fragment mit redaktionellem Zusatz veröffentlicht in „Der Vorbote" vom Februar 1866 [MEW 16, S. 510f].
[2] Von Jung geschrieben, von Marx redigiert.

1866

Ent-stehungs-zeit	Erschei-nungs-datum	Ver-fasser	Titel oder Textbezeichnung	Quellen-nachweis
19.2.		FE	Brief an Karl Marx	MEW31: 181; [BW III: 371]
20.2.		KM	Brief an Friedrich Engels	MEW31: 182f
22.2.		FE	Brief an Karl Marx	MEW31: 184f; [BW III: 372f]
26.2.		JM	Brief an Ludwig Kugelmann	MEW31: 589f
2.3.		KM	Brief an Friedrich Engels	MEW31: 186; [BW III: 373f]
5.3.		FE	Brief an Karl Marx	MEW31: 187; [BW III: 374]
6.3.		KM	Brief an Friedrich Engels	MEW31: 188; [BW III: 375]
ca.10.3.		FE	Brief an Ferdinand Freiligrath [FR]	MEW31: 189; [BW III: 375]
ca.10.3.		FE	Brief an Karl Marx	MEW31: 189; [BW III: 375]
10.3.		KM	Brief an Friedrich Engels	MEW31: 190; [BW III: 376]
13.3.		KM	Protokollierte Äußerungen in der Sitzung des Zentralrats der IAA [englOrig]	Doc:I 171
			– Deutsche Übersetzung	MEW16: 519
15.3.		KM	Brief an Friedrich Engels	MEW31: 191; [BW III: 376f]
16.3.		KM	Brief an Friedrich Engels	MEW31: 192; [BW III: 377]
16.3.		KM	Brief an Tochter Jenny [dtÜbers des englOrig]	MEW31: 501f
18.3.		KM[1]	Brief an Nannette Philips [englOrig]	IRofSH I, 1: 108–111
			– Deutsche Übersetzung	MEW31: 503ff
19.3.		FEu.a.	Zirkular der Manchester Schiller-Anstalt	MEW31: 598ff
20.3.		KM	Brief an Tochter Laura [englOrig]	Schwerbrock: 110–113
			– Deutsche Übersetzung	MEW31: 506ff
22.3.		FE	Brief an Hermann Engels	MEW31: 509f
24.3.		KM	Brief an Friedrich Engels	MEW31: 193ff; [BW III: 377–380]
27.3.		FE	Brief an Karl Marx	MEW31: 196; [BW III: 380f]
	31.3.	FE	What Have the Working Classes to Do with Poland? II. To the Editor of the "Commonwealth" [in „The Commonwealth"]	Menace: 97–101
			– Deutsche Übersetzung	MEW16: 156–159
Anf.IV		JM	Brief an Ernestine Liebknecht [englÜbers]	FR: Kapp: 69
1.4.		JM	Brief an Ludwig Kugelmann	MEW31: 591ff

[1] Unter dem Pseudonym Bloch.

1866

Ent-stehungs-zeit	Erschei-nungs-datum	Ver-fasser	Titel oder Textbezeichnung	Quellen-nachweis
2.4.		KM	Brief an Friedrich Engels	MEW31: 197ff; [BWIII: 381ff]
2.4.		FE	Brief an Karl Marx	MEW31: 200f; [BWIII: 383ff]
–6.4.	5.5.	FE	What Have the Working Classes to Do with Poland? III. The doctrine of nationality applied to Poland [in „The Commonwealth"]	Menace: 101–104
			– Deutsche Übersetzung	MEW16: 159–163
6.4.		FE	Brief an Karl Marx	MEW31: 202f; [BWIII: 385f]
6.4.		KM	Brief an Friedrich Engels	MEW31: 204f; [BWIII: 386ff]
6.4.		FE	Brief an Hermann Engels	MEW31: 511f
6.4.		KM	Brief an Wilhelm Liebknecht [englOrig]	Liebknecht: 72f
			– Deutsche Übersetzung	MEW31: 513
6.4.		KM	Brief an Ludwig Kugelmann	MEW31: 514f
10.4.		KM	Protokollierte Äußerung in der Sitzung des Zentralrats der IAA [englOrig]	DocI: 178
10.4.		FE	Brief an Karl Marx	MEW31: 206f; [BWIII: 388ff]
13.4.		FE	Brief an Karl Marx	MEW31: 208f; [BWIII: 390f]
IV		JM	Brief an Ernestine Liebknecht	FR: Fedossejew: 477
			– Englische Übersetzung	FR: Kapp: 41
17.4.		KM	Protokollierte Äußerungen in der Sitzung des Zentralrats der IAA [englOrig]	DocI: 179f
23.4.		KM	Brief an Friedrich Engels	MEW31: 210f; [BWIII: 391ff]
1.5.		KM	Protokollierte Äußerungen in der Sitzung des Zentralrats der IAA [englOrig]	DocI: 184, 186
1.5.		FE	Brief an Karl Marx	MEW31: 212f; [BWIII: 393f]
4.5.		KM[1]	Brief an Wilhelm Liebknecht [englOrig]	Liebknecht: 73ff
			– Deutsche Übersetzung [ohne Anlage][2]	MEW31: 516f
4.5.	15.5.	KM	Warnung [in „Oberrheinischer Courier"]	MEW16: 164f
8.5.		KM	Protokollierte Äußerungen in der Sitzung des Zentralrats der IAA [englOrig]	DocI: 187ff
9.5.		FE	Brief an Karl Marx	MEW31: 214; [BWIII: 395]
10.5.		KM	Brief an Friedrich Engels	MEW31: 215f; [BWIII: 395ff]
15.5.		KM	Protokollierte Äußerung in der Sitzung des Zentralrats der IAA [englOrig]	DocI: 191

[1] Unter dem Pseudonym A. Williams.
[2] Bei der Anlage handelt es sich um eine handschriftliche Fassung der am 15.5.1866 im „Oberrheinischen Courir" erschienenen Warnung.

Ent-stehungs-zeit	Erschei-nungs-datum	Ver-fasser	Titel oder Textbezeichnung	Quellen-nachweis
16.5.		FE	Brief an Karl Marx	MEW31: 217f; [BWIII: 397ff]
17.5.		KM	Brief an Friedrich Engels	MEW31: 219; [BWIII: 399f]
25.5.		FE	Brief an Karl Marx	MEW31: 220f; [BWIII: 400ff]
2.HälfteV	22.1.78	FE	Brief an einen Unbekannten [FR] [dtÜbers der von Engels italienisch zitierten Briefpassage] [in „La Plebe"]	MEW19: 113
7.6.		KM	Brief an Friedrich Engels	MEW31: 222f; [BWIII: 402f]
9.6.		KM	Brief an Friedrich Engels	MEW31: 224f; [BWIII: 404f]
11.6.		FE	Brief an Karl Marx	MEW31: 226f; [BWIII: 405ff]
19.6.	20.6.	FE	Notes on the War, No. I [in „The Manchester Guardian"] – Deutsche Übersetzung	Military: 121–125 MEW16: 169–173
20.6.		KM	Brief an Friedrich Engels	MEW31: 228f; [BWIII: 407ff]
	25.6.	FE	Notes on the War, No. 2 [in „The Manchester Guardian"] – Deutsche Übersetzung	Military: 125–129 MEW16: 173–178
26.6.		KM	Protokollierte Äußerung in der Sitzung des Zentralrats der IAA [englOrig]	DocI: 203
	28.6.	FE	Notes on the War, No. III [in „The Manchester Guardian"] – Deutsche Übersetzung	Military: 129–133 MEW16: 178–182
	3.7.	FE	Notes on the War, No. IV [in „The Manchester Guardian"] – Deutsche Übersetzung	Military: 133–136 MEW16: 182–185
4.7.		FE	Brief an Karl Marx	MEW31: 230f; [BWIII: 409f]
5.7.	6.7.	FE	Notes on the War, No. V [in „The Manchester Guardian"] – Deutsche Übersetzung	Military: 136–140 MEW16: 185–189
7.7.		KM	Brief an Friedrich Engels	MEW31: 232ff; [BWIII: 410–413]
9.7.		FE	Brief an Karl Marx	MEW31: 235f; [BWIII: 413ff]
10.7.		KM	Protokollierte Äußerungen in der Sitzung des Zentralrats der IAA [englOrig]	DocI: 208f
12.7.		FE	Brief an Karl Marx	MEW31: 237; [BWIII: 415]
17.7.	⟨22.7.⟩[1]	KM[?]	Resolution des Zentralrats der IAA [englOrig]	DocI: 213

[1] Veröffentlicht in „La Rive Gauche" vom 22.7.1866.

1866

Ent-stehungs-zeit	Erschei-nungs-datum	Ver-fasser	Titel oder Textbezeichnung	Quellen-nachweis
			– Deutsche Übersetzung	FE/Lenin: Schriften: 25
21.7.		KM	Brief an Friedrich Engels	MEW31: 238f; [BW III: 416f]
24.7.		KM	Protokollierte Äußerungen in der Sitzung des Zentralrats der IAA [englOrig]	DocI: 214f
25.7.		FE	Brief an Karl Marx	MEW31: 240f; [BW III: 417f]
27.7.		KM	Brief an Friedrich Engels	MEW31: 242ff; [BW III: 419ff]
31.7.		KM	Protokollierte Äußerungen in der Sitzung des Zentralrats der IAA [englOrig]	DocI: 217f
6.8.		FE	Brief an Karl Marx	MEW31: 245f; [BW III: 421ff]
7.8.		KM	Protokollierte Äußerung in der Sitzung des Zentralrats der IAA [englOrig]	DocI: 220
7.8.		KM	Brief an Friedrich Engels	MEW31: 247ff; [BW III: 423ff]
10.8.		FE	Brief an Karl Marx	MEW31: 250f; [BW III: 425f]
13.8.		KM	Brief an Friedrich Engels	MEW31: 252; [BW III: 427]
13.8.		KM	Brief an Paul Lafargue [dtÜbers des frzOrig]	MEW31: 518f
14.8.		KM	Protokollierte Äußerungen in der Sitzung des Zentralrats der IAA [englOrig]	DocI: 224
23.8.		KM	Brief an Friedrich Engels	MEW31: 253; [BW III: 427f]
23.8.		KM	Brief an Ludwig Kugelmann	MEW31: 520f
23.8.		FE	Brief an Emil Engels	MEW31: 522
28.8.		KM	Brief an Tochter Laura [englOrig]	Schwerbrock: 113f
			– Deutsche Übersetzung	MEW31: 523
31.8.		KM	Brief an Johann Philipp Becker	MEW31: 524f
EndeVIII	20.2.u. 13.3.67	KM	Instructions for the Delegates of the Provisional General Council. The Different Questions [in „The International Courier"]	DocI: 340–351[1]
			– Deutsche Übersetzung	MEW16: 190–199[2]
IX		KM	Brief an Tochter Laura [dtÜbers des englOrig]	MEW31: 526
5.9.		KM	Brief an Tochter Jenny [dtÜbers des englOrig]	MEW31: 527f

[1] Einschließlich der Varianten der französischen Fassung (veröffentlicht in „Le Courrier International" vom 9. und 16.3.1867) und der deutschen Fassung (in „Der Vorbote" von Oktober und November 1866).
[2] Unter Berücksichtigung der französischen Fassung.

Ent-stehungs-zeit	Erschei-nungs-datum	Ver-fasser	Titel oder Textbezeichnung	Quellen-nachweis
IX		KM u.a.	Statuts de L'Association Internationale des Travailleurs	FR: Faks: Blumen-berg: 134
		KM u.a.	Association Internationale des Tra-vailleurs. Statuts et règlements[1] [dtÜbers der von Marx und P. Lafargue angefertigten frz Fassung, z.T. in der von Marx und Engels später redigierten dt Fassung von 1871]	MEW16: 520–523
	1867	KM u.a.[2]	Rules and Administrative Regulations of the International Working Men's Association	DocII: 265–270[3]
IX[?]		KM	Einfügungen in protokollarische Auf-zeichnungen des Genfer Kongresses [frzOrig]	Faks: MEW31: 531
18.9.		KM	Protokollierte Äußerungen in der Sitzung des Generalrats der IAA [englOrig]	DocII: 29,33
25.9.		KM	Protokollierte Äußerungen in der Sitzung des Generalrats der IAA [englOrig]	DocII: 34,36f
26.9.		KM	Brief an Friedrich Engels	MEW31: 254; [BWIII: 428f]
1.10.		KM	Brief an Friedrich Engels	MEW31: 255; [BWIII: 429f]
2.10.		KM	Protokollierte Äußerungen in der Sitzung des Generalrats der IAA [englOrig]	DocII: 40f
2.10.		FE	Brief an Karl Marx	MEW31: 256; [BWIII: 430f]
3.10.		KM	Brief an Friedrich Engels	MEW31: 257f; [BWIII: 431f]
5.10.		FE	Brief an Karl Marx	MEW31: 259ff; [BWIII: 432–435]
9.10.		KM	Protokollierte Äußerungen in der Sitzung des Generalrats der IAA [englOrig]	DocII: 44ff
9.10.		KM	Brief an Ludwig Kugelmann	MEW31: 529f
13.10.		KM	Brief an Ludwig Kugelmann	MEW31: 533f
14.10.		JM	Brief an Ernestine Liebknecht	Liebknecht: 78–82
25.10.		KM	Brief an Ludwig Kugelmann	MEW31: 535
8.11.		KM	Brief an Friedrich Engels	MEW31: 262; [BWIII: 435f]
10.11.		KM	Brief an Friedrich Engels	MEW31: 263; [BWIII: 436]
11.11.		FE	Brief an Karl Marx	MEW31: 264f; [BWIII: 437f]
12.11.		KM	Brief an François Lafargue [frzOrig] – Deutsche Übersetzung	Schwerbrock: 114ff MEW31: 536f

[1] In der Handschrift „Règlements spéciaux".
[2] Unterzeichnet von R. Shaw und J.G. Eccarius.
[3] Entsprechend der auf Mitinitiative von Marx hin herausgegebenen englischen Ausgabe von 1867.

1866–1867

Ent-stehungs-zeit	Erschei-nungs-datum	Ver-fasser	Titel oder Textbezeichnung	Quellen-nachweis
20.11.		KM	Protokollierte Äußerungen in der Sitzung des Generalrats der IAA [englOrig]	DocII: 64f
Herbst[?]		KM[1]	Äußerung im Gespräch mit Friedrich Leßner	Mohr u. General: 185
27.11.		KM	Protokollierte Äußerungen in der Sitzung des Generalrats der IAA [englOrig]	DocII: 67, 69
7.12.		KM	Brief an Paul Lafargue [dtÜbers des frzOrig]	MEW31: 538
8.12.		KM	Brief an Friedrich Engels	MEW31: 266; [BWIII: 438]
14.12.		FE	Brief an Karl Marx	MEW31: 267; [BWIII: 440f]
17.12.		KM	Brief an Friedrich Engels	MEW31: 268f; [BWIII: 441f]
18.12.		KM	Protokollierte Äußerungen in der Sitzung des Generalrats der IAA [englOrig]	DocII: 77
21.12.		FE	Brief an Karl Marx	MEW31: 270f; [BWIII: 443f]
24.12.		JM	Brief an Friedrich Engels	MEW31: 593
31.12.		KM	Brief an Friedrich Engels	MEW31: 272; [BWIII: 444f]

1867

Ent-stehungs-zeit	Erschei-nungs-datum	Ver-fasser	Titel oder Textbezeichnung	Quellen-nachweis
1850/1867		KM	Notizen in Tucker, Josiah: Four tracts, together with two sermons, on political and commercial subjects	FR: Ex libris: 197
Sommer1853/ 1867[?]		KM	Notizen in „The Portfolio". 1843/1844	FR: Ex libris: 160
19.1.		KM	Brief an Friedrich Engels	MEW31: 273f; [BWIII: 446f]
22.1.		KM	Rede auf dem Polenmeeting in London [englOrig]	Cahiers4: 83–89
			– Deutsche Übersetzung einer polnischen Wiedergabe[2]	MEW16: 200–204[3]
29.1.		FE	Brief an Karl Marx	MEW31: 275f; [BWIII: 447ff]
18.2.		KM	Berichtigung[4]	MEW16: 205
18.2.		KM	Brief an Ludwig Kugelmann	MEW31: 539
21.2.		KM	Brief an Friedrich Engels	MEW31: 277; [BWIII: 449]
25.2.		KM	Brief an Friedrich Engels	MEW31: 278; [BWIII: 449]

[1] Wiedergegeben von F. Leßner.
[2] Polnische Fassung in „Głos Wolny" vom 10.2.1867.
[3] Unter Berücksichtigung der Varianten der französischen Übersetzung des englischen Manuskripts.
[4] Mit Anschreiben an die Redaktion der „Zeitung für Norddeutschland".

1867

Entstehungszeit	Erscheinungsdatum	Verfasser	Titel oder Textbezeichnung	Quellennachweis
28.2.	3.3.	KM	Rede auf dem Stiftungsfest des Deutschen Bildungsvereins für Arbeiter in London [Aufzeichnung] [in „Der Vorbote"]	MEW16: 524
13.3.		FE	Brief an Karl Marx	MEW31: 279f; [BW III: 450f]
2.4.		KM	Brief an Friedrich Engels	MEW31: 281f; [BW III: 452f]
4.4.		FE	Brief an Karl Marx	MEW31: 283f; [BW III: 453ff]
13.4.		KM	Brief an Friedrich Engels	MEW31: 287f; [BW III: 455ff]
16.4.		KM	Telegramm an Ludwig Kugelmann	MEW31: 540
16.4.		KM[1]	Äußerung im Gespräch mit Ludwig Kugelmann	Mohr u. General: 282
17.4.		KM	Brief an Johann Philipp Becker	MEW31: 541
24.4.		KM	Brief an Friedrich Engels	MEW31: 289ff; [BW III: 457–460]
27.4.		FE	Brief an Karl Marx	MEW31: 292–295; [BW III: 460–463]
30.4.		KM	Brief an Sigfrid Meyer	MEW31: 542f
1.5.		KM	Brief an Ludwig Büchner	MEW31: 544f
5.5.		KM	Brief an Tochter Jenny [dtÜbers des englOrig]	MEW31: 546f
7.5.		KM	Brief an Friedrich Engels	MEW31: 296–299; [BW III: 463–467]
13.5.		KM	Brief an Tochter Laura [englOrig]	Schwerbrock: 117ff
			– Deutsche Übersetzung	MEW31: 548f
IV/15.5.		KM[1]	Äußerungen im Gespräch bei der Familie Kugelmann	Mohr u. General: 285, 288
IV/15.5.		KM[1]	Äußerungen im Gespräch mit Frau Kugelmann	Mohr u. General: 288f
IV/15.5.		KM	Notizentwurf und Notiz für das Fremdenbuch der Frau Tenge	Mohr u. General: 291f
22.5.		KM	Brief an Friedrich Engels	MEW31: 300; [BW III: 467f]
3.6.		KM	Brief an Friedrich Engels	MEW31: 301f; [BW III: 468f]
10.6.		KM	Brief an Ludwig Kugelmann	MEW31: 550f
16.6.		FE	Brief an Karl Marx	MEW31: 303f; [BW III: 469ff]
22.6.		KM	Brief an Friedrich Engels	MEW31: 305ff; [BW III: 471–474]
24.6.		FE	Brief an Karl Marx	MEW31: 308f; [BW III: 474f]

[1] Wiedergegeben von F. Kugelmann.

1867

Ent-stehungs-zeit	Erschei-nungs-datum	Ver-fasser	Titel oder Textbezeichnung	Quellen-nachweis
26.6.		FE	Brief an Karl Marx	MEW31: 310f; [BW III: 476]
27.6.		KM	Brief an Friedrich Engels	MEW31: 312f; [BW III: 480ff]
27.6.		KM	Brief an Friedrich Engels	MEW31: 314–317; [BW III: 477–480]
28.6.		FE u.a.	Zirkular der Manchester Schiller-Anstalt	MEW31: 601–604
6.–8.7.		FE	Schwedische Reisenotizen	FE: AufReisen: 184ff
9.7.		KM	Protokollierte Äußerung und Resolutions- entwurf in der Sitzung des Generalrats der IAA [englOrig]	DocII: 134ff
MitteVII	VII	KM u.a.	Adresse du Conseil Général de l'Asso- ciation Internationale des Travailleurs. Aux Membres et aux Sociétés Affiliés et à tous les Travailleurs	DocII: 288–291
			– Deutsche Übersetzung	MEW16: 525ff
13.7.		KM	Brief an Ludwig Kugelmann	MEW31: 552f
9.–18.7.		FE	Schwedisch-dänische Reisenotizen	FE: AufReisen: 186–191
20.7.		KM	Brief an Friedrich Engels	MEW31: 318; [BW III: 482]
20.7.		KM	Brief an Ferdinand Freiligrath	MEW31: 554
23.7.		KM	Protokollierte Äußerungen in der Sitzung des Generalrats der IAA [englOrig]	DocII: 142ff
			– Deutsche Übersetzung	MEW16: 528f
25.7.		KM	Vorwort zu „Das Kapital"	MEW23: 11–17; [KMAIV: XVII–XXI]; Kapital67: VII–XII
25.7.		KM	Widmung [des „Kapital"]	MEW23: 9; Kapital67: III
30.7.		KM	Protokollierte Äußerung in der Sitzung des Generalrats der IAA [englOrig]	DocII: 147
10.8.		KM	Brief an Friedrich Engels	MEW31: 319; [BW III: 483]
11.8.		FE	Brief an Karl Marx	MEW31: 320; [BW III: 483f]
13.8.		KM	Protokollierte Äußerungen und Resolu- tionsentwurf in der Sitzung des General- rats der IAA [englOrig]	DocII: 151ff
			– Deutsche Übersetzung	FR: MEW16: 529f, 206
14.8.		KM	Brief an Friedrich Engels	MEW31: 321; [BW III: 484]
14.8.		KM	Brief an einen Londoner Buchhändler [dtÜbers des englOrig]	MEW31: 555
15.8.		FE	Brief an Karl Marx	MEW31: 322; [BW III: 484f]

Ent-stehungs-zeit	Erschei-nungs-datum	Ver-fasser	Titel oder Textbezeichnung	Quellen-nachweis
–16.8.	14.9.	KM	Das Kapital. Erster Band	MEW 23: 5, 47–802, 805–842[1]; [KMA IV: 1–940]; Kapital 67: I, 1–784; [FR: MESt II: 216–246, 272–278]
16.8.		KM	Brief an Friedrich Engels	MEW 31: 323; [BW III: 485f]
23.8.		FE	Brief an Karl Marx	MEW 31: 324f; [BW III: 486f]
24.8.		KM	Brief an Friedrich Engels	MEW 31: 326f; [BW III: 487ff]
26.8.		FE	Brief an Karl Marx	MEW 31: 328; [BW III: 489f]
27.8.		KM	Protokollierte Äußerungen in der Sitzung des Generalrats der IAA [englOrig]	Doc II: 156f
27.8.		FE	Brief an Karl Marx	MEW 31: 329–332; [BW III: 490–493]
27.8.		KM	Brief an Auguste Vermorel [dtÜbers des frzOrig]	MEW 31: 556f
27.8.		KM	Brief an Sigfrid Meyer	MEW 31: 558
31.8.		KM	Brief an Friedrich Engels	MEW 31: 333; [BW III: 493f]
1.9.		FE	Brief an Karl Marx	MEW 31: 334; [BW III: 494]
2.9.		FE	Brief an Karl Marx	MEW 31: 335f; [BW III: 495f]
20.8./3.9.	⟨14.9.; 1868⟩[2]	KM u.a.[3]	Rapports lus au congrès ouvrier réuni du 2 au 8 septembre 1867 à Lausanne [engl von dem frzOrig leicht abweichende Fassung bzw. teilweise englÜbers des frzOrig bzw. Orig[4] der engl Fassung]	Doc II: 292–310, 404–408
			– Deutsche Übersetzung der französischen Fassung	MEW 16: 530–548
4.9.		KM	Brief an Friedrich Engels	MEW 31: 337ff; [BW III: 496ff]
7.9.		KM	Brief an Friedrich Engels	MEW 31: 340; [BW III: 498f]
9.9.		FE	Brief an Karl Marx	MEW 31: 341; [BW III: 499]
ca.10.9.		KM[5]	Äußerungen im Gespräch mit Paul Lafargue	Mohr u. General: 476, 478

[1] Mit zusätzlicher deutscher Übersetzung der fremdsprachigen Originalzitate.
[2] Zum Teil in „The Bee-hive" vom 14.9.1867, zum Teil als Separatdruck 1868 erschienen.
[3] Französische Fassung unterzeichnet von Marx u.a.; englische Fassung unterzeichnet von P. Fox.
[4] Im englischen Original: „The Annual Report of the American Secretary of the General Council of the International Working Men's Association (September 1866 to August 27, 1867)".
[5] Wiedergegeben von P. Lafargue.

1867

Ent-stehungs-zeit	Erschei-nungs-datum	Ver-fasser	Titel oder Textbezeichnung	Quellen-nachweis
11.9.		KM	Brief an Friedrich Engels	MEW31: 342f; [BW III: 499ff]
11.9.		FE	Brief an Karl Marx	MEW31: 344f; [BW III: 501ff]
12.9.		KM	Brief an Friedrich Engels	MEW31: 346f; [BW III: 503f]
12.9.		KM	Brief an Friedrich Engels	MEW31: 348; [BW III: 505]
12.9.		FE	Brief an Karl Marx	MEW31: 349f; [BW III: 505f]
13.9.		KM	Telegramm an Friedrich Engels	MEW31: 351; [BW III: 506]
23.9.		FE	Brief an Laura Marx	MEW31: 559
24.9.		KM	Protokollierte Äußerungen in der Sitzung des Generalrats der IAA [englOrig]	DocII: 161
IX/X		JM	Brief an Johann Philipp Becker	FR: Künzli: 314
4.10.		KM	Brief an Friedrich Engels	MEW31: 352–356; [BW III: 506–511]
ca.5.10.	X	JM	Brief an Johann Philipp Becker [FR] [in „Der Vorbote"]	MEW16: 549f
5.10.		JM	Brief an Johann Philipp Becker	MEW31: 594
8.10.		KM	Protokollierte Äußerungen in der Sitzung des Generalrats der IAA [englOrig]	DocII: 166
8.10.		FE	Brief an Karl Marx	MEW31: 357; [BW III: 511]
9.10.		KM	Brief an Friedrich Engels	MEW31: 358f; [BW III: 511f]
10.10.		KM	Brief an Friedrich Engels	MEW31: 360; [BW III: 513]
11.10.		FE	Brief an Karl Marx	MEW31: 361; [BW III: 513f]
11.10.		KM	Brief an Ludwig Kugelmann	MEW31: 560ff
12.10.	⟨30.10.⟩[1]	FE	Rezension des Ersten Bandes „Das Kapital" für die „Zukunft"	MEW16: 207ff
12.10.		FE	Rezension des Ersten Bandes „Das Kapital" für die „Rheinische Zeitung"	MEW16: 210–213
12.10.		FE	Brief an Ludwig Kugelmann	MEW31: 563
13.10.		FE	Brief an Karl Marx	MEW31: 362f; [BW III: 514f]
14.10.		KM	Brief an Friedrich Engels	MEW31: 364f; [BW III: 516f]
15.10.		FE	Brief an Karl Marx	MEW31: 366; [BW III: 517]
15.10.		KM	Brief an Ludwig Kugelmann	MEW31: 564f
18.10.		FE	Brief an Karl Marx	MEW31: 367; [BW III: 517f]

[1] Erschien redaktionell „verstümmelt" in „Die Zukunft" vom 30.10.1867.

1867

Ent-stehungs-zeit	Erschei-nungs-datum	Ver-fasser	Titel oder Textbezeichnung	Quellen-nachweis
18.10.		FE	Brief an Hermann Meyer	MEW 31: 566
19.10.		KM	Brief an Friedrich Engels	MEW 31: 368ff; [BW III: 518–521]
22.10.		FE	Brief an Karl Marx	MEW 31: 371f; [BW III: 521f]
22.10.	2.11.	FE	Rezension des Ersten Bandes „Das Kapital" für die „Elberfelder Zeitung" [in „Elberfelder Zeitung"]	MEW 16: 214f
1.11.		FE	Brief an Karl Marx	MEW 31: 373; [BW III: 522f]
2.11.		KM	Brief an Friedrich Engels	MEW 31: 374ff; [BW III: 523–526]
5.11.		KM	Protokollierte Äußerung in der Sitzung des Generalrats der IAA [englOrig]	Doc II: 172
5.11.		FE	Brief an Karl Marx	MEW 31: 377f; [BW III: 526f]
7.11.		KM	Brief an Friedrich Engels	MEW 31: 379f; [BW III: 528f]
3./8.11.	16.11.	FE	Rezension des Ersten Bandes „Das Kapital" für die „Düsseldorfer Zeitung" [in „Düsseldorfer Zeitung"]	MEW 16: 216ff
8.11.		FE	Brief an Karl Marx	MEW 31: 381f; [BW III: 530f]
9.11.		KM	Brief an Friedrich Engels	MEW 31: 383; [BW III: 531]
10.11.		FE	Brief an Karl Marx	MEW 31: 384f; [BW III: 531ff]
10.11.		KM	Widmung für Carl Siebel [dt Rückübers aus dem Russ]	MEW 31: 570
14.11.		KM	Brief an Friedrich Engels	MEW 31: 386; [BW III: 533f]
8.u.20.11.		FE	Brief an Ludwig Kugelmann	MEW 31: 567ff
20.11.		KM	The Fenian Prisoners at Manchester and the International Working Men's Association	Doc II: 312f[1]
			– Deutsche Übersetzung	MEW 16: 219f
24.11.		FE	Brief an Karl Marx	MEW 31: 387; [BW III: 534f]
26.11.		KM	Protokollierte Äußerung in der Sitzung des Generalrats der IAA [englOrig]	Doc II: 181
ca.26.11.		KM	Entwurf einer nicht gehaltenen Rede zur irischen Frage [englOrig]	Doc II: 253–258
			– Deutsche Übersetzung	MEW 16: 439–444
26.11.		FE	Brief an Karl Marx	MEW 31: 388f; [BW III: 535f]

[1] Nach einer von Frau J.Marx angefertigten Kopie des Manuskripts. Als „Memorial of the General Council of the International Working Men's Association" in Doc II, S. 179f. – Veröffentlicht in „Le Courrier Français" vom 24.11.1867.

1867

Ent-stehungs-zeit	Erschei-nungs-datum	Ver-fasser	Titel oder Textbezeichnung	Quellen-nachweis
27.11.		KM	Brief an Friedrich Engels	MEW 31: 390f; [BW III: 536f]
28.11.		KM	Brief an Friedrich Engels	MEW 31: 392; [BW III: 537f]
28.11.		FE	Brief an Karl Marx	MEW 31: 393; [BW III: 538f]
28.11.		FE	Brief an Hermann Engels	MEW 31: 571f
29.11.		KM	Brief an Friedrich Engels	MEW 31: 394; [BW III: 539]
29.11.		KM	Notiz für Friedrich Engels	MEW 31: 395
29.11.		FE	Brief an Karl Marx	MEW 31: 396f; [BW III: 540f]
30.11.		KM	Brief an Friedrich Engels	MEW 31: 398ff; [BW III: 541–544]
30.11.		KM[1]	Brief an Victor Schily	MEW 31: 573f
30.11.		KM	Brief an Ludwig Kugelmann	MEW 31: 575f
4.12.		FE	Brief an Karl Marx	MEW 31: 401; [BW III: 544f]
6.12.		FE	Brief an Karl Marx	MEW 31: 402; [BW III: 545]
6.12.	12.12.	KM	Plagiarismus [in „Die Zukunft"]	MEW 16: 221–225
7.12.		KM	Brief an Friedrich Engels	MEW 31: 403ff; [BW III: 546ff]
7.12.		KM	Brief an Friedrich Engels	MEW 31: 406; [BW III: 548f]
7.12.		KM	Brief an Ludwig Kugelmann	MEW 31: 577
12.12.		FE	Brief an Karl Marx	MEW 31: 407f; [BW III: 549f]
12.12.		FE	Brief an Ludwig Kugelmann	MEW 31: 578f
12./13.12.	⟨27. 12.⟩[2]	FE	Rezension des Ersten Bandes „Das Kapital" für den „Beobachter"	MEW 16: 226ff
12./13.12.	27.12.	FE	Rezension des Ersten Bandes „Das Kapital" für das „Gewerbeblatt aus Württemberg" [in „Gewerbeblatt aus Württemberg"]	MEW 16: 229ff
13.12.		FE	Brief an Ludwig Kugelmann	MEW 31: 580
14.12.		KM	Brief an Friedrich Engels	MEW 31: 409f; [BW III: 550f]
ca.16.12.		KM	Entwurf eines Vortrages zur irischen Frage, gehalten im Deutschen Bildungs-verein für Arbeiter in London [dt Fassung bzw. dtÜbers des dt-englOrig]	MEW 16: 445–458
			– Englische Fassung mit z.T. englischer Übersetzung des deutsch-englischen Originals	M/E: Ireland: 126–139

[1] Unter dem Pseudonym A. Williams.
[2] Die hier nach der Handschrift wiedergegebene Rezension wurde am 27.12.1867 in „Der Beobachter" veröffentlicht.

Ent-stehungs-zeit	Erschei-nungs-datum	Ver-fasser	Titel oder Textbezeichnung	Quellen-nachweis
16.12.		KM	Vortrag zur irischen Frage, gehalten im Deutschen Bildungsverein für Arbeiter, [Aufzeichnung von Eccarius]	MEW16: 550ff
16.12.		FE	Brief an Karl Marx	MEW31: 411; [BW III: 551f]
17.12.		KM	Protokollierte Äußerungen in der Sitzung des Generalrats der IAA [englOrig]	DocII: 182
17.12.		KM	Brief an Friedrich Engels	MEW31: 412; [BW III: 552f]
19.12.		FE	Brief an Karl Marx	MEW31: 413f; [BW III: 553f]
20.12.		KM	Widmung für Tochter Jenny [englOrig]	IRofSH XVIII: 221
24.12.		JM	Brief an Ludwig Kugelmann	MEW31: 595f
ab1867[?]		KM	Teile aus dem Manuskript zum „Kapital"	KM: Resultate: 116–134
ab1867[?]		KM	Vermerke in Anderson, George: The reign of bullionism	Ex libris: 24
ab1867[?]		KM	Anmerkungen in Boudon, Raoul: La vérité sur la situation économique et financière de l'Empire	FR: Ex libris: 37

1868

Ent-stehungs-zeit	Erschei-nungs-datum	Ver-fasser	Titel oder Textbezeichnung	Quellen-nachweis
1.HälfteI	21.1.	FE	Rezension des Ersten Bandes „Das Kapital" für die „Neue Badische Landeszeitung" [in „Neue Badische Landeszeitung"]	MEW16: 232ff
3.1.		KM	Brief an Karl Marx	MEW32: 5f; [BW IV: 4f]
3.1.		FE	Brief an Jenny Marx	MEW32: 531f; [BW IV: 3f]
6.1.		FE	Brief an Karl Marx	MEW32: 7; [BW IV: 5f]
7.1.		FE	Brief an Karl Marx	MEW32: 8; [BW IV: 6f]
8.1.		KM	Brief an Friedrich Engels	MEW32: 9f; [BW IV: 7f]
8.1.		KM	Brief an Friedrich Engels	MEW32: 11–14; [BW IV: 9–12]
10.1.		FE	Brief an Karl Marx	MEW32: 15f; [BW IV: 12f]
nach10.1.		JM	Brief an Johann Philipp Becker	MEW32: 691ff
11.1.		KM	Brief an Friedrich Engels	MEW32: 17ff; [BW IV: 14ff]
11.1.		KM	Brief an Ludwig Kugelmann	MEW32: 533f
ca.I		FE	Vermerke auf Karten zu „Österreichs Kämpfe im Jahre 1866"	FR: Ex libris: 112
16.1.		FE	Brief an Karl Marx	MEW32: 20f; [BW IV: 16ff]

1868

Ent-stehungs-zeit	Erschei-nungs-datum	Ver-fasser	Titel oder Textbezeichnung	Quellen-nachweis
23.1.		FE	Brief an Karl Marx	MEW 32: 22f; [BW IV: 18ff]
25.1.		KM	Brief an Friedrich Engels	MEW 32: 24f; [BW IV: 20f]
30.1.		KM	Brief an Ludwig Kugelmann	MEW 32: 535ff
1865/II 1868		KM	Notizen in Dühring, Eugen: Carey's Um-wälzung der Volkswirthschaftslehre und Socialwissenschaft	FR: Ex libris: 58
1865/II 1868		FE	Notizen in Dühring, Eugen: Carey's Um-wälzung der Volkswirthschaftslehre und Socialwissenschaft	FR: Ex libris: 58
1.2.		KM	Brief an Friedrich Engels	MEW 32: 26; [BW IV: 21f]
2.2.		FE	Brief an Karl Marx	MEW 32: 27ff; [BW IV: 22–25]
4.2.		KM	Brief an Friedrich Engels	MEW 32: 30f; [BW IV: 25f]
11.2.		FE	Brief an Karl Marx	MEW 32: 32; [BW IV: 26f]
15.2.		KM	Brief an Friedrich Engels	MEW 32: 33; [BW IV: 27f]
20.2.		KM	Brief an Friedrich Engels	MEW 32: 34; [BW IV: 28]
20.2.		FE	Brief an Karl Marx	MEW 32: 35; [BW IV: 29]
1.3.		FE	Brief an Karl Marx	MEW 32: 36; [BW IV: 29f]
4.3.		KM	Brief an Friedrich Engels	MEW 32: 37; [BW IV: 30]
6.3.		KM	Brief an Friedrich Engels	MEW 32: 38f; [BW IV: 30f]
6.3.		KM	Brief an Ludwig Kugelmann	MEW 32: 538f
10.3.		FE	Brief an Karl Marx	MEW 32: 40; [BW IV: 32]
2./13.3.	21.u. 28.3.	FE	„Das Kapital" von Marx [in „Demokratisches Wochenblatt"]	MEW 16: 235–242
13.3.		FE	Brief an Karl Marx	MEW 32: 41; [BW IV: 32f]
14.3.		KM	Brief an Friedrich Engels	MEW 32: 42ff; [BW IV: 33ff]
ca. III		JM	Brief an Ferdinand von Westphalen	BZG 18,6: 1028f
16.3.		KM	Brief an Friedrich Engels	MEW 32: 45; [BW IV: 36]
17.3.		FE	Brief an Karl Marx	MEW 32: 46; [BW IV: 36f]
17.3.		KM	Brief an Ludwig Kugelmann	MEW 32: 540f
18.3.		KM	Brief an Friedrich Engels	MEW 32: 47; [BW IV: 37]

1868

Ent-stehungs-zeit	Erschei-nungs-datum	Ver-fasser	Titel oder Textbezeichnung	Quellen-nachweis
19.3.		FE	Brief an Karl Marx	MEW32: 48f; [BW IV: 38f]
25.3.		KM	Brief an Friedrich Engels	MEW32: 50; [BW IV: 39]
25.3.		KM	Brief an Friedrich Engels	MEW32: 51ff; [BW IV: 40ff]
29.3.		FE	Brief an Karl Marx	MEW32: 54f; [BW IV: 42f]
Anf.IV		FE	[Confessions]	Faks: MEW32: 694a; Kapp: 300
			– Deutsche Übersetzung	MEW32: 695
6.4.		KM	Brief an Ludwig Kugelmann	MEW32: 542f
10.4.		FE	Brief an Karl Marx	MEW32: 56f; [BW IV: 43f]
11.4.		KM	Brief an Friedrich Engels	MEW32: 58f; [BW IV: 45f]
11.4.		KM	Brief an Laura [englOrig] und Paul Lafargue [dtOrig]	Schwerbrock: 119–122
			– Deutsche Übersetzung	MEW32: 544f
IV		FE	[Konspekt über] „Das Kapital" von Karl Marx. Erster Band	MEW16: 243–287
17.4.		FE	Brief an Karl Marx	MEW32: 60f; [BW IV: 46ff]
17.4.		KM	Brief an Ludwig Kugelmann	MEW32: 546
18.4.		KM	Brief an Friedrich Engels	MEW32: 62; [BW IV: 48]
20.4.		FE	Brief an Karl Marx	MEW32: 63; [BW IV: 49]
21.4.		KM	Brief an Friedrich Engels	MEW32: 64; [BW IV: 49f]
22.4.		KM	Brief an Friedrich Engels	MEW32: 65ff; [BW IV: 50ff]
26.4.		FE	Brief an Karl Marx	MEW32: 68f; [BW IV: 53f]
30.4.		KM	Brief an Friedrich Engels	MEW32: 70–75; [BW IV: 54–60]
4.5.		KM	Brief an Friedrich Engels [mit beige-fügtem Zettel über den Export nach Belgien im englOrig als Faks und in dtÜbers]	MEW32: 76–79; [BW IV: 60f[1]]
6.5.		FE	Brief an Karl Marx	MEW32: 80f; [BW IV: 61f]
7.5.		KM	Brief an Friedrich Engels	MEW32: 82; [BW IV: 63]
9.5.		KM	Brief an Joseph Dietzgen [FR]	MEW32: 547

[1] Ohne beigefügten Zettel.

1868

Ent-stehungs-zeit	Erschei-nungs-datum	Ver-fasser	Titel oder Textbezeichnung	Quellen-nachweis
10.5.		FE	Brief an Karl Marx	MEW32: 83ff; [BW IV: 63ff]
12.5.		KM	Protokollierte Äußerung in der Sitzung des Generalrats der IAA [englOrig]	DocII: 209
15.5.		FE	Brief an Karl Marx	MEW32: 86; [BW IV: 66]
16.5.		KM	Brief an Friedrich Engels	MEW32: 87f; [BW IV: 66ff]
22.5.		FE	Brief an Karl Marx	MEW32: 89f; [BW IV: 68f]
23.5.		KM	Brief an Friedrich Engels	MEW32: 91ff; [BW IV: 69ff]
25.5.		FE	Brief an Karl Marx	MEW32: 94; [BW IV: 72]
26.5.		KM	Protokollierte Äußerung in der Sitzung des Generalrats der IAA [englOrig]	DocII: 212
27.5.		KM	Brief an Friedrich Engels	MEW32: 95; [BW IV: 72]
2.6.	⟨6.6.⟩[1]	KM	Resolution des Generalrats [englOrig] – Deutsche Übersetzung	DocII: 213f MEW16: 310
16.6.		KM	Protokollierte Äußerungen in der Sitzung des Generalrats der IAA [englOrig]	DocII: 220
20.6.		KM	Brief an Friedrich Engels	MEW32: 96f; [BW IV: 72ff]
22.6.		FE	Brief an Karl Marx	MEW32: 98; [BW IV: 74]
23.6.		KM	Protokollierte Äußerungen in der Sitzung des Generalrats der IAA [englOrig]	DocII: 221f
23.6.		KM	Brief an Friedrich Engels	MEW32: 99ff; [BW IV: 75ff]
24.6.		FE	Brief an Karl Marx	MEW32: 102; [BW IV: 77]
24.6.		KM	Brief an Friedrich Engels	MEW32: 103; [BW IV: 78]
24.6.		KM	Brief an Ludwig Kugelmann	MEW32: 548
25.6.		FE	Brief an Karl Marx	MEW32: 104; [BW IV: 78]
26.6.		KM	Brief an Friedrich Engels	MEW32: 105; [BW IV: 79]
26.6.		FE	Brief an Karl Marx	MEW32: 106; [BW IV: 79f]
27.6.		KM	Brief an Friedrich Engels	MEW32: 107f; [BW IV: 80f]
28.6.		FE	Brief an Karl Marx	MEW32: 109; [BW IV: 81f]

[1] Veröffentlicht in „The Bee-Hive".

Ent-stehungs-zeit	Erschei-nungs-datum	Ver-fasser	Titel oder Textbezeichnung	Quellen-nachweis
29.6.		KM	Brief an Friedrich Engels	MEW32: 110; [BW IV: 82f]
22.5./1.7.		FE	Rezension des Ersten Bandes „Das Kapital" für die „Fortnightly Review" [dtÜbers des englOrig]	MEW16: 288–309
2.7.		KM	Brief an Friedrich Engels	MEW32: 111; [BW IV: 83]
2.7.		FE	Brief an Karl Marx	MEW32: 112; [BW IV: 84]
2.7.		KM	Brief an Ludwig Kugelmann	MEW32: 549
4.7.		KM	Brief an Friedrich Engels	MEW32: 113; [BW IV: 84f]
4.7.		KM	Brief an Sigfrid Meyer	MEW32: 550f
4.7.		KM	Vollmacht für Friedrich Adolf Sorge [englOrig]	M/E: Letters: 75
			– Deutsche Übersetzung	MEW32: 551
7.7.		KM	Protokollierte Äußerungen in der Sitzung des Generalrats der IAA [englOrig]	DocII: 224
7.7.		KM	Resolution des Generalrats [englOrig]	DocII: 224
			– Deutsche Übersetzung	MEW16: 311
7.7.		KM	Brief an Friedrich Engels	MEW32: 114f; [BW IV: 85f]
10.7.		FE	Brief an Karl Marx	MEW32: 116f; [BW IV: 86f]
ca.11.7.		KM	Mein Plagiat an F. Bastiat	MEW16: 312f
11.7.		KM	Brief an Friedrich Engels	MEW32: 118ff; [BW IV: 88ff]
11.7.		KM	Brief an Ludwig Kugelmann	MEW32: 552ff
14.7.		KM	Protokollierte Äußerungen in der Sitzung des Generalrats der IAA [englOrig]	DocII: 225f
14.7.		KM	Erklärung des Generalrats [englOrig]	DocII: 226
			– Deutsche Übersetzung	MEW16: 314
14.7.		FE	Brief an Karl Marx	MEW32: 121; [BW IV: 16]
21.7.		KM	Protokollierte Äußerungen in der Sitzung des Generalrats der IAA [englOrig]	DocII: 228f
21.7.		FE	Brief an Karl Marx	MEW32: 122f; [BW IV: 90f]
23.7.		KM	Brief an Friedrich Engels	MEW32: 124f; [BW IV: 92f]
28.7.		KM	Protokollierte Äußerungen und Rede in der Sitzung des Generalrats der IAA [englOrig]	DocII: 230–234
			– Deutsche Übersetzung des Redeprotokolls	MEW16: 552ff
29.7.		FE	Brief an Karl Marx	MEW32: 126; [BW IV: 93]
29.7.		KM	Brief an Friedrich Engels	MEW32: 127ff; [BW IV: 94ff]
31.7.		FE	Brief an Ludwig Kugelmann	MEW32: 555

1868

Ent-stehungs-zeit	Erschei-nungs-datum	Ver-fasser	Titel oder Textbezeichnung	Quellen-nachweis
4.8.		KM	Protokollierte Äußerungen in der Sitzung des Generalrats der IAA [englOrig]	DocII: 236, 239
4.8.		KM	Brief an Friedrich Engels	MEW32: 130f; [BW IV: 96ff]
6.8.		FE	Brief an Karl Marx	MEW32: 132f; [BW IV: 98f]
10.8.		KM	Brief an Friedrich Engels	MEW32: 134; [BW IV: 99f]
10.8.		KM	Brief an Ludwig Kugelmann	MEW32: 556
11.8.		KM	Protokollierte Äußerungen und Resolutionsentwurf in der Sitzung des Generalrats der IAA [englOrig]	DocII: 240, 243f
			– Deutsche Übersetzung	MEW16: 315, 554f
ca.11.8.	15.8.	KM u.a.[1]	Aufruf an die deutschen Arbeiter Londons [in „Hermann"]	MEW16: 555f
11.8.		KM	Brief an Friedrich Leßner	MEW32: 557
12.8.		FE	Brief an Karl Marx	MEW32: 135; [BW IV: 100]
13.8.		KM	Brief an Friedrich Engels	MEW32: 136; [BW IV: 101]
14.8.		FE	Brief an Karl Marx	MEW32: 137; [BW IV: 102]
18.8.	28.8.	KM	An den Präsidenten und Vorstand des Allgemeinen Deutschen Arbeitervereins [in „Social-Demokrat"]	MEW16: 316
21.8.		KM	Brief an Friedrich Engels	MEW32: 138; [BW IV: 102f]
22.8.		FE	Brief an Karl Marx	MEW32: 139f; [BW IV: 103f]
25.8.		KM	Protokollierte Äußerungen und Resolutionsentwurf in der Sitzung des Generalrats der IAA [englOrig]	DocII: 248f
			– Deutsche Übersetzung des Resolutionsentwurfs	MEW16: 317
26.8.		KM	Brief an Friedrich Engels	MEW32: 141; [BW IV: 104f]
28.8.		FE	Brief an Karl Marx	MEW32: 142; [BW IV: 105]
29.8.		KM	Brief an Friedrich Engels	MEW32: 143f; [BW IV: 105f]
1.9.	9.9.	KM	The Fourth Annual Report of the General Council of the International Working Men's Association [in „The Times"]	DocII: 324–329
			– von Karl Marx hergestellte und von Jenny Marx kopierte deutsche Fassung[2] [zusätz-	MEW16: 318–323; [MEStIII:

[1] Von F. Leßner verfaßt, von Marx redigiert.
[2] Für den Generalrat von R. Shaw und J.G. Eccarius unterzeichnet.

Ent-stehungs-zeit	Erschei-nungs-datum	Ver-fasser	Titel oder Textbezeichnung	Quellen-nachweis
			lich der dtÜbers der Abweichungen des englOrig]	106–110, 246]
1.9.		KM	Protokollierte Äußerungen in der Sitzung des Generalrats der IAA [englOrig]	DocII: 250
1.9.		FE	Brief an Karl Marx	MEW32: 145; [BW IV: 106f]
9.9.		KM	Brief an Friedrich Engels	MEW32: 146; [BW IV: 107]
10.9.		KM	Brief an Georg Eccarius und Friedrich Leßner	MEW32: 558f
12.9.		KM	Brief an Friedrich Engels	MEW32: 147; [BW IV: 107f]
14.9.		KM	Brief an Sigfrid Meyer	MEW32: 560f
14.9.		KM	Brief an Hermann Jung	MEW32: 562
16.9.		FE	An das Direktorium der Schiller-Anstalt [Entwurf]	MEW16: 324f
16.9.		FE	Brief an Karl Marx	MEW32: 148f; [BW IV: 108f]
16.9.		KM	Brief an Friedrich Engels	MEW32: 150ff; [BW IV: 110ff]
18.9.		FE	Brief an Karl Marx	MEW32: 153f; [BW IV: 112ff]
19.9.		KM	Brief an Friedrich Engels	MEW32: 155ff; [BW IV: 114ff]
21.9.		FE	Brief an Karl Marx	MEW32: 158f; [BW IV: 116f]
22.9.		KM	Protokollierte Äußerungen in der Sitzung des Generalrats der IAA [englOrig]	DocIII: 32f, 35
22.9.		KM	Widmung für Tochter Eleanor [englOrig]	Harstick: Anh.37
23.9.		KM	Brief an Friedrich Engels	MEW32: 160; [BW IV: 117f]
24.9.		FE	Brief an Karl Marx	MEW32: 161f; [BW IV: 118f]
25.9.		KM	Brief an Friedrich Engels	MEW32: 163; [BW IV: 121]
25.9.		KM	Brief an Friedrich Engels	MEW32: 164f; [BW IV: 119ff]
25.9.		FE	Brief an Karl Marx	MEW32: 166; [BW IV: 121]
26.9.		KM	Brief an Friedrich Engels	MEW32: 167f; [BW IV: 122f]
29.9.		KM	Protokollierte Äußerungen in der Sitzung des Generalrats der IAA [englOrig]	DocIII: 36
29.9.		KM	Brief an Friedrich Engels	MEW32: 169; [BW IV: 124]
30.9.		FE	Brief an Karl Marx	MEW32: 170f; [BW IV: 125f]

1868

Ent-stehungs-zeit	Erschei-nungs-datum	Ver-fasser	Titel oder Textbezeichnung	Quellen-nachweis
EndeIX	3.10.	FE	Zur Auflösung des Lassalleanischen Arbeitervereins [in „Demokratisches Wochenblatt"]	MEW16: 326–329
Anf.X	10.10.	FE	Zur Auflösung des Lassalleanischen Arbeitervereins [in „Demokratisches Wochenblatt"]	MEW16: 330
2.10.		FE	Brief an Karl Marx	MEW32: 172f; [BWIV: 126f]
4.10.		KM	Brief an Friedrich Engels	MEW32: 174f; [BWIV: 127ff]
4.10.	17.10.	KM[1]	[Die Verbindungen der Internationalen Arbeiterassoziation mit den englischen Arbeiterorganisationen] [in „Demokrati-sches Wochenblatt"]	MEW16: 331ff
6.10.		KM	Protokollierte Äußerungen in der Sitzung des Generalrats der IAA [englOrig]	DocIII: 38
6.10.		FE	Brief an Karl Marx	MEW32: 176; [BWIV: 129]
7.10.		KM	Brief an Nikolai Franzewitsch Danielson	MEW32: 563ff
8.10.		FE	Brief an Karl Marx	MEW32: 177f; [BWIV: 129f]
10.10.		KM	Brief an Friedrich Engels	MEW32: 179ff; [BWIV: 131ff]
12.10.		FE	Brief an Karl Marx	MEW32: 182; [BWIV: 133]
12.10.		KM	Brief an Ludwig Kugelmann	MEW32: 566f
13.10.		KM	Protokollierte Äußerung in der Sitzung des Generalrats der IAA [englOrig]	DocIII: 40
13.10.		KM	Brief an Johann Baptist v. Schweitzer [Entwurf]	MEW32: 568–571
13.10.		KM	Vollmacht für August Vogt	MEW32: 575
14.10.		FE	Brief an Karl Marx	MEW32: 183f; [BWIV: 133ff]
15.10.		KM	Brief an Friedrich Engels	MEW32: 185f; [BWIV: 135f]
19.10.		KM	Brief an Hermann Jung	MEW32: 572
20.10.		KM	Protokollierte Äußerungen in der Sitzung des Generalrats der IAA [englOrig]	DocIII: 42f
22.10.		FE	Brief an Karl Marx	MEW32: 187f; [BWIV: 138ff]
24.10.		KM	Brief an Friedrich Engels	MEW32: 189ff; [BWIV: 140ff]
26.10.		KM	Brief an Ludwig Kugelmann	MEW32: 573
28.10.		FE	Brief an Karl Marx	MEW32: 192; [BWIV: 142f]
28.10.		KM	Brief an Sigfrid Meyer und August Vogt	MEW32: 574f

[1] Vermutlich von der Redaktion geändert.

1868

Ent-stehungs-zeit	Erschei-nungs-datum	Ver-fasser	Titel oder Textbezeichnung	Quellen-nachweis
28.10.		KM	Brief an William Jessup [dtÜbers des englOrig]	MEW32: 576
30.10.		KM	Brief an Bassot [dtÜbers des frzOrig]	MEW32: 577
3.11.		KM	Protokollierte Äußerung in der Sitzung des Generalrats der IAA [englOrig]	DocIII: 43
4.11.		KM	Brief an Friedrich Engels	MEW32: 193; [BWIV: 143]
4.11.		FE	Brief an Karl Marx	MEW32: 194; [BWIV: 143f]
6.11.		FE	Brief an Karl Marx	MEW32: 195f; [BWIV: 144f]
vor 7.11.[?]		KM	Randnotiz in Schédo-Ferroti: Études sur l'avenir de la Russie	Ex libris: 177
7.11.		KM	Brief an Friedrich Engels	MEW32: 197f; [BWIV: 145ff]
8.11.		KM	Brief an Friedrich Engels	MEW32: 199; [BWIV: 147]
9.11.	2.12.	KM	How Mr. Gladstone's Bank Letter of 1866 procured a Loan of Six Millions for Russia [in „The Diplomatic Review"]	The Diplomatic Review: 187f
			– Deutsche Übersetzung	MEW16: 334ff
10.11.		FE	Brief an Karl Marx	MEW32: 200; [BWIV: 147f]
13.11.		FE	Brief an Karl Marx	MEW32: 201; [BWIV: 148]
14.11.		KM	Brief an Friedrich Engels	MEW32: 202f; [BWIV: 149f]
14.11.		KM	Brief an Friedrich Engels	MEW32: 204; [BWIV: 151]
14.11.		KM	Brief an Hermann Jung	MEW32: 578
18.11.		KM	Brief an Friedrich Engels	MEW32: 205f; [BWIV: 136ff]
18.11.		FE	Brief an Karl Marx	MEW32: 207f; [BWIV: 151f]
20.11.		FE	Brief an Karl Marx	MEW32: 209f; [BWIV: 152f]
	21.11.u. 12.12.	KM u.a.[1]	Resolutions of the First and Third Congresses of the International Working Men's Association [in „The Bee-Hive"]	DocIII: 284–298
23.11.		KM	Brief an Friedrich Engels	MEW32: 211f; [BWIV: 154f]
23.11.		KM	Brief an Carl Speyer	MEW16: 337f
23.11.		FE	Brief an Karl Marx	MEW32: 213; [BWIV: 155f]

[1] Für die Veröffentlichung bearbeitet von Eccarius, schlußredigiert von Marx.

1868

Ent-stehungs-zeit	Erschei-nungs-datum	Ver-fasser	Titel oder Textbezeichnung	Quellen-nachweis
24.11.		KM	Protokollierte Äußerung in der Sitzung des Generalrats der IAA [englOrig]	DocIII: 48
25.11.		FE	Brief an Karl Marx	MEW32: 214; [BW IV: 156]
29.11.		FE	Brief an Karl Marx	MEW32: 215f; [BW IV: 156ff]
30.11.		KM	Brief an Friedrich Engels	MEW32: 217f; [BW IV: 158f]
1.12.		KM	Protokollierte Äußerungen in der Sitzung des Generalrats der IAA [englOrig]	DocIII: 49f
2.12.		FE	Notizen zur Vereinbarung zwischen der Firma „Ermen & Engels" und Friedrich Engels [dtÜbers des englOrig]	FR: Kliem: Engels: 348
5.12.		KM	Brief an Friedrich Engels	MEW32: 219; [BW IV: 159]
5.12.		KM	Brief an Ludwig Kugelmann	MEW32: 579ff
6.12.		KM	Brief an Friedrich Engels	MEW32: 220; [BW IV: 160]
8.12.		FE	Brief an Karl Marx	MEW32: 221; [BW IV: 160]
9.12.		KM	Brief an Friedrich Engels	MEW32: 222ff; [BW IV: 161ff]
10.12.		KM	Brief an Friedrich Engels	MEW32: 225; [BW IV: 163f]
11.12.		FE	Brief an Karl Marx	MEW32: 226f; [BW IV: 164f]
12.12.		KM	Brief an Friedrich Engels	MEW32: 228f; [BW III: 439f]
12.12.		KM	Brief an Ludwig Kugelmann	MEW32: 582f
nach 12.12.		KM	Brief an Asher & Co. [Entwürfe] [dtÜbers des englOrig]	MEW32: 584
13.12.		FE	Brief an Karl Marx	MEW32: 230f; [BW IV: 165ff]
14.12.		KM	Brief an Friedrich Engels	MEW32: 232f; [BW IV: 167ff]
15.12.		KM	Protokollierte Äußerungen in der Sitzung des Generalrats der IAA [englOrig]	DocIII: 53ff
15.12.		KM	[Remarks to the Programme and Rules of the International Alliance of Socialiste Democracy] [frzOrig]	DocIII: 273–278
15.12.		KM	Brief an Friedrich Engels	MEW32: 234; [BW IV: 169f]
18.12.		FE	Brief an Karl Marx	MEW32: 235ff; [BW IV: 170ff]
18.12.		FE	Brief an Hermann Engels	MEW32: 585f
19.12.		KM	Brief an Friedrich Engels	MEW32: 238; [BW IV: 172f]

Ent-stehungs-zeit	Erschei-nungs-datum	Ver-fasser	Titel oder Textbezeichnung	Quellen-nachweis
22.12.	⟨1872⟩	KM	Le Conseil Général à l'Alliance Internationale de la Démocratie Socialiste	DocIII: 299ff
			– Deutsche Übersetzung	MEW 16: 339ff; [KMA III, 2: 964ff]
22.12.		KM	Protokollierte Äußerungen in der Sitzung des Generalrats der IAA [englOrig]	DocIII: 55f
23.12.		KM	Brief an Friedrich Engels	MEW 32: 239; [BW IV: 173]
28.12.		KM	Brief an Hermann Jung	MEW 32: 587

1869

Ent-stehungs-zeit	Erschei-nungs-datum	Ver-fasser	Titel oder Textbezeichnung	Quellen-nachweis
1867/69		KM	Exzerpte aus J. H. M. Poppe, Geschichte der Mathematik seit der ältesten bis auf die neueste Zeit	Rukopisi: 249f
1869	1869	KM	Schlußkapitel von J. George Eccarius' „Eines Arbeiters Widerlegung der national-ökonomischen Lehren John Stuart Mill's"	Eccarius: 73–76
1.1.		KM	Brief an Friedrich Engels	MEW 32: 240; [BW IV: 174f]
3.1.		FE	Brief an Karl Marx	MEW 32: 241; [BW IV: 175]
5.1.		KM	Protokollierte Äußerungen in der Sitzung des Generalrats der IAA [englOrig]	DocIII: 57f
			– Deutsche Übersetzung	FR: MEW 16: 557
5.1.	16.1.	KM u.a.	Resolution [in „The Bee-Hive"] [englOrig]	DocIII: 426
12.1.		KM	Protokollierte Äußerungen in der Sitzung des Generalrats der IAA [englOrig]	DocIII: 59
13.1.		KM	Brief an Friedrich Engels	MEW 32: 242–245; [BW IV: 175–179]
19.1.		FE	Brief an Karl Marx	MEW 32: 246; [BW IV: 179]
23.1.		KM	Brief an Friedrich Engels	MEW 32: 247; [BW IV: 180]
25.1.		FE	Brief an Karl Marx	MEW 32: 248; [BW IV: 180f]
26.1.		FE	Brief an Karl Marx	MEW 32: 249; [BW IV: 181]
28.1.		KM	Brief an Friedrich Engels	MEW 32: 250; [BW IV: 181f]
29.1.		FE	Brief an Karl Marx	MEW 32: 251ff; [BW IV: 182ff]
29.1.		KM	Brief an Friedrich Engels	MEW 32: 254; [BW IV: 184]
2.2.		KM	Protokollierte Äußerungen in der Sitzung des Generalrats der IAA [englOrig]	DocIII: 63f
4.2.		FE	Brief an Emil Blank	MEW 32: 588

1869

Ent-stehungs-zeit	Erschei-nungs-datum	Ver-fasser	Titel oder Textbezeichnung	Quellen-nachweis
11.2.		KM	Brief an Ludwig Kugelmann	MEW32: 589f
13.2.		KM	Brief an Friedrich Engels	MEW32: 255; [BW IV: 185]
vor 15.2.		KM	Vermerke in Vermorel, A.: Les hommes de 1848	FR: Ex libris: 199
15.2.		KM	Brief an Friedrich Engels	MEW32: 256; [BW IV: 185]
15.2.		KM	Brief an Laura und Paul Lafargue [dtÜbers des englOrig]	MEW32: 591–594
16.2.		KM	Protokollierte Äußerungen in der Sitzung des Generalrats der IAA [englOrig]	DocIII: 68ff
17.2.		FE	Brief an Karl Marx	MEW32: 257; [BW IV: 186]
17.2.		KM	Brief an Hermann Jung	MEW32: 595
17./21.2.	20.3.[1]	FE	Bericht über die Knappschaftsvereine der Bergarbeiter in den Kohlenwerken Sachsens [von Marx angefertigte dtÜbers des nicht erhaltenen englOrig] [in „Demokratisches Wochenblatt"]	MEW16: 342–347
21.2.		FE	Brief an Karl Marx	MEW32: 258; [BW IV: 186f]
24.2.		KM	Brief an Friedrich Engels	MEW32: 259f; [BW IV: 187f]
25.2.		FE	Brief an Karl Marx	MEW32: 261f; [BW IV: 188f]
1.3.		KM	Brief an Friedrich Engels	MEW32: 263–266; [BW IV: 189–192]
2.3.		KM	Protokollierte Äußerungen in der Sitzung des Generalrats der IAA [englOrig]	DocIII: 72f
2.3.		KM	Brief an Friedrich Engels	MEW32: 267; [BW IV: 193]
3.3.		KM	Brief an Friedrich Engels	MEW32: 268f; [BW IV: 195f]
3.3.		FE	Brief an Karl Marx	MEW32: 270f; [BW IV: 193ff]
3.3.		KM	Brief an Ludwig Kugelmann	MEW32: 596f
3.3.		KM	Brief an Heinrich Oberwinder [Entwurf]	MEW32: 598
4.3.		FE	Brief an Karl Marx	MEW32: 272; [BW IV: 196f]
5.3.		KM	Brief an Friedrich Engels	MEW32: 273ff; [BW IV: 197ff]
7.3.		FE	Brief an Karl Marx	MEW32: 276f; [BW IV: 199ff]
9.3.		KM	Protokollierte Äußerungen in der Sitzung des Generalrats der IAA [englOrig]	DocIII: 75

[1] Auch u. a. im „Social-Demokrat" vom 17.3.1869 [MELSt II: 860–866] erschienen.

Ent-stehungs-zeit	Erschei-nungs-datum	Ver-fasser	Titel oder Textbezeichnung	Quellen-nachweis
9.3.	⟨1872⟩	KM	The General Council of the International Working Men's Association to the International Alliance of Socialist Democracy [Entwurf]	Doc III: 310f
			Le Conseil Général de l'Association Internationale des Travailleurs au Bureau Central de l'Alliance Internationale de la Démocratie Socialiste [Entwurf]	Faks: Jaeckh: 237f
			Le Conseil Général au Comité Central de l'Alliance Internationale de la Démocratie Socialiste	Le Mouvement Socialiste: 12f
			– Deutsche Übersetzung	MEW 16: 348f; [KMA III, 2: 966f]
14.3.		KM	Brief an Friedrich Engels	MEW 32: 278f; [BW IV: 201f]
15.3.		FE	Brief an Karl Marx	MEW 32: 280; [BW IV: 203]
ca.III[?]		KM	Eintragungen in Tridon, G.: Gironde et Girondins [frzOrig]	Ex libris: 197
18.3.		FE	Brief an Karl Marx	MEW 32: 281f; [BW IV: 203f]
20.3.		KM	Brief an Friedrich Engels	MEW 32: 283ff; [BW IV: 204ff]
21.3.		FE	Brief an Karl Marx	MEW 32: 286f; [BW IV: 207f]
23.3.		KM	Protokollierte Äußerung in der Sitzung des Generalrats der IAA [englOrig]	Doc III: 77
28.3.		FE	Brief an Karl Marx	MEW 32: 288; [BW IV: 208]
29.3.		KM	Brief an Friedrich Engels	MEW 32: 289f; [BW IV: 209f]
2.4.		FE	Brief an Karl Marx	MEW 32: 291; [BW IV: 211]
4.4.		FE	Brief an Karl Marx	MEW 32: 292; [BW IV: 211f]
4.4.		FE	Brief an Friedrich Leßner	MEW 32: 599
5.4.		KM	Brief an Friedrich Engels	MEW 32: 293f; [BW IV: 212f]
6.4.		FE	Brief an Karl Marx	MEW 32: 295; [BW IV: 214]
7.4.		KM	Brief an Friedrich Engels	MEW 32: 296; [BW IV: 216]
7.4.		FE	Brief an Karl Marx	MEW 32: 297f; [BW IV: 215f]
8.4.		KM	Brief an Friedrich Engels	MEW 32: 299; [BW IV: 216f]
10.4.		KM	Brief an John Malcolm Ludlow [englOrig] – Deutsche Übersetzung	FR: BrKap: 193f MEW 32: 600

1869

Ent-stehungs-zeit	Erschei-nungs-datum	Ver-fasser	Titel oder Textbezeichnung	Quellen-nachweis
13.4.		KM	Protokollierte Äußerungen in der Sitzung des Generalrats der IAA [englOrig]	DocIII: 81–84
14.4.		FE	Brief an Karl Marx	MEW32: 300f; [BWIV: 217f]
15.4.		KM	Brief an Friedrich Engels	MEW32: 302ff; [BWIV: 218–221]
16.4.		FE	Brief an Karl Marx	MEW32: 305; [BWIV: 221f]
16.4.		KM	Brief an Friedrich Engels	MEW32: 306
19.4.		FE	Brief an Karl Marx	MEW32: 307; [BWIV: 222]
24.4.		KM	Brief an Friedrich Engels	MEW32: 308; [BWIV: 223]
25.4.		FE	Brief an Karl Marx	MEW32: 309; [BWIV: 223f]
26.4.		KM	Brief an Friedrich Engels	MEW32: 310; [BWIV: 224]
26.4.		KM	Brief an Tochter Eleanor [dtÜbers des englOrig]	MEW32: 601f
27.4.		KM	Protokollierte Äußerungen in der Sitzung des Generalrats der IAA [englOrig]	DocIII: 90f
1.5.		KM	Brief an Friedrich Engels	MEW32: 311; [BWIV: 224f]
2.5.		FE	Brief an Karl Marx	MEW32: 312; [BWIV: 225]
4.5.	V	KM	The Belgian Massacres – Deutsche Übersetzung	DocIII: 312–318 MEW16: 350–354
4.5.		KM	Protokollierte Äußerung in der Sitzung des Generalrats der IAA [englOrig]	DocIII: 96
7.5.		FE	Brief an Karl Marx	MEW32: 313; [BWIV: 226]
8.5.		KM	Brief an Friedrich Engels	MEW32: 314ff; [BWIV: 226–229]
10.5.		FE	Brief an Karl Marx	MEW32: 317; [BWIV: 229f]
11.5.	⟨15.5.⟩[1]	KM[2]	Protokollierte Äußerungen in der Sitzung des Generalrats der IAA einschließlich der Adresse vom 12. 5. [englOrig]	DocIII: 98, 100–103
11.5.		KM	Brief an Ludwig Kugelmann	MEW32: 603f
12.5.	1869	KM	Address to the National Labour Union of the United States – Deutsche Übersetzung	DocIII: 319ff MEW16: 355ff
13.5.		FE	Brief an Hermann Engels	MEW32: 605ff

[1] Die Adresse wurde unter dem Titel „The International Working Men's Association to the National Labour Union of the United States" in „The Bee-Hive" veröffentlicht.
[2] Unterzeichnet von Marx u.a.

Entstehungszeit	Erscheinungsdatum	Verfasser	Titel oder Textbezeichnung	Quellennachweis
14.5.		KM	Brief an Friedrich Engels	MEW32: 318; [BW IV: 230f]
18.5.		KM	Protokollierte Äußerungen in der Sitzung des Generalrats der IAA [englOrig]	DocIII: 104f
19.5.		FE	Brief an Karl Marx	MEW32: 319; [BW IV: 231]
21.5.		KM	Brief an Friedrich Engels	MEW32: 320f; [BW IV: 231ff]
23.5.		FE	Brief an Karl Marx	MEW32: 322; [BW IV: 233]
2.6.		KM	Brief an Paul Lafargue [dtÜbers des englOrig]	MEW32: 608ff
2.6.		KM	Brief an Tochter Jenny [englOrig] – Deutsche Übersetzung	Schwerbrock: 122f MEW32: 611
10.6.		KM	Brief an Tochter Jenny [englOrig] – Deutsche Übersetzung	FR: Kapp: 113 MEW32: 612ff
VI		KM	Widmung für Friedrich Engels	Exlibris: 139
16.6.		KM	Brief an Friedrich Engels	MEW32: 323; [BW IV: 233f]
22.6.		FE	Brief an Karl Marx	MEW32: 324f; [BW IV: 234f]
–23.6.		KM	Änderungen zur 2. Auflage von „Der achtzehnte Brumaire des Louis Bonaparte"	[MEW8: 204]; KMA III, 1: 275, 280, 284, 314, 380, 383; [MESt IV: 118]
23.6.	Ende VII	KM	Vorwort [zur 2. Ausgabe „Der achtzehnte Brumaire des Louis Bonaparte"]	[MEW16: 358ff]; KMA III, 1: 268ff
26.6.		KM	Brief an Friedrich Engels	MEW32: 326f; [BW IV: 236f]
27.6.		FE	Brief an Karl Marx	MEW32: 328; [BW IV: 237f]
30.6.		FE[1]	Äußerung im Beisein von Eleanor Marx	Mohr u. General: 447[2]
1.7.		FE	Brief an Karl Marx	MEW32: 329f; [BW IV: 238f]
1.7.		FE	Brief an Elisabeth Engels	MEW32: 615ff;
3.7.		KM	Brief an Friedrich Engels	MEW32: 331ff; [BW IV: 239ff]
6.7.		KM	Protokollierte Äußerungen in der Sitzung des Generalrats der IAA [englOrig] – Deutsche Übersetzung	DocIII: 118, 120f, 122f FR: MEW16: 558f
6.7.		FE	Brief an Karl Marx	MEW32: 334ff; [BW IV: 242ff]
7.7.		KM	Brief an François Lafargue [frzOrig] – Deutsche Übersetzung	Schwerbrock: 123 MEW32: 618

[1] Wiedergegeben von E. Marx.
[2] In englischer Version in Kapp, S. 112.

1869

Ent-stehungs-zeit	Erschei-nungs-datum	Ver-fasser	Titel oder Textbezeichnung	Quellen-nachweis
9.7.		FE	Brief an Marx' Tochter Jenny [dt-engl Orig]	FE1820: 319f
10.7.		FE	Brief an Ludwig Kugelmann	MEW32: 619ff
10.7.		KM	Brief an François Lafargue [dtÜbers des frzOrig]	MEW32: 622f
13.7.		KM	Protokollierte Äußerungen in der Sitzung des Generalrats der IAA [englOrig]	DocIII: 124f
14.7.		KM	Brief an Friedrich Engels	MEW32: 337f; [BWIV: 244ff]
15.7.		KM	Brief an Ludwig Kugelmann	MEW32: 624
15.7.		FE	Brief an Hermann Engels	MEW32: 625–628
17.7.		KM	Brief an Friedrich Engels	MEW32: 339; [BWIV: 246f]
18.7.		FE	Brief an Karl Marx	MEW32: 340; [BWIV: 247f]
20.7.		KM	Protokollierte Äußerungen in der Sitzung des Generalrats der IAA [englOrig] – Deutsche Übersetzung	DocIII: 128–133 FR: MEW16: 559–562
21.7.		FE	Brief an Karl Marx	MEW32: 341f; [BWIV: 248f]
22.7.		KM	Brief an Friedrich Engels	MEW32: 343ff; [BWIV: 249ff]
24.7.		KM	Brief an Friedrich Engels	MEW32: 346; [BWIV: 251f]
25.7.		FE	Brief an Karl Marx	MEW32: 347ff; [BWIV: 252–255]
27.7.		KM	Protokollierte Äußerung in der Sitzung des Generalrats der IAA [englOrig]	DocIII: 134
27.7.		KM	Brief an Friedrich Engels	MEW32: 350f; [BWIV: 255f]
28.7.		FE	Brief an Ludwig Kugelmann	MEW32: 629
ca.28.7.	11.8.	FE	Karl Marx [in „Die Zukunft"]	MEW16: 361–366
29.7.		KM	Brief an Friedrich Engels	MEW32: 352; [BWIV: 256f]
30.7.		FE	Brief an Karl Marx	MEW32: 353f; [BWIV: 257ff]
30.7.		KM	Brief an Ludwig Kugelmann	MEW32: 630
2.8.		KM	Brief an Friedrich Engels	MEW32: 355; [BWIV: 259]
2./3.8.	1869 X	KM	Report of the General Council on the Right of Inheritance – Deutsche Fassung [in „Der Vorbote"]	DocIII: 322ff MEW16: 367ff[1]
3.8.		KM	Protokollierte Äußerungen in der Sitzung des Generalrats der IAA [englOrig]	DocIII: 137
3.8.		FE	Brief an Karl Marx	MEW32: 356; [BWIV: 260]

[1] Einschließlich der deutschen Übersetzung der Varianten des englischen Textes.

1869

Ent-stehungs-zeit	Erschei-nungs-datum	Ver-fasser	Titel oder Textbezeichnung	Quellen-nachweis
4.8.		KM	Brief an Friedrich Engels	MEW32: 357f; [BW IV: 260f]
8.8.		FE	Brief an Marx' Tochter Jenny [englOrig]	FE1820: 320f
10.8.		KM	Protokollierte Äußerungen in der Sitzung des Generalrats der IAA [englOrig] – Deutsche Übersetzung	DocIII: 139ff FR: MEW16: 562f
10.8.		FEu.a.	Vertrag über die Bedingungen des Austritts Friedrich Engels' aus der Firma „Ermen & Engels" [englOrig]	FR: Faks: Iljitschow: 304l
10.8.		KM	Brief an Friedrich Engels	MEW32: 359ff; [BW IV: 262ff]
12.8.		FE	Brief an Karl Marx	MEW32: 362f; [BW IV: 264ff]
13.8.		KM	Brief an Hermann Jung [dtÜbers des englOrig]	MEW32: 631
16.8.		FE	Brief an Karl Marx	MEW32: 364; [BW IV: 266]
16.8.		FE	Brief an Karl Marx	MEW32: 365; [BW IV: 267]
17.8.		KM	Protokollierte Äußerungen in der Sitzung des Generalrats der IAA [englOrig] – Deutsche Übersetzung	DocIII: 143, 146f FR: MEW16: 563f
17.8.		KM	Brief an Friedrich Engels	MEW32: 366; [BW IV: 267f]
18.8.		KM	Brief an Friedrich Engels	MEW32: 367f; [BW IV: 268f]
24.8.		KM	Protokollierte Äußerung in der Sitzung des Generalrats der IAA [englOrig]	DocIII: 149
1.9.	1869	KM[1]	Report of the General Council to the Fourth Annual Congress of the International Working Men's Association – Deutsche Fassung [einschließlich der dtÜbers abweichender Stellen der engl Fassung]	DocIII: 326–342 MEW16: 370–382; [MEStIII: 111–123, 247]
9.9.		FE	Brief an Karl Marx	MEW32: 369f; [BW IV: 270f]
15.9.		JM	Brief an Ludwig Kugelmann	MEW32: 697f
25.9.		KM	Brief an Friedrich Engels	MEW32: 371f; [BW IV: 272f]
25.9.		KM	Brief an Laura Lafargue [englOrig] – Deutsche Übersetzung	Annali: 169f MEW32: 632f
27.9.		FE	Brief an Karl Marx	MEW32: 373f; [BW IV: 273ff]
30.9.		KM	Brief an Friedrich Engels	MEW32: 375; [BW IV: 275f]

[1] Unterzeichnet von R. Applegarth, C. Stepney und J.G. Eccarius.

1869

Entstehungszeit	Erscheinungsdatum	Verfasser	Titel oder Textbezeichnung	Quellennachweis
30.9.		KM[1]	Äußerungen im Gespräch mit Joseph Hamann	Gespräche I: 337ff
18.9./7.10.		KM[2]	Äußerungen im Gespräch bei der Familie Kugelmann	Mohr u. General: 301, 303ff
12.10.		KM	Brief an Ludwig Kugelmann	MEW 32: 634
18.10.		KM	Brief an Paul und Laura Lafargue [englOrig]	Schwerbrock: 124f
			– Deutsche Übersetzung	MEW 32: 635
19.10.		KM	Protokollierte Äußerung in der Sitzung des Generalrats der IAA [englOrig]	Doc III: 170
vor 22.10.[?]		KM	Randvermerke in Ranc, A.: Le roman d'une conspiration	Ex libris: 165
22.10.		FE	Brief an Karl Marx	MEW 32: 376; [BW IV: 276]
23.10.		KM	Brief an Friedrich Engels	MEW 32: 377; [BW IV: 276]
24.10.		FE	Brief an Karl Marx	MEW 32: 378f; [BW IV: 277]
26.10.		KM	Protokollierte Äußerungen in der Sitzung des Generalrats der IAA [englOrig]	Doc III: 171ff
30.10.		KM	Brief an Friedrich Engels	MEW 32: 380f; [BW IV: 278f]
X/XI		KM	[Ирландия от Американской революции до унии 1801 года] [engl-dtOrig]	FR: Faks: Soč₂45: 54a
			– Russische Übersetzung	Soč₂45: 8–81
1.11.		FE	Brief an Karl Marx	MEW 32: 382f; [BW IV: 279ff]
2.11.		KM	Protokollierte Äußerungen in der Sitzung des Generalrats der IAA [englOrig]	Doc III: 174f
6.11.		KM	Brief an Friedrich Engels	MEW 32: 384f; [BW IV: 281f]
vor 9.11.		FE	Randnotizen in Carey, H. C.: Principles of social science	FR: Ex libris: 42f
6./9.11.		KM	Protokollierte schriftliche Vorlage für die Sitzung des Generalrats der IAA [englOrig]	Doc III: 176f
9.11.		FE	Brief an Karl Marx	MEW 32: 386f; [BW IV: 282ff]
12.11.		KM	Brief an Friedrich Engels	MEW 32: 388f; [BW IV: 284f]
ca. 14.11.	1869	KM u.a.[3]	Address of the Land and Labour League to the Working Men and Women of Great Britain and Ireland	Doc III: 345–351

[1] Wiedergegeben von J. Hamann.
[2] Wiedergegeben von F. Kugelmann.
[3] Von J. G. Eccarius verfaßt, von Marx redigiert, unterzeichnet von J. Weston, M. J. Boon, J. G. Eccarius.

Ent-stehungs-zeit	Erschei-nungs-datum	Ver-fasser	Titel oder Textbezeichnung	Quellen-nachweis
			– Deutsche Übersetzung	MEW 16: 564–569
XI		FE	Notizen zu Goldwin Smith, Irish History and Irish Character [russÜbers des engl-dtOrig]	Soč₂45: 82–96
16.11.		KM	Protokollierte Äußerungen einschließlich eines Resolutionsentwurfes in der Sitzung des Generalrates der IAA [englOrig]	DocIII: 178–183
			– Deutsche Übersetzung[1]	FR: MEW 16: 570–573, 383
17.11.		FE	Brief an Karl Marx	MEW 32: 390f; [BW IV: 285ff]
18.11.		KM	Brief an Friedrich Engels	MEW 32: 392ff; [BW IV: 287–290]
19.11.		FE	Brief an Karl Marx	MEW 32: 395–400; [BW IV: 290–296]
23.11.		KM	Protokollierte Äußerungen in der Sitzung des Generalrats der IAA [englOrig]	DocIII: 184f, 189f
			– Deutsche Übersetzung	FR: MEW 16: 573f
26.11.		KM	Brief an Friedrich Engels	MEW 32: 401–405; [BW IV: 296–301]
29.11.		FE	Brief an Karl Marx	MEW 32: 406f; [BW IV: 301ff]
29.11.		KM	Brief an Ludwig Kugelmann	MEW 32: 637ff
30.11.		KM	Protokollierte Äußerungen in der Sitzung des Generalrats der IAA [englOrig]	DocIII: 192f
X–XII		FE	Exzerpte zur Geschichte Irlands im 17. und 18. Jhdt. [russÜbers]	AM X: 157–175
4.12.		KM	Brief an Friedrich Engels	MEW 32: 408f; [BW IV: 303ff]
9.12.		FE	Brief an Karl Marx	MEW 32: 410ff; [BW IV: 306ff]
10.12.		KM	Brief an Friedrich Engels	MEW 32: 413–416; [BW IV: 308–312]
12.12.		KM	Brief an Friedrich Engels	MEW 32: 417; [BW IV: 312]
13.12.		FE	Brief an Karl Marx	MEW 32: 418; [BW IV: 312f]
14.12.		KM	Protokollierte Äußerungen in der Sitzung des Generalrats der IAA [englOrig]	DocIII: 195f
16.12.		FE	Brief an Karl Marx	MEW 32: 419f; [BW IV: 313f]
17.12.		KM	Brief an Friedrich Engels	MEW 32: 421ff; [BW IV: 315ff]
1869		KM	Exzerpte: „1869, I. Heft" und „Continuation, 2. Heft, 1869"	FR: Rukopisi: 258ff

[1] Deutsche Fassung veröffentlicht in „Der Volksstaat" vom 27.11.1869 [Der Volksstaat, Jg. 1, No. 17, S. 1].

Entstehungszeit	Erscheinungsdatum	Verfasser	Titel oder Textbezeichnung	Quellennachweis

1870

Entstehungszeit	Erscheinungsdatum	Verfasser	Titel oder Textbezeichnung	Quellennachweis
nach 1869		KM	Randnotizen in Mitchel, John: The history of Ireland	FR: Exlibris: 144
1866/70		KM	Vermerke in Good, W. Walter: Political, agricultural and commercial fallacies; or, the prospect of the nation after twenty years' "Free-Trade"	FR: Exlibris: 79
ca.1.1.		KM[1]	Le Conseil Général au Conseil Fédéral de la Suisse Romande	FR: KM: Pages choisies: 241[2]; DocIII: 354–363[3]; FR: GuillaumeI: 263–268[4]
			– Deutsche Übersetzung	MEW16: 384–391
4.1.		KM	Protokollierte Äußerungen in der Sitzung des Generalrats der IAA [englOrig]	DocIII: 198ff
8.1.		KM	Brief an Hermann Jung [dtÜbers des englOrig]	MEW32: 640
ca.8.1.	16.1.	KM	Nécrologie [in „L'Internationale"]	DocIII: 364f
			– Deutsche Übersetzung	MEW16: 392
9.1.		FE	Brief an Karl Marx	MEW32: 424f; [BWIV: 318f]
ca.17.1.		JM	Brief an Friedrich Engels	FR: MEW32: 705f; [FR: BWIV: 319f]; FR: Künzli: 217
19.1.		FE	Brief an Karl Marx	MEW32: 426f; [BWIV: 320ff]
22.1.		KM	Brief an Friedrich Engels	MEW32: 428; [BWIV: 322f]
24.1.		KM	Brief an César De Paepe [frzOrig]	FR: BrKap: 206
			– Deutsche Übersetzung	MEW32: 641–645
25.1.		FE	Brief an Karl Marx	MEW32: 429f; [BWIV: 323f]
27.1.		KM	Brief an Friedrich Engels	MEW32: 431f; [BWIV: 325f]
1.2.		FE	Brief an Karl Marx	MEW32: 433f; [BWIV: 326f]
8.2.		FE	Brief an Carl Klein und Friedrich Moll	MEW32: 646ff
9.2.		FE	Brief an Karl Marx	MEW32: 435; [BWIV: 328]

[1] Unterzeichnet am 16.1. von G. Eccarius und H. Jung.
[2] Nach der Kopie von Marx im Brief an L. Kugelmann vom 28.3.
[3] Nach der von Jenny Marx angefertigten und von Karl Marx korrigierten Kopie.
[4] Zum Teil Rückübersetzung aus dem Deutschen; französische Originalzitate nach verschiedenen Ausgaben.

Ent-stehungs-zeit	Erschei-nungs-datum	Ver-fasser	Titel oder Textbezeichnung	Quellen-nachweis
10.2.		KM	Brief an Friedrich Engels	MEW32: 436ff; [BW IV: 328–331]
–ca.11.2.	1870	FE	Änderungen zur 2. Ausgabe von „Der deutsche Bauernkrieg"	MEGA₂I10A: 966–969; [MEW7: 330, 332f, 335, 339, 375, 377, 401f, 410; FeSt3: 159, 162, 164, 167, 198, 200, 221f, 229, 240]
ca.11.2.	1870	FE	Vorbemerkung [zum 2. Abdruck „Der deutsche Bauernkrieg"]	MEW16: 393–400; [FeSt3: 147–153]
11.2.		FE	Brief an Karl Marx	MEW32: 439ff; [BW IV: 331ff]
12.2.		KM	Brief an Friedrich Engels	MEW32: 442ff; [BW IV: 333–336]
MitteII		KM	Randnotizen zu Флеровскій, Н.: Положение рабочаго класса въ Россіи	FR: Faks: MEW32: 440a; FR: AKM: 374–378
17.2.		FE	Brief an Karl Marx	MEW32: 445ff; [BW IV: 336ff]
17.2.		KM	Brief an Ludwig Kugelmann	MEW32: 649ff
19.2.		KM	Brief an Friedrich Engels	MEW32: 448f; [BW IV: 339f]
19.2.		KM	Brief an Collet Dobson Collet [dtÜbers des englOrig]	MEW32: 652f
21.2.		KM	Brief an Friedrich Engels	MEW32: 450; [BW IV: 340f]
21.2.	27.2. u.6.3.	KM	Les gouvernements anglais et les prisonniers Fenians [in „L'Internationale"] [dtÜbers]	MEW16: 401–406
22.2.		FE	Brief an Karl Marx	MEW32: 451ff; [BW IV: 341ff]
23.2.		KM	Brief an Peter Imandt [FR]	MEW32: 654
IX1869/ III1870		FE	Exzerpt aus J. B. Jukes: The Student's Manual of Geology	FR: Reiprich: 54f, 122
			– Deutsche Übersetzung fremdsprachiger Zitate	FR: Reiprich: 136
5.3.		KM	Brief an Friedrich Engels	MEW32: 454f; [BW IV: 343ff]
5.3.		KM	Brief an Laura und Paul Lafargue [englOrig]	FR: Faks: MEW32: 657; FR: Kapp: 120
			– Deutsche Übersetzung	MEW32: 655f, 659
7.3.		FE	Brief an Karl Marx	MEW32: 456f; [BW IV: 345f]
8.3.		FE	Brief an Rudolf Engels	MEW32: 660
9.3.		KM	Brief an Friedrich Engels	MEW32: 458; [BW IV: 347]
10.3.		KM	Brief an Friedrich Engels	MEW32: 459; [BW IV: 347f]

1870

Entstehungs-zeit	Erscheinungs-datum	Verfasser	Titel oder Textbezeichnung	Quellennachweis
13.3.		FE	Brief an Karl Marx	MEW32: 460f; [BW IV: 348ff]
15.3.		KM	Protokollierte Äußerung in der Sitzung des Generalrats der IAA [englOrig]	DocIII: 217
III		FE	Varia on the History of the Irish Confiscations [englOrig und englÜbers des z. T. dtOrig]	M/E: Ireland: 258–269
16.3.	19.3.	KM u. Tochter	Artikel zur irischen Frage. [Nr. III] [in „La Marseillaise"] [dtÜbers des Jenny[1] frzOrig]	MEW16: 584–587
17.3.		FE	Brief an Marx' Tochter Jenny	FE1820: 321f
19.3.		KM	Brief an Friedrich Engels	MEW32: 462f; [BW IV: 352f]
21.3.		FE	Brief an Karl Marx	•MEW32: 464f; [BW IV: 354f]
24.3.		KM	Brief an Friedrich Engels	MEW32: 466f; [BW IV: 355f]
24.3.		KM	Brief an Wilhelm Bracke [FR]	MEW32: 661
24.3.		KM	Brief an Philippe Coenen [dtÜbers des frzOrig]	MEW32: 662
24.3.	15.4.	KM	Главный Совѣтъ Международнаго Товарищества Рабочихъ [in „Народное Дѣло"] – Deutsche Übersetzung	Faks: MEW16: 408a; DocIII: 366f MEW16: 407f
26.3.		KM	Brief an Friedrich Engels	MEW32: 468; [BW IV: 357]
26.3.		KM	Brief an Ludwig Kugelmann	MEW32: 663
27.3.		FE	Brief an Karl Marx	MEW32: 469f; [BW IV: 357ff]
28.3.		FE	Brief an Karl Marx	MEW32: 471; [BW IV: 359f]
ca.28.3.		KM	Konfidentielle Mitteilung	MEW16: 409–420
28.3.		KM	Brief an Ludwig Kugelmann	MEW32: 664
I/IV		FE	[Chronology of Ireland] [englÜbers des dtOrig]	M/E: Ireland: 213–258[2]
I/IV		FE	Exzerpte zur Geschichte Irlands im 17.u.18.Jhdt. [Fortsetzung] – Deutsche Übersetzung der fremdsprachigen Textteile – Russische Übersetzung	FR: Kunst67 I: 645f FR: Kunst67 I: 409 AM X: 176–248
9.4.		KM	Brief an Sigfrid Meyer und August Vogt	MEW32: 665–670
12.4.		KM	Protokollierte Äußerungen in der Sitzung des Generalrats der IAA [englOrig]	DocIII: 224
13.4.		FE	Brief an Karl Marx	MEW32: 472; [BW IV: 360f]

[1] Unter dem Pseudonym J. Williams.
[2] Russische Übersetzung in AM X, S. 107–156.

1870

Ent-stehungs-zeit	Erschei-nungs-datum	Ver-fasser	Titel oder Textbezeichnung	Quellen-nachweis
14.4.		KM	Brief an Friedrich Engels	MEW 32: 473–477; [BW IV: 361–365]
15.4.		FE	Brief an Karl Marx	MEW 32: 478ff; [BW IV: 365–368]
18.4.		KM	Brief an Paul Lafargue [englOrig]	Schwerbrock: 125ff
			– Deutsche Übersetzung	MEW 32: 671f
19.4.		FE	Brief an Karl Marx	MEW 32: 481; [BW IV: 369]
19.4.		KM	Brief an Friedrich Engels	MEW 32: 482; [BW IV: 369f]
19.4.		KM	Brief an Paul Lafargue [englOrig]	Schwerbrock: 127–134
			– Deutsche Übersetzung	MEW 32: 673–678
21.4.		FE	Brief an Karl Marx	MEW 32: 483f; [BW IV: 370f]
26.4.		KM	Protokollierte Äußerungen in der Sitzung des Generalrats der IAA [englOrig]	DocIII: 227ff
			– Deutsche Übersetzung	FR: MEW 16: 574f
28.4.		KM	Brief an Friedrich Engels	MEW 32: 485–488; [BW IV: 372–375]
28.4.		FE	Brief an Wilhelm Bracke [FR]	MEW 32: 679f
29.4.		FE	Brief an Karl Marx	MEW 32: 489ff; [BW IV: 375ff]
29.4.		KM	Brief an Friedrich Engels	MEW 32: 492; [BW IV: 377f]
1.5.		FE	Brief an Karl Marx	MEW 32: 493f; [BW IV: 378f]
3.5.		KM	Protokollierte Äußerungen und Resolutionsentwurf in der Sitzung des Generalrats der IAA [englOrig]	DocIII: 231f
			– Deutsche Übersetzung des Resolutionsentwurfs	MEW 16: 422
3.5.		KM	Beschluß des Generalrats der Internationalen Arbeiterassoziation bezüglich des „Bee-Hive" [englOrig]	DocIII: 239f
	11.5.		– Deutsche Fassung [in „Der Volksstaat"]	MEW 16: 421
7.5.		KM	Brief an Friedrich Engels	MEW 32: 495–499; [BW IV: 379–383]
8.5.		FE	Brief an Karl Marx	MEW 32: 500ff; [BW IV: 384ff]
8.5.		KM	Brief an Ludwig Kugelmann	MEW 32: 681
10.5.		KM	Resolution des Generalrats der IAA [englOrig][1]	DocIII: 236
			– Deutsche Übersetzung[2]	MEW 16: 425

[1] Veröffentlicht in „The Penny Bee-Hive" vom 14.5.1870.
[2] Deutsche Fassung veröffentlicht in „Der Volksstaat" vom 21.5.1870 [Der Volksstaat, Jg. 2, No. 41, S. 1].

1870

Ent-stehungs-zeit	Erschei-nungs-datum	Ver-fasser	Titel oder Textbezeichnung	Quellen-nachweis
10.5.		KM	Brief an Friedrich Engels	MEW32: 503f; [BW IV: 386ff]
11.5.		FE	Brief an Karl Marx	MEW32: 505f; [BW IV: 388f]
11.5.		KM	Brief an Friedrich Engels	MEW32: 507f; [BW IV: 390f]
15.5.		FE	Brief an Karl Marx	MEW32: 509ff; [BW IV: 392ff]
V		FE	Arbeitsplan zum Manuskript über die Geschichte Irlands	MEW16: 675
16.5.		KM	Brief an Friedrich Engels	MEW32: 512f; [BW IV: 350f]
17.5.		KM	Protokollierte Äußerungen und eine Resolution in der Sitzung des Generalrats der IAA [englOrig]	DocIII: 238f
			– Deutsche Übersetzung der Resolution[1]	MEW16: 426
17.5.		FE	Brief an Karl Marx	MEW32: 514f; [BW IV: 394f]
18.5.		KM	Brief an Friedrich Engels	MEW32: 516f; [BW IV: 395f]
19.5.		FE	Brief an Karl Marx	MEW32: 518; [BW IV: 396f]
31.5.		KM	Brief an Tochter Jenny [englOrig]	FR: M/E: Ireland: 298
			– Deutsche Übersetzung	MEW32: 682f
14.6.		KM	Brief an Victor-P. Le Lubez [Entwurf] [dtÜbers des englOrig]	MEW32: 684
14.6.	26.6.	M/E	An den Ausschuß der Sozialdemokratischen deutschen Arbeiterpartei [in „Der Volks-staat"]	MEW16: 427ff
Sommer		KM	Randbemerkungen in der Zeitschrift „Народное дѣло"	AKM: 379f
23.6.		JM[2]	Äußerung im Gespräch mit German Aleksandrovič Lopatin [russ Wiedergabe]	Современники: 130
			– Deutsche Übersetzung	GesprächeI: 345f
27.6.		KM	Brief an den Ausschuß der Sozialdemokratischen deutschen Arbeiterpartei [Fragmentarische Inhaltsangabe]	MEW16: 575
27.6.		KM	Brief an Ludwig Kugelmann	MEW32: 685f
28.6.		KM	Protokollierte Äußerungen in der Sitzung des Generalrats der IAA [englOrig]	DocIII: 255ff
			– Deutsche Übersetzung	FR: MEW16: 576
29.6.	24.7.	KM[3]	Décision du Conseil Général [in „Le Mirabeau"]	DocIII: 368

[1] Deutsche Fassung erschienen im „Volksstaat" vom 25.5.1870 [Der Volksstaat, Jg. 2, No. 42, S. 1].
[2] Wiedergegeben von G. A. Lopatin.
[1] Unterzeichnet von H. Jung.

Ent-stehungs-zeit	Erschei-nungs-datum	Ver-fasser	Titel oder Textbezeichnung	Quellen-nachweis
			– Deutsche Übersetzung	MEW16: 430
VI		KM	Brief an German Aleksandrovič Lopatin [FR] [russÜbers des frzOrig]	Современники: 130
			– Deutsche Übersetzung	GesprächeI: 346
ca.1870		KM	Vermerke in Laveleye, Émile: Essai sur l'économie rurale de la Belgique	Ex libris: 123
5.7.	1870	KM¹ ²	The Lock-out of the Building Trades at Geneva	DocIII: 369ff
			– Deutsche Fassung	MEW16: 431ff
ca.5.7.		FE	Bemerkungen für das Vorwort zu einer Sammlung irischer Lieder	MEW16: 501f
5.7.		KM	Protokollierte Äußerungen in der Sitzung des Generalrats der IAA [englOrig]	DocIII: 258–261
5.7.		KM	Brief an Friedrich Engels	MEW32: 519–522; [BWIV: 397–401]
6.7.		FE	Brief an Karl Marx	MEW32: 523ff; [BWIV: 401–404]
7.7.		FE	Brief an Karl Marx	MEW32: 526; [BWIV: 404f]
8.7.		KM	Brief an Friedrich Engels	MEW32: 527; [BWIV: 405]
12.7.		KM	Protokollierte Äußerungen in der Sitzung des Generalrats der IAA [englOrig]	DocIII: 262ff, 266, 268ff
12.7.	1870	KM¹	The Fifth Annual Congress of the International Working Men's Association	DocIII: 372f
12.7.		JM	Brief an Friedrich Engels	MEW32: 714f; [BWIV: 406f]
14.7.		KM	Communication Confidentielle aux Differentes Sections³	DocIII: 375
			– Deutsche Übersetzung	MEW16: 434
14.7.	31.7.	KM	[Programm für den Kongreß der Internationale in Mainz] [in „La Liberté"] [frzOrig]	DocIII: 374
			– Deutsche Übersetzung⁴	MEW16: 435
14.7.		KM	Brief an Hermann Jung [dtÜbers des engl und frzOrig]	MEW32: 687f
V/Mitte VII		FE	Zweiter Gliederungsplan und Fragmente zur Arbeit über die Geschichte Irlands	FR: MEW16: 499f; FR: Kunst67 I: 325f, 412; FR: Iljitschow: 278f
			– Englische Übersetzung⁵	FR: M/E: Ireland: 211f

¹ Unterzeichnet von B. Lucraft, J. Weston und J. G. Eccarius.
² Deutsche Fassung zusätzlich unterzeichnet von H. Jung.
³ Nach der Beilage des Briefes an H. Jung.
⁴ Deutsche Fassung in „Der Volksstaat" vom 3. und 13.8.1870 [Der Volksstaat, Jg. 2, No. 62, S. 2, und No. 65, S. 2].
⁵ Einzelne Ausdrücke im Original in englischer Sprache.

1870

Ent-stehungs-zeit	Erschei-nungs-datum	Ver-fasser	Titel oder Textbezeichnung	Quellen-nachweis
			– Russische Übersetzung	FR: AM X: 100–106
V/Mitte VII[?]		FE	[Die Geschichte Irlands]	MEW 16: 461–498
19.7.		KM	Protokollierte Äußerungen in der Sitzung des Generalrats der IAA [englOrig]	Doc IV: 30f
20.7.		KM	Brief an Friedrich Engels	MEW 33: 5ff; [BW IV: 407ff]
22.7.		FE	Brief an Karl Marx	MEW 33: 8ff; [BW IV: 409–414]
19./23.7.	28.7.	KM[1]	The General Council of the International Working Men's Association on the War	Doc IV: 323–329
			– Deutsche Fassung	MEW 17: 3–8; [KMA III, 2: 882–887; MESt III: 124–128, 247]
			– Französische Fassung[2]	M/E: Œuvres choisies: 515–520
26.7.		KM	Protokollierte Äußerungen in der Sitzung des Generalrats der IAA [englOrig]	Doc IV: 32f, 35
26.7.		KM	Brief an Eugen Oswald	MEW 33: 123
ca.27.7.	29.7.	FE	Notes on the War. – I. [in PMG]	FE: Notes: 1ff
			– Deutsche Übersetzung	MEW 17: 11–14
28.7.		KM	Brief an Friedrich Engels	MEW 33: 11ff; [BW IV: 414ff]
28.7.		KM	Brief an Paul und Laura Lafargue [englOrig]	Schwerbrock: 135–138
			– Deutsche Übersetzung	MEW 33: 124ff
29.7.		KM	Brief an Friedrich Engels	MEW 33: 14; [BW IV: 416f]
29.7.		KM	Brief an Wilhelm Liebknecht	MEW 33: 127
31.7.		FE	Brief an Karl Marx	MEW 33: 15–19; [BW IV: 417–420]
31.7.	31.8.	M/E u.a.	An das französische Volk! An das deutsche Volk! [in „Der Volksstaat"]	Der Volksstaat 2, 70: 2
	1.8.	FE	Notes on the War. – II. [in PMG]	FE: Notes: 3ff
			– Deutsche Übersetzung	MEW 17: 15–18
1.8.		KM	Brief an Friedrich Engels	MEW 33: 20ff; [BW IV: 420ff]
	2.8.	FE	Notes on the War. – III. [in PMG]	FE: Notes: 5f
			– Deutsche Übersetzung	MEW 17: 19ff
2.8.	1872[3]	KM	An den Ausschuß der Sozialdemokratischen Arbeiterpartei [FR]	MEW 17: 265

[1] Unterzeichnet von Marx u. a.
[2] Es ist nicht ersichtlich, wieweit diese Übersetzung mit der ursprünglich von Marx u. a. abgezeichneten Übertragung übereinstimmt.
[3] In der vorliegenden verkürzten Form veröffentlicht.

1870

Ent-stehungs-zeit	Erschei-nungs-datum	Ver-fasser	Titel oder Textbezeichnung	Quellen-nachweis
2.8.		KM	Protokollierte Äußerungen in der Sitzung des Generalrats der IAA [englOrig]	DocIV: 38f, 41f
2.8.		KM	Brief an Johann Philipp Becker	MEW33: 128ff
2.8.		KM	Brief an Eugen Oswald	MEW33: 131
3.8.		FE	Brief an Karl Marx	MEW33: 23f; [BW IV: 422f]
3.8.		KM	Brief an Friedrich Engels	MEW33: 25–28; [BW IV: 424–427]
3.8.		KM	Brief an Eugen Oswald	MEW33: 132
4.8.		KM	Brief an Friedrich Engels	MEW33: 29; [BW IV: 428]
5.8.		FE	Brief an Karl Marx	MEW33: 30; [BW IV: 428]
5.8.		KM	Brief an Eugen Oswald	MEW33: 133
	6.8.	FE	Notes on the War. – IV. [in PMG] – Deutsche Übersetzung	FE: Notes: 7ff MEW17: 22–26
6.8.		KM	Brief an Hermann Jung [englOrig] – Deutsche Übersetzung	Jaeckh: 234 MEW33: 134
7.8.		KM	Brief an Eugen Oswald	MEW33: 135
	8.8.	FE	The Prussian Victories. [in PMG] – Deutsche Übersetzung	FR: Notes: 10ff MEW17: 27–31
8.8.		KM	Brief an Friedrich Engels	MEW33: 31ff; [BW IV: 429ff]
	9.8.	FE	Notes on the War. – V. [in PMG] – Deutsche Übersetzung	FE: Notes: 13ff MEW17: 32–35
10.8.		FE	Brief an Karl Marx	MEW33: 34ff; [BW IV: 433ff]
10.8.		JM	Brief an Friedrich Engels	MEW33: 675f; [BW IV: 432f]
	11.8.	FE	Notes on the War. – VI. [in PMG] – Deutsche Übersetzung	FE: Notes: 15ff MEW17: 36–39
12.8.		KM	Brief an Friedrich Engels	MEW33: 37; [BW IV: 435f]
12.8.		KM	Brief an Hermann Jung	MEW33: 136
	13.8.	FE	Notes on the War. – VII. [in PMG] – Deutsche Übersetzung	FE: Notes: 17ff MEW17: 40–43
	15.8.	FE	Notes on the War. – VIII. [in PMG] – Deutsche Übersetzung	FE: Notes: 19ff MEW17: 44–47
15.8.		KM	Brief an Friedrich Engels	MEW33: 38; [BW IV: 437f]
15.8.		FE	Brief an Karl Marx	MEW33: 39–42; [BW IV: 438–441]
15.8.		FE	Brief an Jenny Marx	MEW33: 137f; [BW IV: 441f]
VII/X: VIII[?]		KM[1]	Äußerungen im Gespräch mit German Aleksandrovič Lopatin [russ Wiedergabe]	Современники: 49f

[1] Wiedergegeben von G. A. Lopatin.

1870

Ent-stehungs-zeit	Erschei-nungs-datum	Ver-fasser	Titel oder Textbezeichnung	Quellen-nachweis
			– Deutsche Übersetzung	Gespräche I: 349
17.8.		KM	Brief an Friedrich Engels	MEW 33: 43f; [BW IV: 443f]
	18.8.	FE	Notes on the War. – IX. [in PMG]	FE: Notes: 21ff
			– Deutsche Übersetzung	MEW 17: 48–51
ca.18.8.		JM	Brief an Friedrich Engels	MEW 33: 678; [BW IV: 445f]
	19.8.	FE	Notes on the War. – X. [in PMG]	FE: Notes: 23ff
			– Deutsche Übersetzung	MEW 17: 52–55
	20.8.	FE	The Crisis of the War. [in PMG]	FE: Notes: 25–28
			– Deutsche Übersetzung	MEW 17: 56–60
20.8.		FE	Brief an Karl Marx	MEW 33: 45f; [BW IV: 446f]
22.8.		KM	Brief an Friedrich Engels	MEW 33: 47; [BW IV: 448]
	24.8.	FE	Notes on the War. – XI. [in PMG]	FE: Notes: 29ff
			– Deutsche Übersetzung	MEW 17: 61–67
25.8.	26.8.	FE	Notes on the War. – XII. [in PMG]	FE: Notes: 31ff
			– Deutsche Übersetzung	MEW 17: 68–71
	27.8.	FE[1]	Notes on the War. – XIII. [in PMG]	FE: Notes: 33ff
			– Deutsche Übersetzung	MEW 17: 72ff
22./30.8.		M/E	[Über Karl Blind] [dtÜbers des englOrig]	MEW 17: 266f
22./30.8.	5.9.[2]	M/E[3]	Brief an den Ausschuß der Sozialdemo-kratischen Arbeiterpartei [FR]	MEW 17: 268ff
30.8.		KM	Brief an Friedrich Engels	MEW 33: 48; [BW IV: 448f]
	31.8.	FE	Notes on the War. – XIV. [in PMG]	FE: Notes: 35ff
			– Deutsche Übersetzung	MEW 17: 75–78
1.9.		KM	Brief an Friedrich Adolph Sorge	MEW 33: 139f
	2.9.	FE	Notes on the War. – XV. [in PMG]	FE: Notes: 37ff
			– Deutsche Übersetzung	MEW 17: 79–82
2.9.		KM	Brief an Friedrich Engels	MEW 33: 49f; [BW IV: 449ff]
2.9.		KM	Brief an Sigfrid Meyer	MEW 33: 141
	3.9.	FE	The French Defeats. [in PMG]	FE: Notes: 39ff
			– Deutsche Übersetzung	MEW 17: 83–87
4.9.		FE	Brief an Karl Marx	MEW 33: 51ff; [BW IV: 451ff]
4.9.		KM	Brief an Eugen Oswald	MEW 33: 142
fr.5.9.		FE	Randbemerkungen zum am 5. 9. ver-öffentlichten Brief an den Ausschuß der Sozialdemokratischen Arbeiterpartei [dtÜbers des frzOrig]	MEW 17: 286f

[1] Letzter Absatz von der Redaktion angefügt.
[2] In dem vorliegenden Auszug auch veröffentlicht im „Volksstaat" vom 11.9.1870.
[3] Unterschrift von Marx.

1870

Ent-stehungs-zeit	Erschei-nungs-datum	Ver-fasser	Titel oder Textbezeichnung	Quellen-nachweis
6.9.		KM	Protokollierte Äußerungen in der Sitzung des Generalrats der IAA [englOrig]	DocIV: 56ff
6.9.		KM	Brief an Friedrich Engels	MEW33: 54f; [BW IV: 453ff]
	7.9.	FE	Notes on the War. – XVI. [in MPG]	FE: Notes: 41ff
			– Deutsche Übersetzung	MEW17: 88–91
7.9.		FE	Brief an Karl Marx	MEW33: 56ff; [BW IV: 455ff]
	9.9.	FE	Notes on the War. – XVII. [in PMG]	FE: Notes: 44f
			– Deutsche Übersetzung	MEW17: 92–95
6./9.9.	11.–13.9.	KM[1]	Second Address of the General Council of the International Working Men's Association on the War	DocIV: 333–342
			– Deutsche Fassung[2]	MEW17: 271–279; [KMA III, 2: 888–897; MESt III: 129–136, 247f]
	10.9.	FE	The Rise and Fall of Armies. [in PMG]	FE: Notes: 46–49
			– Deutsche Übersetzung	MEW17: 96–100
10.9.		KM	Brief an Friedrich Engels	MEW33: 59f; [BW IV: 457ff]
12.9.		FE	Brief an Karl Marx	MEW33: 61f; [BW IV: 459ff]
12.9.		KM	Brief an Edward Spencer Beesly [englOrig]	FR: IRofSH IV, 1: 47
			– Deutsche Übersetzung	MEW33: 143ff
13.9.		KM	Protokollierte Äußerungen in der Sitzung des Generalrats der IAA [englOrig]	DocIV: 60f
13.9.		FE	Brief an Karl Marx	MEW33: 63; [BW IV: 462f]
ca.13.9.		JM	Brief an Friedrich Engels	MEW33: 679f; [BW IV: 461f]
14.9.		KM	Brief an Friedrich Engels	MEW33: 64f; [BW IV: 463ff]
14.9.		KM	Brief an César De Paepe [frzOrig]	L'Actualité 25: 25ff
			– Deutsche Übersetzung	MEW33: 146ff
14.9.		KM	Brief an Ludwig Kugelmann	MEW33: 149
14.9.		KM	Brief an Eugen Oswald	MEW33: 150
14.9.		KM	Brief an Johann Philipp Becker	MEW33: 151
14.9.	15.9.	KM	[Über die Verhaftung der Mitglieder des Braunschweiger Ausschusses] [in PMG] [englOrig]	PMG: 7

[1] Unterzeichnet von Marx u.a.
[2] In der von Engels für die 2. Ausgabe von „Der Bürgerkrieg in Frankreich" redigierten Form unter Berücksichtigung inhaltlicher Varianten der von Marx ca. 14.9. erstellten deutschen Fassung. Letztere veröffentlicht in „Der Volksstaat" vom 21.9.1870 [Der Volksstaat, Jg. 2, No. 76, S. 2].

1870

Entstehungszeit	Erscheinungsum	Verfasser	Titel oder Textbezeichnung	Quellennachweis
			– Deutsche Übersetzung	MEW17: 280
	15.9.	FE	Notes on the War. – XVIII. [in PMG]	FE: Notes: 49ff
			– Deutsche Übersetzung	MEW17: 101–104
15.9.		KM	Brief an Johann Philipp Becker	MEW33: 152
16.9.		KM	Brief an Friedrich Engels	MEW33: 66; [BW IV: 465]
16.9.		KM	Brief an Edward Spencer Beesly [englOrig]	FR: M/E: OnBritain: 508
			– Deutsche Übersetzung	MEW33: 153ff
16.9.	17.9.	FE	How to fight the Prussians. [in PMG]	FE: Notes: 51–54
			– Deutsche Übersetzung	MEW17: 105–108
20.9.		KM	Protokollierte Äußerungen in der Sitzung des Generalrats der IAA [englOrig]	DocIV: 61f
23.9.		KM	Brief an Eugen Oswald	MEW33: 156f
	27.9.	FE	Notes on the War. – XIX. [in PMG]	FE: Notes: 54ff
			– Deutsche Übersetzung	MEW17: 109–112
27.9.		KM	Protokollierte Äußerungen in der Sitzung des Generalrats der IAA [englOrig]	DocIV: 64f
			— Deutsche Übersetzung	FR: Kliem: Engels: 433
ca.abIX		KM	Bemerkungen in „. . . Report of the Bureau of Statistics of Labor."	FR: Faks: Exlibris: 168f
	1.10.	FE	The Story of the Negotiations. [in PMG]	FE: Notes: 56ff
			– Deutsche Übersetzung	MEW17: 113–116
	3.10.	FE	Notes on the War. – XX. [in PMG]	FE: Notes: 58ff
			– Deutsche Übersetzung	MEW17: 117–120
4.10.		KM	Protokollierte Äußerungen in der Sitzung des Generalrats der IAA [englOrig]	DocIV: 66f
			– Deutsche Übersetzung	FR: Kliem: Engels: 462
	6.10.	FE	Notes on the War. – XXI. [in PMG]	FE: Notes: 60ff
			– Deutsche Übersetzung	MEW17: 121–124
	8.10.	FE	The Rationale of the Prussian Army System. [in PMG]	FE: Notes: 62ff
			– Deutsche Übersetzung	MEW17: 125–128
	11.10.	FE	Notes on the War. – XXII. [in PMG]	FE: Notes: 64ff
			– Deutsche Übersetzung	MEW17: 129–132
11.10.		KM	Protokollierte Äußerungen in der Sitzung des Generalrats der IAA [englOrig]	DocIV: 68
	13.10.	FE	Notes on the War. – XXIII. [in PMG]	FE: Notes: 66ff
			– Deutsche Übersetzung	MEW17: 133–136
	17.10.	FE	The Fate of Metz. [in PMG]	FE: Notes: 68ff
			– Deutsche Übersetzung	MEW17: 137–140
18.10.		KM	Protokollierte Äußerungen in der Sitzung des Generalrats der IAA [englOrig]	DocIV: 73f, 77f
18.10.		FE	Protokollierte Äußerung in der Sitzung des Generalrats der IAA [englOrig]	DocIV: 78
19.10.		KM	Brief an Edward Spencer Beesly [englOrig]	FR: AB: 288f

Ent-stehungs-zeit	Erschei-nungs-datum	Ver-fasser	Titel oder Textbezeichnung	Quellen-nachweis
			– Deutsche Übersetzung	MEW33: 158f
	21.10.	FE	Notes on the War. – XXIV. [in PMG]	FE: Notes: 71ff
			– Deutsche Übersetzung	MEW17: 141–145
	22.10.	FE	Saragossa – Paris. [in PMG] [englOrig]	FE: Notes: 73ff
			– Deutsche Übersetzung	MEW17: 146–149
25.10.		KM	Protokollierte Äußerungen in der Sitzung des Generalrats der IAA [englOrig]	DocIV: 79f
25.10.		FE	Protokollierte Äußerung in der Sitzung des Generalrats der IAA [englOrig]	DocIV: 80
	27.10.	FE	Notes on the War. – XXV. [in PMG]	FE: Notes: 75ff
			– Deutsche Übersetzung	MEW17: 150–153
	29.10.	FE	The Fall of Metz [in PMG]	FE: Notes: 77–80
			– Deutsche Übersetzung	MEW17: 154–157
1.1.11.		KM	Protokollierte Äußerungen in der Sitzung des Generalrats der IAA [englOrig]	DocIV: 81f, 84f
	4.11.	FE	Notes on the War – XXVI. [in PMG]	FE: Notes: 80ff
			– Deutsche Übersetzung	MEW17: 158ff
	5.11.	FE	The Emperor's Apologia. [in PMG]	FE: Notes: 82–85
			– Deutsche Übersetzung	MEW17: 161–166
ca.10.11.	11.11.	FE	The Fighting in France. [in PMG]	[FR: Nikolaevsky: 329]; FE: Notes: 85–88
			– Deutsche Übersetzung	MEW17: 167–171
11.11.		KM	Brief an Peter Imandt	MEW33: 160
15.11.		KM	Protokollierte Äußerungen in der Sitzung des Generalrats der IAA [englOrig]	DocIV: 87
	16.11.	FE	Notes on the War – XXVII. [in PMG]	FE: Notes: 88ff
			– Deutsche Übersetzung	MEW17: 172–175
17.11.		KM	Aussage vor dem Lord Mayor von London [Fragmentarische z. T. wörtliche Wiedergabe in dt Sprache]	MEW17: 768f
	21.11.	FE	Fortified Capitals. [in PMG]	FE: Notes: 90–93
			– Deutsche Übersetzung	MEW17: 176–179
22.11.		FEu.a.	Protokoll der Sitzung des Generalrats der IAA [englOrig]	DocIV: 87ff
	23.11.	FE	Notes on the War. – XXVIII [in PMG]	FE: Notes: 93f
			– Deutsche Übersetzung	MEW17: 180–183
	26.11.	FE	The Military Situation in France [in PMG]	[FR: Faks: MEW17: 184a]; FE: Notes: 95ff
			– Deutsche Übersetzung	MEW17: 184–188
29.11.		KM	Protokollierte Äußerungen in der Sitzung des Generalrats der IAA [englOrig]	DocIV: 90f
	2.12.	FE	Notes on the War. – XXIX. [in PMG]	FE: Notes: 97ff
			– Deutsche Übersetzung	MEW17: 189–192
	3.12.	FE	Notes on the War. – XXX. [in PMG]	FE: Notes: 100f
			– Deutsche Übersetzung	MEW17: 193–196
6.12.		KM	Protokollierte Äußerungen in der Sitzung des Generalrats der IAA [englOrig]	DocIV: 92

1870

Ent-stehungs-zeit	Erschei-nungs-datum	Ver-fasser	Titel oder Textbezeichnung	Quellen-nachweis
6.12.		FE	Protokollierte Äußerungen in der Sitzung des Generalrats der IAA [englOrig]	DocIV: 92
	8.12.	FE	The Chances of the War. [in PMG] – Deutsche Übersetzung	FE: Notes: 102–105 MEW17: 197–202
3./9.12.	11.12.	KM	Brief an die holländischen und flämischen Mitglieder der Internationale [in „L'Internationale"] [dtÜbers des frzOrig]	MEW33: 161
	9.12.	FE	Prussian Francs-Tireurs. [in PMG] – Deutsche Übersetzung	FE: Notes: 105–108 MEW17: 203–207
13.12.		KM	Protokollierte Äußerungen in der Sitzung des Generalrats der IAA [englOrig]	DocIV: 92ff
13.12.		FE	Protokollierte Äußerung in der Sitzung des Generalrats der IAA [englOrig]	DocIV: 94
13.12.		KM	Brief an Ludwig Kugelmann	MEW33: 162–165
	17.12.	FE	Notes on the War. – XXXI. [in PMG] – Deutsche Übersetzung	FE: Notes: 108–111 MEW17: 208–213
17.12.		FE	Brief an Frederic Greenwood [dtÜbers des englOrig]	MEW33: 166
19.12.		FE	Brief an Natalie Liebknecht	MEW33: 167f
20.12.		KM	Protokollierte Äußerungen in der Sitzung des Generalrats der IAA [englOrig]	DocIV: 96ff
20.12.		FE	Protokollierte Äußerung in der Sitzung des Generalrats der IAA [englOrig]	DocIV: 98
	23.12.	FE	Notes on the War. – XXXII. [in PMG] – Deutsche Übersetzung	FE: Notes: 111ff MEW17: 214–217
23.12.	⟨1.1.71⟩[1]	FE	Au 6e Congrès des Sections Belges de l'Association Internationale des Travailleurs – Deutsche Übersetzung	DocIV: 343ff MEW17: 281f
	24.12.	FE	The German Position in France. [in PMG] – Deutsche Übersetzung	FE: Notes: 113ff MEW17: 218–221
–1870		KM	Manuskript IV zum II. Band des „Kapital"	FR: MEW24: 124–131, 133–163, 521[2]; [FR: KMA V: 113–122, 124–162]
			– Ergänzende Textteile in französischer Übersetzung	KM: Œuvres: 1685, 509–542, 544–556, 563, 1696
ca.1870		KM	Manuskript III zum II. Bamd des „Kapital" [frzÜbers]	FR: KM: Œuvres: 1496–1499
1870		KM	Manuskript II zum II. Band des „Kapital"	FR: MEW24: 31f, 136, 142, 163–358, 373, 388–397, 420–

[1] Gekürzt veröffentlicht in „Internationale".
[2] Einschließlich zusätzlicher deutscher Übersetzung fremdsprachiger Zitate.

Ent-stehungs-zeit	Erschei-nungs-datum	Ver-fasser	Titel oder Textbezeichnung	Quellennachweis
			– Ergänzende Textteile in französischer Übersetzung	435, 476–484, 522[1]; FR: KMAV: 322, [3f, 128f, 137, 162–406, 425, 445–455, 484–503, 555–566] KM: Œuvres: 1685f, 535f, 753, 815
fr.1870		KM	Vermerke in Komers, A. E.: Die landwirthschaftliche Betriebs-Organisation	Ex libris: 119

1871

Ent-stehungs-zeit	Erschei-nungs-datum	Ver-fasser	Titel oder Textbezeichnung	Quellennachweis
1870/71		KM[2]	Äußerung im Gespräch mit Friedrich Engels [frz Wiedergabe]	Nikolaevsky: 330
			– Deutsche Übersetzung	Gespräche II: 357
1870/71		FE[3]	Äußerung im Gespräch mit Paul Lafargue	Mohr u. General: 483
1870/71		KM[3]	Äußerung beim Lesen eines Engels erwähnenden Briefes	Mohr u. General: 484
1870/71		FE[3]	Äußerung bei einer Schaubude in Ramsgate	Mohr u. General: 486
3.1.		KM	Protokollierte Äußerungen in der Sitzung des Generalrats der IAA [englOrig]	DocIV: 102f
3.1.		FE	Protokollierte Äußerungen in der Sitzung des Generalrats der IAA [englOrig]	DocIV: 103
	6.1.	FE	Notes on the War. – XXXIII. [in PMG]	FE: Notes: 115–118
			– Deutsche Übersetzung	MEW17: 222–226
	7.1.	FE	Notes on the War. – XXXIV. [in PMG]	FE: Notes: 118–121
			– Deutsche Übersetzung	MEW17: 227–231
13.1.		KM	Brief an Natalie Liebknecht	MEW33: 169
	14.1.	FE	Notes on the War. – XXXV. [in PMG]	FE: Notes: 121ff
			– Deutsche Übersetzung	MEW17: 232–236
16.1.	19.1.	KM	The Freedom of the Press and of Debate in Germany. To the Editor of the "Daily News" [in „Daily News"]	AB: 293ff
			– Deutsche Übersetzung	MEW17: 283ff
17.1.		FE	Protokollierte Äußerung in der Sitzung des Generalrats der IAA [englOrig]	DocIV: 105
			– Deutsche Übersetzung	FR: MEW17: 629f
17.1.		KM	Protokollierte Äußerungen in der Sitzung des Generalrats der IAA [englOrig]	DocIV: 105ff
17.1.		KM	Brief an Hermann Jung [englOrig]	FR: Jaeckh: 234f
			– Deutsche Übersetzung	MEW33: 170f

[1] Einschließlich zusätzlicher deutscher Übersetzung fremdsprachiger Zitate.
[2] Wiedergegeben von Ch. Longuet.
[3] Wiedergegeben von P. Lafargue.

1871

Ent- stehungs- zeit	Erschei- nungs- datum	Ver- fasser	Titel oder Textbezeichnung	Quellen- nachweis
	19.1.	FE	Notes on the War. – XXXVI. [in PMG]	FE:Notes: 123–126
			– Deutsche Übersetzung	MEW17: 237–242
21.1.		KM	Brief an Sigfrid Meyer	MEW33: 172ff
21.1.		KM	Brief an Friedrich Adolph Sorge	MEW33: 175
	21.1.	FE	Notes on the War. – XXXVII. [in PMG]	FE: Notes: 127f
			– Deutsche Übersetzung	MEW17: 243–246
24.1.		KM	Protokollierte Äußerungen in der Sitzung des Generalrats der IAA [englOrig]	DocIV: 108ff
24.1.		FE	Protokollierte Äußerungen in der Sitzung des Generalrats der IAA [englOrig]	DocIV: 108ff
	26.1.	FE	Notes on the War. – XXXVIII. [in PMG]	FE: Notes: 129f
			– Deutsche Übersetzung	MEW17: 247ff
	28.1.	FE	Notes on the War. – XXXIX. [in PMG]	FE: Notes: 130ff
			– Deutsche Übersetzung	MEW17: 250ff
31.1.		KM	Protokollierte Äußerungen in der Sitzung des Generalrats der IAA [englOrig]	DocIV: 111f, 117f
31.1.		FE	Protokollierte Äußerungen und Resolutionsentwurf in der Sitzung des Generalrats der IAA [englOrig]	DocIV: 112–117
			– Deutsche Übersetzung des Resolutionsentwurfs	MEW17: 286
	2.2.	FE	Notes on the War. – XL. [in PMG]	FE: Notes: 132ff
			– Deutsche Übersetzung	MEW17: 253–256
4.2.		KM	Brief an Paul Lafargue [englOrig]	Annali: 179–182
			– Deutsche Übersetzung	MEW33: 176–179
4.2.		KM	Brief an Ludwig Kugelmann	MEW33: 180–183
4.2.		KM	Brief an Johann Jacoby	MEW33: 184
7.2.		KM	Protokollierte Äußerung in der Sitzung des Generalrats der IAA [englOrig]	DocIV: 119
7.2.		FE	Protokollierte Äußerungen in der Sitzung des Generalrats der IAA [englOrig]	DocIV: 125
	8.2.	FE	The Military Aspect of Affairs in France. [in PMG]	FE: Notes: 134ff
			– Deutsche Übersetzung	MEW17: 257–260
13.2.		FE	Al Consejo Federal de la Region Española de la Asociacion Internacional de Trabajadores [frzOrig]	DocIV: 346–349
			– Deutsche Übersetzung	MEW17: 287–290
14.2.		FE	Protokollierte Äußerung in der Sitzung des Generalrats der IAA [englOrig]	DocIV: 126
14.2.		KM	Protokollierte Äußerungen in der Sitzung des Generalrats der IAA [englOrig]	DocIV: 126–129, 133
ca.MitteII	18.2.	FE	Bourbaki's Disaster [in PMG]	FE: Notes: 136ff
			– Deutsche Übersetzung	MEW17: 261–264
21.2.		KM	Protokollierte Äußerungen in der Sitzung des Generalrats der IAA [englOrig]	DocIV: 133ff, 137
21.2.		FE	Protokollierte Äußerung in der Sitzung des Generalrats der IAA [englOrig]	DocIV: 137

1871

Ent-stehungs-zeit	Erschei-nungs-datum	Ver-fasser	Titel oder Textbezeichnung	Quellen-nachweis
27.2.		KM	Brief an Pjotr Lawrowitsch Lawrow [dtÜbers des frzOrig]	MEW33: 185
28.2.		KM	Protokollierte Äußerungen in der Sitzung des Generalrats der IAA [englOrig]	DocIV: 138f, 145
28.2.		FE	Protokollierte Äußerungen in der Sitzung des Generalrats der IAA [englOrig]	DocIV: 138f
nachII[?]		KM	Notizen in Kellogg, Edward: A new monetary system: the only means of securing the respective rights of labor and property, and of protecting the public from financial revulsions	FR: Exlibris: 113
2.3.		KM	Brief an Natalie Liebknecht	MEW33: 186f
7.3.		KM	Protokollierte Äußerungen in der Sitzung des Generalrats der IAA [englOrig]	DocIV: 146–149
7.3.		FE	Protokollierte Äußerungen in der Sitzung des Generalrats der IAA [englOrig]	DocIV: 147f
10.3.		FE	Brief an Carl Klein und Friedrich Moll	MEW33: 188f
10.3.		FE	Brief an Rudolf Engels	MEW33: 190ff
14.3.		KM	Protokollierte Äußerungen in der Sitzung des Generalrats der IAA [englOrig]	DocIV: 150–154, 156f
14.3.		FE	Protokollierte Äußerungen in der Sitzung des Generalrats der IAA [englOrig]	DocIV: 154ff
MitteIII	16.3.	FE	The Aspects of Affairs in Russia. [in PMG] – Deutsche Übersetzung	FE: Notes: 138ff MEW17: 291–294
16.3.	18.3.	KMu. A.Ser-raillier	Au rédacteur du «Courrier de l'Europe»[1] [in „Courrier de l'Europe"]	MEGA$_2$I22: 447 +A: 1293
20.od.21.3	.⟨22.3.⟩[2]	M/E[3]	To the Editor of the Times – Deutsche Übersetzung	MEGA$_2$I22: 3 +A: 773 MEW17: 295
21.3.		KM	Protokollierte Äußerungen in der Sitzung des Generalrats der IAA [englOrig] – Deutsche Übersetzung	MEGA$_2$I22: 521f, 524+A: 1352 FR: M/E: Tagebuch: 55
21.3.		FE	Protokollierte Rede in der Sitzung des Generalrats der IAA [englOrig] – Deutsche Übersetzung	MEGA$_2$I22: 522f +A: 1352 MEW17: 630ff
21.3.	23.3.	KM[4]	To the Editor of The Times [in „The Times"]	MEGA$_2$I22: 4 +A: 776f
fr.21.3.		KM	Korrektur des Protokolls der Sitzung des Generalrats der IAA vom 21.3.1871 – Deutsche Übersetzung	MEGA$_2$I22A: 1352 MEW17: 296f

[1] Mit den vermutlich von Marx zwischen dem 18. und 23.3. an der Zeitungsveröffentlichung durchgeführten Korrektur [MEGA$_2$I22A: 1293].

[2] Unwesentlich gekürzt in der „Times" veröffentlicht [MEGA$_2$I22A: 773]. Abschrift von Marx im Brief an P. Lafargue vom 23.3.1871 [Annali: 183].

[3] Entwurf in der Niederschrift von Engels.

[4] Unter dem Namen von J.G. Eccarius veröffentlicht.

1871

Ent-stehungs-zeit	Erschei-nungs-datum	Ver-fasser	Titel oder Textbezeichnung	Quellen-nachweis
23.3.		KM	Brief an Paul Lafargue [engl-frzOrig] – Deutsche Übersetzung	Annali: 182ff MEW33: 193ff
23.3.	29.3.[1]	KM	An die Redaktion des „Volksstaat"[1] [in „Der Volksstaat"]	MEGA$_2$I22: 5f[1]; [MEW17: 298ff]
28.3.		FE	Protokollierte Äußerungen in der Sitzung des Generalrats der IAA [englOrig] – Deutsche Übersetzung	MEGA$_2$I22: 525ff +A: 1352 FR: MEW17: 632f; FR: M/E: Tagebuch: 66
28.3.		KM	Protokollierte Äußerungen in der Sitzung des Generalrats der IAA[2] [englOrig] – Deutsche Übersetzung	MEGA$_2$I22: 525ff +A: 1352 FR: MEW17: 633; FR: M/E: Tagebuch: 66, 68, 70
30.3.		KM	Brief an Peter Imandt	MEW33: 196
31.3.		KM	A la rédaction du «Werker» – Deutsche Übersetzung	MEGA$_2$I22: 9 MEW17: 301
3.4.	4.4.	KM	To the Editor of The Times[3] [in „The Times"] – Deutsche Übersetzung	MEGA$_2$I22: 10 MEW17: 302f
4.4.		FE	Protokollierte Äußerungen in der Sitzung des Generalrats der IAA [englOrig] – Deutsche Übersetzung	MEGA$_2$I22: 529 FR: M/E: Tagebuch: 95f
fr.4.4.		KM	Korrektur des Protokolls der Sitzung des Generalrats der IAA vom 4.4.1871	MEGA$_2$I22A: 1352
5.4.		FE	Brief an Philippe Coenen [dtÜbers des frzOrig]	MEW33: 197f
5.4.		FE	Brief an Wilhelm Liebknecht	MEW33: 199
5.4.	12.4.	FE	[Der Streik der Zigarrenarbeiter in Antwerpen] [in „Der Volksstaat"]	MEGA$_2$I22: 11; [MEW17: 304]
6.4.		KM	Brief an Wilhelm Liebknecht	MEW33: 200ff
10.4.		JM	Brief an Wilhelm Liebknecht	M/E: Tagebuch: 105ff
ca.10.4.		JM	Brief an Wilhelm Liebknecht [FR]	M/E: Tagebuch: 111ff
10.od.11.4.	⟨15.4.⟩[4]	KM	Brief an Wilhelm Liebknecht	FR: MEGA$_2$I22: 12[4]; MEW33: 203f
11.4.		FE	Protokollierte Äußerungen in der Sitzung des Generalrats der IAA[5] [englOrig] – Deutsche Übersetzung	MEGA$_2$I22: 531ff +A: 1352 FR: MEW17: 633f

[1] Varianten eines im wesentlichen gleich lautenden Schreibens an die „Zukunft" [veröffentlicht in der „Zukunft" vom 26.3.1871] in: MEGA$_2$I22A, S. 780.
[2] Vgl. Bericht in „The Eastern Post" vom 1.4.1871 [MEGA$_2$I22: 527].
[3] Varianten eines im wesentlichen gleich lautenden Schreibens an die „Daily News" [veröffentlicht in „The Daily News" vom 6.4.1871] in: MEGA$_2$I22A, S. 783f.
[4] In „Der Volksstaat" vom 15.4.1871 mit geringfügigen Änderungen veröffentlichter Teil des Briefes.
[5] Vgl. Bericht in „The Eastern Post" vom 15.4.1871 [MEGA$_2$I22: 534f+A: 1352].

1871

Ent-stehungs-zeit	Erschei-nungs-datum	Ver-fasser	Titel oder Textbezeichnung	Quellen-nachweis
12.4.		KM	Brief an Ludwig Kugelmann	MEW33: 205f
13.4.		KM	Brief an Wilhelm Liebknecht	MEW33: 207
13.4.		FE	Brief an Wilhelm Liebknecht	MEW33: 208
17.4.		KM	Brief an Ludwig Kugelmann	MEW33: 209
18.4.		FE	Protokollierte Äußerungen in der Sitzung des Generalrats der IAA[1] [englOrig] – Deutsche Übersetzung	DocIV: 175, 177 FR: M/E: Tage-buch: 131
18.4.		KM	Protokollierte Äußerungen in der Sitzung des Generalrats der IAA [englOrig] – Deutsche Übersetzung	DocIV: 176ff FR: M/E: Tage-buch: 131, 133
19.4.		FE	Brief an Johann Georg Eccarius [englOrig] – Deutsche Übersetzung	$MEGA_2I22$: 163f +A: 1002f MEW33: 210f
ca.20.4.		FE	Notizen zu einem Brief an Francisco Mora	MEW33: 212
20.4.		FE	Brief an Wilhelm Liebknecht	MEW33: 213f
ca.20.4.		KM	Brief an Friedrich Adolph Sorge	MEW33: 215
22./25.4.	⟨29.4.⟩[2]	M/E[3]	Resolution of the General Council expelling Henri Louis Tolain from the I.W.M.A.[4] – Deutsche Übersetzung	$MEGA_2I22$: 165 +A: 1006 MEW17: 305
25.4.		FE	Protokollierte Äußerungen in der Sitzung des Generalrats der IAA [englOrig]	$MEGA_2I22$: 539
25.4.		KM	Protokollierte Äußerungen in der Sitzung des Generalrats der IAA[5] [englOrig] [FR] – Deutsche Übersetzung	$MEGA_2I22$: 540f +A: 1352 FR: MEW17: 634f
26.4.		KM	Brief an Leo Frankel [Entwurf] [frzOrig] – Deutsche Übersetzung	FR: $MEGA_2I22A$: 791 MEW33: 216f
28.4.		FE	Brief an Ludwig Kugelmann	MEW33: 218f
MitteIV 1.HälfteV		KM	The Civil War in France [Erster Entwurf] [englOrig mit frz und dt Textteilen] – Deutsche Übersetzung	$MEGA_2I22$: 17–81 +A: 807–858; MEW17: 493–571
18.3.–1.5.		KM	Zeitungsexzerpte [engl-frz-dtOrig] – Deutsche Übersetzung	AM III: 92–238[6] FR: M/E: Tage-buch: 143–165[7]; FR: Kunst67 II: 327f
2.5.		FE	Protokollierte Äußerungen in der Sitzung des Generalrats der IAA [englOrig] – Deutsche Übersetzung	$MEGA_2I22$: 545 M/E: Tagebuch: 209f

[1] Vgl. Bericht in „The Eastern Post" vom 22.4.1871 [$MEGA_2I22$: 538].
[2] Veröffentlicht in „The Eastern Post".
[3] Von Engels verfaßt, von Marx korrigiert.
[4] Von Engels angefertigte französische Übersetzung siehe 25.4./ca. 10.5.1871.
[5] Vgl. Bericht in „The Eastern Post" vom 29.4.1871 [$MEGA_2I22$: 542f].
[6] Auf den Seiten mit einer geraden Seitenzahl.
[7] Auf den Seiten mit einer ungeraden Seitenzahl.

1871

Ent-stehungs-zeit	Erschei-nungs-datum	Ver-fasser	Titel oder Textbezeichnung	Quellen-nachweis
4.5.		KM	Brief an Wilhelm Liebknecht	MEW33: 220f
5.5.		FE	Brief an Wilhelm Liebknecht	MEW33: 222
5.5.		KM	Brief an Wilhelm Liebknecht	MEW33: 223
2. HälfteIV/ sp.Anf.V	10.5.	FE	Abermals „Herr Vogt" [in „Der Volksstaat"]	MEGA₂I22: 167–173 +A: 1011; [MEW17: 306–312]
9.5.		FE	Protokollierte Äußerungen in der Sitzung des Generalrats der IAA [englOrig] – Deutsche Übersetzung	MEGA₂I22: 548ff FR: MEW17: 635f
25.4./ ca.10.5.	14.5.	M/E¹	[Résolution du] Conseil Général [sur l'expulsion de Henri Louis Tolain de l'Association Internationale des Travailleurs] [in „L'Internationale"]	MEGA₂I22: 166 +A: 1008
10.5.		FE	Brief an Hermann Jung [dtÜbers des englOrig]	MEW33: 224f
12.5.		JM	Brief an Ludwig Kugelmann	FR: M/E: Tage-buch: 230, 232
ca.9./ 13.5.		KM	The Civil War in France [Zweiter Entwurf] [englOrig mit frz und dt Textteilen] – Deutsche Übersetzung	MEGA₂I22: 85–117 +A: 893–967 MEW17: 572–610
13.5.		KM	Brief an Leo Frankel und Louis-Eugène Varlin [Entwurf] [frzOrig] – Deutsche Übersetzung	AB: 309f MEW33: 226f
16.5.		FE	Protokollierte Äußerungen in der Sitzung des Generalrats der IAA [englOrig] – Deutsche Übersetzung	MEGA₂I22: 551f, 554 FR: M/E: Tage-buch: 241
23.5.		KM	Protokollierte Äußerungen und Rede in der Sitzung des Generalrats der IAA [englOrig] – Deutsche Übersetzung	MEGA₂I22: 557f FR: MEW17: 636f
23.5.		FE	Protokollierte Äußerungen in der Sitzung des Generalrats der IAA [englOrig] – Deutsche Übersetzung	MEGA₂I22: 556 M/E: Tagebuch: 250, 252
30.5.		KM	Protokollierte Äußerung in der Sitzung des Generalrats der IAA [englOrig] – Deutsche Übersetzung	MEGA₂I22: 558 M/E: Tagebuch: 272
30.5.		FE	Protokollierte Äußerung in der Sitzung des Generalrats der IAA [englOrig] – Deutsche Übersetzung	MEGA₂I22: 558 M/E: Tagebuch: 272
2.HälfteV/ Anf.VI	13.6.	KM²	The Civil War in France³	MEGA₂I22: 121–161 +A: 976

[1] Von Engels angefertigte französische Übersetzung der mit Marx zwischen 22. und 25.4. englisch abgefaßten Resolution.   [2] Unterzeichnet von Marx, Engels u.a.
[3] Die von Engels besorgte deutsche Übersetzung siehe Mitte Juni – ca. 26.7.1871. – Die von Marx redigierte französische Übersetzung siehe Anfang – Ende Mai 1872.

1871

Ent-stehungs-zeit	Erschei-nungs-datum	Ver-fasser	Titel oder Textbezeichnung	Quellen-nachweis
6.6.		KM	Protokollierte Rede in der Sitzung des Generalrats der IAA [englOrig]	MEGA₂I22: 560
			– Deutsche Übersetzung	FR: MEW17: 638f
8.6.	⟨9.6.⟩¹	KM	To the Editor of the "Pall Mall Gazette"	MEGA₂I22: 174
			– Deutsche Übersetzung	MEW17: 366
8.6.		KM	Brief an Frederick Greenwood [englOrig]	MEGA₂I22A: 1015
			– Deutsche Übersetzung	MEW17: 366
11.6.		FE	Protokoll der Sitzung des Subkomitees des Generalrats der IAA [englOrig]	MEGA₂I22: 175
11.6.	13.6.	M/E²	To the Editor of The Times [in „The Times"]	MEGA₂I22: 176f
			– Deutsche Übersetzung³	MEW17: 367f
12.6.		KM	Brief an Edward Spencer Beesly	MEW33: 228ff
13.6.		KM	Brief an Nikolai Franzewitsch Danielson	MEW33: 231f
13.6.		KM	Brief an die Töchter Jenny, Laura und Eleanor	MEW33: 233f
13.6.		FE	Protokollierte Äußerungen in der Sitzung des Generalrats der IAA [englOrig]	MEGA₂I22: 562f
13.6.		KM	Protokollierte Äußerungen in der Sitzung des Generalrats der IAA [englOrig]	MEGA₂I22: 562f
13.6.		JM	Brief an Peter Imandt	MEW33: 681
16.6.		FE	Brief an Elisabeth Engels	MEW33: 235ff
18.6.		KM	Brief an Ludwig Kugelmann	MEW33: 238
19.od.20.6.		M/E⁴	To the Times [Entwurf]	MEGA₂I22: 227 +A: 1040f
			– Deutsche Übersetzung	MEW17: 369f
19.od.20.6.		M/E⁴	To the Editor of the "Standard" [Entwurf]	MEGA₂I22: 228 +A: 1043f
			– Deutsche Übersetzung	MEW17: 371
20.6.		FE	Protokollierte Äußerungen in der Sitzung des Generalrats der IAA [englOrig]	MEGA₂I22: 565, 567
20.6.		KM	Protokollierte Äußerungen in der Sitzung des Generalrats der IAA⁵ [englOrig]	MEGA₂I22: 565ff
ca.20.6.	⟨23.6.⟩	FE⁶	To the Editor of the Daily News	MEGA₂I22: 229 +A: 1046f
			– Deutsche Übersetzung	MEW17: 372f⁷
20.od.21.6.		FE	To the Editor of the Spectator [resp. Examiner] [Entwurf]	MEGA₂I: 230 +A: 1048f

¹ Veröffentlicht in PMG in leicht veränderter Form.
² Unterzeichnet von J. Hales.
³ Veröffentlicht in „Der Volksstaat" vom 21.6.1871.
⁴ Von Marx verfaßt, von Engels redaktionell verändert.
⁵ Vgl. Bericht in „The Eastern Post" vom 24.6.1871 [MEGA₂I22: 567].
⁶ Unterzeichnet von J. Hales und in abweichender Form als von Marx verfaßt veröffentlicht in „The Daily News".
⁷ Nach dem Manuskript mit Vermerk der Fassung in „The Daily News" bzw. „The Eastern Post".

1871

Entstehungszeit	Erscheinungsdatum	Verfasser	Titel oder Textbezeichnung	Quellennachweis
			– Deutsche Übersetzung	MEW17: 374
20.od.21.6.		KM	To the Editor of the "Echo."	MEGA₂I22: 233 +A: 1050
21.6.[?]		FE	[To the] Editor [of the] Pall Mall Gazette	MEGA₂I22: 234
22.6.		FE	Brief an Wilhelm Liebknecht	MEW33: 239ff
26.6.	1.7.[1]	KM	To the Editor of the "Daily News" [in „The Eastern Post"]	MEGA₂I22: 237 +A: 1054
			– Deutsche Übersetzung	MEW17: 375f
27.6.		FE	Protokollierte Äußerungen in der Sitzung des Generalrats der IAA [englOrig]	MEGA₂I22: 568f
27.6.		KM	Protokollierte Äußerungen in der Sitzung des Generalrats der IAA [englOrig]	MEGA₂I22: 568f
27.6.		FE	To the Editor [of the] Daily News [Entwurf]	MEGA₂I22: 238 +A: 1056
27.od.28.6.	29.6.	FE[2]	To the Editor of the Daily News[3] [in „The Daily News"]	MEGA₂I22: 239 +A: 1057
			– Deutsche Übersetzung	MEW17: 377f
30.6.	3.7.[4]	KM	Brief an Frederick Greenwood [in PMG] [englOrig]	MEGA₂I22: 243 +A: 1065f
			– Deutsche Übersetzung	MEW17: 380
30.6.	4.7.	KM	Brief an Max Friedländer[5] [in „Neue Freie Presse"]	MEGA₂I22: 240 +A: 1059f; [MEW17: 379]
30.6.	5.7.	FE	[„The Civil War in France" und die englische Presse] [in „Der Volksstaat"]	MEGA₂I22: 241f; [MEW17: 381f]
EndeVI/ Anf.VII	Anf.VII	M/E	Änderungen und Ergänzungen zur 2. Auflage von „The Civil War in France" [englOrig]	MEGA₂I22: 161f +A: 972, 975
			– Deutsche Übersetzung [der Beilage II]	MEW17: 364f; [KMA III,2: 955ff]
1.7.		M/E	Robert Reid Ex-Correspondent Daily Telegraph 1. Juli 1871 [Engels' Aufzeichnungen einer Unterredung zwischen Marx und Reid]	MEGA₂I22: 244f +A: 1068f
1.–3.7.		FE	Brief an Carlo Cafiero [italÜbers des englOrig]	Corr: 20–23
			– Deutsche Übersetzung aus dem Italienischen	MEW33: 655–659

[1] In verkürzter Form veröffentlicht in „The Daily News" vom 27.6.1871 [dtÜbers: Kliem: Marx: 438].
[2] Von J. Hales unterzeichnet.
[3] Eine Variante „To the Editor of the Eastern Post" in „The Eastern Post" vom 1.7.1871 veröffentlicht [MEGA₂I22A: 1056f].
[4] Variante in „The Eastern Post" vom 8.7.1871 veröffentlicht [MEGA₂I22A: 1065f]
[5] Mit Varianten des Entwurfs.

1871

Ent-stehungs-zeit	Erschei-nungs-datum	Ver-fasser	Titel oder Textbezeichnung	Quellen-nachweis
sp.3.7.	18.7.	KM[1]	Äußerungen in einem Interview mit dem Korrespondenten von „The World", R. Landor [in „The World"] [englOrig]	MEGA$_2$I22: 453–458 +A: 1297
			– Deutsche Übersetzung	MEW17: 639–643[2]
4.7.		KM	Protokollierte Äußerungen in der Sitzung des Generalrats der IAA[3] [englOrig]	MEGA$_2$I22: 570ff +A: 1553
4.7.		FE	Protokollierte Äußerungen in der Sitzung des Generalrats der IAA [englOrig]	MEGA$_2$I22: 570ff +A: 1553
10.7.		FE	Brief an Wilhelm Liebknecht	MEW33: 242f
7./11.7.	ca.13.7.	KM[4]	Mr. Washburne, the American Ambassador in Paris	MEGA$_2$I22: 246–252 +A: 1073
			– Deutsche Übersetzung	MEW17: 383–387
11.7.		KM	Protokollierte Äußerungen in der Sitzung des Generalrats der IAA[5] [englOrig]	MEGA$_2$I22: 573f
11.7.		FE	Protokollierte Äußerungen in der Sitzung des Generalrats der IAA [englOrig]	MEGA$_2$I22: 573f
11.7.		KM	Brief an Léon Bigot [Entwurf] [dtÜbers des frzOrig]	MEW33: 244
11.7.	13.7.	KM	To the Editor of the Morning Advertiser [in „The Morning Advertiser"]	MEGA$_2$I22: 253
			– Deutsche Übersetzung	MEW17: 388
12.7.		KM	Brief an Pjotr Lawrowitsch Lawrow [dtÜbers des frzOrig]	MEW33: 245
12.7.		KM	Brief an A. O. Rutson [Entwurf] [dtÜbers des englOrig]	MEW33: 246f
13.7.	17.7.	KM	To the Editor of The Standard [in „The Standard"]	MEGA$_2$I22: 254
			– Deutsche Übersetzung	MEW17: 389
16.7.		FE	Brief an Carlo Cafiero [italÜbers des englOrig]	Corr: 28–31
			– Deutsche Übersetzung aus dem Italienischen	MEW33: 660–663
18.7.		FE	Protokollierte Äußerungen in der Sitzung des Generalrats der IAA [englOrig]	MEGA$_2$I22: 576ff
18.7.		KM	Protokollierte Äußerungen in der Sitzung des Generalrats der IAA [englOrig]	MEGA$_2$I22: 577ff
20.7.	3.8	KM[6]	Äußerungen in einem Interview mit einem amerikanischen Korrespondenten in London [in „New York Herald"] [englOrig]	LaRussie: 9–12

[1] Wiedergegeben von R. Landor.
[2] Wiedergabe der gekürzten Fassung in „Woodhull & Claflin's Weekly" vom 18.7.1871.
[3] Vgl. Bericht in „The Eastern Post" vom 8.7.1871 [MEGA$_2$I22: 572].
[4] Von Engels u. a. mitunterzeichnet.
[5] Vgl. Bericht in „The Eastern Post" vom 15.7.1871 [MEGA$_2$I22: 575].
[6] Vgl. die Erklärung von Marx an den Redakteur der „New York Herald" vom 17.8.1871.

1871

Ent-stehungs-zeit	Erschei-nungs-datum	Ver-fasser	Titel oder Textbezeichnung	Quellen-nachweis
21.7.		KM	Brief an Eugen Oswald	MEW33: 248
22.7.		KM[1]	Brief an Nikolai Franzewitsch Danielson [dtÜbers des englOrig]	MEW33: 249
24.7.		KM	Brief an Eugen Oswald	MEW33: 250
25.7.		KM	Äußerungen in der Sitzung des Generalrats der IAA [nach dem engl Sitzungsprotokoll]	MEGA₂I22: 580ff
			– [nach einer frz Wiedergabe][2]	GuillaumeII: 176
			– Deutsche Übersetzung der französischen Wiedergabe	GesprächeII: 371
25.7.		FE	Äußerungen und Rede in der Sitzung des Generalrats der IAA[3] [nach dem engl Sitzungsprotokoll]	MEGA₂I22: 581f
			– [Nach einer frz Wiedergabe][2]	GuillaumeII:176
			– Deutsche Übersetzung des Redeprotokolls	MEW17: 646
			– Deutsche Übersetzung der französischen Wiedergabe	GesprächeII: 371
MitteVI–ca.26.7.	28.6.–29.7.	M/E	Der Bürgerkrieg in Frankreich [Engels' Übersetzung von Marx' „The Civil War in France"] [in „Der Volksstaat"]	MEGA₂I22: 179–226 +A: 1029–1035, 1038; [MEW17: 313–365[4]; KMA III,2: 897–957; FR: MEStIV: 194–235, 281f[5]]
26.7.		KM	Notiz zu einem Brief an Charles Caron [dtÜbers des englOrig]	MEW33: 251
27.7.		KM	Brief an Ludwig Kugelmann	MEW33: 252f
sp.27.7.		FE	Brief an Wilhelm Liebknecht	MEW33: 254
27.7.		KM	Brief an Nikolai Issaakowitsch Utin [Entwurf] [dtÜbers des frzOrig]	MEW33: 255f
25./28.7.[?]		FE	Notizen über Giuseppe Mazzini	MEGA₂I22: 255 +A: 1079
28.7.		KM	Brief an Adolphe Hubert [dtÜbers des frzOrig]	MEW33: 257
28.7.	⟨31.8.⟩[6]	FE	Brief an Carlo Cafiero [italÜbers des englOrig]	FR: MEGA₂I22: 256–259+A: 1083[6]; Corr. 32–38
			– Deutsche Übersetzung aus dem Italienischen	MEW33: 664–671

[1] Unter dem Pseudonym A. Williams.
[2] Wiedergabe von P. Robin.
[3] Vgl. Bericht in „The Eastern Post" vom 29.7.1871 [MEGA₂I22: 583f + A: 1353; dtÜbers: MEW 17: 644f].
[4] In der von Engels 1891 besorgten Fassung mit Vermerk der inhaltlichen Abweichungen der Ausgabe von 1871.
[5] Ohne die Beilagen.
[6] Diese Fassung beruht auf einer von C. Cafiero besorgten Übersetzung, die in „Il Libero Pensiero" unter dem Titel „Sulla partecipazione di Mazzini alla fondazione dell' Internazionale" veröffentlicht worden ist [dtÜbers: MEW17, S. 390ff].

Entstehungszeit	Erscheinungsdatum	Verfasser	Titel oder Textbezeichnung	Quellennachweis
Anf.VII–1.Hälfte VIII	Mitte VIII	FE	Korrekturen zum Separatdruck von Marx' „Der Bürgerkrieg in Frankreich"	MEGA₂I22: 1029–1035, 1038f
Anf.VIII		FE	Brief an die Oberin des Klosters „Schwestern der Vorsehung" [Entwurf] [dtÜbers des frzOrig]	MEW33: 258
1.8.		KM	Protokollierte Äußerungen in der Sitzung des Generalrats der IAA¹ [englOrig]	MEGA₂I22: 585–588
			– Deutsche Übersetzung	FR: MEW17: 646f
4.8.		FE	Brief an Philippe Coenen [dtÜbers des frzOrig]	MEW33: 259f
7.8.		FE	To the Editor of the Times [Entwurf]	MEGA₂I22: 260f +A: 1086
			– Deutsche Übersetzung	MEW17: 394f
7.8.		KM	Begleitschreiben an die Redaktion der „Times" [Entwurf] [englOrig]	MEGA₂I22 A: 1085
			– Deutsche Übersetzung	MEW17: 393
8.8.		KM	Protokollierte Äußerungen in der Sitzung des Generalrats der IAA [englOrig]	MEGA₂I22: 590f
8.8.		FE	Protokollierte Äußerungen in der Sitzung des Generalrats der IAA [englOrig]	MEGA₂I22: 591f
			– Deutsche Übersetzung	FR: Kliem: Engels 455f
9.8.		FE	Brief an Pjotr Lawrowitsch Lawrow [dtÜbers des frzOrig]	MEW33: 261f
10.8.		KM	Brief an Theodor Koll [Entwurf]	MEW33: 263
10.8.		KM	Brief an Adolphe Hubert [Entwurf] [frzOrig]	FR: AB: 313ff
			– Deutsche Übersetzung	MEW33: 264ff
14.8.		KM	Brief an Hermann Jung [dtÜbers des englOrig]	MEW33: 267
fr.14.8.		KM	Brief an Adolphe Hubert [Entwurf] [dtÜbers des frzOrig]	MEW33: 268
15.8.		KM	Protokollierte Äußerungen in der Sitzung des Generalrats der IAA [englOrig]	MEGA₂I22: 593f
15.8.		FE	Protokollierte Äußerungen in der Sitzung des Generalrats der IAA [englOrig]	MEGA₂I22: 593f +A: 1353
MitteVIII		FE	Brief an Wilhelm Liebknecht [FR]	MEW33: 269
17.8.	⟨23.8.⟩²	KM	Au rédacteur de «L'International»	MEGA₂I22: 262 +A: 1088
			– Deutsche Übersetzung	MEW17: 396
17.8.	27.8.	KM	To the Editor of the "New York Herald" [in „Le Gaulois"]	MEGA₂I22: 264
			– Deutsche Übersetzung	MEW17: 399
18.8.		FE	Brief an Karl Marx	MEW33: 67; [BWIV: 466f]

¹ Vgl. Bericht in „The Eastern Post" vom 5.8.1871 [MEGA₂I22: 588].
² Teilweise in deutscher Übersetzung veröffentlicht in „Der Volksstaat" [MEGA₂I22A: 1089].

8171

Ent-stehungs-zeit	Erschei-nungs-datum	Ver-fasser	Titel oder Textbezeichnung	Quellen-nachweis
19.8.	26.8.	KM[1]	To the Editor of the "Public Opinion" [in „Public Opinion"]	MEGA$_2$I22: 263 +A: 1091f[2]; [BW IV: 468]
			– Deutsche Übersetzung	MEW 17: 398[3]; [BW IV: 468f[4]]
19.8.		KM	Begleitschreiben an den Redakteur der „Public Opinion" [Entwurf] [englOrig]	MEGA$_2$I22A: 1090; [BW IV: 467]
			– Deutsche Übersetzung	MEW 17: 397; [BW IV: 468]
19.8.		KM	Brief an Friedrich Engels	MEW 33: 68; [BW IV: 467]
21.8.		KM	Brief an Friedrich Engels	MEW 33: 69; [BW IV: 469]
22.8.		M/E	Von Marx mitunterzeichnetes Protokoll der Sitzung des Generalrats der IAA mit Äußerungen von Engels [englOrig]	MEGA$_2$I22: 595f +A: 1353[5]
23.8.		FE	Brief an Karl Marx	MEW 33: 70f; [BW IV: 470f]
24.8.		KM	Brief an Friedrich Engels	MEW 33: 72; [BW IV: 471]
24.8.	27.8.	KM	Au rédacteur du Gaulois [in „Le Gaulois"]	MEGA$_2$I22: 264 +A: 1094
			– Deutsche Übersetzung	MEW 17: 399
25.8.		KM	Brief an Friedrich Bolte	MEW 33: 270f
25.8.		KM	Brief an Jenny Marx	MEW 33: 272f
25.8.	9.9.	KM	Brief an den Redakteur der Zeitung „The Sun", Charles Dana [in „The Sun"] [englOrig]	MEGA$_2$I22: 265ff +A: 1096f
			– Deutsche Übersetzung [englOrig]	MEW 17: 400ff
29.8.		FE	Protokollierte Äußerungen und Resolutions-entwurf in der Sitzung des Generalrats der IAA [englOrig]	MEGA$_2$I22: 549
29.8.		KM	Brief an Moncure Daniel Conway [Entwurf] [englOrig]	M/E: Letters: 83f
			– Deutsche Übersetzung	MEW 33: 274
29.8.	2.9.	KM	The Commune and Archbishop Darboy [in „The Examiner"]	MEGA$_2$I22: 268ff +A: 1100
30.8.	⟨3.9.⟩[6]	KM	Au rédacteur de «La Vérité» [Entwurf]	MEGA$_2$I22: 271 +A: 1104

[1] Von Engels zwischen ca. 20. und 22.8.1871 korrigiert.
[2] Mit Vermerk der Korrekturen von Engels [MEGA$_2$I22: 1091f].
[3] Nach der von Engels korrigierten Fassung.
[4] Nach der ursprünglichen Fassung von Marx.
[5] Äußerungen von Engels: S. 595f. – Vgl. Bericht in „The Eastern Post" vom 26.8.1871 [MEGA$_2$I22: 596f].
[6] Entsprechend veröffentlicht in „Le Soir", außerdem im „Journal des Débats politiques et littéraires" vom 4.9.1871 und in „L'Internationale" vom 10.9.1871 u.a.

Ent-stehungs-zeit	Erschei-nungs-datum	Ver-fasser	Titel oder Textbezeichnung	Quellen-nachweis
			– Deutsche Übersetzung	MEW17: 403f
3.9.		FE	Brief an Pjotr Lawrowitsch Lawrow [dtÜbers des frzOrig]	MEW33: 275
4.9.	6.9.	KM	To the Editor [of the "Evening Standard"] [in „The Evening Standard"]	MEGA$_2$I22: 272
			– Deutsche Übersetzung	MEW17: 405
sp.5.9.		M/E	Propositions to the General Council concerning Preparations for the London Conference	MEGA$_2$I22: 275 +A: 1108
			– Deutsche Übersetzung	MEW17: 406
5.9.		M/E	Von Marx mitunterzeichnetes Protokoll der Sitzung des Generalrats der IAA mit Äußerungen von Marx und Engels [englOrig]	MEGA$_2$I22: 600–603[1]
			– Deutsche Übersetzung	FR: Kliem: Engels: 456
5.9.		KM	Brief an Friedrich Adolph Sorge	MEW33: 276
6.9.		KM	Brief an Collet Dobson Collet [Entwurf] [dtÜbers des englOrig]	MEW33: 277f
8.9.		KM	Brief an Friedrich Engels	MEW33: 73f; [BW IV: 471f]
5./9.9.		KM	Verzeichnis der Mitglieder des Generalrats	MEGA$_2$I22A: 1108
9.9.		M/E	Von Engels angefertigtes Protokoll der Sitzung des Subkomitees des Generalrats der IAA mit Äußerungen von Marx und Engels [englOrig]	MEGA$_2$I22: 278–281 +A: 1112f[2]
nach 9.9.		FE	Brief an die Firma Miller & Richard [Entwurf [dtÜbers des englOrig]	MEW33: 279
11.9.		M/E	Von Engels angefertigtes Protokoll der Sitzung des Subkomitees des Generalrats der IAA mit Äußerungen von Marx und Engels [englOrig]	MEGA$_2$I22: 282 +A: 1114
11.9.		FE	Brief an Wilhelm Liebknecht	MEW33: 280f
5./12.9.		M/E	Propositions to be submitted to the Conference by the General Council	MEGA$_2$I22: 276f +A: 1110f
			– Deutsche Übersetzung	MEW17: 407f
12.9.		FE	Protokollierte Äußerungen in der Sitzung des Generalrats der IAA [englOrig]	MEGA$_2$I22: 604, 607
12.9.		KM	Brief an Friedrich Adolph Sorge	MEW33: 282
12.9.		FE	Brief an Pjotr Lawrowitsch Lawrow [dtÜbers des frzOrig]	MEW33: 283
13.9.		KM	Brief an Hermann Jung	MEW33: 284
1. Hälfte IX[?]		KM[2]	Äußerungen im Gespräch mit Eugène Vermersch [frzOrig]	[FR: KM: Pages choisies: 225]; Vuillaume: 57f
			– Deutsche Übersetzung	GesprächeII: 413

[1] Äußerungen von Marx: S. 600, 603; Äußerungen von Engels: S. 600ff.
[2] Äußerungen von Marx: S. 278, 281; Äußerungen von Engels: S. 281.
[3] Wiedergegeben von E. Vermersch.

1871

Entstehungszeit	Erscheinungsdatum	Verfasser	Titel oder Textbezeichnung	Quellennachweis
15.9.		KM	Brief an Adolphe Hubert [dtÜbers des frzOrig]	MEW33: 285
16.9.		KM	Protokollierte Äußerungen in der Sitzung des Generalrats der IAA [englOrig]	MEGA₂I22: 608f
16.9.		FE	Protokollierte Äußerungen in der Sitzung des Generalrats der IAA [englOrig]	MEGA₂I22: 608f
sp.17.9.		FE	[Proposal on the meeting-places and the opening of the sessions of the London Conference]	MEGA₂I22: 285
17.9.		KM	Protokollierte bzw. notierte Äußerungen in der 1. Sitzung der Londoner Konferenz der IAA [frzOrig]	MEGA₂I22: 644–649
			– Deutsche Übersetzung	FR: MEW17: 648
17.9.		FE	Protokollierte bzw. notierte Äußerungen in der 1. Sitzung der Londoner Konferenz der IAA [frzOrig]	MEGA₂I22: 645–648
17.9.		FE	Notizen über die Sitzung der Londoner Konferenz der IAA [engl-dtOrig]	MEGA₂I22: 286 +A: 1132
18.9.		KM	Protokollierte bzw. notierte Äußerungen in der 2. Sitzung der Londoner Konferenz der IAA [frzOrig]	MEGA₂I22: 650, 653f, 656–663
18.9.		FE	Protokollierte bzw. notierte Äußerungen in der 2. Sitzung der Londoner Konferenz der IAA [frzOrig]	MEGA₂I22: 650, 653–656, 658–662
18.9		FE	Notizen über die Sitzung der Londoner Konferenz [englOrig]	MEGA₂I22: 286 +A: 1132
18.9.		M/E	Von Engels angefertigtes Protokoll der Sitzung der Kommission über die Schweizer Angelegenheit mit Äußerungen und einer Rede von Marx [frzOrig]	MEGA₂I22: 292–299 +A: 1141f[1]
			– Deutsche Übersetzung der Rede	MEW17: 411
17./19.9.		FE[2]	Resolution that the Conference of delegates from the local federations of the Spanish Region, held at Valencia the 10th September 1871, presents to the International Conference of London	MEGA₂I22: 459–464 +A: 1303
17./19.9.		FE[3]	Proposition présentée à la Conference de Londres par la Conférence de Délégués de la fédération Espagnole à Valence, le 10 Septembre 1871	MEGA₂I22: 465ff +A: 1309
19.9.		KM	Protokollierte bzw. notierte Äußerungen und Resolutionsvorschläge in der 3. Sitzung der Londoner Konferenz der IAA [frzOrig]	MEGA₂I22: 665ff, 669–673

[1] Äußerungen und Rede von Marx auf S. 292, 297f, A: 1141.
[2] Redigierung einer vorliegenden englischen Übersetzung des spanischen Originals.
[3] Französische Übersetzung des spanischen Originals.

1871

Ent-stehungs-zeit	Erschei-nungs-datum	Ver-fasser	Titel oder Textbezeichnung	Quellen-nachweis
19.9.		FE	Protokollierte bzw. notierte Äußerungen in der 3. Sitzung der Londoner Konferenz der IAA [frzOrig]	MEGA₂I22: 668, 670ff
19.9.		M/E	Mit Zeichnungen versehene Notizen von Engels über die Nachmittags-Sitzung der Londoner Konferenz einschließlich eigener Äußerung und Äußerungen von Marx [englOrig]	MEGA₂I22: 287, 289 +A: 1132
19.9.		FE	Protokollierte bzw. notierte Äußerungen in der 4. Sitzung der Londoner Konferenz der IAA [frzOrig]	MEGA₂I22: 674f, 677f
19.9.		KM	Protokollierte bzw. notierte Äußerungen und Resolutionsvorschläge in der 4. Sitzung der Londoner Konferenz der IAA [frzOrig]	MEGA₂I22: 675–678, 681
19.9.		M/E	Mit Zeichnung versehene Notizen von Engels über die Abend-Sitzung der Londoner Konferenz einschließlich je einer Äußerung von Marx und von Engels	MEGA₂I22: 288f +A: 1132
19.od.20.9.		FE	Propositions du Conseil Général adoptées par la Conference	MEGA₂I22: 300 +A: 1158
20.9.		FE	Französische Übersetzung des Artikels 10 der „Provisional Rules of the Association" von Marx	MEGA₂I22: 468 +A: 1310
20.9.		KM	Protokollierte bzw. notierte Äußerungen und Reden in der 5. Sitzung der Londoner Konferenz der IAA [frzOrig] – Deutsche Übersetzung der Reden	MEGA₂I22: 683–691 MEW17: 649f
20.9.		FE	Protokollierte bzw. notierte Äußerungen in der 5. Sitzung der Londoner Konferenz der IAA [frzOrig]	MEGA₂I22: 683ff, 687, 689, 691f
20.9.		M/E	Notizen von Engels über die Nachmittags-Sitzung der Londoner Konferenz einschließlich eigener Äußerung und Äußerungen von Marx	MEGA₂I22: 289 +A: 1132
20.9.		KM	Protokollierte bzw. notierte Äußerungen und Rede in der 6. Sitzung der Londoner Konferenz der IAA [frzOrig] – Deutsche Übersetzung der Rede	MEGA₂I22: 693ff, 698–703 MEW17: 650f
20.9.		FE	Protokollierte bzw. notierte Äußerungen in der 6. Sitzung der Londoner Konferenz der IAA [frzOrig]	MEGA₂I22: 694, 700 +A: 1407
20.9.		FE	Notizen über die Abend-Sitzung der Londoner Konferenz [englOrig]	MEGA₂I22: 290
20.9.		KM	Résolution Vaillant	MEGA₂I22: 306
19./21.9.		FE	1870/71 [Document pour le rapport des finances du Conseil général]	MEGA₂I22: 301

1871

Ent-stehungs-zeit	Erschei-nungs-datum	Ver-fasser	Titel oder Textbezeichnung	Quellen-nachweis
19./21.9.		FE	Résumé de la gestion financière du Conseil Général du 1 Septembre 1869 au 31 Août 1870	MEGA₂I22: 302f
19./21.9.		FE	Gestion financière du Conseil Général pour l'année du 1ᵉʳ Septembre 1870 au 31 Août 1871	MEGA₂I22: 304f
20.od. 21.9.		FE	Rededisposition [über die politische Aktion der Arbeiterklasse]	MEGA₂I22: 307 +A: 1167; [MEW17: 412–415]
21.9.		FE	[Sur l'action politique de la classe ouvrière]	MEGA₂I22: 308 +A: 1168f¹
			– Deutsche Übersetzung	MEW17: 416f
21.9.		KM	Protokollierte Äußerungen und Rede in der 7. Sitzung der Londoner Konferenz der IAA [frzOrig]	MEGA₂I22: 709f, 712–718
			– Deutsche Übersetzung der Rede	MEW17: 652
21.9.		FE	Protokollierte Äußerung in der 7. Sitzung der Londoner Konferenz der IAA [frzOrig]	MEGA₂I22: 716, 718
22.9.		KM	Protokollierte bzw. notierte Äußerungen in der 8. Sitzung der Londoner Konferenz der IAA² [frzOrig]	MEGA₂I22: 719, 721–734
22.9.		FE	Protokollierte bzw. notierte Äußerungen in der 8. Sitzung der Londoner Konferenz der IAA [frzOrig]	MEGA₂I22: 720–723, 726f, 729–733+A: 1407
22.9.		FE	Notizen über die Sitzung der Londoner Konferenz [engl-dtOrig]	MEGA₂I22: 290
22.9.		KM	Protokollierte bzw. notierte Äußerungen, Reden und Resolutionsvorschläge in der 9. Sitzung der Londoner Konferenz der IAA [frzOrig]	MEGA₂I22: 725–738 740f, 743–747
			– Deutsche Übersetzung der Reden	MEW17: 653ff
22.9.		FE	Protokollierte bzw. notierte Äußerungen in der 9. Sitzung der Londoner Konferenz der IAA [frzOrig]	MEGA₂I22: 743, 745f, 748
22.9.		FE	[Projet de la résolution de la Conférence de Londres]	MEGA₂I22: 311 +A: 1171
22.9.		KM u. A. Ba-stelica	Beschlußvorschlag [frzOrig]	MEGA₂I22: 312
22.9.		KM	[Complément à une proposition d'André Bastelica]	MEGA₂I22: 312
fr.22.9.		KM	Korrektur des Protokolls der 9. Sitzung der Londoner Konferenz der IAA [frzOrig]	MEGA₂I22: 1407

¹ Protokollierte bzw. notierte Wiedergabe [frzOrig]: MEGA₂I22: 704–707.
² Mit von Marx vorgenommener Korrektur: MEGA₂I22A: 1407.

1871

Ent- stehungs- zeit	Erschei- nungs- datum	Ver- fasser	Titel oder Textbezeichnung	Quellen- nachweis
23.9.		FE	Notizen über die Vormittags-Sitzung der Londoner Konferenz einschließlich der eigenen Äußerungen	MEGA₂I22: 290 +A: 1132
23.9.		M/E	Notizen von Engels über die Nachmittags-Sitzung der Londoner Konferenz einschließlich der Äußerungen von Marx	MEGA₂I22: 290f +A: 1132
23.9.[?]		FE	Randbemerkungen zu den Notizen über die Nachmittags-Sitzung der Londoner Konferenz	MEGA₂I22A: 1131
23.9.		KM	Brief an Jenny Marx	MEW33: 286
23.9.	21.10.	KM	To the Editors of "Woodhull & Claflin's Weekly" [in „Woodhull & Claflin's Weekly"] – Deutsche Übersetzung	MEGA₂I22:359 MEW17: 431
25.9.	15.10.	KM	Rede auf der Feier zum siebenten Jahrestag der Internationalen Arbeiterassoziation [Korrespondentenaufzeichnung] [in „The World"] [englOrig] – Deutsche Übersetzung	MEGA₂I22: 478f MEW17: 432f
26.9.		KM	Protokollierte Äußerungen in der Sitzung des Generalrats der IAA¹ [englOrig] – Deutsche Übersetzung	MEGA₂I22: 610–613 FR: Kliem: Engels: 470
26.9.	21.10.	KM	[Résolutions de la Conférence des délégués de l'Association Internationale des Travailleurs, – relatives au ...] II. Différend entre les fédérations dans la Suisse romande. [in „L'Égalité"] – Deutsche Übersetzung	MEGA₂I22: 315–319 +A: 1178ff MEW17: 427–430
29.9.		KM	Brief an Gustav Kwasniewski	MEW33: 287f
2.10.		KM	Protokollierte Äußerungen in der Sitzung des Generalrats der IAA [englOrig]	MEGA₂I22: 615ff
2.10.		FE	Protokollierte Äußerungen in der Sitzung des Generalrats der IAA [englOrig]	MEGA₂I22: 615ff
5.10.		FE	Brief an Pjotr Lawrowitsch Lawrow [dtÜbers des frzOrig]	MEW33: 289f
7.10.		FE	Protokollierte Äußerungen einschließlich eines Resolutionsentwurfs² in der Sitzung der Generalratsder IAA [englOrig]	MEGA₂I22: 618f
ca.7.10.	⟨15.10.⟩³	FE⁴	Association Internationale des Travailleurs. Résolution du Conseil Général. Séance du 7 Octobre 1871	MEGA₂I22: 417

[1] Vgl. Bericht in „The Eastern Post" vom 30.9.1871 [MEGA₂I22: 613f].
[2] Die Resolution ist mit leichten Änderungen in „The Eastern Post" vom 14.10., in „The Bee-Hive" vom 21.10. und in „Reynolds's Newspaper" vom 22.10.1871 veröffentlicht worden [MEGA₂I22: 416 + A: 1246f].
[3] Veröffentlichung des französischen Resolutionstextes in „La Liberté".
[4] Vermutlich Übersetzung aus dem englischen Original; nicht von Engels unterzeichnet.

1871

Ent-stehungs-zeit	Erschei-nungs-datum	Ver-fasser	Titel oder Textbezeichnung	Quellen-nachweis
7./9.10	14.10.	M/E[1]	Beschluß des Generalraths der Internationalen Arbeiterassoziation vom 7. Oktober 1871 [in „Der Volksstaat"]	MEGA$_2$I22: 418; [MEW17: 434]
10.10.		KM	Protokollierte Äußerungen in der Sitzung des Generalrats der IAA [englOrig]	MEGA$_2$I22: 621f
10.10.		FE	Protokollierte Äußerungen in der Sitzung des Generalrats der IAA [englOrig]	MEGA$_2$I22: 621f
11.10.		KM	Brief an Hermann Jung [dtÜbers des englOrig]	MEW33: 291
13.10.		KM	Brief an Hermann Jung	MEW33: 293
13.10.	19.10.	FE[2]	Deliberazione del Consiglio Generale [in „La Plebe"]	MEGA$_2$I22: 419
13.10.	19.10.	FE	Brief an Enrico Bignami [in „La Plebe"] [italOrig]	MEGA$_2$I22: 419
			– Deutsche Übersetzung	MEW33: 292
14.10.		KM	[Declaration on Nechaev's misuse of the name of the] International Workingmen's Association[3]	MEGA$_2$I22: 420 +A: 1254
14.10.		KM	Brief an John Hales [englOrig]	MEGA$_2$I22A: 1253
			– Deutsche Übersetzung	MEW33: 294
14./ca.16.10.		ME[4]	[Déclaration du Conseil sur l'ursurpation par Netchaïev du nom de l'Association Internationale des Travailleurs][5]	MEGA$_2$I22: 423 +A: 1256
16.10.		M/E	Von Engels mitausgefertigtes Protokoll der Sitzung des Generalrats der IAA einschließlich der Äußerungen von Marx und Engels [englOrig]	MEGA$_2$I22: 624ff +A: 1353[6]
16.od. 17.10.		KM[7]	Résolution [du Conseil général sur les statuts de la Section française de 1871]	MEGA$_2$I22: 424ff +A: 1260f
			– Deutsche Übersetzung	MEW17: 436–439
17.10.		FE	Protokollierte Äußerung in der Sitzung des Generalsrats des IAA [englOrig]	MEGA$_2$I22: 627
17.10.		KM	Protokollierte Äußerungen in der Sitzung des Generalrats der IAA [englOrig]	MEGA$_2$I22: 628ff +A: 1353
19.10.		KM	Brief an Edward Spencer Beesly [englOrig]	IRofSHIV,2: 213
			– Deutsche Übersetzung	MEW33: 295
19.10.		KM	Brief an Hermann Jung [dtÜbers des englOrig]	MEW33: 296

[1] Übersetzung des englischen Resolutionstextes wahrscheinlich von Marx, möglicherweise von Engels.
[2] Italienische Übersetzung des englischen Originals der Resolution vom 7.10. unter Berücksichtigung der französischen Fassung.
[3] Französische Fassung siehe 14./ca.16.10.; italienische Übersetzung siehe 20.10.; deutsche Übersetzung siehe 25.10.1871.
[4] Die Resolution von Marx ist von Engels vermutlich aus dem englischen Original übersetzt worden.
[5] Deutsche Übersetzung siehe 25.10.
[1] Äußerungen von Marx: S. 624f; Äußerungen von Engels: S. 624, 626.
[7] Möglicherweise von A. Serraillier leicht verändert.

1871

Ent-stehungs-zeit	Erschei-nungs-datum	Ver-fasser	Titel oder Textbezeichnung	Quellen-nachweis
18./20.10.	21.10.	FE	[On the progress of the International Working Men's Association in Italy and Spain] [in „The Eastern Post"]	MEGA$_2$I22: 427f
20.10.		KM	Brief an Hermann Jung [dtÜbers des englOrig]	MEW33: 297
20.10.	3.11.	FE	Brief an die Redaktion des „Gazzettino Rosa"[1] [in „Gazzettino Rosa"] [italOrig]	MEGA$_2$I22: 429
			– Deutsche Übersetzung[2]	MEW33: 298
21.10.		FE	Brief an Elisabeth Engels	MEW33: 299ff
8./ ca.23.10.	sp.6.11	M/E	Résolutions votées par la Conférence des délégués de l'Association Internationale des Travailleurs[3]	MEGA$_2$I22: 321–333 +A: 1189ff, 1194
8./ ca. 23.10.	sp.6.11.	M/E	– Englische Fassung: Resolutions of the Conference of Delegates of the International Working Men's Association[3]	MEGA$_2$I22: 335–346 +A: 1208
24.10.		FE	Protokollierte Äußerungen in der Sitzung des Generalrats der IAA [englOrig]	MEGA$_2$I22: 631
24.10.		KM	Protokollierte Äußerungen in der Sitzung des Generalrats der IAA [englOrig]	MEGA$_2$I22: 631f
25.10.		KM	Brief an Hermann Jung	MEW33: 302
25.10.	1.11.	M/E[4]	Beschluß des Generalraths der Internationalen Arbeiterassoziation vom 16. Oktober 1871 [in „Der Volksstaat"]	MEGA$_2$I22: 430; [MEW17: 435]
31.10.		FE	Protokollierte Äußerungen in der Sitzung des Generalrats der IAA [EnglOrig]	MEGA$_2$I22: 633–636
31.10.	11.11.	FE[5]	To the Editor of "The Eastern Post" [in „The Eastern Post"]	MEGA$_2$I22: 431f +A: 1269
			– Deutsche Übersetzung	MEW17: 456f
Ende X		KM	Brief an Hermann Jung	MEW33: 303
4.11.		FE	Brief an Wilhelm Liebknecht	MEW33: 304ff
4.11.		KM	Brief an Hermann Jung	MEW33: 307
4.11.	11.11.[6]	FE	[Der Gründungsschwindel in England] [in „Der Volksstaat"]	MEGA$_2$I22: 438f +A: 1281; [MEW17: 458ff]
5.11.	⟨2.12.⟩[7]	KM u.a.	Resolution of the Subcommittee [on the Central Committee of the International's Sections in the United States]	MEGA$_2$I22: 480 +A: 1318

[1] Mit der vermutlich von Engels angefertigten italienischen Übersetzung des englischen Resolutionstextes vom 14.10. unter Berücksichtigung der französischen Fassung.
[2] Ohne Resolutionstext.
[3] Deutsche Fassung siehe Ende Oktober – ca. 6.11.1871.
[4] Deutsche Übersetzung des englischen Originals wahrscheinlich von Marx, möglicherweise von Engels.
[5] Unterzeichnet von J. Hales.   [6] Teilweise irrtümlich: 10.11.
[7] In anderer Fassung in „Woodhull & Claflin s Weekly" veröffentlicht.

1871

Ent-stehungs-zeit	Erscheinungs-datum	Verfasser	Titel oder Textbezeichnung	Quellennachweis
			– Deutsche Übersetzung	MEW17: 655f
EndeIX/ Anf.X– ca.6.11.	8./12.11.	M/E	General Rules and Administrative Regulations of the International Working Men's Association[1]	MEGA$_2$I22: 361–378 +A: 1223
			– Deutsche Übersetzung[2]	MEW17: 440–455[2]
EndeX– ca.6.11.	15.11.	M/E[4]	Beschlüsse der Delegiertenkonferenz der Internationalen Arbeiterassoziation[3]	MEGA$_2$I22: 347–358 +A: 1211; [MEW17: 418–426]
6.11.		KM	Brief an Friedrich Adolph Sorge	MEW33: 308
6.11.		KM	Brief an Ferdinand Jozewicz	MEW33: 309f
31.10./ 7.11.		KM	Association Internationale des Travailleurs. Résolutions du Conseil Général. Séance du 7 Novembre 1871	MEGA$_2$I22: 433–437 +A: 1274–1278
			– Deutsche Übersetzung	MEW17: 461–465
7.11.		FE	Protokollierte Äußerungen in der Sitzung des Generalrats der IAA [englOrig]	MEGA$_2$I22: 637f
9.11.		KM[4]	Brief an Nikolai Franzewitsch Danielson	MEW33: 311ff
9.11.		KM	Brief an Friedrich Adolph Sorge	MEW33: 314f
9.11.		KM	Brief an Ludwig Kugelmann	MEW33: 316
8./10.11.	11.11.	FE	[Giuseppe Garibaldi's statement and its effects on the Working Classes in Italy] [in „The Eastern Post"]	MEGA$_2$I22: 440ff
10.11.		KM	Brief an Carl Speyer	MEW33: 317f
13.11.		FE	Brief an Theodor Cuno	MEW33: 319f
14.11.		FE	Protokollierte Äußerungen in der Sitzung des Generalrats der IAA [englOrig]	DocV: 39f
16.11.		KM	Brief an Hermann Jung	MEW33: 321
17.11.		KM	Vor dem Lord Mayor von London an Eidesstatt abgegebene Erklärung [englOrig]	Bracke: 151
			– Deutsche Übersetzung	Bracke: 151f
17.11.		KM	Brief an Wilhelm Liebknecht	MEW33: 322f
18.11.		KM	Brief an Jules Johannard [dtÜbers des frzOrig]	MEW33: 324
18.11.		KM	Brief an Hermann Jung	MEW33: 325
21.11.		FE	Protokollierte Äußerungen in der Sitzung des Generalrats der IAA [englOrig]	DocV: 41–46
22.11.		KM	Brief an Adolphe Hubert [dtÜbers des frzOrig]	MEW33: 326
23.11.		KM	Brief an Friedrich Bolte	MEW33: 327–333

[1] Französische Fassung siehe Ende Oktober – spätestens 25.11.1871; deutsche Fassung siehe ca. Anfang November 1871 – spätestens 2.1.1872.
[2] In der von Marx und Engels besorgten deutschen Fassung mit den deutsch übersetzten Varianten der englischen Fassung.
[3] Deutsche Fassung der Resolution vom 8./ca. 23.10.1871.
[4] Unter dem Pseudonym A. W[illiams].

Ent-stehungs-zeit	Erschei-nungs-datum	Ver-fasser	Titel oder Textbezeichnung	Quellen-nachweis
23.11.		FE	Brief an Carmelo Palladino [Entwurf] [frzOrig]	Corr: 77ff
			– Deutsche Übersetzung	MEW33: 334–337
24.11.		KM	Brief an César De Paepe [frzOrig]	L'Actualité25: 28ff
			– Deutsche Übersetzung	MEW33: 338ff
24.11.	28.11.	KM	[Erklärung des Generalrats an die Redaktion der „Frankfurter Zeitung und Handelsblatt"] [in „Frankfurter Zeitung und Handelsblatt"]	MEW17: 466
24.–25.11.		KM	Brief an Paul und Laura Lafargue [engl-frzOrig]	Schwerbrock: 153–162
			– Deutsche Übersetzung	MEW33: 341–347
25.11.		FE	Nachschrift zum Brief von Marx an P. u. L. Lafargue [frzOrig]	Schwerbrock: 162f
			– Deutsche Übersetzung	MEW33: 348
EndeX– sp.25.11.	Anf.XII	M/E[1]	Statuts généraux et règlements administratifs de l'Association Internationale des Travailleurs[1]	MEGA$_2$I22: 379–396 +A: 1240
25.11.		FE	Al Consejo Federal de la Región Española, Madrid [dtÜbers]	MEW17: 467
25.11.		KM	Brief an Julian Aleksander Bałaszewicz[2] [englOrig]	Borejsza: 234
			– Deutsche Übersetzung	MEW33: 349
28.11.		KM	Protokollierte Äußerungen in der Sitzung des Generalrats der IAA [englOrig]	DocV: 46ff
28.11.		FE	Protokollierte Äußerungen in der Sitzung des Generalrats der IAA [englOrig]	DocV: 48
29.11.		FE	Alla Redazione del „Proletario Italiano"	DocV: 347f
			– Deutsche Übersetzung	MEW17: 468f
29.11.		KM	Brief an Julian Aleksander Bałaszewicz[2] [englOrig]	Borejsza: 236
			– Deutsche Übersetzung	MEW33: 350
29.11.		KM	Brief an Friedrich Adolph Sorge [englOrig]	SorgeBr: 43ff
			– Deutsche Übersetzung	MEW33: 351ff
29.11.		FE	Brief an Pjotr Lawrowitsch Lawrow [dtÜbers des frzOrig]	MEW33: 354f
30.11.		FE	Vollmacht für Giuseppe Boriani [italOrig]	DocV: 349
			– Deutsche Übersetzung	MEW17: 470
5.12.		KM	Protokollierte Äußerungen in der Sitzung des Generalrats der IAA [englOrig]	DocV: 49f, 52f
5.12.		FE	Protokollierte Äußerungen in der Sitzung des Generalrats der IAA [englOrig]	DocV: 50f, 53

[1] Französische Fassung der zwischen Ende September und Anfang Oktober – ca. 6.11. englisch abgefaßten Statuten.
[2] Unter dem Pseudonym Albert Henryk Potocki.

1871–1872

Ent-stehungs-zeit	Erschei-nungs-datum	Ver-fasser	Titel oder Textbezeichnung	Quellen-nachweis
5.12.	9.12.	FE	The Position of the Danish Internationalists in the Agrarian Question [Report at the General Council Meeting] [in „The Eastern Post"]	DocV: 291f
5.12.	21.12.	FE	Alla Redazione della Roma del Popolo [in „La Roma del Popolo"]	Corr: 113f
			– Deutsche Übersetzung	MEW17: 472f
6.12.	21.12.	FE	Al direttore de La Roma del Popolo [in „La Roma del Popolo"]	Corr: 113
			– Deutsche Übersetzung	MEW17: 472
9.12.		FE	Brief an Paul Lafargue [frzOrig]	LafargueBrI: 13ff
			– Deutsche Übersetzung	MEW33: 356ff
5./10.12.	12.12.	FE	Brief an Enrico Bignami [FR] [in „La Plebe"] [italOrig]	Corr: 109f
			– Deutsche Übersetzung	MEW17: 471
15.12.		FE	Brief an Wilhelm Liebknecht	MEW33: 359–362
18.12.		KM	Brief an Laura Lafargue [englOrig]	Schwerbrock: 139f
			– Deutsche Übersetzung	MEW33: 363
19.12.		KM	Protokollierte Äußerungen in der Sitzung des Generalrats der IAA [englOrig]	DocV: 60–63
19.12.		FE	Protokollierte Äußerungen in der Sitzung des Generalrats der IAA [englOrig]	DocV: 64f
20.12.	23.12.	KM	To the editor of the "Eastern Post" [in „The Eastern Post"] [dtÜbers]	MEW17: 474
30.12.		FE	Brief an Paul Lafargue [frzOrig]	LafargueBrI: 15–18
			– Deutsche Übersetzung	MEW33: 364ff

1872

ca.1871/1872		KM	Randbemerkung in „Правительственный вѣстникъ"	AKM: 383
ca.Anf. XI1871–sp.2.1.1872	ca.10.2.	M/E u.a.[1]	Allgemeine Statuten und Verwaltungsanordnungen der Internationalen Arbeiterassoziation	MEGA$_2$I22:397–415 +A: 1243f; [MEW17: 440–455; KMA III,2: 877–881; FR: MEStIII: 137–145, 248]
2.1.		KM	Protokollierte Äußerungen in der Sitzung des Generalrats der IAA [englOrig]	DocV: 67f, 70f
2.1.		FE	Protokollierte Äußerungen in der Sitzung des Generalrats der IAA [englOrig]	DocV: 67, 71

[1] Deutsche Fassung der Ende September/Anfang Oktober – ca. 6.11. englisch abgefaßten Statuten.

1872

Ent-stehungs-zeit	Erschei-nungs-datum	Ver-fasser	Titel oder Textbezeichnung	Quellen-nachweis
2.1.		FE	Brief an Wilhelm Liebknecht	MEW33: 367f
3.1.		FE	Brief an Wilhelm Liebknecht	MEW33: 369
ca.3.1.	10.1.	FE	Der Kongreß von Sonvilliers und die Internationale [in „Der Volksstaat"]	MEW17: 475–480; [MEStIII: 146–151]
ca.6.1.		FE	Brief an Carlo Terzaghi [1. Entwurf] [dtÜbers des italOrig]	MEW33: 371ff
7.1.		KM	Brief an Maltman Barry [Entwurf] [dtÜbers des englOrig]	MEW33: 370
9.1.		FE	Protokollierte Äußerungen in der Sitzung des Generalrats der IAA [englOrig]	DocV: 73f, 76
9.1.		KM	Protokollierte Äußerungen in der Sitzung des Generalrats der IAA [englOrig]	DocV: 73ff
14.–15.1.		FE	Brief an Carlo Terzaghi [2. Entwurf] [italOrig]	Corr: 126ff
			– Deutsche Übersetzung	MEW33: 373ff
16.1.		FE	Protokollierte Äußerungen in der Sitzung des Generalrats der IAA [englOrig]	DocV: 78, 81
16.1.		KM	Protokollierte Äußerungen in der Sitzung des Generalrats der IAA [englOrig]	DocV: 78, 80
16.1.	20.1.	KM	To the editor of the "Eastern Post" [in „The Eastern Post"] [dtÜbers]	MEW17: 481
18.1.		FE	Brief an Wilhelm Liebknecht	MEW33: 376–379
19.1.		FE	Brief an Pjotr Lawrowitsch Lawrow [dtÜbers des frzOrig]	MEW33: 380
19.1.		FE	Brief an Paul Lafargue [frzOrig]	LafargueBrI: 19–23
			– Deutsche Übersetzung	MEW33: 381–385
19.1.		KM	Brief an Hermann Jung [dtÜbers des englOrig]	MEW33: 386
23.1.		KM	Protokollierte Äußerungen in der Sitzung des Generalrats der IAA [englOrig]	DocV: 84ff
23.1.		FE	Protokollierte Äußerungen in der Sitzung des Generalrats der IAA [englOrig]	DocV: 84ff, 88
24.1.		FE	Brief an Theodor Cuno	MEW33: 387–393
ca.26.1.		FE	Brief an die Sección de dependientes del Comercio [Entwurf] [dtÜbers des spanOrig]	MEW33: 394
ca.27.1.	28.1.	KM	To the editor of the "Eastern Post" [in „The Eastern Post"] [dtÜbers]	MEW17: 482f
29.1.		FE	Brief an Carlo Terzaghi [Entwurf] [italOrig]	Corr: 143f
			– Deutsche Übersetzung	MEW33: 395f
30.1.		KM	Protokollierte Äußerungen in der Sitzung des Generalrats der IAA [englOrig]	DocV: 89f, 93
30.1.		FE	Protokollierte Äußerungen in der Sitzung des Generalrats der IAA [englOrig]	DocV: 90ff, 94
1.2.		KM	Brief an Ferdinand Jozewicz	MEW33: 397

1872

Ent-stehungs-zeit	Erschei-nungs-datum	Ver-fasser	Titel oder Textbezeichnung	Quellen-nachweis
1.2.		KM	Brief an Hermann Jung [dtÜbers des englOrig]	MEW33: 398
6.2.		KM	Protokollierte Äußerungen in der Sitzung des Generalrats der IAA [englOrig]	DocV: 95–98
7.2.	20.2.	FE	Al cittadino del "Gazzettino Rosa" [in „Gazzettino Rosa"]	Corr: 153
			– Deutsche Übersetzung	MEW17: 484
7.2.	22.2.	FE	Brief an Luigi Stefanoni [in „Il Libero Pensiero"] [italOrig]	Corr: 154f
			– Deutsche Übersetzung	MEW17: 485f
9.2.		KM	Brief an den Buchverlag Lachâtre [dtÜbers des frzOrig]	MEW33: 399
12.2.		KM	Brief an Adolphe Hubert [dtÜbers des frzOrig]	MEW33: 400
13.2.		KM	Protokollierte Äußerungen in der Sitzung des Generalrats der IAA [englOrig]	DocV: 104, 106, 109
13.2.		FE	Protokollierte Äußerungen in der Sitzung des Generalrats der IAA [englOrig]	DocV: 104, 107f
15.2.		FE	Brief an Wilhelm Liebknecht	MEW33: 401ff
16.2.		FE	Brief an Johann Philipp Becker	MEW33: 404f
18.2.		FE	Brief an Giuseppe Benedetti [Entwurf] [italOrig]	Corr: 159f
			– Deutsche Übersetzung	MEW33: 406f
20.2.	24.2.	M/E	Declaration of the General Council [in „The Eastern Post"]	DocV: 111f
			– Deutsche Übersetzung	MEW17: 487f
20.2.		FE	Protokollierte Äußerungen in der Sitzung des Generalrats der IAA [englOrig]	DocV: 110f, 113f, 116
24.2.		KM	Brief an Ferdinand Jozewicz	MEW33: 408f
26.2.		KM	Brief an Hermann Jung	MEW33: 410
28.2.		KM	Brief an Laura Lafargue [englOrig]	Schwerbrock: 140–143
			– Deutsche Übersetzung	MEW33: 411f
Anf.III		FE	Brief an Sigismund Borkheim [FR]	MEW33: 413
vor5.3.		KM	Ergänzungen und Änderungen im Namen-verzeichnis, in der Orts- und Zeitangabe der „Statuts généraux et règlements administratifs de l'Association In-ternationale des Travailleurs"	FR: Exlibris: 142
MitteI–5.3.	Anf.VI	M/E	Les Prétendues Scissions dans l'Inter-nationale. Circulaire privée du Conseil Général de l'Association Internationale des Travailleurs	[FR: KM: Pages choisies: 226, 340]; Le Mouve-ment socialiste: 5–50
			– Deutsche Übersetzung	MEW18: 3–51; [KMAIII, 2: 958–1010]
5.3.		FE	Protokollierte Äußerungen in der Sitzung des Generalrats der IAA [englOrig]	DocV: 117, 120

Entstehungszeit	Erscheinungsdatum	Verfasser	Titel oder Textbezeichnung	Quellennachweis
5.3.		KM	Protokollierte Äußerungen in der Sitzung des Generalrats der IAA [englOrig]	DocV: 118ff
ca.5.3.	⟨4.5.⟩[1]	KM	Resolutions on the Split in the United States' Federation	DocV: 410–413
			– Deutsche Fassung[2]	MEW18: 52ff[3]
7.3.		FE	Brief an Louis Albert François Pio	MEW33: 414–417
7.3.		KM	Brief an Hermann Jung [dtÜbers des englOrig]	MEW33: 418
8.3.		KM	Brief an Friedrich Adolph Sorge	MEW33: 419f
9.3.		KM	Vermerk über die Aufnahme Matteo Pirros in die IAA	MEW33: 421
9.3.		KM	Brief an Émile Eudes [frzOrig]	FR: L'Actualité 10: 46
			– Deutsche Übersetzung	MEW33: 423
11.3.		FE	Brief an Paul Lafargue [frz-englOrig]	LafargueBrI: 23ff
			– Deutsche Übersetzung	MEW33: 424f
11.3.		FE	Brief an Laura Lafargue	MEW33: 426f
12.3.		FE	Protokollierte Äußerungen und Rede[4] in der Sitzung des Generalrats der IAA [englOrig]	DocV: 121–124
			– Deutsche Übersetzung des Redeprotokolls	MEW18: 678f
12.3.		KM	Protokollierte Äußerungen in der Sitzung des Generalrats der IAA [englOrig]	DocV: 122ff
12.3.	17.3.	KM	[An den Redakteur der „Liberté"] [in „La Liberté"] [dtÜbers des frzOrig]	MEW18: 55
MitteIII		FE	Brief an Louis Albert François Pio [engl-dänOrig]	NZ39,1: 549
			– Deutsche Übersetzung	MEW33: 428f
15.3.		KM	Brief an Friedrich Adolph Sorge	SorgeBr: 51f
			– Deutsche Übersetzung	MEW33: 430f
17.3.		FE	Brief an Friedrich Adolph Sorge	MEW33: 432f
13./18.3.	30.3.	KM	Resolutions of the Meeting held to celebrate the Anniversary of the Paris Commune [in „The International Herald"]	DocV: 414
			– Deutsche Übersetzung der von Marx mitverfaßten französischen Fassung	MEW18: 56
18.3.	VIII	KM	Brief an Maurice Lachâtre [frzOrig]	Faks: MEW23: 29; FR: BrKap: 216
			– Deutsche Übersetzung	MEW33: 434
19.3.		FE	Protokollierte Äußerungen in der Sitzung des Generalrats der IAA [englOrig]	DocV: 129f, 132, 134

[1] Veröffentlicht in „Woodhull and Claflin's Weekly".
[2] Erschienen in „Der Volksstaat" vom 8.5.1872.
[3] Einschließlich der deutschen Übersetzung der Varianten der englischen Fassung.
[4] Redeprotokoll nach der Veröffentlichung in „The Eastern Post".

1872

Ent-stehungs-zeit	Erschei-nungs-datum	Ver-fasser	Titel oder Textbezeichnung	Quellen-nachweis
19.3.		KM	Protokollierte Äußerung in der Sitzung des Generalrats der IAA [englOrig]	DocV: 130
21.3.		FE	Brief an Cesare Bert [Entwurf] [italOrig]	Corr: 172
			– Deutsche Übersetzung	MEW33: 435
21.3.		KM	Brief an Paul Lafargue mit einem geänderten und mit Bemerkungen versehenen Auszug aus „Les Prétendues Scissions dans l'Internationale" [frzOrig]	FR: MEGA$_2$I22A: 1186
			– Deutsche Übersetzung	MEW33: 436–442
21.3.		FE	Brief an Carlo Terzaghi [Entwurf] [italOrig]	Corr: 171
			– Deutsche Übersetzung	MEW33: 443
26.3.	31.3.	FE	Protokollierte Rede in der Sitzung des Generalrats der IAA [in „The Eastern Post"] [englOrig]	DocV: 136f
			– Deutsche Übersetzung	MEW18: 679f
27.3.		FE	Al Consejo Federal de la Región Española [Entwurf] [dtÜbers]	MEW18: 57f
2.4.		KM	Protokollierte Äußerungen in der Sitzung des Generalrats der IAA [englOrig]	DocV: 142f
3.4.	13.4.	FE	A los ciudadanos delegados del Congreso regional español constituido en Zaragoza [in „La Emancipacion"] [dtÜbers][1]	MEW18: 63f
6.4.	13.4.	FE	Telegramm an den Kongreß von Saragossa [in „La Emancipacion"] [dtÜbers des spanOrig]	MEW18: 65
9.4.	1872	M/E u.a.	Declaration „Police Terrorism in Ireland"	DocV: 149f
			– Deutsche Übersetzung	MEW18: 677f
9.4.		FE	Protokollierte Äußerungen in der Sitzung des Generalrats der IAA [englOrig]	DocV: 146f, 151
ca.14.4.[2]	20.4.	KM[3]	[Erklärung des Generalrats zum Auftreten Cochranes im Unterhaus] [in „The Eastern Post"] [englOrig]	DocV: 155–161
			– Deutsche Übersetzung	MEW18: 66–71
16.4.		FE	Protokollierte Äußerungen in der Sitzung des Generalrats der IAA [englOrig]	DocV: 153
16.4.		KM	Protokollierte Äußerungen in der Sitzung des Generalrats der IAA [englOrig]	DocV: 154f
16.4.		FE	Alla „Società dei Lavoratori ferraresi"	Corr: 177f
			– Deutsche Übersetzung	MEW18: 72f

[1] Einschließlich der Varianten des Entwurfs des Schreibens.
[2] Am 16.4. vom Generalrat gebilligt und am 17.4. gezeichnet.
[3] Von Engels u.a. mitunterzeichnet.

Ent-stehungs-	Erschei-nungs-	Ver-		Quellen-
16.4.		FE	Brief an Gennaro Bovio [italOrig]	Corr: 176
			– Deutsche Übersetzung	MEW33: 444f
20.4.	24.4.	FE	[Lettere Londinesi. I.] [in „La Plebe"]	M/E: Scritti: 105ff
			– Deutsche Übersetzung	MEW18: 74ff
22.–23.4.		FE	Brief an Theodor Cuno	MEW33: 446–449
22./23.4.	27.4.	FE	[Über die Verfolgungen des Mitglieds der Internationale Theodor Cuno] [in „The Eastern Post"] [dtÜbers des englOrig]	MEW18: 77f
23.4.		FE	Protokollierte Äußerungen in der Sitzung des Generalrats der IAA [englOrig]	DocV: 164, 167, 169
23.4.		KM	Protokollierte Äußerungen in der Sitzung des Generalrats der IAA [englOrig]	DocV: 164, 166ff
23.4.		FE	Brief an Wilhelm Liebknecht	MEW33: 450ff
30.4.		FE	Protokollierte Äußerungen in der Sitzung des Generalrats der IAA [englOrig]	DocV: 169ff, 173
30.4.		KM	Protokollierte Äußerung in der Sitzung des Generalrats der IAA [englOrig]	DocV: 172
vorV[?]		KM	Randbemerkungen in Broadhurst, J.: Political economy	FR: Ex libris: 38
Anf.III–Anf.V		KM	The nationalization of the land – Deutsche Übersetzung	KÖS: 315–322 [MEW18: 59–62]; KÖS: 315–322
3.5.		KM	Brief an Johann Georg Eccarius	MEW33: 453f
4.5.		FE	Protokollierte Äußerungen in der Sitzung des Generalrats der IAA [englOrig]	DocV: 174–177
7.5.	⟨12.5.⟩[1]	FE	The Saragossa Congress [Report at the General Council Meeting] – Deutsche Übersetzung	DocV: 293–296 MEW18: 681–684
7.5.		FE	Protokollierte Äußerungen in der Sitzung des Generalrats der IAA [englOrig]	DocV: 180f, 183–186
7.5.		FE	Brief an Wilhelm Liebknecht	MEW33: 455ff
7.–8.5.		FE	Brief an Theodor Cuno	MEW33: 458–462
9.5.		FE	Brief an Johann Philipp Becker	MEW33: 463
9.5.		FE	Notiz zu einem Brief an die Società dei Lavoratori	MEW33: 464
11.5.		FE	Protokollierte Äußerungen in der Sitzung des Generalrats der IAA [englOrig]	DocV: 188, 191f
11.5.		KM	Protokollierte Äußerungen in der Sitzung des Generalrats der IAA [englOrig]	DocV: 188–192
14.5.		FE	Relations between the Irish Sections and the British Federal Council [Report at the General Council Meeting] [englOrig] – Deutsche Übersetzung	DocV: 297–300 MEW18: 79ff
14.5.		FE	Protokollierte Äußerungen in der Sitzung des Generalrats der IAA [englOrig]	DocV: 194, 197f

[1] Teilweise veröffentlicht in „The Eastern Post".

1872

Ent-stehungs-zeit	Erscheinungs-datum	Ver-fasser	Titel oder Textbezeichnung	Quellen-nachweis
20.5.	26.5.	KM	[Erklärung des Generalrats der Internationalen Arbeiterassoziation] [in „The Eastern Post"] [englOrig]	DocV: 202ff
			– Deutsche Übersetzung[1]	MEW18: 82ff
21.5.		FE	Protokollierte Äußerungen in der Sitzung des Generalrats der IAA [englOrig]	DocV: 202, 208
21.5.		KM	Protokollierte Äußerungen in der Sitzung des Generalrats der IAA [englOrig]	DocV: 205–208
			– Deutsche Übersetzung	FR: Aus der Geschichte: 571
5.–22.5.		FE	Brief an Wilhelm Liebknecht	MEW33: 465–468
23.5.		KM	Brief an Friedrich Adolph Sorge	MEW33: 469f
23.5.	28.5.	KM	Al redattore del "Gazzettino Rosa" [in „Gazzettino Rosa"][2]	Corr: 212ff
			– Deutsche Übersetzung	MEW18: 85–88
23.5.	1.6.	KM	An die Redaktion des „Volksstaat" [in „Der Volksstaat"]	MEW18: 89–92
26.5.		JM	Brief an Wilhelm Liebknecht	MEW33: 702f
27.5.		KM	Brief an Friedrich Adolph Sorge	MEW33: 471
27.–28.5.		FE	Brief an Wilhelm Liebknecht	MEW33: 472–476
28.5.		KM	Protokollierte Äußerungen in der Sitzung des Generalrats der IAA [englOrig]	DocV: 209ff
28.5.		FE	Protokollierte Äußerungen in der Sitzung des Generalrats der IAA [englOrig]	DocV: 209f, 212, 214
28.5.		KM[3]	Brief an Nikolai Franzewitsch Danielson	MEW33: 477f
28.5.		KM	Brief an César De Paepe [frzOrig]	L'Actualité25: 31f
			– Deutsche Übersetzung	MEW33: 479f
29.5.		KM	Brief an Friedrich Adolph Sorge	MEW33: 481
EndeII/EndeV		KM[4]	American Split	DocV: 323–332
Anf.–EndeV	16.6.	KM[5]	La Guerre civile en France	MEGA₂I22: 481–515 +A: 1324–1343
4.6.		KM	Protokollierte Äußerungen in der Sitzung des Generalrats der IAA [englOrig]	DocV: 215f
4.6.		FE	Protokollierte Äußerung in der Sitzung des Generalrats der IAA [englOrig]	DocV: 216
5.6.	8.6.	FE	Ultimo corriere [in „La Plebe"]	M/E: Scritti: 108f
5.–6.6.		FE	Brief an Wilhelm Liebknecht	MEW33: 482f
10.6.		FE	Brief an Theodor Cuno	MEW33: 484f

[1] Nach der Veröffentlichung in „Der Volksstaat" vom 1.6.1872 mit deutsch übersetzten Varianten der englischen Fassung in „The Eastern Post".
[2] Veröffentlicht unter dem Titel „Ancora Stefanoni e l'Internazionale".
[3] Unter dem Pseudonym A. W[illiams].
[4] Titelkopf von Engels.
[5] Redigierung der französischen Übersetzung von „The Civil War in France" [2. Hälfte Mai/Anfang Juni 1871].

Ent. stehungs- zeit	Erschei- nungs- datum	Ver- fasser	Titel oder Textbezeichnung	Quellen- nachweis
11.6.		FE	Protokollierte Äußerungen in der Sitzung des Generalrats der IAA [englOrig]	DocV: 218ff, 223f
11.6.		KM	Protokollierte Äußerungen und Rede in der Sitzung des Generalrats der IAA [englOrig]	DocV: 219–223
			– Deutsche Übersetzung	FR: MEW18: 684f
14.6.		FE	Brief an Johann Philipp Becker	MEW33: 486f
14.6.		FE	Brief an Carlo Cafiero [Entwurf] [italOrig]	Corr: 227f
			– Deutsche Übersetzung	MEW33: 488f
14.6.		FE	Brief an die Gesellschaft „Emancipazione del Proletario" [Entwurf] [italOrig]	Corr: 226f
			– Deutsche Übersetzung	MEW33: 490
18.6.		FE	Protokollierte Äußerungen in der Sitzung des Generalrats der IAA [englOrig]	DocV: 225–230, 232f
18.6.		KM	Protokollierte Äußerungen in der Sitzung des Generalrats der IAA [englOrig]	DocV: 226, 230
18.6.	⟨29.6.⟩[1]	FE	Resolutions of the General Council on the Convocation and the Agenda of the Congress at The Hague	DocV: 418f
			– Deutsche Übersetzung[2]	MEW18: 93f
21.6.		KM	Brief an Friedrich Adolph Sorge	MEW33: 491ff
–24.6.	1872	M/E	Änderungen zu der deutschen Ausgabe von 1872 von „Das Kommunistische Manifest"	MEGA6: 525f, 528–557; MEW4: 480, 488, [466f, 470, 479, 481f, 484f, 489ff, 493; KMA II: 820–827, 840, 842ff, 846, 848f, 852–856, 858; MESt III: 244f]
24.6.	1872	M/E	Vorwort [zur deutschen Ausgabe von 1872 von „Das Kommunistische Manifest"]	MEW18: 95f; [KMAII: 861f]
25.6.		FE	Protokollierte Äußerungen in der Sitzung des Generalrats der IAA [englOrig]	DocV: 235–238, 240
25.6.		KM	Protokollierte Äußerungen in der Sitzung des Generalrats der IAA [englOrig]	DocV: 236–239
28.6.		M/E	Protokoll der Sitzung des Subkomitees des Generalrats der IAA [frzOrig]	DocV: 303f
2.7.		KM	Protokollierte Äußerungen in der Sitzung des Generalrats der IAA [englOrig]	DocV: 241f, 245
2.7.		FE	Protokollierte Äußerungen in der Sitzung des Generalrats der IAA [englOrig]	DocV: 241–244
2.7.		FE	Brief an Adolf Hepner	MEW33: 494ff
5.7.		FE	Brief an Theodor Cuno	MEW33: 497ff

[1] Zuerst veröffentlicht in „The International Herald".
[2] Verglichen mit der von Marx gezeichneten Veröffentlichung in „Der Volksstaat" vom 3.7.1872.

1872

Ent-stehungs-zeit	Erschei-nungs-datum	Ver-fasser	Titel oder Textbezeichnung	Quellen-nachweis
9.7.		FE	Protokollierte Äußerungen in der Sitzung des Generalrats der IAA [englOrig]	DocV: 248, 250ff, 254
9.7.		FE	Brief an Adolf Hepner	MEW33: 500
9.7.		KM	Brief an Ludwig Kugelmann	MEW33: 501
ca.9.7.	17.7.	FE	Die Internationale in Amerika [in „Der Volksstaat"]	MEW18: 97–103
16.7.		FE	Protokollierte Äußerungen in der Sitzung des Generalrats der IAA [englOrig]	DocV: 256–259, 261
16.7.		KM	Protokollierte Äußerungen in der Sitzung des Generalrats der IAA [englOrig]	DocV: 257f, 260
18.7.		FE	Al cittadino Spotti Vincenzo, Segretario del Comitato per l'Emancipazione delle Classi Lavoratrici Parma	Corr: 234f
			– Deutsche Übersetzung des Entwurfs dieses Briefes	MEW18: 104
18.7.		FE	Brief an Ugo Bartorelli [Entwurf] [italOrig]	Corr: 236f
			– Deutsche Übersetzung	MEW33: 502f
19.7.		KM	Protokollierte Äußerungen in der Sitzung des Subkomitees des Generalrats der IAA [frzOrig]	DocV: 308ff
19.7.		FE	Protokollierte Äußerungen in der Sitzung des Subkomitees des Generalrats der IAA [frzOrig]	DocV: 309f
21.7.	27.7.	KM	An die streikenden Bergarbeiter im Ruhrtal [in „Der Volksstaat"]	MEW18: 105ff
23.7.		FE	Protokollierte Äußerung in der Sitzung des Generalrats der IAA [englOrig]	DocV: 263
23.7.		KM	Protokollierte Äußerungen in der Sitzung des Generalrats der IAA [englOrig]	DocV: 263ff
			– Deutsche Übersetzung	FR: Fedossejew: 648
23.7.		KM	Brief an Ludwig Kugelmann	MEW33: 504
27.7.		FE	Protokollierte Äußerungen in der Sitzung des Subkomitees des Generalrats der IAA [frzOrig]	DocV: 312, 314
27.7.		KM	Protokollierte Äußerungen in der Sitzung des Subkomitees des Generalrats der IAA [frzOrig]	DocV: 312f
28.7.	7.8.	KM	An die Redaktion des „Volksstaat" [in „Der Volksstaat"]	MEW18: 108–115
29.7.		KM	Brief an Ludwig Kugelmann	MEW33: 505
30.7.		KM	Protokollierte Äußerungen in der Sitzung des Generalrats der IAA [englOrig]	DocV: 268
EndeVII		KM	Brief an Hermann Jung mit französischer und englischer Fassung einer Zusatzartikels zu den Allgemeinen Statuten	MEW33: 506f[1]

[1] Mit zusätzlicher deutscher Übersetzung des fremdsprachigen Zusatzartikels.

1872

Ent-stehungs-zeit	Erschei-nungs-datum	Ver-fasser	Titel oder Textbezeichnung	Quellen-nachweis
VI/VIII		KM	Statuts Généraux et Règlements Administratifs de l'Association Internationale des Travailleurs [avec les corrections apportées par le Conseil Général en 1872]	DocV: 420–436
4.8.		KM	Protokoll der Sitzung des Subkomitees des Generalrats der IAA [frzOrig]	DocV: 314–317
4.8.		FE	Brief an Adolf Hepner	MEW33: 508f
4.8.		FE	Brief an Theodor Cuno	MEW33: 510f
5.8.		FE	Brief an Johann Philipp Becker	MEW33: 512ff
4.–6.8.		FE	The General Council to all the Members of the International Working Men's Association	DocV: 439–445
			– Deutsche Übersetzung einer von Engels verfaßten französischen Fassung	MEW18: 116–121[1]
	6.8.	FE[?]	Besprechung der 2. Auflage des Ersten Bandes „Das Kapital" [in „Hannoverscher Courier"]	Archivf.Sozial-gesch.II: 284
6.8.		FE	Protokollierte Äußerungen in der Sitzung des Generalrats der IAA [englOrig]	DocV: 270f
	7.8.	KM	[Anweisung an „Deutsche Delegierte zum Internationalen Congreß in Haag"] [in „Der Volksstaat"]	DerVolksstaat4, 63: 2
7.8.		FE	Brief an Walery Wróblewski [Entwurf] [frzOrig]	Borejsza: 263
			– Deutsche Übersetzung	MEW33: 515
8.8.	17.8.	M/E	A las secciones españolas de la Asociación Internacional de los Trabajadores [dtÜbers]	MEW18: 122ff
13.8.		FE	Protokollierte Äußerungen in der Sitzung des Generalrats der IAA [englOrig]	DocV: 272f
13.8.		KM	Protokollierte Äußerung in der Sitzung des Generalrats der IAA [englOrig]	DocV: 273
15.8.		KM[2]	Brief an Nikolai Franzewitsch Danielson [dtÜbers des englOrig]	MEW33: 516
15.8.	16.8.	KM	To the Editor of "The Times" [in „The Times"]	TheTimes27457: 8
			– Deutsche Übersetzung	MEW33: 517
15.8.	24.8.	FE	Consejo General a la Nueva Federación Madrileña [in „La Emancipacion"] [dtÜbers]	MEW18: 125
19.8.		FE	Brief an E. Glaser de Willebrord [frzOrig] [FR]	FR: Guillaume II: 319; Faks: Nettlau: 613ff
			– Deutsche Übersetzung	MEW33: 518f

[1] Mit zusätzlicher deutscher Übersetzung der Varianten der englischen Fassung.
[2] Unter dem Pseudonym A. Williams.

1872

Ent-stehungs-zeit	Erschei-nungs-datum	Ver-fasser	Titel oder Textbezeichnung	Quellen-nachweis
23.8.		KM	Protokollierte Äußerungen in der Sitzung des Generalrats der IAA [englOrig]	DocV: 274f
23.8.		FE	Protokollierte Äußerungen in der Sitzung des Generalrats der IAA [englOrig]	DocV: 274f
23.8.	⟨29.9.⟩[1]	FE	Alle Sezioni Italiane [Entwurf] – Deutsche Übersetzung[2]	Corr: 242f MEW18: 126
24.8.		FE	Brief an Wilhelm Liebknecht	MEW33: 520
26.8.		KM	Brief an Ludwig Kugelmann	MEW33: 521
27.8.		KM	Protokollierte Äußerungen in der Sitzung des Generalrats der IAA [englOrig]	DocV: 277ff
27.8.		FE	Protokollierte Äußerungen in der Sitzung des Generalrats der IAA [englOrig]	DocV: 277
VIII		FE	Protokollierte Äußerung in einer Sitzung des Generalrats der IAA [englOrig]	DocV: 283
28.8.		KM	Protokollierte Äußerungen in der Sitzung des Generalrats der IAA [frzOrig]	DocV: 318f
–30.8.		FE	Rapport fait au Congrès de La Haye au Nom du Conseil Général, sur l'Alliance de la Démocratie Socialiste – Deutsche Übersetzung	DocV: 463–476 MEW18: 138–148
EndeVIII	18.9.	KM	Offizieller Bericht des Londoner General-rats [in „Der Volksstaat"] – Englische Fassung	MEW18: 129–137 DocV: 453–462
Anf.IX		FE	Brief an Hermann Jung [dtÜbers des englOrig]	MEW33: 522
1.9.		FE	Protokollierte Äußerung in der Sitzung des Haager Kongresses – Englische Übersetzung	Faks: FirstInter-national: 6 FirstInter-national: 172
1.9.		KM	Protokollierte Äußerungen in der Sitzung des Haager Kongresses – Englische Übersetzung	Faks: FirstInter-national: 6 FirstInter-national: 173
2.9.		FE	Protokollierte Äußerungen in der Sitzung des Haager Kongresses – Englische Übersetzung	Faks: FirstInter-national: 7f, 15 FirstInter-national: 173, 178
2.9.		KM	Protokollierte Äußerung in der Sitzung des Haager Kongresses – Englische Übersetzung	Faks: FirstInter-national: 15 FirstInter-national: 179
2.9.		FE[3]	Äußerungen im Gespräch mit Theodor Cuno [Engl Wiedergabe]	Reminiscences: 209

[1] Veröffentlichung in „Il Popolino".
[2] Mit deutscher Übersetzung der Varianten der französischen und englischen Fassung.
[3] Wiedergegeben von Th. Cuno.

1872

Ent-stehungs-zeit	Erschei-nungs-datum	Ver-fasser	Titel oder Textbezeichnung	Quellen-nachweis
			– Deutsche Übersetzung	GesprächeII: 414f
3.9.		FE	Protokollierte Äußerungen in der Sitzung des Haager Kongresses	Faks: FirstInter-national: 16f, 26f, 33ff
			– Englische Übersetzung	FirstInternational: 179, 185, 189f
3.9.		KM	Protokollierte bzw. notierte Äußerungen in der Sitzung des Haager Kongresses	FR: MEW18: 685f; Faks: First Inter-national: 27ff, 32f, 39, 42, 141
			– Englische Übersetzung	FirstInternational: 185f, 188ff, 192ff, 247
4.9.		KM	Protokollierte bzw. notierte Äußerungen in der Sitzung des Haager Kongresses	FR: MEW18: 686f; Faks: First Inter-national: 43ff, 143
			– Englische Übersetzung	FirstInter-national: 194f, 248
4.9.		FE	Protokollierte Äußerung in der Sitzung des Haager Kongresses	Faks: FirstInter-national: 58
			– Englische Übersetzung	FirstInternational: 202
5.9.		KM	Protokollierte bzw. notierte Äußerungen in der Sitzung des Haager Kongresses	Faks: FirstInter-national: 59ff, 146
			– Englische Übersetzung	FirstInternational: 203f, 249
6.9.		KM	Protokollierte Äußerungen in der Sitzung des Haager Kongresses	FR: MEW18: 687f; Faks: First Inter-national: 76–79
			– Englische Übersetzung	First Internatio-nal: 211ff
6.9.		FE	Protokollierte bzw. notierte Äußerungen in der Sitzung des Haager Kongresses	FR: MEW18: 668f; Faks.: First Inter-national: 79–82, 85, 134
			– Englische Übersetzung	First Internatio-nal: 213f, 216, 244f
7.9.		KM	Protokollierte Äußerungen in der Sitzung des Haager Kongresses	Faks: First Inter-national: 95, 100, 109
			– Englische Übersetzung	First Internatio-nal: 221, 223, 228
7.9.		FE	Protokollierte bzw. notierte Äußerungen in der Sitzung des Haager Kongresses	Faks: First Inter-national: 99f, 158f
			– Englische Übersetzung	First Internatio-nal: 223, 253
8.9.	15.9.	KM	[dt und frz gehaltene] Rede über den Haager Kongreß [in „La Liberté"] [frz Wiedergabe]	FR: Nicolaevsky: 376f
			– Deutsche Übersetzung	MEW18: 159ff[1]

[1] Einschließlich der Varianten der deutschen Wiedergabe in „Der Volksstaat" vom 2.10.1872.

1872

Ent- stehungs- zeit	Erschei- nungs- datum	Ver- fasser	Titel oder Textbezeichnung	Quellen- nachweis
ca.10.9.		KM[1]	Äußerung im Gespräch mit Theodor Cuno [engl Wiedergabe] – Deutsche Übersetzung	Reminiscences: 212 Gespräche II: 418
12.9.	15.9.	KM	A M. le rédacteur du «Corsaire» [in „Le Corsaire"] [dtÜbers]	MEW18: 162f
15.9.		FE	Brief an Maltmann Barry [englOrig]	FE1820: 291ff
17.9.	18.9.	KM	To the Editor of the "Daily News" [in „The Daily News"] [dtÜbers]	MEW18: 164
21.9.		FE	Brief an Friedrich Adolph Sorge ein- schließlich [im frzOrig und in dtÜbers] dreier Beschlüsse des Haager Kongresses und eines vom Haager Kongreß neu beschlossenen Statutenartikels	MEW33: 523–527 [FR: KMA III,2: 880f[2]]
	28.9.	FE[?]	Vom Haager Kongress der Internatio- nale [in „Der Volksstaat"]	FE1820: 303–311
1.10.		FE	Brief an Hermann Jung [dtÜbers des englOrig]	MEW33: 528
1.10.	5.10.	FE	Società Internazionale – Il Congresso all'Aia [in „La Plebe"] – Deutsche Übersetzung	Corr: 247–251 MEW18: 165–170
Anf.X	13.10.	FE	Los mandatos imperativos en el Con- greso del Haya [in „La Emancipacion"] [dtÜbers]	MEW18: 171–176
5.10.		FE	Brief an Friedrich Adolph Sorge	MEW33: 529f
5.10.	8.10.	FE	[Lettera Londinese. II.[3]] [in „La Plebe"] – Deutsche Übersetzung	Corr: 251f MEW18: 177f
12.10.		KM	Brief an Maurice Lachâtre [russÜbers des frzOrig]	Правда: 3
14.10.		KM	Brief an Hermann Jung	MEW33: 531
16.10.		FE	To the British Federal Council, Inter- national Working Men's Association [dtÜbers]	MEW18: 179
16.10.		FE	Brief an Friedrich Leßner	MEW33: 532
20.10.	26.10.	KM	An die Redaktion des „Volks- staat" [in „Der Volksstaat"]	MEW18: 180f
EndeIX/ 21.10.		M/E	Résolutions du congrès général tenu à La Haye du 2 au 7 septembre 1872 – Deutsche Übersetzung	FR: M/E: Oeuvres choisies: 405f MEW18: 149–158
29.10.		FE	Brief an Theodor Cuno	MEW33: 533f
30.10.		FE	Brief an Jenny Longuet [englOrig]	FE 1820: 322ff
31.10.		FE	Report of the General Council of the I.W.M.A. upon the situation in Spain, Portugal and Italy. I. Spain	SorgeBr: 66–70

[1] Wiedergegeben von Th. Cuno.
[2] Neuer Statutenartikel in deutscher Übersetzung.
[3] Teil eines Briefes von Engels an Enrico Bignami.

1872

Ent-stehungs-zeit	Erschei-nungs-datum	Ver-fasser	Titel oder Textbezeichnung	Quellen-nachweis
			– Deutsche Übersetzung	MEW18: 182–186; [MEStIII: 152–156, 248]
2.11.		FE	Brief an Friedrich Adolph Sorge	MEW33: 535f
7.11.		JM	Brief an Johann Philipp Becker	FR: Dornemann: 244, 270, 316f; FR: Blumenberg: 139
13.11.	17.11.	FE	All'Associazione degli Operai e degli Agricoltori della Bassa Lombardia (Sezione Internazionale) di Lodi [in „La Plebe"]	Corr: 258f
			– Deutsche Übersetzung	MEW18: 187
14.11.	17.11.	FE	[Lettere da Londra. III.] [in „La Plebe"]	M/E: Scritti: 110ff
			– Deutsche Übersetzung	MEW18: 188ff
16.11.		FE	Brief an Friedrich Adolph Sorge	MEW33: 537–541
19.11.		FE	Brief an Jenny Longuet [dtÜbers des englOrig]	MEW33: 542
25.11.		KM[1]	Brief an Nikolai Franzewitsch Danielson [dtÜbers des englOrig]	MEW33: 543
7.12.		FE	Brief an Friedrich Adolph Sorge	MEW33: 544ff
9.12.		FE	Brief an Auguste Serraillier [Entwurf] [dtÜbers des frzOrig]	MEW33: 547
11.12.	14.12.	FE	[Lettere Londinesi. IV.] [in „La Plebe"]	M/E: Scritti: 113f, 91ff
			– Deutsche Übersetzung	MEW18: 191ff
12.12.		KM[1]	Brief an Nikolai Franzewitsch Danielson	MEW33: 548f
14.12.		FE	Brief an Friedrich Adolph Sorge	MEW33: 550
20.12.	21.12.	M/E	[An den Redakteur des „International Herald"] [in „The International Herald"] [dtÜbers des englOrig]	MEW18: 194ff
vor21.12.	21.12	FE	The Manchester Foreign Section to all sections and members of the British Federation [dtÜbers]	MEW18: 197–201
21.12.		KM	Brief an Friedrich Adolph Sorge	MEW33: 551f
23.12.	31.12.	KM	Address of the British Federal Council to the sections, branches, affiliated societies and members [dtÜbers]	MEW18: 202–207
30.12.		FE	Brief an Adolph Hepner [FR]	MEW33: 553f
ca.1872		KM	Mathematische Manuskripte [mit Konspekten von Werken von Sauri, Newton, Boucharlat und Hind]	Rukopisi: 267–309
ab1872		KM	Randnotizen in Haushofer, M.: Lehr- und Handbuch der Statistik in ihrer neuesten wissenschaftlichen Entwicklung	FR: Exlibris: 85, 90

[1] Unter dem Pseudonym A. Williams.

1872–1873

Entstehungszeit	Erscheinungsdatum	Verfasser	Titel oder Textbezeichnung	Quellennachweis
vor1873/ 1874[?]		FE	Randnotizen in Dohm, Christian Wilhelm von: Denkwürdigkeiten meiner Zeit oder Beiträge zur Geschichte vom letzten Viertel des achtzehnten und vom Anfang des neunzehnten Jahrhunderts 1778 bis 1806. Bd. 4	FR: Exlibris: 55, 57

1873

Entstehungszeit	Erscheinungsdatum	Verfasser	Titel oder Textbezeichnung	Quellennachweis
1872/1873		KM	Konspekt aus Чернышевскій, Николай Гавриловичъ: Письма безъ адреса [dtOrig] – Russische Übersetzung	FR: Faks: AM XI: 2a AM XI: 3–17
Ende 1872/ Anf.1873	1873	KM	L'indifferenza in materia politica [in „Almanacco Repubblicano per l'anno 1874"] – Deutsche Übersetzung	M/E: Scritti: 98–104 MEW18: 299–304
Anf.1873	15.1.	FE	Die „Krisis" in Preußen [in „Der Volksstaat"]	MEW18: 290–295
2.Hälfte V 1872/I 1873	26.6.72 –22.2.73	FE	Zur Wohnungsfrage [in „Der Volksstaat"]	MEW18: 209—287; [FeSt4: 73–138, 216f]
2.1.	3.1.	KM	To the Editor of the "Times" [in „The Times"] – Deutsche Übersetzung	The Times 27577: 7 MEW18: 288f
4.1.		FE	Brief an Friedrich Adolph Sorge	MEW33: 555–558
I	11.1.	FE	[Mitteilungen über die Tätigkeit der Internationale auf dem Kontinent] I. [in „The International Herald"] [dtÜbers des englOrig]	MEW18: 309f
Mitte I	25.1.	KM	British Federal Council [in „The International Herald"] – Deutsche Übersetzung	Cahiers 3: 57–60 MEW18: 296ff
18.1.		KM[1]	Brief an Nikolai Franzewitsch Danielson	MEW33: 559f
24.1.	Anf.VI	KM	Nachwort zur zweiten Auflage [von „Das Kapital". Erster Band]	MEW23: 18–22, 25–28; [KMA IV: XXII–XXXII]
29.1.		FE	Brief an Eugen Oswald	MEW33: 561
I	1.2.	FE	[Mitteilungen über die Tätigkeit der Internationale auf dem Kontinent] II. [in „The International Herald"] [dtÜbers des englOrig]	MEW18: 310f
1.2.		KM	Brief an Aristide Fanton [frzOrig] – Deutsche Übersetzung	Cahiers7: 244 MEW33: 562
	8.2.	FE	[Mitteilungen über die Tätigkeit der Internationale auf dem Kontinent] III. [in „The International Herald"] [dtÜbers des englOrig]	MEW18: 311f

[1] Unter dem Pseudonym A. Williams.

Ent. stehungs- zeit	Erschei- nungs- datum	Ver- fasser	Titel oder Textbezeichnung	Quellen- nachweis
8.2.		FE	Notizen für den General-Rat	MEW18: 314ff
11.2.		KM	Brief an Johann Philipp Becker	MEW33: 563
12.2.		KM	Brief an Friedrich Bolte	MEW33: 564ff
12.2.		FE	Brief an Wilhelm Liebknecht	MEW33: 567f
MitteII	15.2.	FE	[Mitteilungen über die Tätigkeit der Internationale auf dem Kontinent] IV. (in „The International Herald"] [dtÜbers des englOrig]	MEW18: 312ff
II		KM	Vermerke in Салтыковъ-Щедринъ: Господа Ташкентцы	FR: Faks: ND8, 104: 3
X1872/ III1873	1873	FE	Dell' Autorità [in „Almanacco Re- pubblicano per l' anno 1874"] – Deutsche Übersetzung	M/E: Scritti: 93–97 MEW18: 305–308; [FeSt4: 139–142]
ca.II/III		KM	Bemerkungen in Скребицкiй, Александръ: Крестьянское дѣло въ царствованiе императора Александра II. [dtOrig]	AKM: 401
	1.3.	M/E	Die Republik in Spanien [in „Der Volks- staat"]	FE1820: 313–317
11.3.		FE	Brief an Natalie Liebknecht	MEW33: 569f
18.3.		FE	Brief an Eugen Oswald	MEW33: 571
20.3.		FE	Brief an Friedrich Adolph Sorge	MEW33: 572–576
22.3.		KM[1]	Brief an Nikolai Franzewitsch Danielson [dtÜbers des englOrig]	MEW33: 577
22.3.		FE	Brief an Friedrich Adolph Sorge	MEW33: 578
1.4.		FE	Widmung an Laura Lafargue	Faks: MEW18: 211
3.4.		JM	Brief an Eleanor Marx – Englische Übersetzung	FR: Dornemann: 305 FR: Kapp: 146ff
–5.4.	1873	KM	Zusätze zur 2. Auflage von „Das Kapital" Erster Band.[2]	[MEW23: 54, 61, 65, 69, 75f, 86, 88, 90, 92, 95, 111–116, 127, 142, 150f, 157, 159, 184, 195, 229, 232f, 239, 244, 286, 315, 376, 414, 439, 456, 470, 472, 516f, 623, 647, 729, 732, 739, 761f]; KMAIV: 8, 17f, 22f, 27f, 34, 36, 47, 50, 53ff, 59f, 77ff, 81ff, 96, 115f, 126, 134, 136f. 168, 181, 224, 227, 229,

[1] Unter dem Pseudonym A. Williams.
[2] Nur durch Vergleich mit der Erstausgabe von 1867 lassen sich die weiteren zahlreichen Änderungen im fortlaufenden Text [weniger inhaltlicher als redaktioneller Natur] feststellen. Siehe etwa die Passagen in MEW 23:86–90, 99, 192, 609–613.

1873

Ent. stehungs- zeit	Erschei- nungs- datum	Ver- fasser	Titel oder Textbezeichnung	Quellen- nachweis
				235f, 242, 294f, 330, 405, 451, 483, 503f, 521, 524, 578, 710f, 741, 849, 854, 863, 889f; K I: 963
7.4.		KM	Brief an Johann Philipp Becker	MEW33: 579
15.4.		FE	To the General Council of the I.W.M.A.	FR: SorgeBr: 101f
			– Deutsche Übersetzung	MEW18: 317f
EndeIV	7.5.	FE	Brief an Adolf Hepner [FR] [in „Der Volksstaat"]	MEW18: 319ff
EndeIV		JM	Brief an Eleanor Marx [englÜbers]	FR: Kapp: 147ff
2.5.	10.5.	FE	Die Internationale und der „Neue" [in „Der Volksstaat"]	MEW18: 322–325
vor3.5.		JM	Brief an Eleanor Marx	FR: Dornemann: 289
			– Englische Übersetzung	FR: Kapp: 147f
3.5.		FE	Brief an Friedrich Adolph Sorge	MEW33: 580–584
V		JM	Brief an Eleanor Marx [englÜbers]	FR: Kapp: 148
V		JM	Brief an Eleanor Marx	Satz-FR: Monz: 363
ca.22.5.		JM	Brief an Eleanor Marx [englÜbers]	FR: Kapp: 150
23.5.		KM	Brief an Friedrich Engels	MEW33: 75; [BW IV: 473]
24.5.		FE	Brief an Karl Marx	MEW33: 76; [BW IV: 473f]
25.5.		KM	Brief an Friedrich Engels	MEW33: 77; [BW IV: 474f]
26.5.		FE	Brief an Karl Marx	MEW33: 78f; [BW IV: 475f]
30.5.		FE	Brief an Karl Marx	MEW33:: 80f; [BW IV: 476ff]
31.5.		KM	Brief an Friedrich Engels	MEW33: 82ff; [BW IV: 478ff]
ca.31.5.		JM	Brief an Mrs. Hall [englOrig][1]	FR: Kapp: 152
ca. 31.5.		JM	Brief an Eleanor Marx	FR: Kapp: 152[2]
14.6.		FE	To the General Council, International Working Men's Association	FR: FE1820: 296
			– Deutsche Übersetzung	MEW18: 326; FR: FE1820: 296
14.6.		FE	Brief an Friedrich Adolph Sorge	MEW33: 585ff
MitteVI[?]		JM	Brief an Eleanor Marx [englÜbers]	FR: Kapp: 149
19./20.6.	2.7.	FE	Aus der Internationalen [in „Der Volksstaat"]	MEW18: 472–475
20.6.		FE	Brief an August Bebel	MEW33: 588–592
1873[?]		FE	Auszüge und Bemerkungen in Proudhon, P.-J.: Œuvres complètes. Bde. 9f, 13f	FR: Exlibris: 161, Faks: 162f

[1] Nach der Kopie von J. Marx in ihrem Brief an E. Marx vom ca. 31.5.1873.

[2] Das Fragment bei Kapp bringt Auszüge der von J. Marx im Schreiben an E. Marx vom ca. 31.5.1873 mitgeteilten Briefe von Mrs. Hall an J. Marx und von J. Marx an Mrs. Hall [beide im englischen Original].

Ent-stehungs-zeit	Erschei-nungs-datum	Ver-fasser	Titel oder Textbezeichnung	Quellen-nachweis
			– Russische Übersetzung	AMX: 35–39
1873[?]		FE	Bemerkungen in Büchner, Ludwig: Der Mensch und seine Stellung in der Natur in Vergangenheit, Gegenwart und Zukunft	FR: Ex libris: 39
1873		FE	[Dialektik der Natur] Notizen [Büchner. Dialektik der Naturwissenschaft u.a.]	MEGAS: 601–605; MEW 20: [472–476, 509, 511, 513f, 535f, 539, 546,] 551[1]; [FR: FeSt2: 112, 114, 116f]
1.7.		FE	Brief an Ludwig Kugelmann	MEW 33: 593f
10.7.		KM	Brief an Just Vernouillet [dtÜbers des frzOrig]	MEW 33: 595
5./15.7.	18.7.	FE	Notiz anläßlich einer Rezension von E. Renans „Antichrist" [in „Kölnische Zeitung"]	Kölnische Zeitung: 3
IV–ca. 21.7.	Anf.IX	M/E	L'Alliance de la Démocratie Socialiste et l'Association Internationale des Travailleurs	L'Alliance: 1–137
			– Deutsche Übersetzung[2]	MEW 18: 327–471[3]
26.7.		FE	Brief an Friedrich Adolph Sorge	MEW 33: 596–599
12.8.		KM[4]	Brief an Nikolai Franzewitsch Danielson [dtÜbers des englOrig]	MEW 33: 600
29.8.		KM	Brief an Friedrich Engels	MEW 33: 85f; [BW IV: 481f]
30.8.		FE	Brief an Karl Marx	MEW 33: 87; [BW IV: 483]
30.8.		KM	Brief an Friedrich Engels	MEW 33: 88f; [BW IV: 484f]
3.9.		FE	Brief an Karl Marx	MEW 33: 90f; [BW IV: 485f]
3.9.		FE[5]	Aux Citoyens délégués du 6me Congrès de l'Association Internationale des Travailleurs [dtÜbers]	MEW 18: 694f
9.9.		KM	Brief an Friedrich Engels	MEW 33: 92; [BW IV: 487]
ca.18.9.		FE	Brief an John De Morgan [Entwurf] [dtÜbers des englOrig]	MEW 33: 601f
20.9.		KM	Brief an Eugen Oswald [dtÜbers des frzOrig]	MEW 33: 603
24.9.		KM	Brief an Eugen Oswald	MEW 33: 604

[1] Mit zusätzlicher deutscher Übersetzung eines fremdsprachigen Textteils.
[2] Von Engels durchgesehen und zum Teil verbessert unter dem Titel „Ein Complot gegen die Internationale Arbeiter-Association" 1874 erschienen.
[3] Verglichen mit dem französischen Text einschließlich Vermerks von Varianten.
[4] Unter dem Pseudonym A. Williams.
[5] Unterzeichnet von A. Serraillier.

1873–1874

Ent-stehungs-zeit	Erschei-nungs-datum	Ver-fasser	Titel oder Textbezeichnung	Quellen-nachweis
27.9.		KM	Brief an Friedrich Adolph Sorge	MEW33: 605ff
VII/X		KM	Randbemerkungen in И. Д. Бѣляевъ: Крестьяне на Руси [frzOrig]	AKM: 403
VII/X		KM	Randbemerkungen in Н. Калачовъ: Артели в древней и нынѣшней Россiи [dt-englOrig]	FR: AKM: 404
IX–X	31.10.–5.11.	FE	Die Bakunisten an der Arbeit	MEW18: 476–493; [MEStIII: 157–173, 248]
25.11.		FE	Brief an Friedrich Adolph Sorge	MEW33: 608ff
29.11.		FE	Brief an Karl Marx	MEW33: 93f; [BW IV: 487ff]
30.11.		KM	Brief an Friedrich Engels	MEW33: 95f; [BW IV: 489ff]
5.12.		FE	Brief an Karl Marx	MEW33: 97f; [BW IV: 491ff]
7.12.		KM	Brief an Friedrich Engels	MEW33: 99f; [BW IV: 493ff]
10.12.		FE	Brief an Karl Marx	MEW33: 101; [BW IV: 495f]
11.12.		KM	Brief an Friedrich Engels	MEW33: 102; [BW IV: 496]
ab1873[?]		KM	Randnotiz in „La vérité sur l'essai de restauration monarchique"	Ex libris: 48

1874

Ent-stehungs-zeit	Erschei-nungs-datum	Ver-fasser	Titel oder Textbezeichnung	Quellen-nachweis
Ende1873/Anf.1874		FE	[Varia über Deutschland] I. Einleitung 1500–1789	MEW18: 589–593
Ende1873/Anf.1874		FE	Varia über Deutschland. 1789–1873	FR: MEW18: 593–596; FR: Kunst67I: 221; FR: Faks: AM X: 350a
			– Russische Übersetzung	AM X: 349–355
19.1.		KM	Brief an Ludwig Kugelmann	MEW33: 611f
27.1.		FE	Brief an Wilhelm Liebknecht	MEW33: 613ff
14.2.		FE	Brief an Friedrich Adolph Sorge	MEW33: 616
21.2.		FE	Brief an Wilhelm Blos	MEW33: 617
22.2.	4.3.	FE	Die englischen Wahlen [in „Der Volksstaat"]	MEW18: 494–499
27.2.		FE	Brief an Friedrich Adolph Sorge	MEW33: 618
Ende II/Anf.III	8.u.11.3.	FE	Das Reichs-Militärgesetz [in „Der Volksstaat"]	MEW18: 500–580
13.3.	25.3.	FE	Der schweigende Stabsschreier Moltke und sein jüngster Leipziger Korrespondent [in „Der Volksstaat"]	MEW18: 509ff
26.3.		KM	Brief an George Moore [Entwurf] [dtÜbers des englOrig]	MEW33: 619f

Entstehungszeit	Erscheinungsdatum	Verfasser	Titel oder Textbezeichnung	Quellennachweis
28.3.		KM	Brief an George Moore [Entwurf] [dtÜbers des englOrig]	MEW33: 621f
19.4.		KM	Brief an Jenny Marx	MEW33: 623f
20./24.4.		KM	Brief an Jenny Longuet	MEW33: 625
12.5.		KM	Brief an Maurice Lachâtre [dtÜbers des frzOrig]	MEW33: 626
ca.V		FE	Notiz in [Wróblewski, W.; John Krynski:] Address of the Polish refugees to the English people	Ex libris: 205
18.5.		KM	Brief an Ludwig Kugelmann	MEW33: 627ff
V–VI	17.6.	FE	Flüchtlingsliteratur. I. [in „Der Volksstaat"]	MEW18: 521–527
1.6.		FE	Brief an Gottfried Ermen [dtÜbers des englOrig]	MEW33: 630f
24.6.		KM	Brief an Ludwig Kugelmann	MEW33: 632
VI	26.6.	FE	Flüchtlingsliteratur. II. [in „Der Volksstaat"]	MEW18: 528–535
1874		KM	Notizen zu verschiedenen Werken [aus dem schwarzen Heft] [dt-russOrig]	Летописи IV: 57–62
–1.7.	1875[1]	FE	Fußnote und Änderungen in der Ausgabe von 1875 von „Der deutsche Bauernkrieg"	MEGA$_2$I10A: 966ff; [MEW7: 330, 355, 377, 411; FeSt3: 147, 159f, 181, 200, 242]
1.7.	1875[1]	FE	Ergänzung der Vorbemerkung von 1870 zu „Der deutsche Bauernkrieg"	MEW18: 512–517; [FeSt3: 153–158]
15.7.		KM	Brief an Friedrich Engels	MEW33: 103ff; [BWIV: 497ff]
21.7.		FE	Brief an Karl Marx	MEW33: 106f; [BWIV: 499f]
1.8.		KM	Antrag zur Naturalisation in England [russÜbers des englOrig]	Soč$_2$45: 465
2.8.		FE	Brief an Jenny Longuet [dtÜbers des englOrig]	MEW33: 633
4.8.		KM	Brief an Friedrich Engels	MEW33: 108; [BWIV: 578]
4.8.		KM	Brief an Friedrich Adolph Sorge	MEW33: 634ff
4.8.		KM	Brief an Ludwig Kugelmann	MEW33: 637
10.8.		KM	Brief an Ludwig Kugelmann	MEW33: 638
12.8.		FE	Brief an Karl Marx	MEW33: 109; [BWIV: 481]
14.8.		KM	Brief an Friedrich Engels	MEW33: 110f; [BWIV: 501f]
14.8.		KM	Brief an Jenny Longuet	MEW33: 639f
EndeVII–IX	6.u. 8.10.	FE	Flüchtlingsliteratur. III. [in „Der Volksstaat"]	MEW18: 536–545

[1] Tatsächlich erschienen Oktober 1874.

1874–1875

Entstehungszeit	Erscheinungsdatum	Verfasser	Titel oder Textbezeichnung	Quellennachweis
VIII/IX		KM[1]	Äußerungen im Gespräch mit Ludwig Kugelmann oder in dessen bzw. dessen Familie Beisein	Mohr u. General: 312, 314
1.9.		KM	Brief an Friedrich Engels	MEW33: 112f; [BWIV: 502f]
5.9.		FE	Brief an Karl Marx	MEW33: 114f; [BWIV: 503ff]
12.–17.9.		FE	Brief an Friedrich Adolph Sorge	MEW33: 641–645
18.9.		KM	Brief an Friedrich Engels	MEW33: 116f; [BWIV: 505ff]
20.9.		KM	Brief an Max Oppenheim	MEW33: 646
21.9.		FE	Brief an Karl Marx	MEW33: 118ff; [BWIV: 507–510]
24./25.9.		KM[2]	Äußerung im Gespräch mit Wilhelm Blos	Mohr u.General: 351
15.10.		FE	Brief an Laura Lafargue [dtÜbers des englOrig]	MEW33: 647
17.10.		KM	Brief an Max Oppenheim	MEW33: 648
ca.20.10.		FE	Brief an German Alexandrowitsch Lopatin [FR] [dtÜbers des englOrig]	MEW33: 649
1874		FE	[Dialektik der Natur.] Notizen [Leben und Tod. Schlechte Unendlichkeit. Kraft. Bewegung und Gleichgewicht. Kausalität. Newtonsche Gravitation. Mechanische Bewegung. Teilbarkeit der Materie. Naturforscherliches Denken. Induktion und Deduktion. Einheit von Natur und Geist. Protisten. Individuum. Historisches. Generatio aequivoca. u.a.]	MEGA S: 605–633; MEW20: [464ff], 470f, 477–480[3], [483ff, 490, 494, 497ff, 504, 507–515, 521, 535f, 539, 541, 544, 546, 554–563, 566f; FR: FeSt2: 90ff, 96, 100, 102ff, 108. 110–117]

1875

70erJahre		KM	Mathematische Manuskripte [Wiedergabe und russ Beschreibung des englOrig]	Rukopisi: 261–265
70erJahre[?]		KM[4]	Äußerung über seine Töchter Jenny und Eleanor [engl Wiedergabe]	Kapp: 229
			– Deutsche Übersetzung	Raddatz: 200
1874/ Anf.1875		KM	[Konspekt des Buches von] Bakunin: Государственность и анархія [mit dtÜbers der russ Originalzitate]	MEW18: 597–642
			– Russische Übersetzung mit Originalwiedergabe russischer Zitate	ЛетописиII: 64–102

[1] Wiedergegeben von F. Kugelmann.
[2] Wiedergegeben von W. Blos.
[3] Mit zusätzlicher deutscher Übersetzung fremdsprachiger Textteile.
[4] Wiedergegeben von E. Marx.

Ent-stehungs-zeit	Erschei-nungs-datum	Ver-fasser	Titel oder Textbezeichnung	Quellen-nachweis
7.1.		KM	Brief an Wilhelm Liebknecht	MEW 34: 117
-8.1.	1875	KM	Anmerkung zur 2. Ausgabe von „Ent-hüllungen über den Kommunistenprozeß zu Köln" [in der als Nachtrag veröffent-lichten Beilage 4 von „Herr Vogt"]	MEW 14: 661; [KMA III, 1: 523]
8.1.	1875[1]	KM	Nachwort [zur 2. Ausgabe von „Ent-hüllungen über den Kommunistenprozeß zu Köln"]	MEW 18: 568–571; [KMA III, 1: 532–535]
9.1.		KM	Brief an Wilhelm Liebknecht	MEW 34: 118
20.1.		KM	Brief an Max Oppenheim	MEW 34: 119
23.1.	24.3.	M/E	Für Polen [Wiedergabe von Reden von Engels und Marx durch Engels[2]] [in „Der Volksstaat"]	MEW 18: 572–575[3]
30.1.		KM	Brief an Maurice Lachâtre [dtÜbers des frzOrig]	MEW 34: 120
31.1.		KM	Brief an Carl Hirsch [dtÜbers der frz Inhaltsangabe]	MEW 34: 503
–EndeI	VIII 1872–V 1875	KM[4]	Le Capital. Livre Premier	KM: Le Capital I: 49–305; II: 7–234; III: 7–215
			– Änderungen zur französischen Ausgabe von „Das Kapital"	KM: Le Capital I: 91, 135, 151, 180f 298f; II: 49, 91, 104, 118, 123, 197, 199f, 202; III: 10, 12f, 16, 21ff, 27, 40ff, 49f, 63–66, 69f, 75, 77, 87, 154, 192ff, 198
			– – Deutsche Übersetzung	MEW 23: 322, 662, [466, 553, 607f, 784]; KMA IV: 57f, 117f, 267, 341, 410f, 472, 489, 508, 515, 618f, 622, 625, 670f, 674f, 680, 687, 689ff, 693, 713f, 716, 727f, 746–751, 755f, 761f, 778, 865, 910f, 918f; K I: 962, [654ff]
3.2.		KM	Brief an Just Vernouillet [FR] [dtÜbers des frzOrig]	MEW 34: 121
11.2.		KM	Brief an Pjotr Lawrowitsch Lawrow [frzOrig]	FR: BrKap: 223f

[1] Veröffentlicht im „Volksstaat" vom 27.1.1875.
[2] Die Rede von Engels am 23.1. ist in englischer Sprache gehalten worden.
[3] Wiedergabe der Rede von Engels: 572ff; Wiedergabe der Rede von Marx: 574f.
[4] Traduction de J. Roy, entièrement revisée par K. Marx.

1875

Ent-stehungs-zeit	Erschei-nungs-datum	Ver-fasser	Titel oder Textbezeichnung	Quellen-nachweis
			– Deutsche Übersetzung	MEW34: 122f
II/Anf.III		KM	Notiz an Engels in Tcatschoff, Peter: Offener Brief an Herrn Friedrich Engels	Ex libris: 194ff
II/Anf.III		FE	Randvermerk in Tcatschoff, Peter: Offener Brief an Herrn Friedrich Engels [russOrig]	ex libris: 196
16.3.		FE	Entwurfsnotiz zu einem Brief an Hermann Ramm	MEW34: 124
18.3.		FE	Entwurfsnotiz zu einem Brief an Hermann Ramm	MEW34: 124
22.3.		FE	Brief an Rudolf Engels	MEW34: 132ff
vor28.3.	28.3. u.2.4.	FE	Flüchtlingsliteratur. IV. [in „Der Volksstaat"]	MEW18: 546–555
18.–28.3.		FE	Brief an August Bebel	MEW34: 125–131
IV	16.–21.4.	FE	Flüchtlingsliteratur. V. [in „Der Volksstaat"][1]	MEW18: 556–567; [FeSt4: 145–155]
	23.4.	FE	Offiziöses Kriegsgeheul [in „Der „Der Volksstaat"]	MEW18: 576–583
28.4.	V	KM	Avis au lecteur [du «Capital»]	KM: Le Capital I: 47
			– Deutsche Übersetzung	MEW23: 31f; [KMAIV: XXXIII]
IV–Anf.V	1891	KM	Randglossen zum Programm der deutschen Arbeiterpartei	MEW19: 15–32; [KMAIII, 2: 1016–1038; MEStIII: 174–190]
5.5.		KM	Brief an Wilhelm Bracke	MEW19: 13f, 549; [KMAIII, 2: 1014ff]
8.5.		KM	Brief an Pjotr Lawrowitsch Lawrow [dtÜbers des frzOrig]	MEW34: 139
8.5.		FE	Brief an Eugen Oswald	MEW34: 140
10.5.		KM	Brief an Jenny Marx	MEW34: 141f
ca.V		KM	Vermerke in Haxthausen, August Frhr. v.: Die ländliche Verfassung Rußlands	FR: Ex libris: 90
–MitteV	1875	FE	Änderung im Artikel „Flüchtlings-literatur. V." aus dem „Volksstaat" zur Veröffentlichung unter dem Titel „Soziales aus Rußland"	MEW18: 557
MitteV	1875	FE	Vorbemerkung zur Broschüre „Soziales aus Rußland"	MEW18: 584ff; [FeSt4: 143ff]
20.5.		FE	Brief an Patrik John Coleman [Entwurf] [dtÜbers des englOrig]	MEW34: 143
14.6.		FE	Brief an A. Gouppy [Entwurf] [dtÜbers des frzOrig]	MEW34: 144
18.6.		KM	Brief an Pjotr Lawrowitsch Lawrow [frzOrig]	FR: BrKap: 225
			– Deutsche Übersetzung	MEW34: 145

[1] Separatveröffentlichung 1875 unter dem Titel „Soziales aus Rußland".

Ent-stehungs-zeit	Erschei-nungs-datum	Ver-fasser	Titel oder Textbezeichnung	Quellen-nachweis
ca.1875		KM	Manuskriptteil zum 3. Band des „Kapital"	MEW25: 59–79; [KMA V: 637–662]
14.7.		KM	Brief an Mathilda Betham-Edwards [FR] [dtÜbers des englOrig]	MEW34: 146f
13.8.		FE	Brief an den Generalrat der Internationalen Arbeiterassoziation	MEW19: 33f
21.8.		KM	Brief an Friedrich Engels	MEW34: 6–9; [BW IV: 511–515]
Sommer		JM	Brief an Eleanor Marx	FR: Dornemann: 317
1.9.		KM	Brief an Max Oppenheim	MEW34: 148
6.9.		KM	Brief an Max Oppenheim	MEW34: 149
8.9.		KM	Brief an Friedrich Engels	MEW34: 10f; [BW IV: 515f]
9.9.		KM	Brief an Max Oppenheim	MEW34: 150
21.9.		KM	Brief an Hermann Schumacher	MEW34: 151
24.9.		FE	Brief an Pjotr Lawrowitsch Lawrow [dtÜbers des frzOrig]	MEW34: 152
27.9.		KM	Brief an Peter Imandt	MEW34: 153
EndeIX[?]		JM	Brief an Leo Frankel	[FR: Dornemann: 245]; FR: Aranyossi: 78f
30.9.		KM	Brief an Bernhard Kraus	BZG: 20,3: 375
8.10.		KM	Postkarte an Pjotr Lawrowitsch Lawrow	MEW34: 154
11.10.		FE	Brief an Wilhelm Bracke	MEW34: 155ff
12.10.		FE	Brief an August Bebel [FR]	MEW34: 158ff
15.10.[1]		FE	Brief an August Bebel [FR]	MEW34: 161ff
fr.21.9.–X		KM	Konspekt von А. Кошелев: Наше положеніе [russÜbers mit einzelnen russ Originalausdrücken]	AM XI: 21–49
fr.21.9.–X		KM	Konspekt von Юрій Ѳедоровичъ Самаринъ и Федоръ Михайловичъ Дмитріевъ: Революціонный консерватизм [russÜbers mit einzelnen russ Originalausdrücken]	AM XI: 50–94
fr.21.9.–X		KM	Konspekt von Константинъ Дмитріевичъ Кавелинъ: Чем нам быть? [russÜbers mit einzelnen russ Originalausdrücken]	AM XI: 95–118
fr.21.9.–X		KM	Konspekt von Александръ Ивановичъ Кошелевъ: Объ общинномъ землевляденіи въ Россіи [russÜbers mit einzelnen russ Originalausdrücken]	AM XII: 140–160
20.10.		KM	Brief an Bernhard Kraus	BZG20,3: 375f
8.11.		FE	Brief an Philipp Pauli	MEW34: 164
9.11.		FE	Brief an Philipp Pauli	MEW34: 165
9.11.		FE	Brief an Rudolf Engels	MEW34: 166
12.–17.11.		FE	Brief an Pjotr Lawrowitsch Lawrow	MEW34: 167–172
XI	21.11.	JM	Aus der Londoner Theaterwelt [in „Frankfurter Zeitung und Handelsblatt"]	BZG8,6: 1031–1034

[1] Wahrscheinlich Fortsetzung des Briefes vom 12.10.1875.

1875–1876

Ent-stehungs-zeit	Erschei-nungs-datum	Ver-fasser	Titel oder Textbezeichnung	Quellen-nachweis
24.11.		FE	Brief an Paul Kersten	MEW34: 173
XI/XII[?]		KM	Vermerk in Witzschel, Benjamin: Die Physik faßlich dargestellt nach ihrem neuesten Standpunkte	Ex libris: 204
XI/XII		KM	Konspekt von Александръ Николаевичъ Энгельгардтъ: Вопросы русского сельского хозяйства [russÜbers mit einzelnen russ Originalausdrücken]	AM XI: 149–154
XI/XII		KM	Bemerkung in И. Патлаевскій: Денежный рынок в России от 1700 до 1761 г.	FR: AKM: 398
3.12.		KM	Brief an Pjotr Lawrowitsch Lawrow [dtÜbers des frzOrig]	MEW34: 174
4.12.		FE	Brief an Walery Wróblewski [frzOrig] – Deutsche Übersetzung	Borejsza: 270f MEW34: 175
10.12.		KM	Brief an Carl Hirsch [dtÜbers der frz Inhaltsangabe]	MEW34: 503
16.12.		FE	Brief an Friedrich Leßner	MEW34: 176
17.12.		KM	Postkarte an Pjotr Lawrowitsch Lawrow [dtÜbers des frzOrig]	MEW34: 177
1875		FE	[Dialektik der Natur.] Notizen [Re-aktion. Identität und Unterschied. Ma-thematisches. Asymptoten. Äther. Verte-brata. Wärmestrahlung in den Weltraum. Bathybius. Verstand und Vernunft. Struggle for life. Arbeit. Induktion und Analyse. Historisches. – Erfindungen. u.a.]	MEGA S: 633–648; [MEW20: 456f, 462ff, 481f, 491, 496f, 521f, 526ff, 535f, 544–547, 552, 554, 562, 564–568; FR: FeSt2: 88f, 97, 101f]
ca.1875		KM	Kritische Bemerkungen zu Rodbertus „Soziale Briefe an von Kirchmann" nebst dazugehörendem Exzerpt des Werkes	FR: MEGA S: XLIIf
ca.1875		FE	Randbemerkungen in Eugen Dühring, „Kursus der National- und Sozial-ökonomie"	FR: MEGA S: XLIIIf
ab1875[?]		KM	Korrekturnotiz in einem Exemplar der 2. Ausgabe des Ersten Bandes des „Kapital"	K I: 962
ab1875		KM	Randglossen in Pierstorff, Julius: Die Lehre vom Unternehmergewinn	FR: Ex libris: 159
Ende1875		KM	Korrekturvermerke in einem Hand-exemplar von „Misère de la Philosophie"	MEGA6: 141, 145f, 149, 189, 215f; MEW4: 88, [94], 141, 168f

1876

1875/76		FE	[Dialektik der Natur.] Einleitung	MEGA S: 481–499; [MEW20: 311–327]
1876		FE	[Dialektik der Natur.] Notizen [Mädler, Fixsterne. Nebelflecke. u.a.]	MEGA S: 648–651; [MEW20: 536–539, 561]

1876

Ent-stehungs-zeit	Erscheinungs-datum	Verfasser	Titel oder Textbezeichnung	Quellennachweis
1.1.		KM	Widmung für Natalie Outine	MEGA 6: 667
28.12.75/ 17.1.76		KM	Konspekt von „Труды податной комиссии" [russÜbers mit einzelnen russ Originalausdrücken	AM XIII: 3–306
22.1.		FE	Rede auf der Versammlung zum Jahrestag des polnischen Aufstands 1863 [dtÜbers eines von Engels verfaßten frz Manuskripts zur dt gehaltenen Rede]	MEW 19: 35f
7.2.	27.2.	KM	Ansprache anläßlich einer Feier zum 36. Jahrestag der Gründung des Deutschen Arbeiterbildungsvereins [Bericht] [in „Der Volksstaat"]	Der Volksstaat 8, 24: 3
7.2.	27.2.	FE	Ansprachen anläßlich einer Feier zum 36. Jahrestag der Gründung des Deutschen Arbeiterbildungsvereins [Bericht] [in „Der Volksstaat"]	Der Volksstaat 8, 24: 3[1]
ca. Mitte II		KM	Differentialrente und Rente als bloßer Zins des dem Boden einverleibten Kapitals[2]	MEW 25: 754f
II	25.2.–1.3.	FE	Preußischer Schnaps im deutschen Reichstag [in „Der Volksstaat"]	MEW 19: 37–51
16.2.		KM	Brief an Carl Hirsch [dtÜbers der frz Inhaltsangabe]	MEW 34: 503
Ende III	4.4.	JM	Londoner Saison [in „Frankfurter Zeitung und Handelsblatt"]	BZG 8,6: 1034ff
4.4.		KM	Brief an Friedrich Adolph Sorge	MEW 34: 178f
25.4.		FE	Brief an Philipp Pauli	MEW 34: 180f
Ende IV/ Anf. V		JM	Brief an Carl Hirsch	FR: Kapp: 176[3]
4.5.		KM	Brief an Carl Hirsch [dtÜbers der frz Inhaltsangabe]	MEW 34: 503
V		KM	Konspekt von August von Haxthausen: Die ländliche Verfassung Rußlands [russÜbers mit einzelnen russ Originalausdrücken	AM XII: 86–114
18.5.		KM	Brief an Pjotr Lawrowitsch Lawrow [dtÜbers des frzOrig]	MEW 34: 182
24.5.		FE	Brief an Karl Marx	MEW 34: 12f; [BW IV: 517f]
25.5.		KM	Brief an Friedrich Engels	MEW 34: 14ff; [BW IV: 518–521]
28.5.		FE	Brief an Karl Marx	MEW 34: 17ff; [BW IV: 521ff]

[1] Der Bericht der zweiten Ansprache abgedruckt in Bobińska: Marx und Engels über polnische Probleme, S. 295.
[2] Der Text ist dem 3. Band des „Kapital" eingefügt worden.
[3] Bei dem Fragment handelt es sich um einen [vermutlich auch im Original] französischen Ausdruck.

1876

Ent-stehungs-zeit	Erschei-nungs-datum	Ver-fasser	Titel oder Textbezeichnung	Quellen-nachweis
14.6.		KM	Brief an Friedrich Adolph Sorge	MEW34: 183
14.6.		KM	Brief an Pjotr Lawrowitsch Lawrow [dtÜbers des frzOrig]	MEW34: 184
15.6.		KM	Brief an Pjotr Lawrowitsch Lawrow [dtÜbers des frzOrig]	MEW34: 185f
VI		FE	Anteil der Arbeit an der Menschwerdung des Affen	MEGAS: 693–706; [MEW20: 444–455; FeSt2: 78–88]
VI		KM	Anmerkung zu Maurer, Georg Ludwig von: Geschichte der Fronhöfe, der Bauernhöfe und der Hofverfassung in Deutschland	FR: Harstick: I 123; [FR: KM: Über Formen: 150]
16.6.		FE	Brief an Pjotr Lawrowitsch Lawrow [dtÜbers des frzOrig]	MEW34: 187
30.6.		FE	Brief an Pjotr Lawrowitsch Lawrow [dtÜbers des frzOrig]	MEW34: 188
1876		FE	Vorarbeiten zum „Anti-Dühring" [Notizen und Entwurf der Einleitung]	MEGAS: 372–406; MEW20: 586, 589, [573–588, 16, 19, 23, 25; FE: Rolle: 113f]; MEAII: 403f, 411–415, 417–420 [FR: FeSt1: 225ff]
25.7.		FE	Brief an Karl Marx	MEW34: 20; [BWIV: 524]
26.7.		KM	Brief an Friedrich Engels	MEW34: 21f; [BWIV: 525f]
11.8.		FE	Brief an Philipp Pauli	MEW34: 189
15.8.		FE	Brief an Pjotr Lawrowitsch Lawrow [dtÜbers des frzOrig]	MEW34: 190
19.8.		KM	Brief an Friedrich Engels	MEW34: 23ff; [BWIV: 526–529]
16./20.8.		JM	Brief an Johann Philipp Becker	MEW34: 520f
20.8.		FE	Brief an Jenny Marx	FE1820: 324
22.8.		JM	Brief an Karl Marx und Tochter Eleanor	FR: Künzli: 387[1]; FR: IRofSHI, 1: 71
25.8.		FE	Brief an Karl Marx	MEW34: 26f; [BWIV: 529ff]
27.8.		FE	Brief an Ida Pauli	MEW34: 191f
30.8.		KM	Brief an Max Oppenheim	MEW34: 194
EndeVIII/ Anf.IX		KM	Brief an Jenny Longuet	MEW34: 193
1.9.		KM	Brief an Max Oppenheim	MEW34: 195
6.9.		KM	Brief an Max Oppenheim	MEW34: 196
9.9.		KM	Brief an Max Oppenheim	MEW34: 197
10.9.		KM	Brief an Ida Pauli	MEW34: 198
12.9.		KM	Brief an Max Oppenheim	MEW34: 199

[1] Satzfragment.

Ent-stehungs-zeit	Erschei-nungs-datum	Ver-fasser	Titel oder Textbezeichnung	Quellen-nachweis
15.9.		FE	Brief an Pjotr Lawrowitsch Lawrow [dtÜbers des frzOrig]	MEW34: 200
21.9.		KM	Brief an Ferdinand Fleckles	MEW34: 201
23.9.		KM	Brief an Wilhelm Bracke	MEW34: 203f
23.9.		KM	Brief an Carl Hirsch [dtÜbers der frz Inhaltsangabe]	MEW34: 503
30.9.		KM	Brief an Wilhelm Bracke	MEW34: 205f
7.10.		KM	Brief an Pjotr Lawrowitsch Lawrow [dtÜbers des frzOrig]	MEW34: 207f
7.10.		KM	Brief an Wilhelm Liebknecht	MEW34: 209ff
13.10.		KM	Brief an Leo Frankel [Übers der ungar Wiedergabe des dtOrig]	MEW34: 212f
15.10.		FE	Notiz zu einem Brief an Ernst Dronke	MEW34: 214
16.10.		FE	Brief an Emil Blank [FR]	MEW34: 215
20.10.		FE	Brief an Ernst Dronke [FR]	MEW34: 216
20.10.		FE	Brief an Ludwig Kugelmann	MEW34: 217f
21.10.		KM	Brief an Pjotr Lawrowitsch Lawrow [dtÜbers des frzOrig]	MEW34: 219f
1.11.		FE	Brief an Ernst Dronke [Entwurf]	MEW34: 221f
6.11.		KM	Brief an Wilhelm Bracke	MEW34: 223
10.11.		KM	Brief an Collet Dobson Collet [englOrig] – Deutsche Übersetzung	BZG17,5: 842–845 BZG17,5: 845–848
13.11.		FE	Brief an Ernst Dronke [Entwurf]	MEW34: 224
20.11.		KM	Brief an Wilhelm Bracke	MEW34: 225
20.11.		FE	Brief an Johann Philipp Becker	MEW34: 226ff
VI/Ende XI	1.7.–25.11.	FE	Wilhelm Wolff [in „Die neue Welt"]	MEW19: 55–88
EndeXI		FE	Brief an Gustav Rasch [Entwurf]	MEW34: 229ff
XI/XII		KM	Exzerpte aus Utiešenović, Og. M.: Hauskommunion der Südslaven	FR: Harstick: I LII; [FR: KM: Über Formen: XLVII]
9.12.		KM	Brief an Collet Dobson Collet [englOrig] – Deutsche Übersetzung	BZG17,5: 845 BZG17,5: 848
11.12.		KM	Brief an Friedrich Engels	MEW34: 28; [BWIV: 531f]
16.12.		FE	Brief an Philipp Pauli	MEW34: 232f
18.12.		FE	Brief an Hermann Engels	MEW34: 234f
21.12.		FE	Brief an Johann Philipp Becker	MEW34: 236f
EndeXII	3.1.77	JM	Englische Shakespeare-Studien [in „Frankfurter Zeitung und Handelsblatt"]	BZG8,6: 1036–1039
2.Hälfte 1876		FE	[Dialektik der Natur.] Notiz [„Die ewigen Naturgesetze"]	MEGAS: 664f; [MEW20: 505f; FeSt2: 109]

1877

nach 1876[?]		KM	Randnotizen und Korrektur in Jacoby, Leopold: Die Idee der Entwickelung	FR: Ex libris: 107, 109

1877

Ent-stehungs-zeit	Erschei-nungs-datum	Ver-fasser	Titel oder Textbezeichnung	Quellen-nachweis
nach 1876[?]		KM	Bibliographische Notiz in Townsend, L. T.: The Chinese problem	Ex libris: 196
1877		FE	Vorarbeiten zum „Anti-Dühring" [Ex-zerpte und Randglossen zu E. Dühring: Kursus der National- und Sozialökonomie]	MEGA S: 406–447; MEW20: 589–596; MEA II: 420–426
Anf.1877		KM	Randnoten zu Dührings Kritische Ge-schichte der Nationalökonomie	MEGA S: 341–371
9.1.		KM	Brief an Maxim Maximowitsch Kowalewski [dtÜbers des frzOrig][1]	MEW34: 238
9.1.		FE	Brief an Wilhelm Liebknecht	MEW34: 239
9.1.		FE	Brief an Hermann Engels	MEW34: 240f
vor 21.1.		KM	Bemerkung in „Die Quintessenz des Socialismus"	Ex libris: 177
20.od.21.1.		JM	Brief an Friedrich Adolph Sorge	MEW34: 524ff
21.1.		KM	Brief an Wilhelm Bracke	MEW34: 242
21.1.		KM	Brief an Ferdinand Fleckles	MEW34: 243f
21.1.		KM	Brief an Wilhelm Alexander Freund	MEW34: 245f
21.1.		KM	Brief an Frederick Harrison [dtÜbers des englOrig]	MEW34: 247
23.1.		KM	Brief an Gabriel Deville [Entwurf] [dtÜbers des frzOrig]	MEW34: 248f
25.1.		FE	Brief an Hermann Ramm	MEW34: 250
Anf.II		FE	Bemerkung zur Seite 29 der „Histoire de la commune" [dtÜbers des frzOrig]	MEW19: 351–354
1.2.	8.2.	JM	Shakespeares „Richard III." im Londoner Lyceum-Theater [in „Frankfurter Zeitung und Handelsblatt"]	BZG8,6: 1039–1042
	3.2.	KM u. M.Barry[2]	Mr. Gladstone and the Russian In-trigue [in „Whitehall Review"] [russÜbers]	SočXV: 675ff
13.2.	26.2.	FE	Brief an Enrico Bignami [in „La Plebe"] [italOrig]	Corr: 274f
			– Deutsche Übersetzung	MEW19: 89f
14.2.		KM	Brief an Wilhelm Bracke	MEW34: 251
14.2.		FE	Brief an Ida Pauli	MEW34: 252f
23.2.		FE	Brief an Karl Marx	MEW34: 29ff; [BW IV: 533ff]
24.2.		KM	Brief an Pjotr Lawrowitsch Lawrow [dtÜbers des frzOrig]	MEW34: 254
2.3.		FE	Brief an Karl Marx	MEW34: 32f; [BW IV: 535f]
	3.3.	KM[3]	Mr. Gladstone [in „Vanity Fair"] [russÜbers]	SočXV: 677–680

[1] Identisch mit Entwurf des Briefes.
[2] Von M. Barry verfaßt aufgrund von Angaben von Marx.
[3] Von M. Barry überarbeitet.

Ent-stehungs-zeit	Erschei-nungs-datum	Ver-fasser	Titel oder Textbezeichnung	Quellen-nachweis
3.3.		KM	Brief an Friedrich Engels	MEW34: 34f; [BW IV: 536f]
4.3.		FE	Brief an Friedrich Leßner	MEW34: 255
5.3.		KM	Brief an Friedrich Engels	MEW34: 36; [BW IV: 537f]
6.3.		FE	Brief an Karl Marx	MEW34: 37f; [BW IV: 538f]
7.3.		KM	Brief an Friedrich Engels	MEW34: 39ff; [BW IV: 539–542]
	10.3.	KM u. M.Barry[1]	The Great Agitator Unmasked [in „Vanity Fair"] [russÜbers]	SočXV: 680ff
6./14.3.	16.3.	FE	Aus Italien [in „Vorwärts"]	MEW19: 91–95
16.3.		KM	Brief an Pjotr Lawrowitsch Lawrow [dtÜbers des frzOrig]	MEW34: 256
23.3.		KM	Brief an Pjotr Lawrowitsch Lawrow [dtÜbers des frzOrig]	MEW34: 257
24.3.		FE	Brief an Johann Philipp Becker	MEW34: 258f
26.3.		FE	Brief an Philipp Pauli	MEW34: 260
27.3.		KM	Postkarte an Pjotr Lawrowitsch Lawrow [dtÜbers des frzOrig]	MEW34: 261
29.3.		KM	Postkarte an Pjotr Lawrowitsch Lawrow [dtÜbers des frzOrig]	MEW34: 262
Ende III		KM	Hinweise und Notizen zu den ersten vier Manuskripten zu „Das Kapital". Band II	FR: MEW24: 11
Ende III		KM	Manuskript V zu „Das Kapital". Band II	FR: MEW24: 45–120; FR: KMAV: 94, [21–109]
			– Ergänzender Textteil in französischer Übersetzung	KM: Œuvres: 1685
10.4.		KM	Brief an Carl Hirsch [dtÜbers der frz Inhaltsangabe]	MEW34: 503f
11.4.		KM	Brief an Wilhelm Bracke	MEW34: 263f
11.4.		FE	Brief an Wilhelm Liebknecht [Entwurf]	MEW34: 265
17.4.		KM	Brief an Pjotr Lawrowitsch Lawrow [dtÜbers des frzOrig]	MEW34: 266
20.4.		KM	Brief an Thomas Allsop [?] [englOrig]	FR: Faks: ND31, 187: 4
			– Deutsche Übersetzung	ND31, 187: 4
21.4.		KM	Brief an Wilhelm Bracke	MEW34: 267ff
21.4.		KM	Postkarte an Pjotr Lawrowitsch Lawrow [dtÜbers des frzOrig]	MEW34: 270
21.4.		FE	Brief an B. Lindheimer [Entwurf]	MEW34: 271
23.4.		KM	Brief an Pjotr Lawrowitsch Lawrow [dtÜbers des frzOrig]	MEW34: 272

[1] Von M. Barry verfaßt aufgrund von Angaben von Marx.

1877

Ent-stehungs-zeit	Erschei-nungs-datum	Ver-fasser	Titel oder Textbezeichnung	Quellen-nachweis
24.4.		FE	Brief an Wilhelm Bracke	MEW34: 273f
26.4.		FE	Brief an B. Lindheimer [Entwurf]	MEW34: 275
3.od.4.5.		FE	Brief an B. Lindheimer [Entwurf]	MEW34: 276
14.5.		KM	Brief an Carl Hirsch [dtÜbers der frz Inhaltsangabe]	MEW34: 504
22.5.	25.5.	JM	Vom Londoner Theater [in „Frankfurter Zeitung und Handelsblatt"]	BZG8,6: 1042–1045
26.5.		KM	Brief an Wilhelm Bracke	MEW34: 277f
27.5.		FE	Brief an Karl Marx	MEW34: 42f; [BW IV: 542f]
31.5.		KM	Brief an Friedrich Engels	MEW34: 44f; [BW IV: 543ff]
5.6.	8.6.	FE	[I contadini inglesi vogliono parte-cipare alle lotte politiche del loro Paese] [in „La Plebe"]	M/E: Scritti: 117ff
14.6.	18.6.	FE	[L'Unione Agricola inglese e il movi-mento collettivista nelle campagne] [in „La Plebe"]	M/E: Scritti: 119ff
MitteVI	1878	FE	Karl Marx [in „Volks-Kalender"]	MEW19: 96–106
25.6.		FE	Brief an Wilhelm Bracke	MEW34: 279f
2.7.		FE	Brief an Wilhelm Liebknecht	MEW34: 281f
15.7.		FE	Brief an Karl Marx	MEW34: 46f; [BW IV: 545ff]
18.7.		KM	Brief an Friedrich Engels	MEW34: 48f; [BW IV: 547f]
19.7.		FE	Brief an Karl Marx	MEW34: 50f; [BW IV: 548ff]
23.7.		KM	Brief an Friedrich Engels	MEW34: 52–55; [BW IV: 550–553]
24.7.		FE	Brief an Karl Marx	MEW34: 56ff; [BW IV: 553ff]
25.7.		KM	Brief an Friedrich Engels	MEW34: 59–62; [BW IV: 555–559]
25.7.		FE	Brief an Franz Wiede [Entwurf]	MEW34: 283
31.7.		FE	Brief an Karl Marx	MEW34: 63f; [BW IV: 559f]
31.7.		FE	Brief an Natalie Liebknecht	MEW34: 284
31.7.		FE	Brief an Wilhelm Liebknecht	MEW34: 285f
VII/VIII		KM	Notizen in Knies, Carl: Geld und Credit	FR: Faks: Ex libris: 118
1.8.		KM	Brief an Friedrich Engels	MEW34: 65ff; [BW IV: 560–563]
1.8.		KM	Brief an Wilhelm Bracke	MEW34: 287
1.8.		KM	Brief an Carl Hirsch [dtÜbers der frz Inhaltsangabe]	MEW34: 504
8.8.		KM	Brief an Friedrich Engels	MEW34: 68–70; [BW IV: 563f]
8.8.		KM	Brief an Wilhelm Bracke	MEW34: 288

Ent-stehungs-zeit	Erschei-nungs-datum	Ver-fasser	Titel oder Textbezeichnung	Quellen-nachweis
Anf.I/ MitteVIII		FE	Taktik der Infanterie aus den materiellen Ursachen abgeleitet. 1700–1870	MEGAS: 448–454; [MEW20: 597–603]
15.8.		KM	Brief an Maltman Barry [englOrig] – Deutsche Übersetzung	Annali: 200f MEW34: 289
17.8.		KM	Brief an Friedrich Engels	MEW34: 71f; [BW IV: 564ff]
18.8		KM	Brief an Wilhelm Bracke	MEW34: 290
24.8.		KM	Brief an Wilhelm Bracke	MEW34: 291
25.8.		FE	Brief an Karl Marx	MEW34: 73ff; [BW IV: 566ff]
4.9.		FE	Brief an Natalie Liebknecht	MEW34: 292f
27.9.		KM	Brief an Friedrich Adolph Sorge	MEW34: 294–297
5.10.		FE	Brief an Hermann Engels	MEW34: 298f
12.10.		FE	Brief an Ludwig Kugelmann	MEW34: 300
13.10.		FE	Brief an Hermann Engels	MEW34: 301
19.10.		KM	Brief an Friedrich Adolph Sorge	MEW34: 302ff
23.10.		KM	Brief an Wilhelm Bracke	MEW34: 305
25.10.		KM	Brief an Sibylle Heß	MEW34: 306
1.11.		FE	Widmung für Marx in Engels, Friedrich: Herrn Eugen Dühring's Umwälzung der Wissenschaft. I. Philosophie.	Ex libris: 64
3.11.		KM	Brief an Sigmund Schott	MEW34: 307
8.11.	11.11.	FE	[Le condizioni delle lavoratrici inglesi] [in „La Plebe"]	M/E: Scritti: 121ff
10.11.		KM	Brief an Wilhelm Blos	MEW34: 308–311
ca.XI		KM	An die Redaktion der „Otjetschestwennyje Sapiski" [Entwurf des nicht abgesandten Briefes] [frzOrig] – Deutsche Übersetzung [unter Verwendung der von Engels in seinem Nachwort zu „Soziales aus Rußland" in dtÜbers gebrachten Teile]	[FR: Faks: MEW19: 109]; AB: 365–368 MEW19: 107f, 111f; [MEStIII 191ff, 249]
XI		JM	Brief an Karl Marx – Englische Übersetzung	FR: Raddatz: 230 FR: Kapp: 41
20.11.		FE	Brief an Ernst Dronke [auszugsweise Abschrift von Engels]	MEW34: 312
20.11.		JM	Brief an Eleanor Marx [englÜbers]	FR: Kapp: 189
29.11.		KM	Brief an Sibylle Heß	MEW34: 313
I/XII		KM	Bemerkungen in Васильчиковъ, А.: Землевладѣніе и земледѣліе въ Россіи и другихъ европейскихъ государствахъ	FR: AKM: 407–411
19.12.		KM	Brief an eine Redaktion	MEW34: 314

1878

1869/78		KM	Bemerkungen in Mill, John Stuart: Principles of political economy with some of their applications to social philosophy	FR: Ex libris: 144, Faks: 145

1878

Ent-stehungs-zeit	Erschei-nungs-datum	Ver-fasser	Titel oder Textbezeichnung	Quellen-nachweis
Ende 1877/ Anf. 1878		FE	Brief an Karl Marx	MEW 34: 76; [BW IV: 532]
Anf. 1878		FE	Die Naturforschung in der Geisterwelt	MEGA S: 707–716; [MEW 20: 337–347]
1877 od. 1878[?]		KM	Note zum Manuskript „Das Kapital", Band II	MEW 24: 120–123; [KMA V: 109–113]
11.1.		FE	Brief an Johann Philipp Becker	MEW 34: 315f
12.1.	22.1.	FE	Brief an Enrico Bignami [in „La Plebe"] [FR] [italOrig]	Corr: 279ff
			– Deutsche Übersetzung	MEW 19: 113ff
4.2.		KM	Brief an Wilhelm Liebknecht [FR]	MEW 34: 317ff
11.2.		KM	Brief an Wilhelm Liebknecht [FR]	MEW 34: 320–324
Mitte II	3.3.	FE	The Workingmen of Europe in 1877. I. [in „The Labor Standard"] [dtÜbers]	MEW 19: 117–121
20.2.		KM	Brief an Carl Hirsch [dtÜbers der frz Inhaltsangabe]	MEW 34: 504
II/III		JM	Brief an Eleanor Marx	FR: Künzli: 217, 314, 386
			– Englische Übersetzung	FR: Kapp: 41, 188ff
II/III	10.3.	FE	The Workingmen of Europe in 1877. II. [in „The Labor Standard"]	MEL: 159–162
			– Deutsche Übersetzung	MEW 19: 122ff
II/III	17.3.	FE	The Workingmen of Europe in 1877. III. [in „The Labor Standard"]	MEL: 162–166
			– Deutsche Übersetzung	MEW 19: 124–128
II/III	24.3.	FE	The Workingmen of Europe in 1877. IV. [in „The Labor Standard"] [dtÜbers]	MEW 19: 129–133
Mitte III	31.3.	FE	The Workingmen of Europe in 1877. V. [in „The Labor Standard"] [dtÜbers]	MEW 19: 133–137
29.3.		KM	Brief an Walerian Nikolajewitsch Smirnow	MEW 34: 325
Anf. XI 1876/Ende III 1878	1877/ 78[1]	M/E[2]	Herrn Eugen Dührings Umwälzung der Wissenschaft [„Anti-Dühring"][1]	MEGA S: 17–335; MEW 20: 16–303; [FeSt 1: 25–221; 2: 13–70]
ab III		KM	Exzerpte über kaufmännische Arithmetik [russ Beschreibung]	Rukopisi: 266
3.4.		FE	Brief an Carl Hirsch	MEW 34: 326
3.4.		FE	Brief an German Alexandrowitsch Lopatin [FR] [dtÜbers des frzOrig]	MEW 34: 327

[1] Erster Teil unter dem Titel „Herrn Eugen Dührings Umwälzung der Philosophie" im „Vorwärts" vom 3.1.–11.5.1877 veröffentlicht; der zweite Teil unter dem Titel „Herrn Eugen Dührings Umwälzung der Politischen Ökonomie" in der „Wissenschaftlichen Beilage des ‚Vorwärts'" vom 27.7.–30.12.1877; der dritte Teil unter dem Titel „Herrn Eugen Dührings Umwälzung des Sozialismus" in der „Beilage des ‚Vorwärts'" vom 5.5.–7.7.1878.

[2] Das ganze Werk ist unter dem Namen von Engels erschienen. Das X. Kapitel des 2. Abschnitts [MEGA S: 233–261; MEW 20: 210–238] ist von Marx zwischen 1.3. und 8.8.1877 verfaßt und von Engels redigiert und gekürzt worden [zuerst veröffentlicht am 30.12.1877].

1878

Entstehungszeit	Erscheinungsdatum	Verfasser	Titel oder Textbezeichnung	Quellennachweis
			– Deutsche Übersetzung der russischen Wiedergabe weiterer Teile	MEW 34: 598
28.4.		KM	Postkarte an Thomas Allsop [dtÜbers des englOrig]	MEW 39: 533
30.4.		FE	Brief an Wilhelm Bracke	MEW 34: 328f
ca. V		KM	Exzerpt aus В. И. Герье und Б. Н. Чичеринъ: Русский дилетантизм и общинное землевладение	FR: AKM: 411
			– Russische Übersetzung mit einzelnen russischen Originalausdrücken	AM XII: 162f
1869/VI 1878[?]		KM	Vermerke in Au, J.: Die Hilfsdüngemittel in ihrer volks- und privatwirthschaftlichen Bedeutung	FR: Ex libris: 26
vor VI		KM	[Dialektik der Natur] Notiz [„Leukipp und Demokrit"]	MEW 20: 461, 664f; [MEA II: 263f]
			– Deutsche Übersetzung der griechischen Textteile	MEW 20: 461f
V od. Anf. VI		FE	Alte Vorrede zum „Anti-Dühring". – Über die Dialektik	MEGA S: 455–463; [MEW 20: 328–336; FeSt 2: 71–77]
11.6.		FE	Vorwort zur 1. Auflage des „Anti-Dühring"	MEGA S: 5ff; [MEW 20: 5–8; FeSt 1: 15ff]
12.6.	13.6.	KM	Herr Bucher. To the editor of the „Daily News" [in „The Daily News"] [dtÜbers]	MEW 19: 138f
VI		KM	Exzerpt aus J. B. Jukes: The Student's Manual of Geology [englOrig]	FR: Reiprich: 124f
			– Deutsche Übersetzung	FR: Reiprich: 124f
26.6.		KM	Brief an Carl Hirsch	MEW 34: 330
27.6.		KM	[Erwiderung auf die „Erklärung" Buchers]	MEW 19: 140f
ca.1878[?]		KM	Vermerke in Roscoe, H. E.: C. Schorlemmer: Ausführliches Lehrbuch der Chemie	FR: Faks: Ex libris: 174
Anf. VII	4.8.	KM	Mr. George Howell's History of the International Working Men's Association [in „The Secular Chronicle"]	Labour Monthly: 417–421
			– Deutsche Übersetzung	MEW 19: 142–147
X 1877/ VII 1878		KM	Manuskript VI zu „Das Kapital", Band II.	FR: MEW 24: 42–45; FR: KMAV: 19, [16–21]; FR: K II: 38
			– Ergänzende Textteile in französischer Übersetzung	FR: KM: Œuvres: 1685f
ab 2.7.		KM	Manuskript VII zu „Das Kapital", Band II	FR: MEW 24: 32–42; [FR: KMAV: 4–16]
			– Ergänzender Textteil in französischer Übersetzung	FR: KM: Œuvres 1685
1878[?]		KM	Manuskript VIII zu „Das Kapital", Band II	FR: MEW 24: 359–388, 393f, 396–420, 435–476, 485–518,

1878

Ent-stehungs-zeit	Erschei-nungs-datum	Ver-fasser	Titel oder Textbezeichnung	Quellennachweis
				522, 525, 131f[1]; FR: KMAV: 414, [407–445, 451f, 454, 456–484, 503–555, 566–607, 122ff]; FR: K II: 363, 519
			– Ergänzender Textteil in französischer Übersetzung	FR: KM: Œuvres: 747
13.7.		KM	Brief an Sigmund Schott	MEW34: 331
15.7.		KM	Brief an Sigmund Schott	MEW34: 332
16.7.		FE	Brief an Walerian Nikolajewitsch Smirnow [frzOrig]	International Review for Social History: 416
			– Deutsche Übersetzung	MEW34: 333
19.7.		FE	Brief an Oscar Schmidt [Entwurf]	MEW34: 334
30.7.		FE	Brief an Philipp Pauli	MEW34: 335f
10.8.		FE	Brief an Pjotr Lawrowitsch Lawrow [dtÜbers des frzOrig]	MEW34: 337f
VIII[?]		FE	[Dialektik der Natur]. Skizze des Gesamtplans	MEGA S: 685; [MEW20: 307f]
VIII		JM	Brief an Eleanor Marx [englÜbers]	FR: Kapp: 190f
24.8.		KM	Brief an George Rivers [englOrig]	BZG1,3: 545
			– Deutsche Übersetzung	MEW34: 339
4.9.		KM	Brief an Friedrich Adolph Sorge	MEW34: 340
12.9.		FE	Brief an Friedrich Leßner	MEW34: 341
12.9.		FE	Brief an Rudolf Engels	MEW34: 342
12.9.	18.9.	FE	Mitteilung über den Tod seiner Frau [in „Vorwärts"]	MEW34: 507
nach12.9.		JM	Brief an Friedrich Engels	FR: Dornemann: 301f
16.9.		KM	Postkarte an Jenny Longuet	MEW34: 343
17.9.		KM	Brief an Friedrich Engels	MEW34: 77ff; [BW IV: 569ff]
17.9.		KM	Brief an Jenny Marx	MEW34: 344f
vor18.9.		KM	Bemerkungen in Samter, Adolph: Die Reform des Geldwesens	FR: Ex libris: 176
18.9.		FE	Brief an Karl Marx	MEW34: 80f; [BW IV: 571f]
18.9.		KM	Brief an Friedrich Engels	MEW34: 82ff; [BW IV: 573ff]
19.9.		FE	Brief an Karl Marx	MEW34: 85; [BW IV: 575]
21.9.		FE	Brief an Karl Marx	MEW34: 86; [BW IV: 576]
24.9.		KM	Brief an Friedrich Engels	MEW34: 87f; [BW IV: 576f]

[1] Einschließlich zusätzlicher deutscher Übersetzung eines fremdsprachigen Zitats.

Ent-stehungs-zeit	Erschei-unngs-datum	Ver-fasser	Titel oder Textbezeichnung	Quellen-nachweis
EndeIX		KM	Konspekt der Reichstagsdebatte über das Sozialistengesetz	MEW34: 491–500
3.10.		KM	Brief an Moritz Kaufmann [Entwurf] [dtÜbers des englOrig]	MEW34: 346
10.10.		KM	Brief an Moritz Kaufmann [Entwurf] [dtÜbers des englOrig]	MEW34: 347f
21.10.		FE	Brief an Hermann Arnold [Entwurf]	MEW34: 349
4.11.		KM	Brief an einen Unbekannten	MEW34: 350
ca.10.11.		KM	Brief an Alfred Talandier [Entwurf] [dtÜbers des frzOrig]	MEW34: 351–357
15.11.		KM[1]	Brief an Nikolai Franzewitsch Danielson [englOrig] – Deutsche Übersetzung	FR: BrKap: 237f MEW34: 358ff
MitteXI		KM	Notizen in Enschut, C. A. van: Over de bevoegdheid der markgenootschappen, om de markgronden door afsluiting te be-vrijden van het weiden van het vee uit de aangrenzende buurschappen, ...	FR: Ex libris: 64
19.11.		FE	Brief an Ernst Dronke [dtÜbers des englOrig]	MEW34: 361
28.11.		KM[1]	Brief an Nikolai Franzewitsch Danielson [dtÜbers des englOrig]	MEW34: 362f
29.11.		FE	Brief an Ernst Dronke [Entwurf] [dtÜbers des englOrig]	MEW34: 364
12.12.		FE	Brief an Johann Philipp Becker	MEW34: 365f
18.12.	5.1.79	KM	Interviewäußerungen gegenüber dem Kor-respondenten der „Tribune" [in „The Chicago Tribune"] [englOrig] – Deutsche Übersetzung	Zeitschr. f. Ge-schichtsw. XII, 1: 66[2] MEW34: 508–516
2.Hälfte 1878		KM	Exzerpt aus „Начала" [russÜbers mit einzelnen russ Originalausdrücken]	AM XII: 161
ab1878		KM	Konspekte über Differentialrechnung aus Büchern von Lacroix, Boucharlat, Hind und Hall	Rukopisi: 310–335
ab1878		KM	Notizen in Гольцевъ, В. А.: Государствен-ное хозяйство во Франции 17в.	FR: Harstick: Anh. 73

1879

1878/79[?]		KM	Notizen und Berechnungen in Hall, T. G.: A treatise on the differential and integral calculus, and the calculus of variations	FR: Faks: Ex libris: 86f; FR: Faks: ND8, 104: 3
Winter 1878/79		KM	Bemerkungen in И. И. Кауфманъ: Теория и практика банковаго дѣла. Кредитъ, банки и денежное обращение	FR: AKM: 396f

[1] Unter dem Pseudonym A.W. bzw. A. Williams.
[2] In der gekürzten Fassung von „The Socialist" vom 11.1.1879.

1879

Ent-stehungs-zeit	Erschei-nungs-datum	Ver-fasser	Titel oder Textbezeichnung	Quellen-nachweis
X1878/ I1879[?]		KM	Bibliographische Notiz in Mohl, Moriz: Ueber Bank-Manöver, Bankfrage und Krisis	Ex libris: 114
30.1.		FE	Brief an Johann Philipp Becker	MEW34: 367f
31.1.		KM[1]	Äußerungen im Gespräch mit Sir Mountstuart Elphinstone Grant Duff [englOrig]	Times Lit. Suppl.: 464
			– Deutsche Übersetzung	Gespräche II: 506ff
1.3.		FE	Brief an Wilhelm Liebknecht	MEW34: 369
nach 17.3.		FE	Auszüge aus W. Liebknechts Rede vom 17. 3. im Reichstag	BebelBr: 521
21.3.	30.3.	FE	[Non si ferma il socialismo quando gli si chiude la bocca] [in „La Plebe"]	M/E: Scritti: 127f
			– Deutsche Übersetzung	MEW19: 148f
10.4.		KM[2]	Brief an Nikolai Franzewitsch Danielson [englOrig]	FR: AB: 372–376
			– Deutsche Übersetzung	MEW34: 370–375
IV		KM	Brief an Maxim Maximowitsch Kowalewski [FR] [russ Aufzeichnung des englOrig]	M/E: Переписка: 232f
			– Deutsche Übersetzung	MEW34: 506
28.5.		KM	Brief an Rudolph Meyer [Entwurf]	MEW34: 376
16.6.		FE	Brief an J. Gugenheim [Entwurf]	MEW34: 377
17.6.		FE	Brief an Eduard Bernstein [Entwurf]	[MEW34: 378]; Bernstein: 4f
26.6.		FE	Brief an Eduard Bernstein [Entwurf]	[MEW34: 379ff]; Bernstein: 8–11
1.7.		FE	Brief an Johann Philipp Becker	MEW34: 382f
29.7.		KM	Brief an Carlo Cafiero [Entwurf] [frzOrig]	Corr: 286
			– Deutsche Übersetzung	MEW34: 384
4.8.		FE	Brief an August Bebel [FR]	MEW34: 385f[3]
7.8.		KM	Brief an Rudolph Meyer	MEW34: 387
14.8.		KM	Brief an Friedrich Engels	MEW34: 89ff; [BW IV: 578ff]
19.8.		KM	Brief an Jenny Longuet [dt-frz-englOrig]	MEW34: 388[4]
20.8.		FE	Brief an Karl Marx	MEW34: 92f; [BW IV: 581f]
25.8.		FE	Brief an Karl Marx	MEW34: 94f; [BW IV: 582ff]
25.8.		KM	Brief an Friedrich Engels	MEW34: 96f; [BW IV: 584f]
26.8.		FE	Brief an Karl Marx	MEW34: 98f; [BW IV: 585ff]

[1] Wiedergegeben von M.E. Grant Duff.
[2] Unter dem Pseudonym A. Williams.
[3] Einschließlich der Varianten des Entwurfs.
[4] Einschließlich zusätzlicher deutscher Übersetzung der fremdsprachigen Textteile.

1879

Ent-stehungs-zeit	Erschei-nungs-datum	Ver-fasser	Titel oder Textbezeichnung	Quellen-nachweis
26.8.		FE	Brief an Karl Höchberg[1]	MEW 34: 389
27.8.		KM	Brief an Friedrich Engels	MEW 34: 100; [BW IV: 587]
28.8.		KM	Brief an Friedrich Engels	MEW 34: 101; [BW IV: 588]
3.9.		KM	Brief an Friedrich Engels	MEW 34: 102; [BW IV: 588f]
8.9.		FE	Brief an Johann Philipp Becker	MEW 34: 390f
9.9.		KM	Brief an Friedrich Engels	MEW 34: 103; [BW IV: 589]
9.9.		FE	Brief an Karl Marx	MEW 34: 104ff; [BW IV: 590ff]
10.9.		KM	Brief an Friedrich Engels	MEW 34: 107f; [BW IV: 592ff]
11.9.		FE	Brief an Karl Marx	MEW 34: 109; [BW IV: 594]
11.9.		KM	Brief an Friedrich Engels	MEW 34: 110; [BW IV: 594f]
12.9.		KM	Brief an Friedrich Engels	MEW 34: 111; [BW IV: 595]
15.9.		FE	Brief an Johann Philipp Becker	MEW 34: 392f
17.–18.9.		M/E	Zirkularbrief an Bebel, Liebknecht, Bracke u. a. [Entwurf]	FR: Faks: MEW 19: 150a; MEW 34: 394–408
18.9.		KM	Postkarte an Carl Hirsch	MEW 39: 534
19.9.		KM[2]	Brief an Nikolai Franzewitsch Danielson [englOrig]	FR: Harstick: I LV; [FR: KM: Über Formen: 2
			– Deutsche Übersetzung	MEW 34: 409
19.9.		KM	Brief an Friedrich Adolph Sorge	MEW 34: 410–414
24.9.		FE	Brief an Johann Philipp Becker	MEW 34: 415
ab IX		FE	Allgemeine Natur der Dialektik als Wissenschaft	MEGA S: 500–506; [MEW 20: 348–353]
nach 8.10.		FE	Notiz an Karl Marx	MEW 34: 112; [BW IV: 596]
25.10.		KM	Brief an Bertha Augusti	MEW 34: 416
14.11.		FE	Brief an August Bebel	MEW 34: 417–421[3]
14.11.		KM	Brief an Friedrich Adolph Sorge	MEW 34: 422
24.11.		FE	Brief an August Bebel [FR: ohne Postskript]	MEW 34: 423–426
3.12.		KM	Brief an Achille Loria	MEW 34: 427
11.12.		KM	Brief an einen Unbekannten[4] [dtÜbers des englOrig]	MEW 34: 428

[1] Identisch mit dem Entwurf des Briefes.
[2] Unter dem Pseudonym A. Williams.
[3] Einschließlich der Varianten des Entwurfs.
[4] Eventuell Gustave Brocher.

1879–1880

Ent-stehungs-zeit	Erschei-nungs-datum	Ver-fasser	Titel oder Textbezeichnung	Quellen-nachweis
14.12.		FE	Brief an Thomas Allsop [?] [englOrig]	FR: Faks: ND 25, 107: 10
			– Deutsche Übersetzung	ND25, 107: 10
16.12.		FE	Brief an August Bebel	MEW34: 429ff[1]
19.12.		FE	Brief an Johann Philipp Becker	MEW34: 432ff
ab1879		FE	Randnotizen in Tourmagne, A.: Histoire du servage ancien et moderne	FR: Ex libris: 200
2.Hälfte d. 70erJahre		KM	Bemerkungen in Н. Зиберъ: Теорiя чѣнности и капитала Д. Рикардо въ связи съ позднѣйшими дополненiями и разъясненiями	FR: AKM: 399f
2.Hälfte d. 70erJahre		KM	Randnotiz in Салтыковъ-Щедринъ: Убѣжище Монрепо	AKM: 393
2.Hälfte d. 70erJahre[2]		KM	Mathematische Manuskripte [zu Taylor, Maclaurin, Lagrange u.a.]	Rukopisi: 192–202[3], 336–455
1867/Ende d. 70erJahre[?]		KM	Notizen in Houzeau, J.C.: Klima und Boden	FR: Ex libris: 97ff
ab1879		KM	Vermerk in Stuart-Glennie, J.S.: Europe and Asia	Ex libris: 190

1880

Ent-stehungs-zeit	Erschei-nungs-datum	Ver-fasser	Titel oder Textbezeichnung	Quellen-nachweis
1864/80		KM	Notizen in Seymour, Henry: Waste lands of India	FR: Ex libris: 186
Ende60er/Anf. 80erJahre[?]		KM[4]	Äußerung über Kritiker	MEW38: 129
1870–80		FE	Exzerpt aus W. Thomson u. P.G. Tait: Treatise on Natural Philosophy [englOrig]	FR: Reiprich: 122f
			– Deutsche Übersetzung	FR: Reiprich: 122f
1870–80		FE	Exzerpt aus William Thomson: On the Secular Cooling of the Earth	FR: Reiprich: 64f
1870–80		FE	Exzerpt aus Carl Fraas: Klima und Pflanzenwelt in der Zeit	FE über d. Dialektik d. Naturw.: 420f
1870–80		FE	Exzerpt aus M. D'Alembert: Traité de Dynamique	FE über d. Dialektik d. Naturw.: 412–415
1870–80		FE	Exzerpt aus H. von Helmholtz: Über die Erhaltung der Kraft	FE über d. Dialektik d. Naturw.: 415–420
Ende70er Jahre/ca.1880[?]		KM[5]	Äußerung über „Marxisten" [frz Wiedergabe]	LafargueBrII: 407[6]

---

[1] Einschließlich der Varianten des Entwurffragments.
[2] Zum Teil nur vermutlich.
[3] Auf den Seiten mit einer geraden Seitenzahl.
[4] Wiedergegeben von Engels im Brief an C. Schmidt vom 1.7.1891.
[5] Wiedergegeben von Engels.
[6] Vgl. andere Fassungen im Brief von Engels an C. Schmidt vom 5.8.1890 [MEW37: 476] und an die Re-

Ent-stehungs-zeit	Erschei-nungs-datum	Ver-fasser	Titel oder Textbezeichnung	Quellen-nachweis
			– Deutsche Übersetzung	MEW37: 450
Ende70er/ Anf.80er Jahre[?]		KM	Randnotizen in Leibnitz: A collection of papers, which passed between Leibnitz and Clarke, in the years 1715 and 1716	FR: Faks: Ex libris: 127
ca.1879/80		FE	Brief an Amélie Engel [Entwurf]	MEW34: 435
X1879/ Anf.1880		KM	Bemerkung zu Acosta, J. de: Historia natural y moral de las Indias …	Harstick: Anh. 106; [KM: Über Formen: 260]
ca.1880		FE	Konspekt von Henri Martin: Histoire de France, depuis les temps les plus reculés jusqu'en 1789	FR: Kunst67I: 639, 332ff
			– Deutsche Übersetzung französicher Textstellen	FR: Kunst67I: 334
			– Russische Übersetzung	AMX: 279–302
10.1.		FE	Brief an Wilhelm Liebknecht	MEW34: 436f
17.2.		FE	Brief an Carl Hirsch	MEW39: 535
nach17.2.		FE	Auszug aus Liebknechts Rede vom 17.2. im Sächsischen Landtag	BebelBr: 522
EndeII	3.u. 24.3.	FE	Le socialisme de M. Bismarck [in „L'Égalité"] [dtÜbers]	MEW19: 167–175
I/MitteIII	1880[1]	FE	Ergänzung in einem Textauszug des „Anti-Dühring" als Vorlage zur französischen Übersetzung [von Paul Lafargue] unter dem Titel „Socialisme utopique et Socialisme scientifique"[2] [dt Fassung]	MEGA S: 295f; [MEW19: 227f; 20: 618ff; [MEStI: 179ff[3]; FeSt2: 191f]
26.3.		KM	Brief an Bernhard Kraus	MEW34: 34: 438
EndeIII		KM	Notiz über „Misère de la Philosophie" [frzOrig]	Annali: 204f
			– Deutsche Übersetzung	MEW19: 229
EndeIII		FE	Brief an H. Meyer [Entwurf]	MEW34: 439
1.4.		FE	Brief an Johann Philipp Becker	MEW34: 440ff
1.HälfteIV	20.4.	KM	[Questionnaire pour une] Enquête Ouvrière [in „La Revue socialiste"]	KÖS: 391–410
			– Deutsche Übersetzung	MEW19: 230–237[4]; KÖS: 391–410
Anf.V		FE	Brief an August Bebel [FR]	MEW34: 445f

daktion der „Sächsischen Arbeiterzeitung" vom 6.9.1890 [MEW22: 69] sowie die russische Wiedergabe von G. A. Lopatin der gleichen Redensart [Soč₂21: 491; dtÜbers MEW21: 489].

[1] Von Lafargue besorgte französische Ausgabe. Veröffentlichung der deutschen Ausgabe 1882/83.
[2] Französische Fassung der Ergänzung in Engels: Socialisme Utopique et Socialisme Scientifique, S. 33ff.
[3] Nach der 4. deutschen Ausgabe von 1891.
[4] Nach der englisch geschriebenen Handschrift ohne die [vermutlich von der Redaktion verfaßten] Zusätze.

1880

Ent- stehungs- zeit	Erschei- nungs- datum	Ver- fasser	Titel oder Textbezeichnung	Quellen- nachweis
Anf.V	30.6.	KM	Considerants du Programme du Parti Ouvrier Français [in „L'Égalité] – Deutsche Übersetzung	KM: Pages choi- sies: 230f MEW19: 238
4.5.		FE	Brief an Paul Lafargue [frzOrig] – Deutsche Übersetzung	LafargueBrI: 52f MEW34: 443
4.od.5.5.	1880	KM	Vorbemerkung zur französischen Ausgabe „Socialisme utopique et Socialisme scien- tifique" [frzOrig] – Deutsche Übersetzung	[FR: Faks: MEW 19: 183]; Anna- li: 205ff MEW19: 181f, 185
4.od.5.5.		KM	Notiz an Paul Lafargue [frzOrig] – Deutsche Übersetzung	[Faks: MEW19: 183]; Annali: 207 MEW34: 444
27.6.		KM	Brief an Ferdinand Domela Nieuwenhuis	MEW34: 447
1880		KM	[Монометаллизм или биметаллизм] [russÜbers des dtOrig]	Soč₂45: 145–152
22.7.		FE	Brief an Minna Karlowna Gorbunowa	MEW34: 448f
ca.X1879/ Sommer 1880[?]		KM	Notizen in Sewell, Robert: The analytical history of India, from the earliest times to the abolition of the honourable East India Company in 1858	FR: Faks: Ex libris: 184f
ca.X1879/ Sommer 1880[?]		KM	Vermerke in „Notes on the north- western provinces of India"	FR: Ex libris: 151, Faks: 152f
ca.X1879/ Sommer1880		KM	Notizen zur indischen Geschichte – Englische Übersetzung	FR: Harstick: I 120, 125, 127, II76– 79, 83, 85–90; [FR: KM: Über Formen: 146, 152, 155, 317– 320 [FR: IndianWar: 197–205]; KM: Notes: 12–157
ca.X1879/ Sommer1880		KM	Exzerpte aus Ludwig Lange, Römische Alterthümer, Erster Band	FR: Harstick: I 89, 104; [FR: KM: Über Formen: 112f, 130]
2.8.		FE	Brief an Minna Karlowna Gorbunowa	MEW34: 450
5.8.		FE	Brief an Minna Karlowna Gorbunowa	MEW34: 451ff
17.8.		FE	Brief an Johann Philipp Becker	MEW34: 454
30.8.		KM	Brief an Friedrich Adolph Sorge	MEW34: 455
VIII	6.9.	KM	Interviewäußerungen gegenüber dem Korrespondenten der „Sun", John Swinton [Bericht] [in „Sun"] [russÜbers des englOrig]	Soč₂45: 478ff
X1879/IX1880		KM	Bibliographische Notizen	Harstick: II147– 161; [KM: Über Formen: 218–230]
X1879/IX1880		KM	Vermerke in М. М. Ковалевскій: Общинное землевладѣніе, причины, ходъ и послѣдствія его разложенія	Harstick: II 8, 10f, 16, 18f, 23, 27, 32, 43, 45, 47, 53–56, 59–68,

Ent-stehungs-zeit	Erschei-nungs-datum	Ver-fasser	Titel oder Textbezeichnung	Quellen-nachweis
				70f, 76–80, 82–90, 92, 95–98, 102, 104f, 116, 121f, 124, 132f, 135ff, 141; [KM: Über Formen: 269–272, 274f, 277, 279, 281ff, 285–298, 300, 306f, 310ff]
X1879/ IX1880		KM	[Exzerpt aus] M. Kowalewski: Общинное землевладѣніе[, причины, ходъ и послѣдствія его разложенія] [dtOrig]	Harstick: I1–87, 140–201; [KM: Über Formen: 22–109, 169–210]
3.9.		FE	Brief an Laura Lafargue [englOrig] – Deutsche Übersetzung	LafargueBrI: 53f MEW34: 456f
3.9.		FE	Brief an Paul Lafargue [frzOrig] – Deutsche Übersetzung	LagargueBrI: 55 MEW34: 458
9.9.		FE	Brief an Paul Lafargue [frzOrig] – Deutsche Übersetzung	LafargueBrI: 56ff MEW34: 459–462
12.9.		KM[1]	Brief an Nikolai Franzewitsch Danielson [englOrig] – Deutsche Übersetzung	FR: M/E: On Britain: 510f MEW34: 463f
12.9.		FE	Brief an Paul Lafargue [englOrig] – Deutsche Übersetzung	LafargueBrI: 59f MEW34: 465ff
13.9.		FE	Brief an Karl Marx	MEW34: 113; [BW IV: 597]
ca.29.9.		JM	Krankheitsbericht	BZG8, 1: 74f
29.9.		KM	Brief an Ferdinand Fleckles	MEW34: 468
EndeIX		KM[2]	Äußerung im Gespräch mit Wilhelm Liebknecht	Mohr u. General: 65
5.10.		FE	Brief an einen Unbekannten [dtÜbers des englOrig]	MEW34: 469
5.10.		FE	Brief an Eugen Oswald [dtÜbers des englOrig]	MEW34: 469
12.10.		FE	Brief an Johann Philipp Becker	MEW34: 470
28.10.		FE	Brief an Harry Kaulitz [Entwurf]	MEW34: 471
4.11.		KM	Brief an John Swinton [englOrig] – Deutsche Übersetzung	M/E: Letters: 121ff MEW34: 472f
5.11.		KM	Brief an Friedrich Adolph Sorge	MEW34: 474–478
5.11.		KM	Brief an Friedrich Adolph Sorge	MEW34: 479
12.11.		KM	Brief an Ferdinand Fleckles [FR]	MEW34: 480
13.11.		KM	Brief an Achille Loria [dtÜbers des frzOrig]	MEW34: 481
2.Hälfte1879 /XI1880		KM	Randglossen zu Adolph Wagners „Lehrbuch der politischen Ökonomie" [aus Exzerptheft „Ökonomisches en général (X)"]	MEW19: 355--383

[1] Unter dem Pseudonym A. Williams.
[2] Wiedergegeben von W. Liebknecht.

1880-1881

Ent-stehungs-zeit	Erscheinungs-datum	Ver-fasser	Titel oder Textbezeichnung	Quellennachweis
27.11.		M/E u.a.	Brief an das Meeting in Genf, einberufen zur Erinnerung an den 50. Jahrestag der polnischen Revolution von 1830 [poln Wiedergabe des frzOrig]	Borejsza: 307ff
			– Deutsche Übersetzung	MEW19: 239ff
EndeXI		FE[1]	Äußerungen im Gespräch mit Eduard Bernstein	Mohr u. General: 497f, 501f
8.12.		KM	Brief an Henry Mayers Hyndman [englOrig]	Hyndman: 283f
			– Deutsche Übersetzung	MEW34: 482f
24.12.		FE	Brief an Johann Philipp Becker	MEW34: 484
29.12.		KM	Postkarte an Carl Hirsch	MEW34: 485
ca.1880		FE	[Dialektik der Natur] Skizze des Teilplans. Notizen	MEGAS: 679f; [MEW20: 308, 512f, 545; FR: FeSt2: 115]
80er Jahre		KM	Mathematische Manuskripte	Rukopisi: 456–460, 467, 472–475, 492–497
ab1880		KM	Randglossen in Kinnear, John Boyd: Principles of property in land	FR: Ex libris: 114
ab1880		KM	Notizen in O'Brien, R. Barry: The parliamentary history of the Irish land question, from 1829 to 1869; and the origin and results of the Ulster Custom	FR: Ex libris: 151

1881

7.9.76/1881		FE	Vermerk in Clausius, R.: Über den zweiten Hauptsatz der mechanischen Wärmetheorie	Ex libris: 44
1878/81		FE	Notizen in Helmholtz, H.: Populäre wissenschaftliche Vorträge	FR: FE über d. Dialektik d. Naturw.: 284, 389; FR: Faks: Ex libris: 95
1878/81		KM	Mathematische Manuskripte	Rukopisi: 78–104[2], 138–188[2], 212–236[2], 461–466, 468–471
1880/81		KM[3]	Äußerungen im Gespräch mit Henry Mayers Hyndman [englOrig]	Hyndman: 273, 280, 282
			– Deutsche Übersetzung	Gespräche II: 515f, 522, 524
1880/81		FE	[Dialektik der Natur.] Grundformen der Bewegung	MEGA S: 507–523; [MEW20: 354–369]
1880/81		FE	[Dialektik der Natur.] Maß der Bewegung. – Arbeit	MEGA S: 524–537; MEW20: 370–383[4]

[1] Wiedergegeben von E. Bernstein.
[2] Auf den Seiten mit einer geraden Seitenzahl.
[3] Wiedergegeben von H.M. Hyndman.
[4] Mit zusätzlicher deutscher Übersetzung fremdsprachiger Textteile.

1881

Ent-stehungs-zeit	Erschei-nungs-datum	Ver-fasser	Titel oder Textbezeichnung	Quellen-nachweis
1880/81		FE	[Dialektik der Natur.] Flutreibung. Kant und Thomson-Tait.	MEGA S: 686–690; [MEW20: 384–389]
1880/81		FE	[Dialektik der Natur.] Notizen [Polarisation. Polarität. u.a.]	MEGA S: 654f; MEW20: 479f[1], [486, 508, 566; FR: FeSt2: 92f, 112]
4.1.		KM	Brief an Charles Longuet [dtÜbers des englOrig]	MEW35: 145–148
31.1.		KM	Brief an George Rivers [?] [dtÜbers des englOrig]	MEW35: 149
MitteI/II		KM	Randnotizen in Nieuwenhuis, F. Domela: Karl Marx. Kapitaal en arbeid	BZG1, 1: 158–169
I/II		KM	Exzerpt aus Николай-онъ: Очерки нашего пореформенного общественного хозяйства [russÜbers mit einzelnen russ Originalausdrücken]	AMXII: 118ff
1.2.		FE	Brief an Karl Kautsky	MEW35: 150ff
2.2.		FE	Brief an Eduard Bernstein	MEW35: 153
19.2.		KM	Brief an Nikolai Franzewitsch Danielson [englOrig]	FR: AB: 400–403
			– Deutsche Übersetzung	MEW35: 154–158
22.2.		KM	Brief an Ferdinand Domela Nieuwenhuis	MEW35: 159ff
24.2.		FE	Brief an Jenny Longuet [FR] [englOrig]	M/E: Ireland: 326–329
			– Deutsche Übersetzung	MEW35: 162–165
I1880/ca.III1881		KM	Exzerpt aus Lewis Henry Morgan: Ancient Society	KM: Notebooks: 97–241
			– Fassung mit deutscher Übersetzung englischer und griechischer Textteile	KM: Exzerpthefte: 124–355
EndeII/Anf.III		KM	Konzepte I–III zum Brief an Vera Iwanowna Sassulitsch [frzOrig]	[FR: KM: Œuvres: 1559–1573]; MEA I: 318–340
			– Deutsche Übersetzung	MEW19: 384–406; FR: KMAIII, 2: 1039–1059[2]; [MEStIII: 195–213, 249f]
8.3.		KM	Konzept IV zum Brief an Vera Iwanowna Sassulitsch [frzOrig]	MEAI: 340
8.3.		KM	Brief an Vera Iwanowna Sassulitsch [frzOrig]	AB: 408
			– Deutsche Übersetzung	MEW19: 242f; [KMAIII, 2: 1060f; MEStIII: 194f]
11.3.		FE	Brief an S. F. Kaufmann [Entwurf]	MEW35: 168

[1] Mit zusätzlicher deutscher Übersetzung fremdsprachiger Textteile.
[2] Konzepte I und III.

1881

Entstehungszeit	Erscheinungsdatum	Verfasser	Titel oder Textbezeichnung	Quellennachweis
12.3.		FE	Brief an Eduard Bernstein	MEW 35: 169–172
III		KM[1]	Äußerung im Gespräch mit Karl Kautsky	KautskyBr: 32
21.3.		M/E	To the Chairman of the Slavonic Meeting, March 21st 1881, in celebration of the Anniversary of the Paris Commune [Entwurf]	AB: 410f
			– Deutsche Übersetzung	MEW 19: 244f
28.3.		FE	Brief an Johann Philipp Becker	MEW 35: 173
30.3.		FE	Brief an August Bebel	MEW 35: 174f
31.3.		M/E	To the editor of the "Daily News" [Entwurf] [dtÜbers]	MEW 19: 246
4.4.		FE	Brief an Johann Philipp Becker	MEW 35: 176
11.4.		KM	Brief an Jenny Longuet	MEW 35: 177–181
14.4.		FE	Brief an Eduard Bernstein	MEW 35: 182f
II/VI		M/E[2]	Äußerungen im Gespräch miteinander [engl Wiedergabe]	Century: 163
			– Deutsche Übersetzung	GesprächeII: 569
II/VI		KM[2]	Äußerungen im Gespräch mit Marian Comyn [engl Wiedergabe]	Century: 165
			– Deutsche Übersetzung	GesprächeII: 573
28.4.		FE	Brief an August Bebel	MEW 35: 184f
29.4.		KM	Brief an Jenny Longuet [englOrig]	FR: M/E: On Britain: 512f
			– Deutsche Übersetzung	MEW 35: 186f
IV/V		KM	Vermerke in George, Henry: Progress and poverty: an inquiry into the cause of industrial depressions, and of increase of want with increase of wealth	FR: Faks: Ex libris: 76
1./2.5.	7.5.	FE	A Fair Day's Wages for a Fair Day's Work [in „The Labour Standard"]	KÖS: 411–417
			– Deutsche Übersetzung	MEW 19: 247–250; [FeSt4: 167ff]
15./16.5.	21.5.	FE	The Wages System [in „The Labour Standard"]	KÖS: 418–423
			– Deutsche Übersetzung	MEW 19: 251ff; [FeSt4: 169ff]
ca.20.5.	28.5.	FE	Trades Unions I. [in „The Labour Standard"]	KÖS: 423–431
			– Deutsche Übersetzung	MEW 19: 254–257; [FeSt4: 171–174]
ca.20.5.	4.6.	FE	Trades Union II. [in „The Labour Standard"]	KÖS: 431–438
			– Deutsche Übersetzung	MEW 19: 257–260
31.5.		FE	Brief an Jenny Longuet [dtÜbers des englOrig]	MEW 35: 188ff

[1] Wiedergegeben von K. Kautsky.
[2] Wiedergegeben von M. Comyn.

1881

Ent-stehungs-zeit	Erschei-nungs-datum	Ver-fasser	Titel oder Textbezeichnung	Quellen-nachweis
I/VI		KM	Randbemerkungen zu Николай Гаврило-вичъ Чернышевскій: Дополнения и примечания из первую книгу Полити-ческой экономии Д.-С. Милля	FR: AKM: 387–390
I/VI		KM	Randbemerkungen zu Николай Гаврило-вичъ Чернышевскій: Очерками йз поли-тической экономии (по Миллю)	FR: AKM: 386–389
I/VI		KM	Zur russ[ischen] Leibeignen-Emancipation	FR: AKM: 385; FR: Faks: AM XI: 18a
			– Russische Übersetzung mit einzelnen russischen Originalausdrücken	AM XI: 18ff
I/VI		KM	Konspekt von Скалдинъ: Въ захолустьи и въ столицѣ [russÜbers mit einzelnen russ Originalausdrücken]	AM XI: 119–138
I/VI		KM	Konspekt von Ю. Э. Янсонъ: Опыт статистического исследования о крестьян-ских наделах и платежах [russÜbers mit einzelnen russ Originalausdrücken]	AM XI: 139–148
I/VI		KM	Exzerpt aus А. И. Скребицкий: крестьян-ское дело в царствование императора Александра II [russÜbers mit einzelnen russ Originalausdrücken]	AM XII: 29–37
2.6.		KM	Brief an John Swinton [englOrig]	M/E: Letters: 127
			– Deutsche Übersetzung	MEW 35: 191
2.6.		KM	Brief an Friedrich Adolph Sorge [dtÜbers des englOrig]	MEW 35: 192
2.6.		FE	Brief an Friedrich Adolph Sorge [dtÜbers des englOrig]	MEW 35: 193
6.6.		KM	Brief an Jenny Longuet [dtÜbers des englOrig]	MEW 35: 194f
ca.VI[?]		FE	Konspekt von Алексей Захарович Попель-ницкий: Значение переоценки повинностей в крестьянском деле [russÜbers mit einzelnen russ Originalausdrücken]	AM XI: 157–167
MitteVI	18.6.	FE	The French Commercial Treaty [in „The Labour Standard"]	KÖS: 438–448
			– Deutsche Übersetzung	MEW 19: 261–265
17.6.		FE	Brief an Jenny Longuet [dtÜbers des englOrig]	MEW 35: 196f
20.6.		KM	Brief an Friedrich Adolph Sorge	MEW 35: 198–201
2.HälfteVI	25.6.	FE	Two model town councils [in „The Labour Standard"] [dtÜbers]	MEW 19: 266–269
EndeVI	2.7.	FE	American Food and the Land Question [in „The Labour Standard"]	KÖS: 448–454
			– Deutsche Übersetzung	MEW 19: 270ff
1881		KM	Vermerke in Ю. Э. Янсонъ: Опыт статисти-ческого исследования о крестьянских наделах и платежах	FR: AKM: 416

303

1881

Ent-stehungs-zeit	Erschei-nungs-datum	Ver-fasser	Titel oder Textbezeichnung	Quellen-nachweis
1881		KM	Exzerpt aus Головачевъ, А. А.: Десять лѣтъ реформъ 1861–1871 [russÜbers mit einzelnen russ Originalausdrücken]	AM XII: 115ff
1881		KM	Konspekt eines Artikels von П. П. Семеновъ aus „Сборник материалов для изучения сельской поземельной общины" [russÜbers mit einzelnen russ Originalausdrücken]	AM XII: 121–139
Mitte1881		KM	Exzerpt aus John Budd Phear: The Aryan Village in India and Ceylon – Fassung mit deutscher Übersetzung der fremdsprachigen Textteile	KM: Notebooks: 245–284 KM: Exzerpthefte: 361–421
1881		KM	Vermerke in „Сборник материалов об общине" [FR]	FR: AKM: 413ff
ca.1881		KM	Konspekt der Ausgabe I der „Статистики поземельной собственности и населенных мест Европейской России" [russÜbers mit einzelnen russ Originalausdrücken]	AM XII: 38–69
ca.1881		KM	Konspekt von „Задолженность частного землевладения" [russÜbers mit einzelnen russ Originalausdrücken]	AM XII: 70–85
ca.1881		KM	Konspekt von А. И. Чупровъ: Железнодо-рожное хозяйство [russÜbers mit einzelnen russ Originalausdrücken]	AM XII: 164–170
ca.1881[?]		FE	Konspekt von В. П. Безобразовъ: Шуйско-Ивановская железная дорога – Russische Übersetzung	FR: Faks: AM XII: 172a AM XII: 173–178
VI/VII[?]		KM	Vermerke in Hyndman, H. M.: England For all	FR: Ex libris: 101
2.7.		KM	Brief an Henry Mayers Hyndman [Entwurf] [dtÜbers des englOrig]	MEW35: 202f
1.Juli-woche		JM	Brief an Laura Lafargue [englÜbers]	FR: Kapp: 211, 218
7.7.		FE	Brief an Karl Marx	MEW35: 5f; [BW IV: 598f]
Anf.VII	9.7.	FE	The Wages Theory of the Anti-Corn Law League [in „The Labour Standard"] – Deutsche Übersetzung	KÖS: 454–463 MEW19: 273–276
MitteVII	23.7.	FE	A Working Men's Party [in „The Labour Standard"] – Deutsche Übersetzung	KÖS: 463–469 MEW19: 277ff; [FeSt4: 177ff]
MitteVII	23.7.	FE	Bismarck and the German Working Men's Party [in „The Labour Standard"] – Deutsche Übersetzung	KÖS: 469–475 MEW19: 280ff
22.7.		FE	Brief an Norris A. Clowes [Entwurf] [dtÜbers des englOrig]	MEW35: 204
22.7.		FE	Brief an die Redaktion der „Freiheit" [Entwurf]	MEW35: 205

Ent-stehungs-zeit	Erschei-nungs-datum	Ver-fasser	Titel oder Textbezeichnung	Quellen-nachweis
22.7.		KM	Brief an Jenny Longuet [dtÜbers des englOrig]	MEW35: 206
27.7.		KM	Brief an Friedrich Engels	MEW35: 7f; [BW IV: 599f]
29.7.		FE	Brief an Karl Marx	MEW35: 9f; [BW IV: 600f]
EndeVII	30.7.	FE	Cotton and Iron [in „The Labour Standard"]	KÖS: 475–483
			– Deutsche Übersetzung	MEW19: 283–286
ca.VII/VIII		KM	Kommentierende Notizen zu Б. Н. Чиче-ринъ и В. И. Герье: Русский дилетантизм и общинное землевладение	FR: Harstick: Anh.90; [FR: KM: Über Formen: 250]
1./2.8.	6.8.	FE	Social Classes – Necessary and Super-fluous [in „The Labour „Standard"]	KÖS: 483–491
			– Deutsche Übersetzung	MEW19: 287–290
3.8.		KM	Brief an Friedrich Engels	MEW35: 11ff; [BW IV: 601–604]
6.8.		FE	Brief an Karl Marx	MEW35: 14f; [BW IV: 604f]
6.8.		KM	Brief an Carl Hirsch	MEW35: 207
9.8.		KM	Brief an Friedrich Engels	MEW35: 16ff; [BW IV: 605ff]
9.8.		KM	Brief an Laura Lafargue	MEW35: 208
10.8.		FE	Brief an George Shipton [Entwurf] [dtÜbers des englOrig]	MEW35: 209f
11.8.		FE	Brief an Karl Marx	MEW35: 19f; [BW IV: 608f]
15.8.		FE	Brief an George Shipton [Entwurf] [dtÜbers des englOrig]	MEW35: 211f
16.8.		KM	Brief an Friedrich Engels	MEW35: 21; [BW IV: 609f]
16.8.		KM	Brief an Pjotr Lawrowitsch Lawrow [dtÜbers des englOrig]	MEW35: 213
17.8.		FE	Brief an Karl Marx	MEW35: 22; [BW IV: 610]
17.8.		FE	Brief an Eduard Bernstein	MEW35: 214–217
18.8.		FE	Brief an Karl Marx	MEW35: 23ff; [BW IV: 610ff]
18.8.		KM	Brief an Friedrich Engels	MEW35: 26ff; [BW IV: 612–615]
18.8.		KM	Brief an Jenny Longuet [englOrig]	FR: Kapp: 223
			– Deutsche Übersetzung	MEW35: 218f
19.8.		KM	Postkarte an Friedrich Engels [frzOrig]	BW IV: 615
			– Deutsche Übersetzung	MEW35: 29; [BW IV: 615]
25.8.		FE	Brief an August Bebel	MEW35: 220ff
27.8.		FE	Brief an Karl Kautsky	MEW35: 223ff

1881

Ent-stehungs-zeit	Erschei-nungs-datum	Ver-fasser	Titel oder Textbezeichnung	Quellen-nachweis
VIII/IX[?]		KM	Randbemerkungen in Irwin, H. C.: The garden of India; or chapters on Oudh history and affairs [englOrig]	FR: Ex libris: 103
1880/81		KM	Bemerkung in Patterson, A. J.: From Agram to Zara	Harstick: Anh. 88; [KM: Über Formen: 249]
Ende1880/Herbst1881		KM	Exzerpt aus Henry Sumner Maine: Lectures on the Early History of Institutions – Fassung mit deutscher Übersetzung der fremdsprachigen Textteile	KM: Notebooks: 287–336 KM: Exzerpthefte: 422–498
1.10.		KM	Brief an Karl Kautsky	MEW35: 226
1.10.		KM	Brief an Minna Kautsky	MEW35: 227
25.10.		FE	Brief an Eduard Bernstein	MEW35: 228–234
4.11.		FE	Brief an Johann Philipp Becker	MEW35: 235f
30.11.		FE	Brief an Eduard Bernstein	MEW35: 237ff
VI/XII[?]		KM	Notizen in George, Henry: The Irish land question [englOrig]	FR: Ex libris: 72
1.12.		JM[1]	Äußerung gegenüber der Krankenschwester [englOrig] – Deutsche Übersetzung	MEW35: 240 MEW35: 240
2.12.		JM[2]	Äußerungen gegenüber Karl Marx	FR: Mohr u. General: 347; FR: Kapp: 220
2.12.		FE[3]	Äußerung in der Familie Marx	Mohr u. General: 153
4.12.	8.12.	FE	Jenny Marx, geb. v. Westphalen [in „Der Sozialdemokrat"]	MEW19: 291f
5.12.	11.12.	FE	Rede am Grab von Jenny Marx [in „L'Égalité"] [dtÜbers der frz Wiedergabe des englOrig der Rede] – Englische Rückübersetzung	MEW19: 293f FR: Kapp: 220f
7.12.		KM	Brief an Jenny Longuet	MEW35: 240–243[4]
10.12.		KM	Postkarte an Johann Philipp Becker	MEW35: 244
13.12.		KM[5]	Brief an Nikolai Franzewitsch Danielson [dtÜbers des englOrig]	MEW35: 245f
15.12.		KM	Brief an Friedrich Adolph Sorge [dt-englOrig] – Fassung mit deutscher Übersetzung des englischen Textteils	SorgeBr: 179ff[6] MEW35: 247ff
17.12.		KM	Brief an Jenny Longuet	MEW35: 250f
18.12.		FE	Brief an Karl Kautsky	MEW35: 252
29.12.		FE	Brief an Ferdinand Domela Nieuwenhuis [dtÜbers des niederlOrig]	MEW35: 253

[1] Wiedergegeben von Marx.
[2] Wiedergegeben von P. Lafargue bzw. E. Marx.
[3] Wiedergegeben von E. Marx.
[4] Mit zusätzlicher deutscher Übersetzung fremdsprachiger Textteile.
[5] Unter dem Pseudonym A. Williams.
[6] Mit einer Wortauslassung.

Ent-stehungs-zeit	Erschei-nungs-datum	Ver-fasser	Titel oder Textbezeichnung	Quellen-nachweis
EndeXII		FE	Brief an Lew Nikolajewitsch Hartmann [Entwurf] [russOrig]	Soč₂35: 207
			– Deutsche Übersetzung	MEW35: 254
ca.1881[?]		FE[1]	Äußerung zu Karl Marx	Mohr u.General: 487
ca.1881[?]		KM	Mathematische Manuskripte	Rukopisi: 106–134², 477–490
fr.1881; 1882[?]		KM	Mathematische Manuskripte [u.a. „Über den Begriff der abgeleiteten Funktion" und „Über das Differential" mit je einer Widmung für Engels auf beiden Manuskripten]	Rukopisi: 28–74², 204–208², 498–562, 603, 605

1882

Ent-stehungs-zeit	Erschei-nungs-datum	Ver-fasser	Titel oder Textbezeichnung	Quellen-nachweis
1881/82		KM	Randnote in С. Капустин: Формы землевладения у русского народа в зависимости от природы климата и этнографических	АКМ: 419
1881/82		KM	Randnoten in М. В. Неручевъ: Русское землевладение и земледе	АКМ: 419f
1881/82[?]		FE	Vermerke in Gaupp, Ernst Theodor: Die germanischen Ansiedlungen und Landtheilungen in den Provinzen des Römischen Westreiches in ihrer völkerrechtlichen Eigenthümlichkeit und mit Rücksicht auf verwandte Erscheinungen der alten Welt und des späteren Mittelalters dargestellt	Ex libris: 71
ca.1881/82[?]		FE	Vermerke in Zeuss, Kaspar: Die Deutschen und die Nachbarstämme	Ex libris: 208
1881/82		FE	Zur Urgeschichte der Deutschen	MEW19: 425–473
1881/82		FE	Fränkische Zeit	MEW19: 474–518
Ende1881/1882		KM	Notizen zur Reform von 1861 und der damit verbundenen Entwicklung in Rußland [dt-frz-englOrig mit vereinzelten russ Ausdrücken]	FR: Faks: AM XII: 2a
			– Fassung mit deutscher Übersetzung der englischen und französischen Textteile und zusätzlicher Übersetzung eines Teils der russischen Ausdrücke	MEW19: 407–424
1881/82		FE	[Dialektik der Natur.] Wärme.	MEGA S: 538–541; [MEW20: 390–393]
1882		FE	[Dialektik der Natur.] Notizen [Erkennen. u.a.]	MEGA S: 662–666; [MEW20: 478, 492ff, 506f; FR: FeSt2: 97ff, 110]
1882		FE	[Dialektik der Natur.] Elektrizität	MEGA S: 542–598; [MEW20: 394–443]

[1] Wiedergegeben von P. Lafargue.   [2] Auf den Seiten mit einer geraden Seitenzahl.

1882

Ent-stehungs-zeit	Erschei-nungs-datum	Ver-fasser	Titel oder Textbezeichnung	Quellen-nachweis
4.1.		KM	Brief an Laura Lafargue	MEW35: 255f
5.1.		KM	Brief an Friedrich Engels	MEW35: 30f; [BW IV: 616f]
6.1.		FE	Brief an Eduard Bernstein	MEW35: 257f
8.1.		FE	Brief an Karl Marx	MEW35: 32f; [BW IV: 618f]
12.1.		KM	Brief an Friedrich Engels	MEW35: 34ff; [BW IV: 619ff]
12.1.		FE	Brief an Emil Engels	MEW35: 259f
12.1.		KM	Brief an Amalie Daniels	MEW35: 261
13.1.		FE	Brief an Karl Marx	MEW35: 37f; [BW IV: 621ff]
15.1.		KM	Brief an Friedrich Engels	MEW35: 39; [BW IV: 623f]
ca.I		KM	Randnote in В. И. Семевскій: Крестьяне въ царствованіе императрицы Екатерины II.	AKM: 417
21.1.		M/E	Vorrede zur 2. russischen Ausgabe vom „Manifest der Kommunistischen Partei"	MEW 19: 295f; [KMA II: 863f]
23.1.		KM	Brief an Pjotr Lawrowitsch Lawrow	MEW35: 262ff
25.1.		FE	Brief an Eduard Bernstein	MEW35: 265–268
7.2.		FE	Brief an Karl Kautsky	MEW35: 269–273
10.2.		FE	Brief an Johann Philipp Becker	MEW35: 274ff
1878/MitteII 1882[?]		KM	Randglossen in Tyler, E. B.: Forschungen über die Urgeschichte der Menschheit und die Entwicklung der Civilisation	FR: Ex libris: 198
17.2.		KM	Brief an Friedrich Engels	MEW35: 40ff; [BW IV: 624ff]
18.2.		FE	Postkarte an Pjotr Lawrowitsch Lawrow [dtÜbers des frzOrig]	MEW35: 277
21.2.		KM	Postkarte an Friedrich Engels	MEW35: 43; [BW IV: 626f]
23.2.		FE	Brief an Pjotr Lawrowitsch Lawrow [dtÜbers des frz-englOrig]	MEW35: 286
23.2.		KM	Postkarte an Jenny Longuet [dtÜbers des englOrig]	MEW35: 287
22.–25.2.		FE	Brief an Eduard Bernstein	MEW35: 278–285
1.3.		KM	Brief an Friedrich Engels	MEW35: 44ff; [BW IV: 627–630]
3.3.		KM	Postkarte an Friedrich Engels	MEW35: 47; [BW IV: 630f]
16.3.		KM	Brief an Jenny Longuet	MEW35: 288–291
20.3.		KM	Brief an Paul Lafargue [dtÜbers der russ Wiedergabe des frzOrig]	MEW35: 292ff
Frühjahr		KM	Brief an Charles Bonnier [FR][1]	MEW21: 44

[1] Zitat von Engels in einer Fußnote zu „Der Ursprung der Familie, des Privateigentums und des Staats".

1882

Ent-stehungs-zeit	Erschei-nungs-datum	Ver-fasser	Titel oder Textbezeichnung	Quellen-nachweis
23.3.		KM	Postkarte an Friedrich Engels	MEW35: 48; [BW IV: 633f]
27.3.		KM	Brief an Jenny Longuet [dtÜbers des englOrig]	MEW35: 295f
31.3.		KM	Brief an Friedrich Engels	MEW35: 49ff; [BW IV: 634ff]
ca.31.3.		FE	Brief an Henry Mayers Hyndman [Vermutl. Entwurf] [dtÜbers des englOrig]	MEW35: 297
4.4.		KM	Postkarte an Friedrich Engels	MEW35: 52; [BW IV: 637]
6.–7.4.		KM	Brief an Jenny Longuet [dtÜbers des englOrig]	MEW35: 298–301
8.4.		KM	Brief an Friedrich Engels	MEW35: 53ff; [BW IV: 631ff]
10.4.		FE	Brief an Pjotr Lawrowitsch Lawrow [dtÜbers des frzOrig]	MEW35: 302
12.4.		FE	Brief an Berthold Sparr [Entwurf]	MEW35: 303
13.4.		FE	Postkarte an Friedrich Adolph Sorge	MEW35: 304
13.–14.4.		KM	Brief an Laura Lafargue	MEW35: 305–311
17.4.		FE	Brief an Eduard Bernstein	MEW35: 312
18.4.		KM	Brief an Friedrich Engels	MEW35: 56ff; [BW IV: 638ff]
21.4.		FE	Brief an Eduard Bernstein	MEW35: 313
28.4.		KM	Brief an Friedrich Engels	MEW35: 59f; [BW IV: 640f]
28.4.		KM	Brief an Jenny Longuet [dtÜbers des englOrig]	MEW35: 314
2.HälfteIV	4.–11.5.	FE	Bruno Bauer und das Urchristentum [in „Der Sozialdemokrat"]	MEW19: 297–305
3.5.		FE	Brief an Eduard Bernstein	MEW35: 315f
3.5.	18.5.	FE	[Über die Konzentration des Kapitals in den Vereinigten Staaten] [in „Der Sozialdemokrat"]	MEW19: 306ff
6.5.		KM	Brief an Laura Lafargue [dtÜbers des englOrig]	MEW35: 317
8.5.		KM	Brief an Friedrich Engels	MEW35: 61f; [BW IV: 641ff]
8.5.		KM	Brief an Jenny Longuet	MEW35: 318
10.5.		FE	Brief an Eduard Bernstein	MEW35: 319ff
16.5.		FE	Brief an August Bebel	MEW35: 322ff
fr.17.5.		FE	Notiz über Philipp Pauli	MEGA S: 680
20.5.		KM	Brief an Friedrich Engels	MEW35: 63ff; [BW IV: 643–646]
21.5.		KM	Postkarte an Eleanor Marx [dtÜbers des englOrig]	MEW35: 325
26.5.		KM	Postkarte an Jenny Longuet [dtÜbers des englOrig]	MEW35: 326
28.5.		KM	Brief an Eleanor Marx	MEW35: 327ff

1882

Ent-stehungs-zeit	Erschei-nungs-datum	Ver-fasser	Titel oder Textbezeichnung	Quellen-nachweis
30.5.		KM	Brief an Friedrich Engels	MEW35: 66f; [BW IV: 646f]
4.6.		KM	Postkarte an Jenny Longuet [dtÜbers des englOrig]	MEW35: 330
5.6.		KM	Brief an Friedrich Engels	MEW35: 68ff
9.6.		KM	Postkarte an Friedrich Engels	MEW35: 71; [BW IV: 647f]
15.6.		KM	Postkarte an Friedrich Engels	MEW35: 72; [BW IV: 648f]
17.6.		KM	Postkarte an Laura Lafargue	MEW35: 331
20.6.		FE	Brief an Friedrich Adolph Sorge	MEW35: 332f
21.6.		FE	Brief an August Bebel	MEW35: 334ff
22.6.		KM	Brief an Friedrich Engels	MEW35: 73; [BW IV: 649f]
24.6.		KM	Postkarte an Friedrich Engels	MEW35: 74; [BW IV: 650f]
26.6.		FE	Brief an Eduard Bernstein [FR]	MEW35: 337–341
fr.1882		FE[?]	Ergänzung einer mathematischen Formel im Manuskript „Über das Differential" von Marx	Rukopisi: 246
4.7.		KM	Postkarte an Friedrich Engels	MEW35: 75; [BW IV: 651f]
15.7.		FE	Brief an Eduard Bernstein	MEW35: 342f
25.7.		FE	Brief an Adolf Hepner [Entwurf]	MEW35: 344f
31.7.		FE	Postkarte an Pjotr Lawrowitsch Lawrow [dtÜbers des frzOrig]	MEW35: 346
3.8.		KM	Brief an Friedrich Engels	MEW35: 76–79; [BW IV: 652–655]
9.8.		FE	Brief an Johann Philipp Becker	MEW35: 347
9.8.		FE	Brief an Eduard Bernstein	MEW35: 348ff
10.8.		KM	Brief an Friedrich Engels	MEW35: 80f; [BW IV: 656f]
10.8.		FE	Brief an Friedrich Adolph Sorge	MEW35: 351
20.8.		FE	Brief an Karl Marx	MEW35: 82; [BW IV: 657]
20.8.		FE	Brief an Emil Engels jr.	MEW35: 352f
21.8.		KM	Brief an Friedrich Engels	MEW35: 83f; [BW IV: 657f]
24.8.		KM	Brief an Friedrich Engels	MEW35: 85f; [BW IV: 659f]
25.8.		FE	Brief an Karl Marx	MEW35: 87; [BW IV: 660f]
26.8.		FE	Brief an Karl Marx	MEW35: 88ff; [BW IV: 661–664]
27.8.		FE	Brief an Jenny Longuet [dtÜbers des englOrig]	MEW35: 354f
Anf.IX	7.9.	FE	Der Vikar von Bray [einschließlich des von Engels aus dem Englischen übersetzten	MEW19: 309ff

Ent-stehungs-zeit	Erschei-nungs-datum	Ver-fasser	Titel oder Textbezeichnung	Quellen-nachweis
			gleichnamigen Gedichts] [in „Der Sozial-demokrat"]	
4.9.		KM	Postkarte an Friedrich Engels	MEW35: 91; [BWIV: 664f]
12.9.		FE	Brief an Karl Marx	MEW35: 92ff; [BWIV: 665ff]
12.9.		FE	Brief an Karl Kautsky	MEW35: 356ff
13.9.		FE	Brief an Eduard Bernstein	MEW35: 359ff
16.9.		KM	Brief an Friedrich Engels	MEW35: 95f; [BWIV: 667ff]
18.9.		FE	Brief an Karl Marx	MEW35: 97; [BWIV: 669]
20.9.		FE	Brief an Laura Lafargue [englOrig] – Deutsche Übersetzung	LafargueBrI: 80ff MEW35: 362ff
14.–ca. 21.9.	1882[1]	FE	Änderungen zur deutschen Ausgabe der Schrift „Die Entwicklung des Sozialismus von der Utopie zur Wissenschaft"	MEGA S: 19–23, 25–29, 265f, 268, 271, 276–296; MEW19: 189, 196, 201, 211, [189–228]; 20: 604–620; FE: Entwicklung: 6–48; [MEStI: 145–181, 248f; FR: FeSt 1: 25–28, 30–33, 225ff; 2: 14ff, 18f, 22–26, 30, 34f, 188–192]
21.9.	1882[1]	FE	Vorwort zur ersten [deutschen] Auflage von „Die Entwicklung des Sozialismus von der Utopie zur Wissenschaft"	MEW19: 186ff
2.HälfteIX		FE	Markverfassung der Urzeit, nach den Volksrechten, bis auf die Karolingerzeit (nach Maurer's „Einleitung").	FE1820: 270–289
22.9.		FE	Brief an Eduard Bernstein	MEW35: 365ff
23.9.		FE	Brief an August Bebel	MEW35: 368ff
28.9.		KM	Brief an Friedrich Engels	MEW35: 98; [BWIV: 670]
30.9.		KM	Brief an Friedrich Engels	MEW35: 99f; [BWIV: 670ff]
IX/X		KM	Randnoten in А. Н. Энгельгардтъ: Из деревни und in anderen Werken desselben	FR: AKM: 418; FR: Fedossejew: 702
9.10.		KM	Brief an Laura Lafargue	MEW35: 371f
20.10.		FE	Brief an Eduard Bernstein	MEW35: 373ff
21.10.		FE	Brief an Laura Lafargue [dtÜbers des englOrig]	MEW35: 376f

[1] Tatsächlich erschienen 1883.

1882

Ent-stehungs-zeit	Erschei-nungs-datum	Ver-fasser	Titel oder Textbezeichnung	Quellen-nachweis
27.10.		FE	Brief an Eduard Bernstein	MEW35: 378ff
28.10.		FE	Brief an August Bebel	MEW35: 381ff
30.10.		FE	Brief an Paul Lafargue [frzOrig]	LafargueBrI: 89ff
			– Deutsche Übersetzung	MEW 35: 384f
EndeX	2.11.	FE	Wie der Pindter flunkert [in „Der Sozialdemokrat"]	MEW19: 312ff
X/XI		KM	Exzerpt aus John Lubbock: The Origin of Civilisation and the Primitive Condition of Man	KM: Notebooks: 339–351
			– Fassung mit deutscher Übersetzung der fremdsprachigen Textteile	KM: Exzerpthefte: 501–519
1.11.		FE	Postkarte an Karl Marx	MEW35: 101; [BWIV: 686]
2.–3.11.		FE	Brief an Eduard Bernstein	MEW35: 386–390
3.11.		FE	Brief an Karl Marx	MEW35: 102; [BWIV: 672]
4.11.		FE	Brief an Eduard Bernstein	MEW35: 391–394
6.11.		FE	Brief an Karl Marx	MEW35: 103; [BWIV: 672f]
8.11.		KM	Brief an Friedrich Engels	MEW35: 104ff; [BWIV: 673–676]
10.11.		KM	Brief an Eleanor Marx	MEW35: 397f
11.11.		FE	Brief an Karl Marx	MEW35: 107f; [BWIV: 676f]
11.11.		KM	Brief an Friedrich Engels	MEW35: 109f; [BWIV: 678f]
15.11.		FE	Telegramm an Karl Kautsky	MEW35: 399
15.11.		FE	Brief an Karl Kautsky	MEW35: 399f
9.–16.11.		FE	Brief an Friedrich Adolph Sorge	MEW35: 395f
20.11.		KM	Brief an Friedrich Engels	MEW35: 111; [BWIV: 679f]
21.11.		FE	Brief an Karl Marx	MEW35: 112f; [BWIV: 680f]
vor22.11.		FE	Notizen in „Die Geschichtschreiber der deutschen Vorzeit in deutscher Bearbeitung"	FR: Faks: Ex libris: 78
22.11.		KM	Brief an Friedrich Engels	MEW35: 114f; [BWIV: 681f]
22.11.		FE	Brief an Karl Marx	MEW35: 116f; [BWIV: 682ff]
23.11.		FE	Brief an Karl Marx	MEW35: 118f; [BWIV: 684f]
27.11.		KM	Brief an Friedrich Engels	MEW35: 120; [BWIV: 686]
28.11.		FE	Brief an Eduard Bernstein	MEW35: 401–405
30.11.		FE	Brief an Karl Marx	MEW35: 121f; [BWIV: 687]
ca. Ende XI		KM	Randnotiz in B. B[оронцовъ]: Судьбы капитализма в России.	AKM: 418

Entstehungszeit	Erscheinungsdatum	Verfasser	Titel oder Textbezeichnung	Quellennachweis
4.12.		KM	Brief an Friedrich Engels	MEW35: 123; [BWIV: 688]
8.12.		KM	Postkarte an Friedrich Engels	MEW35: 124; [BWIV: 689]
8.12.		FE	Brief an Karl Marx	MEW35: 125f; [BWIV: 689ff]
13.12.		FE	Notiz an Karl Marx	MEW35: 127
14.12.		FE	Brief an Laura Lafargue [englOrig]	LafargueBrI: 101
			– Deutsche Übersetzung	MEW35: 406
14.12.		KM	Brief an Laura Lafargue	MEW35: 407f
15.12.		FE	Brief an Karl Marx	MEW35: 128f; [BWIV: 691f]
15.12.		FE	Brief an Laura Lafargue [dtÜbers des englOrig]	MEW35: 409f
MitteIX/ MitteXII	1882[1]	FE	Die Mark	[MEW19: 315–330[2];] FE: Entwicklung: 49–64
16.12.		FE	Brief an Karl Marx	MEW35: 130f; [BWIV: 693f]
16.12.		FE	Brief an Johann Philipp Becker	MEW35: 411f
16.12.		FE	Brief an Eduard Bernstein	MEW35: 413f
18.12.		KM	Brief an Friedrich Engels	MEW35: 132; [BWIV: 694f]
19.12.		FE	Brief an Karl Marx	MEW35: 133ff; [BWIV: 695ff]
22.12.		FE	Brief an Karl Marx	MEW35: 136f; [BWIV: 697ff]
22.12.		FE	Brief an August Bebel	MEW35: 415ff
23.12.		KM	Postkarte an Eleanor Marx	MEW35: 418
ca.1882[?]		FE	Exzerpt aus Hegels „Logik"	MEGA S: XLVII; [MEW20: 490; FeSt2: 96]
Ende1881/ ca. Ende1882		KM	Chronolog. Auszüge I — 91 bis + 1320 ca. [aus Schlossers „Weltgeschichte für das deutsche Volk"] [engl-dt-frzOrig]	FR: Kunst67I: 331f, 355; FR: M/E über d. reaktion. Preußentum: 15; FR: Faks: AM V: 1, 4a, 340a
			– Russische Übersetzung	AM V: 1–352
Ende1881/ ca. Ende1882		KM	Chronolog. Auszüge II. ca. 1300 bis c. 1470. [aus Schlossers „Weltgeschichte für das deutsche Volk"]	FR: Kunst67I: 357f; FR: Fedossejew: 716; FR: Faks: AM VI: VIa, 2a, 232a

[1] Veröffentlicht als Anhang zu „Die Entwicklung des Sozialismus von der Utopie zur Wissenschaft"; tatsächlich wohl 1883 erschienen.
[2] Nach der 4. Auflage von 1891.

1882–1883

Ent-stehungs-zeit	Erschei-nungs-datum	Ver-fasser	Titel oder Textbezeichnung	Quellen-nachweis
Ende 1881/ ca. Ende 1882		KM	– Russische Übersetzung Chronolog. Auszüge III. c: 1470–1580. [aus Schlossers „Weltgeschichte für das deutsche Volk"] [dt-engl-Orig]	AM VI: 1–407 FR: MELStI: 285–383; FR: Kunst67I: 362, 359f; FR: Faks: AM VII: VIIIa, 324a, 366a
Ende 1881/ ca. Ende 1882		KM	– Russische Übersetzung Chronolog. Auszüge IV. ca. 1580 – ca. 1648. [aus Schlossers „Weltgeschichte für das deutsche Volk"] [dt-englOrig]	AMVII: 1–398 FR: MELStI: 384–516; FR: Kunst67I: 378f, 642; FR: Faks: AM VIII: IVa, 166a
			– Deutsche Übersetzung nichtdeutscher Textteile	FR: Kunst67I: 379
			– Russische Übersetzung	AMVIII: 1–316
1881/ca Ende 1882		KM	Konspekt von John Richard Green: History of the English People [dt-englOrig]	FR: Kunst67I: 643; FR: Faks: AM VIII: 392a
			– Englisches Original bzw. englische Übersetzung deutscher Textteile	FR: M/E: Ireland: 320ff
			– Deutsche Übersetzung nichtdeutscher Textteile	FR: Kunst67I: 379f
			– Russische Übersetzung	AMVIII: 317–408

1883

1873/83[?]		KM[1]	Aussage über Byron und Shelley	Kunst: 221
1881/83		KM	Randglossen im Gumplowicz, Ludwig: Rechtsstaat und Socialismus	FR: Ex libris: 84
1882/83		FE	Exzerpt aus Gustav Heinrich Wiedemann: Die Lehre vom Galvanismus und Elektromagnetismus	MEGA S: XLVIf
1882/83		KM	Russisches in my bookstall	Вопросы Истории КПСС: 96–110
1883	1883	FE	Fußnote in der 3. deutschen Auflage zum Vorwort von „Die Entwicklung des Sozialismus von der Utopie zur Wissenschaft"	MEW19: 187
Anf.XI1882/ Anf.I1883		KM	Änderungsnotizen für die 3. Auflage von „Das Kapital", Band I	[MEW23: 152, 267, 327, 657]; KMAIV: 127f, 270, 346, 757
8.1.		KM	Brief an Eleanor Marx	MEW35: 419f
9.1.		FE	Brief an Karl Marx	MEW35: 138f; [BWIV: 700f]
9.1.		KM	Brief an Eleanor Marx	MEW35: 421f]
10.1.		KM	Brief an Friedrich Engels	MEW35: 140f; [BWIV: 701f]

[1] Wiedergegeben von E. Aveling und E. Marx.

Ent-stehungs-zeit	Erschei-nungs-datum	Ver-fasser	Titel oder Textbezeichnung	Quellen-nachweis
10.1.		KM	Brief an Eleanor Marx [FR]	MEW35: 423
12.1.		KM[1]	Äußerung zu Eleanor Marx	Mohr u. General: 155[2]
13.1.	18.1.	FE	Jenny Longuet, geb. Marx [in „Der Sozial-demokrat"]	MEW19: 331f
18.1.		FE	Brief an Eduard Bernstein	MEW35: 424ff
8.2.		FE	Brief an Eduard Bernstein	MEW35: 427ff
10.2.		FE	Brief an Eduard Bernstein	MEW35: 430
10.2.		FE	Brief an Karl Kautsky	MEW35: 431ff
16.–17.2.		FE	Brief an Laura Lafargue [FR] [dtÜbers des englOrig]	MEW35: 434–437
27.2.		FE	Brief an Eduard Bernstein	MEW35: 438ff
27.2.	8.3.	FE	[Zum Einstellen des Erscheinens der „Egalité"] [in „Der Sozialdemokrat"]	Der Sozialdemokrat: 4
27.2.–1.3.		FE	Brief an Eduard Bernstein	MEW35: 441–446
ca.VII1878/III1883		FE	[Dialektik der Natur.] Notizen [Zufällig-keit und Notwendigkeit. Quantität und Qualität. Zahl. Mathematik. Erhaltung der Energie. Über Nägelis Unfähigkeit, das Unendliche zu erkennen. Stoß und Rei-bung. Theorie und Empirie. Attraktion und Gravitation. Physiographie. Eins. Statische und dynamische Elektrizität. Elektrizität. Elektrochemie. Molekül und Differential. Kraft und Erhaltung der Kraft. Trigonometrie. Kampf ums Dasein. u.a.].	MEGA S: 474–478, 652f, 655–684; MEW20: 504f[3], [458ff, 462, 477f, 480, 482, 485–491, 494f, 497, 500–506, 509f, 515f, 522–528, 534, 539ff, 545f, 548–553, 563f, 566; FR: FeSt2: 90, 92–97, 102, 104–110, 112f, 117f, 121f, 127]
Anf.III		FE	„Du sollst nicht ehebrechen" [russÜbers des dt und frzOrig]	Soč$_2$45: 445–448
2.3.		FE	Brief an Karl Kautsky	MEW35: 447ff
7.3.		FE	Brief an August Bebel	MEW35: 450f
10.3.		FE	Brief an Laura Lafargue [englOrig] – Deutsche Übersetzung	LafargueBrI: 105f MEW35: 452f
14.3.		FE	Telegramm an Charles Longuet [dtÜbers des englOrig]	MEW35: 454
14.3.		FE	Telegramm an Friedrich Adolph Sorge] [englOrig] – Deutsche Übersetzung	M/E: Letters: 134 MEW35: 455
14.3.		FE	Brief an Eduard Bernstein	MEW35: 456
14.3.		FE	Brief an Wilhelm Liebknecht	MEW35: 457
15.3.		FE	Brief an Johann Philipp Becker	MEW35: 458
15.3.		FE	Brief an Friedrich Adolph Sorge	MEW35: 459ff
15.3.		FE	Brief an Friedrich Leßner	MEW35: 462

[1] Wiedergegeben von E. Marx.
[2] In englischer Fassung: Kapp, S. 245.
[3] Mit zusätzlicher deutscher Übersetzung eines fremdsprachigen Textteiles.

1883

Ent-stehungs-zeit	Erschei-nungs-datum	Ver-fasser	Titel oder Textbezeichnung	Quellen-nachweis
16.3.	17.3.	FE	Telegramm an die „New Yorker Volks-zeitung" [in „New Yorker Volkszeitung"]	MEW35: 463
17.3.		FE	Grabrede für Karl Marx [Entwurf] [dtÜbers des englOrig]	MEW19: 333f
ca.18.3.	22.3.	FE	Das Begräbnis von Karl Marx [in „Der Sozialdemokrat"][1]	MEW19: 335–339
24.3.		FE	Brief an Pjotr Lawrowitsch Lawrow [dtÜbers des frzOrig]	MEW35: 464
25.3.		FE	Brief an Laura Lafargue [englOrig]	LafargueBrI: 107f
			– Deutsche Übersetzung	MEW35: 465
29.3.		FE	Brief an Theodor Cuno	MEW35: 466
2.4.		FE	Brief an Pjotr Lawrowitsch Lawrow [frzOrig]	FR: BrKap: 277
			– Deutsche Übersetzung	MEW36: 3f
11.4.		FE	Brief an Laura Lafargue [englOrig]	LafargueBrI: 109f
			– Deutsche Übersetzung	MEW36: 5f
11.4.		FE	Brief an Ferdinand Domela Nieuwenhuis	MEW36: 7f
14.4.		FE	Brief an Eduard Bernstein	MEW36: 9
IV		FE	Randglossen in Loria, Achille: Karl Marx	FR: Ex libris: 131
17.4.		FE	Brief an James Knowles [Entwurf] [dtÜbers des englOrig]	MEW36: 10
18.4.		FE	Brief an die Redaktion der „New Yorker Volkszeitung" [Entwurf]	MEW36: 13
18.4.		FE	Brief an Philipp Van Patten [Entwurf] [englOrig]	M/WE: Letters: 137f
	⟨17.5.⟩[2]		– Deutsche Übersetzung[2]	MEW36: 11f
20.4.		FE	Brief an James Knowles [Entwurf] [dtÜbers des englOrig]	MEW36: 14
23.4.		FE	Postkarte an Eduard Bernstein	MEW36: 15
24.4.		FE	Brief an Friedrich Adolph Sorge	MEW36: 16f
28.4.		FE	Brief an Eduard Bernstein	MEW36: 18
28.4.	3.5.	FE	Zum Tode von Karl Marx. I. [in „Der Sozialdemokrat"]	MEW19: 340–343
30.4.		FE	Brief an August Bebel	MEW36: 21f
EndeIV	⟨17.5.⟩[3]	FE	Brief an Achille Loria [Entwurf] [dtÜbers des italOrig][3]	MEW36: 19f
1.5.		FE	Brief an Friedrich Adolph Sorge	MEW36: 23
10.5.		FE	Brief an Wilhelm Liebknecht	MEW36: 24
10.5.		FE	Brief an August Bebel	MEW36: 25ff
EndeIV/ ca.12.5.[?][4]		FE	Brief an Achille Loria [italOrig][5]	Corr: 296f

[1] Einschließlich der deutschen Wiedergabe seiner eigenen, englisch gehaltenen Rede vom 17.3.: S. 335ff. – Rückübersetzung dieser Passage ins Englische in: Reminiscences, S. 348ff.
[2] Unter Berücksichtigung der deutschen Wiedergabe durch Engels in „Zum Tode von Karl Marx. II." in „Der Sozialdemokrat" [MEW19: 344ff].
[3] Von Engels angefertigte deutsche Fassung in seiner Arbeit „Zum Tode von Karl Marx. II.", veröffentlicht in „Der Sozialdemokrat" [MEW19: 346f].
[4] Original datiert vom 20.5.1883.   [5] Briefentwurf und Übersetzung desselben siehe Ende IV 1883.

Ent-stehungs-zeit	Erschei-nungs-datum	Ver-fasser	Titel oder Textbezeichnung	Quellen-nachweis
12.5.	17.5.	FE	Zum Tode von Karl Marx. II. [in „Der Sozialdemokrat"]	MEW19: 343–347
22.5.		FE	Brief an Johann Philipp Becker	MEW36: 28f
22.5.		FE	Brief an Ludwig Klopfer	MEW36: 30
22.5.		FE	Brief an Laura Lafargue [englOrig]	LafargueBrI: 119f
			– Deutsche Übersetzung	MEW36: 31f
ca.1883		FE	Fußnote zu einem Gedicht von Weerth im Nachlaß von Karl Marx	FE: Skizzen: 155
EndeV	7.6.	FE	[Georg Weerth, der erste und bedeutend-ste Dichter des deutschen Proletariats] [in „Der Sozialdemokrat"]	MEW21: 5–8
2.6.		FE	Brief an Laura Lafargue [englOrig]	LafargueBrI: 122f
			– Deutsche Übersetzung	MEW36: 33f
12.6.		FE	Brief an Eduard Bernstein	MEW36: 35–39
19.6.	FE		Brief an Pasquale Martignetti [italOrig]	Corr: 298
			– Deutsche Übersetzung	MEW36: 40
22.6.		FE	Brief an Eduard Bernstein	MEW36: 41
24.6.		FE	Brief an Laura Lafargue [dtÜbers des englOrig]	MEW36: 42ff
–ca. 28.6.	1883	FE	Änderungen zur neuen deutschen Ausgabe von „Das Kommunistische Manifest"	MEGA6: 525–547, 549–557; MEW4: 464; [KMAII: 819, 825, 844, 849]; MEStIII: 243]
28.6.	1883	FE	Vorwort zur neuen deutschen Ausgabe von „Das Kommunistische Manifest"	MEW21: 3f; [KMA II: 865f]
29.6.		FE	Brief an Friedrich Adolph Sorge	MEW36: 45ff
	VIII	FE	The book of revelation [in „Progress"] [dtÜbers]	MEW21: 9–15
12.8.		FE	Brief an Gabriel Deville [frzOrig]	FE1820: 293f
			– Deutsche Übersetzung	MEW36: 48
19.8.		FE	Brief an Laura Lafargue [englOrig]	LafargueBrI: 136f
			– Deutsche Übersetzung	MEW36: 49f
21.8.		FE	Brief an Wilhelm Liebknecht	MEW36: 51
22.8.		FE	Brief an Pasquale Martignetti [italOrig]	Corr: 300f
			– Deutsche Übersetzung	MEW36: 52
27.8.		FE	Brief an Eduard Bernstein	MEW36: 53ff
30.8.		FE	Brief an August Bebel	MEW36: 56ff
18.9.		FE	Brief an Karl Kautsky	MEW36: 59ff
19.9.		FE	Brief an Laura Lafargue [englOrig]	LafargueBrI: 138f
			– Deutsche Übersetzung	MEW36: 62f
19.9.		FE[1]	Äußerungen im Gespräch mit German Alexandrowitsch Lopatin [russWiedergabe]	Soč$_2$21: 490f
			– Deutsche Übersetzung	MEW21: 488f

[1] Wiedergegeben von G. A. Lopatin.

1883–1884

Entstehungszeit	Erscheinungsdatum	Verfasser	Titel oder Textbezeichnung	Quellennachweis
3.10.		FE	Brief an Laura Lafargue [englOrig] – Deutsche Übersetzung	LafargueBrI: 145f MEW36: 64f
15.10.		FE	Brief an Laura Lafargue [englOrig] – Deutsche Übersetzung	LafargueBrI: 148f MEW36: 66f
VI/MitteX	1883	FE	Änderungen und Noten zur 3. Auflage von Marx' „Das Kapital", Band I[1]	MEW23: 19, 155, 179, 230, 251, 293, 327, 372, 410, 420, 541f, 554f, 582, 627f, 648, 657f, 671, 731ff, 752, 768; [KMAIV: 177, 225, 250, 267, 270f, 346, 400, 446, 610, 626f, 716, 757, 774, 789, 853, 855, 877]
ca.X	XI	FE	Zusatz zu „Die Mark" in der unter dem Titel „Der deutsche Bauer. Was war er? Was ist er? Was könnte er sein?" erschienenen Flugblatt-Fassung	MEW19: 330
7.11.	1883	FE	[Vorwort] Zur dritten Auflage [von Marx' „Das Kapital", Band I]	MEW23: 33ff; [KMAIV: 941ff]
8.11.		FE	Brief an Eduard Bernstein	MEW36: 68
13.11.		FE	Brief an Vera Iwanowa Sassulitsch [dtÜbers des frzOrig]	MEW36: 69
13.11.		FE	Brief an Max Quarck	MEW36: 70
13.11.		FE	Brief an Eduard Bernstein	MEW36: 71f
30.11.		FE	Brief an Johann Philipp Becker	MEW36: 73
1.12.		FE	Postkarte an Karl Kautsky	MEW36: 74
13.12.		FE	Brief an Laura Lafargue [englOrig] – Deutsche Übersetzung	LafargueBrI: 152f MEW36: 75f
22.12.		FE	Postkarte an Eduard Bernstein	MEW36: 77
ab83		FE	Inhaltsangabe zu einem Exzerptheft von Marx von 1879/80	Harstick: II 162; [KM: Über Formen: 213]
ab1883		FE	Inhaltsangabe zu einem Exzerptheft von Marx von 1881	Faks: AMXII: 120a
ab 1883		FE	Notiz zum Entwurf des Briefes von Karl Marx an George Shipton vom 10.8.1881	MEW35: 501

1884

nach1883[?]		FE	Vermerke in M. A. Бакунинъ: Русским, польским и всем славянским друзьям	AKM: 381
1.1.		FE	Brief an Eduard Bernstein	MEW36: 78ff
9.1.		FE	Brief an Karl Kautsky	MEW36: 81f

[1] Weitere Änderungen im fortlaufenden Text. Siehe KMA IV, S. 703, 713f, 723 [vgl. MEW 23, S. 618, 625, 632f] und MEW 22, S. 136.

Ent-stehungs-zeit	Erschei-nungs-datum	Ver-fasser	Titel oder Textbezeichnung	Quellen-nachweis
14.1.		FE	Brief an Laura Lafargue [englOrig]	LafargueBrI: 160f
			– Deutsche Übersetzung	MEW36: 83ff
18.1.		FE	Brief an August Bebel	MEW36: 86ff
23.1.		FE	Brief an August Bebel	MEW36: 89
26./28.1.		FE	Brief an Charles Fitzgerald [Entwurf] [dtÜbers des englOrig]	MEW36: 90
28.1.		FE	Brief an Eduard Bernstein	MEW36: 91f
28.1.		FE	Brief an Ludwik Krzywicki [Entwurf]	MEW36: 93
28.1.		FE	Brief an Pjotr Lawrowitsch Lawrow [frzOrig]	FR: BrKap: 281f; FR: IRofSH XIII: 218
			– Deutsche Übersetzung	MEW36: 94f
4.2.[1]		FE	Brief an Karl Kautsky	MEW36: 96
5.2.		FE	Brief an Eduard Bernstein	MEW36: 97f
5.2.		FE	Brief an Pjotr Lawrowitsch Lawrow [frzOrig]	FR: BrKap: 283
			– Deutsche Übersetzung	MEW36: 99f
5.2.		FE	Brief an Laura Lafargue [englOrig]	LafargueBrI: 164f
			– Deutsche Übersetzung	MEW36: 101ff
14.2.		FE	Brief an Johann Philipp Becker	MEW36: 105f
14.2.		FE	Brief an Pjotr Lawrowitsch Lawrow [dtÜbers des frzOrig]	MEW36: 107
16.2.		FE	Brief an Karl Kautsky	MEW36: 108ff
16.2.		FE	Brief an Laura Lafargue [englOrig]	LafargueBrI: 173f
			– Deutsche Übersetzung	MEW36: 111f
nach17.2.		FE	Brief an John Darbyshire [Entwurf] [dtÜbers des englOrig]	MEW36: 113
9./21.2.		FE	Brief an Heinrich Nonne [Entwurf]	MEW36: 104
21.2.		FE	Brief an Laura Lafargue [englOrig]	LafargueBrI: 177f
			– Deutsche Übersetzung	MEW36: 114f
ca.26.2.		FE	Brief an Heinrich Nonne [Entwurf]	MEW36: 116
MitteII–Anf.III	13.3.	FE	Marx und die „Neue Rheinische Zeitung" 1848–1849 [in „Der Sozialdemokrat"]	MEW21: 16–24
3.3.		FE	Brief an Karl Kautsky	MEW36: 117
3.3.		FE	Postkarte an Pjotr Lawrowitsch Lawrow [dtÜbers des frzOrig]	MEW36: 118
6.3.		FE	Brief an Vera Iwanowna Sassulitsch [frzOrig]	AB: 438f
			– Deutsche Übersetzung	MEW36: 119ff
7.3.		FE	Brief an Friedrich Adolph Sorge	MEW36: 122ff
2.HälfteII–Anf.III		FE	Französische Übersetzung von Marx' „Proudhon" [Brief an J. B. v. Schweitzer vom 24.1.1865]	KM: Misère: 213–224
11.–15.3.		FE	Brief an Paul Lafargue [frzOrig]	LafargueBrI: 180f
			– Deutsche Übersetzung	MEW36: 125f
24.3.		FE	Brief an Eduard Bernstein	MEW36: 127f
24.3.		FE	Brief an Karl Kautsky	MEW36: 129

[1] In KautskyBr unter dem 5.2.1884 abgedruckt.

1884

Ent-stehungs-zeit	Erschei-nungs-datum	Ver-fasser	Titel oder Textbezeichnung	Quellen-nachweis
31.3.		FE	Brief an Laura Lafargue [englOrig]	LafargueBrI: 183f
			– Deutsche Übersetzung	MEW36: 130ff
11.4.		FE	Brief an Karl Kautsky	MEW36: 133f
11.4.		FE	Brief an Eduard Bernstein	MEW36: 135f
18.4.		FE	Brief an Laura Lafargue [englOrig]	LafargueBrI: 192ff
			– Deutsche Übersetzung	MEW36: 137ff
18.4.		FE	Brief an Paul Lafargue [frzOrig]	LafargueBrI: 196f
			– Deutsche Übersetzung	MEW36: 140f
26.4.		FE	Brief an Karl Kautsky	MEW36: 142f
4.5.		FE	Brief an Ludwig Kugelmann	MEW36: 144
10.5.		FE	Brief an Paul Lafargue [frzOrig]	LafargueBrI: 202f
			– Deutsche Übersetzung	MEW36: 145
17.5.		FE	Brief an Eduard Bernstein	MEW36: 146
22.5.		FE	Brief an Eduard Bernstein und Karl Kautsky	MEW36: 147
23.5.		FE	Brief an Karl Kautsky	MEW36: 148f
23.5.		FE	Brief an Eduard Bernstein	MEW36: 150ff
EndeIII–26.5.	1884	FE	Der Ursprung der Familie, des Privat-eigentums und des Staats	MEW21: 25–39, 43–55, 57–62, 64f, 67–74, 83–119, 122–173; [FeSt3: 15f, 27–34, 38–48, 50–64, 73–103, 105–145, 234–239]
EndeIII/26.5.[?]		FE	[Über die Assoziation der Zukunft]	MEW21: 391
26.5.		FE	Brief an Laura Lafargue [englOrig]	LafargueBrI: 203ff
			– Deutsche Übersetzung	MEW36: 153f
5.6.		FE	Brief an Eduard Bernstein	MEW36: 155ff
6.6.		FE	Brief an August Bebel	MEW36: 158–161
1884	1884	FE	Änderungen in Marx' „Lohnarbeit und Kapital"	MEGA6: 473–487, 489, 491–498; [MEW6: 397–403, 405ff, 409–412, 414–419, 421ff]; KMAVI: 757f, [759–764, 766, 768–771, 773–777, 779–787, 789ff]
VI	1884	FE	Vorbemerkung zu Marx' „Lohnarbeit und Kapital"	MEW21: 174
20.6.		FE	Brief an Johann Philipp Becker	MEW36: 162f
21.–22.6.		FE	Brief an Karl Kautsky	MEW36: 164ff
26.6.		FE	Brief an Karl Kautsky	MEW36: 167f
26.6.		FE	Brief an Jewgenija Eduardowna Papritz [frzOrig]	AB: 446f
			– Deutsche Übersetzung	MEW36: 169f

1884

Ent-stehungs-zeit	Erschei-nungs-datum	Ver-fasser	Titel oder Textbezeichnung	Quellen-nachweis
29.6.		FE	Brief an Eduard Bernstein	MEW 36: 171f
ca.5.7.		FE	Brief an Eduard Bernstein	MEW 36: 186f
ca.6.7.		FE	Brief an Sarah Allen [Entwurf] [dtÜbers des englOrig]	MEW 36: 173
8.7.		FE	Brief an Gabriel Deville [frzOrig]	FE1820: 294
11.7.		FE	Brief an Karl Kautsky	MEW 36: 174f
19.7.		FE	Brief an Karl Kautsky	MEW 36: 176ff
22.7.		FE	Brief an Laura Lafargue [englOrig]	LafargueBrI: 215f
			– Deutsche Übersetzung	MEW 36: 181f
26.7.		FE	Brief an Laura Lafargue [englOrig]	LafargueBrI: 224
			– Deutsche Übersetzung	MEW 36: 183
28.7.		FE	Brief an Hermann Schlüter	MEW 36: 184
30.7.		FE	Brief an James Leigh Joynes [Entwurf] [dtÜbers des englOrig]	MEW 36: 185
1.8.		FE	Brief an Eduard Bernstein	[MEW 36: 179f]; Bernstein: 287f
1.8.		FE	Brief an Laura Lafargue [englOrig]	LafargueBrI: 227f
			– Deutsche Übersetzung	MEW 36: 188f
1.8.		FE	Brief an Karl Kautsky	MEW 36: 190
6.8.		FE	Brief an Eduard Bernstein	MEW 36: 191f
6.8.		FE	Brief an Laura Lafargue [englOrig]	LafargueBrI: 229f
			– Deutsche Übersetzung	MEW 36: 193
11.8.		FE	Brief an Paul Lafargue [frzOrig]	LafargueBrI: 231–235
			– Deutsche Übersetzung	MEW 36: 194–198
13.8.		FE	Brief an Georg Heinrich von Vollmar	MEW 36: 199f
14.–18.8.		FE	Brief an Maria Jankowska[1] [Entwurf] [frzOrig]	Borejsza: 314
			– Deutsche Übersetzung	MEW 36: 201
22.8.		FE	Brief an Karl Kautsky	MEW 36: 202f
22.8.		FE	Brief an Eduard Bernstein	MEW 36: 204
30.8.		FE	Brief an Karl Kautsky	MEW 36: 205
13.9.		FE	Brief an Eduard Bernstein	MEW 36: 206ff
20.9.		FE	Brief an Karl Kautsky	MEW 36: 209ff
1.10.		FE	Postkarte an Hermann Schlüter	MEW 36: 212
3.10.		FE	Postkarte an Hermann Schlüter	MEW 36: 213
11.10.		FE	Brief an August Bebel	MEW 36: 214ff
13.10.		FE	Postkarte an Karl Kautsky	MEW 36: 217
15.10.		FE	Brief an Johann Philipp Becker[2]	MEW 36: 218f[2]
15.10.		FE	Brief an Karl Kautsky	MEW 36: 220f
17.10.		FE	Postkarte an Karl Kautsky	MEW 36: 222
20.10.		FE	Brief an Karl Kautsky	MEW 36: 223f
22.10.		FE	Brief an Eduard Bernstein	MEW 36: 225
23.10.		FE	Brief an Eduard Bernstein	MEW 36: 226

[1] Unter dem Pseudonym Stefan Leonowicz.
[2] Vgl. Textfassung in Kautsky, Friedrich Engels, S. 27, die nach Kliem, Engels, S. 610, von Engels selbst redigiert ist.

1884-1885

Entstehungszeit	Erscheinungsdatum	Verfasser	Titel oder Textbezeichnung	Quellennachweis
XII1883/ X1884[?]		FE	Liste „Notes et changements" für eine Neuausgabe von „Misère de la Philosophie"	MEGA6: 133, 145f, 149, 157, 182; [FR: MEW4: 94]
XII1883/ 23.10.84	1885	FE	Fußnoten zur deutschen Ausgabe „Das Elend der Philosophie" von Karl Marx	MEGA6: 133, 136, 157, 181, 206, 225, 227; [MEW4: 80, 83, 105, 132, 158, 179, 181f]
23.10.	1885	FE	Vorwort [zur deutschen Ausgabe von Marx' „Das Elend der Philosophie"]	MEW21: 175-187
29.10.		FE	Brief an August Bebel	MEW36: 227f
8.11.		FE	Brief an Karl Kautsky	MEW36: 229ff
8.11.		FE	Brief an Pasquale Martignetti [italOrig]	Corr: 302
			– Deutsche Übersetzung	MEW36: 232
11.11.		FE	Brief an Eduard Bernstein	[MEW36: 233ff]; Bernstein: 306ff
11.11.		FE	Brief an Hermann Engels	MEW36: 236f
18.11.		FE	Brief an August Bebel	MEW36: 238-241
23 11.		FE	Brief an Laura Lafargue [englOrig]	LafargueBrI: 244ff
			– Deutsche Übersetzung	MEW36: 242-245
28.11.		FE	Brief an John Lincoln Mahon [dtÜbers des englOrig]	MEW36: 246
1.12.		FE	Brief an Charlotte Engels	MEW36: 247f
9.12.		FE	Postkarte an Karl Kautsky	MEW36: 249
11.12.		FE	Brief an August Bebel	MEW36: 250-254
MitteXII	21.12.	FE	Brief an Paul Lafargue [FR] [in „Lyon-Socialiste"] [dtÜbers des frzOrig]	MEW36: 255
29.12.		FE	Brief an Eduard Bernstein	MEW36: 256ff
29.12.	8.1.85	FE	Brief an Wilhelm Liebknecht [FR] [in „Der Sozialdemokrat"]	MEW36: 259
30.12.		FE	Brief an August Bebel	MEW36: 260ff
30.12.		FE	Brief an Pasquale Martignetti [italOrig]	Corr: 303f
			– Deutsche Übersetzung	MEW 36: 263
31.12.		FE	Brief an Friedrich Adolph Sorge	MEW36: 264f
Ende1884		FE	[Über den Verfall des Feudalismus und das Aufkommen der Bourgeoisie]	MEW21: 392-401
Ende1884		FE	Zum „Bauernkrieg"	MEW21: 402f

1885

1884/85[?]		FE[?]	Korrekturen im Marxschen Manuskript „Theorien über den Mehrwert"	MEGA$_2$II3,2A: 13, 19, 21; II3,3A: 17, 73
1.1.		FE	Brief an Laura Lafargue [dtÜbers des englOrig]	MEW36: 266f
1.1.		FE	Brief an Hermann Schlüter	MEW36: 268f
13.1.		FE	Brief an Karl Kautsky	MEW36: 270
13.1.		FE	Brief an Hermann Schlüter	MEW36: 271

Ent-stehungs-zeit	Erschei-nungs-datum	Ver-fasser	Titel oder Textbezeichnung	Quellen-nachweis
17.1.		FE	Brief an Hermann Schlüter	MEW36: 272
19.1.		FE	Brief an August Bebel	MEW36: 273ff
25.1.	29.1.	FE	Kaiserlich Römische Wirkliche Geheime Dynamiträte [in „Der Sozialdemokrat"]	MEW21: 188ff
ca.25.1.	31.1.	FE	Brief an Paul Lafargue [FR] [in „Le Cri du Peuple"] [frzOrig]	LafargueBrI: 261
			– Deutsche Übersetzung	MEW36: 276f
4.2.		FE	Brief an Florence Kelley-Wischnewetzky [englOrig]	FR: SorgeBr: 200
			– Deutsche Übersetzung	MEW36: 278
4.2.		FE	Brief an Wilhelm Liebknecht	MEW36: 279
10.2.		FE	Brief an Florence Kelley-Wischnewetzky [englOrig]	SorgeBr: 201f
			– Deutsche Übersetzung	MEW36: 280
11.2.		FE[1]	Brief an Nikolai Franzewitsch Danielson [dtÜbers des englOrig]	MEW36: 281
12.2.		FE	Brief an Pjotr Lawrowitsch Lawrow [frzOrig]	FR: BrKap: 293
			– Deutsche Übersetzung	MEW36: 282f
14.2.		FE	Brief an Karl Kautsky	MEW36: 284
MitteII	1.3.	FE	England in 1845 and in 1885 [in „Commonweal"]	M/E: On Britain: 23–31[2]
	VI		– Von Engels angefertigte deutsche Übersetzung [in NZ]	MEW21: 191–197
22.2.		FE	Brief an Hermann Schlüter	MEW36: 285
–23.2.	Anf.VII	FE	Korrekturen, Fußnoten und Zusätze im Manuskript von Marx' „Das Kapital", Band II	MEW24: 78, 93, 388, [31f, 42, 45, 72, 83, 120, 124, 132, 142, 163, 255 [?], 318, 351, 359, 372, 391, 393f, 397, 410, 414, 420, 435, 456, 469, 476, 485]; KMAV: 3f, 16, 19, 21, 62f, 84, 97, 109, 113f, 124, 137, 162, 275 [?], 322, 354f, 362, 397, 407, 424, 445, 448, 451f, 456, 471, 477, 484, 503, 530, 546, 555, 566; KII: 358, 363
8.3.		FE	Brief an Laura Lafargue [englOrig]	LafargueBrI: 271ff
			– Deutsche Übersetzung	MEW36: 286ff

[1] Unter dem Pseudonym F. Rosher.
[2] Nach dem Vorwort zu „The Condition of the Working-Class in England" vom 11.1.1882.

1885

Ent-stehungs-zeit	Erschei-nungs-datum	Ver-fasser	Titel oder Textbezeichnung	Quellen-nachweis
26.3.		FE	Brief an Richard Stegemann [Entwurf]	MEW36: 289
2.4.		FE	Brief an Johann Philipp Becker	MEW36: 290f
4.4.		FE	Brief an August Bebel	MEW36: 292ff
11.4.		FE	Brief an Pasquale Martignetti [italOrig]	Corr: 306
			– Deutsche Übersetzung	MEW36: 295
Mitte IV		FE	Brief an Eduard Bernstein	MEW36: 310
16.4.		FE	Brief an Karl Kautsky	MEW36: 296
16.–17.4.		FE	Brief an Laura Lafargue [dtÜbers des englOrig]	MEW36: 297–300
23.4.		FE[1]	Brief an Nikolai Franzewitsch Danielson [dtÜbers des englOrig]	MEW36: 301f
23.4.		FE	Brief an Vera Iwanowna Sassulitsch [frzOrig]	FR: Faks: MEW36: 305; AB: 455ff
			– Deutsche Übersetzung[2]	MEW36: 303f, 307
5.5.		FE	Brief an Richard Stegemann [Entwurf]	MEW36: 308f
5.5.	Anf. VII	FE	Vorwort [zu Marx' „Das Kapital", Band II]	MEW24: 7–26, 521[3]; [KMA V: XV–XXXVII]
–14.5.		FE	Anmerkung zum italienischen Manuskript vom „Ursprung der Familie, des Privateigentums und des Staats"	MEW36: 794f
15.5.		FE	Brief an Eduard Bernstein	MEW36: 311ff
15.5.		FE	Brief an Hermann Schlüter	MEW36: 314f
19.5.		FE	Brief an Paul Lafargue [dtÜbers des frzOrig]	MEW36: 316ff
19.5.		FE	Brief an Pasquale Martignetti [Entwurf][4] [italOrig]	Corr: 306f
			– Deutsche Übersetzung	MEW36: 319
29.5.		FE	Brief an Laura Lafargue [dtÜbers des englOrig]	MEW36: 320f
EndeV–VI	1885	FE	Änderungen zur 3. Auflage von Marx' „Der achtzehnte Brumaire des Louis Bonaparte"	KMA III, 1: 269, 285, 288, 301, 312f, 315, 334, 337, 344, 352, 356
EndeV/VI	1885	FE	Vorrede zur dritten Auflage [von Marx' „Der achtzehnte Brumaire des Louis Bonaparte]	MEW21: 248f; [KMA III, 2: 1093ff]
3.6.		FE[1]	Brief an Nikolai Franzewitsch Danielson [englOrig]	FR: BrKap: 294f
			– Deutsche Übersetzung	MEW36: 322
3.6.		FE	Brief an Friedrich Adolph Sorge	MEW36: 323ff
13.6.		FE	Brief an Pasquale Martignetti [italOrig]	Corr: 308
			– Deutsche Übersetzung	MEW36: 326

[1] Unter dem Pseudonym P. W. Rosher.
[2] Einschließlich der Varianten des Entwurfs.
[3] Einschließlich zusätzlicher deutscher Übersetzung eines fremdsprachigen Zitats.
[4] Ergänzt durch Teilabschrift des Originalbriefs.

Ent-stehungs-zeit	Erschei-nungs-datum	Ver-fasser	Titel oder Textbezeichnung	Quellen-nachweis
15.6.		FE	Brief an Johann Philipp Becker	MEW36: 327f
16.6.		FE	Brief an Eduard Bernstein	MEW36: 329
16.6.		FE	Brief an Laura Lafargue [dtÜbers des englOrig]	MEW36: 330ff
16.6.		FE	Brief an Hermann Schlüter	MEW36: 333f
22.6.		FE	Brief an August Bebel	MEW36: 335ff
1.7.		FE	Brief an Hermann Schlüter	MEW36: 338
–VII	X	FE	Neufassung von Marx' „Assisenverhandlung gegen den rheinischen Kreisausschuß der Demokraten" unter dem Titel „Karl Marx vor den Kölner Geschworenen"	KMA III, 1: 94–120
1.7.	X	FE	Vorwort [zu „Karl Marx vor den Kölner Geschworenen"]	MEW21: 198–204; [KMA III, 2: 1062–1069]
4.7.		FE	Brief an Laura Lafargue [dtÜbers des englOrig]	MEW36: 339f
ca.5.7.		FE	Brief an Gertrud Guillaume-Schack [Entwurf]	MEW36: 341
11.7.		FE	Widmung für P. Lavroff [frzOrig]	Faks: MEW36: 343
23.7.		FE	Brief an Laura Lafargue [dtÜbers des englOrig]	MEW36: 342, 345f
24.7.		FE	Brief an August Bebel	MEW36: 347ff
24.7.		FE	Brief an Eduard Bernstein	MEW36: 350
8.8.		FE[1]	Brief an Nikolai Franzewitsch Danielson [englOrig]	FR: BrKap: 297
			– Deutsche Übersetzung	MEW36: 351
8.8.		FE	Brief an Laura Lafargue [dtÜbers des englOrig]	MEW36: 352f
16.8.		FE	Postkarte an Karl Kautsky	MEW36: 354
ca.25.8.		FE	Brief an die Redaktion des „Sewerny Westnik" [Entwurf] [dtÜbers des frzOrig]	MEW21: 205
25.8.		FE[1]	Brief an Nikolai Franzewitsch Danielson [dtÜbers des englOrig]	MEW36: 355
26.8.		FE	Postkarte an Hermann Schlüter	MEW36: 356
1885[?]		FE	Note zum „Anti-Dühring" [Erstens Kekulé]	MEGA S: 473f; [MEW20: 520; FeSt2: 121f]
–sp.IX		FE	Note zum „Anti-Dühring": Über die Ur-bilder des mathematisch „Unendlichen" in der wirklichen Welt	MEGA S: 464–469; MEW20: 529–534; [FeSt2: 122–127]
–sp.IX		FE	Note zum „Anti-Dühring": Über die „mechanische" Naturauffassung	MEGA S: 469–473; [MEW20: 516–519; FeSt2: 118–121]
6.9.		FE	Brief an Karl Kautsky	MEW36: 357
9.9.		FE	Postkarte an Hermann Schlüter	MEW36: 358
10.9.		FE	Brief an Karl Kautsky	MEW36: 359

[1] Unter dem Pseudonym P.W. Rosher bzw. P.W.R.

1885

Ent-stehungs-zeit	Erschei-nungs-datum	Ver-fasser	Titel oder Textbezeichnung	Quellen-nachweis
22.9.		FE	Brief an Laura Lafargue [dtÜbers des englOrig]	MEW36: 360f
–23.9.	1885	FE	Ergänzungen und Änderungen in der 2. Auflage des „Anti-Dühring"	MEGA S: 19f, 28, 34, 39f, 43f, 46f, 56, 58, 62, 64ff, 72–77, 83, 86, 88f, 93, 96, 107, 110, 114f, 117, 121, 125ff, 129, 134, 137–142, 159, 165, 171, 173f, 176f, 181, 184f, 189, 198, 202, 210f, 213, 216, 219, 222ff, 226–231, 236, 268, 275, 277, 280, 286, 294, 297ff, 304ff, 312ff, 319, 321, 325, 327, 329f, 332f; [MEW20: 85; FeSt1: 87]
23.9.	1885	FE	Vorwort zur 2. Auflage des „Anti-Dühring"	MEGA S: 8–14; [MEW20: 8–14; FeSt1: 17–23]
23.9.		FE	Brief an Hermann Schlüter	MEW36: 362f
8.10.		FE	Brief an Eduard Bernstein	MEW36: 364ff
–8.10.	1885	FE	Zusatz zu einer Fußnote und Texterbän-zung zur Beilage 4 zur 3. Ausgabe von Marx' „Herr Vogt" als Beilage von Marx' „Enthüllungen über den Kommunistenprozeß zu Köln"	MEW14: 661, 665ff
8.10.	1885	FE	Zur Geschichte des Bundes der Kommuni-sten [als Einleitung zu Marx' „Enthül-lungen über den Kommunistenprozeß zu Köln"]	MEW21: 206–224; [KMA III, 2: 1095–1118; MESt III: 13–28, 242]
9.10.		FE	Brief an Hermann Schlüter	MEW36: 367
12.10.	17.10.	FE	Brief an Paul Lafargue [FR] [in „Le Socialiste"] [frzOrig]	LafargueBrI: 310f
			– Deutsche Übersetzung	MEW21: 225f
13.10.		FE	Brief an Laura Lafargue [dtÜbers des englOrig]	MEW36: 370f
14.10.		FE	Brief an Karl Kautsky	MEW36: 372
20.10.		FE	Postkarte an Pjotr Lawrowitsch Lawrow [dtÜbers des frzOrig]	MEW36: 373
21.10.	31.10.	FE	Au comité de redaction du Socialiste [in „Le Socialiste"]	LafargueBrI: 312f
			– Deutsche Übersetzung	MEW21: 227f
22.10.		FE	Brief an Salo Faerber	MEW36: 374f
28.10.		FE	Brief an August Bebel	MEW36: 376–379

Ent-stehungs-zeit	Erschei-nungs-datum	Ver-fasser	Titel oder Textbezeichnung	Quellen-nachweis
X	XI	FE	How not to translate Marx [in „The Commonweal"] – Deutsche Übersetzung	Marx/Engels/Lassalle: 66–70 MEW21: 229–237
Anf.XI	1885	FE	Korrekturen und Fußnote zur Märzansprache der Zentralbehörde des Bundes der Kommunisten in der Neuausgabe von Marx' „Enthüllungen über den Kommunistenprozeß zu Köln"	MEGA$_2$I10A: 860–867; [MEW 7: 252f; MESt III: 245f]
Anf.XI	1885	FE	Korrekturen zur Juniansprache der Zentralbehörde des Bundes der Kommunisten in der Neuausgabe von Marx' „Enthüllungen über den Kommunistenprozeß zu Köln"	MEGA$_2$I10A: 930ff
7.11.		FE	Brief an Laura Lafargue [dtÜbers des englOrig]	MEW36: 380f
11.11.		FE	Brief an Hermann Schlüter	MEW36: 382f
13.11.		FE[1]	Brief an Nikolai Franzewitsch Danielson [englOrig] – Deutsche Übersetzung	AB: 462ff MEW36: 384ff
14.11.		FE	Brief an Paul Lafargue [dtÜbers des frzOrig]	MEW36: 387ff
17.11.		FE	Brief an August Bebel	MEW36: 390f
–24.11.	1886	FE	Ergänzungen zum gekürzten Artikel „Wilhelm Wolff" als erstem Teil der Einleitung zu „Die schlesische Milliarde" von Wilhelm Wolff	MEW19: 58, 63, 84
24.11.	1886	FE	Zur Geschichte der preußischen Bauern [als Einleitung zu „Die schlesische Milliarde" von Wilhelm Wolff]	MEW21: 238–247
26.11.		FE	Brief an Minna Kautsky	MEW36: 392ff
1.12.		FE	Brief an Paul Lafargue [Entwurf] [dtÜbers des frzOrig]	MEW36: 395
1.12.		FE	Brief an Wilhelm Liebknecht	MEGA36: 396ff
2.12.		FE	Brief an Karl Kautsky	MEW36: 399
5.12.		FE	Brief an Johann Philipp Becker	MEW36: 400f
5.12.		FE	Brief an Wilhelm Liebknecht	MEW36: 402
7.12.		FE	Brief an Eduard Bernstein	MEW36: 403f
7.12.		FE	Brief an Paul Lafargue [dtÜbers des frzOrig]	MEW36: 405ff
7.12.		FE	Brief an Hermann Schlüter	MEW36: 408
19.12.		FE	Brief an Ferdinand Domela Nieuwenhuis	MEW36: 409
21.12.		FE	Brief an Pasquale Martignetti [italOrig] – Deutsche Übersetzung	Corr: 310 MEW36: 410
21.12.		FE	Brief an Hermann Schlüter	MEW36: 411f
22.12.		FE	Brief an Laura Lafargue [dtÜbers des englOrig]	MEW36: 413f
28.12.		FE	Brief an Wilhelm Liebknecht	MEW36: 415f
28.12.		FE	Brief an Johann Philipp Becker	MEW36: 417

[1] Unter dem Pseudonym P.W. R[osher].

Ent-stehungs-zeit	Erschei-nungs-datum	Ver-fasser	Titel oder Textbezeichnung	Quellen-nachweis
			1886	
7.1.		FE	Brief an Florence Kelley-Wischnewetzky [englOrig]	M/E: Letters: 148
			– Deutsche Übersetzung	MEW36: 418
7.1.		FE	Brief an Wilhelm Liebknecht	MEW36: 419f
17.1.		FE	Brief an Laura Lafargue [englOrig]	LafargueBrI: 332f
			– Deutsche Übersetzung	MEW36: 421ff
20.–23.1.		FE	Brief an August Bebel	MEW36: 424–428
27.1.		FE	Brief an Edward R. Pease [Entwurf] [dtÜbers des englOrig]	MEW36: 429
29.1.		FE	Brief an Friedrich Adolph Sorge	MEW36: 430f
3.2.		FE	Brief an Florence Kelley-Wischnewetzky [englOrig]	SorgeBr: 209ff
			– Deutsche Übersetzung	MEW36: 432f
vor 4.2.		FE	Vermerke in Mignet, F. A.: Histoire de la révolution française, depuis 1789 jusqu'en 1814	FR: Ex libris: 144
4.2.		FE	Brief an Ferdinand Domela Nieuwenhuis	MEW36: 434f
7.2.		FE	Postkarte an Pjotr Lawrowitsch Lawrow [dtÜbers des frzOrig]	MEW36: 436
8.2.		FE[1]	Brief an Nikolai Franzewitsch Danielson [dtÜbers des englOrig]	MEW36: 437ff
9.2.		FE	Postkarte an Friedrich Adolph Sorge	MEW36: 440
9.2.		FE	Brief an Laura Lafargue [englOrig]	LafargueBrI: 335ff
			– Deutsche Übersetzung	MEW36: 441ff
15.2.		FE	Brief an August Bebel	MEW36: 444–447
16.2.		FE	Brief an Paul Lafargue [FR] [frzOrig]	LafargueBrI: 340f
			– Deutsche Übersetzung	MEW36: 448f
24.2.		FE	Postkarte an Eduard Bernstein	MEW36: 450
25.2.	V1887	FE	Appendix of „The Condition of the Working Class in England in 1844"	FR: KÖS: 492ff
			– Deutsche Übersetzung	MEW21: 250–256
25.2.		FE	Brief an Florence Kelley-Wischnewetzky [englOrig]	M/E: Letters: 150f
			– Deutsche Übersetzung	MEW36: 451f
25.2.		FE	Brief an Wilhelm Liebknecht	MEW36: 453f
3.3.		FE	Brief an Hermann Schlüter	MEW36: 455
12.3.		FE	Brief an Florence Kelley-Wischnewetzky [englOrig]	M/E: Letters: 512
			– Deutsche Übersetzung	MEW36: 456
12.3.		FE	Brief an Pasquale Martignetti [italOrig]	Corr: 311f
			– Deutsche Übersetzung[2]	MEW36: 457

[1] Unter dem Pseudonym P. W. Rosher.
[2] Einschließlich der Varianten des Entwurfs.

Ent-stehungs-zeit	Erschei-nungs-datum	Ver-fasser	Titel oder Textbezeichnung	Quellen-nachweis
12.3.		FE	Brief an Hermann Schlüter	MEW36: 458f
I/III		FE	[Dialektik der Natur.] Ausgelassenes aus „Feuerbach"	MEW20: 466–471
fr.1886		FE	[Dialektik der Natur.] Titel und In-haltsverzeichnisse der Konvolute	MEW20: 569f
15.3.	27.3.	FE	[Brief zum 15. Jahrestag der Pariser Kommune] [in „Le Socialiste"] [frzOrig]	LafargueBrI: 423f
			– Deutsche Übersetzung	MEW21: 257f
15.–16.3.		FE	Brief an Laura Lafargue [englOrig]	LafargueBrI: 341ff
			– Deutsche Übersetzung	MEW36: 460ff
18.3.		FE	Brief an August Bebel	MEW36: 463–466
20.3.		FE	Brief an Paul Lafargue [frzOrig]	LafargueBrI: 348ff
			– Deutsche Übersetzung	MEW36: 467f
31.3.		FE	Brief an Vera Iwanowna Sassulitsch [dtÜbers des frzOrig]	MEW36: 469
Anf.1886	IV–V	FE	Ludwig Feuerbach und der Ausgang der klassischen deutschen Philosophie	MEW21: 265–307; [MEStI: 183–222, 250; FeSt2: 130–166]
12.4.		FE	Brief an August Bebel	MEW36: 470ff
28.4.		FE	Brief an Laura Lafargue [dtÜbers des englOrig]	MEW36: 473ff
29.4.	⟨8.7.⟩[1]	FE	Erklärung [an die Redaktion der „New Yorker Volkszeitung"] [Entwurf][2]	MEW36: 480[1]
29.4.		FE	Brief an Friedrich Adolph Sorge	MEW36: 476–480
7.5.		FE	Brief an Paul Lafargue [FR] [frzOrig]	LafargueBrI: 356f
			– Deutsche Übersetzung	MEW36: 481
12.5.		FE	Brief an Wilhelm Liebknecht	MEW36: 482f
13.5.		FE	Brief an F. H. Nestler & Melle's Verlag [Entwurf]	MEW36: 484f
8./14.5.	15.5.	FE	[Über den Streik der Arbeiter der Glas-fabrik in Lyon] [in „The Commonweal"] [dtÜbers des englOrig]	MEW21: 309
22.5.		FE	Brief an Eduard Bernstein	MEW36: 486f
23.5.		FE	Brief an Laura Lafargue [englOrig]	LafargueBrI: 357f
			– Deutsche Übersetzung	MEW36: 488f
3.6.		FE	Brief an Florence Kelley-Wischnewetzky [englOrig]	SorgeBr: 224f
			– Deutsche Übersetzung	MEW36: 490f
3.6.		FE	Brief an Hermann Schlüter	MEW36: 492
1886		EF	Brief an Ernest Belfort Bax [FR] [englOrig]	IRofSH XIII: 279
2.7.		FE	Brief an Karl Kautsky	MEW36: 493
4.7.		FE	Brief an Karl Kautsky	MEW36: 494
8.7.		FE	Brief an Karl Kautsky	MEW36: 495

[1] Die in der „New Yorker Volkszeitung" veröffentlichte Fassung in MEW 21, S. 308.
[2] Nach dem Brief an F.A. Sorge vom 29.4.1886.

Ent-stehungs-zeit	Erschei-nungs-datum	Ver-fasser	Titel oder Textbezeichnung	Quellen-nachweis
9.7.		FE	Brief an Johann Philipp Becker	MEW36: 496f
26.7.		FE	Brief an Karl Kautsky	MEW36: 498
31.7.		FE	Brief an Karl Kautsky	MEW36: 499
3.8.		FE	Postkarte an Friedrich Adolph Sorge	MEW36: 500
4.8.		FE	Brief an Karl Kautsky	MEW36: 501
11.8.		FE	Brief an Karl Kautsky	MEW36: 502
13.–14.8.		FE	Brief an Florence Kelley-Wischnewetzky [englOrig]	M/E: Letters: 158ff
			– Deutsche Übersetzung	MEW36: 503ff
14.8.		FE	Brief an Eduard Bernstein	MEW36: 506
VIII		FE	Chronologie der Chartistenbewegung [russÜbers]	AM X: 264–276
18.8.		FE	Brief an August Bebel	MEW36: 507–510
20.8.		FE	Brief an Karl Kautsky	MEW36: 511f
20.8.		FE	Brief an Eduard Bernstein	MEW36: 513
20.8.		FE	Brief an Hermann Schlüter	MEW36: 514f
23.8.		FE	Postkarte an Karl Kautsky	MEW36: 516
24.8.		FE	Brief an Karl Kautsky	MEW36: 517
24.8.		FE	Brief an Laura Lafargue [englOrig]	LafargueBrI: 376
			– Deutsche Übersetzung	MEW36: 518
25.8.		FE	Brief an Karl Kautsky	MEW36: 519
26.8.		FE	Brief an Karl Kautsky	MEW36: 520
6.9.		FE	Postkarte an Friedrich Adolph Sorge	MEW36: 521
11.9.		FE	Brief an F. H. Nestler & Melle's Verlag [Entwurf]	MEW36: 522f
13.9.		FE	Brief an Laura Lafargue [englOrig]	LafargueBrI: 378ff
			– Deutsche Übersetzung	MEW36: 529ff
13.–14.9.		FE	Brief an August Bebel	MEW36: 524–528
16.9.		FE	Brief an Friedrich Adolph Sorge	MEW36: 532ff
17.9.		FE	Brief an Pasquale Martignetti	MEW36: 535
24.9.		FE	Brief an Laura Lafargue [englOrig]	LafargueBrI: 384f
			– Deutsche Übersetzung	MEW36: 536f
25.9.		FE	Brief an Natalie Liebknecht	MEW36: 538
2.10.		FE	Brief an Laura Lafargue [englOrig]	LafargueBrI: 390f
			– Deutsche Übersetzung	MEW36: 539f
8.10.		FE	Brief an August Bebel	MEW36: 541ff
9.10.		FE	Brief an Eduard Bernstein	MEW36: 544–547
22.10.		FE	Brief an Eduard Bernstein	MEW36: 548f
23.10.		FE	Brief an Laura Lafargue [dtÜbers des englOrig]	MEW36: 550ff
23.–25.10.		FE	Brief an August Bebel	MEW36: 553ff
25.–26.10.	⟨6.11.⟩[1]	FE	Brief an Paul Lafargue [frzOrig]	LafargueBrI: 396–403
			– Deutsche Übersetzung	MEW36: 556–564

[1] In gekürzter und redaktionell bearbeiteter Fassung unter dem Titel „Situation politique de l'Europe" in „Le Socialiste" veröffentlicht [dtÜbers: MEW21, S. 310–318].

Ent-stehungs-zeit	Erschei-nungs-datum	Ver-fasser	Titel oder Textbezeichnung	Quellen-nachweis
2.11.		FE	Brief an Laura Lafargue [englOrig]	LafargueBrI: 406
			– Deutsche Übersetzung	MEW36: 565
25.,2./5.11.	1887	FE	Neufassung von Marx' „Das Kapital", Band I zur englischen Ausgabe [englOrig]	KM: Capital: 1–824
5.11.	1887	FE	Vorwort zur englischen Ausgabe von Marx' „Das Kapital", Band I [englOrig]	KM: Capital: IX–XIV
			– Deutsche Übersetzung	MEW23: 36–40
9.11.		FE[1]	Brief an Nikolai Franzewitsch Danielson [dtÜbers des englOrig]	MEW36: 566f
vor 13.11.	13.11.	FE	Brief an E.T. [in „The Commonweal"] [dtÜbers des englOrig]	MEW36: 568
23.11.		FE	Brief an Laura Lafargue [dtÜbers des englOrig]	MEW36: 569
24.11.		FE	Brief an Laura Lafargue [englOrig]	LafargueBrI: 407–410
			– Deutsche Übersetzung	MEW36: 570–573
26.11.		FE	Brief an Hermann Schlüter	MEW36: 574ff
29.11.		FE	Brief an Karl Kautsky	MEW36: 577
29.11.		FE	Brief an Friedrich Adolph Sorge	MEW36: 578–581
IX–Anf.XII	1887	FE u.K. Kautsky	Juristen-Sozialismus [in NZ]	MEW21: 491–509
7.12.		FE	Postkarte an Hermann Schlüter	MEW36: 582
9.12.	17.12.	FE	Johann Philipp Becker [in „Der Sozial-demokrat"]	MEW21: 319–324
13.12.		FE	Brief an Laura Lafargue [englOrig]	LafargueBrI: 415ff
			– Deutsche Übersetzung	MEW36: 583ff
22.12.		FE	Brief an Emil Engels jr.	MEW36: 586f
28.12.		FE	Brief an Florence Kelley-Wischnewetzky [englOrig]	M/E: Letters: 165ff
			– Deutsche Übersetzung	MEW36: 588ff

1887

–10.1.	1887	FE	Änderungen und Anmerkungen zur 2. Auflage von „Zur Wohnungsfrage"	MEW18: 215, 217, 219, 221ff, 226, 230, 239, 241, 244, 248, 254, 256f, 259, 270, 273, 283; [FeSt4: 75ff, 79, 81f, 85, 88f, 97, 99, 101, 104, 110–114, 123f, 127, 135]

[1] Unter dem Pseudonym P.W. R[osher].

1887

Ent-stehungs-zeit	Erschei-nungs-datum	Ver-fasser	Titel oder Textbezeichnung	Quellen-nachweis
10.1.	I	FE	Vorwort [zur 2. Auflage von „Zur Wohnungsfrage"]	MEW21: 325–334; [FeSt4: 65–73]
11.1.		FE	Postkarte an Friedrich Adolph Sorge	MEW36: 591
11.1.		FE	Brief an Ferdinand Domela Nieuwenhuis	MEW36: 592f
18.1.		FE	Brief an Pasquale Martignetti [FR]	MEW36: 594
–26.1.	V	FE	Änderungen und Fußnoten zur amerikanischen Ausgabe der „Lage der arbeitenden Klasse in England"	MEGA4: 13, 15, 82, 88, 94, 103, 121, 123f, 127, 133, 140, 145, 154, 164, 166f, 175, 177, 183f, 190f, 198f, 202, 208, 211, 218, 221–226, 231f, 245, 253f, 261ff, 268f, 278; MEW2: 250, [317, 334, 452f]
			– Deutsche Übersetzung	FR: MEW2: 250, 317, 334, 452f
26.1.	V	FE	The Labor Movement in the United States [als Vorwort zur amerikanischen Ausgabe von „Die Lage der arbeitenden Klasse in England"]	M/E: Letters: 285–291
	10.u. 17.6.	FE	– Deutsche Übersetzung: „Die Arbeiterbewegung in Amerika" [in „Der Sozialdemokrat"]	MEW21: 335–343
26.1.		FE	Brief an Pasquale Martignetti [italOrig]	Corr: 320f
			– Deutsche Übersetzung	MEW36: 595f
27.1.		FE	Brief an Florence Kelley-Wischnewetzky [englOrig]	M/E: Letters: 167ff
			– Deutsche Übersetzung	MEW36: 597f
28.1.		FE	Brief an Paul Lafargue [frzOrig]	LafargueBrII: 7f[1]; III: 502f
			– Deutsche Übersetzung	MEW36: 599ff
2.2.		FE	Brief an Laura Lafargue [dtÜbers des englOrig]	MEW36: 602ff
6.2.		FE	Telegramm an Florence Kelley-Wischnewetzky [englOrig]	M/E: Letters: 169
			– Deutsche Übersetzung	MEW36: 605
9.2.		FE	Brief an Florence Kelley-Wischnewetzky [englOrig]	M/E: Letters: 169–174
			– Deutsche Übersetzung	MEW36: 605–610
12.2.		FE	Brief an Friedrich Adolph Sorge	MEW36: 611ff
13.2.	11.3.	FE	Brief an das Organisationskomitee des internationalen Festes in Paris [dtÜbers des frzOrig in „Der Sozialdemokrat"]	MEW21: 344f
16.2.		FE	Brief an Paul Lafargue [dtÜbers des frzOrig]	MEW36: 614ff

[1] In der vom Original wenig abweichenden Fassung aus „Le Populaire de Paris" vom 29.11.1920.

1887

Ent-stehungs-zeit	Erschei-nungs-datum	Ver-fasser	Titel oder Textbezeichnung	Quellen-nachweis
19.2.		FE[1]	Brief an Nikolai Franzewitsch Danielson [englOrig]	FR: BrKap: 302
			- Deutsche Übersetzung	MEW36: 617f
24.2.		FE	Brief an Laura Lafargue [englOrig]	LafargueBrII: 16f
			- Deutsche Übersetzung	MEW36: 619ff
3.3.		FE	Brief an Friedrich Adolph Sorge	MEW36: 622f
10.3.		FE	Brief an Friedrich Adolph Sorge	MEW36: 624f
10.3.		FE	Brief an Laura Lafargue [englOrig]	LafargueBrII: 20
			- Deutsche Übersetzung	MEW36: 626
12.3.		FE	Brief an Julie Bebel	MEW36: 627f
16.3.		FE	Brief an Friedrich Adolph Sorge	MEW36: 629f
18.3.	26.3.	FE	Brief an die Fédération socialiste révolutionnaire du centre du Parti ouvrier [in „Le Socialiste"] [dtÜbers des frzOrig]	MEW36: 631
19.3.		FE	Brief an Hermann Schlüter [FR]	MEW36: 632
21.3.		FE	Brief an Laura Lafargue [englOrig]	LafargueBrII: 24f
			- Deutsche Übersetzung	MEW36: 633f
6.4.		FE	Brief an Friedrich Adolph Sorge	MEW36: 635f
9.4.		FE	Brief an Friedrich Adolph Sorge	MEW36: 637f
11.4.		FE	Brief an Paul Lafargue [frzOrig]	LafargueBrII: 27f
			- Deutsche Übersetzung	MEW36: 639
13.4.		FE	Brief an Paul Lafargue [frzOrig]	LafargueBrII: 28f
			- Deutsche Übersetzung	MEW36: 640f
23.4.		FE	Brief an Friedrich Adolph Sorge	MEW36: 642f
24.4.		FE[1]	Brief an Nikolai Franzewitsch Danielson [dtÜbers des englOrig]	MEW36: 644
26.4.		FE	Brief an Laura Lafargue [englOrig]	LafargueBrII: 33ff
			- Deutsche Übersetzung	MEW36: 645ff
4.5.		FE	Brief an Friedrich Adolph Sorge	MEW36: 648f
5.5.		FE	Brief an Eduard Bernstein	MEW36: 650ff
7.5.		FE	Brief an Florence Kelley-Wischnewetzky [englOrig]	M/E: Letters: 187f
			- Deutsche Übersetzung	MEW36: 653f
7.5.		FE	Brief an Friedrich Adolph Sorge	MEW36: 655f
21.5.		FE	Brief an Pasquale Martignetti	MEW36: 657f
21.5.		FE	Brief an Laura Lafargue [englOrig]	LafargueBrII: 40f
			- Deutsche Übersetzung	MEW36: 659f
27.5.		FE	Postkarte an Karl Kautsky	MEW36: 661
28.5.		FE	Postkarte an Florence Kelley-Wischnewetzky [englOrig]	SorgeBr: 267
			- Deutsche Übersetzung	MEW36: 662
28.5.		FE	Postkarte an Eduard Bernstein	MEW36: 663
31.5.		FE	Brief an Florence Kelley-Wischnewetzky [dtÜbers des englOrig]	MEW36: 664
4.6.		FE	Brief an Friedrich Adolph Sorge	MEW36: 665ff

[1] Unter dem Pseudonym P.W. Rosher.

1887

Ent-stehungs-zeit	Erschei-nungs-datum	Ver-fasser	Titel oder Textbezeichnung	Quellen-nachweis
7.6.		FE	Brief an Laura Lafargue [englOrig]	LafargueBrII: 43ff
			– Deutsche Übersetzung	MEW36: 668ff
11.6.		FE	Brief an Laura Lafargue [englOrig]	LafargueBrII: 47f
			– Deutsche Übersetzung	MEW36: 671f
11.6.		FE	Brief an Jules Guesde [frzOrig]	FE1820: 296f
15.6.		FE	Brief an Karl Kautsky	MEW36: 673
18.6.		FE	Brief an Friedrich Adolph Sorge	MEW36: 674f
20.6.		FE	Brief an Pasquale Martignetti	MEW36: 676
22.6.		FE	Brief an John Lincoln Mahon [dtÜbers des englOrig]	MEW36: 677
14./23.6.		FE	Korrekturen zu den „Principles" von „The North of England Socialist Federation" [englOrig]	Faks: MEW21: 510a
			– Deutsche Übersetzung	MEW21: 510f
23.6.		FE	Brief an John Lincoln Mahon [englOrig]	FR: M/E: On Britain: 520
			– Deutsche Übersetzung	MEW36: 678f
30.6.		FE	Brief an Friedrich Adolph Sorge	MEW36: 680f
nachVI[?]	1887	FE	Anmerkung zum Separatdruck „Die Arbeiterbewegung in Amerika"	MEW21: 335
15.7.		FE	Brief an Laura Lafargue [englOrig]	LafargueBrII: 50f
			– Deutsche Übersetzung	MEW36: 682
20.7.		FE	Brief an Florence Kelley-Wischnewetzky [englOrig]	M/E: Letters: 189
			– Deutsche Übersetzung	MEW36: 683
22.7.		FE	Brief an Karl Kautsky	MEW36: 684
26.7.		FE	Brief an John Lincoln Mahon [dtÜbers des englOrig]	MEW36: 685
1.8.		FE	Brief an Karl Kautsky	MEW36: 686
5.8.		FE	Brief an Karl Kautsky	MEW36: 687
8.8.		FE	Brief an Friedrich Adolph Sorge	MEW36: 688ff
9.8.		FE	Brief an Laura Lafargue [englOrig]	LafargueBrII: 57ff
			– Deutsche Übersetzung	MEW36: 691ff
13.8.		FE	Brief an August Bebel	MEW36: 694f
17.8.		FE	Brief an Karl Kautsky	MEW36: 696
29.8.		FE	Brief an Bruno Schoenlank	MEW36: 697
30.8.		FE	Brief an August Bebel	MEW36: 698
3.9.		FE	Brief an Karl Kautsky	MEW36: 699
3.9.		FE	Postkarte an Pjotr Lawrowitsch Lawrow [dtÜbers des frzOrig]	MEW36: 700
15.9.		FE	Brief an Florence Kelley-Wischnewetzky	M/E: Letters: 190ff
			– Deutsche Übersetzung	MEW36: 701ff
16.9.		FE	Brief an Friedrich Adolph Sorge	MEW36: 704f
ca.22.9.		FE	Brief an Hugo Koch [Entwurf]	MEW36: 706
ca.10.10.		FE	Brief an Johannes Weiß [Entwurf]	MEW36: 707
11.10.		FE	Brief an Laura Lafargue [englOrig]	LafargueBrII: 66f
			– Deutsche Übersetzung	MEW36: 708ff
29.10.		FE	Postkarte an Friedrich Adolph Sorge	MEW36: 711

Ent-stehungs-zeit	Erschei-nungs-datum	Ver-fasser	Titel oder Textbezeichnung	Quellen-nachweis
EndeX		FE	Brief an Paul Lafargue [FR] [frzOrig] – Deutsche Übersetzung	LafargueBrII: 70 MEW36: 712
12.11.		FE	Brief an Laura Lafargue [englOrig] – Deutsche Übersetzung	LafargueBrII: 75f MEW36: 713ff
16.11.		FE	Brief an Paul Lafargue [dtÜbers des frzOrig]	MEW36: 716ff
22.11.		FE	Brief an Paul Lafargue [FR] [frzOrig] – Deutsche Übersetzung	LafargueBrII: 79 NZ XIX, 1: 426
23.11.		FE	Brief an Paul Lafargue [dtÜbers des frzOrig]	MEW36: 719f
26.11.		FE	Brief an Conrad Schmidt	MEW36: 721f
29.11.		FE	Brief an Natalie Liebknecht	MEW36: 723f
XI		FE	Brief an Friedrich Adolph Sorge	MEW36: 725
3.12.		FE	Brief an Florence Kelley-Wischnewetzky [englOrig] – Deutsche Übersetzung	FR: SorgeBr: 285f MEW36: 726f
5.12.		FE	Brief an Paul Lafargue [frzOrig] – Deutsche Übersetzung	LafargueBrII: 88f MEW36: 728f
7.12.		FE	Brief an Hermann Schlüter	MEW36: 730f
15.12.	1888	FE	Einleitung [zu Sigismund Borkheims Bro-schüre „Zur Erinnerung für die deutschen Mordspatrioten. 1806–1807"]	MEW21: 346–351
20.12.		FE	Brief an Karl Kautsky	MEW36: 732
24.12.		FE	Brief an Laura Lafargue [englOrig] – Deutsche Übersetzung	LafargueBrII: 89f MEW36: 733f
29.12.		FE	Brief an Paul Lafargue [frzOrig] – Deutsche Übersetzung	LafargueBrII: 91ff MEW36: 735ff

1888

nach 1868: 1887/88[?]		FE	Korrekturen und Notizen in Häusser, Ludwig: Deutsche Geschichte vom Tode Friedrichs des Großen bis zur Gründung des deutschen Bundes	FR: Ex libris: 90
4.1.	I	FE	Brief an Ion Nădejde [in „Contempora-nul"] [dtÜbers des rumän Abdrucks, verglichen mit dem frz geschriebenen Entwurf]	MEW37: 3–6
5.1.		FE[1]	Brief an Nikolai Franzewitsch Danielson [englOrig] – Deutsche Übersetzung	FR: BrKap: 304f MEW37: 7ff
7.1.		FE	Brief an Friedrich Adolph Sorge	MEW37: 10ff
10.1.		FE	Brief an Wilhelm Liebknecht	MEW37: 13f
10.1.		FE	Brief an Hermann Schlüter	MEW37: 15f
10.1.		FE	Brief an Pasquale Martignetti	MEW37: 17f
23.1.		FE	Brief an Hermann Schlüter	MEW37: 19

[1] Unter dem Pseudonym P.W. Rosher.

1888

Ent-stehungs-zeit	Erschei-nungs-datum	Ver-fasser	Titel oder Textbezeichnung	Quellen-nachweis
III 1887/ I 1888	1888	FEu.S. Moore[1]	Manifesto of the Communist Party[1]	M/E: WorksI: 33–65
		FE	– Anmerkungen und Änderungen zur englischen Ausgabe vom „Manifest der Kommunistischen Partei"	MEGA6: 525ff, 546f, 555f, 685f; [FR: KMA II: 816f, 819f, 826, 828–832, 834, 837, 839, 841ff, 845, 847–855, 857f; M/E: WorksI: 34, 36, 41, 43, 46f, 51, 54, 56f, 59f, 63f]
			– – Deutsche Übersetzung	FR: MEW4: 462, 464, 469ff, 474f, 479, 482–485, 487f, 491f; [FR: KMA II: 817, 819, 844f, 856f; FR: MESt III: 243ff]
30.1.	1888	FE	Preface to the "Manifesto of the Communist Party"	M/E: Works I: 25–30
			– Deutsche Übersetzung	MEW21: 352–359; [KMA II: 867–873]
7.2.		FE	Brief an Paul Lafargue [frzOrig]	LafargueBrII: 101f
			– Deutsche Übersetzung	MEW37: 20f
12.2.		FE	Brief an Hermann Schlüter	MEW37: 22
19.2.		FE	Brief an Hermann Schlüter	MEW37: 23
ca.Anf. 1888[?]		FE	Vermerk zur Notiz von Marx [zum Manuskript „Die deutsche Ideologie. I. Feuerbach"]	MEGA5: 537
–21.2.	1888	FE	Redaktionelle Überarbeitung der [als Anhang zu „Ludwig Feuerbach und der Ausgang der klassischen deutschen Philosophie" herausgegebenen] „Thesen über Feuerbach" von Karl Marx	MEW3: 533ff; [MEStI: 142ff]
21.2.	1888	FE	Vorbemerkung zu „Ludwig Feuerbach und der Ausgang der klassischen deutschen Philosophie	MEW21: 263f; [MEStI: 182f; FeSt2: 129f]
22.2.		FE	Brief an Friedrich Adolph Sorge	MEW37: 24f
22.2.		FE	Brief an Florence Kelley-Wischnewetzky [englOrig]	FR: SorgeBr: 292f
			– Deutsche Übersetzung	MEW37: 26ff
23.2.		FE	Brief an Wilhelm Liebknecht	MEW37: 29f
23.2.		FE	Brief an Ferdinand Domela Nieuwenhuis	MEW37: 31f
25.2.		FE	Brief an Laura Lafargue [englOrig]	LafargueBrII: 105f

[1] Das „Manifest der Kommunistischen Partei" von Marx und Engels in der von Engels autorisierten, herausgegebenen und mit Anmerkungen versehenen englischen Übersetzung von S. Moore.

Ent-stehungs-zeit	Erschei-nungs-datum	Ver-fasser	Titel oder Textbezeichnung	Quellen-nachweis
			– Deutsche Übersetzung	MEW37: 33ff
29.2.		FE	Brief an Wilhelm Liebknecht	MEW37: 36f
EndeXII 1887/III1888		FE	Gliederung des 4. Kapitels der Broschüre „Die Rolle der Gewalt in der Geschichte"	[MEW21: 463]; FE: Rolle: 115f
EndeXII 1887/III1888		FE	Gliederung des Schlußteils des 4. Kapitels der Broschüre „Die Rolle der Gewalt in der Geschichte"	[MEW21: 464f]; FE: Rolle: 117f
EndeXII 1887/III1888		FE	Chronologische Auszüge zum 4. Kapitel der Broschüre „Die Rolle der Gewalt in der Geschichte"	FE: Rolle: 119–150
EndeXII 1887/III1888		FE	Einzelne Thesen und Notizen zum 4. Kapitel der Broschüre „Die Rolle der Gewalt in der Geschichte"	FE: Rolle: 151f
EndeXII1887–III1888		FE	Die Rolle der Gewalt in der Geschichte	MEW21: 405–461; [FeSt4: 17–63]
EndeXII 1887/III1888		FE	Entwurf des Vorworts zur Broschüre „Die Rolle der Gewalt in der Geschichte"	MEW21: 462
17.3.		FE	Brief an Hermann Schlüter	MEW37: 38
19.3.		FE	Brief an Paul Lafargue [frzOrig]	LafargueBrII: 115ff
			– Deutsche Übersetzung	MEW37: 39ff
Anf.IV		FE	Brief an Margaret Harkness [Entwurf] [englOrig]	AB: 480ff
			– Deutsche Übersetzung	MEW37: 42ff
10.–11.4.		FE	Brief an Laura Lafargue [dtÜbers des englOrig]	MEW37: 45ff
11.4.		FE	Brief an Florence Kelley-Wischnewetzky [englOrig]	FR: SorgeBr: 296f[1]
			– Deutsche Übersetzung	MEW37: 48f
12.4.		FE	Brief an August Bebel	MEW37: 50ff
16.4.		FE	Brief an Wilhelm Liebknecht	MEW37: 53f
20.4.		FE	Brief an Pasquale Martignetti	MEW37: 55f
27.4.		FE	Brief an Gabriel Deville [frzOrig]	FE1820: 294f
29.4.		FE	Brief an Wilhelm Liebknecht	MEW37: 57
2.5.		FE	Brief an Florence Kelley-Wischnewetzky	M/E: Letters: 199f
			– Deutsche Übersetzung	MEW37: 58f
IV–9.5.	VIII	FE	Protection and Free Trade [in „The Labor Standard"]	FR: Colon: 266–269
IV–9.5.	VII	FE	– Deutsche Fassung mit zusätzlicher Fußnote: „Schutzzoll und Freihandel" [in NZ]	MEW21: 360–375
9.5.		FE	Brief an Laura Lafargue [englOrig]	LafargueBrII: 126ff
			– Deutsche Übersetzung	MEW37: 60ff
10.5.		FE	Brief an Eleanor Marx-Aveling [dtÜbers des englOrig]	MEW37: 63

[1] Das hier nicht entzifferte Wort ist nach dem Original ergänzt in M/E: Letters, S. 199.

1888

Ent-stehungs-zeit	Erschei-nungs-datum	Ver-fasser	Titel oder Textbezeichnung	Quellen-nachweis
10.5.		FE	Brief an Hermann Schlüter	MEW37: 64
16.5.		FE	Brief an Florence Kelley-Wischnewetzky [dtÜbers des englOrig]	MEW37: 65
2.6.		FE	Brief an Amand Goegg	FE1820: 297
3.6.		FE	Brief an Laura Lafargue [englOrig]	LafargueBrII: 139f
			– Deutsche Übersetzung	MEW37: 66f
15.6.		FE	Brief an Hermann Schlüter	MEW37: 68
30.6.		FE	Brief an Paul Lafargue [frzOrig]	LafargueBrIII: 504
			– Deutsche Übersetzung	MEW37: 69
vor6.7.		FE	Brief an Karl Kautsky	MEW37: 70
6.7.		FE	Brief an Laura Lafargue [englOrig]	LafargueBrII: 147f
			– Deutsche Übersetzung	MEW37: 71f
11.7.		FE	Brief an Friedrich Adolph Sorge	MEW37: 73
15.7.		FE	Brief an Laura Lafargue [englOrig]	LafargueBrII: 149ff
			– Deutsche Übersetzung	MEW37: 74f
23.7.		FE	Brief an Laura Lafargue [englOrig]	LafargueBrII: 155f
			– Deutsche Übersetzung	MEW37: 76f
21.od.28.7.		FE	Brief an Hermann Schlüter	MEW37: 78
30.7.		FE	Brief an Laura Lafargue [englOrig]	LafargueBrII: 159f
			– Deutsche Übersetzung	MEW37: 79f
4.8.		FE	Brief an Friedrich Adolph Sorge	MEW37: 81
6.8.		FE	Brief an Laura Lafargue [englOrig]	LafargueBrII: 163f
			– Deutsche Übersetzung	MEW37: 82f
9.8.		FE	Postkarte an Eduard Bernstein	MEW37: 84
9.8.		FE	Brief an Hermann Engels	MEW37: 85
28.8.		FE	Postkarte an Friedrich Adolph Sorge	MEW37: 86
31.8.		FE	Brief an Friedrich Adolph Sorge	MEW37: 87f
31.8.		FE	Brief an Wilhelm Liebknecht	MEW37: 89
4.9.		FE	Brief an Friedrich Adolph Sorge	MEW37: 90
10.9.		FE	Brief an Friedrich Adolph Sorge	MEW37: 93
11.9.		FE	Brief an Friedrich Adolph Sorge	MEW37: 94
12.9.		FE	Brief an Friedrich Adolph Sorge	MEW37: 95
18.9.		FE	Brief an Florence Kelley-Wischnewetzky [englOrig]	M/E: Letters: 205f
			– Deutsche Übersetzung	MEW37: 96f
18.9.		FE	Brief an die Redaktion der „New Yorker Volkszeitung" [Entwurf]	MEW37: 98
18.9.		FE	Brief an die Redaktion der „Chicagoer Arbeiter-Zeitung" [Entwurf]	MEW37: 99
19.9.	20.9.	FE	Interviewäußerungen gegenüber dem Vertreter der „New Yorker Volkszeitung", Theodor Cuno [in „New Yorker Volkszeitung"]	MEW21: 511f
27.–28.9.		FE	Brief an Hermann Engels	MEW37: 100f
EndeIX		FE	[Reiseeindrücke über Amerika]	MEW21: 466ff
8.10.		FE	Brief an Conrad Schmidt	MEW37: 102f
10.10.		FE	Brief an Friedrich Adolph Sorge	MEW37: 104f
11.10.		FE	Brief an Louise Kautsky [Entwurf]	MEW37: 106f

Entstehungszeit	Erscheinungsdatum	Verfasser	Titel oder Textbezeichnung	Quellennachweis
13.10.		FE	Brief an Laura Lafargue [englOrig]	LafargueBrII: 170ff
			– Deutsche Übersetzung	MEW37: 108ff
15.10.		FE[1]	Brief an Nikolai Franzewitsch Danielson [englOrig]	FR: BrKap: 307ff
			– Deutsche Übersetzung	MEW37: 111ff
17.10.		FE	Brief an Karl Kautsky	MEW37: 114ff
25.10.		FE	Brief an August Bebel	MEW37: 117ff
24.11.		FE	Brief an Laura Lafargue [englOrig]	LafargueBrII: 178f
			– Deutsche Übersetzung	MEW37: 120f
4.12.		FE	Brief an Laura Lafargue [dtÜbers des frzOrig]	MEW37: 122ff
15.12.		FE	Brief an Friedrich Adolph Sorge	MEW37: 125
21.12.		FE	Brief an F. Walter [Entwurf]	MEW37: 126

1889

Entstehungszeit	Erscheinungsdatum	Verfasser	Titel oder Textbezeichnung	Quellennachweis
2.1.		FE	Brief an Laura Lafargue [englOrig]	LafargueBrII: 196f
			– Deutsche Übersetzung	MEW37: 127ff
5.1.		FE	Brief an August Bebel	MEW37: 130f
10.1.		FE	Brief an Ludwig Kugelmann	MEW37: 132
11.1.		FE	Brief an Conrad Schmidt	MEW37: 133ff
12.1.		FE	Brief an Friedrich Adolph Sorge	MEW37: 136ff
12.1.		FE	Brief an Florence Kelley-Wischnewetzky [englOrig]	M/E: Letters: 207f
			– Deutsche Übersetzung	MEW37: 139
14.1.		FE	Brief an Paul Lafargue [frzOrig]	LafargueBrII: 203ff
			– Deutsche Übersetzung	MEW37: 140f
18.1.		FE	Brief an Karl Kautsky	MEW37: 142
28.1.		FE	Brief an Karl Kautsky	MEW37: 143ff
31.1.		FE	Brief an Hermann Schlüter	MEW37: 146
4.2.		FE	Brief an Laura Lafargue [englOrig]	LafargueBrII: 209f
			– Deutsche Übersetzung	MEW37: 147ff
7.2.		FE	Brief an Karl Kautsky	MEW37: 150
11.2.		FE	Brief an Laura Lafargue [englOrig]	LafargueBrII: 213f
			– Deutsche Übersetzung	MEW37: 151f
14.2.		FE	Brief an John Lincoln Mahon [dtÜbers des englOrig]	MEW37: 153
20.2.		FE	Brief an Karl Kautsky	MEW37: 154–158
21.2.		FE	Brief an John Lincoln Mahon [dtÜbers des englOrig]	MEW37: 159
23.2		FE	Brief an Friedrich Adolph Sorge	MEW37: 160f
12.3.		FE	Brief an Paul Lafargue [frzOrig]	LafargueBrII: 218f
			– Deutsche Übersetzung	MEW37: 162f
12.3.		FE	Brief an Conrad Schmidt	MEW37: 164f

[1] Unter dem Pseudonym P.W. R[osher].

1889

Ent-stehungs-zeit	Erschei-nungs-datum	Ver-fasser	Titel oder Textbezeichnung	Quellen-nachweis
21.3.		FE	Brief an Paul Lafargue [frzOrig]	LafargueBrII: 219ff
			– Deutsche Übersetzung	MEW37: 166f
17./22.3.	30.3. u.6.4.	FE u. E. Bern-stein[1]	Der Internationale Arbeiterkongreß von 1889 [in „Der Sozialdemokrat"]	MEW21: 512–522
23.3.		FE	Brief an Paul Lafargue [frzOrig]	LafargueBrII: 221ff
			– Deutsche Übersetzung	MEW37: 168f
25.3.		FE	Brief an Paul Lafargue [frzOrig]	LafargueBrII: 225f
			– Deutsche Übersetzung	MEW37: 170f
27.3.		FE	Brief an Paul Lafargue [frzOrig]	LafargueBrII: 226ff
			– Deutsche Übersetzung	MEW37: 172ff
1.4.		FE	Brief an Paul Lafargue [frzOrig]	LafargueBrII: 229f
			– Deutsche Übersetzung	MEW37: 175f
4.4.		FE	Brief an Wilhelm Liebknecht	MEW37: 177f
5.4.		FE	Brief an Wilhelm Liebknecht	MEW37: 179ff
10.4.		FE	Brief an Paul Lafargue [frzOrig]	LafargueBrII: 231ff
			– Deutsche Übersetzung	MEW37: 182ff
17.4.		FE	Brief an Wilhelm Liebknecht	MEW37: 185f
20.4.		FE	Brief an Karl Kautsky	MEW37: 187f
30.4.		FE	Brief an Paul Lafargue [dtÜbers des frzOrig]	MEW37: 189ff
EndeIV	4.5.	FE[2]	Brief an die Redaktion des „Labour Elector" [in „The Labour Elector"] [dtÜbers des englOrig]	MEW21: 523f
1.5.		FE	Brief an Paul Lafargue [frzOrig]	LafargueBrII: 238f
			– Deutsche Übersetzung	MEW37: 192f
2.5.		FE	Brief an Paul Lafargue [frzOrig]	LafargueBrII: 239ff
			– Deutsche Übersetzung	MEW37: 194ff
7.5.		FE	Brief an Laura Lafargue [englOrig]	LafargueBrII: 246ff
			– Deutsche Übersetzung	MEW37: 197ff
6./10.5.	11.5.	FE	Übersetzung des Aufrufs an die Arbeiter und Sozialisten Europas und Amerikas aus dem Französischen [in „Der Sozialdemokrat"]	MEW21: 524ff
11.5.		FE	Brief an Friedrich Adolph Sorge	MEW37: 200f
11.5.		FE	Brief an Paul Lafargue [frzOrig]	LafargueBrII: 251ff
			– Deutsche Übersetzung	MEW37: 202ff
13.5.		FE	Notiz an Eleanor Marx-Aveling [dtÜbers des englOrig]	MEW37: 205
14.5.		FE	Brief an Laura Lafargue [englOrig]	LafargueBrII: 256ff
			– Deutsche Übersetzung	MEW37: 206ff

[1] Der von E. Bernstein geschriebene und gezeichnete Artikel ist von Engels redigiert worden.
[2] Offiziell von Ch. Bonnier ist das Schreiben von Engels verfaßt worden.

Ent-stehungs-zeit	Erschei-nungs-datum	Ver-fasser	Titel oder Textbezeichnung	Quellen-nachweis
–16.5.		FE	Vermerke zum Aufruf zum Internationalen Sozialistischen Arbeiterkongreß [frzOrig]	LafargueBrII: 263f
			– Deutsche Übersetzung	MEW37: 210f
16.5.		FE	Brief an Paul Lafargue [FR] [frzOrig]	LafargueBrII: 262f
			– Deutsche Übersetzung	MEW37: 209f
17.5.		FE	Brief an Paul Lafargue [frzOrig]	LafargueBrII: 265f
			– Deutsche Übersetzung	MEW37: 212f
20.5.		FE	Brief an Paul Lafargue [frzOrig]	LafargueBrII: 266f
			– Deutsche Übersetzung	MEW37: 214f
21.5.		FE	Brief an Karl Kautsky	MEW37: 216–219
21.5.		FE	Brief an A. F. Robinson [dtÜbers des englOrig]	MEW37: 220
24.5.		FE	Brief an Paul Lafargue [frzOrig]	LafargueBrII: 270ff
			– Deutsche Übersetzung	MEW37: 221ff
25.5.		FE	Brief an Paul Lafargue [frzOrig]	LafargueBrII: 273
			– Deutsche Übersetzung	MEW37: 224
27.5.		FE	Brief an Paul Lafargue [frzOrig]	[FR: Faks: MEW37: 227]; LafargueBrII: 275ff
			– Deutsche Übersetzung	MEW37: 225f
2.HälfteV	1.6.	FE[1]	Korrektur der Bekanntmachung über die Einberufung des Internationalen Sozialistischen Arbeiterkongresses [in „Der Sozialdemokrat"]	MEW21: 544f
EndeV	VI	FE	Brief an James Keir Hardie [in „The Labour Leader"] [englOrig]	Zeitschr.f.Geschichtsw.IV, 2: 339ff
			– Deutsche Übersetzung	MEW21: 376ff
EndeV	ca.8.6.	FEu.E.Bernstein[2]	The International Working Men's Congress of 1889 [dtÜbers des englOrig]	MEW21: 526–543
8.6.		FE	Brief an Friedrich Adolph Sorge	MEW37: 229–232
11.6.		FE	Brief an Laura Lafargue [englOrig]	LafargueBrII: 285f
			– Deutsche Übersetzung	MEW37: 233ff
12.6.		FE	Brief an Conrad Schmidt	MEW37: 236f
15.6.		FE	Brief an Paul Lafargue [frzOrig]	LafargueBrII: 289f
			– Deutsche Übersetzung	MEW37: 238f
28.6.		FE	Brief an Laura Lafargue [englOrig]	LafargueBrII: 292ff
			– Deutsche Übersetzung	MEW37: 240ff
4.7.		FE[3]	Brief an Nikolai Franzewitsch Danielson	FR: BrKap: 314f
			– Deutsche Übersetzung	MEW37: 243f

[1] Die Bekanntmachung ist von P. Lafargue und J. Guesde entworfen worden.
[2] Die von E. Bernstein verfaßte Broschüre ist von Engels redigiert worden.
[3] Unter dem Pseudonym P.W. R[osher].

1889

Ent-stehungs-zeit	Erschei-nungs-datum	Ver-fasser	Titel oder Textbezeichnung	Quellen-nachweis
5.7.		FE	Brief an Paul Lafargue [frzOrig]	LafargueBrII: 299f
			– Deutsche Übersetzung	MEW37: 245ff
9.7.		FE	Brief an Pasquale Martignetti	MEW37: 248
15.7.		FE[1]	Brief an Nikolai Franzewitsch Danielson [dtÜbers des englOrig]	MEW37: 249
17.7.		FE	Brief an Friedrich Adolph Sorge	MEW37: 250f
20.7.		FE	Brief an Friedrich Adolph Sorge	MEW37: 252f
20.7.		FE	Brief an Pasquale Martignetti	MEW37: 254
Anf.VIII		FE	Possibilist credentials [in „The Labour Elector"] [dtÜbers]	MEW21: 379ff
17.8.		FE	Brief an Friedrich Adolph Sorge	MEW37: 255ff
17.8.		FE	Entwurf des Briefes an Wilhelm Liebknecht	Liebknecht: 339ff
17.8.		FE	Brief an Wilhelm Liebknecht	MEW37: 258f
22.8.		FE	Brief an Eduard Bernstein	MEW37: 260f
22.8.		FE	Brief an Hermann Engels	MEW37: 262f
20./26.8.	31.8.	FE	Brief an Eleanor Marx-Aveling [?] [FR] [in „The Labour Elector"] [dtÜbers des englOrig]	MEW21: 382
27.8.		FE	Brief an Laura Lafargue [englOrig]	LafargueBrII: 311ff
			– Deutsche Übersetzung	MEW37: 264–267
1.9.		FE	Brief an Laura Lafargue [englOrig]	LafargueBrII: 316f
			– Deutsche Übersetzung	MEW37: 268ff
9.9.		FE	Brief an Laura Lafargue [englOrig]	LafagueBrII: 323f
			– Deutsche Übersetzung	MEW37: 271f
15.9.		FE	Brief an Karl Kautsky	MEW37: 273ff
26.9.		FE	Postkarte an Friedrich Adolph Sorge	MEW37: 276
EndeIX/ Anf.X	5.10.	FE	Die Abdankung der Bourgeoisie [in „Der Sozialdemokrat"]	MEW21: 383–387
2.Hälfte IX/X	1890	FE	Änderungen und Noten zur 4. Auflage von Marx' „Das Kapital", Band I[2]	MEW23: 18f, 55, 61f, 157ff, 197, 357, 419, 448, 454, 475, 526f, 534, 547, 582, 612, 625, 655f, 680f; KMAIV: 358, 508, 542, [10, 18, 134–137, 177, 381, 457, 493, 500, 528, 592f, 602, 713, 754, 786]
3.10.		FE	Brief an Paul Lafargue [frzOrig]	LafargueBrII: 330–333
			– Deutsche Übersetzung	MEW37: 277–280

[1] Unter dem Pseudonym P.W. R[osher].
[2] Weitere Änderungen im fortlaufenden Text. Siehe MEW23: 130, 516–525, 551, 595, 610–613, 635, 655ff [vgl. KMA IV, S. 590, 622, 675f, 693f, 725]. Vgl. KM: Capital: 803–824.

Ent-stehungs-zeit	Erschei-nungs-datum	Ver-fasser	Titel oder Textbezeichnung	Quellen-nachweis
3.10.		FE	Brief an Wilhelm Liebknecht	MEW37: 281f
8.10.		FE	Brief an Laura Lafargue [englOrig]	LafargueBrII: 335ff
			– Deutsche Übersetzung	MEW37: 283–286
12.10.		FE	Postkarte an Friedrich Adolph Sorge	MEW37: 287
17.10.		FE	Brief an Laura Lafargue [englOrig]	LafargueBrII: 342f
			– Deutsche Übersetzung	MEW37: 288f
17.10.		FE	Brief an Conrad Schmidt	MEW37: 290f
22.10.		FE	Brief an Max Hildebrand	MEW37: 292f
22.10.		FE	Brief an O. Adolph Ellissen	MEW37: 294
29.10.		FE	Brief an Laura Lafargue [englOrig]	LafargueBrII: 345ff
			– Deutsche Übersetzung	MEW37: 295ff
29.10.		FE	Brief an Wilhelm Liebknecht	MEW37: 298f
9.11.		FE	Brief an Pasquale Martignetti	MEW37: 300f
15.11.		FE	Brief an August Bebel	MEW37: 302ff
15.11.		FE	Brief an die Firma John Henry Johnson, Son & Ellis [Entwurf] [dtÜbers des englOrig]	MEW37: 305
16.11.		FE	Brief an Paul Lafargue [frzOrig]	LafargueBrII: 354ff
			– Deutsche Übersetzung	MEW37: 306f
16.11		FE	Brief an Laura Lafargue [englOrig]	LafargueBrII: 356f
			– Deutsche Übersetzung	MEW37: 308ff
18.11.		FE	Brief an Paul Lafargue [frzOrig]	LafargueBrII: 361f
			– Deutsche Übersetzung	MEW37: 311
20.11.		FE	Brief an Jules Guesde [frzOrig]	FR: Faks: MEW37: 313
			– Deutsche Übersetzung	MEW37: 312, 315
30.11.		FE	Brief an Pasquale Martignetti	MEW37: 316
4.12.		FE	Brief an Victor Adler	MEW37: 317f
5.12.		FE[1]	Brief an Nikolai Franzewitsch Danielson [dtÜbers des englOrig]	MEW37: 319
7.12.		FE	Brief an Friedrich Adolph Sorge	MEW37: 320–323
9.12.		FE	Brief an Conrad Schmidt	MEW37: 324f
18.12.		FE	Brief an Gerson Trier [Entwurf]	MEW37: 326ff
24.12.		FE	Brief an Natalie Liebknecht	MEW37: 329f
30.12.		FE	Postkarte an Ludwig Kugelmann	MEW37: 331

1890

Ende80er od. Anf.90er Jahre		FE	[Konspekt von] G. von Gülich – Deutschland	MELSt I: 521–561
ca. 1890		FE[2]	Äußerung im Gespräch mit Adolphe Smith-Headingley [englOrig]	Hyndman: 252
			– Deutsche Übersetzung	GesprächeII: 592

[1] Unter dem Pseudonym P.W. Rosher.
[2] Wiedergegeben von H. M. Hyndman.

1890

Ent-stehungs-zeit	Erschei-nungs-datum	Ver-fasser	Titel oder Textbezeichnung	Quellen-nachweis
Anf.I		FE	Brief an Frau Zadek [Entwurf]	MEW37: 332
3.1.		FE	Brief an Sergej Michailowitsch Krawtschinski [Stepinak] [dtÜbers des englOrig]	MEW37: 333
8.1.		FE	Brief an Laura Lafargue [englOrig]	LafargueBrII: 373ff
			– Deutsche Übersetzung	MEW37: 334–337
9.1.		FE	Brief an Hermann Engels	MEW37: 338f
11.1.		FE	Brief an Hermann Schlüter	MEW37: 340ff
13.1.		FE	Brief an Pasquale Martignetti	MEW37: 343ff
14.1.		FE	Notiz an Eleanor Marx-Aveling [dtÜbers des englOrig]	MEW37: 346
15.1.		FE	Postkarte an Hermann Schlüter	MEW37: 347
vor19.1.		FE	Brief an Charles Rosher [Entwurf] [dtÜbers des englOrig]	MEW37: 348
23.1.		FE	Brief an August Bebel	MEW37: 349ff
8.2.		FE	Brief an Friedrich Adolph Sorge	MEW37: 352–355
17.2.		FE	Brief an August Bebel	MEW37: 356ff
26.2.		FE	Brief an Laura Lafargue [englOrig]	LafargueBrII: 382f
			– Deutsche Übersetzung	MEW37: 359ff
XII1889–EndeII1890	V	FE	Die auswärtige Politik des russischen Zarentums [in NZ]	MEW22: 11–48[1]
III	IV–V		– Englische Fassung [in „Time"]	FR: M/E: Kommune: 347–351
21.2./1.3.	3.3.	FE	[Die deutschen Wahlen 1890] [in „Newcastle Daily Chronicle"] [dtÜbers des englOrig]	MEW22: 3–6
21.2./1.3.	8.3.	FE	Was nun? [in „Der Sozialdemokrat"]	MEW22: 7–10
7.3.		FE	Brief an Paul Lafargue [frzOrig]	LafargueBrII: 386ff
			– Deutsche Übersetzung	MEW37: 362ff
9.3.		FE	Brief an Wilhelm Liebknecht	MEW37: 365ff
14.3.		FE	Brief an Laura Lafargue [englOrig]	LafargueBrII: 380
			– Deutsche Übersetzung	MEW37: 368f
30.3.		FE	Brief an Antonio Labriola [Entwurf]	MEW37: 370
30.3.		FE	Brief an Pasquale Martignetti	MEW37: 371
1.4.		FE	Brief an Karl Kautsky	MEW37: 372
1.4.		FE	Brief an Johann Heinrich Wilhelm Dietz	MEW37: 373
3.4.		FE	Brief an Vera Iwanowna Sassulitsch [dtÜbers des frzOrig]	MEW37: 374f
4.4.		FE	Postkarte an Friedrich Adolph Sorge	MEW37: 376
9.4.		FE	Brief an Ferdinand Domela Nieuwenhuis	MEW37: 377f
11.4.		FE	Brief an Karl Kautsky	MEW37: 379
12.4.		FE	Brief an Friedrich Adolph Sorge	MEW37: 380ff
12.4.		FE	Brief an Conrad Schmidt	MEW37: 383ff

[1] Einschließlich der deutschen Übersetzung der englischen Fassung in der „Time".

Ent-stehungs-zeit	Erschei-nungs-datum	Ver-fasser	Titel oder Textbezeichnung	Quellen-nachweis
16.4.		FE	Brief an Laura Lafargue [englOrig]	LafargueBrII: 388–391
			– Deutsche Übersetzung	MEW37: 386–389
17.4.		FE	Brief an Vera Iwanowna Sassulitsch [dtÜbers des frzOrig]	MEW37: 390ff
19.4.		FE	Brief an Friedrich Adolph Sorge	MEW37: 393ff
19.4.	9.5.	FE	Brief an Isidor Ehrenfreund [FR] [in „Arbeiter-Zeitung"][1]	MEW22: 49ff
30.4.		FE	Brief an Friedrich Adolph Sorge	MEW37: 396ff
–1.5.	1890	FE	Änderungen und Anmerkungen zur 4. deutschen Ausgabe von „Das Kommunistische Manifest"	MEGA6: 526–531, 533f, 537ff, 541, 543ff, 547, 549–556; MEW4: 465, 472, [462, 469, 473, 480, 488, 491f]; 21: 3f; [KMAII: 817, 819, 821, 826, 828, 831f, 834, 841, 856f, 865f; MEStIII: 243ff]
1.5.	1890	FE	Vorwort zur 4. deutschen Ausgabe von „Das Kommunistische Manifest"	MEW22: 52–59; [KMAII: 874–878]
9.5.		FE	Brief an August Bebel	MEW37: 399–402
10.5.		FE	Brief an Laura Lafargue [englOrig]	LafargueBrII: 395ff
			– Deutsche Übersetzung	MEW37: 403f
5./21.5.	23.5.	FE	Der 4. Mai in London [in „Arbeiter-Zeitung"]	MEW22: 60–65
21.5.		FE	Brief an Paul Lafargue [frzOrig]	LafargueBrIII: 58f
			– Deutsche Übersetzung	MEW37: 405f
24.5.		FE	Postkarte an Pasquale Martignetti	MEW37: 407
29.5.		FE	Brief an Friedrich Adolph Sorge	MEW37: 408ff
5.6.		FE	Brief an Paul Ernst [Entwurf][2]	MEW37: 411ff; [FR: MEStI: 223ff]
10.6.		FE[3]	Brief an Nikolai Franzewitsch Danielson [englOrig]	FR: M/E: Ireland: 352
			– Deutsche Übersetzung	MEW37: 414f
14.6.		FE	Brief an Hermann Schlüter	MEW37: 416
19.6.		FE	Brief an Wilhelm Liebknecht	MEW37: 417f
19.6.		FE	Brief an Natalie Liebknecht	MEW37: 419f
25.6.	1890	FE	[Vorwort] Zur vierten Auflage [von Marx' „Das Kapital", Band I]	MEW23: 41–46; [KMAIV: 944–950]
30.6.		FE	Brief an Ludwig Kugelmann	MEW37: 421
30.6.		FE	Postkarte an Wilhelm Liebknecht	MEW37: 422

[1] Erschienen unter dem Titel „Über den Antisemitismus".
[2] Vgl. den am 1.10.1890 geschriebenen Artikel „Antwort an Herrn Paul Ernst".
[3] Unter dem Pseudonym P.W. Rosher.

1890

Ent-stehungs-zeit	Erschei-nungs-datum	Ver-fasser	Titel oder Textbezeichnung	Quellen-nachweis
ca.1890		FE	Eigenhändiger Lebenslauf	Kliem: Engels: 7
4.7.		FE	Brief an Laura Lafargue [englOrig] – Deutsche Übersetzung	LafargueBrII: 399 MEW37: 423f
8.7.		FE	Brief an Hermann Engels	MEW37: 425
22.7.		FE	Brief an Wilhelm Liebknecht	MEW37: 426f
30.7.		FE	Postkarte an Friedrich Adolph Sorge	MEW37: 428
30.7.		FE	Brief an Laura Lafargue [englOrig] – Deutsche Übersetzung	LafargueBrII: 401 MEW37: 429f
1.8.		FE	Postkarte an Wilhelm Liebknecht	MEW37: 431
5.8.		FE	Brief an Johann Heinrich Wilhelm Dietz	MEW37: 432
5.8.		FE	Brief an Karl Kautsky	MEW37: 433f
5.8.		FE	Brief an Conrad Schmidt	MEW37: 435–438; [FR: MEStI: 225f]
9.8.		FE	Widmung an Laura Lafargue	Faks: MEW 37:441
9.8.		FE	Brief an Friedrich Adolph Sorge	MEW37: 438f, 443
10.8.		FE	Brief an Wilhelm Liebknecht	MEW37: 444f
15.8.		FE	Postkarte an Wilhelm Liebknecht	MEW37: 446
21.8.		FE	Brief an Otto von Boenigk	MEW37: 447f
27.8.		FE	Postkarte an Friedrich Adolph Sorge	MEW37: 449
27.8.		FE	Brief an Paul Lafargue [frzOrig] – Deutsche Übersetzung	LafargueBrII: 407f MEW37: 450f
ca.6.9.		FE	Entwurf einer Antwort an die Redaktion der „Sächsischen Arbeiter-Zeitung"	MEW22: 66f
6.9.	13.9.	FE	Antwort an die Redaktion der „Sächsischen Arbeiter-Zeitung" [in „Der Sozialdemokrat"]	MEW22: 68ff
7.9.	13.9.	FE	Brief an die Redaktion des „Sozialdemokrat" [in „Der Sozialdemokrat"]	MEW22: 68ff
9./15.9.		FE	Congrès ouvrier international de 1891 [dtÜbers]	MEW22: 71–75
15.9.		FE	Brief an Paul Lafargue [frzOrig] – Deutsche Übersetzung	LafargueBrII: 410ff MEW37: 452f
12./18.9.	27.9.	FE	[Abschiedsbrief an die Leser des „Sozialdemokrat"] [in „Der Sozialdemokrat"]	MEW22: 76–79
18.9.		FE	Brief an Karl Kautsky	MEW37: 454ff
19.9.		FE	Brief an Paul Lafargue [dtÜbers des frzOrig]	MEW37: 457ff
20.9.		FE	Brief an Charles Caron [Entwurf] [dtÜbers des frzOrig]	MEW37: 460
20.9.		FE	Brief an Paul Lafargue [dtÜbers des frzOrig]	MEW37: 461
21.–22.9.		FE	Brief an Joseph Bloch	MEW37: 462–465; [FR: MEStI: 226ff]
22.9.		FE	Brief an Hermann Engels	MEW37: 466
23.9.		FE	Brief an Jakins [Entwurf] [dtÜbers des englOrig]	MEW37: 467
23.9.		FE	Brief an Strutt & Parker [mit beigefügtem weiteren Schreiben] [Entwurf] [dtÜbers des englOrig]	MEW37: 468

1890

Ent-stehungs-zeit	Erschei-nungs-datum	Ver-fasser	Titel oder Textbezeichnung	Quellen-nachweis
25.9.		FE	Brief an Jules Guesde [dtÜbers des frzOrig]	MEW37: 469
25.9.		FE	Brief an Laura Lafargue [englOrig] – Deutsche Übersetzung	LafargueBrII: 419f MEW37: 470f
25.9.		FE	Brief an Paul Lafargue [frzOrig] – Deutsche Übersetzung	LafargueBrII: 418f MEW37: 472f
26.9.		FE	Brief an Laura Lafargue [englOrig] – Deutsche Übersetzung	LafargueBrII: 421f MEW37: 474f
27.9.		FE	Postkarte an Friedrich Adolph Sorge	MEW37: 476ff
1.10.	5.10.	FE	Antwort an Herrn Paul Ernst [in „Berliner Volksblatt"]	MEW22: 80–85
4.10.		FE	Brief an Friedrich Adolph Sorge	MEW37: 479
5.10.		FE	Brief an Karl Kautsky	MEW37: 480
7.10.		FE	Brief an Wilhelm Liebknecht	MEW37: 481
18.10.		FE	Postkarte an Friedrich Adolph Sorge	MEW37: 482
19.10.		FE	Brief an Laura Lafargue [englOrig] – Deutsche Übersetzung	LafargueBrII: 429ff MEW37: 483ff
20.10.		FE	Notiz an Eduard Bernstein	MEW37: 486
25.10.		FE	Postkarte an Wilhelm Liebknecht	MEW37: 487
5.8./27.10.		FE	Randglossen in Barth, Paul: Die Geschichtsphilosophie Hegel's und der Hegelianer bis auf Marx und Hartmann	FR: Ex libris: 29
27.10.		FE	Brief an Conrad Schmidt	MEW37: 488–495; [FR: MEStI: 228–232]
2.11.		FE	Brief an Paul Lafargue [frzOrig] – Deutsche Übersetzung	LafargueBrII: 438f MEW37: 496f
nach 4.11.		FE	Ansprache beim Begräbnis von Helene Demuth [FR][1]	Mohr u. General: 457
	22.11.		– [Bericht] [in „The People's Press"] [russÜbers des englOrig]	Soč₂45: 489
5.11.		FE	Postkarte an Friedrich Adolph Sorge	MEW37: 498
5.11.		FE	Brief an Karl Kautsky	MEW37: 499
9.11.		FE	Brief an Louise Kautsky	MEW37: 500
15.11.		FE	Brief an Victor Adler	MEW37: 501
17.11.		FE	Brief an Victor Adler	MEW37: 502
26.11.		FE	Brief an Friedrich Adolph Sorge	MEW37: 505f
1.12.		FE	Brief an Laura Lafargue [englOrig] – Deutsche Übersetzung	LafargueBrII: 441f MEW37: 507f
2.12.	5.12.	FE	An die Redaktion des „Berliner Volksblatts" [in „Berliner Volksblatt"]	MEW22: 86
2.12.	25.12.	FE	Au Conseil National du Parti Ouvrier Français [in „Le Socialiste"] – Deutsche Übersetzung	LafargueBrII: 444 MEW22: 87
3.12.		FE	Brief an Ferdinand Domela Nieuwenhuis	MEW37: 509f[2]

[1] In der Wiedergabe von E. Marx-Aveling.
[2] Einschließlich der Varianten des Entwurfs.

1890–1891

Ent-stehungs-zeit	Erschei-nungs-datum	Ver-fasser	Titel oder Textbezeichnung	Quellen-nachweis
3.12.	14.12.	FE	[An die Redaktionen der „Arbeiter-Wochen-Chronik" und der „Népszava"] [in „Arbeiter-Wochen-Chronik"]	MEW22: 88f
4.12.		FE	Brief an Amand Goegg	MEW37: 511
4.12.		FE	Brief an Ludwig Schorlemmer	MEW37: 512
5.12.		FE	Brief an Édouard Vaillant [frzOrig]	LafargueBrII: 445
			– Deutsche Übersetzung	MEW37: 513f
5.12.		FE	Brief an Pjotr Lawrowitsch Lawrow [dtÜbers des frzOrig]	MEW37: 515
8.12.		FE	Brief an Wilhelm Liebknecht	MEW37: 516
9.12.		FE	Brief an Eduard [?] Mohrhenn	MEW37: 517f
12.12.		FE	Brief an Victor Adler	MEW37: 519f
4./13.12.	1891	FE	In Sachen Brentano contra Marx [in NZ]	MEW22: 184f
13.12.		FE	Brief an Johann Heinrich Wilhelm Dietz	MEW37: 521
13.12.		FE	Brief an Karl Kautsky	MEW37: 522f
1.HälfteXII[?]		FE	Brief an Georg Schumacher	FE1820: 298f
17.12.		FE	Brief an Laura Lafargue [englOrig]	LafargueBrII: 446f
			– Deutsche Übersetzung	MEW37: 524ff
18.12.		FE	Brief an Wilhelm Liebknecht	MEW37: 527f
20.12.		FE	Postkarte an Friedrich Adolph Sorge	MEW37: 529
25.12.		FE	Brief an Leo Frankel [dt Rück-übers aus dem Ungar]	MEW37: 530ff
27.12.		FE	Brief an G. Blume	MEW37: 533

1891

3.1.		FE	Brief an Friedrich Adolph Sorge	MEW38: 3f
–6.1.	1891	FE	Änderungen an Marx' „Kritik des Gothaer Programms"	MEW19: 15–19, 21, 24f, 28f, 31; [MESt III: 248f]
6.1.	1891	FE	Vorwort zu Marx' „Kritik des Gothaer Programms" [in NZ]	MEW22: 90f; [KMA III, 2: 1133f]
7.1.		FE	Brief an Karl Kautsky	MEW38: 5f
9.1.		FE	Brief an Pasquale Martignetti	MEW38: 7f
13.1.		FE	Brief an Stanisław Mendelson [dtÜbers des frzOrig]	MEW38: 9
15.1.		FE	Brief an Karl Kautsky	MEW38: 10f
17.1.		FE	Postkarte an Friedrich Adolph Sorge	MEW38: 12
18.1.		FE	Brief an Stanisław Mendelson [frzOrig]	Borejsza: 318
			– Deutsche Übersetzung	MEW38:13
27.1.		FE	Brief an Carl Schorlemmer	MEW38: 14
27.1.		FE	Brief an Heinrich Scheu	MEW38: 15
29.1.		FE	Brief an Hermann Schlüter	MEW38: 16ff
31.1.		FE	Brief an Paul Lafargue [frzOrig]	LafargueBrIII: 10ff
			– Deutsche Übersetzung	MEW38: 19ff
3.2.		FE	Brief an Karl Kautsky	MEW38: 22f
5.2.		FE	Brief an Laura Lafargue [englOrig]	LafargueBrIII: 12f
			– Deutsche Übersetzung	MEW38: 24

Ent-stehungs-zeit	Erschei-nungs-datum	Ver-fasser	Titel oder Textbezeichnung	Quellen-nachweis
6.2.		FE	Brief an Paul Lafargue [frzOrig]	LafargueBrIII: 13f
			– Deutsche Übersetzung	MEW38: 25f
10.2.		FE	Brief an Paul Lafargue [frzOrig]	LafargueBrIII: 17ff
			– Deutsche Übersetzung	MEW38: 27ff
11.2.		FE	Brief an Friedrich Adolph Sorge	MEW38: 30–33
11.2.		FE	Brief an Karl Kautsky	MEW38: 34ff
XII1890–III1891	IV	FE	In Sachen Brentano contra Marx wegen angeblicher Zitatsfälschung	MEW22: 93–185
21.2.		FE	Brief an Karl Kautsky	MEW38: 37
23.2.		FE	Brief an Karl Kautsky	MEW38: 38
23.2.		FE	Brief an Karl Kautsky	MEW38: 39ff
27.2.		FE	Brief an Antonio Labriola [FR]	MEW38: 42
4.3.		FE	Brief an Friedrich Adolph Sorge	MEW38: 45ff
6.3.		FE	Brief an Paul Lafargue [frzOrig]	LafargueBrIII: 23f
			– Deutsche Übersetzung	MEW38: 48ff
6.3.		FE	Notizen für einen Brief an Henri Ravé [dtÜbers des englOrig]	MEW38: 51
6.3.		FE	Postkarte an Pasquale Martignetti	MEW38: 52
7.3.		FE	Brief an Filippo Turati [frzOrig]	Corr: 374f
			– Deutsche Übersetzung	MEW38: 53f
MitteIII		FE	Notizen für einen Brief an Henri Ravé	MEW38: 55
17.3.		FE	Brief an Karl Kautsky	MEW38: 56ff
17.3.	25.3.	FE	Grußadresse an die französischen Arbeiter zum 20. Jahrestag der Pariser Kommune [in „Le Socialiste"] [dtÜbers des frzOrig]	MEW22: 186f
–18.3.	1891	FE	Änderungen für die 3. Auflage von Marx' „Der Bürgerkrieg in Frankreich" an der Ersten Adresse über den Deutsch-Französischen Krieg	MEW17: 5ff; [MEStIII: 126ff, 247]
			– an der Zweiten Adresse über den Deutsch-Französischen Krieg	MEW17: 271f, 275–278; [MEStIII: 129, 133ff, 247f];
18.3.	1891	FE	Einleitung zur 3. Auflage von Marx' „Der Bürgerkrieg in Frankreich"	MEW22: 188–199; [KMAIII, 2: 1118–1133]
21.3.		FE	Brief an Friedrich Adolph Sorge	MEW38: 59f
21.3.		FE	Brief an Hermann Schlüter	MEW38: 61f
24.3.		FE	Brief an José Mesa [frzOrig]	AB: 515f
	1891		– Deutsche Übersetzung der [als Vorwort zu Marx' „Miseria de la filosofia" verfaßten] spanischen Wiedergabe	MEW22: 200
24.3.		FE	Brief an Max Oppenheim	MEW38: 63ff
30.3.		FE	Brief an Laura Lafargue [englOrig]	LafargueBrIII: 25f
			– Deutsche Übersetzung	MEW38: 66ff
31.3.		FE	Brief an Stanisław Mendelson [Entwurf] [dtÜbers des frzOrig]	MEW38: 69
Anf.IV		FE	Brief an August Bebel [Entwurf]	MEW38: 70

1891

Ent-stehungs-zeit	Erschei-nungs-datum	Ver-fasser	Titel oder Textbezeichnung	Quellen-nachweis
1.HälfteIV	Anf.V	FE	Korrektur zur 3. Auflage von Marx' „Der Bürgerkrieg in Frankreich"	MEGA₂I22A: 1029–1035, 1038f; [MEW17: 325, 336, 342, 345; MEStIV: 200, 211, 216, 219, 281]
2.4.		FE	Brief an Karl Kautsky	MEW38: 71
2.4.		FE	Brief an Pasquale Martignetti	MEW38: 72
2.4.		FE	Brief an Romualdo Fantuzzi [Fntwurf] [frzOrig]	Corr: 382f
			– Deutsche Übersetzung	MEW38: 73
3.4.		FE	Brief an Paul Lafargue [frzOrig]	LafargueBrIII: 31ff
			– Deutsche Übersetzung	MEW38: 74ff
7.4.		FE	Brief an Karl Kautsky	MEW38: 77
7.4.		FE	Brief an Henri Ravé [Entwurf] [dtÜbers des frzOrig]	MEW38: 78
8.4.		FE	Brief an Friedrich Adolph Sorge	MEW38: 79ff
9.4.		FE	An das Organisationskomitee des internationalen Meetings in Mailand für die Rechte der Arbeit [Entwurf] [dtÜbers des frzOrig]	MEW22: 201
9.4.		FE	Brief an Walery Wróblewski [Entwurf] [dtÜbers des frzOrig]	MEW38: 82
10.4.		FE	Brief an Heinrich Scheu	MEW38: 83
24.4.		FE	Brief an Leo Frankel [dtÜbers der ungar Wiedergabe]	MEW38: 84f
vor30.4.		FE	Brief an Henri Ravé [FR] [frzOrig][1]	MEW38: 86f
			– Deutsche Übersetzung	MEW38: 87
ca.30.4.		FE	Notiz auf einem Brief von K. Kautsky an Engels v. 5.4. [frzOrig]	KautskyBr: 292
30.4.		FE	Brief an Karl Kautsky	MEW38: 86ff
ca.II/30.4.	1891	FE	Änderungen zur Neuauflage von Marx' „Lohnarbeit und Kapital"	MEGA6: 473–491, 495f, 498f; [MEW 6: 397–403, 405ff, 409–419, 421ff; KMAVI: 757–764, 766, 768–771, 773–787, 789ff]
30.4.	1891	FE	Einleitung [zur Neuauflage von Marx' „Lohnarbeit und Kapital"	MEW22: 202–209; [KMAVI: 1099–1108]
1.–2.5.		FE	Brief an August Bebel	MEW38: 89–97
4.5.		FE	Brief an Laura Lafargue [englOrig]	LafargueBrIII: 44ff
			– Deutsche Übersetzung	MEW38: 98, 101ff
–12.5.	1891	FE	Änderungen zur 4. Auflage von „Die Entwicklung des Sozialismus von der Utopie zur Wissenschaft"[2]	MEGA S: 20ff, 27, 265, 267f, 270, 278, 287ff; [MEW

[1] Nach der Wiedergabe im Brief von Engels an K. Kautsky vom 30.4.1891.
[2] Änderungen im fortlaufenden Text der im Anhang von „Die Entwicklung des Sozialismus von der

Ent-stehungs-zeit	Erschei-nungs-datum	Ver-fasser	Titel oder Textbezeichnung	Quellen-nachweis
				20: 605f, 608f, 611–614, 616ff; FeSt1: 26f, 30f, 226f; 2: 13, 15ff, 23, 31, 188–191]
12.5.	1891	FE	Vorwort zur vierten Auflage [von „Die Entwicklung des Sozialismus von der Utopie zur Wissenschaft"]	MEW22: 210
19.5.		FE	Brief an Paul Lafargue [frzOrig]	LafargueBrIII: 53–56
			– Deutsche Übersetzung	MEW38: 104ff
29.5.		FE	Brief an Paul Lafargue [frzOrig]	LafargueBrIII: 60ff
			– Deutsche Übersetzung	MEW38: 107ff
5.6.		FE	Notiz an Franz Mehring	MEW38: 110
10.6.		FE	Brief an Friedrich Adolph Sorge	MEW38: 111f
13.6.		FE	Brief an Karl Kautsky	MEW38: 113ff
13.6.		FE	Brief an Laura Lafargue [englOrig]	LafargueBrIII: 62ff
			– Deutsche Übersetzung	MEW38: 116ff
EndeV1890/ 1.HälfteVI 1891	XI	FE	Änderungen zur 4. Auflage von „Der Ursprung der Familie, des Privateigentums und des Staats"	MEW21: 34, 39–51, 54–60, 62–69, 71, 73–83, 85, 98f, 108, 118–122, 127, 129–134, 136f, 149, 152, 156, 170; [FeSt3: 30, 34–45, 47–51, 53–60, 62–74, 85f, 93, 101–105, 109, 111–114, 116f, 127, 129ff, 143]
16.6.	XI	FE	Vorwort zur 4. Auflage von „Der Ursprung der Familie, des Privateigentums und des Staats"[1]	MEW22: 211–222; [FeSt3: 16–26, 233]
16.6.		FE	Brief an Karl Kautsky	MEW38: 119
19.6.		FE	Brief an Pasquale Martignetti	MEW38: 120
26.6.	⟨3.7.⟩[2]	FE	Brief an Victor Adler [Entwurf]	MEW38: 121
28.6.		FE	Brief an Paul Lafargue [frzOrig]	LafargueBrIII: 69ff
			– Deutsche Übersetzung	MEW38: 122ff
18./29.6.		FE	Zur Kritik des sozialdemokratischen Programmentwurfs 1891	MEW22: 225–240; [FR: MEStIII: 214–222]
29.6.		FE	Brief an Karl Kautsky	MEW38: 125ff
1.7.		FE	Brief an Conrad Schmidt	MEW38: 128ff

Utopie zur Wissenschaft" veröffentlichten Arbeit „Die Mark" siehe MEW19, S. 318 und 321 [im Vergleich mit Engels: Entwicklung, S. 51 und 54].

[1] Mit den Varianten des unter dem Titel „Zur Urgeschichte der Familie (Bachofen, McLennan, Morgan)." in der NZ erschienenen Vorabdrucks des Vorworts.

[2] Mit geringfügigen Änderungen veröffentlicht in „Arbeiter-Zeitung" [MEW 22: 223].

1891

Entstehungszeit	Erscheinungsdatum	Verfasser	Titel oder Textbezeichnung	Quellennachweis
7.7.		FE	Brief an Laura Lafargue [englOrig]	LafargueBrIII: 74
			– Deutsche Übersetzung	MEW38: 131f
8.7.		FE	Brief an Johann Gustav Vogt [Entwurf]	MEW38: 133f
12.7.		FE	Brief an Laura Lafargue [englOrig]	LafargueBrIII: 77ff
			– Deutsche Übersetzung	MEW38: 135ff
20.7.		FE	Brief an Laura Lafargue [englOrig]	LafargueBrIII: 83f
			– Deutsche Übersetzung	MEW38: 138f
22.7.		FE	Brief an Victor Adler	MEW38: 140
22.7.		FE	Brief an Emma Adler	MEW38: 141
9.8.		FE	Brief an Friedrich Adolph Sorge	MEW38: 142ff
17.8.		FE	Brief an Laura Lafargue [englOrig]	LafargueBrIII: 85ff
			– Deutsche Übersetzung	MEW38: 145ff
2.9.		FE[1]	Brief an Nikolai Franzewitsch Danielson [dtÜbers des englOrig]	MEW38: 148
2.9.		FE	Brief an Friedrich Adolph Sorge	MEW38: 149f
2.9.	⟨12.9.⟩[2]	FE	Brief an Paul Lafargue [frzOrig]	FR: LafargueBrIII: 95ff[2]
			– Deutsche Übersetzung	MEW38: 151ff[3]
14.9.		FE	Brief an Friedrich Adolph Sorge	MEW38: 154f
28.9.		FE	Brief an Karl Kautsky	MEW38: 156ff
30.9.		FE	Brief an Friedrich Adolph Sorge	MEW38: 166f
29.9.–1.10.		FE	Brief an August Bebel	MEW38: 159–165
2.10.		FE	Brief an Laura Lafargue [englOrig]	LafargueBrIII: 100f
			– Deutsche Übersetzung	MEW38: 168f
6.10.		FE	Brief an August Bebel	MEW38: 170f
13.10.		FE	Brief an Paul Lafargue [frzOrig]	LafargueBrIII: 107f
			– Deutsche Übersetzung	MEW38: 172f
13.10.		FE	Brief an August Bebel	MEW38: 174ff
13.10.		FE	Brief an Laura Lafargue [englOrig]	LafargueBrIII: 108f
			– Deutsche Übersetzung	MEW38: 177f
14.10.		FE	Brief an Karl Kautsky	MEW38: 179f
13./22.10.	1891	FE	Le Socialisme en Allemagne [in „Almanach du Parti Ouvrier pour 1892"][4]	Almanach: 93–105
22.10.		FE	Brief an Laura Lafargue [englOrig]	LafargueBrIII: 115
			– Deutsche Übersetzung	MEW38: 181
24.10.		FE	Brief an Friedrich Adolph Sorge	MEW38: 182ff
24.10.		FE	Brief an August Bebel	MEW38: 185–189
25.10.		FE	Brief an Karl Kautsky	MEW38: 190f
27.10.		FE	Brief an Laura Lafargue [englOrig]	LafargueBrIII: 120f
			– Deutsche Übersetzung	MEW38: 192f
29.10.		FE	Postkarte an Friedrich Adolph Sorge	MEW38: 194

[1] Unter dem Pseudonym P. W. Rosher.
[2] In dieser gekürzten Fassung veröffentlicht in „Le Socialiste" unter dem Titel „Le congrès de Bruxelles".
[3] Vgl. die Übersetzung der französischen Veröffentlichung [MEW22: 241ff].
[4] Von Engels angefertigte deutsche Fassung unter dem Titel „Der Sozialismus in Deutschland" siehe Januar 1892.

Ent-stehungs-zeit	Erschei-nungs-datum	Ver-fasser	Titel oder Textbezeichnung	Quellen-nachweis
29.–31.10.		FE[1]	Brief an Nikolai Franzewitsch Danielson [englOrig]	AB: 519ff
			– Deutsche Übersetzung	MEW38: 195ff
31.10.		FE	Brief an Paul Lafargue [frzOrig]	FR: Faks: MEW38: 199
			– Deutsche Übersetzung	MEW38: 198, 201f
1.11.		FE	Brief an Conrad Schmidt	MEW38: 203ff; [FR: MEStI: 232f]
9.11.		FE	Brief an Laura Lafargue [englOrig]	LafargueBrIII: 125ff
			– Deutsche Übersetzung	MEW38: 206ff
9.11.		FE	Brief an August Bebel	MEW38: 209–213
12.11.		FE	Brief an Oscar Heidfeld [FR] [dtÜbers des englOrig]	MEW38: 214
13.11.	25.11.	FE	Brief an die Redaktion des „Volksfreund" [in „Volksfreund"]	MEW22: 261
14.11.		FE	Brief an Friedrich Adolph Sorge	MEW38: 215f
17.11.	26.11.	FE	The late madam Karl Marx [in „The Daily Chronicle"] [dtÜbers]	MEW22: 263
17.11.		FE	Brief an den Redakteur des „Daily Chronicle" [Entwurf] [dtÜbersdes englOrig]	MEW22: 262
21.11.		FE	Brief an Friedrich Adolph Sorge	MEW38: 217f
25.11.		FE	Brief an August Bebel	MEW38: 219ff
27.11.		FE	Brief an Laura Lafargue [englOrig]	LafargueBrIII: 138f
			– Deutsche Übersetzung	MEW38: 222ff
28.11.		FE	Brief an den Sängerverein des Kommunistischen Arbeiterbildungsvereins Tottenham Street	MEW22: 264
1.12.		FE	Brief an August Bebel	MEW38: 225–228
1.12.		FE	Brief an Laura Lafargue [englOrig]	LafargueBrIII: 142f
			– Deutsche Übersetzung	MEW38: 229f
2.12.		FE	Brief an Natalie Liebknecht	MEW38: 231f
3.12.		FE	Brief an Karl Kautsky	MEW38: 233ff
3.12.		FE	Brief an Paul Lafargue [frzOrig]	LafargueBrIII: 145f
			– Deutsche Übersetzung	MEW38: 236f
19.–20.12.		FE	Brief an Laura Lafargue [englOrig]	LafargueBrIII: 148f
			– Deutsche Übersetzung	MEW38: 238f
23.12.		FE	Brief an Eduard Bernstein	MEW38: 240
27.12.		FE	Brief an Karl Kautsky	MEW38: 241ff

1892

1892		FE	Max Stirner [Zeichnung mit Beschriftung]	MEW38: 43
I	1892	FE	Der Sozialismus in Deutschland.[2]	MEW22: 248–256[3]; [MEStIII: 29–37; FeSt4: 181–188, 219f]

[1] Unter dem Pseudonym P.W. Rosher.
[2] Deutsche Fassung von „Le Socialisme en Allemagne" vom 13./22.10.1891.
[3] Mit Übersetzung der Varianten des französischen Textes [siehe auch MESt III: 242].

1892

Ent-stehungs-zeit	Erschei-nungs-datum	Ver-fasser	Titel oder Textbezeichnung	Quellen-nachweis
I	1892	FE	– Änderungen am Manuskript der aus dem französischen Original übertragenen Arbeit nebst Einleitung und Schlußteil	MEW22: 247–251, 254, 256–260; [MEStIII: 29, 37–41, 242; FeSt4: 181, 188–192, 219f]
1.1.		FE u.a.	Postkarte an Familie Liebknecht	MEW38: 244
6.1.		FE	Brief an Friedrich Adolph Sorge	MEW38: 245ff
6.1.		FE	Brief an Laura Lafargue [englOrig] – Deutsche Übersetzung	LafargueBrIII: 156ff MEW38: 248ff
11.1.	1892	FE	Preface to the English Edition of „The Condition of the Working-Class in England" – Deutsche Übersetzung	M/E: OnBritain: 17–32 MEW22: 265–278
20.1.		FE	Brief an Laura Lafargue [dtÜbers des englOrig]	MEW38: 251ff
26.1.		FE	Brief an Karl Kautsky	MEW38: 254f
28.1.		FE	Brief an Karl Kautsky	MEW38: 256
28.1.		FE	Brief an Hermann Engels	MEW38: 257f
29.1.		FE	Brief an Hermann Engels	MEW38: 259
1.2.		FE	Brief an Karl Kautsky	MEW38: 260
2.2.		FE	Brief an August Bebel	MEW38: 261–264
3.2.		FE	Brief an Laura Lafargue [englOrig] – Deutsche Übersetzung	LafargueBrIII: 160f MEW38: 265f
vor 4.2.[?]		FE	Vermerke in Wolf, Julius: Das Rätsel der Durchschnittsprofitrate bei Marx	FR: Exlibris: 205f
4.2.		FE	Brief an Conrad Schmidt	MEW38: 267ff
4.2.		FE	Brief an Hermann Engels	MEW38: 270f
6.2.		FE	Réponse à l'on. Giovanni Bovio – Deutsche Übersetzung	Corr: 413ff MEW22: 279ff; [FeSt4: 192ff]
6.2.		FE	Brief an Filippo Turati [frzOrig] – Deutsche Übersetzung	Corr: 412f MEW38: 272
10.2.		FE	Vorwort [zur 2. polnischen Ausgabe von „Das Kommunistische Manifest"]	MEW22: 282f; [KMAII: 879f]
11.2.		FE	Brief an Stanisław Mendelson [frzOrig] – Deutsche Übersetzung	Borejsza: 321 MEW38: 273
13.2.		FE	Postkarte an Filippo Turati [dtÜbers des italOrig.]	MEW38: 274
1.HälfteII		FE	Brief an Edward Aveling [Entwurf] [dtÜbers des englOrig]	MEW38: 275f
17.2.		FE	Brief an Hermann Engels	MEW38: 277
19.2.		FE	Brief an Victor Adler	MEW38: 278ff
19.2.		FE	Brief an August Bebel	MEW38: 281–284
5.3.		FE	Brief an Laura Lafargue [englOrig] – Deutsche Übersetzung	LafargueBrIII: 163f MEW38: 285f
5.3.		FE	Brief an Karl Kautsky	MEW38: 287f
5.3.		FE	Brief an Friedrich Adolph Sorge	MEW38: 289ff

Ent-stehungs-zeit	Erschei-nungs-datum	Ver-fasser	Titel oder Textbezeichnung	Quellen-nachweis
8.3.		FE	Brief an August Bebel	MEW38: 292–296
8.3.		FE	Brief an Julie Bebel	MEW38: 297f
14.3.		FE	Brief an Laura Lafargue [englOrig]	LafargueBrIII: 166ff
			– Deutsche Übersetzung	MEW38: 299–302
15.3.		FE[1]	Brief an Nikolai Franzewitsch Danielson [englOrig]	AB: 529–532
			– Deutsche Übersetzung	MEW38: 303–306
16.3.		FE	Brief an August Bebel	MEW38: 307f
ca.17.3.		FE	Appel pour le 21e anniversaire de la Commune de Paris [Entwurf]	KM: Guerre: 88
17.3.	26.3.	FE	Grußadresse an die französischen Arbeiter zum 21. Jahrestag der Pariser Kommune [in „Le Socialiste"] [dtÜbers des frzOrig]	MEW22: 284f
18.3.		FE	Postkarte an Filippo Turati [frzOrig]	Corr: 422
			– Deutsche Übersetzung	MEW38: 309
vor29.3.	1892	FE	Änderungen zur 2. Auflage der deutschen Ausgabe von Marx' „Elend der Philosophie" Marx' „Elend der Philosophie"	MEW4: 98, 622
29.3.	1892	FE	Zur zweiten Auflage [der deutschen Ausgabe von Marx' „Elend der Philosophie"]	MEW22: 286
30.3.		FE	Brief an Karl Kautsky	MEW38: 310f
30.3.		FE	Brief an Pasquale Martignetti	MEW38: 312
30.3.		FE	Brief an Hermann Schlüter	MEW38: 313f
1.4.	6.4.	FE	Interviewäußerungen gegenüber dem Korrespondenten der Zeitung „L'Éclair", Émile Massard [in „L'Éclair"] [frzOrig]	LafargueBrIII: 417–421
			– Deutsche Übersetzung	MEW22: 533–537
4.4.		FE	Brief an Laura Lafargue [englOrig]	LafargueBrIII: 171f
			– Deutsche Übersetzung	MEW38: 316f
nach7.4.		FE	Brief an Henri Brissac [Entwurf] [dtÜbers des frzOrig]	MEW38: 318
MitteIV		FE[2]	Äußerungen im Gespräch mit Nikolaj Sergeevič Rusanov [englÜbers der russ Wiedergabe des engl-frzOrig]	Reminiscences: 321–324
			– Deutsche Übersetzung	GesprächeII: 653–658
16.4.		FE	Brief an August Bebel	MEW38: 319f
19.4.		FE	Brief an Laura Lafargue [englOrig]	LafargueBrIII: 173–176
			– Deutsche Übersetzung	MEW38: 321–324
20.4.		FE	Brief an Karl Kautsky	MEW38: 325f
20.4.	1892	FE	Special Introduction to the English Edition of "Socialism: Utopian and Scientific"[3]	M/E: WorksII: 93–115

[1] Unter dem Pseudonym P.W. Rosher.
[2] Wiedergegeben von N.S. Rusanov.
[3] Eine von Engels angefertigte deutsche Übersetzung siehe Anfang Juni 1892.

1892

Entstehungszeit	Erscheinungsdatum	Verfasser	Titel oder Textbezeichnung	Quellennachweis
21.4.		FE	Brief an Pasquale Martignetti	MEW38: 327f
23.4.		FE	Notiz zu einem Brief an Johann Heinrich Wilhelm Dietz	MEW38: 630
23.4.		FE	Brief an Johann Heinrich Wilhelm Dietz	MEW38: 329
23.4.		FE	Brief an Johann Heinrich Wilhelm Dietz	MEW38: 330
26.4.		FE	Notiz zu einem Brief an Johann Heinrich Wilhelm Dietz	MEW38: 630
27.4.		FE	Brief an Johann Heinrich Wilhelm Dietz	MEW38: 331
3.5.		FE	Brief an Laura Lafargue [englOrig]	LafargueBrIII: 179f
			– Deutsche Übersetzung	MEW38: 332f
5.5.		FE	Brief an Johann Heinrich Wilhelm Dietz	MEW38: 334
7.5.		FE	Brief an August Bebel	MEW38: 335f
12.5.		FE	Brief an Johann Heinrich Wilhelm Dietz	MEW38: 337
14.5.		FE	Brief an Stanisław Mendelson [dtÜbers des frzOrig]	MEW38: 338
17.5.		FE	Brief an Karl Kautsky	MEW38: 339f
17.5.		FE	Brief an Ludwig Schorlemmer	MEW38: 341f
19.5.		FE	Brief an Victor Adler	MEW38: 343f
19.5.		FE	Brief an Paul Lafargue [frzOrig]	LafargueBrIII: 183ff
			– Deutsche Übersetzung	MEW38: 345ff
19.5.		FE	Brief an Ludwig Schorlemmer	MEW38: 348
27.5.		FE	Brief an Paul und Laura Lafargue [frz und englOrig]	LafargueBrIII: 186f
			– Deutsche Übersetzung	MEW38: 349f
28.5.		FE	Brief an August Siegel	MEW38: 351f
28.5.		FE	Brief an Henry Enfield Roscoe [Entwurf] [dtÜbers des englOrig]	MEW38: 353
28.5.		FE	Brief an Ludwig Schorlemmer	MEW38: 354f
31.5.	10.6.	FE	An den österreichischen Parteikongreß zu Wien [in „Arbeiter-Zeitung"]	MEW22: 312
Anf.VI	⟨1893⟩[1]	FE	– Deutsche Übersetzung der Einleitung zu „Socialism: Utopian and Scientific"	MEW22: 287f, 291–311[2]; [FeSt2: 167–186]
5.6.		FE	Brief an Ludwig Schorlemmer	MEW38: 356f
9.6.		FE	Brief an Laura Lafargue [englOrig]	LafargueBrIII: 188f
			– Deutsche Übersetzung	MEW38: 358f
11.6.		FE	Brief an Karl Kautsky	MEW38: 360f
16.6.		FE	Brief an Ludwig Schorlemmer	MEW38: 362
18.6.		FE[3]	Brief an Nikolai Franzewitsch Danielson [englOrig]	FR: BrKap: 343–346
			– Deutsche Übersetzung	MEW38: 363–368
18.6.		FE	Brief an Friedrich Adolph Sorge	MEW38: 369ff
20.6.		FE	Brief an August Bebel	MEW38: 372ff
25.6.		FE	Brief an Karl Kautsky	MEW38: 375ff
27.6.		FE	Brief an Karl Kautsky	MEW38: 378

[1] Unvollständig veröffentlicht in der NZ unter dem Titel „Über historischen Materialismus".
[2] Einschließlich der deutsch übersetzten Varianten der englischen Fassung.
[3] Unter dem Pseudonym P.W. Rosher.

1892

Ent-stehungs-zeit	Erschei-nungs-datum	Ver-fasser	Titel oder Textbezeichnung	Quellen-nachweis
30.6.		FE	Brief an Ludwig Schorlemmer	MEW38: 379f
Anf.VII		FE	Brief an Panajionis Argyriades [Entwurf] [dtÜbers des frzOrig]	MEW38: 398
1.7.		FE	Brief an Ludwig Schorlemmer	MEW38: 381f
1.7.	3.7.	FE	Carl Schorlemmer [in „Vorwärts"]	MEW22: 313ff
4.7.		FE	Brief an Stanisław Mendelson [dtÜbers des frzOrig]	MEW38: 383
5.7.		FE	Brief an August Bebel	MEW38: 384f
5.7.		FE	Brief an Karl Kautsky	MEW38: 386ff
6.7.		FE	Brief an August Bebel	MEW38: 389ff
7.7.		FE	Brief an August Bebel	MEW38: 392ff
7.7.		FE	Brief an Laura Lafargue [englOrig] – Deutsche Übersetzung	LafargueBrIII: 193f MEW38: 395ff
12.7.		FE	Brief an Hermann Engels	MEW38: 399
14.7.–		FE	Brief an Eduard Bernstein	MEW38: 400ff
21.7.	VIII	FE	Änderungen zur 2. Auflage von „Die Lage der arbeitenden Klasse in England"	MEGA4: 15f, 18–21, 26–29, 33f, 37ff, 47, 49, 58f, 67f, 74f, 83, 87, 93f, 97, 99, 101f, 109, 113f, 116f, 121ff, 125f, 131, 135, 139, 141f, 144, 154f, 157, 161, 164, 173ff, 187ff, 193, 196, 198, 200f, 203, 205f, 208f, 216, 219, 221–225, 228, 230ff, 235f, 239, 242f, 250f, 258f, 262, 266, 272, 274, 279; [MEW2: 242, 245f, 248, 256, 261, 265, 273, 287, 304, 312f, 315, 317, 323, 327, 329, 331, 346, 350f, 353, 361, 368, 383, 389, 416, 428, 430, 433f, 444, 447, 449, 451, 463, 470, 475, 484, 492f, 499]
21.7.	VIII	FE	Vorwort zur 2. Auflage von „Die Lage der arbeitenden Klasse in England"	MEW22: 316–330
22.7.		FE	Brief an Paul Lafargue [frzOrig] – Deutsche Übersetzung	LafargueBrIII: 197ff MEW38: 403ff
23.7.		FE	Brief an August Bebel	MEW38: 406ff
25.7.		FE	Brief an Regina Bernstein	MEW38: 409f
25.7.		FE	Brief an Pasquale Martignetti	MEW38: 411
25.7.		FE	Brief an Ludwig Schorlemmer	MEW38: 412ff

1892

Ent-stehungs-zeit	Erschei-nungs-datum	Ver-fasser	Titel oder Textbezeichnung	Quellen-nachweis
26.7.		FE	Brief an Laura Lafargue [dtÜbers des englOrig]	MEW38: 415
28.7.		FE	Brief an Ludwig Schorlemmer	MEW38: 416
28.7.		FE	Brief an Hermann Engels	MEW38: 418
8.8.		FE	Brief an August Bebel	MEW38: 419f
8.8.		FE	Brief an Hermann Engels	MEW38: 421
12.8.		FE	Brief an Karl Kautsky	MEW38: 422ff
14.8.		FE	Brief an August Bebel	MEW38: 425ff
15.8.		FE	Brief an Regina Bernstein	MEW38: 428f
19.8.		FE	Brief an Victor Adler	MEW38: 430ff
20.8.		FE	Brief an August Bebel	MEW38: 433ff
22.8.		FE	Brief an Laura Lafargue [englOrig] – Deutsche Übersetzung	LafargueBrIII: 202f MEW38: 436f
22.8.		FE	Postkarte an Pasquale Martignetti	MEW38: 438
23.8.		FE	Brief an Friedrich Adolph Sorge	MEW38: 439ff
25.8.		FE	Brief an August Bebel	MEW38: 442f
30.8.		FE	Brief an Victor Adler	MEW38: 444f
4.9.		FE	Brief an Karl Kautsky	MEW38: 446ff
5.9.		FE	Brief an Karl Kautsky	MEW38: 449
5.9.		FE	Brief an Ludwig Kugelmann	MEW38: 450
11.9.		FE	Brief an Laura Lafargue [englOrig] – Deutsche Übersetzung	LafargueBrIII: 205ff MEW38: 451ff
11.9.		FE	Brief an August Bebel	MEW38: 454ff
12.9.		FE	[Über einige Besonderheiten der ökonomischen und politischen Entwicklung Englands]	MEW22: 331
12.9.		FE	Brief an Conrad Schmidt	MEW38: 457ff
16.9.		FE	[An das Nationalkomitee der Spanischen Sozialistischen Arbeiterpartei] [dtÜbers des spanOrig]	MEW22: 332f
16.9.		FE	Brief an Karl Kautsky	MEW38: 460f
17.9.		FE	Brief an Regina und Eduard Bernstein	MEW38: 462ff
17.9.		FE	Brief an Paul Lafargue [frzOrig[1]] – Deutsche Übersetzung	LafargueBrIII: 210f MEW38: 465f
22.9.		FE[2]	Brief an Nikolai Franzewitsch Danielson [englOrig] – Deutsche Übersetzung	FR: BrKap: 352–355 MEW38: 467–470
22.9.		FE[3]	Äußerung im Gespräch mit Fanni Markovna Kravčinskaja [russ Wiedergabe] – Deutsche Übersetzung	Майский: 124 Mohr u. General: 567
25.9.		FE	Brief an Victor Adler	MEW38: 471ff
26.9.		FE	Brief an Karl Kautsky	MEW38: 474
26.9.		FE	Brief an August Bebel	MEW38: 475–478
27.9.		FE	Brief an Victor Adler	MEW38: 479

[1] Mit englischen Zitaten.
[2] Unter dem Pseudonym P.W. Rosher.
[3] Wiedergegeben von F.M. Kravčinskaja.

1892

Entstehungs-zeit	Erscheinungs-datum	Verfasser	Titel oder Textbezeichnung	Quellennachweis
28.9.		FE	Brief an Franz Mehring	MEW38: 480ff
28.9.		FE	Widmung für Friedrich Adolph Sorge	Faks: MEW38: 561
29.9.		FE	Brief an Karl Kautsky	MEW38: 483f
4.10.		FE	Brief an Ludwig Kugelmann	MEW38: 485
6.10.		FE	Brief an Hugo Lindemann u. Carl Stegmann	MEW38: 486
7.10.		FE	Brief an August Bebel	MEW38: 487–490
10.10.		FE	Postkarte an Ludwig Kugelmann	MEW38: 491
14.10.		FE	Brief an Laura Lafargue [englOrig]	LafargueBrIII: 217f
			– Deutsche Übersetzung	MEW38: 492ff
MitteX		FE	Brief an Charles Bonnier [Entwurf] [dtÜbers des frzOrig]	MEW38: 498ff
18.10.		FE	Brief an Pasquale Martignetti	MEW38: 495
18.10.		FE	Brief an Ludwig Schorlemmer	MEW38: 496f
23.10.		FE	Brief an Victor Adler	MEW38: 501f
24.10.		FE	Brief an Charles Bonnier [Entwurf] [dtÜbers des frzOrig]	MEW38: 503
3.11.		FE	Brief an Paul Lafargue [frzOrig]	LafargueBrIII: 225f
			– Deutsche Übersetzung	MEW38: 504f
4.11.		FE	Brief an Laura Lafargue [englOrig]	LafargueBrIII: 226f
			– Deutsche Übersetzung	MEW38: 506
5.11.		FE	Postkarte an Friedrich Adolph Sorge	MEW38: 507
5.11.		FE	Brief an Sergej Michailowitsch Krawtschinski [Stepniak] [dtÜbers des englOrig]	MEW38: 508
6.11.		FE	Brief an August Bebel	MEW38: 509–512
12.11.		FE	Brief an Paul Lafargue [frzOrig]	LafargueBrIII: 228f
			– Deutsche Übersetzung	MEW38: 513f
9./15.11.	16.11.	FE	Die amerikanische Präsidentenwahl [in „Vorwärts"]	MEW22: 334ff
15.11.		FE	Brief an August Bebel	MEW38: 515
15.11.		FE	Brief an Sergej Michailowitsch Krawtschinski [Stepniak] [dtÜbers des englOrig]	MEW38: 516
15.11.	19.11.	FE	[An die Redaktion der „Berliner Volks-Tribüne"] [in „Berliner Volks-Tribüne"]	MEW22: 346ff
19.11.		FE	Brief an August Bebel	MEW38: 517ff
22.11.		FE	Brief an Paul Lafargue [frzOrig]	LafargueBrIII: 230f
			– Deutsche Übersetzung	MEW38: 520f
ca.1892		FE	Verzeichnis der Werke von Karl Marx	Faks: MEW22: 343; MEW22: 618f
9./25.11.	1892	FE	Marx, Heinrich Karl [in „Handwörterbuch der Staatswissenschaften"]	MEW22: 337–342, 345
29.11.		FE	Brief an Julie und August Bebel	MEW38: 522ff[1]
29.11.		FE	Brief an einen Unbekannten [Charlie ...] [dtÜbers des englOrig]	MEW38: 525

[1] An Julie: S. 522f; an August: S. 524.

1892–1893

Ent-stehungs-zeit	Erschei-nungs-datum	Ver-fasser	Titel oder Textbezeichnung	Quellen-nachweis
29.11.		FE	Brief an das sozialdemokratische Partei-sekretariat in Berlin	MEW38: 526
30.11.		FE	Brief an Paul Stumpf	MEW38: 527
1.12.		FE	Brief an Natalie und Wilhelm Liebknecht	MEW38: 528f
1.12.		FE	Brief an Ludwig Schorlemmer	MEW38: 530f
3.12.		FE	Brief an Charles Bonnier [Entwurf] [dtÜbers des frzOrig]	MEW38: 532f
3.12.		FE	Brief an August Bebel	MEW38: 534–538
EndeXI–4.12.	1893	FE	Ein neuentdeckter Fall von Gruppenehe [in NZ]	MEW22: 351–354
4.12.		FE	Brief an Karl Kautsky	MEW38: 539f
5.12.		FE	Brief an Paul Lafargue [frzOrig] – Deutsche Übersetzung	LafargueBrIII: 234ff MEW38: 541ff
5.12.		FE	Brief an Laura Lafargue [englOrig] – Deutsche Übersetzung	LafargueBrIII: 237f MEW38: 544ff
6.12.		FE	Brief an Fanny Markowna Krawtschinskaja [Stepniak] [dtÜbers des englOrig]	MEW38: 547
9.12.		FE	Brief an den Wiener Arbeiterbildungsverein	BZG 20,3: 376
14.12.		FE	Brief an Pjotr Lawrowitsch Lawrow [dtÜbers des frzOrig]	MEW38: 548f
20.12.		FE	Brief an Laura Lafargue [englOrig] – Deutsche Übersetzung	LafargueBrIII: 240f MEW38: 550f
22.12.		FE	Brief an August Bebel	MEW38: 552–556
24.12.		FE	Brief an Karl Kautsky	MEW38: 557
28.12.		FE	Brief an Wilhelm Liebknecht	MEW38: 558f
31.12.		FE	Brief an Friedrich Adolph Sorge	MEW38: 560, 563ff
EndeXII		FE[1]	Gedicht an einen Unbekannten [englOrig] – Deutsche Übersetzung	MEW38: 574 MEW38: 574
1889/Ende1892		FE	Verzeichnis der eigenen Werke	Faks: MEW22: 349f; MEW22: 621f
Ende1892		FE	Brief an Karl Henckell [FR]	MEW38: 566

1893

Anf.I		FE	An den Vorstand der Sozialdemokratischen Partei Ungarns [Entwurf]	MEW22: 355
7.1.		FE	Brief an Filippo Turati [frzOrig] – Deutsche Übersetzung	Corr: 466 MEW39: 3
10.1.		FE	Postkarte an Maria Mendelson [frzOrig] – Deutsche Übersetzung	Borejsza: 326 MEW39: 4
10.1.	13.1.	FE	[Zum jüngsten Pariser Polizeistreich] [in „Vorwärts"]	MEW22: 356f
11.1.		FE	Brief an Philipp Pauli	MEW39: 5
16.1.		FE	Brief an Maria Mendelson [frzOrig] – Deutsche Übersetzung	Borejsza: 327 MEW39: 6
18.1.		FE	Brief an Friedrich Adolph Sorge	MEW39: 7–10

[1] In unbekannter Handschrift mit Unterschrift von Engels.

Ent-stehungs-zeit	Erschei-nungs-datum	Ver-fasser	Titel oder Textbezeichnung	Quellen-nachweis
20.1.		FE	Brief an Louis Héritier [Entwurf] [dtÜbers des frzOrig]	MEW39: 11f
24.1.		FE	Brief an August Bebel	MEW39: 13ff
24.1.		FE	Brief an Maria Mendelson [frzOrig]	Borejsza: 328
			– Deutsche Übersetzung	MEW39: 16
26.1.		FE	Brief an Karl Kautsky	MEW39: 17f
26.1.		FE	Brief an Hermann Engels	MEW39: 19
26./29.1.	1.–3.2.	FE	Vom italienischen Panama [in „Vorwärts"]	MEW22: 358–364
29.1.		FE	Brief an Wilhelm Liebknecht	MEW39: 20
30.1.		FE	Brief an Filippo Turati [frzOrig]	Corr: 471f
			– Deutsche Übersetzung	MEW39: 21
1.2.		FE	Brief an Filippo Turati [frzOrig]	Corr: 472
			– Deutsche Übersetzung	MEW39: 22
1.2.	⟨1893⟩[1]	FE	[An den italienischen Leser. Vorwort zur italienischen Ausgabe vom „Manifest der Kommunistischen Partei"] [frzOrig]	Annali: 238f
			– Deutsche Übersetzung	MEW22: 365f[2]; KMAII: 881ff
7.2.		FE	Brief an Maria Mendelson [frzOrig]	Borejsza: 331
			– Deutsche Übersetzung	MEW39: 23
7.2.		FE	Brief an Wladimir Jakowlewitsch Schmuilow	MEW39: 24f
9.2.		FE	Brief an August Bebel	MEW39: 26–30
12.2.		FE	Brief an Laura Lafargue [englOrig]	LafargueBrIII: 254f
			– Deutsche Übersetzung	MEW39: 31ff
II	1.–10.3.	FE	Kann Europa abrüsten? [in „Vorwärts"]	MEW22: 373–399; [MEStIV: 237–257, 282]
24.2.		FE	Brief an August Bebel	MEW39: 34f
24.2.		FE[3]	Brief an Nikolai Franzewitsch Danielson [englOrig]	FR: BrKap: 360
			– Deutsche Übersetzung	MEW39: 36ff
25.2.		FE	Brief an Paul Lafargue [frzOrig]	LafargueBrIII: 260–263
			– Deutsche Übersetzung	MEW39: 39ff
25.2.		FE	Brief an Laura Lafargue [englOrig]	LafargueBrIII: 263f
			– Deutsche Übersetzung	MEW39: 42
ca.6.3.		FE	Brief an Thomas Cook & Son [Entwurf] [dtÜbers des englOrig]	MEW39: 43
7.3.		FE	Postkarte an Wilhelm Liebknecht	MEW39: 44
12.3.		FE	Postkarte an Filippo Turati [frzOrig]	Corr: 477
			– Deutsche Übersetzung	MEW39: 45
13.3.	1.5.	FE	[Den deutschen Arbeitern zum 1. Mai 1893]	MEW22: 400f[4]

[1] Veröffentlicht in einer italienischen Fassung in Annali, S. 239f.
[2] Nach der italienischen Fassung mit den ins Deutsche übersetzten Varianten der französischen Handschrift.
[3] Unter dem Pseudonym P.W. R[osher].   [4] Einschließlich der Variante der Handschrift.

1893

Entstehungszeit	Erscheinungsdatum	Verfasser	Titel oder Textbezeichnung	Quellennachweis
14.3.		FE	Brief an F. Wiesen	MEW39: 46[1]
14.3.		FE	Brief an Laura Lafargue [englOrig]	LafargueBrIII: 268ff
			– Deutsche Übersetzung	MEW39: 47ff
15.3.		FE	Brief an Maria Mendelson [frzOrig]	Borejsza: 333
			– Deutsche Übersetzung	MEW39: 50
MitteIII		FE	Brief an Henry Demarest Lloyd [Entwurf] [englOrig]	M/E: Letters: 251f
			– Deutsche Übersetzung	MEW39: 51
ca.17.3.	25.3.	FE	Ansprache auf dem Meeting zur Erinnerung an die Pariser Kommune [Bericht] [in „The Labour Elector"] [russÜbers des englOrig]	Soč₂45: 490
18.3.		FE	Brief an Friedrich Adolph Sorge	MEW39: 52ff
20.3.		FE	Brief an Karl Kautsky	MEW39: 55f
21.3.		FE	Brief an Laura Lafargue [englOrig]	LafargueBrIII: 272
			– Deutsche Übersetzung	MEW39: 57f
21.3.		FE	Brief an August Radimský	MEW39: 59
28.3.	1893	FE	Vorwort [zu „Kann Europa abrüsten?"]	MEW22: 371f; [MEStIV: 236f]
31.3.		FE	Brief an Julie Bebel	MEW39: 60f
III/Anf.IV	V	FE	[Den österreichischen Arbeitern zum 1. Mai 1893]	MEW22: 402
ca.Anf.IV		FE[2]	Äußerungen im Gespräch mit Alexej Michailovič Voden [russ Wiedergabe des dt bzw. russOrig]	ЛетописиIV: 90
			– Englische Übersetzung	Reminiscences: 328f
			– Deutsche Rückübersetzung bzw. Übersetzung aus dem Englischen	GesprächeII: 667, 669
8.4.	⟨V⟩[3]	FE	Den tschechischen Genossen zu ihrer Maifeier eine Erinnerung aus dem Jahr 1848. [Entwurf]	MEW22: 403
8.4.		FE	Brief an M. R. Cotar [Entwurf]	MEW39: 62
11.4.		FE	Brief an George William Lamplugh [dtÜbers des englOrig]	MEW39: 63
11.4.		FE	Brief an Franz Mehring	MEW39: 64
14.4.		FE	Brief an Jules Guesde [frzOrig]	Zévaès: 154
			– Deutsche Übersetzung	MEW39: 65
14.4.	23.4.	FE	Quand même [in „Le Socialiste"] [dtÜbers des frzOrig]	MEW22: 404[4]
IV	⟨1.5.⟩[5]	FE	[Den spanischen Arbeitern zum 1. Mai 1893] [Entwurf] [dtÜbers des frzOrig]	MEW22: 405f

[1] Einschließlich der Variante einer Abschrift.
[2] Wiedergegeben von A.M. Voden.
[3] In tschechischer Übersetzung und in deutscher Rückübersetzung [in „Arbeiter-Zeitung" vom 12.5.1893] veröffentlicht.
[4] Mit einer im Entwurf gestrichenen Textstelle.
[5] Veröffentlicht in „El Socialista".

Ent-stehungs-zeit	Erschei-nungs-datum	Ver-fasser	Titel oder Textbezeichnung	Quellen-nachweis
MitteIV		FE	Brief an Pablo Iglesias [Entwurf] [dtÜbers des spanOrig]	MEW39: 66
25.4.		FE	Brief an Laura Lafargue [englOrig]	LafargueBrIII: 278f
			– Deutsche Übersetzung	MEW39: 67f
29.4.		FE	Brief an Ludwig Schorlemmer	MEW39: 69f
2.5.		FE[1]	Äußerung zu Alexej Michailovič Voden [russ Wiedergabe]	ЛетописиIV: 96
			– Englische Übersetzung	Reminiscences: 334
			– Deutsche Übersetzung aus dem Englischen	GesprächeII: 676
8.5.	13.5.[2]	FE	Interviewäußerungen gegenüber dem Korrespondenten der Zeitung „Le Figaro" [in „Le Figaro"] [frzOrig]	LafargueBrIII: 421–426
			– Deutsche Übersetzung	MEW22: 538–543
17.5.		FE	Brief an Friedrich Adolph Sorge	MEW39: 71ff
21.5.		FE	Brief an Pjotr Lawrowitsch Lawrow [dtÜbers des frzOrig]	MEW39: 74
27.5.		FE	Brief an Isaac Adolfowich Hourwich [englOrig]	M/E: Letters: 253f
			– Deutsche Übersetzung	MEW39: 75
Anf.VI		FE	Brief an Hermann Bahr [Entwurf]	MEW39: 79
1.6.		FE	Brief an Karl Kautsky	MEW39: 76ff
6.6.		FE	Brief an Filippo Turati [frzOrig]	Corr: 482f
			– Deutsche Übersetzung	MEW39: 80f
7.6.		FE	Brief an Giovanni Domanico [Entwurf] [italOrig]	Corr: 483[3]
			– Deutsche Übersetzung	MEW39: 82
9.6.		FE	До редакцията на сборникъ „Социалъ-Демократъ" [dtOrig]	MEW22: 407
9.6.		FE	Brief an Stojan Nokoff [dtÜbers des frzOrig]	MEW39: 83
13.6.		FE u.a.	Brief an Pjotr Lawrowitsch Lawrow	MEW39: 84
20.6.		FE	Brief an Laura Lafargue [englOrig]	LafargueBrIII: 283f
			– Deutsche Übersetzung	MEW39: 85ff
27.6.		FE	Brief an Paul Lafargue [frzOrig]	LafargueBrIII: 290–295
			– Deutsche Übersetzung	MEW39: 88–92
29.6.		FE	Brief an Paul Lafargue [frzOrig]	LafargueBrIII: 297f
			– Deutsche Übersetzung	MEW39: 93
EndeVI	1.7.	FE	Interviewäußerungen gegenüber dem Korrespondenten der Zeitung „The Daily Chronicle" [in „The Daily Chronicle"] [dtÜbers des englOrig]	MEW22: 544–548

[1] Wiedergegeben von A.M.Voden.
[2] Ebenso veröffentlicht in „Le Socialiste" vom 20.5.1893.
[3] Von Engels angefertigte Kopie in Annali, S. 246.

1893

Ent-stehungs-zeit	Erschei-nungs-datum	Ver-fasser	Titel oder Textbezeichnung	Quellen-nachweis
12.7.		FE	Brief an Filippo Turati [frzOrig]	Corr: 492f
			– Deutsche Übersetzung	MEW39: 94f
14.7.		FE	Brief an Franz Mehring	MEW39: 96–100; [FR: MEStI: 233ff]
XII1892/ VII1893	1893	FE	Änderungen zur 2. Auflage von Marx' „Das Kapital", Band II	MEW24: 65, 422, 465; KMAV: [41], 94, 255, 414
15.7.	1893	FE	Vorwort zur 2. Auflage von Marx' „Das Kapital", Band II	MEW24: 27; [KMAV: XXXVII]
19.7.		FE	Brief an Rudolph Meyer [FR]	MEW39: 101–104
20.7.		FE	Brief an Laura Lafargue [englOrig]	LafargueBrIII: 299f
			– Deutsche Übersetzung	MEW39: 105f
20.7.		FE	Brief an Filippo Turati [frzOrig]	Corr: 495
			– Deutsche Übersetzung	MEW39: 107f
27.7.		FE	Brief an Wilhelm Liebknecht	MEW39: 109
27.7.		FE	Brief an Natalie Liebknecht	MEW39: 110
29.7.		FE	Will and Codicil [Testament]	FR: Faks: Ilji-tschow: 496a
			– Deutsche Übersetzung	MEW39: 505f
31.7.		FE	Brief an Ludwig Schorlemmer	MEW39: 111
12.8.	1894[1]	FE	Schlußrede auf dem Internationalen So-zialistischen Arbeiterkongreß in Zürich	MEW22: 408f
12.8.		FE	Äußerung auf dem Internationalen So-zialistischen Arbeiterkongreß in Zürich	Blumenberg: 155
16.8.		FE	Brief an Hermann Engels	MEW39: 112f
sp.VIII		FE	Äußerung im Gespräch mit Karl Kautsky	Kliem: Marx: 298
21.8.		FE	Brief an Laura Lafargue [englOrig]	LafargueBrIII: 305ff
			– Deutsche Übersetzung	MEW39: 114–117
31.8.		FE	Brief an Laura Lafargue [englOrig]	LafargueBrIII: 312f
			– Deutsche Übersetzung	MEW39: 118f
10.9.		FE	Widmung	FE1820: 299
14.9.	22.9.	FE	Rede auf einer sozialdemokratischen Ver-sammlung in Wien [in „Arbeiter-Zeitung"]	MEW22: 410f[2]
18.9.		FE	Brief an Laura Lafargue [englOrig]	LafargueBrIII: 317ff
			– Deutsche Übersetzung	MEW39: 120ff
22.9.	26.9.	FE	Rede auf einer sozialdemokratischen Versammlung in Berlin [in „Vorwärts"]	MEW22: 412f
VIII/ IX[?]		FE[3]	Äußerung im Beisein von Franz Mehring	Mohr u. General: 545
25.9.		FE	Brief an Karl Kautsky	MEW39: 123
30.9.		FE	Brief an Laura Lafargue [dtÜbers des englOrig]	MEW39: 124f
3.10.		FE	Brief an Julie Bebel	MEW39: 126ff

[1] Veröffentlicht in „Protokoll des Internationalen Sozialistischen Arbeiterkongresses in der Tonhalle Zürich vom 6. bis 12.August 1893".
[2] Mit Wiedergabe einer Variante des Zeitungsberichtes der „Neuen Freien Presse" vom 15.9.1893.
[3] Wiedergegeben von F. Mehring.

Ent-stehungs-zeit	Erschei-nungs-datum	Ver-fasser	Titel oder Textbezeichnung	Quellen-nachweis
3.10.		FE	Brief an Hermann Blocher	MEW 39: 129
3.10.		FE	Brief an John B. Shipley [Entwurf] [dtÜbers des englOrig]	MEW 39: 130
7.10.		FE	Brief an Friedrich Adolph Sorge	MEW 39: 131ff
11.10.		FE	Brief an Victor Adler	MEW 39: 134–137
12.10.		FE	Brief an August Bebel	MEW 39: 138–142
13.10.		FE	Brief an Paul Lafargue [frzOrig]	LafargueBrIII: 324ff
			– Deutsche Übersetzung	MEW 39: 143ff
14.10.		FE	Brief an Laura Lafargue [englOrig]	LafargueBrIII: 326f
			– Deutsche Übersetzung	MEW 39: 146f
17.10.		FE[1]	Brief an Nikolai Franzewitsch Danielson [englOrig]	AB: 553ff
			– Deutsche Übersetzung	MEW 39: 148ff
18.10.		FE	Brief an Laura Lafargue [englOrig]	LafargueBrIII: 333f
			– Deutsche Übersetzung	MEW 39: 151f
18.10.		FE	Brief an August Bebel	MEW 39: 153–156
27.10.		FE	Brief an Laura Lafargue [englOrig]	LafargueBrIII: 336f
			– Deutsche Übersetzung	MEW 39: 157f
EndeX		FE	Brief an Ferdinand Wolff [Entwurf]	MEW 39: 159
3.11.		FE	Brief an Karl Kautsky	MEW 39: 160–163
10.11.		FE	Brief an Victor Adler	MEW 39: 164f
11.11.		FE	Brief an Friedrich Adolph Sorge	MEW 39: 166f
19.11.		FE	Brief an Paul Lafargue [frzOrig]	LafargueBrIII: 340f
			– Deutsche Übersetzung	MEW 39: 168f
1.12.		FE	[An den Deutschen Bildungsverein für Arbeiter in London]	MEW 22: 414
1.12.		FE	Brief an Natalie Liebknecht	MEW 39: 170f
2.12.		FE	Brief an Friedrich Adolph Sorge	MEW 39: 172ff
2.12.		FE	Postkarte an Hermann Schlüter	MEW 39: 175
2.12.		FE	Postkarte an Hermann Schlüter	MEW 39: 176
4.12.		FE	Brief an Karl Kautsky	MEW 39: 177ff
5.12.		FE	Brief an Paul Arndt [Entwurf]	MEW 39: 180
19.12.		FE	Brief an Laura Lafargue [englOrig]	LafargueBrIII: 345ff
			– Deutsche Übersetzung	MEW 39: 181ff
19.12.		FE	Brief an Ludwig Schorlemmer	MEW 39: 184f
19.12.	25.3.–10.4.94	FE	[An den Internationalen Kongreß sozialistischer Studenten] [in „L'Étudiant socialiste"] [dtÜbers des frzOrig]	MEW 22: 415
21.12.		FE	Brief an Wilhelm Liebknecht	MEW 39: 186
21.12.		FE	Brief an Adelheid Dvořak	FE1820: 300f
30.12.		FE	Brief an Friedrich Adolph Sorge	MEW 39: 187ff
1893		FE[2]	Äußerungen im Gespräch mit Charles Rappoport [russ Wiedergabe]	ЛетописиV: 75ff
			– Deutsche Übersetzung	Mohr u. General: 574, 576–579

[1] Unter dem Pseudonym L.K. [nach AB].
[2] Wiedergegeben von Ch. Rappoport.

Entstehungszeit	Erscheinungsdatum	Verfasser	Titel oder Textbezeichnung	Quellennachweis

1894

Entstehungszeit	Erscheinungsdatum	Verfasser	Titel oder Textbezeichnung	Quellennachweis
1890/94		FE	Notizen in Loria, Achille: Die Durchschnittsprofitrate auf Grundlage des Marx'schen Wertgesetzes	Ex libris: 130
ca.Anf.I	vor 27.1.[1]	FE	Änderungen zu „Die Bakunisten an der Arbeit"	MEW18: 483, 486f, 490, 492; [MEStIII: 163, 166f, 170, 172, 248]
Anf.I	vor 27.1.[1]	FE	Vorbemerkung [zu „Die Bakunisten an der Arbeit"]	MEW22: 419f
ca.Anf.I	vor 27.1.[1]	FE	Änderungen in den Kapiteln I, II und V von „Flüchtlingsliteratur"	MEW18: 521, 525f, 531, 533f, 557f, 560, 563, 567
ca.Anf.I	vor 27.1.	FE	Änderungen zum Neudruck des Artikels „Abermals ‚Herr Vogt'"	MEGA$_2$I22A: 1010
1.HälfteI	vor 27.1.[1]	FE	Nachwort [zu „Soziales aus Rußland"]	MEW22: 421f, 425–435; [FeSt 4: 155–166]
3.1.	1894	FE	Vorwort [zu „Internationales aus dem ‚Volksstaat' (1871–75)"]	MEW22: 416ff
3.1.		FE	Brief an Paul Lafargue [frzOrig] – Deutsche Übersetzung	LafargueBrIII: 350ff MEW39: 190ff[2]
4.1.		FE	Brief an Pjotr Lawrowitsch Lawrow [dtÜbers des frzOrig]	MEW39: 193
9.1.		FE	Brief an Giuseppe Canepa [Entwurf] [frzOrig] – Deutsche Übersetzung	Corr: 513f MEW39: 194
9.1.		FE	Brief an Karl Kautsky	MEW39: 195f
ca.9.1.	12.1.	FE	[Der dritte Band von Karl Marx' „Kapital"] in „Vorwärts"]	MEW22: 436
ca.9.1.	1894	FE	[Über den Inhalt des dritten Bandes des „Kapitals"] [in NZ]	MEW22: 437f
10.1.		FE	Brief an Pjotr Lawrowitsch Lawrow [dtÜbers des frzOrig]	MEW39: 197
10.1.		FE	Brief an George William Lamplugh [englOrig] – Deutsche Übersetzung	FR: Kunst: 202 MEW39: 198
10.1.		FE	Brief an Henri Ravé [Entwurf] [dtÜbers des frzOrig]	MEW39: 199
11.1.		FE	Brief an Victor Adler	MEW39: 200ff

[1] Als Teil der Broschüre „Internationales aus dem ‚Volksstaat' (1871–75)".
[2] Mit ins Deutsche übersetzter Textstelle, die im Manuskript gestrichen und in LafargueBr deshalb nicht wiedergegeben ist.

1894

Ent-stehungs-zeit	Erschei-nungs-datum	Ver-fasser	Titel oder Textbezeichnung	Quellen-nachweis
12.1.		FE	Brief an George William Lamplugh [dtÜbers des englOrig]	MEW39: 203
ca.21.1.		FE	Notiz zu einem Brief an Albert Delon	MEW39: 204
25.1.		FE	Brief an Walther Borgius[1]	MEW39: 205ff; [FR: MEStI: 236ff]
26.1.	⟨1.2.⟩[2]	FE	Brief an Filippo Turati [frzOrig]	AB: 562–565
			– Deutsche Übersetzung	MEW22: 439–442
Anf.II		FE	Brief an Adelheid Popp	FE1820: 301
1.2.		FE	Brief an Richard Fischer [FR?]	MEW39: 208
13.2.		FE	Brief an Karl Kautsky	MEW39: 209
17.2.		FE	Brief an Georg von Giżycki [Entwurf]	MEW39: 210
22.2.		FE	Postkarte an Eduard Bernstein	MEW39: 211
23.2.		FE	Brief an Friedrich Adolph Sorge	MEW39: 212f
6.3.		FE	Brief an Paul Lafargue [frzOrig]	LafargueBrIII: 353ff
			– Deutsche Übersetzung	MEW39: 214ff
9.3.		FE	Brief an August Momberger	MEW39: 217f
18.3.	25.3.	FE	[An den Nationalrat der französischen Arbeiterpartei zum 23. Jahrestag der Pariser Kommune] [in „Le Socialiste"] [dtÜbers des frzOrig]	MEW22: 443
20.3.		FE	Brief an Victor Adler	MEW39: 219f
20.3.		FE[3]	Brief an Nikolai Franzewitsch Danielson [dtÜbers des englOrig]	MEW39: 221
20.3.		FE	Brief an Panait Muşoiu[4]	MEW39: 222
21.3.		FE	Brief an Friedrich Adolph Sorge	MEW39: 223ff
22.3.		FE	Brief an Victor Adler	MEW39: 226f
22.3.	1894	FE	[An den vierten österreichischen Parteitag]	MEW22: 444
26.3.		FE	Brief an Pablo Iglesias [Entwurf] [dtÜbers des frz-spanOrig]	MEW39: 228ff
29.3.		FE	Brief an Benno Karpeles	MEW39: 231
3.4.		FE	Brief an John Hunter Watts [Entwurf] [dtÜbers des englOrig]	MEW39: 232
11.4.		FE	Brief an Laura Lafargue [englOrig]	LafargueBrIII: 357f
			– Deutsche Übersetzung	MEW39: 233ff
12.4.		FE	Brief an Filippo Turati [frzOrig]	Corr: 530f
			– Deutsche Übersetzung	MEW39: 236
16.4.		FE	Brief an Henry William Lee [Entwurf] [dtÜbers des englOrig]	MEW39: 237
24.4.		FE	Brief an den Redakteur einer französischen sozialistischen Zeitung [Entwurf] [dtÜbers des frzOrig]	MEW39: 238
24.4.		FE	Brief an Carl Eberle[4]	MEW39: 239

[1] Mit zwei Wortauslassungen.
[2] Leicht verändert und in italienischer Übersetzung erschienen in „Critica Sociale"; in deutscher Übersetzung in „Sozialdemokrat" vom 12.7.1894.
[3] Unter dem Pseudonym L.K.
[4] Stimmt mit Entwurf des Briefes überein.

1894

Ent-stehungs-zeit	Erschei-nungs-datum	Ver-fasser	Titel oder Textbezeichnung	Quellen-nachweis
–11.5.	1894	FE	Änderungen und Noten zu Marx' „Das Kapital", Band III	FR: Faks: MEW 25: 39; MEW25: 69, 79–86, 120, 130, 132, 135, 147f, 155, 161, 166, 177, [179], 185, 187f, 193, 211, 220[1], 237f, 265, 271ff, 284, 294, 312, 320, 343, 346ff, 360, 372, 378, 387, 391, 394f, 397f, 401, 406, 414, 420–426, 430f, 442–445, 450, 453ff, 472f, 486, 488, 491f, 506, 512f, 518, 534, 539f, 543, 549, [550ff, 554f], 558, 562–565, 568–572, 574f, 577ff, 585, 588–591, [594, 596ff], 599, [603f], 619, 621[2], 653, 683, 707–715, [716], 722–736, 749, 754, 759, [782], 816, 822f, 825, [826], 831, 866, 893; KMA V: 730, [650, 662–670, 692, 713, 726, 729f, 734, 749, 759, 767, 797, 799, 859ff, 901ff]; VI: 26, 159, 176, 223, 331–335, 337ff, 387, 389–394, 398, 400, 427, 569, 613, 669, [23, 45, 54, 86f, 117, 124f, 134, 140, 145, 147f, 152f, 176–183, 187, 189, 203–206, 212, 216ff, 238ff, 252, 255, 258ff, 277f, 285f, 292, 312, 319, 323f, 343, 347–351, 354–359, 362–369, 375, 379–383, 387, 389ff,

[1] Siehe dazu Marx: Œuvres, S. 999 und 1759.
[2] Siehe dazu Marx: Œuvres, S. 1281.

1894

Ent-stehungs-zeit	Erschei-nungs-datum	Ver-fasser	Titel oder Textbezeichnung	Quellen-nachweis
				393f, 398, 400, 418, 497, 524–535, 542–557, 573, 580, 586, 656, 664–667, 675, 751]; KIII: 194, 197, 227ff, 275, 356, 363, 434, 470, 675
11.5.		FE	Brief an Laura Lafargue [dtÜbers des englOrig]	MEW39: 240f
11.5.		FE	Brief an Filippo Turati [frzOrig] – Deutsche Übersetzung	Corr: 533f MEW39: 242
12.5.		FE	Brief an Friedrich Adolph Sorge	MEW39: 243ff
15.5.	18.5.	FE	[An den Vorstand der Sozialdemokrati-schen Partei Ungarns zum dritten Partei-tag] [in „Arbeiterpresse"]	MEW22: 445[1]
20.5.		FE	Brief an Boris Naumowitsch Kritschewski [Entwurf]	MEW39: 246
21.5.		FE	Brief an Georgi Walentinowitsch Plechanow [dtÜbers des frzOrig]	MEW39: 247f
22.5.		FE	Brief an Stanisław Mendelson [frzOrig] – Deutsche Übersetzung	Borejsza: 335 MEW39: 249
22.5.		FE	Brief an Georgi Walentinowitsch Plechanow [dtÜbers des frzOrig]	MEW39: 250
–23.5.	VII	FE	Änderungen zum Text der 3. Auflage des „Anti-Dühring"	MEGA S: 40, 64f, 67, 69, 83, 96, 129, 134, 137, 153, 156, 159, 165, 168, 171, 174, 177, 182, 184ff, 189f, 195, 199, 210, 227, 233–247[2], 251–257[2], 271, 294, 297, 321, 330
23.5.	VII	FE	Vorwort zur 3. Auflage des „Anti-Dühring"	MEGA S: 14f; [MEW20: 14f; FeSt1: 23f]
31.5.		FE	Brief an Boris Naumowitsch Kritschewski [Entwurf]	MEW39: 251
1.6.		FE[3]	Brief an Nikolai Franzewitsch Danielson [dtÜbers des englOrig]	MEW39: 252f
2.6.		FE	Brief an Paul Lafargue [frzOrig] – Deutsche Übersetzung	LafargueBrIII: 361ff MEW39: 254ff
5.6.		FE	Brief an Witold Jodko-Narkiewicz [frzOrig] – Deutsche Übersetzung	Borejsza: 342 MEW39: 257

[1] Einschließlich der Varianten des Entwurfs.
[2] Unter Berücksichtigung der ursprünglichen Fassung von Marx.
[3] Unter dem Pseudonym L.K.

1894

Ent-stehungs-zeit	Erschei-nungs-datum	Ver-fasser	Titel oder Textbezeichnung	Quellen-nachweis
7.6.		FE	Brief an Stanisław Zabłocki [Entwurf]	MEW39: 258
19.6.		FE	Brief an Karl Kautsky	MEW39: 259
22.6.		FE[1]	Äußerungen im Gespräch mit Hellmut von Gerlach	Mohr u. General: 570f
26.6.		FE	Brief an Karl Kautsky	MEW39: 260f
EndeVI/ Anf.VII		FE	Brief an Otto Wachs [Entwurf]	MEW39: 262
1.7. u.a.		FE	Postkarte an Natalie Liebknecht	MEW39: 539
4.7.		FE	Brief an Laura Lafargue [englOrig] – Deutsche Übersetzung	LafargueBrIII: 365 MEW39: 264
5.7.		FE	Brief an Ludwig Schorlemmer	MEW39: 265f
9.7.		FE	Postkarte an die Redaktion der „Neuen Zeit"	MEW39: 267
VII		FE	Brief an Boris Naumowitsch Kritschewski [Entwurf]	MEW39: 263
19.6./16.7.	Ende IX/ Anf.X	FE	Zur Geschichte des Urchristentums [in NZ]	MEW22: 447–473[2]
16.7.		FE	Brief an Karl Kautsky	MEW39: 268
17.7.		FE	Brief an Victor Adler	MEW39: 269–274
21.7.		FE	Brief an Julius Motteler	MEW39: 275
28.7.		FE	Brief an Karl Kautsky	MEW39: 276f
28.7.		FE	Brief an Laura Lafargue [dtÜbers des englOrig]	MEW39: 278ff
31.7.		FE	Brief an Filippo Turati [frzOrig] – Deutsche Übersetzung	Corr: 542 MEW39: 281
4.8.		FE	Brief an Victor Adler	MEW39: 282
6.8.		FE	[An die englischen sozialistischen und Arbeiterorganisationen] [Entwurf] [dtÜbers des englOrig]	MEW22: 474[3]
14.8.		FE	Brief an Eduard Bernstein	MEW39: 285f
fr.15.8.		FE	Brief an Thomas Clarke [Entwurf] [dtÜbers des englOrig]	MEW39: 287
9./16.8.		FE	Brief an Pablo Iglesias [Entwurf] [dtÜbers des spanOrig]	MEW39: 283f
16.8.		FE	Brief an Filippo Turati [frzOrig] – Deutsche Übersetzung	Corr: 551ff MEW39: 288–291
22.8.		FE	Brief an Paul Lafargue [frzOrig] – Deutsche Übersetzung	LafargueBrIII: 366–370[4] MEW39: 292–295

[1] Wiedergegeben von H. v. Gerlach.
[2] Einschließlich der ins Deutsche übersetzten Variante der von L. Lafargue verfaßten und von Engels autorisierten französischen Übersetzung [veröffentlicht in „Le Devenir social" IV/V 1895].
[3] Einschließlich der Varianten des Schreibens [und des Entwurfs desselben] an den Sekretär der Fabian Society.
[4] Hier als zwei Brieffragmente vom 22. bzw. vom 23. oder 24.8. wiedergegeben.

Ent-stehungs-zeit	Erschei-nungs-datum	Ver-fasser	Titel oder Textbezeichnung	Quellen-nachweis
6.9.		FE	Brief an Eduard Bernstein	MEW39: 296
6.9.	⟨22./23.9.⟩[1]	FE	Brief an Carlo Dell' Avalle [frzOrig]	Corr: 556f
			– Deutsche Übersetzung	MEW22: 475[2]
18.9.		FE	Postkarte an Eduard Bernstein	MEW39: 297
2.HälfteIX		FE	Brief an Laura Lafargue [FR] [dtÜbers des englOrig]	MEW39: 298f
23.9.		FE	Brief an Karl Kautsky	MEW39: 300f
26.9.	⟨30.6.95⟩[3]	FE	Brief an „La Giustizia Sociale" [frzOrig]	Corr: 561
			– Deutsche Übersetzung	MEW22: 476f[4]
4.10.	1894	FE	Vorwort [zu Marx' „Das Kapital", Band III]	MEW25: 7–22, 25–30; [KMAV: XLIII–LXVII]
2.HälfteX		FE[5]	Äußerung im Gespräch mit Émile Vandervelde	GesprächeII: 695
nach21.10.		FE	Brief an Émile Vandervelde [Entwurf] [dtÜbers des frzOrig]	MEW39: 302f
26.10.		FE	Brief an Maria Mendelson [dtÜbers des frzOrig]	MEW39: 304
27.10.	⟨1.11.⟩[6]	FE	Brief an Filippo Turati [frzOrig]	Annali: 270f
			– Deutsche Übersetzung	MEW22: 478f[7]
Anf.XI		FE	Vermerke zu Laura Lafargues französischer Übersetzung des „Kommunistischen Manifests" in „L'Ère nouvelle"	FR: Ex libris: 66
1.11.		FE	Brief an Georgi Walentinowitsch Plechanow [dtÜbers des frzOrig]	MEW39: 305
8.11.		FE	Postkarte an Carl Hirsch	MEW39: 306
10.11.		FE	Brief an Friedrich Adolph Sorge	MEW39: 307–311
10.11.		FE	Postkarte an Eleanor Marx-Aveling [englOrig]	FE1820: 325
12.11.		FE	Brief an Laura Lafargue [dtÜbers des englOrig]	MEW39: 312–315
12.11.	16.11.	FE	Brief an die Redaktion des „Vorwärts" [in „Vorwärts"]	MEW22: 480f

[1] Eine gekürzte Fassung ist in italienischer Übersetzung in „Lotta di classe" veröffentlicht worden [M/E: Scritti, S. 175].
[2] Nach der italienischen Fassung mit ins Deutsche übersetzten Varianten und ergänzenden Textstellen des französischen Originals.
[3] In italienischer Übersetzung veröffentlicht in „La Riscossa Socialista" [M/E: Scritti, S. 178f].
[4] Nach der italienischen Veröffentlichung in „Critica sociale" vom 16.5.1895 mit ins Deutsche übersetzten Varianten des französischen Originals.
[5] Wiedergegeben von É. Vandervelde.
[6] In italienischer Übersetzung veröffentlicht in „Critica sociale" vom 1.11.1894 [M/E: Scritti, S. 176ff].
[7] Nach der italienischen Veröffentlichung mit den ins Deutsche übersetzten Varianten des französischen Originals.

1894

Entstehungszeit	Erscheinungsdatum	Verfasser	Titel oder Textbezeichnung	Quellennachweis
14.11.		FE	Brief an die Testamentsvollstrecker [dtÜbers des englOrig]	MEW39: 507ff
14.11.		FE	Brief an August Bebel und Paul Singer	MEW39: 316
14.11.		FE	Postkarte an Eduard Bernstein	MEW39: 317
14.11.		FE	Brief an Laura Lafargue und Eleanor Marx-Aveling [englOrig]	LafargueBrIII: 370f
			– Deutsche Übersetzung	MEW39: 318f
15.11.		FE	Brief an Karl Kautsky	MEW39: 320
20.11.		FE	Postkarte an Eduard Bernstein	MEW39: 321
15./22.11.	XI	FE	Die Bauernfrage in Frankreich und Deutschland [in NZ]	MEW22: 483–505
22.11.		FE	Brief an Karl Kautsky	MEW39: 322f
22.11.		FE	Brief an Paul Lafargue [frzOrig]	LafargueBrIII: 373ff
			– Deutsche Übersetzung	MEW39: 324ff
22.11.	XI	FE	[Zum vierten Band von Karl Marx' „Kapital"] [in NZ]	MEW22: 506
23.11.		FE	Brief an Jossif Neressowitsch Atabekjanz	MEW39: 327
24.11.		FE[1]	Brief an Nikolai Franzewitsch Danielson [dtÜbers des englOrig]	MEW39: 328f
24.11.		FE	Brief an Wilhelm Liebknecht	MEW39: 330ff
30.11.		FE	Brief an Frau Karpeles	MEW39: 333
4.12.		FE	Brief an Friedrich Adolph Sorge	MEW39: 334ff
4.12.		FE	Brief an Filippo Turati [frzOrig]	Corr: 573
			– Deutsche Übersetzung	MEW39: 337
6.12.		FE	An den Deutschen Bildungsverein für Arbeiter in London [Entwurf]	MEW22: 507
11.12.		FE	Widmung für Georgi Walentinowitsch Plechanow [frzOrig]	Faks: MEW39: 341
12.12.		FE	Brief an Friedrich Adolph Sorge	MEW39: 338f
14.12.		FE	Brief an Victor Adler	MEW39: 340, 343f
14.12.		FE	Brief an Witold Jodko-Narkiewicz	MEW39: 345
17.12.		FE	Brief an Laura Lafargue [englOrig]	LafargueBrIII: 376ff
			– Deutsche Übersetzung	MEW39: 346ff
18.12.		FE	Kartenbrief an Pjotr Lawrowitsch Lawrow [dtÜbers des frzOrig]	MEW39: 349
18.12.		FE	Brief an Paul Lafargue [frzOrig]	LafargueBrIII: 380ff
			– Deutsche Übersetzung	MEW39: 350f
21.12.		FE	Brief an George William Lamplugh [dtÜbers des englOrig]	MEW39: 352
22.12.		FE	Brief an Victor Adler	MEW39: 353f
27.12.	⟨1.1. 95⟩[2]	FE	Brief an Victor Adler [Entwurf]	MEW39: 355
29.12.		FE	Brief an Laura Lafargue [englOrig]	LafargueBrIII: 382f
			– Deutsche Übersetzung	MEW39: 356f

[1] Unter dem Pseudonym L.K.
[2] Im wesentlichen unverändert veröffentlicht in „Arbeiter-Zeitung". [MEW 22: 508].

Ent-stehungs-zeit	Erschei-nungs-datum	Ver-fasser	Titel oder Textbezeichnung	Quellen-nachweis
			1895	
1.1.		FE	Brief an Emma Adler	MEW39: 358
1.1.		FE	Brief an Ludwig Kugelmann	MEW39: 359f
1.1.		FE	Brief an Hermann Schlüter	MEW39: 361f
3.1.		FE	Brief an Karl Kautsky	MEW39: 363f
3.1.		FE	Brief an Ludwig Schorlemmer	MEW39: 365f
3.1.		FE	Brief an Paul Stumpf	MEW39: 367f
8.1.		FE	Brief an Pasquale Martignetti	MEW39: 369f
9.1.		FE	Brief an Victor Adler	MEW39: 371ff
9.1.		FE[1]	Brief an Nikolai Franzewitsch Danielson [dtÜbers des englOrig]	MEW39: 374
9.1.		FE	Brief an Ludwig Kugelmann	MEW39: 375
12.1.		FE	Brief an Victor Adler	MEW39: 376f
12.1.		FE	Brief an Karl Kautsky	MEW39: 378
12.1.		FE	Brief an Hermann Engels	MEW39: 379ff
13.–14.1.		FE	Brief an Paul Lafargue [frzOrig]	LafargueBrIII: 386ff
			– Deutsche Übersetzung	MEW39: 382ff
16.1.		FE	Brief an Friedrich Adolph Sorge	MEW39: 385ff
19.1.		FE	Brief an Laura Lafargue [englOrig]	LafargueBrIII: 390ff
			– Deutsche Übersetzung	MEW39: 388ff
22.1.		FE	Brief an Paul Lafargue [frzOrig]	LafargueBrIII: 394ff
			– Deutsche Übersetzung	MEW39: 391ff
24.1.		FE	Brief an Ferdinand Tönnies	MEW39: 394ff
25.1.		FE	Brief an Ludwig Kugelmann	MEW39: 397
28.1.		FE	Brief an Victor Adler	MEW39: 398ff
30.1.		FE	Kartenbrief an Vera Iwanowna Sassulitsch [dtÜbers des frzOrig]	MEW39: 401
2.2.		FE	Brief an Witold Jodko-Narkiewicz	MEW39: 402
2.2.		FE	Brief an Richard Fischer	MEW39: 403f
8.2.		FE	Brief an Georgi Walentinowitsch Plechanow [dtÜbers des frzOrig]	MEW39: 405f
8.2.		FE	Brief an Hermann Engels	MEW39: 407f
12.2.		FE	Brief an Richard Fischer	MEW39: 409
13.2.		FE	Brief an Richard Fischer	MEW39: 410
II		FE	Korrekturen an „Literatur II" und „Revue" [in REVUE vom Februar 1850] und an „Literatur I–III" [in REVUE vom April 1850]	MEGA$_2$I10A: 821, 826, 877
23.2.		FE	Brief an Julius Motteler	MEW39: 411
–26.2.		FE	Vorschläge zur französischen Übersetzung von „Zur Geschichte des Urchristentums" [frzOrig]	MEW39: 414f
			– Deutsche Übersetzung	MEW39: 415
26.2.		FE	Brief an Paul Lafargue [dtÜbers des frzOrig]	MEW39: 412ff

[1] Unter dem Pseudonym L.K.

1895

Entstehungszeit	Erscheinungsdatum	Verfasser	Titel oder Textbezeichnung	Quellennachweis
26.2.		FE	Brief an Georgi Walentinowitsch Plechanow [frzOrig]	FR: AB: 578f
			– Deutsche Übersetzung	MEW39: 416f
2.3.		FE	Brief an Julius Motteler	MEW39: 418
5.3.		FE	Brief an Édouard Vaillant [dtÜbers des frzOrig]	MEW39: 419ff
5.3.		FE[1]	Brief an Nikolai Franzewitsch Danielson [dtÜbers des englOrig]	MEW39: 422f
14.2./6.3.	1895	FE	Einleitung [zu Marx' „Die Klassenkämpfe in Frankreich 1848 bis 1850" einschließlich der von Engels für die Veröffentlichung vorgenommenen Änderungen]	MEW22: 509–527; [KMAIII,2: 1070–1093; MEStIII: 223–239; FeSt4: 195–210, 221f]
8.3.		FE	Brief an Richard Fischer	MEW39: 424ff
11.3.		FE	An den Vorstand des Deutschen Bildungsvereins für Arbeiter in London [Entwurf]	MEW22: 528
11.3.		FE	Brief an Werner Sombart	MEW39: 427ff
12.3.		FE	Brief an Conrad Schmidt	MEW39: 430–434
13.3.		FE	Postkarte an Karl Kautsky	MEW39: 435
16.3.		FE	Brief an Victor Adler	MEW39: 436ff
16.3.		FE	Brief an Pablo Iglesias [Entwurf] [dtÜbers des spanOrig]	MEW39: 439f
16.3.		FE	Brief an Carl Hackenberg	BZG15,5: 812f
19.3.		FE	Brief an Carl Hirsch	MEW39: 441f
19.3.		FE	Brief an Ludwig Kugelmann	MEW39: 443
20.3.		FE	Brief an Hermann Engels	MEW39: 444
22.3.		FE	Brief an Vera Iwanowna Sassulitsch [dtÜbers des frzOrig]	MEW39: 445
II–sp.ca. 25.3.	1895	FE	Anmerkungen, Änderungen und Ergänzung zu Marx' „Die Klassenkämpfe in Frankreich 1848 bis 1850" einschließlich der Neufassung von „Revue. Mai bis Oktober"	MEGA$_2$I10A: 772–790, 992–996; [MEW7: 15, 80, 85, 93, 95–107; KMA III, 1: 126, 210, 216f, 227, 229]
25.3.		FE	Brief an Karl Kautsky [mit Inhaltsangabe eines vorausgegangenen Telegramms]	MEW39: 446ff
28.3.		FE	Brief an Laura Lafargue [englOrig]	LafargueBrIII: 397ff
			– Deutsche Übersetzung	MEW39: 449ff
1.4.		FE	Brief an Karl Kautsky	MEW39: 452
2.4.		FE	Brief an Harry Quelch [dtÜbers des englOrig]	MEW39: 453
3.4.		FE	Brief an Paul Lafargue [frzOrig]	LafargueBrIII: 402–405
			– Deutsche Übersetzung	MEW39: 454, 457f
5.4.		FE	Brief an Richard Fischer	MEW39: 459f
6.4.		FE	Brief an Conrad Schmidt	MEW39: 461

[1] Unter dem Pseudonym L.K.

Entstehungszeit	Erscheinungsdatum	Verfasser	Titel oder Textbezeichnung	Quellennachweis
10.4.		FE	Brief an Stephan Bauer	MEW39: 462
12.4.		FE	Widmung an Georgi Walentinowitsch Plechanow [frzOrig]	Faks: MEW39: 455
12.4.		FE	Brief an Hermann Engels	MEW39: 463f
13.4.	19.4.	FE	Brief an Krastju Rakowski [in „Социалистъ"] [dtÜbers der bulgarischen Wiedergabe des vermutlich frzOrig]	MEW39: 465
15.4.		FE	Brief an Richard Fischer	MEW39: 466f
17.4.		FE	Brief an Laura Lafargue [englOrig] – Deutsche Übersetzung	LafargueBrIII: 408f MEW39: 468f
18.4.		FE	Brief an Ludwig Kugelmann	MEW39: 470
18.4.		FE	Brief an Richard Fischer	MEW39: 471
23.4.		FE	Brief an Stanisław Mendelson [dtÜbers des frzOrig]	MEW39: 472
2.HälfteIV		FE	[An das Komitee der Independent Labour Party] [Entwurf] [dtÜbers des englOrig]	MEW22: 529
EndeIV		FE	Brief an Franz Mehring	MEW39: 473f
IV/V		FE	Ergänzung und Nachtrag zu Marx' „Das Kapital", Band III	MEW25: 897–919
9.5.		FE	Brief an Richard Fischer	MEW39: 475
9.5.		FE	Brief an Franz Mehring	MEW39: 476
14.5.		FE	Brief an Laura Lafargue [englOrig] – Deutsche Übersetzung	LafargueBrIII: 412f MEW39: 477f
20.5.		FE	Brief an Carl Hirsch	MEW39: 479f
21.5.		FE	Brief an Karl Kautsky	MEW39: 481–484
22.5.		FE	Telegramm an Carl Hirsch	MEW39: 485
22.5.		FE	Brief an die Redaktion der „Rheinischen Zeitung"	MEW39: 485f
29.5.		FE	Postkarte an Richard Fischer	MEW39: 487
4.6.		FE[1]	Brief an Nikolai Franzewitsch Danielson [dtÜbers des englOrig]	MEW39: 488
18.6.		FE	Brief an Eduard Bernstein	MEW39: 489
28.6.		FE	Brief an Bolesław Antoni Jędrzejowski	MEW39: 490
28.6.		FE	Brief an Filippo Turati [frzOrig] – Deutsche Übersetzung	Corr: 608 MEW39: 491f
29.6.		FE	Ansichtskarte an Paul Lafargue [dtÜbers des frzOrig]	MEW39: 493
29.6.		FE	Postkarte an Richard Fischer	MEW39: 494
1.7.		FE	Brief an Louise Freyberger	MEW39: 495
4.7.		FE	Brief an Eduard Bernstein	MEW39: 496
4.7.		FE	Ansichtskarte an Filippo Turati [italOrig] – Deutsche Übersetzung	Corr: 610 MEW39: 497
4.7.		FE	Postkarte an Eleanor Marx-Aveling [englOrig]	FE1820: 325
vor8.7.		FE	Brief an Antonio Labriola [FR]	MEW39: 498

[1] Unter dem Pseudonym L.K.

1895

Entstehungszeit	Erscheinungsdatum	Verfasser	Titel oder Textbezeichnung	Quellennachweis
9.7.		FE	Brief an Eleanor Marx-Aveling [dtÜbers des englOrig]	MEW39: 499
VII		FE[1]	Äußerung im Gespräch mit Pëtr Dmitrievič Boborykin [russ Wiedergabe des frzOrig]	Современники: 119
			– Deutsche Übersetzung	GesprächeII: 702
23.7.		FE	Brief an Laura Lafargue [englOrig]	[Faks: MEW39:501f]; LafargueBrIII: 415f
			– Deutsche Übersetzung	MEW39: 500
26.7.		FE	Nachtrag zum Testament [englOrig]	FR: Faks: Kliem: Engels: 585[2]
			– Deutsche Übersetzung	MEW39: 509ff
28.7.		FE u. H. Engels[3]	Brief an Ludwig Siebold	MEW39: 544
EndeVII/ Anf.VIII		FE[4]	Äußerung im Gespräch mit Samuel Moore	Künzli: 326

[1] Wiedergegeben von P. D. Boborykin.
[2] Hier irrtümlich als Faksimilewiedergabe des Testaments von 1893 deklariert.
[3] Der Brief ist von F. Engels entworfen und von H. Engels verfaßt worden.
[4] Wiedergegeben von L. Freyberger.

LITERATURVERZEICHNIS[1]

A. Quellenschrifttum

L'Actualité de l'Histoire. Bulletin trimestriel de l'Institut français d'Histoire sociale. Courbevoie (Seine).
No. 10. Janvier 1955
No. 25. Octobre-Novembre-Décembre 1958

zitiert: S. 233, 257, 261, 264

L'Alliance de la Démocratie Socialiste et l'Association Internationale des Travailleurs. – Rapport et Documents publiés par ordre du Congrès International de la Haye. Londres–Hambourg 1873

zitiert: S. 275

vorhanden in: 1a, 5, 21

Almanach du Parti Ouvrier pour 1892. Lille

zitiert: S. 352

vorhanden in: 1a

Annali. Istituto Giangiacomo Feltrinelli. Anno Primo. Milano 1958
zitiert: S. 221, 238ff, 289, 297f, 361, 363, 371

Aranyossi, Magda: Leo Frankel [Frankel Leó. Aus d. Ungar. v. G. Engl] Berlin 1957

zitiert: S. 281

vorhanden in: 17

Archiv für die Geschichte des Socialismus und der Arbeiterbewegung. In Verbindung m. einer Reihe namhafter Fachmänner aller Länder hrsg. v. Carl Grünberg. VI. Jg. Leipzig 1916

zitiert: S. 188

vorhanden in: 77

Архив К. Маркса и Ф. Энгельса. Под редакцией Д. Рязанова. Книга четвертая. Москва-Ленинград. 1929 [Institut Marksa-Engel'sa-Lenina, Arkhiv, Moscow. Ser. I, Vol. 4, 1929. Reprint Nendeln, Liechtenstein 1969]

zitiert [AKM]: S. 136, 225, 228, 258, 273, 276, 282, 289, 291, 293, 296, 303, 307f, 311f, 318

[Originalausg. Moskau–Leningrad 1929] vorhanden in: 12

Архив Маркса и Энгельса [bis Bd. 5: Под редакцией В. Адоратского. – Bd. 6f: Под редакцией М. Б. Митина] [Hrsg.: Институт Маркса-Энгельса-Ленина при ЦК ВКП(б). – Bd. 13: Институт Маркса-Энгельса-Ленина-Сталина при ЦК КПСС. – Bd. 14: Институт Марксизм-Ленинизм при ЦК КПСС]. [Bde. 3–7,

---

[1] Die in kyrillischer Schreibweise gefaßten Namen werden entsprechend der transliterierten Schreibweise eingeordnet [z.B.: ч = č]. Diakritische Zeichen sind bei der alphabetischen Einordnung unberücksichtigt [č = c]. Маркс ist unter Marx eingeordnet.

10f, 13: Institut Marksa-Engel'sa-Lenina, Arkhiv, Moscow. Ser. II. Reprint Nendeln, Liechtenstein. 1970]
Том III [vol.3] 1934
Том V [vol.5] 1938
Том VI [vol.6] 1939
Том VII [vol.7] 1940
Том VIII 1946
Том X [vol.10] 1948
Том XI [vol.11] 1948
Том XII 1952
Том XIII [vol.13] Москва 1953
Том XIV Москва 1973

zitiert [AM]: S. 81, 157, 178f, 184, 223, 226, 230, 241, 272, 275f, 281ff, 291, 293, 297, 301, 303f, 307, 313f, 318, 330

[Originalausgabe 1934–1973] vorhanden in: 1a [Bde. 3, 6f, 10f], 12 [Bde. 3, 5, 8, 10, 12], 46 [Bd. 14], 188 [Bd. 13]

Archiv für Sozialgeschichte. Hannover
II. Bd. 1962
VIII. Bd. 1968

zitiert: S. 129, 176f, 179f, 267

vorhanden in: 77

Unter dem Banner des Marxismus. VII. Jg. H. 1/2. Moskau–Leningrad. März/April 1933. in: Unter dem Banner des Marxismus. Wien–Berlin–Moskau–Leningrad 1932–1933. [Reprint Milano 1967]

zitiert: S. 178

[Originalausgabe 1933] vorhanden in: 4,24

Bauer, Bruno: Hegels Lehre von der Religion und Kunst von dem Standpunkt des Glaubens aus beurteilt. Neudr. d. Ausg. Leipzig 1842. – Aalen 1967

zitiert: S. 11

vorhanden in: 77

Beiträge zur Geschichte der [bis 8. Jg.: deutschen] Arbeiterbewegung. Hrsg. v. Institut f. Marxismus-Leninismus b. Zentralkomitee d. Sozialistischen Einheitspartei Deutschlands. Berlin
1. Jg. 1959. H. 1,3
8. Jg. 1966. H. 1,6
14. Jg. 1972. H. 3
15. Jg. 1973. H. 5
17. Jg. 1975. H. 5
18. Jg. 1976. H. 6
20. Jg. 1978 H. 3

zitiert [BZG]: S. 26, 39, 57, 74, 81, 121ff, 125, 189f, 206, 281, 283, 285f, 288, 292, 299, 301, 360, 374

vorhanden in: 30 [1. Jg.], Mz 74

Bernstein, Eduard: Briefwechsel mit Friedrich Engels. Hrsg. v. H. Hirsch. –

Quellen u. Untersuchungen z. Geschichte d. deutschen u. österreichischen Arbeiterbewegung. Neue Folge. Hrsg. v. Internationaal Instituut voor Sociale Geschiedenis, Amsterdam. I. Assen 1970

zitiert: S. 294, 321f

vorhanden in: 77

Blumenberg, Werner: Karl Marx in Selbstzeugnissen und Bilddokumenten. – rowohlts monographien, hrsg. v. K. Kusenberg, 76. Reinbek b. Hamburg 1962

zitiert: S. 189, 197, 271, 364

vorhanden in: 77

Borejsza, Jerzy W.: W kręgu wielkich wygnańców (1848–1895). Warszawa 1963

zitiert: S. 158, 179, 257, 267, 282, 300, 321, 348, 354, 360ff, 369

vorhanden in: 12

Bracke, W. jr.: Der Braunschweiger Ausschuß der socialdemokratischen Arbeiter-Partei in Lötzen und vor dem Gericht. Braunschweig 1872

zitiert: S. 256

vorhanden in: 17

Briefe und Auszüge aus Briefen von Joh. Phil. Becker, Jos. Dietzgen, Friedrich Engels, Karl Marx u. A. an F. A. Sorge und Andere. Stuttgart 1906

zitiert [SorgeBr]: S. 257, 261, 270, 274, 306, 323, 328f, 333, 335ff

vorhanden in: 77

Der Bund der Kommunisten. Dokumente und Materialien. Bd. 1. 1836–1849. Hrsg. v. Institut f. Marxismus-Leninismus b. ZK d. SED u. v. Institut f. Marxismus-Leninismus b. ZK d. KPdSU. Redigiert v. H. Förder, M. Hundt, J. Kandel, S. Lewiowa. Berlin 1970

zitiert: S. 35, 38, 43f, 65

vorhanden in: 77

Cahiers de l'Institut de Science Économique Appliquée. Dir.: F. Perroux. –Série S. Études de Marxologie, Dir.: M. Rubel. Recherches et études poursuivis en collaboration avec la VIe Section de l'Ecole Pratique des Hautes Etudes. Paris.
(Série S, no. 3) No. 102 [M. Rubel; N. McInnes; H. Mayer] Juin 1960
(Série S, no. 4) No. 109 (avec suppl.) [M. Rubel; N. McInnes; S. Na'aman; Textes de K. Marx et F. Engels] Janvier 1961
(S, No. 7) Supplt. No. 140 [H. Hirsch; R. Rosdolsky; S. Moore; D.C. Hodges; P. Mattick; M. Rubel; Textes de Karl Marx et Karl Korsch] Aout 1963

zitiert: S. 198, 272

[No. 7] vorhanden in: 188

The Nineteenth Century and After. Bd. XCI, Nr. 539. London. January 1922

zitiert: S. 302

vorhanden in: 1a

Cornu, Auguste: Karl Marx und Friedrich Engels. Leben und Werk. Zweiter Band: 1844–1845. Berlin 1962

zitiert: S. 26

The New American Cyclopædia. A Popular Dictionary of General Knowledge. Edited by George Ripley and Charles A. Dana. New York–London
Vol. I.: A – Araguay. 1860
Vol. II.: Araktsheeff – Beale. 1861
Vol. III.: Beam – Browning. 1861
Vol. IV.: Brownson – Chartres. 1860
Vol. V.: Chartreuse – Congar. 1861
Vol. VII.: Edward – Fueros. 1867
Vol. IX.: Hague – Jersey City. 1867
Vol. XII.: Mozambique – Parr. 1867

zitiert: [NAC]: S. 134–143, 145, 148, 152, 155, 165

vorhanden in: 24 [vols. VII, IX, XII], 30 [Vols. I–V]

Neues Deutschland. Organ des Zentralkomitees der Sozialistischen Einheitspartei Deutschlands. Berlin
8. Jg., Nr. 104 (B) v. 5. Mai 1953
25. Jg., Nr. 107 v. 19. April 1970
31. Jg., Nr. 187 v. 7./8. August 1976

zitiert [ND]: S. 38, 273, 287, 293, 296

[8. Jg., Nr. 104] vorhanden in: 12

Documents of the First International. Hrsg. v. Institute of Marxism-Leninism of the C.C., C.P.S.U. – The General Council of the First International. Minutes. [Документы первого интернационала] London–Moscow o.J.
Vol. I. 1864–1866. The London Conference 1865
Vol. II. 1866–1868
Vol. III. 1868–1870
Vol. IV. 1870–1871
Vol. V. 1871–1872

zitiert [Doc]: S. 182–198, 200–203, 205, 208–224, 226–231, 233–239, 256–268

vorhanden in: 77

Dornemann, Luise: Jenny Marx. Der Lebensweg einer Sozialistin. 5., überarb. u. ergänzte Aufl. Berlin 1975

zitiert: S. 3, 40f, 65f, 82, 180, 271, 273f, 281, 292

Eccarius, J. George: Eines Arbeiters Widerlegung der nationalökonomischen Lehren John Stuart Mill's. Berlin 1869

zitiert: S. 215

vorhanden in: 36

Friedrich Engels 1820–1970. Referate – Diskussionen – Dokumente. Internationale wissenschaftliche Konferenz in Wuppertal vom 25.–29. Mai 1970. – Redig. v. Hans Pelger. – Schriftenreihe d. Forschungsinstituts d. Friedrich-Ebert-Stiftung, Bd. 85. Hannover [C. 1971]

zitiert [FE1820]: S. 180, 220f, 226, 270, 273f, 284, 311, 317, 321, 334, 337f, 348, 364f, 367, 371, 375

vorhanden in: 77

Friedrich Engels über die Dialektik der Naturwissenschaft. Texte. Zusammengest. u. hrsg. v. B. M. Kedrow. [Фридрих Энгельс о диалектике естествознания, Москау 1973, dt. Ausgabe v. M. Buhr u. G. Kröber] Berlin 1979

zitiert: S. 83, 296, 300

Engels Friedrich: Briefwechsel mit Karl Kautsky. Zweite, durch die Briefe Karl Kautskys vervollständigte Ausgabe von „Aus der Frühzeit des Marxismus". Hrsg. u. bearb. v. Benedikt Kautsky. – Quellen u. Untersuchungen z. Geschichte d. deutschen u. österreichischen Arbeiterbewegung. Hrsg. v. Internationalen Institut für Sozialgeschichte zu Amsterdam unter d. Leitung v. A.J.C. Rüter. I. Wien [C. 1955]

zitiert [KautskyBr]: S. 302, 350

[Ausgabe „Aus der Frühzeit des Marxismus", Prag 1935] vorhanden in: 12, 30

Engels, Friedrich: Cola di Rienzi. Ein unbekannter dramatischer Entwurf. Bearb. u. eingel. v. Michael Knieriem. Hrsg. v. Friedrich-Engels-Haus, Wuppertal, u. Karl-Marx-Haus, Trier. Wuppertal [C. 1974]

zitiert: S. 9

vorhanden in: 77

Engels, Friedrich: Engels as military critic. Articles by Friedrich Engels reprinted from the Volunteer Journal and the Manchester Guardian of the 1860s with an introduction by W.H. Chaloner and W.O. Henderson. Manchester [C. 1959]

zitiert [Military]: S. 163–170, 172, 180, 195

Engels, Friedrich: Die Entwicklung des Sozialismus von der Utopie zur Wissenschaft. Dritte unveränderte Auflage. Hottingen–Zürich 1883

zitiert: S. 311, 313, 351

vorhanden in: 66

Engels, Friedrich: Notes on the War. Sixty Articles reprinted from the "Pall Mall Gazette" 1870–1871. Edited by Friedrich Adler. Vienna (Austria) 1923

zitiert: S. 230–239

vorhanden in: 12

Engels, Friedrich: Auf Reisen. Zusammengest. u. eingel. v. Renate Schack. Berlin 1966

zitiert: S. 200

Engels, Friedrich: Die Rolle der Gewalt in der Geschichte. Bücherei d. Marxismus-Leninismus, Bd. 61. Berlin 1964

zitiert: S. 284, 337

vorhanden in: Mz 65 [Ausg. v. 1970]

Engels, Friedrich: Ausgewählte militärische Schriften. Band I. Hrsg. v. Institut f. Marxismus-Leninismus b. ZK d. SED. Berlin 1958

zitiert: S. 118, 124, 140

vorhanden in: 77

Engels, Friedrich: Biographische Skizzen. Zusammengest. u. eingel. v. Richard Sperl. Berlin 1967

zitiert: S. 317

Engels, Frédéric: Socialisme Utopique et Socialisme Scientifique. Traduction française par Paul Lafargue. Paris 1880

zitiert: S. 297

vorhanden in: B 479

[Engels, Friedrich: Studienausgabe. Hrsg. u. eingel. v. H. Mehringer u. G. Mergner. Bde. 1–4. – Rowohlts Klassiker der Literatur und der Wissenschaft, hrsg. v. E. Grassi. [Texte des Sozialismus und Anarchismus.] Bde. 292, 293, 295, 296. [Philosophie der Neuzeit. Politik und Gesellschaft. Bde. 37, 38, 40, 41] Reinbek b. Hamburg 1973

zitiert [FeSt]: S. 72, 225, 272f, 275, 277f, 280, 282, 284f, 290f, 297, 300ff, 304, 307, 311, 313, 315, 320, 325f, 329, 331f, 336f, 351, 353f, 356, 366, 369, 374]

Engels, Friedrich, Paul et Laura Lafargue: Correspondance. Textes recueillis, annotés et présentés par Émile Bottigelli. Traductions de l'anglais par P. Meier. Paris

Tome Premier (1868–1886) 1956
Tome Deuxième (1887–1890) 1956
Tome Troisième (1891–1895) 1959

zitiert [LafargueBr]: S. 258f, 261, 296, 298f, 311ff, 315–323, 326, 328–367, 369f, 372, 376

vorhanden in: 30 [T. I]

Engels, Friedrich u. W. I. Lenin: Militärpolitische Schriften. Hrsg. u. eingel. v. Erich Wollenberg. Neubearb., 2. Aufl. Offenbach/M u. Frankfurt/M 1953

zitiert: S. 196

vorhanden in: 24

Fedossejew, P. N. u. a.: Karl Marx. Biographie. [Карл Маркс. Биография. Moskau 1968. Aus dem Russ. von H. Zikmund] Hrsg. v. Institut f. Marxismus-Leninismus b. ZK d. KPdSU. Berlin 1973

zitiert: S. 187, 194, 266, 311, 313

Freiligrath, Ferdinand: Briefwechsel mit Marx und Engels. Teil I. Einleitung und Text. Bearb. u. eingel. v. Manfred Häckel. – Hrsg. v. d. Dtsch. Akademie d. Wissenschaften zu Berlin. Institut für Deutsche Sprache u. Literatur. Berlin 1968

zitiert: S. 132, 159

vorhanden in: 77

The Pall Mall Gazette. An Evening Newspaper and Review. No. 1744 – Vol. XII v. 15. September 1870

zitiert [PMG]: S. 233

vorhanden in: 6

Aus der Geschichte des Kampfes von Marx und Engels für die proletarische Partei.

Eine Sammlung von Arbeiten. [Из истории борьбы Маркса и Энгельса за пролетарскую партию, Moskau 1955, dt.] Berlin 1961

zitiert: S. 264

Gespräche mit Marx und Engels. Hrsg. v. Hans Magnus Enzensberger. Frankfurt am Main 1973. Erster Band. Insel Taschenb. 19. – Zweiter Band. Insel Taschenb. 20.

zitiert: S. 17, 24, 26, 34, 36, 38, 42, 50, 59, 66, 71, 221, 228f, 232, 237, 246, 249, 269f, 294, 300, 302, 343, 355, 362f, 376

vorhanden in: Mz 107

Guillaume, James: L'Internationale. Documents et Souvenirs (1864–1878). Burt Franklin Research & Source Works Series # 318 (Essays in History, Economics & Social Science # 63). Reprint New York 1969. Tome Premier. Originally published Paris 1905. – Tome Second. Originally published Paris 1907

zitiert: S. 224, 246, 267

vorhanden in: 77

Harstick, Hans-Peter: Vergleichende Studien zur Geschichte des Grundeigentums im Nachlaß von Karl Marx. – Exzerpte aus M.M. Kovalevskij: Obščinnoe zemlevladenie (1879). Inaugural-Dissertation zur Erlangung des Doktorgrades der Philosophischen Fakultät der Westfälischen Wilhelms-Universität zu Münster (Westf.). 1974

zitiert: S. 117, 134, 211, 284f, 293, 295, 297ff, 305f, 318

vorhanden in: 77

Herre, Günther: Verelendung und Proletariat bei Karl Marx. Entstehung einer Theorie und ihre Quellen. – Tübinger Schriften zur Sozial- und Zeitgeschichte 2. Hrsg. v. G. Schulz in Verbindung m. K.E. Born u. K. Scholder. Redaktionsleitung: G. Hufnagel, Seminar f. Zeitgeschichte d. Univ. Tübingen. Düsseldorf [C. 1973]

zitiert: S. 19f, 27f, 31–34

vorhanden in: 77

Hyndman, Henry Mayers: The Record of an Adventorous Life. London 1911

zitiert: S. 300, 343

vorhanden in: 12

Iljitschow, L.F. u.a.: Friedrich Engels. Sein Leben und Wirken. [Фридрих Энгельс. Биография. Москва 1970, dt. v. N. Letnewa u.a.] Moskau 1973

zitiert: S. 95, 175, 181, 221, 229, 364

The First International. Minutes of the Hague Congress of 1872 with related documents. Edited and transl. by Hans Gerth. Madison 1958

zitiert: S. 268f

Новая и новейшая история. Hrsg.: Академия наук СССР. Институт истории. Москва. 3/1957

zitiert: S. 114

vorhanden in: 1a, 206

Иванов, Н. Н. и Матковский, Н. В.: Великие основоположники марксизма. (По материалам Музея К. Маркса и Ф. Энгельса). Изд. 3-е, переработ., доп. Москва 1972
zitiert: S. 58, 89, 189
vorhanden in: 1a

Jaeckh, Gustav: Die Internationale. Eine Denkschrift zur vierzigjährigen Gründung der internationalen Arbeiter-Assoziation. Leipzig 1904
zitiert: S. 217, 231, 237
vorhanden in: 30, 51

Kapp, Yvonne: Eleanor Marx. Vol. I. Family Life (1855–1883). London 1972
zitiert: S. 182, 184, 189, 193f, 207, 219, 225, 273f, 278, 283, 289f, 292, 304ff, 315
vorhanden in: 30

Kautsky, Karl: Friedrich Engels. Sein Leben, sein Wirken, seine Schriften. 2. Aufl. Berlin 1908
zitiert: S. 321
vorhanden in: 30

Kliem, Manfred: Friedrich Engels. Dokumente seines Lebens 1820–1895. Zusammengest. u. erl. v. M. Kliem. – Biografien. Röderberg-Taschenb., Bd. 50. [C. Leipzig 1977]. Frankfurt am Main 1977
zitiert: S. 175, 181, 214, 234, 247, 249, 253, 321, 346, 376

Kliem, Manfred: Karl Marx. Dokumente seines Lebens 1818 bis 1883. Zusammengest. u. erl. v. M. Kliem. – Biografien und Dokumente. Reclams Universal-Bibliothek, Bd. 439. Leipzig 1970
zitiert: S. 180, 189, 244, 364

Künzli, Arnold: Karl Marx. Eine Psychographie. Wien–Frankfurt–Zürich. [C. 1966]
zitiert: S. 41, 87, 189, 202, 224, 284, 290, 376
vorhanden in: Mz 11

Labour Monthly. A Magazine of Labour Unity. Founded 1921. Editor: R. Palme Dutt. Vol. XXXVI, No. 9. London September 1954
zitiert: S. 291

Lassalle, Ferdinand: Nachgelassene Briefe und Schriften. Bd. 3. Der Briefwechsel zwischen Lassalle und Marx, nebst Briefen von Friedrich Engels und Jenny Marx an Lassalle und von Karl Marx an Gräfin Sophie Hatzfeldt. Hrsg. v. G. Mayer. Neudr. d. Ausg. 1922. – Deutsche Geschichtsquellen d. 19. Jahrhunderts. Hrsg. v. d. Bayer. Akad. d. Wissenschaften, Bd. 6. – Osnabrück 1967
zitiert: S. 168
[Originalausg. Stuttgart-Berlin 1922] vorhanden in: 77

Летописи Марксизма. [ab Bd. IV: Записки института К. Маркса и Ф. Энгельса]. Москва-Ленинград
II. 1926

IV. 1927
V. 1928

zitiert: S. 277f, 362f, 365

vorhanden in: 1 [Bd. V], 12 [Bde. II, IV]

Ex libris. Karl Marx und Friedrich Engels. Schicksal und Verzeichnis einer Bibliothek. Hrsg. v. Institut f. Marxismus-Leninismus b. Zentralkomitee der SED. Einl. u. Red. v. Bruno Kaiser. Katalog u. wissenschaftl. Apparat v. I. Werchan. Berlin 1967

zitiert: S. 23f, 26, 32, 35, 38, 49, 73f, 80, 82, 86, 94, 107, 115, 117, 131, 137, 144, 148, 157, 178f, 182, 184, 190, 198, 205f, 213, 216f, 219, 222, 224, 229, 234, 237, 239, 260, 263, 271, 274–277, 280, 282, 285f, 288f, 291–294, 296ff, 300, 302, 304, 306ff, 312, 314, 316, 328, 335, 347, 354, 366, 371

Liebknecht, Wilhelm: Briefwechsel mit Karl Marx und Friedrich Engels. Hrsg. u. bearb. v. G. Eckert. – Quellen u. Untersuchungen z. Geschichte d. deutschen u. österreichischen Arbeiterbewegung. Hrsg. v. Internationaal Instituut voor sociale geschiedenis, Amsterdam, V. The Hague 1963

zitiert: S. 159, 190ff, 194, 197, 342

vorhanden in: 77

Die Hegelsche Linke. Texte aus den Werken von Heinrich Heine, Arnold Ruge, Moses Hess, Max Stirner, Bruno Bauer, Ludwig Feuerbach, Karl Marx und Sören Kierkegaard ausgew. u. eingel. v. Karl Löwith. Stuttgart–Bad Canstatt 1962

zitiert: S. 10

vorhanden in: 77

Lucas, Alphonse: Les Clubs et les Clubistes. Histoire complète critique et anecdotique des Clubs et des Comités électoraux fondés à Paris depuis la Révolution de 1848. Déclarations de principes, Règlements, Motions et Publications des Sociétés populaires. Détails inédits sur les principaux clubistes, sur l'esprit, les tendences et les actes des réunions dont ils faisaient partie, etc. etc. Paris 1851

zitiert: S. 43

vorhanden in: 12

Mänchen-Helfen, O. und B. Nikolajewsky: Karl und Jenny Marx. Ein Lebensweg. Berlin [C. 1933]

zitiert: S. 40

vorhanden in: 11, 17, 30, 390

Putnam's Monthly Magazine of American Literature, Science and Art. Vol. VI, New York, July to December 1855

zitiert: S. 121ff

vorhanden in: 12

Маиский, И. М.: Путешествие в Прошлое. Москва 1960

zitiert: S. 358

vorhanden in: 1a

Marx-Engels-Archiv. Zeitschrift des Marx-Engels-Instituts in Moskau. Hrsg. v. D. Rjazanov. Frankfurt/Main

I. Bd. 1926

II. Bd. 1927

zitiert [MEA]: s. 286, 291, 301

vorhanden in: 36

Marx-Engels-Jahrbuch. Hrsg. v. Institut f. Marxismus-Leninismus b, Zentralkomitee d. Kommunistischen Partei d. Sowjetunion u.v. Institut f. Marxismus-Leninismus b. Zentralkomitee d. Sozialistischen Einheitspartei Deutschlands. Red. v. E. Kundel, B. Tartakowski u.a. Bd. 1. Red. v. Erich Kundel u.a. Berlin 1978

zitiert [MEJ]: S. 17

Marx / Engels / Lassalle. Zweiter Teil. Ihre Vorläufer und die von ihnen hervorgerufene Arbeiterbewegung. Antiquariatskatalog Nr. 216. M. Einl. v. E. Drahn. Hrsg. v. R.L. Prager. Berlin 1924

zitiert: S. 327

vorhanden in: 77

Marx und Engels über das reaktionäre Preußentum. Moskau 1947

zitiert: S. 179, 313

vorhanden in: 36, 77

Marx, Karl: Englischer Alltag. Zusammengest. u. eingel. v. Richard Sperl. Berlin 1968

zitiert: S. 124

Marx, Karl: Articles on India. 2. Aufl. Bombay 1951

zitiert: S. 96

Marx, Karl: Capital. A critical analysis of capitalist production. Transl. from the third German Edition by Samuel Moore & Edward Aveling and edited by Frederick Engels. Volume I. A reprint entirely re-set page for page from the stereotyped edition of 1889. With a supplement including changes made by Engels in the fourth German edition, Engels' Prefaces to the fourth and third German editions, with notes, Marx's Preface to the French edition, notes on the English edition, edited and transl. by Dona Torr. New York 1947

zitiert: S. 331, 342

Marx, Karl: Le Capital. Critique de l'Économie politique. Livre I. Le développement de la production capitaliste. Traduction de Joseph Roy entièrement revisée par l'auteur. Paris

Tome I: I. La marchandise et la monnaie. II. La transformation de l'argent en capital. III. La production de la plus-value absolue. 1950

Tome II: IV. La production de la plus-value relative. V. Nouvelles recherches sur la production de la plus-value. VI. Le Salaire. 1951

Tome III: VII. L'accumulation du capital. VIII. L'accumulation primitive. 1957

zitiert: S. 279f

Marx, Karl: Über China. Das Eindringen des englischen Kapitalismus in China. Bes. v. Marx-Engels-Lenin-Stalin-Institut b. ZK d. SED. Bücherei d. d. Marxismus-Leninismus, Bd. 46. Berlin 1955

zitiert: S. 133

vorhanden in: 77

Marx, Karl: Die ethnologischen Exzerpthefte. Hrsg. v. Lawrence Krader. [The Ethnological Notebooks of Karl Marx, Assen 1972, übers. v. A. Schweikhart] – edition suhrkamp 800. Frankfurt am Main 1976

zitiert: S. 301, 304, 306, 312

vorhanden in: Mz 12

[Marx, Karl: Über Formen vorkapitalistischer Produktion. Vergleichende Studien zur Geschichte des Grundeigentums 1879–80. Aus d. handschriftl. Nachlaß hrsg. u. eingel. v. Hans-Peter Harstick. – Quellen u. Studien z. Sozialgeschichte, hrsg. v. Internationalen Institut für Sozialgeschichte, Amsterdam, Bd. 1. Frankfurt/Main–New York 1977

zitiert: S. 284f, 295, 297ff, 305f, 318]

Marx, Karl: Die Geschichte der Geheimdiplomatie des 18. Jahrhunderts. Über den asiatischen Ursprung der russischen Despotie mit Kommentaren von B. Rabehl und D. B. Rjasanov. Hrsg. v. Ulf Wolter. Aus d. Engl. v. W. Bengs, Ch. Seeger u. W. Spohn unter d. Red. v. Ch. Seeger. Berlin [C. 1977]

zitiert: S. 129

vorhanden in: Mz 61, Mz 74

Marx, Karl: Grundrisse der Kritik der Politischen Ökonomie (Rohentwurf) 1857–1858. Anhang: 1850–1859. Hrsg. v. Marx-Engel-Lenin-Institut, Moskau. Berlin 1953

zitiert [Grundrisse]: S. 73, 76ff, 138f, 141f, 144f, 147, 149f

vorhanden in: 77

Marx, Karl: La Guerre civile en France 1871. Édition nouvelle accompagnée des travaux préparatives de Marx. Paris 1953

zitiert: S. 355

vorhanden in: 77

Marx, Karl: Secret Diplomatic History of the Eighteenth Century and The story of the Life of Lord Palmerston. Edited and with introductions and notes by Lester Hutchinson. New York 1969

zitiert: S. 101–104, 129

Marx, Karl: Însemnări despre Români. (Manuscrise inedite). Publicate de A. Oțetea și S. Schwann. București 1964

zitiert: S. 100, 159

vorhanden in: 12

Marx, Karl: Das Kapital. Kritik der politischen Ökonomie. Erster Band. Buch I:

Der Produktionsprocess des Kapitals. Hamburg 1867. Photomechanischer Nachdr. Tokyo 1959

zitiert [Kapital 67]: S. 200f

[Originalaus. Hamburg 1867] vorhanden in: 7, 35, 48

Marx, Karl: Das Kapital. Kritik der politischen Ökonomie. Hrsg. v. Friedrich Engels. Volksausgabe. Bes. v. Marx-Engels-Lenin-Institut, Moskau. Berlin
I. Bd.: Buch I: Der Produktionsprozeß des Kapitals. 6. Aufl. 1955
II. Bd.: Buch II: Der Zirkulationsprozeß des Kapitals. 6. Aufl. 1957
III. Bd.: Buch III: Der Gesamtprozeß der kapitalistischen Produktion. 5. Aufl. 1956

zitiert [K]: S. 178, 184, 274, 279, 282, 292, 323, 369

[1. Bd.: 5. Aufl.; 2. u. 3. Bd.: 4. Aufl. 1953] vorhanden in: 77

Marx, Karl: Marx on China 1853–1860. Articles from the New-York Daily Tribune. With an Introduction and Notes by D. Torr. London 1968

zitiert [OnChina]: S. 132f, 146, 156f

[Ausgabe 1951] vorhanden in: 29

Marx, Karl: Karl Marx privat. Unbekannte Briefe. Eingel. u. kommentiert v. Wolfgang Schwerbrock. List Bücher 230. München 1962

zitiert [Schwerbrock]: S. 193, 196f, 199, 207, 219, 222, 227, 230, 257f, 260

vorhanden in: 77

Marx, Karl: Marx vs. Russia. Edited with an introduction by J.A. Doerig. Afterworth by H. Kohn. New York [C. 1962]

zitiert [MvR]: S. 94, 96, 98–102, 104–107, 110, 117–120, 124f

vorhanden in: 12

Marx, Karl: Marx contra Rußland. Der russische Expansionsdrang und die Politik der Westmächte. Berichte von Karl Marx als europäischer Korrespondent der New York Daily Tribune 1853–1856. Hrsg. v. J.A. Doerig. Aus d. Engl. v. I. Peter. Stuttgart-Degerloch 1960

zitiert [McR]: S. 104, 110, 117–120, 124

Marx, Karl: Misère de la Philosophie en réponse à la Philosophie de la Misère de M. Proudhon. Préface de Fr. Engels. Avec les annotations marginales de Proudhon sur son exemplaire. Paris 1950

zitiert: S. 319

Marx, Karl: The Ethnological Notebooks. (Studies of Morgan, Phear, Maine, Lubbock) Transcribed end edited, with an introduction by Lawrence Krader. Quellen u. Untersuchungen z. Geschichte d. deutschen u. österreichischen Arbeiterbewegung. Neue Folge. Hrsg. v. Internationaal Instituut voor sociale geschiedenis. III. Assen 1972

zitiert: S. 301, 304, 306, 312

vorhanden in: Mz 36

Marx, Karl: Notes on Indian History (664–1858). [К. Маркс: Хронологические Выписки по Истории Индии, engl.] Moscow o. J.

zitiert: S. 298

vorhanden in: 15 [Indisches Institut d. Univ.]

Marx, Karl: Œuvres. Économie II. Édition établie et annotée par Maximilien Rubel. – Bibliothèque de la Pléiade. [Paris] [C. 1968]

zitiert: S. 41, 184, 191, 236f, 287, 291f, 301, 368

vorhanden in: 1a

Marx, Karl: Pages choisies pour une éthique socialiste. Textes réunis, traduits et annotés, précédés d'une Introduction à l'Éthique Marxienne par Maximilien Rubel. Bibliothèque des Sciences Politiques et Sociales. Paris 1948

zitiert: S. 224, 249, 260, 298

vorhanden in: 77

Marx, Karl: The Eastern Question. A Reprint of Letters written 1853–1856 dealing with the events of the Crimean War. Edited by Eleanor Marx Aveling and Edward Aveling. London 1897

zitiert [EQ]: S. 94, 96–113, 115, 121–125, 127

vorhanden in: 30, 121

Marx, Karl: Resultate des unmittelbaren Produktionsprozesses. Das Kapital. I. Buch. Der Produktionsprozess des Kapitals. VI. Kap. – Archiv sozialistischer Literatur 17. Frankfurt [C. 1969]

zitiert: S. 191, 205

Marx, Karl: Revolution and Counter-Revolution or Germany in 1848. Edited by Eleanor Marx Aveling. [Social Science Series] 10. Aufl. London 1952

zitiert: S. 81ff, 85ff, 89f, 92

Маркс, К.: Математические Рукописи. Москва 1968

zitiert [Rukopisi]: S. 34, 82, 145, 179, 215, 223, 271, 278, 290, 293, 296, 300, 307, 310

vorhanden in: 7

Marx Karl: Texte zu Methode und Praxis. Rowohlts Klassiker d. Literatur u. d. Wissenschaft. Hrsg. v. E. Grassi unter Mitarb. v. W. Hess. [Philosophie d. Neuzeit] Mit einem Essay „Zum Verständnis der Texte", Erläuterungen u. Bibliographie hrsg. v. Günther Hillmann. Reinbek b. Hamburg
[I. Jugendschriften 1853–1841. – Rowohlts Klassiker, Bd. 194f. – Philos. d. Neuzeit, Bd. 7. 1966]
II. Pariser Manuskripte 1844. – Rowohlts Klassiker, Bd. 209f. – Philos. d. Neuzeit, Bd. 9. 1966
[III. Der Mensch in Arbeit und Kooperation. (Aus den Grundrissen der Kritik der politischen Ökonomie, 1857/58). – Rowohlts Klassiker, Bd. 218. – Philos. d. Neuzeit, Bd. 11. 1967]

zitiert [Texte]: S. 1ff, 5ff, 9, 11, 21ff, 25f, 135, 138f, 141f

Marx, Karl: Theorien über den Mehrwert. Aus dem nachgelassenen Manuskript „Zur Kritik der politischen Ökonomie". Hrsg. v. Karl Kautsky. Erster Band. Die

Anfänge der Theorie vom Mehrwert bis Adam Smith. [Internationale Bibliothek 35]. Zweite, unveränderte Aufl. Stuttgart 1910

zitiert: S. 179

vorhanden in: Mz 74; [4. Aufl. 1921:] 5, 17, 30

Marx, Karl: Werke, Schriften, Briefe. Hrsg. v. Hans-Joachim Lieber. Stuttgart
Bd. I: Frühe Schriften. Erster Bd. Mit hrsg. v. Peter Furth. 1962
Bd. II: Frühe Schriften. Zweiter Bd. Mit hrsg. v. Peter Furth. 1971
Bd. III: Politische Schriften. 1. u. 2. Bd. 1960.
Bd. IV: Ökonomische Schriften. Erster Bd. Mit hrsg. v. Benedikt Kautsky. 1962
Bd. V: Ökonomische Schriften. Zweiter Bd. Mit hrsg. v. Benedikt Kautsky. 1963
Bd. VI: Ökonomische Schriften. Dritter Bd. Mit hrsg. v. Benedikt Kautsky. 1964

zitiert [KMA]: S. 1f, 5, 7, 9, 11, 13f, 18–24, 26, 35f, 38, 42, 44–48, 51ff, 56f, 59f, 68, 70, 72, 85, 88–92, 96ff, 101–104, 111–115, 129, 135, 148f, 155, 164, 169f, 182, 184, 189, 200f, 215, 217, 219, 230, 233, 236f, 246, 258, 260, 265, 270, 272, 279ff, 287, 290ff, 301, 314, 317f, 320, 323–326, 336, 342, 345, 348ff, 354, 361, 364, 368f, 371, 374

vorhanden in: 77

Marx, Karl: Selected Writings in Sociology & Social Philosophy. Edited with an Introduction by T.B. Bottomore and Maximilien Rubel. Texts transl. by T.B. Bottomore. London 1956

zitiert: S. 88, 93

vorhanden in: 38

Marx, Karl u. Friedrich Engels: Ausgewählte Briefe. Bes. v. Marx-Engels-Lenin-Stalin-Institut b. ZK d. SED. Berlin 1953

zitiert [AB]: S. 37, 237, 242, 247, 289, 294, 301f, 319f, 324, 327, 337, 349, 353, 355, 365, 367, 374

Marx, Karl u. Friedrich Engels: Briefe an A. Bebel, W. Liebknecht, K. Kautsky und Andere. Teil I. 1870–1886. Bes. v. Marx-Engels-Lenin-Institut, Moskau, unter Redaktion v. W. Adoratski. Moskau-Leningrad 1933

zitiert [BebelBr]: S. 294, 297

vorhanden in: 26, 30, F 58

Marx, Karl u. Friedrich Engels: Briefe über „Das Kapital". Bes. v. Marx-Engels-Lenin-Stalin-Institut b. ZK d. SED. Berlin 1954

zitiert [BrKap]: S. 217, 224, 261, 279f, 293, 316, 319, 323ff, 333, 335, 339, 341, 356, 358, 361

vorhanden in: 77

Marx, Karl u. Friedrich Engels: Briefwechsel. Berlin
I. Bd.: 1844–1853. 1949
[II. Bd.: 1854–1860. 1949]
III. Bd.: 1861–1867. 1950
IV. Bd.: 1868–1883. 1950

zitiert [BW]: S. 24ff, 36–41, 43f, 52f, 55, 57f, 64f, 73–121, 123, 125, 127–234, 247ff, 274–278, 281, 283–290, 292, 294f, 299, 304f, 308–314

vorhanden in: 77 [Bd. I], Mz 74 [Bde. II–IV]
[Ausgabe Moskau 1935–1939] vorhanden in: 77

Marx, Karl and Frederick Engels: On Britain. Moscow 1953
zitiert: S. 88f, 94, 106, 117, 122, 234, 299, 302, 323, 334, 354
vorhanden in: 77

Marx, Karl and Frederick Engels: On colonialism. [К. Маркс и Ф. Энгельс: О колониализме, на английском языке) Fourth enlarged edition. Moscow 1968
zitiert [Colon]: S. 96ff, 130–136, 145ff, 155, 337
vorhanden in: 1

Marx e Engels: La corrispondenza con italiani 1848–1895. A cura di Giuseppe Del Bo. – Istituto Giangiacomo Feltrinelli. Testi e documenti di storia moderna e contemporanea, 11. – Milano 1964
zitiert [Corr]: S. 244ff, 257–260, 262–266, 268, 270f, 286, 290, 294, 316f, 322, 324, 327f, 332, 349f, 354f, 360f, 363f, 366f, 368–372, 375

Marx, Karl u. Friedrich Engels: Historisch-kritische Gesamtausgabe. Im Auftr. d. Marx-Engels-Instituts [I. Abtlg., ab Bd. 4: d. Marx-Engels-Lenin-Instituts] hrsg. v. D. Rjazanov [ab Bd. 3 d. I. Abtlg. u. Bd. 4 d. III. Abtlg.: hrsg. v. V. Adoratskij] Nachdr. Glashütten im Taunus 1970
I. Abtlg.: Sämtliche Werke und Schriften mit Ausnahme des „Kapital".
  – Bd. 1: Marx: Werke und Schriften bis Anfang 1844 nebst Briefen und Dokumenten.
  – – 1. Halbbd.: Werke und Schriften. Frankfurt/Main 1927
  – – 2. Halbbd.: Jugendarbeiten/Nachträge. Briefe und Dokumente. Berlin 1929
  – Bd. 2: Engels: Werke und Schriften bis Anfang 1844 nebst Briefen und Dokumenten. Berlin 1930
  – Bd. 3: Marx und Engels: Die heilige Familie und Schriften von Marx von Anfang 1844 bis Anfang 1845. Berlin 1932
  – Bd. 4: Engels: Die Lage der arbeitenden Klasse in England und andere Schriften von August 1844 bis Juni 1846. Berlin 1932
  – Bd. 5: Marx und Engels: Die deutsche Ideologie 1845–1846. Berlin 1932
  – Bd. 6: Marx und Engels: Werke und Schriften von Mai 1846 bis März 1848. Berlin 1932
  – Bd. 7: Marx und Engels: Werke und Schriften von März bis Dezember 1848. Moskau 1935
Sonderausgabe zum vierzigsten Todestag von Friedrich Engels: Herrn Eugen Dührings Umwälzung der Wissenschaft. Dialektik der Natur 1873–1882. Moskau 1935
[III. Abtlg.: Briefwechsel. – Bd. 1: Der Briefwechsel zwischen Marx und Engels 1844–1853. Berlin 1929
  – Bd. 2: Der Briefwechsel zwischen Marx und Engels 1854–1860. Berlin 1930
  – Bd. 3: Der Briefwechsel zwischen Marx und Engels 1861–1867. Berlin 1930
  – Bd. 4: Der Briefwechsel zwischen Marx und Engels 1868–1883. Berlin 1931]

zitiert [MEGA]¹: S. 1–57, 265, 275, 278, 282–286, 289–292, 295, 297, 300f, 307f, 313f, 317, 320, 322, 325f, 332, 335, 345, 350, 357, 369

vorhanden in: 77 [I. Abtlg.: Bde. 1/2, 3ff, 7 u. III. Abtlg.]

[Originalausg. Ffm-Bln-Moskau 1927–1935] vorhanden in: 17 [I. Abtlg. 1/1, 6], 24 [I. Abtlg. 7, Sonderausg.], 30 [I. Abtlg. 1/1–2,7], 34 [I. Abtlg. 1/1–2,2ff, 6. III. Abtlg.], 37 [I. Abtlg. 5], 77 [I. Abtlg. 1/1, 2, 6]

Marx, Karl u. Friedrich Engels: Gesamtausgabe (MEGA). Hrsg. v. Institut f. Marxismus-Leninismus b. Zentralkomitee d. Kommunistischen Partei d. Sowjetunion u. v. Institut f. Marxismus-Leninismus b. Zentralkomitee d. Sozialistischen Einheitspartei Deutschlands. Redigiert v. G. Heyden u. A. Jegorow u. a. Berlin

Erste Abteilung: Werke. Artikel. Entwürfe. Redigiert v. R. Dlubek u.a.
  – Bd. 1.: Karl Marx: Werke, Artikel. Literarische Versuche bis März 1843. Bearb. v. I. Taubert, R. Merkel u.a. Text und Apparat. 1975
  – Bd. 10: Karl Marx, Friedrich Engels: Werke. Artikel. Entwürfe. Juli 1849 bis Juni 1851. Bearb. v. M. Hundt u.a. Text und Apparat. 1977.
  – Bd. 22: Karl Marx, Friedrich Engels: Werke. Artikel. Entwürfe. März bis November 1871. Bearb. v. H.-D. Krause u.a. Text und Apparat. 1978

Zweite Abteilung: „Das Kapital" und Vorarbeiten. Redigiert v. A. Malysch u.a.
  – Bd. 1: Karl Marx: Ökonomische Manuskripte 1857/58. Bearb. v. W. Bruschlinski u.a. Text und Apparat. Teil 1. 1976
  – Bd. 3: Karl Marx: Zur Kritik der politischen Ökonomie (Manuskript 1861–1863). – Teil 1. Bearb. v. A. Schnickmann u.a. Text und Apparat. 1976
  – Teil 2. Bearb. v. H. Skambraks u.a. Text und Apparat. 1977
  – Teil 3. Bearb. v. W. Jahn u.a. Text und Apparat. 1978

Dritte Abteilung: Briefwechsel. Redigiert v. S. Lewiowa u.a.
  Bd. 1: Karl Marx und Friedrich Engels: Briefwechsel bis April 1846. Bearb. v. S. Lewiowa u.a. Text und Apparat. 1975

Vierte Abteilung: Exzerpte. Notizen. Marginalien. Redigiert v. R. Sperl u.a.
  Bd. 1: Karl Marx und Friedrich Engels: Exzerpte und Notizen bis 1842. Bearb. v. H. Labuske u.a. Text und Apparat. 1976

zitiert [MEGA₂]: S. 1–19, 21, 23–27, 31f, 34, 66–76, 78, 87, 134f, 138f, 141, 145, 160, 169, 172–175, 177, 225, 239–258, 262, 264, 277, 322, 327, 350, 366, 373f

Marx, Karl & Frederick Engels: Ireland and the Irish Question. A Collection of Writings. Prepared by L.I. Golman and V.E. Kunina with the assistance of M.A. Zhelnova. Transl. from the German: A. Clifford, D. Danemanis, S. Ryazanskaya and V. Schneierson; from the French: K. Cook; from the Italian: B. Bean. Edited by R. Dixon. New York 1972

zitiert: S. 93f, 99, 101, 105, 148, 154, 204, 226, 228f, 301, 314, 345

Marx, Karl u. Friedrich Engels: Die russische Kommune. Kritik eines Mythos. Hrsg. v. Maximilien Rubel. München [C. 1972]

zitiert: S. 344

vorhanden in: 77

¹ Die III. Abteilung wird nicht zitiert.

Marx, Karl u. Friedrich Engels: Über Kunst und Literatur. Eine Sammlung aus ihren Schriften. Hrsg. v. Michail Lifschitz, m. einem Vorw. v. F. Erpenbeck. 6. Aufl. Berlin 1953

zitiert [Kunst]: S. 93f, 101, 106, 109, 127, 189, 314, 366

vorhanden in: Mz 47

Marx, Karl u. Friedrich Engels: Über Kunst und Literatur. In zwei Bänden. Ausw. u. Redaktion: Manfred Kliem. Berlin
Erster Bd. 1967
Zweiter Bd. 1968

zitiert [Kunst 67] S. 226, 229, 241, 276, 297, 313f

vorhanden in: 77 [Lizenzausg. Ffm], Mz 24, Mz 27, Mz 47, Mz 65

Marx, Karl and Frederick Engels: Letters to Americans. 1848–1895. A Selection. Transl. by L. E. Mins. New York [C. 1953]

zitiert: S. 91, 209, 248, 299, 303, 315f, 328, 330–334, 337ff, 362f

Marx, Karl u. Friedrich Engels: The Russian Menace to Europe. A Collection of Articles, Speeches, Letters and New Dispatches. Selected and edited by Paul W. Blackstock and Bert F. Hoselitz. London 1953

zitiert [Menace]: S. 94, 96–100, 104ff, 110, 113, 115, 119, 192ff

vorhanden in: B 701

Marx, Karl et Friedrich Engels: Œuvres choisies en deux volumes. Tome I. Moscou o.J.

zitiert: S. 230, 270

Маркс, К. и Ф. Энгельс: Переписка с русскими политическими деятелями. Hrsg.: Институт Маркса-Энгельса-Ленина при ЦК ВКП(б). Издание второе. o.O. 1951

zitiert: S. 294

vorhanden in: 1a

Marx, Karl and Frederick Engels: Revolution in Spain. Marxist Library. Works of Marxism-Leninism. Vol. XII. New York [C. 1939]

zitiert [RevSpain]: S 109–115, 123, 129, 140, 142, 157f

vorhanden in: 101

Marx, Karl u. Friedrich Engels: Gesammelte Schriften von 1852 bis 1862. Hrsg. v. N. Rjasanoff. [Übers. aus d. Engl. v. L. Kautsky] Stuttgart 1917
I. Bd.: Briefe über England. Die orientalische Frage. Palmerston. Der russisch-türkische Krieg.
II. Bd.

zitiert: S. 106, 117, 122f

vorhanden in: 77

Marx, Karl u. Friedrich Engels: Kleine ökonomische Schriften. Ein Sammelband. Bes. v. Marx-Engels-Lenin-Stalin-Institut b. ZK d. SED. Bücherei d. Marxismus-Leninismus, Bd. 42. Berlin 1955

zitiert [KÖS]: S. 263, 297, 302–305, 328

Marx, Karl u. Friedrich Engels: Scritti italiani. A cura di Gianni Bosio. – Saggi e documentazioni 1. Milano–Roma 1955

zitiert: S. 263f, 271ff, 288f, 294, 371

Маркс, К. и Ф. Энгельс: Сочинения [ab Bd. IX: под редакцией В. Адоратского] Hrsg.: Институт К. Маркса и. Ф. Энгельса [ab Bd. IX: Институт Маркса-Энгельса-Ленина при ЦК ВКП(б). [Bd. IXf: отдел первый. – Bd. XII/II: отдел первый: Публицистика-Философия–История)
Том IX: Статьи и Корреспонденции 1852–1854. Москва 1933
Том X: Статьи и Корреспонденции 1854–1856. Москва 1933
Том XI. Москва 1933
    Часть I: Статьи и Корреспонденции 1856–1859.
    Часть II: Статьи и Корреспонденции 1858–1861.
Том XII. Часть II: Статьи и Корреспонденции 1860–1864. Москва 1934
Том XV: Статьи и Корреспонденции 1873–1883. 1935

zitiert [Soč]: S. 96, 127, 132, 153, 155, 161, 286f

vorhanden in: 101

Маркс, К. и Ф. Энгельс: Сочинения. Издание второе. Москва. [Hrsg: Институт Маркcизма-Ленинизма при ЦК КПСС]
Том 21. 1961   Том 27. 1962   Том 35. 1964
Том 40. 1975   Том 42. 1974   Том 43. 1976
Том 45. 1975   Том 47. 1975   Том 49. 1974

zitiert [Soč$_2$]: S. 20, 22f, 31, 43, 54, 59, 62f, 68, 177f, 187, 222f, 277, 298, 307, 315, 317, 347, 362

vorhanden in: 12 [Bde. 27, 35, 40, 42f, 45, 47, 49], 15 [Bd. 21]

[Marx, Karl u. Friedrich Engels: Studienausgabe in 4 Bänden. Hrsg. v. Iring Fetscher. Frankfurt am Main.
Band I. Philosophie. Fischer Taschenb. 6059. 1972
Band II. Politische Ökonomie. Fischer Taschenb. 6060. 1973
Band III. Geschichte und Politik 1. Fischer Taschenb. 6061. 1973
Band IV. Geschichte und Politik 2. Abhandlungen und Zeitungsaufsätze zur Zeitgeschichte. Fischer Taschenb. 6062. 1972

zitiert [MESt]: S. 21ff, 26, 36f, 39, 42f, 68, 70, 85, 96ff, 141, 169f, 172–175, 189, 201, 210f, 219, 221, 230, 233, 246, 258f, 265, 271, 276, 280, 289, 297, 301, 311, 317, 326, 329, 336, 345–354, 361f, 364, 366f, 374

vorhanden in: Mz 74, Mz 107]

Marx, Karl u. Friedrich Engels: Tagebuch der Pariser Kommune. Zusammengest. u. eingel. v. Erich Kundel unter Mitarb. v. H.-D. Krause, R. Stolz u. E. Barth. Frankfurt am Main 1971

zitiert: S. 239–242

Marx, Karl and Frederick Engels: The Civil War in the United States. Marxist Library. Works of Marxism-Leninism. Vol. XXX. Second edition. New York 1940

zitiert: S. 169ff

Marx, K. and F. Engels: The First Indian War of Independence 1857–1859 [К. Маркс, Ф. Энгельс: О национально-освободительном восстании 1857–1859 гг. в Индии, 1959, engl.] Second Impression, Moscow o.J.

zitiert [IndianWar]: S. 97f, 134–138, 141f, 144ff, 298

Marx, Karl u. Friedrich Engels: Werke. Hrsg. v. Institut f. Marxismus-Leninismus b. ZK d. SED. Berlin [Bde. 1 u. 2: 2. Aufl.–Bd. 27: 4. Aufl.]

Bd. 1	1957	Bd. 2f	1958	Bd. 4ff	1959
Bd. 7ff	1960	Bde. 10–15	1961	Bde. 16–21	1962
Bd. 22ff	1963	Bd. 25	1964	Bd. 26, 1. Teil	1965
Bd. 26, 2. Teil	1967	Bd. 26, 3. Teil	1968	Bd. 27	1973
Bd. 28f	1963	Bd. 30	1964	Bd. 31f	1965
Bd. 33f	1966	Bd. 35ff	1967	Bd. 38f	1968

Ergänzungsbd.: Schriften, Manuskripte, Briefe bis 1844. Erster Teil: Karl Marx. 1968 – Zweiter Teil: Friedrich Engels. 1967

zitiert [MEW 1–39, I u. II]: S. 1–27, 29, 31f, 34–125, 127–376

[1. Aufl.] vorhanden in: 77

Marx, Karl and Frederick Engels: Selected Works in two Volumes. Vol. I, Vol. II Moscow 1958

zitiert: S. 189, 336, 355

Marx, Engels, Lenin: Anarchism and Anarcho-Syndicalism. New York 1972

zitiert [MEL]: S. 290

Marx, Engels, Lenin, Stalin: Zur deutschen Geschichte. Aus Werken, Schriften, Briefen. In drei Bänden. Bes. v. Marx-Engels-Lenin-Stalin-Institut b. ZK d. SED. Berlin
Bd. I: Von der Frühzeit bis zum 18. Jahrhundert. 3. Aufl. 1956
Bd. II: Das 19. Jahrhundert. 1. Halbbd. 1954

zitiert [MELSt]: S. 38, 56, 58, 107, 147, 216, 314, 343

Mohr und General. Erinnerungen an Marx und Engels. Hrsg. v. Institut f. Marxismus-Leninismus b. ZK d. SED. Berlin 1964

zitiert: S. 16, 57, 71, 73, 83, 115, 118, 167, 184, 186, 189, 191, 198f, 201, 219, 222, 237, 278, 299f, 306f, 315, 347, 358, 364, 365, 370

Monz, Heinz: Karl Marx. Grundlagen der Entwicklung zu Leben und Werk [zugleich wesentlich erw. 2. Aufl. d. Buches „Karl Marx und Trier"] Trier 1973

zitiert: S. 129, 274

vorhanden in: 77

Le Mouvement socialiste. Revue de critique sociale, littéraire et artistique. IIIe Série. Dir.: H. Lagardelle. Paris. Quinzième année. Tome XXXIV de la Collection. Juillet–Décembre 1913

zitiert: S. 217, 260

vorhanden in: 15

Nettlau, Max: Michael Bakunin. Eine Biographie. London 21.2. 1896–8.7. 1900. [Reprint Milan o.J.]
zitiert: S. 267
vorhanden in: 7

Nicolaevsky, B. u. O. Maenchen-Helfen: Karl Marx. Eine Biographie. Hannover [C. 1963]
zitiert: S. 235, 237, 269
vorhanden in: 77

Notes to the People. May 1851–May 1852. Edited by Ernest Jones. Vol. II. London 1967
zitiert: S. 84ff
vorhanden in: 7

Zur Persönlichkeit von Marx' Schwiegervater Johann Ludwig von Westphalen. – Schriften aus dem Karl-Marx-Haus, H. 9. Trier [C. 1973]
zitiert: S. 130
vorhanden in: 77

Правда. Орган Центрального Комитета КПСС. No. 125. Москва, 5. Мая 1970 г.
zitiert: S. 270
vorhanden in: Mz 60

Die Presse. Wien. No. 272 v. 3. October 1862
zitiert: S. 175
vorhanden in: 302

Raddatz, Fritz J.: Karl Marx. Eine politische Biographie. Hamburg 1975
zitiert: S. 278, 289
vorhanden in: 77

Reetz, Jürgen: Vier Briefe von Jenny Marx aus den Jahren 1856–1860. – Schriften aus dem Karl-Marx-Haus, H. 3. Trier 1970
zitiert: S. 130, 141, 149, 161
vorhanden in: 77

Reiprich, Kurt: Die philosophisch-naturwissenschaftlichen Arbeiten von Karl Marx und Friedrich Engels. Berlin 1969
zitiert: S. 178, 225, 291, 296

Reminiscences of Marx and Engels. Moscow o.J.
zitiert: S. 268, 270, 316, 355, 362f

The Dipomatic Review. [London] Vol. XVI, No. 12. December, 2 1868
zitiert: S. 213
vorhanden in: 1a

International Review for Social History. Edited by the International Institute for

Social History, Amsterdam. Vol. III. [Leiden –] Amsterdam 1938. Unveränd. Neudr. Frankfurt a.M. 1968

zitiert: S. 292

[Originalausg. 1938] vorhanden in: 77

International Review of Social History. Edited by the Internationaal Instituut voor Sociale Geschiedenis, Amsterdam. Assen.
Vol. I. 1956, Part 1
Vol. II. 1957, Part 3
Vol. IV. 1959, Part 1, 2
Vol. V. 1960, Part 1
Vol. VII. 1962, Part 1
Vol. X. 1965, Part 1
Vol. XVIII, 1973

zitiert [IRofSH]: S. 35f, 37f, 72–80, 82f, 88f, 92f, 97, 100, 105, 109, 111–115, 125–128, 130f, 152, 159, 167ff, 187, 193, 205, 233, 254, 284, 319, 329

vorhanden in: 1a [Vols. I, II, IV], 30 [Vol. X], Mz 5

Revue d'Histoire comparée. XXIVe Année Nouvelle. Tome IV, No 1–2. Paris 1946

zitiert: S. 155, 157f, 160, 163, 165

vorhanden in: 12

La Russie sous le régime communiste. Réponse au rapport de la Délegation des Trades-Unions britanniques, basée sur la documentation officielle soviétique. Avec une préface de Hubert Bourgin. – Ouvrage publié sous la direction de M. Fedoroff. Paris 1926

zitiert: S. 245

vorhanden in: 12

Schwann, Stanisław: Korespondencje Karola Marksa do Wrocławskiej „Neue Oder-Zeitung". – Prace Instytutu Zachoniego, Nr. 25. Poznań 1958

zitiert: S. 119ff, 123ff

Schwerin von Krosigk, Lutz Graf: Jenny Marx. Liebe und Leid im Schatten von Karl Marx. Eine Biographie nach Briefen, Tagebüchern und anderen Dokumenten. Wuppertal 1975

zitiert: S. 182

vorhanden in: Mz 107

Somerhausen, Luc: L'humanisme agissant de Karl Marx. Préf. de Bracke (A.-M. Desrousseaux). Paris 1946

zitiert: S. 26

vorhanden in: 77

Русские современники о К. Марксе и Ф. Энгельсе. Hrsg.: Институт Марксизма-Ленинизма при ЦК КПСС. Москва 1969

zitiert: S. 228f, 231, 236

vorhanden in: 15, 376

Der Sozialdemokrat. Zentral-Organ der deutschen Sozialdemokratie. Zürich. No. 11 v. 8. März 1883

zitiert: S. 315

vorhanden in: 46

Századok. A magyar történelmi társulat közlönye. 90. Évfolyam. 4.–6. Szám. Budapest 1956

zitiert: S. 159

vorhanden in: 7

Tchernoff, I.: Le Parti Républicain au coup d'État et sous le Second Empire d'après des documents et des souvenirs inédits. – Histoire politique contemporaine. – Paris 1906

zitiert: S. 186

vorhanden in: 7, 12

The Times. London
No. 27457. August, 16 1872
No. 27577. January, 3 1873

zitiert: S. 267, 272

vorhanden in: 7 [1873], 46 [1871/72]

The Times Literary Supplement. London. No. v. 15.7. 1949

zitiert: S. 294

vorhanden in: 1a, 30

Вѣстникъ Европы. Журналъ исторіи-политики, литератури. Пятнадцатый годъ. – Книга 4-я. Петербургъ Апрѣль, 1880

vorhanden in: 1a, 30

zitiert: S. 34

vorhanden in: 12

Das Volk. Londoner Wochenzeitung. 7. Mai 1859–20. August 1859. Unveränd. Nachdr. m. einer Einl. u. einer Bibliographie d. Publikationen v. Marx u. Engels im „Volk" v. R. Sperl. Leipzig 1972

zitiert: S. 152ff

Der Volksstaat. [bis 29.6. 1870: (früher „Demokratisches Wochenblatt") Organ der sozial-demokratischen Arbeiterpartei und der Gewerksgenossenschaften.] – [ab 2.7. 1870: Organ der sozial-demokratischen Arbeiterpartei und der Internationalen Gewerksgenossenschaften.] – [ab 16.10. 1872: Organ der sozialdemokratischen Arbeiterpartei & der internationalen Gewerksgenossenschaften.] – [1876: Organ der Sozialistischen Arbeiterpartei Deutschlands]. Leipzig. In: Der Volksstaat. Organ der sozial-demokratischen Arbeiterpartei und der Internationalen Gewerksgenossenschaften. Unveränd. Nachdr. m. einer Einl. u. einer Bibliographie d. Publikationen v. Marx u. Engels im „Volksstaat" v. E. Kundel. Leipzig 1971 Jg. 1/2. 1869–1870 Jg. 4. 1872 Jg. 8. 1876

zitiert: S. 223, 227–230, 233, 283

[Originalausg.] vorhanden in: 36

Вопросы Истории КПСС. Орган Института Марксизма-Ленинизма при ЦК КПСС. Москва. 1975, 9.
zitiert: S. 314
vorhanden in: 206

Der Vorbote. Politische und sozial-ökonomische Monatsschrift. Zentralorgan der Sektionsgruppe deutscher Sprache der Internationalen Arbeiterassociation. Redig. v. Joh. Ph. Becker. Genf. Jg. 1866. In: Der Vorbote 1866/1867. Originalgetreue Reproduktion in d. Reihe „Bücher-Such-Dienst/Bibliothek gesellschaftswissenschaftlicher Neudrucke" [C. Berlin] 1963
zitiert: S. 190
[Originalausg.] vorhanden in: 36

Vuillaume, Maxime: Mes Cahiers Rouges, X. – Proscrits. [Cahiers de la Quinzaine. Neuvième Cahier de la Quinzième Série]. Paris 1914
zitiert: S. 249
vorhanden in: 36

Der Wächter am Rhein. 2. Dutzend, Nr. 1. Köln. 23. August 1848
zitiert: S. 49
vorhanden in: 38

Die Neue Zeit. Wochenschrift der deutschen [39. Jg.: Deutschen] Sozialdemokratie. – [19. Jg.: Unter ständiger Mitarbeiterschaft v. A. Bebel, P. Lafargue, F. Mehring, F. A. Sorge u. A. redig. v. Karl Kautsky] – [39. Jg.: Hrsg. v. Heinrich Cunow]. – Stuttgart. [Unveränd. Neudr. Glashütten im Taunus]
19. Jg., I. Bd. 1901 [Neudr. 1973]
39. Jg., 1. Bd. 1921 [Neudr. 1975]
zitiert [NZ]: S. 261, 335
[Originalausg.] vorhanden in: 36, 77 [19. Jg.]

Deutsche Zeitschrift für Philosophie. Berlin. 14. Jg. 1966, H. 10
zitiert: S. 36
vorhanden in: 77

Zeitschrift für Geschichtswissenschaft. Berlin.
IV. Jg. 1956, H 2
XII. Jg. 1964, H 1
zitiert: S. 293, 341
vorhanden in: 77

Deutsche-Brüsseler-Zeitung. Brüssel
No. 63 v. 8. August 1847
No. 75 v. 19. September 1847
No. 5/2. Jahrg. v. 16. Januar 1848
zitiert [DBrZ]: S. 38, 41
vorhanden in: 46 [1848], Dm 11 [1847]

Kölnische Zeitung. Köln
   Nr. 197. Erstes Blatt v. 18. Juli 1873
   zitiert: S. 275
   vorhanden in: 38

Neue Rheinische Zeitung. Organ der Demokratie. Köln 1848–1849. Neudr. [ohne Nr. 150, Extrabl.] Berlin/Bonn–Bad Godesberg 1973
   Bd. 1 Nr. 1–183. 1. Juni 1848–31. Dezember 1848
   Bd. 2 Nr. 184–301. 1. Januar 1849–19. Mai 1849
   zitiert [NRhZ]: S. 44, 46, 48f, 51–65
   [Nachdr. Berlin 1928 – ohne Nr. 150, Extrabl.] vorhanden in: 17 [Bd. 1], 38 [Bd. 2], 260
   [Nr. 150, Extrabl. v. 23.11.1848] vorhanden in: Institut f. Marxismus-Leninismus b. ZK d. KPdSU, Moskau

Rheinische Zeitung für Politik, Handel und Gewerbe. Köln. Unveränd. Neudr. m. einer Einl. u. einer Bibliographie d. Publikationen v. Karl Marx in d. „Rheinischen Zeitung" v. I. Taubert unter Mitwirkung v. J. Armer. Leipzig 1974
   April–Juni 1842
   Juli–September 1842
   Oktober–Dezember 1842
   zitiert [RhZ]: S. 12f, 15f
   vorhanden in: B 479, Dm 11

Wiener Zeitung. Beilage zu No. 252 v. 17. September 1848
   zitiert: S. 50
   vorhanden in: 17

Zévaès, Alexandre: De l'Introduction du Marxisme en France [Études sur le Devenir Social] Paris 1947
   zitiert: S. 362
   vorhanden in: 12

B. Sekundärschrifttum

Bobińska, Celina: Marx und Engels über polnische Probleme. [Marks i Engels a sprawy polskie. Aus d. Poln. übers. v. R. Pabel] Berlin 1958

Cornu, Auguste: Karl Marx und Friedrich Engels. Leben und Werk. Erster Band. 1818–1844. Berlin 1954

Drahn, Ernst: Marx-Bibliographie. Ein Lebensbild Karl Marx' in biographisch-bibliographischen Daten. 2. Aufl. Berlin 1923

Engels, Friedrich: Profile. Eine Auslese aus seinen Werken in Briefen. Hrsg. v. Helmut Hirsch. M. einem Geleitwort v. J. Rau. Wuppertal-Barmen 1970

Die Erstdrucke der Werke von Marx und Engels. Bibliographie der Einzelausgaben. Hrsg. v. Marx-Engels-Lenin-Stalin-Institut beim ZK d. SED. Berlin 1955

Freiligrath, Ferdinand: Briefwechsel mit Marx und Engels. Teil II. Anmerkungen. Bearb. v. Manfred Häckel. – Hrsg. v. d. Dtsch. Akademie d. Wissenschaften zu Berlin. Institut für Deutsche Sprache u. Literatur. Berlin 1968

Inhaltsvergleichsregister der Marx-Engels-Gesamtausgaben. Bes. v. Getrud Hertel. Berlin 1957

Kadenbach, Johannes: Das Religionsverständnis von Karl Marx. Hrsg. v. J. Hasenfuß. [Theol. Diss. d. Bayer. Julius-Maximilians-Univ. Würzburg 1967]. – Abhandlungen z. Philosophie, Psychologie, Soziologie d. Religion u. Ökumenik. Hrsg. v. Hasenfuß. [H. 24ff d. neuen Folge d. früher v. G. Wunderle unter Mitw. v. J. Hasenfuß hrsg. Abhandlungen z. Philosophie u. Psychologie d. Religion]. München–Paderborn–Wien 1970

Marx-Engels-Verzeichnis. Berlin
Werke. Schriften. Artikel. Zusammengest. u. bearb. v. Manfred Kliem, Horst Merbach u. Richard Sperl. 1968
Zweiter Band. Briefe. Postkarten. Telegramme. Zusammengest. u. bearb. v. Manfred Kliem u. Richard Sperl. 1971

Karl Marx. Chronik seines Lebens in Einzeldaten. Zusammengest. v. Marx-Engels-Lenin-Institut, Moskau. Moskau 1934

Marx, Karl: Manuskripte über die polnische Frage (1863–1864). Hrsg. u. eingel. v. W. Conze u. D. Hertz-Eichenrode. – Quellen u. Untersuchungen z. Geschichte d. deutschen u. österreichischen Arbeiterbewegung, hrsg. v. Internationaal Instituut voor sociale geschiedenis, Amsterdam, IV. – s'Gravenhage 1961

International Review of Social History. Edited by the Internationaal Instituut voor Sociale Geschiedenis, Amsterdam. Assen
Vol. XII. 1967. Part 1

Rubel, Maximilien: Bibliographie des œuvres de Karl Marx, avec en appendice un Répertoire des œuvres de Friedrich Engels. Paris 1956
– –: Supplement à la Bibliographie des œuvres de Karl Marx. Paris 1960

Rubel, Maximilien: Marx-Chronik. Daten zu Leben und Werk. Zusammengest. v. M. Rubel. [Karl Marx, Œuvres, Economie I, Chronologie. Paris 1963 [2. Aufl. 1965] Aus d. Frz. v. A. Dünnwald]. Reihe Hanser 3. München [C. 1968]

Deutsche Worte. Monatshefte hrsg. v. E. Pernerstorfer. XVIII. Jg. Mit Beitr. v. M. Bach, J.R. Ehrlich, M. Eitelberg, H. Fürth, W. Heine, S. Kaff, R. Krejcsi, L. Kunwald, F. Leßner, M. May, K. Marx, J. Ritter v. Neupauer, J. Ofner, S. Rosenfeld, Ch. Schitlowsky, H. Schmid, K. Spitteler, L. Studnicki, N. Syrkin, O. Till. Wien 1898

PERSONENREGISTER[1]

Abd-el-Kader 41, 140
Aberdeen, George Hamilton Gordon 98, 116
Acosta, Joseph de 297
Adam 72
Adler, Emma 352, 373
Adler, Victor 343, 347f, 351f, 354, 356, 358f, 365ff, 370, 372ff
Aikin, John 29, 33
Albert [v. Sachsen-Coburg-Gotha] 105, 120
Александръ siehe Alexander
Alembert, Jean le Rond d' 296
Alexander [Александръ] II. [v. Rußland] 273
Alexander, Wilhelm 88
Alison, Archibald 72, 79
Alleen, Sarah 320
Allsop, Thomas 287, 291, 296
Ammon, von 61
Anderson, Adam 128
Anderson, George 205
Anderson, James 31, 79
Annenkow [Анненковъ; Annenkov], Pawel Wassiljewitsch 34, 37, 40
Applegarth, Robert 221
Argyriades, Panajionis 357
Aristoteles 6
Arnd, Karl 144
Arndt, Ernst Moritz 9
Arndt, Paul 365
Arnoldt, Hermann 293
Atabekjanz, Jossif Neressowitsch 372
Atkinson, William 32
Au, Julius 291
Auerswald, Hans Adolf Erdmann von 52

Augereau, Pierre-François-Charles de Castiglione 140
August [Auguste] III. [v. Polen] 105
Augusti, Bertha 295
Augustus 1
Aveling, Edward 314, 354

Babbage, Charles 28
Bachmann, Carl Friedrich 10
Bachofen, Johann Jakob 351
Bagration, Petr Ivanovič 140
Bahr, Hermann 363
Bailey, Samuel 74
Bailleul, Jacques Charles 19
Bakunin [Бакунинъ], Michail Aleksandrovič 50, 99, 278, 318
Bałaszewicz [Pseudonym: A. H. Potocki], Julian Aleksander 257
Banfield, Thomas Charles 93
Bangya, János 92
Barbès, Armand 118
Barbeyrac, Jean 12
Barclay de Tolly, Michail Bogdanovič 136
Barry, Maltman 259, 270, 286f, 289
Bartels, Adolphe 40
Barth, Paul 347
Barthélemy Emmanuel 72
Barton, John 78
Bartorelli, Ugo 266
Bassermann, Friedrich Daniel 52
Bassot 213
Bastelica, André 252
Bastiat, Frédéric 82, 134, 209
Bauer, Andreas Heinrich 73
Bauer, Bruno 10f, 13f, 24, 309
Bauer, Louis 66

---

[1] Die in kyrillischer Schreibweise gefaßten Namen werden entsprechend der transliterierten Schreibweise eingeordnet [z. B. ч = č]. Diakritische Zeichen sind bei der alphabetischen Einordnung unberücksichtigt [č = c]. Da die geltende Transliteration die russischen Schriftzeichen i und и gleichermaßen mit i wiedergibt und insoweit – entgegen dem Zweck der Transliteration – eine Rekonstruktion des ursprünglichen Schriftbildes nicht ermöglicht, gebe ich das russische i [analog zur Transliteration des russischen ѣ] mit dem Zeichen ï wieder.

Bauer, Stefan 375
Bax, Ernest Belfort 329
Bazaine, François Achille 140
Beauharnais, Eugène de 148
Bebel, August 274, 280f, 294–297, 302, 305, 309–313, 315ff, 319–330, 334, 337, 339, 343ff, 349f, 352–361, 365, 372
Bebel, Julie 333, 355, 359, 362, 364
Beck, Karl 6, 37
Becker, Bernhard 190
Becker, Hermann Heinrich 58, 73–76
Becker, Johann Philipp 148, 160f, 172, 190, 192, 196, 199, 202, 205, 231, 233f, 260, 263, 265, 267, 271, 273f, 284f, 287, 290, 293–300, 302, 306, 308, 310, 313, 315, 317–321, 324f, 327, 330f
Beckmann, Johann 82
Beesly, Edward Spencer 233f, 243, 254
Бѣляевъ [Běljaev"], Иванъ Дмитриевичъ 276
Bell, Gavin Mason 75
Bem, József 99, 137
Benary, Ferdinand 13
Benedetti, Giuseppe 260
Bennigsen [Benningsen], Levin August Theophil 136
Beresford, George Waterford 143
Berg 55
Bernadotte, Jean-Baptiste-Jules 138
Bernier, François 93
Bernstein, Eduard 294, 300ff, 305f, 308–313, 315–322, 324–330, 333, 338, 340ff, 347, 353, 357f, 367, 370ff, 375
Bernstein, Regina 357f
Bert, Cesare 202
Berthier, Louis-Alexandre 136
Bervi [Берви; Pseudonym: Флеровскій], Vasilïj Vasil'evič" 225
Bessières, Jean-Baptiste 137
Betham-Edwards, Matilda 281
Безобразовъ [Bezobrazov"], Владиміръ Павловичъ 304
Bigland, John 111
Bignami, Enrico 254, 258, 270, 286, 290

Bigot, Léon 245
Biscamp, Elard 152f
Bismarck, Otto von 297, 304
Blake, William 78
Blanc, Louis 41
Blank, Emil 34, 43f, 73, 215, 285
Blank, Marie siehe Engels, Marie
Blanqui, Adolphe-Jérome 28
Blanqui, Louis-Auguste 75
Blind, Karl 71, 101, 232
Bloch, Joseph 346
Blocher, Hermann 365
Blos, Wilhelm 16, 276, 278, 289
Blücher, Gebhard Leberecht von 138
Blum, Robert 137
Blume, G. 348
Boborykin [Боборыкинъ], Petr" Dmitrïevič" 376
Bodelschwingh, Ernst von 60, 63
Böckh, August 73
Boenigk, Otto von 346
Börnstein, Heinrich 24f
Böttiger, Karl August 12
Boisguillebert, Pierre le Pesant de 25
Bolivar y Ponte, Simon 140
Bolte, Friedrich 248, 256, 273
Bonaparte siehe auch Napoleon
Bonaparte, Napoléon Joseph Charles Paul 117
Bonnier, Charles 309, 340, 359f
Boon, Martin James 222
Borgius, Walther 367
Boriani, Giuseppe 257
Borkheim, Sigismund 260, 335
Born, Stephan 38, 42, 59, 65
Bornstedt, Adalbert von 43
Bosanquet, James Whatman 76
Bosquet, Pierre-Joseph-François 137
Boucharlat, Jean-Louis 271, 293
Boudon, Raoul 205
Bourbaki, Charles Denis-Sauter 238
Bourienne, Louis-Antoine Fauvelet de 137
Bouterwek, Friedrich 83
Bovio, Gennaro 263
Bovio, Giovanni 354
Bowring, John 83

Bracke, Wilhelm 226f, 280f, 285–289, 291, 295
Bramsen, John 112
Brandenburg, Friedrich Wilhelm von 54
Brandt, Heinrich von 113
Bray, John Francis 34
Brehmer, Hermann 65
Brentano, Lujo 348f
Bright, John 133
Brissac, Henri 355
Broadhurst, John 263
Brocher, Gustave 295
Brockhaus, Heinrich 88
Brosses, Charles De 12
Brougham, Henry Peter 19, 80
Browning, George 31
Brüningk, A. von 90
Brune, Guillaume-Marie-Anne 137
Bruno, Giordano 83
Buchanan, David 78
Bucher, Lothar 291
Büchner, Ludwig 199, 275
Bülow von Dennewitz, Friedrich Wilhelm 143
Bürgers, Heinrich 26, 44
Büsch, Johann Georg 73
Bugeaud de la Piconnerie, Thomas-Robert 139, 167
Bulwer-Lytton, Rosina 145
Bunsen, Christian Karl Josias von 70
Buret, Eugène 25, 27
Butterworth, James 29
Buttmann, Philipp 2
Buxton, Thomas Fowell 80
Byron, George Gordon 314

Cabet, Étienne 43f
Cafiero, Carlo 244ff, 265, 294
Calatrava, José 112
Campbell, George 97
Campe, Julius 24, 31
Camphausen, Ludolf 44, 46, 59
Canepa, Giuseppe 366
Canning, Charles John 144
Carey, Henry Charles 74, 77, 134, 206, 222

Caron, Charles 246, 346
Caussidière, Marc 69
Cavaignac, Louis Eugène 50, 53
Чернышевскій [Černyševskij], Николай Гавриловичъ 272, 303
Chalmers, Thomas 78
Chamborant, C. G. de 27
Charles siehe Karl
Chateaubriand, François René 20, 112
Chenu, Adolphe 69
Christus siehe Jesus Christus
Churchill, John 130
Чичеринъ [Čičerin"], Борисъ Николаевичъ 291, 305
Cicero, Marcus Tullius 7
Claessen, Heinrich 17
Clanricarde, Ulick John de Burgh of 116
Clarke, Christopher 112
Clarke, Samuel 297
Clarke, Thomas 370
Clausius, Rudolf 300
Clay, William 74
Clemens Alexandrinus 7
Clowes, Norris A. 304
Cluß, Adolf 83, 86f, 89–97, 100–103
Cobbett, William 31, 35
Cobden, Richard 57, 93f, 105, 133
Coehoorn [Coehorn], Menno van 141
Coenen, Philippe 226 240, 247
Coleman, Patrick John 280
Collet, Collet Dobson 130, 132, 159, 225, 249, 285
Comyn, Marian 302
Constant, Benjamin 12
Conway, Moncure Daniel 248
Cooper, Thomas 29
Coquelin, Charles 82
Corbet, Thomas 82
Cotar, M. R. 362
Coxe, William 127
Crichton, Andrew 74
Cuno, Theodor 256, 259, 263ff, 267f, 270, 316, 338
Чипровъ [Čuprov"], Александръ Ивановичъ 304
Custine, Astolphe de 109
Cyples, William 129

Dalrymple, Hamilton Magill John 80
Dana, Charles 248
Daniels, Amalie 81f, 123, 308
Daniels, Roland 37, 77
Danielson [Даниельсонъ; Pseudonym: Николай-онъ], Nikolai Franzewitsch 212, 243, 246, 256, 264, 267, 271ff, 275, 293ff, 299, 301, 306, 323ff, 327f, 331, 333, 335, 339, 341ff, 345, 352f, 355f, 358, 361, 365, 367, 369, 372–375
Darboy, Georges 248
Darbyshire, John 319
Daru, Pierre 19
Daumer, Georg Friedrich 67
D'Avenant, Charles 30
Defoe, Daniel 33, 74
Delescluze, Louis-Charles 102
Dell'Avalle, Carlo 371
Delon, Albert 367
Dembiński, Henryk 63
Demokrit 291
De Morgan, John 275
Demuth, Helene 347
De Paepe, César 191, 224, 233, 257, 264
Derby, Edward Geoffrey Stanley of 142
Destutt de Tracy, Antoine-Louis-Claude 24f
Deville, Gabriel 286, 317, 321, 337
Dickinson, John 97
Dietz, Johann Heinrich Wilhelm 344, 346, 348, 356
Dietzgen, Joseph 207
Diogenes Laertius 3, 5
Disraeli, Benjamin 92ff, 105, 120, 144
Дмитріевъ [Dmitriev"], Федоръ Михайловичъ 281
Doblado, Leucadio 112f
Dohm, Christian Wilhelm von 272
Domanico, Giovanni 363
Dombasle, Christophe-Joseph-Alexandre-Mathieu de 79
Doubleday, Thomas 79, 157
Drigalski siehe Drygalski
Dronke, Ernst 59, 78, 285, 289, 293
Drouyn de Lhuys, Édouard 118

Droysen, Johann Gustav 97
Drumann, Wilhelm 88
Drygalski [Drigalski], von 55f
Dubois, Guillaume 128
Du Casse, Albert 111
Dühring, Eugen 206, 282, 284, 286, 289ff, 297, 325f, 369
Du Hamel, Victor Auguste 112ff
Dulce y Garay, Domingo 110
Dumont, Joseph 58
Duncker, Franz 149–152, 158f, 165
Dureau de la Malle, Adolphe Jules César Auguste 80
Dvořak, Adelheid siehe Popp, Adelheid

Eberle, Carl 367
Ebner, Hermann 80, 83
Eccarius, Johann Georg 72, 197, 210f, 213, 215, 221, 224, 229, 239, 241, 263
Eden, Frederic Morton 29, 33
Edmonds, Thomas Rowe 30
Ehrenfreund, Isidor 345
Eichhoff, Frédéric-Gustave 126
Eichhorn, Johann Albrecht 32
Eichhorn, Johannes Gottfried 88
Eichmann, Franz August 54
Екатерина [Ekaterina] siehe Katharina
Еленева [Eleneva; Pseudonym: Скалдинъ], Федора Павловича 303
Elkemann 63
Ellissen, O. Adolph 343
Elsner, Karl Friedrich Moritz 115, 119, 123f, 181
Engel, Amélie 297
Энгельгардъ [Ėngel'gardt"], Александръ Николаевичъ 282, 311
Engels, Oberst 61
Engels, Charlotte 322
Engels, Elisabeth Franziska Mauritia 151, 167, 219, 243, 255
Engels, Emil jr. 310, 331
Engels, Emil sr. 156, 160, 196, 308
Engels, Hermann 4, 181, 183, 193f, 204, 214, 218, 220, 285f, 289, 322, 338, 342, 344, 346, 354, 357f, 361, 364, 373–376

Engels [seit 1846 Blank], Marie 3ff, 7–11, 13, 27, 34, 83, 92
Engels, Rudolf 185, 225, 239, 280f, 292
Enschut, Cornelius Adrianus van 293
Ermen, Gottfried 160, 175, 277
Ernst, Paul 345, 347
Espartero, Baldomero 109
Eudes, Émile 261

Fabrice, Frédéric Ernst de 130
Faerber, Salo 326
Famin, César 100
Fanton, Aristide 272
Fantuzzi, Romualdo 350
Fellmerayer, Jakob Philipp 97
Fenner von Fenneberg, Daniel 61
Ferdinand VII [v. Spanien] 109
Ferrier, Francois-Louis-Auguste 27
Feuerbach, Ludwig 11, 21, 23, 25f, 32, 36, 329, 336
Fielden, John 78
Firks" [Фирксъ; Pseudonym: Schédo-Ferroti], F·edor" Ivanovič" 213
Fischer, Eduard 161
Fischer, Richard 347, 367, 373ff
Fitzgerald, Charles 319
Fix, Théodore 27
Fleckles, Ferdinand 285f, 299
Флеровский [Flerovskij], H. siehe Bervi [Берви]
Floçon, Ferdinand 41
Florencourt, Wilhelm von 122f, 125, 130
Florez, José Segundo 109
Florez Estrada, Alvaro 112
Fontaine, Léon 188, 190
Forbonnais, François-Veron de 83
Forstmann 47
Fould, Achille 69, 170
Fourrier, Charles 29
Fox, Peter 184, 201
Fraas, Carl 296
Francis, George Henry 100
Francis, John 75
Frankel, Leo 241ff, 281, 285, 348, 350
Franscini, Stefano 55
Franz Josef [v. Österreich] 93
Freiligrath, Ferdinand 66f, 83f 132, 148, 156–159, 167, 176, 180, 182, 193, 200
Frémont, John Charles 170
Freund, Wilhelm Alexander 286
Freyberger, Louise siehe Kautsky, Louise
Friedländer, Max 151, 244
Friedrich II. [v. Preußen] 94, 335
Friedrich Wilhelm IV. [v. Preußen] 13, 24, 46, 52, 57
Fröbel, Julius 21, 50
Fuld, Salomon 191
Galiani, Ferdinando 89
Gallatin, Albert 76
Ganilh, Charles 28
Garibaldi, Guiseppe 161ff, 175
Garnier, Germain 72
Garnier-Pagès, Louis-Antoine 41
Gaskell, Peter 78
Gaupp, Ernst Theodor 307
Geiger, Wilhelm Arnold 49
Geijer, Erik Gustav 20
Georg III. [v. England] 128
George, Henry 302, 306
Герье [Ger'e], Владиміръ Ивановичъ 305
Gerlach, Helmut von 360, 370
Gibson, Thomas Milner 133
Gilbart, James William 29f, 72
Girardin, Emile de 28, 69
Gisborne, Thomas 33
Giżycki, Georg von 367
Gladbach, Anton 63
Gladstone, William Ewart 95f, 98, 213, 286
Glaser de Willebrord, E. 267
Godwin, William 29
Gödsche, Hermann 60
Goegg, Amand 338, 348
Görtz, Franz Damian 32
Görtz, Georg Heinrich von 126
Goethe, Johann Wolfgang von 37
Гольцевъ [Gol'cev"], Викторъ Александровичъ 293
Головачевъ [Golovačev"], Алексѣй Адріановичъ 304
Good, William Walter 224
Gorbunowa, Minna Karlowna 298

Gottschalk, Andreas 49, 57
Gouge, William M. 77
Gouppy, A. 280
Graeber, Friedrich 3–6, 9
Graeber, Wilhelm 3–6, 8
Graham, J. 72
Grant Duff, Mountstuart Elphinstone 294
Gray, John 75, 80
Gray, Simon [Pseudonym: George Purves] 80
Green, John Richard 314
Greenwood, Frederic 236, 243f
Greg, William Rathbone 33
Grimm, Hermann 128
Grün, Anastasius 7
Grün, Karl Theodor Ferdinand 35, 37
Grund, Johann Jakob 12
Gruppe, Otto Friedrich 14
Gülich, Gustav von 37f, 343
Guesde, Jules 334, 341, 343, 347, 362
Gugenheim, J. 294
Guillaume-Schack, Gertrud 325
Guizot, François-Pierre-Guillaume 38, 41, 67
Gumplowicz, Ludwig 314
Gutzkow, Karl 4, 7

Hackenberg, Carl 372
Häusser, Ludwig 335
Hagen, Theodor 68
Hales, John 243f, 254f
Hall, Mrs. 274
Hall, Thomas Grainger 293
Hallam, Henry 80, 86
Hamann, Joseph 221
Hamilton, Robert 75
Hamilton, Thomas 20
Hansemann, David 46, 48f
Hardcastle, Daniel 82
Hardie, James Keir 341
Harkness, Margaret 337
Harney, George Julien 42, 66
Harrison, Frederick 286
Hartmann, Eduard von 347
Hartmann [Гартман], Lew Nikolajewitsch 307
Hatzfeldt, Sophie von 182ff, 188

Haupt, Wilhelm 72
Haushofer, Max 271
Haxthausen, August von 280, 283
Haynau, Julius Jakob von 71
Hecker 48, 51f
Heeren, Arnold Hermann Ludwig 80, 93
Heffter, Moritz Wilhelm 126
Hegel, Georg Wilhelm Friedrich 10f, 22f, 25, 35, 313, 347
Heidfeld, Oscar 353
Heine, Heinrich 25f, 34
Heinrich VII. [v. England] 19
Heinrich, Christian Gottlieb 19
Heinzen, Karl 17, 26, 39
Helmholtz, Hermann von 296, 300
Henckell, Karl 360
Hepner, Adolf 265ff, 271, 274, 310
Herbert Sidney 117
Héritier, Louis 361
Herwegh, Georg 15, 38f
Heß, Moses 35f, 38
Heß, Sibylle 289
Hildebrand, Max 343
Hilditch, Richard 33
Hind, John 271, 293
Hirsch, Carl 279, 282f, 285, 287f, 290f, 295, 297, 300, 305, 371, 374f
Hirsch, Wilhelm 95
Hodde, Lucien de la 69
Hodgskin, Thomas 78, 80
Höchberg, Karl 295
Hörner, Lothar 16
Hope, George 34
Hopkins, Thomas 79
Hourwich [Гурвич; Gurwitsch], Isaac Adolfowich 363
Houzeau, Jean Charles 296
Howell, George 190, 291
Howitt, William 80
Hubbard, John Gellibrand 76
Hubert, Adolphe 246f, 250, 256, 260
Hüllmann, Karl Dietrich 80
Hüser, Hans Gustav Heinrich von 44
Hughes, Thomas Smart 128
Hugo, Victor 124
Hume, David 9, 75
Hume, Joseph 105, 117

Humphrey, William 140, 148
Hyndman, Henry Mayers 300, 304, 309, 343

Iglesias, Pablo 363, 367, 370, 374
Imandt, Peter 89, 225, 235, 240, 243, 281
Immermann, Karl 8, 10
Ironside, Isaac 129
Irwin, Henry Crossby 306
Isabella [Isabel] II. [v. Spanien] 114

Jacob, William 72f
Jacoby, Franz Carl Joel 7
Jacoby, Johann 47f, 238
Jacoby, Leopold 285
Jakins 346
Jankowska [Pseudonym: Stefan Leonowicz], Maria 321
Янсонъ [Janson''], Юлій Эдуардовичъ 303
Jędrzejowski, Bolesław Antoni 375
Jesus Christus 1f
Jessup, William 213
Jodko-Narkiewicz, Witold 369, 372, 377
Johann [Erzherzog] 55
Johannard, Jules 256
Johannes [Evangelist] 1, 13
Johnson, Andrew 188
Johnston, James Finlay Weir 79f
Jomini, Henri 94
Jones, Ernest 187
Joplin, Thomas 74
Joseph Bonaparte [v. Spanien] 111
Jottrand, Lucien-Léopold 39, 160
Joubert, Pierre 105
Jouffroy, C. G. 20
Jovellanos y Ramirez, Gaspar Melchor de 113
Joynes, James Leigh 321
Jozewicz, Ferdinand 256, 259f
Jukes, Joseph Beete 225, 291
Jung, Alexander 12
Jung, Georg 88
Jung, Hermann 185, 187f, 190ff, 211ff, 215f, 221, 224, 228f, 231, 237, 242, 247, 249, 254ff, 259ff, 266, 268, 270

Калачовъ [Kalačov''], Николай Васильевичъ 276
Kant, Immanuel 301
Капустинъ [Kapustin''], Семенъ Яковлевичъ 307
Karl II. [v. England] 29
Karl X. [v. Frankreich] 20
Karl [Charles] XII. [v. Schweden] 126, 128, 130
Karl Albert [v. Sardinien] 49
Karl der Große 1, 72
Karpeles, Frau 372
Karpeles, Benno 367
Katharina [Екатерина] II. [v. Rußland] 308
Кауфманъ [Kaufman''], Иларіонъ Игнатьевичъ 293
Kaufmann, Moritz 293
Kaufmann, S. F. 301
Kaulfush, Roman St. 89
Kaulitz, Harry 299
Kautsky, Karl 301f, 305f, 308, 311f, 315, 317–327, 329ff, 333ff, 338–342, 344, 346–367, 370–375
Kautsky [seit 1894: Freyberger], Louise 338, 347, 375
Kautsky, Minna 306, 327
Кавелинъ [Kavelin''], Константинъ Дмитріевичъ 281
Kekulé von Stradonitz, Friedrich August 325
Kelley-Wischnewetzky, Florence 323, 328–339
Kellogg, Edward 239
Kersten, Paul 282
Kinglake, Alexander William 179
Kinkel, Gottfried 69, 87
Kinnear, John Boyd 300
Kinnear, John Gardiner 75
Kirchmann, Julius Hermann von 282
Klein, Carl 224, 239
Klein, Gustav 93
Klings, Carl 182
Klopfer, Ludwig 317
Knies, Carl 288
Knowles, James 316
Koch, Hugo 334
Köppen, Karl Friedrich 50

Köttgen, Gustav Adolph 36
Koll, Theodor 247
Komers, Anton Emmanuel 237
Кошелевъ [Košelev"], Александръ Ивановичъ 281
Kossuth, Lajos 59, 90ff, 94, 105, 124f, 155
Kottenkamp, Franz 73
Kovalevskĳ [Kowalewski; Ковалевскій], Maksim" Maksimovič" 286, 294, 298f
Krasinski, Valerian 100
Kraus, Bernhard 281, 297
Kravčinskaja [Кравчинская; Krawtschinskaja; Pseudonym: Stepniak], Fanni Markovna 358, 360
Krawtschinski [Kravčinskĳ; Pseudonym: Stepniak], Sergej Michailowitsch 344, 359
Kriege, Hermann 35
Kritschewski, Boris Naumowitsch 369f
Krummacher, Friedrich Wilhelm 4, 8
Krynski, John 277
Krzywicki, Ludwik 319
Kühlwetter, Friedrich von 49
Kugelmann, Franziska 57, 199, 222, 278
Kugelmann, Gertrud 199
Kugelmann, Ludwig 176, 183, 186, 192ff, 196–200, 202–210, 212, 214, 216, 218, 220–228, 233, 236, 238, 241ff, 246, 256, 266, 268, 275–278, 285, 289, 320, 339, 343, 345, 358f, 373ff
Kuhlmann, Georg 35
Kwasniewski, Gustav 253

Laborde, Alexandre de 27
Labriola, Antonio 344, 349, 375
Lachâtre, Maurice 261, 270, 277, 279
Lacretelle, Jean-Charles Dominique de 19
Lacroix, Silvestre François 293
Ladenberg, Adalbert von 57
Lafargue, François 197, 219f
Lafargue, Laura siehe Marx, Laura

Lafargue, Paul 186, 196ff, 201, 207, 216, 219, 222, 225, 227, 230, 237f, 240, 257ff, 261f, 296–299, 306ff, 312, 319–324, 326–330, 332f, 335–353, 356–361, 363, 365ff, 369, 372–375
La Farina, Giuseppe 162
Lagrange, Joseph Louis 296
Laing, Samuel 78
Lamartine, Alphonse-Marie-Louis 39, 41
Lamberty, Guillaume De 130
Lamplugh, George William 362, 366f, 372
Lancizolle, Karl Wilhelm von Deleuze de 2o
Landor, R. 245
Lange, Friedrich Albert 187
Lange, Ludwig 298
Łapinski, Teofil 179
Lappenberg, Johann Martin 19
Lasalle, Ferdinand 53, 59, 61, 64, 85, 107f, 116, 124, 139, 142–145, 147, 149–152, 155ff, 159ff, 163f, 166–169, 172–176, 179
Lauderdale, James Maitland 24
Laveleye, Émile 229
Lavroff, P. siehe Lawrow
Law, Jean 25
Lawrow [Lavroff], Pjotr Lawrowitsch 239, 245, 247, 249, 253, 257, 259, 279–287, 292, 3o5, 308ff, 316, 319, 323, 325f, 328, 334, 348, 360, 363, 366, 372
Layard, Austen Henry 98, 117, 120
Leatham, William 76
Ledru-Rollin, Alexandre-Auguste 40, 125
Lee, Henry William 367
Leibniz [Leibnitz], Gottfried Wilhelm von 9, 297
Lelewel [Lelevel], Joachim 49, 158f
Le Lubez, Victor-Paul 186, 228
Leo, Heinrich 12
Leopold I. [von Belgien] 25
Leske, Carl Friedrich Julius 36
Leßner, Friedrich 184, 190, 192, 198, 210f, 217, 270, 282, 287, 292, 315
Leukipp 291

Levasseur (de la Sarthe), René 21
Lichnowski, Felix Maria 52
Liebig, Justus 79
Liebknecht, Ernestine 184, 189, 192ff, 197
Liebknecht, Natalie 236f, 239, 273, 288f, 330, 335, 353, 360, 364f, 370
Liebknecht, Wilhelm 71, 73, 83, 115, 118, 155, 159, 180, 182, 186, 189–192, 194, 230, 240ff, 244–247, 249, 255f, 258ff, 263f, 268, 273, 276, 278f, 285–290, 294f, 297, 299, 315ff, 322f, 327ff, 335–338, 340, 342–348, 354, 360f, 364f, 372
Lincoln, Abraham 183
Lincoln, Henry John 106
Lindemann, Hugo 359
Lindheimer, B. 287f
Lingard, John 20
List, Friedrich 24, 26
Livius, Titus 20
Lloyd, Henry Demarest 362
Locke, John 75
Löwenthal, Zacharias 26
Lohbauer, Rudolf 58
Lommel, Georg 160
Lomonossow, Michail 83
Longuet, Charles 237, 301, 315
Longuet, Jenny siehe Marx, Jenny jr.
Lopatin [Лопатин], German Aleksandrovič 228f, 231, 278, 290, 297, 317
Loria, Achille 295, 299, 316, 366
Louis-Bonaparte siehe Napoleon III.
Louis-Napoleon siehe Napoleon III.
Loyd (Overstone), Samuel Jones 74
Lubbock, John 312
Lucraft, Benjamin 229
Lucretius Carus, Titus 5
Ludlow, John Malcolm 217
Lützelberger, Ernst Carl Julius 13
Luther, Martin 11, 130
Lyell, Charles 178

Mac Culloch, John Ramsay 24f, 28, 32, 78, 93
Machiavelli, Niccolò 20, 136f
Mackinnon, William Alexander 77
Maclaurin, Colin 296

Mac Phearson, David 38
Mädler, Johannes Heinrich von 282
Mahon siehe auch Stanhope
Mahon, John Lincoln 322, 334, 339
Maine, Henry Sumner 306
Malthus, Thomas Robert 77, 79f
Manteuffel, Otto Theodor von 54f, 57, 63, 103, 107
Mariana, Juan de 109
Marin-Darbel, G. E. 157
Markheim, Berta 176f, 179f
Marliani, Manuel de 109, 112
Marrast, Armand 47
Martens, Georg Friedrich von 100, 105
Martignac, Jean Baptiste 109
Martignetti, Pasquale, 317, 322, 324, 327f, 330, 332–335, 337, 342–345, 348–351, 355–359, 373
Martin, Henri 297
Marx [seit 1884: Marx-Aveling], Eleanor 189, 191, 211, 218f, 243, 273f, 278, 281, 284, 289f, 292, 306, 309, 312–315, 337, 340, 342, 344, 347, 371f, 375f
Marx, Heinrich 2f
Marx [seit 1872: Longuet], Jenny jr. 144, 181, 185, 189, 193, 196, 205, 219ff, 226, 228, 243, 270f, 277f, 284, 292, 294, 301ff, 305f, 308ff, 315
Marx [bis 1843: von Westphalen], Jenny sr. 3, 5f, 10, 18f, 23–26, 31, 34, 40–43, 59, 65f, 70, 73f, 82–85, 87, 90f, 94ff, 99, 101f, 103, 106, 108, 110 115, 121ff, 125, 127, 129f, 132f, 135, 139, 141, 143f, 149, 152, 154, 156f, 161–164, 167f, 176f, 179–184, 187, 189f, 192ff, 197f, 202f, 205f, 221, 224, 228, 231ff, 240, 242f, 248, 253, 264, 271, 273f, 277, 280f, 283–286, 288ff, 292, 299, 304, 306
Marx [seit 1868: Lafargue], Laura 144, 189, 193, 196, 199, 202, 207, 216, 221f, 225, 230, 243, 257f, 260f, 273, 278, 299, 304f, 308–311, 313, 315–365, 367, 369–377
Marx-Aveling siehe Marx, Eleanor
Massard, Émile 355
Maurer, Georg Ludwig von 284

Mazzini, Giuseppe 90f, 94ff, 103, 111, 125, 143, 146, 152, 246
Mc Clellan, George Brinton 176
Mc Lennan, John Ferguson 351
Mehring, Franz 351, 359, 362, 364, 375
Meiners, Chistoph 12, 88
Meißner, Otto 186
Ménard, Louis 69
Mendelson, Maria 360ff, 371
Mendelson, Stanisław 348f, 356f, 369, 375
Merivale, Herman 80
Meyer, H. 297
Meyer, Hermann 203
Meyer, Rudolf 294, 364
Meyer, Sigfrid 192, 199, 201, 209, 211f, 226, 232, 238
Mierosławski, Ludwik 131
Mignet, François-Auguste-Marie 328
Mill, James 22, 24f, 97
Mill, John Stuart [Д.-С. Милл] 33, 215, 289, 303
Millar, John 88
Miraflores, Manuel Pando Fernández de 114
Mirès, Jules-Isaac 172
Misselden, Edward 30
Mitchel, John 224
Möser, Justus 20
Mohl, Moriz 294
Mohrhenn, Eduard [?] 348
Moll, Friedrich, 224, 329
Moll, Joseph 51
Moltke, Helmuth Karl Bernhard von 276
Momberger, August 367
Montalembert, Charles Forbes de Tryon de 147
Montanari, Geminiano 77
Montesquieu, Charles de Secondat de la Brède et de 19
Moore, George 276f
Moore, Richard 72
Moore, Samuel 336, 376
Mora, Francisco 241
Moreau de Jonnès, Alexandre 27
Morgan, Lewis Henry 301, 351
Morrison, William Hampson 74
Morse, Arthur 34
Mortimer, Thomas 75
Morton, John Chalmers 77
Motteler, Julius 373f
Mottley, John 130
Müller, Tobias 58
Müller-Tellering, Eduard von 56, 58, 65, 67f
Mundell, Alexander 72
Murray, George 130
Murray, Hugh 97
Muşoiu, Panait 367
Muzembini 159

Nădejde, Ion 335
Nägeli, Carl Wilhelm von 315
Napier, Charles 120, 122, 124
Napoleon [Bonaparte] I. 74, 93
Napoleon III. [Bonaparte; Louis-Bonaparte; Louis Napoleon] 56, 69, 85, 90f, 94, 118ff, 127, 142ff, 149, 152, 154f, 160f, 219, 324
Naut, Stephan Adolph 68
Neale, John Mason 100
Nečaev" [Нечаевъ; Nechaev; Netchaïev], Sergej Gennadievič 254
Неручевъ [Neručev"], Михаилъ Васильевичъ 307
Nessel'rode [Нессельроде], Karl Wassilewitsch 98
Netchaïev siehe Nečaev
Newman, Francis William 80, 92
Newton, Isaac 271, 278
Niel, Adolphe 123
Nieuwenhuis, Ferdinand Domela 298, 301, 306, 316, 327f, 332, 336, 344, 347
Николай-онъ [Nikolaj-on"] siehe Danielson
Nikolovius, Georg Heinrich Franz 58
Nokoff, Stojan 363
Nonne, Heinrich 319
Norman, George Warde 74
Nückel 53

Oberwinder, Heinrich 216
O'Brien, Richard Barry 300
Ochsenbein, Johann Ulrich 58

O'Connor, Feargus Edward 36, 41, 95, 123
O'Donnel y Jorris, Leopoldo 110
Olshausen, Theodor 97
Opdyke, George 92
Oppenheim, Dagobert 13
Oppenheim, Max 278f, 281, 284, 349
Orges, Hermann 156
Orloff, Alexej Fjodorowitsch 105
Osiander, Heinrich Friedrich 24
Oswald, Eugen 230–234, 246, 272f, 275, 280, 299
Outine, Natalie siehe Utina, Natalja Jeronimowna
Owen, Robert 33f

Palladino, Carmelo 257
Palmerston, Henry John Temple 90, 98, 100–104, 117, 120f, 124, 132, 142, 169
Papritz [Паприц], Jewgenija Eduardowna 320
Pardigon, F. 70
Parish, Henri Healdy 109
Parkinson, Richard 34
Патлаевскій [Patlaevskij], Иннокентій Іустиновичъ 282
Patow, Erasmus Robert von 46
Patterson, Arthur John 306
Patton, John 97
Pauli, Ida 284, 286
Pauli, Philipp 281, 283ff, 287, 292, 309, 360
Pease, Edward R. 328
Pecchio, Joseph 28
Pacqueur, Constantin, 23
Peel, Robert 100
Pélissier, Aimable-Jean-Jacques 123, 143
Perceval, Arthur Philip 125f
Perczel, Mór 160
Pereire, Jacob 28
Peter I. [v. Rußland] 126, 130, 134
Petty, William 30
Peuchet, Jacques 32
Pfänder, Carl 73
Pfister, Johann Christian 20
Pfuel, Ernst Heinrich Rudolf von 52

Phear, John Budd 304
Philips, Lion 168, 180–183
Philips, Nannette 110, 167ff, 193
Pianori, Giovanni 119
Pieper, Wilhelm 92
Pierstorff, Julius 282
Pindter, Emil 312
Pio, Louis Albert François 261
Pirro, Matteo 261
Platen, August von 7
Plechanow [Плеханов], Georgi Walentinowitsch 369, 371–375
Plutarch 5
Попельницкий [Popel'nickij], Алексѣй Захаровичъ: 303
Popp [bis 1894: Dvořak], Adelheid 365, 367
Poppe, Johann Heinrich Moritz 82, 215
Porter, George Richardson 29
Pradt, Dominique de 113f
Prescott, William Hickling 80
Principe y Vidaud, Miguel Augustin 109
Proudhon, Pierre-Joseph 24, 35, 38, 48, 81f, 185, 274, 319
Purves, George siehe Gray, Simon
Puschkin, Alexander Sergejewitsch 92

Quarck, Max 318
Quelch, Harry 374
Quesnay, François 34
Quételet, Lambert Adolphe Jacques 82
Quin, Michael Joseph 112, 114
Quincey, Thomas de 77
Quintana, Manuel José de 6

Radetzky, Joseph 50, 58, 95
Radimský, August 362
Raffles, Thomas Stamford 97
Raguet, Condy 76
Rakowski, Krastju 375
Ralph, James 128
Ramm, Hermann, 280, 286
Ramsay, George 78
Ranc, Arthur 222
Ranke, Leopold 20

Rappoport, Charles 365
Rasch, Gustav 285
Raumer, Friedrich von 56
Ravé, Henri 349f, 366
Ravenstone, Piercy 78
Raveaux, Franz 54
Raveaux, Ludwig 57f
Redcliffe siehe Stratford de Redcliffe
Regnault, Elias 159
Reichensperger, Peter Franz 46
Reid, Robert 244
Reitemeyer, Johann Friedrich 72
Renan, Ernest 275
Renard, Joseph Engelbert 14
Rheinländer, Georg 160
Ricardo, David [Д. Рикардо] 22, 25, 73, 76f, 296
Richard III. [v. England] 286
Riego, Rafael del 112
Rienzi, Cola di 9
Rintelen 58
Ritter 60
Rivers, George 292, 301
Robespierre, Maximilien-François-Marie-Isidore de 69
Robin, Paul 246
Robinson, A. F. 341
Rocbink, I. H. 34
Rodbertus(-Jagetzow), Johann Karl 282
Roebuck, Johann Arthur 121
Roeser, Peter Gerhard 72, 74
Roscoe, Henry Enfield 291, 356
Rosenkranz, Karl 10
Rosher, Charles 344
Rossi, Pellegrino 29
Rousseau, Jean Jacques 19
Roy, Joseph 279
Rubichon, Maurice 184
Ruding, Roger 72
Ruge, Arnold 11–15, 17ff, 21, 24f, 61, 74
Rumohr, Karl Friedrich von 12
Runkel, Martin 4
Rusanov, Nikolaj Sergejevič 355

Russell, John 19, 103, 121f, 124, 171, 175
Rutson, A. O.[1] 245

Sadler, Michael Thomas 30
Saedt, Otto Joseph Arnold 60
Sagra, Ramon de la 27
Saint-Arnaud, Armand-Jacques-Achille Leroy de 108
Saint-Paul, Wilhelm von 17
Salomons, David 74
Saltykow [Салтыковъ], Alexej Dmitrijewitsch 93
Салтыковъ-Щедринъ [Saltykov"; Pseudonym: Ščedrin"], Михаилъ Евграфовичъ 273, 296
Самаринъ [Samarin"], Юрій Ѳедоровичъ 281
Samter, Adolph 292
Samwer, Karl 97
San Miguel y Valledor, Evaristo 112, 114
Sassulitsch, Vera Iwanowna siehe Zasulič
Sauri 271
Say, Jean-Baptiste 21
Say, Louis-Auguste de Nantes 27
Schabelitz, Jakob 66f
Schaper, Justus Wilhelm Eduard von 14
Schapper, Karl 38, 40, 49, 71, 159
Schédo-Ferroti, D. K. siehe Firks" [Фирксъ]
Schelling, Friedrich Wilhelm Joseph von 10
Scheu, Heinrich 348, 350
Schilling, Carl 90
Schily, Victor 204
Schimmelfennig, Alxander 107
Schlözer, August Ludwig 130
Schlosser, Friedrich Christoph 313f
Schlüter, Hermann 321–331, 333, 335–339, 344f, 348f, 355, 365, 373
Schmidt, Conrad 296, 335, 338f, 341, 343f, 346f, 351, 353f, 358, 374

---

[1] Nach MEGA₂I22A: E. Rutson

Schmidt, Eduard Oscar 292
Schmidt, Ernst Alexander 20
Schmuilow, Wladimir Jakowlewitsch 361
Schneider, Carl 53f
Schöler, Lina 41, 65f
Schoell, Maximilian Samson Friedrich 130
Schoenlank, Bruno 334
Schorlemmer, Carl 291, 348, 357
Schorlemmer, Ludwig 348, 356–360, 363ff, 370, 373
Schott, Sigismund 289, 292
Schramm, Konrad 67, 139
Schramm, Rudolf 144
Schuberth, Julius 68f
Schücking, Levin 7
Schüz, Carl Wolfgang Christoph 24
Schumacher, Georg 348
Schumacher, Hermann 281
Schuster, Theodor 70
Schwanbeck, Eugen Alexis 65
Schwann, Theodor 182
Schwartz, J. J. 130
Schwarz, Wilhelm 175
Schweitzer, Jean Baptiste von 185f, 212, 319
Scrope, George Poulett 78
Sebaldt 45
Ségur, Joseph Alexandre de 88
Ségur, Philippe Paul de 134
Семеновъ [Semenov"][-Тянь-Шаньский], Петръ Петровичъ 304
Семевскій [Semevskij], Василій Ивановичъ 308
Sempéré y Guarinas, Juan 80
Seneca, Lucius Annaeus 7
Senior, Nassau William 27, 31, 72, 78
Serra, Antonio 77
Serraillier, Auguste 239, 254, 271, 275
Sevelinges, Charles-Louis de 128
Seward, William Henry 171
Sewell, Robert 298
Sextus Empiricus 5
Seymour, Henry 296
Shakespeare, William 285f
Shaw, Robert 197, 210

Shelley, Percy Bysshe 314
Shipley, John B. 365
Shipton, George 305, 318
Siebel, Carl 161, 166ff, 173, 184, 186, 203
Siebold, Ludwig 376
Siegel, August 356
Simon, Ludwig 63, 67
Simpson, James 122f
Singer, Paul 372
Sismondi, Jean-Charles-Léonard Simonde de 27, 83
Скалдинъ [Skaldin"] siehe Еленева [Eleneva], Ф. П.
Skarbeck, Frédéric 21
Скребицкій [Skrebickij], Александръ Ильичъ 273, 303
Smirnow, Walerian Nikolajewitsch 290, 292
Smith, Adam 21, 76, 78
Smith, Goldwin 223
Smith-Headingley, Adolphe 343
Solly, Edward 72
Sombart, Werner 374
Somers, Robert 79
Sophokles 1
Sorge, Friedrich Adolf 209, 232, 238, 241, 249, 256f, 261, 264f, 270–278, 283f, 286, 289, 292, 295, 298f, 303, 306, 309f, 312, 315ff, 319, 322, 324, 328–336, 338–354, 356, 358ff, 362f, 365, 367, 369, 371ff
Southey, Robert 111
Sparr, Berthold 309
Spencer, Herbert 93
Speyer, Carl 213, 256
Spinoza, Benedictus de 10
Spotti, Vincenzo 266
Staël-Holstein, Anne Louise Germaine Necker de 19
Stanhope, Philip Henry Mahon 128
Stefanoni, Luigi 260, 264
Steffen, Wilhelm 128
Stegemann, Richard 324
Stegmann, Carl 359
Stein, Julius 60
Stein, Karl vom und zum 32
Stein, Lorenz von 89

Steinthal, Heymann 148
Stepney, Lowell William Frederick 221
Steuart, Jacques 77
Stieber, Wilhelm 57
Stirling, Patrick James 75
Stirner, Max 353
Stobaeus, Johannes 7
Stöck 130
Storch, Henri 28
Stratford de Redcliffe, Stratford Canning 109
Strauß, David Friedrich 11
Stuart-Glennie, John Stuart 296
Stumpf, Paul 360, 373
Stupp, Heinrich Joseph 45
Sullivan, John 97
Sully, Maximilien de Béthune (de Rosny) 74
Swinton, John 298f, 303
Sydow, Rudolf von 65
Symons, Jelinger Cookson 79
Szemere, Bertalan 155, 157–161, 163, 165

Tait, Peter Guthrie 296, 301
Talandier, Alfred 293
Taylor, Brook 296
Taylor, James 72
Taylor, W. Cooke 76f
Tcatchoff, Peter 280
Techow, Gustav Adolf 71
Tenge 199
Terzaghi, Carlo 259, 262
Theyls, Willem 128
Thierry, Augustin 109
Thiers, Louis-Adolphe 47f, 52
Thomas, Antoine-Léonard 88
Thomas, Francis Sheppard 130
Thompson, Thomas Perronet 74
Thompson, William 31
Thomson, William 296, 301
Tönnies, Ferdinand 373ff
Tolain, Henri Louis 241f
Tooke, Thomas 29f, 76
Toreno Queipo de Llano Ruiz de Saravia, José Maria de 109, 111, 113
Torrens, Robert 76, 78

Tourmagne, A. siehe Villard, Amédée
Townsend, Joseph 80
Townsend, Luther Franz 286
Tridon, Edme Marie Gustave 217
Trier, Gerson 343
Trioen, Louis-François-Bernard 28
Tucker, Josiah 198
Tuckett, John Debell 77f
Türr, István 124
Turati, Filippo 349, 354f, 360f, 363f, 367, 369–372, 375
Twiss, Travers 76
Tyler [Tylor], Edward Burnett 308

Ungern-Sternberg, Alexander von 8
Ungewitter, [Friedrich =] Franz Heinrich 82
Ure, Andrew 28, 82
Urquhart, David 99f
Utiešenović-Ostrožinski, Ognieslav M. 285
Utin, Nikolai Issaakowitsch 246
Utina, Natalja Jeronimowna [Natalie Outine] 283

Vaillant, Marie-Édouard 251, 348, 374
Valdenaire, Victor 44, 48
Vandervelde, Émile 371
Van Patten, Philipp 316
Varlin, Louis-Eugène 242
Васильчиковъ [Vasil'čikov''], Александръ Иларіоновичъ 289
Vaugham, Robert 80
Vehse, Karl Eduard 92
Veltheim, Werner von 39
Vermersch, Eugène 249
Vermorel, Auguste 201, 216
Vernouillet, Just 275, 279
Veselovskǐj [Веселовскій; Wesselowsky], Fedor Pavlovič 125
Victoria [v. England] 31
Vidal, François 82
Vidil, Jules 72
Villard [Pseudonym: A. Tourmagne], Amédée 296
Villegardelle, François 28
Villeneuve-Bargemont, Jean-Paul-Alban de 27

Vinçard, Pierre 184
Voden [Воден], Alexej Michailovič 362f
Vogt, August 212, 226
Vogt, Johann Gustav 352
Vogt, Karl 156, 158, 165, 242, 279, 326, 366
Vollmar, Georg Heinrich von 321
Voltaire, François-Marie-Arouet de 130
Воронцовъ [Voroncov"], Василій Павловичъ 312

Wachs, Otto 370
Wachsmuth, Wilhelm 20, 89, 93
Wade, John 32
Wagner, Adolph 299
Wakefield, Edward Gibbon 80
Waldersee, Friedrich Gustav von 169
Walter, F. 339
Walton, William 111f
Washburne, Elihu Benjamin 245
Watteau, Louis 170
Watts, John 28
Watts, John Hunter 367
Weber, Justizrat 158ff, 162f
Weber, Josef Valentin 171, 178
Weerth, Georg 317
Wegener, Caspar Frederik 97
Weiß, Johannes 334
Weitling, Wilhelm 34, 36
Wesselowsky, Fedor Pawlowitsch siehe Veselovskij
West, Edward 79
Weston, John 222, 229
Westphalen, Caroline von 3
Westphalen, Edgar von 6, 32
Westphalen, Ferdinand von 121f, 161, 189f, 206
Westphalen, Jenny von siehe Marx, Jenny sr.
Westphalen, Louise von 141, 149, 161
Weydemeyer, Joseph 35, 43, 65–72, 78f, 81–87, 95, 101, 149, 167, 183, 187
Wiede, Franz 288
Wiedemann, Gustav Heinrich 314
Wiesen, F. 362
Wilhelm III. [v. England] 126
Wilks, Mark 97
Williams, John 126
Willich, August 70
Windham, Charles Ash 142
Windischgrätz, Alfred zu 60
Wiseman, Nicholas Patrick Stephen 124f
Withworth, Charles 128
Wittgenstein, Heinrich von 52
Witzschel, Benjamin 282
Wolf, Julius 354
Wolff, Ferdinand 365
Wolff, Oskar Ludwig Bernhard 10
Wolff, Wilhelm 38, 42, 77, 79, 175, 181, 285, 327
Wood, Charles 96
Wróblewski, Walery 267, 277, 282, 350

Xenophon 22

York, Frederick Augustus 128

Zabłocki, Stanisław 370
Zadek 344
Zasulič [Засулич; Sassulitsch], Vera Ivanovna 301, 318f, 324, 329, 344f, 373f
Zedlitz-Neukirch, Konstantin von 167f
Zerffi, Gustav 92
Zeuss, Kaspar 307
Зиберъ [Ziber"], Николай Ивановичъ 296
Zweiffel 54

BERICHTIGUNGEN

Seite 83, 35./36. Textzeile
X1851/ FE Exzerpt ... aus ... Bowring: **Россійская Антологія.**
1852 Specimens of the Russian Poets

Seite 91, Kolumnentitel: Lies **1852** (statt 1825)

Seite 126, 36. Textzeile
II KM Exzerptheft ... J. Williams[1] ...

Seite 235, Kolumnentitel: Lies **1870** (statt 1807)

Seite 248, Kolumnentitel: Lies **1871** (statt 8171)

Seite 311, 39. Textzeile
IX/X KM Randnoten ... Энгельгардтъ ...

Seite 319, 10. Textzeile
28.1. FE Brief an ... Lawrow ... ... IRofSH**XVIII**: 218

Seite 329, 42. Textzeile
1886 **FE** Brief an ... Bax ... IRofSH**XVIII**: 279

Seite 345, Kolumnentitel: Lies **1890** (statt 1889)